FRIEDRICH-FASZINATION
200 Tage aus seinem Leben

Walther Rohdich

Walther Rohdich

FRIEDRICH FASZINATION

200 Tage aus seinem Leben

PODZUN-PALLAS

INHALT

Ein Wort zuvor

Zweihundert Tage von siebenundzwanzigtausendzweihundertund-
fünfzehn:
Ist es auf diese Weise überhaupt möglich, einen Eindruck vom Leben
und Wirken eines Menschen zu geben und zu gewinnen, der deutsche
und europäische Geschichte gemacht hat? Es ist möglich, einerseits.
Und andererseits auch wieder nicht, denn Lücken müssen bleiben,
wenn ein Leben erzählt werden soll, und lückenlose Berichte über das
Leben dieses Menschen, also Angaben über jeden Tag, haben wir nicht.
So muß sich dieses Werk auf zweihundert Höhepunkte beschränken.
Seit zweihundert Jahren tot. Hat uns ein Mensch nach derartig langer
Zeit überhaupt etwas zu sagen? **Friedrich-Faszination**: zweihundert
Tage aus seinem Leben.
Die einen nennen ihn schlicht Friedrich, sachlichere sagen Friedrich II.
von Preußen, nicht alle mögen ihn Friedrich den Großen nennen. Die
Weltgeschichte ist mit dem Beinamen "der Große" recht sparsam umgegangen, und das ist gut, wenn man auch bedauern kann, daß die wenigen, die ihn erhalten haben, sogenannte "hohe Tiere" gewesen sind,
also Regenten, Könige, Kaiser, Feldherren, und leider keiner unter ihnen war im künstlerischen, kulturellen, humanen oder wissenschaftlichen Bereich tätig wie Gutenberg, Mozart, Beethoven, Goethe oder
Robert Koch. Dabei könnte eine Aufzählung nichtmilitärischer Großtaten ebenso lang sein wie die militärischer. Wer in diesem Zusammenhang groß mit edel gleichsetzt, verkennt die Situationen und Realitäten, denn zum einen wird es einen edlen Menschen bisher nicht gegeben haben, und zum anderen kann er unter denen, die Macht in ihren
Händen haben, gewiß nicht gefunden werden. Messen wir also "Größe" an dem, was für die Allgemeinheit, hier ist es der Staat und sein
Volk, geleistet worden ist. Dann kommen wir wohl dem Kern der Sache am nächsten und verstehen, warum Friedrich seinen Beinamen
schon zu Lebzeiten und außerordentlich früh vom Volk verliehen bekommen hat.
"Vom Volk zu Lebzeiten verliehen" — kann sich ein Regierender
mehr wünschen?

Ist es denn nicht gleichgültig, wie die Nachwelt und spätere Generationen, die kritischer sind, hierüber denken? Geschichte ist im Rückblick und aus der Distanz neutraler und klarer zu sehen, da die Folgen einstiger Taten zu beurteilen und einzuschätzen sind. Wer jedoch aus heutiger Sicht vergangene Ereignisse, Verhältnisse und Geschehnisse analysieren will und dabei den Geist der Zeit, den Zeitgeist, außer acht läßt, wird zu Fehlurteilen kommen. Bedenken wir immer, daß nachkommende Generationen dereinst über heutige Entscheidungen ungläubig und voll herber Kritik ihre Köpfe schütteln werden! Zum Verständnis des Zeitgeistes gehört zu wissen, daß Preußen nicht Deutschland war und Deutschland nur in Form eines losen Verbundes, ''Heiliges Römisches Reich Deutscher Nation'' genannt, existierte, dessen Mitglieder ihre eigenen Süppchen kochten und wenig Verständnis für nationale und verschiedene Maßnahmen zeigten. Seit den Tagen des Cheruskerfürsten Arminius hatte sich offensichtlich wenig geändert . . . Unter diesen Aspekten ist es verständlich, daß jeder Besitzer von Macht und Mitteln darauf aus war, diese zu vergrößern. Hier haben wir den Ursprung für Friedrichs Handeln, soweit es die Außenpolitik betrifft. Land und Werte durch militärische Aktionen in Besitz zu bekommen, ist ja bis in unsere Tage hinein gewöhnlicher Gebrauch geblieben. Wer Friedrichs Überfall auf Schlesien verurteilt, sollte folgendes bedenken:

1. Hier greift einmal ein ''Kleiner'' einen ''Großen'' an; im allgemeinen ist es umgekehrt.
2. Einige Rechte auf Teile Schlesiens hat Friedrich tatsächlich besessen.
3. Jahrzehntelang ist das Haus der Hohenzollern vom Wiener Hof gedemütigt worden — da war es recht erklärlich, daß nun einer zurückschlug, als er sich stark fühlte.

Gewiß hat Friedrich seinen Ruf durch militärische Taten begründet, aber sie allein hätten den Ruf nicht aufrechterhalten können. ''Diener seines Staates sein'' war damals nicht Mode, und ist es heute nicht — die Bürger Preußens haben diese einmalige Tatsache, daß Friedrich der erste Diener seines Staates war, schon bald erkannt und gewürdigt.

Das vorliegende Werk ist keine neue Lobschrift auf Friedrich, kritische Betrachtungen finden sich immer wieder, und es werden Tatsachen geschildert, die wahrhaftig kein gutes Licht auf Friedrichs Charakter werfen. Wenn die Sympathien des Verfassers für diesen Preußen dennoch erkennbar werden, zwischen den Zeilen sozusagen, dann ist das kein Zufall oder gar Versehen. Wen beim Nennen des Namen Preußen Mißbehagen ergreift, der sollte dieses Buch lesen. Denn der Verfasser hat die Erfahrung gemacht, daß jene, die überlaut Kritik am Staate Preußen üben, Friedrichs Preußen und das folgende in einen Topf werfen: Mögen spätere Mißstände ihren Ursprung in seinem Preußen haben, so kann man doch ihm nicht anlasten, was die Erben aus dem Begriff und dessen Definition gemacht haben, ihn zitierten, sein wollten wie er — was kann er dafür? Das war Los und Schicksal vieler großer Menschen!

Münster, im Sommer 1986   Walther Rohdich

1712

Am Anfang des Jahres 1712 steht das ein Jahrzehnt alte und jüngste Königreich im "Heiligen Römischen Reich Deutscher Nation" in den Finanzen zerrüttet und im Ansehen diskriminiert da; lose zerstreut, wie die Karte zeigt, über Hunderte von Kilometern von Osten nach Westen. Der hoffnungsvolle Anfang, vom Großen Kurfürsten Friedrich Wilhelm eingeleitet, ist von seinem Nachfolger nicht fortgesetzt worden, so daß die Befürchtungen des Wiener Hofes, an den Gestaden der Ostsee könnte ein neuer machtvoller Vandalenstaat entstehen, nicht gerechtfertigt erscheinen. Dem Zuge der Zeit folgend hat König Friedrich I., vormaliger Kurfürst Friedrich III., mehr Wert auf ein recht angenehmes Leben gelegt als auf eine Festigung seines neuen Staatsgebildes — von der Memel bis an die Maas — innen wie außen. Wie immer unter Leuten, die mit Geld um sich werfen, hat sich am Berliner Hofe eine Horde von Schmeichlern und Schnorrern eingefunden, zu helfen, das vom Steuerzahler mühsam aufgebrachte Geld zu verschleudern. Überhaupt diese Steuerzahler: Sollten einige unter ihnen gewesen sein, die bei der Einrichtung des Königtums hofften, nun entstünde ein Staat, mit dem man sich identifizieren könnte, so wird man nun gewiß diese wenigen und seltenen vergrault haben. Gute Absichten sind diesem ersten König in Preußen nicht abzusprechen. Aber wer nicht bereit ist, den Einnahmen entsprechend sein Leben zu gestalten, wobei Opfer gebracht werden müssen, dem wird guter Wille nichts nützen. Beweis und Beispiel hierfür werden die beiden Nachfolger eindeutig sichtbar erbringen. 1712, das Leben des ersten Königs in Preußen beginnt sich dem Ende zuzuneigen, steht ein Nachfolger bereit, der alles umkrempeln wird: ein hübscher, energischer, verzogener, eigenwilliger junger Mann, der originelle und eigene Vorstellungen vom Führungsstil und Staatsdienst entwickelt hat und zum Aufräumen bereit ist, sobald seine Stunde geschlagen hat.

Sehnsüchtig auch wartet Kronprinz Friedrich Wilhelm in diesen Tagen auf die Sicherung der Thronfolge, mit der er bisher kein Glück gehabt hat: zwei Jungen starben, eine Tochter lebt, es ist höchste Zeit. Seine Gemahlin, die Hannoveranerin Sophie Dorothea, ist abermals in Umständen, und man will diesmal nicht vergebens hoffen. Ein Junge muß her! Noch ist von Preußen nicht die Rede, wenn man den Namen benutzt, ist damit stets das Herzogtum Ostpreußen gemeint, das dem Königreich den Namen gegeben hat. Seine ehemaligen Einwohner, die Pruzzen, sind längst auf- und untergegangen durch Verschmelzung, Vermischung und Ausrottung. Laut Vereinbarung mit dem Kaiserlichen Hof in Wien gibt es keine Könige v o n , sondern nur solche i n Preußen. Das wird die Nachfolger nicht abhalten, sich als echte Könige von Preußen zu fühlen — mit allen Konsequenzen, preußischen Konsequenzen! Am Nachfolger wird es liegen, ob Brandenburg-Preußen in Zukunft im Deutschen Reich und in Europa wird mitreden können oder weiterhin in Bedeutungslosigkeit dahindämmert.

Noch schwingt Friedrich Wilhelm, Sohn des ersten Friedrich, nicht das Zepter, muß noch ein wenig abwarten, da wird ihm ein Sohn geboren, der zweite Friedrich . . .

Und somit nimmt alles hier Darzustellende seinen Anfang!

"Der Zufall der Geburt . . ."   24. Januar 1712

Ein Sonntagskind

Die 121 Invaliden, die kostenlos gespeist werden, vergessen diesen Tag nicht. Endlich können sie gelöst werden, die Kanonen auf den Wällen der Stadt und im Berliner Lustgarten, wo sie seit Dezember 1711 in Bereitschaft gestanden hatten. Donnernd rollt ihr kriegerisches Getöse durch die Stadt und in das platte Land hinaus und verkündet der wartend-aufhorchenden Bevölkerung das große Ereignis: Ein Prinz ist geboren: In der alten Burg zu Cölln an der Spree, die jüngst zum Residenzschloß umgebaut wurde. In den Lärm weltlicher Freude mischt sich mahnend der Ton kirchlicher Glocken: ein Sonntagskind! Nach

15

der Predigt, als man eben um eine glückliche Geburt und alsbaldige Genesung der Kronprinzessin Sophie Dorothea gebetet hatte, zwischen 11 und 12 Uhr, erblickt er das Licht der Welt — als viertes Kind! Da die beiden älteren Brüder, Friedrich Leopold und Friedrich Wilhelm, jeweils kurz nach der Geburt verstorben waren, ist es für diesen dritten Sohn, falls er überlebt, nur der Zufall der Geburt, auf den Thron zu gelangen; ein Ausdruck, den er selbst später formuliert hat. Der Großvater und König, Friedrich I., schon recht klapprig geworden, hatte sich soeben an die Mittagstafel gesetzt, als der Hofarzt Gundelsheim die frohe Nachricht bringt. Sofort läßt er sich, mit Tränen in den Augen, zu Mutter und Kind hinübertragen. Auf die Duplizität der Ereignisse angesprochen, — auch er war als Drittgeborener Thronfolger geworden, weil seine beiden älteren Brüder früh verstorben waren —, sagt der König:
"Ei, so will ich ihm auch meinen Namen geben."
Ein Friedrich war der erste Burggraf, Friedrich hieß der erste Kurfürst, er selber nannte sich Kurfürst Friedrich III., ehe er König Friedrich I. wurde.
Also Friedrich!
Er erhält sogleich den üblichen Titel "Prinz von Preußen und Oranien" und ist kaum zwei Stunden alt, als der König ihm den ersten neugeschaffenen Orden umlegt. Am Nachmittag wird Vesper gehalten, bei der Oberhofprediger Johann Ernst Andreä ernste Töne anschlägt:
"Wandelt würdig im Evangelio. Danket dem Allerhöchsten nicht mit Essen und Trinken und anderen Üppigkeiten für eine so große Gnade, sondern durch einen würdigen Wandel, daß derjenige Gott, der uns nach seinem Wohlgefallen erfreuen und betrüben kann, uns die Freude, wie es schon zweimal geschehen, nicht wieder nehmen sollte."
Hohe Kindersterblichkeit war damals nichts Außergewöhnliches, und so ist die Sorge des Hofes zu verstehen. Besonders Friedrich I. dringt darauf, daß die Thronfolge gesichert sein müsse, wie er deutlich in einem Brief an seine Schwiegermutter in Hannover, nach dem Tode der Königin, ausdrückt:
"Wann nicht die große Trauer gekommen wäre (wegen des Todes der Königin), so hätte er (Kronprinz Friedrich Wilhelm) in England reisen sollen. Nun aber werde suchen, sobald er 18 Jahre alt sein wird, ihn zu verheiraten, dieweil ich nur den einigen (einzigen) Sohn habe und gerne Kinder von ihm haben wollte, damit mein Haus fortgepflanzt werde und also die Seligste Königin in meinem Sohn wieder lebe . . ."

Friedrich Wilhelm als
Kronprinz.

Der erste König in
Preußen, Friedrich I.

Gedenkmünzen zur
Geburt Friedrichs.

17

*Friedrich wird
von seinem Groß-
vater über die
Taufe gehalten.*

*Die Aufbahrung
Friedrich I.*

*Friedrichs
Erzieherin
Frau von Rocoulle.*

Nun ist er froh, nach Hannover melden zu können:
"Gottlob ein rechtes gesundes Kind."
Im Königreich Preußen herrscht zur Zeit der Geburt Friedrich II. "die dollste Wirtschaft von der Welt"; ein Ausdruck seines Vaters, der im Angesicht des kränkelnden Königs sozusagen in den Startlöchern steht, um mit dieser Wirtschaft aufzuräumen. Er ist ein kraftstrotzender Thronfolger, wie es ihn nicht ein zweites Mal gegeben hat. Allen ist in diesen Tagen klar, daß die Stunden preußischen Glanzes à la Versailles gezählt sind, daß es bald heißen wird, sich nach der Decke zu strecken und mit dem auszukommen, was man hat. Noch lächelt man über die Marotte des Kronprinzen, die Garde der Langen Kerls in Potsdam . . . Es ist die Stunde, wo sich alte und neue Zeit begegnen — einer muß weichen! Noch einmal kann König Friedrich I. seine verschwenderische Pracht entfalten: Gnadenbeweise und Beförderungsakte regnen aufs Volk, noch einmal donnern Kanonen und läuten die Glocken der protestantischen Kirchen, als Bischof Ursinus am 31. Januar 1712 in der Schloßkapelle den kleinen Friedrich tauft. Die Taufpaten sind Kaiser Karl VI., Zar Peter von Rußland, der Kurprinz von Hannover, die Herzogin von Mecklenburg, die Generalstaaten und der Kanton Bern; der zuerst genannte Taufpate wird dem Täufling eines Tages den Gefallen tun, "zur rechten Zeit zu sterben". Hier bei der Taufe, auf Opas Armen, trägt Klein-Friedrich eine Krone, und wie viele Kinder quiekt er ein wenig, als er naß gemacht wird — nie wieder wird er eine Krone tragen!

Erster Geburtstag

Trotz der nach wie vor nicht starken Konstitution hat Klein-Friedrich
das erste Jahr gut überstanden. Der Vater ist stolz und zärtlich, die Tage des Großvaters gehen zu Ende. Aber gerade von ihm haben wir die
verläßlichsten Berichte über Friedrichs erstes Jahr. Hier ein paar Auszüge aus Briefen, die er an die Kurfürstin Sophie von Hannover, Friedrichs Urgroßmutter, geschrieben hat:
>"Die Krohn Princes befindt sich noch zu Zeit rechte wol und mein
>Enckel ebenfalls. Er schreiet braf, und ist recht fet und frisch."
>"Allhie befinden sich unsere Kinder auch noch alle gesundt, inson-
>derheit aber der Printz von Preußen und Oranien, welcher dan an
>seiner Amme braf sauget . . ."
>"Ew. Churf. Durchl. werden Sich zweifelsohne mit uns erfreuen,
>daß der kleine Printz Fritz nunmehro 6 Zehne hat und ohne die
>geringste incommoditet. Daraus kan man auch die predestination
>sehen, daß alle seine Brüder haben daran sterben müssen. Dieser
>aber bekommt sie ohne Mühe wie seine Schwester."

Das Jahr 1713 bringt wichtige historische und weltpolitische Ereignisse. Am 11. April wird in Utrecht Friede geschlossen und damit der Spanische Erbfolgekrieg beendet. Wieder waren es die Großmächte gewesen, die aus dem Krieg Gewinn gezogen hatten, und Preußen ist keine
Großmacht. Bedeutend für Friedrichs späteres Leben wird ein anderer
Vorgang: die Pragmatische Sanktion. Karl VI., seit 1711 Deutscher Kaiser aus dem Hause Habsburg, sorgt sich um die Erhaltung der altehr-
würdigen Linie, da ein männlicher Thronerbe nicht in Sicht ist. Um in
dieser Beziehung nichts zu unterlassen, erarbeitet er die Pragmatische
Sanktion, die die Erbfolge und die Unteilbarkeit des österreichischen
Besitzes sichern und garantieren soll, für den Fall, daß statt eines männlichen "nur" ein weiblicher Thronerbe in Frage kommen sollte. An eine Person wie Maria Theresia, wie sie "männlicher" kaum sein konnte,

hat er dabei natürlich nicht gedacht. Aber das Schicksal geht merkwürdige Wege, wie man sehen wird. Ganz richtig ahnt der Kaiser, daß nicht wenige europäische Häuser die Gelegenheit wahrnehmen werden, über Habsburg herzufallen, wenn im Ernstfall die österreichische Erbschaft nicht fest geregelt werde; zu zerstreut liegt der Besitz Österreichs überall in Europa, zu viele Gegner hat man demnach zu erwarten. Ihm gilt es, die Thronfolge in der eigenen Familie zu halten, denn es leben noch zwei Töchter des vorigen Kaisers Joseph I., seines Bruders, die nach älteren Bestimmungen eher an der Reihe wären: Maria Josefa und Maria Amalia, die nun, wenn die neue Regelung anerkannt sein würde, zurückgesetzt wären zugunsten der ältesten, noch nicht vorhandenen Tochter Karls VI. Diese Regelung, Pragmatische Sanktion genannt, weil sie eine Zusammenfassung der bisherigen Hausgesetze ist, gilt natürlich nur, wenn ein Stammhalter tatsächlich ausbleiben sollte.

”In Ermangelung von Manneserben sollen die kaiserlichen Töchter sukzedieren, die älteste zuerst; in Ermangelung von Töchtern und Nichten, daß mit einem Worte die weiblichen Erben, nach dem Grade ihrer Blutsverwandtschaft mit Kaiser Karl VI. und nicht mit früheren Kaisern zählend, ebensogut sein sollen, wie leibliche Manneserben Karls gewesen sein würden.”

Diese Sanktion in den eigenen Kronländern durchzubringen, hat nicht allzu viele Schwierigkeiten gemacht. Anders war es mit dem Ausland. Karl VI. hat seine ganze Diplomatie darauf abgestellt, die Zustimmung Europas zu erhalten, und in einem großen Spiel von Zugeständnissen, Versprechungen, Bestechungen und geheimen und offenen Winkelzügen ist ihm dies gelungen. 1726, im Vertrag zu Wusterhausen und 1728 im Berliner Vertrag hat Preußen gegen die Zusicherung von Jülich und Berg die Pragmatische Sanktion anerkannt. Wer kann jetzt, im Jahre 1713 sagen, ob sie je zur Anwendung kommt, und was sie dann wert sein wird? Preußen befindet sich im Nordischen Krieg gegen Schwedens König Karl XII., der ein Eroberer alten Stils ist. Friedrich wird sich dereinst für diesen König interessieren und ihn in gewisser Weise zum Vorbild nehmen — ohne allerdings seine Fehler nachzuahmen. 1713 erhält Friedrich eine kleine Schwester, Charlotte Albertine, die jedoch schon im nächsten Jahr verstirbt.

Der König ist tot . . .

. . . es lebe der König! Drei Jahrhunderte sitzen die Hohenzollern nun
in der Mark Brandenburg, die zum ersten Mal mit dem Großen Kurfürsten Aufsehen in Europa erregt hat. Die Idee eines Staates wurde damals geboren, und wenn auch diese Idee mit dem Nachfolger Friedrich
III., beziehungsweise Friedrich I., nicht konsequent verfolgt wurde, so
schafft dieser Friedrich doch den Sprung in die Reihe der europäischen
Königshäuser. Friedrich I., schon länger leidend, haucht am 25. Februar 1713 sein kontrastreiches, üppiges wie armes Leben aus, und nun
ist der zweite König in Preußen am Steuer, sein Sohn Friedrich Wilhelm, von dem eines gewiß ist: daß er nämlich den ganzen "Krempel"
seines Vaters zu hassen gelernt hat und den "Berliner Stall" ausmisten
möchte. Sein Sohn Friedrich, Kronprinz und 13 Monate alt, entwickelt
sich trotz schwächlicher Konstitution hoffnungsvoll, wird sehr geliebt,
und die Linie scheint gesichert. Auf Biegen und Brechen beabsichtigt
der neue König, den heruntergewirtschafteten Staat zu sanieren — dieses Vorhaben ist so löblich, auch aus heutiger Sicht, daß wir ihm alles,
was unangenehm und lächerlich erscheint im Gefolge dieses Vorsatzes,
Geiz, Grobheit, Kurzsicht, Intoleranz und dergleichen menschliche
Schwächen mehr, verzeihen und vergessen, wenigstens hintenanstellen
sollten. Wo gehobelt wird . . . sie fallen wirklich, die Späne, und mit ihnen scheint an diesem Hofe die Menschlichkeit ein wenig auf der
Strecke zu bleiben. Es scheint nur, denn es wird eine andere Menschlichkeit Einzug halten, die natürlich vielen Leuten nicht paßt. Wegen
der gekürzten Gehälter verlassen einige fähige Köpfe aus Kultur und
Kunst den Berliner Hof, andere stellen sich ein. Das meiste, das aus der
Prunksucht und Eitelkeit des Vorgängers entstanden, aber nicht not-

wendig war, fällt radikal dem Rotstift zum Opfer, wobei Friedrich Wilhelm auch persönliche Opfer bringt und seiner Familie einiges zumutet. Ärmel hochgekrempelt, nur das Vorbild kann mitreißen.

"Man bemerkt gleich am Anfang", melden Berliner Zeitungen, "daß Seine Majestät sich derartig fatiguirten, daß man Ihrer teuersten Person halber in großer Sorge stand."

Wie üblich bei Sparaktionen, litt zunächst die Kultur: Komödien und Operas, Ballette, Maskeraden, Redouten und Glücksspiele, "scandaleuse Plesirs" und "Tempel des Satans" verschwanden vollkommen vom Spielplan des Hofes, womit vornehme Nichtstuer nun tatsächlich zum Nichtstun verurteilt waren. Hoffeste — adé! Früher fanden sie statt, wenn der Prinz zum ersten Male ein Pferd bestieg, bei Bestallungen, Beförderungen, familiären Ereignissen kleinster Art — alles adé! Adé auch ihr Kunstschätze — verkauft; adé der größte Teil des Tafelsilbers — zu Geld geschlagen; das Amt des Oberzeremonienmeisters — kassiert; die Schweizer, nur zum Renommieren da — fort mit ihnen! Schon am Beginn tut der neue Herr das, was Sohn Friedrich später in intensivster Form fortführen wird: Besuchsreisen in die Provinzen, vor Ort, direkt unters Volk. Majestät ist plötzlich nicht mehr fern "dorthinten" oder "dortoben", nein, sie kann unverhofft mitten unter uns sein! Und das war sie dann ja auch oft genug, was manche Bürger schmerzlich verspürt haben. Wie der Herr . . . Drückeberger und Faulpelze gingen, ihre Plätze blieben vakant, bis — ja eigentlich bis 1786! Mit Soldaten hatte Friedrich I. nicht viel im Sinn gehabt, wenn er sie nicht gegen Geld hergeben konnte. Sie werden die fast fieberhaft zu nennende Passion des neuen Königs, und er läßt sie aus allen Gegenden kaufen oder stehlen. So ein Unfug, wie es später hingestellt worden ist, war die Aufstellung einer Truppe riesenlanger Kerls gar nicht, wie wir heute wissen, wie auch damals schon erkannt wurde, denn "ein langer Kerl schießt mit dem langen Gewehr schneller"; zweifellos sticht er auch effektiver mit dem Bajonett, wenigstens auf Kavallerie. Natürlich kann es nicht gelingen, eine ganze Armee mit Riesen aufzustellen, so muß es bei der Potsdamer Garde bleiben. Obwohl manche, besonders südliche Zungen, von einem "Vandalen des Nordens" sprechen, kann behauptet werden, daß Friedrich Wilhelm der frömmste aller Preußenkönige gewesen ist. Notwendigerweise gehen Frömmigkeit und Intoleranz oft Hand in Hand, so auch hier in ausgeprägter Weise und sich mit den Jahren steigernd, aber dieser Entwicklung kann man wohl Friedrichs Religionsgleichgültigkeit und Toleranzdenken verdanken. Nicht, daß unter Friedrich Wilhelm in Preußen andere Religionen verfolgt werden, so ist es nicht, — schließlich kann er jede Art Menschen gebrauchen, um seine Länder zu "pöplieren" —, es ist mehr eine kleinkarierte, persönliche Intoleranz auf privater Ebene, wie sie nur der Protestantismus hervorzubringen vermag.

Es ist hier nicht das Thema, das Leben Friedrich Wilhelms weiter zu verfolgen, sofern es sich nicht aus den einzelnen Kapiteln bis zum Machtantritt seines Sohnes von selbst darstellt, aber es bleibt zu dokumentieren: Wie kaum ein anderer König hat dieser das Feld für seinen Nachfolger bereitet! Seine Zitate, von denen einige folgen werden, sagen dieses überzeugend aus. Friedrich liegt am 25. Februar 1713 noch im Kinderwagen: Morgenröte eines Anfangs, der neue Begriffe prägt, die man dereinst als "typisch preußisch" bezeichnen wird!

"Wer ohne Kinder lebt,   24. Januar 1714
der weiß von keinem Leide . . ."
Altes Sprichwort

Zweiter Geburtstag

In den Augen Friedrich Wilhelms verläuft die Entwicklung Friedrichs planmäßig. Noch ist es ja kaum möglich, etwas falsch zu machen, und der Vater läßt sich herab, mit dem Kind zu spielen. Er selbst steht im besten Mannesalter, ein Kraftprotz und Energiebündel, dem feine Manieren weitgehend abgehen, aber noch ahnt niemand, wie engstirnig er in Erziehungssachen werden kann. Seine Sanierungsmaßnahmen zeigen Erfolge, schon hat er begonnen, einen Staatsschatz anzusammeln, und mancher Spötter ist verstummt. Locker sitzt ihm der Taler nur, wenn er ein paar Riesenkerle ankaufen kann, und eines Tages wird er für einen baumlangen Iren 1.266 Pfund Sterling bezahlen.

Für ihn ist es selbstverständlich, daß der Kronprinz, so jung wie möglich, Soldat werden müßte. Er war sich seiner eigenen "mißratenen" Erziehung, durchaus bewußt, was er seiner Mutter ankreidete mit den Worten: "Meine Mutter war gewiß eine kluge Frau, aber eine böse Christin."

Er meinte damit die Kontraste zwischen Theorie und Praxis in seiner Erziehung und wollte folglich alles besser machen. Für die Erziehung Friedrichs in den ersten sechs Lebensjahren hat er seine ehemalige Gouvernante Frau von Rocoulle verantwortlich gemacht, eine französische Protestantin, die des Glaubens wegen ihr Land verlassen hatte. Die 1709 geborene Schwester Wilhelmine ist nun Friedrichs Hauptspielgefährtin, hier beginnt eine zärtliche Freundschaft, die bis ans Ende des einen Partners dauern sollte. In diesem Jahr 1714 ist der Spanische Erbfolgekrieg mit dem Frieden von Rastatt endgültig beendet worden, Frankreich muß Breisach, Kehl und Freiburg wieder herausgeben. Der Nordische Krieg jedoch geht weiter. Mit Karl XII. macht Schweden "den letzten Versuch", in die Tage Gustav Adolfs zurückzukehren, das heißt, in Europa wieder eine entscheidende Rolle mitzuspielen. Nach einem beispiellosen Siegeszug hatte Karl bei Poltawa in der Ukraine eine vernichtende Niederlage erlitten, und nachdem er sich fünf Jahre lang in der Türkei bemüht hatte, die Türken gegen Rußland aufzubringen, machte er sich heimlich mit einem Begleiter davon und erreichte in einem Sechzehn-Tage-Ritt durch halb Europa Ende November 1714 Stralsund. Nun hatte er die Preußen, Dänen und Sachsen gegen sich; es wird im nächsten Jahr zu einer folgenschweren Begegnung in den Laufgräben vor Stralsund kommen. Friedrich Wilhelm hat eigentlich immer versucht, sich aus europäischen Kriegshändeln herauszuhalten — seine Langen Kerls waren ihm für den ernsthaften Kampf sowieso zu schade —, aber kein Preußenherrscher hat seinen Blick an die Küste der Ostsee richten können, ohne von Groll erfüllt zu sein: Was hatten die Schweden in Pommern zu suchen? Ihr Traum von einer schwedischen Ostsee war sowieso bald ausgeträumt.
Es ist hier nicht der Platz, auf diesen Krieg einzugehen, in dem sich preußische Soldaten unter ihrem Soldatenkönig ganz ordentlich geschlagen haben. Friedrich Wilhelm selbst hat sich nie gescheut, den Gefahren eines Gefechtes ins Auge zu sehen. Er ist kein Krieger, aber es hatte ihn tief getroffen, als im Jahre 1711 Russen, Sachsen und Polen ihre Soldaten durch Hinterpommern marschieren ließen, während er, in Vertretung seines Vaters, ohnmächtig in Berlin saß und nichts dagegen tun konnte. Immer wieder hatte sein Vater ihn das politische Testament des Großen Kurfürsten lesen lassen, "Die Einführung eines Hohenzollern in die Regierungsgeschäfte", und schon damals war er zu der Auffassung gekommen, daß Brandenburg-Preußen ohne eine schlagkräftige Armee niemals etwas wert sein würde.

Friederike

Die lange Reihe der Geschwister Friedrichs wird am 28. September 1714 mit Friederike Luise, kurz Friederike genannt, fortgesetzt, nachdem Charlotte Albertine, das fünfte Kind, nicht überlebt hat. Im Hinblick auf dieses Ereignis wird Friederike in aller Sorgfalt und Liebe umhegt, und im Gegensatz zu ihrem Bruder Friedrich kann sie verhältnismäßig frei und ungezwungen aufwachsen. Das hat zur Folge, daß sie Zeit ihres Lebens ein wenig unerzogen sein wird, aus damaliger Sicht, heute würden wir das wohl eher positiv sehen. Aber es tat auch damals ganz gut, wenn jemand die Steifheit der höfischen Etikette durchbrach. Schnell bemerkte man das Erbe des Vaters, die Nähe zum Bruder: krasse Ausdrucksweise, Unbeherrschtheit, Dünkel, Hang zum Spott, Launen. Aber es ist anzunehmen, daß die meisten europäischen Prinzessinnen nicht anders waren, da sie gerne verwöhnt wurden und in Luxus aufwuchsen. Außerdem verschenkte Friedrich Wilhelm seine Gunst an seine Kinder nach einem leicht einsehbaren Schema: "Ich liebe meine Kinder, wenn sie schön artig sind." Kein Wunder, daß die Kinder schnell dahinterkamen. Wir erfahren hier aber, daß Friedrich Wilhelm, gewiß eine Ausnahme unter den Monarchen, sich viel um seinen Nachwuchs kümmerte, selbst mit den Kindern spielte und umging; wie sonst hätten sie ihn hassen und lieben können. Da der Kindersegen sich fortsetzte, hatte Friederike keinen Mangel an Spielgefährten, wie das bei Friedrich der Fall gewesen ist. Im Zuge der Zeit lag es, daß man sich rechtzeitig nach einer guten, standesgemäßen Partie für eine Königstochter umsah, und bei Friederike geschah das sehr früh. Wie immer mischte auch Graf Seckendorff mit, der österreichische Gesandte am preußischen Hof, schließlich galt es Verbindungen herzustellen, die dem Wiener Hof angenehm waren. Bereits 1727 machte der Gesandte sich auf den Weg nach Ansbach, um den siebzehnjährigen Prinzen aufzufordern, sich in Berlin Friederike anzusehen. Dreizehnjährige Prin-

zessinen waren damals gewiß, Gemälde beweisen es, hübsche, gut auf-
gemachte, lustige, und wenn es klappte, auch gut erzogene kleine Ge-
schöpfe, in die ein pubertierender Prinz sich durchaus verlieben konnte. Wenn nicht, was machte das: Die Eltern hatten das Sagen und han-
delten alles aus, aber ideal war es schon, wenn Sympathien mit im Spiele waren.

Carl Friedrich Wilhelm von Ansbach machte sich also auf nach Berlin,
zur Brautfahrt, unterwegs vom Volk bejubelt und gewann sofort die
Anerkennung des Königs: wegen seiner Trinkfestigkeit bei Tisch. Der
König schreibt begeistert an die Mutter:
"Wir sind von dieses Herrn bey seinen annoch jungen Jahren bezeu-
genden Verstande und rühmlichen Sentimenten auch Person und Auf-
führungen dergestalten eingenommen und charmieret. Gratuliere Ihr
auch von Herzen zu einem so würdigen Sohn . . ."
So nett konnte der König sein, wenn man ihn richtig nahm; was Friedrich ja versäumte. Wie alle kleindeutschen Höfe dieser Zeit lebte auch
der Ansbacher finanziell über seine Verhältnisse; dies sollten wir heute
nicht verurteilen, denn wo sonst wären, bei Sparsamkeit, die vielen
herrlichen Bauten und Kunstdenkmäler hergekommen. Der Markgraf
baut von 1713 bis 1718 das Schloß Unterschwaningen, in das Friederike sich einst zurückziehen wird. Immerhin versäumt es das preußische
Königspaar nicht, Friederike wegen des Bräutigams zu befragen. Sie
antwortet: "Der Wille Ihrer Majestät ist mein Wunsch, und ich bin bereit zu folgen."
Niemand redet von Liebe oder Zeit lassen, sich kennenzulernen, die
Minister und Gesandten handeln Bedingungen und den Termin aus,
ebenso die Geschenke. Für sie: der Verlobungsring mit Brillanten; für
ihn: ein Ölgemälde zum Anschauen bis zur Hochzeit, die auf den 30.
Mai 1729 festgesetzt wird. Einen Tag vorher leistet Friederike den üblichen Erbverzicht. Ihr Bräutigam steigt beim König weiterhin in Achtung und Ansehen, da er sich allen Anforderungen im Tabakskollegium, bei den Gelagen und Truppenschauen, gewachsen zeigt. Vor der
Hochzeit malt der Hofmaler Antoine Pesne das Brautbild im Charlottenburger Schloß, und ab geht es am 13. Juni über Potsdam nach Ansbach, wo Carl am Tag der Ankunft die Regierungsgewalt übertragen
bekommt.

Der gute Geist des jungen Paares, Carls Mutter, stirbt schon Ende des
Jahres, damit sind zwei unfertige, unerfahrene Menschen alleingelas-
sen. Bald bemerkt Friederike die Leidenschaft ihres Mannes: die Jagd.
Über vierzig Jäger und Falkner sind beschäftigt, Carl soll während sei-

ner Regierungszeit 30.000 Stück Wild erlegt haben, seine Falken futterten jährlich 42.000 Tauben; das sind die Hauptsorgen dieses Pseudofürsten, und wir erkennen daraus, wo in Deutschland Geldverschwendung gesessen hat. Kommen wir nun auf das Verhältnis Friederikes zum Bruder Friedrich, wobei erheblich der Zeit vorgegriffen werden muß. Die Entwicklung der späten zwanziger Jahre am Hof in Berlin und Potsdam bleibt in Ansbach nicht verborgen, zumal Schwester Wilhelmine fleißig berichtet. Die dramatische Reise des Königs mit Friedrich im Sommer 1730 berührt auch Ansbach, wo Friedrich den ersten Versuch macht, vom Schwager ein paar Pferde zu bekommen, der sie ihm jedoch aus Mißtrauen und Vorsicht verweigert. Ende 1731 gibt es ein Wiedersehen mit Berlin, Potsdam und Wusterhausen aus Anlaß der Hochzeit von Schwester Wilhelmine. Wegen einiger Ungezogenheiten innerhalb der Familie, bei denen sich auch Friederikes Mann hervortut, ist der Aufenthalt nicht immer erfreulich für die junge Frau, "von der der Lack bereits herunter ist". Wie die meisten preußischen Prinzessinnen hat sie es überdies schwer, im neuen Zuhause bei der Bevölkerung anzukommen. Die Ehe ist angeschlagen, als am 27. Mai der Erbprinz Karl August geboren wird, und wegen des ausschweifenden Lebens des Markgrafen entfremdet sie sich immer mehr.

Der Erbprinz stirbt bereits im Mai 1737, am 24. Februar 1736 war Alexander, der zweite Sohn, geboren worden. Mit Friedrichs Thronbesteigung beginnt im Juni 1740 ein Briefwechsel mit Friederike, der jedoch nicht den Umfang annimmt, wie mit Friedrichs Lieblingsschwester Wilhelmine. Mehrmals bemüht Friedrich sich, den Markgrafen zu beeinflussen, doch hat er wenig Lust zur höfischen Einmischung. In seinen Kriegen versorgt Friederike ihn mit Nachrichten aus ihrem Bereich, über Truppenbewegungen und die Stimmung im Reich. Im September 1743 ist Friedrich mit Bruder August Wilhelm in Ansbach, wie in seinen Briefen kann er auch hier nicht viel mehr tun als trösten. In weiteren Briefen versäumt er es nicht, ihr seine Siege anzuzeigen. Im Jahre 1753 besucht sie ihren Bruder auf seine Einladung hin in Potsdam, wohin ihr später Sohn Alexander folgt. Am 3. August 1757 beendet Friederikes Mann sein wüstes Draufgängerleben, und in seine Fußstapfen tritt Alexander, ein lockerer Bursche, der ganz nach seines Vaters Devise lebt, stets mehr Geld auszugeben als vorhanden ist. Die Finanzen der Markgrafschaft sind zerrüttet. Friederike zieht sich auf ihr Schloß zurück, wo sie im Laufe der Jahre, gebeugt von Enttäuschung und Demütigungen, in eine Geisteskrankheit verfällt. Friedrich ist ausser sich und schickt seinen Leibarzt, umsonst. Die Krankheit führt bisweilen zu Tobsuchtsanfällen und bringt Friederike im Alter von 70 Jahren am 4. Februar 1784 den Tod, zwei Jahre vor ihrem großen Bruder. Von allen Geschwistern Friedrichs ist sie diejenige, wenig bedeutend und heute fast vergessen, die am meisten gelitten hat.

"Der Mensch wird ohne Grundsätze,
aber mit der Fähigkeit geboren,
sie alle in sich aufzunehmen"
Voltaire

24. Januar 1715

Dritter Geburtstag

In diesem Jahr entsteht das älteste uns bekannte Bild Friedrichs, das ihn mit Wilhelmine zeigt, gemalt von Antoine Pesne, ein Bild, das an anderer Stelle näher beschrieben werden soll. Pesne ist der berühmteste Maler am preußischen Hof, und ihm verdanken wir eine ganze Reihe ausgezeichneter Gemälde der Persönlichkeiten seiner Zeit; und mit diesem Bild schuf er einen Bestseller, der seine Zeit überdauert hat.

Zwar hat er sich stets Mühe gegeben, diese Persönlichkeiten "im besten Licht erscheinen zu lassen", aber erstens war es üblich so, und zweitens hat sich auch daran in heutiger Zeit wenig geändert, ob nun Maler oder Fotografen die Bilder herstellen.

In diesem Jahr 1715 treten zwei Menschen in Friedrichs Leben, "die er nicht mehr vergessen wird":

1. Elisabeth Christine von Braunschweig-Bevern wird geboren. Über sie wird später natürlich ausführlich zu berichten sein.

2. Im Dezember lernt Friedrich Wilhelm in den Laufgräben bei der Belagerung Stralsunds den Sohn eines französischen Gelehrten kennen: Jacques Egide Duhan Sieur de Jandun, 1685 geboren, in Berlin aufgewachsen.

Nachdem Friedrich Wilhelm sich über den Werdegang dieses Mannes ausgiebig erkundigt, auch Graf Dohna ihn empfohlen hat, stellt er ihn als Erzieher und Lehrer des Kronprinzen in seine Dienste, und er sollte mit der Arbeit beginnen, wenn Friedrich sechs Jahre alt ist. Duhan war in der Champagne geboren worden und wurde 1690 zu seinen Eltern nach Berlin gebracht, da diese Frankreich aus Glaubensgründen hatten verlassen müssen. Seine Erziehung war in allen Fächern ausgezeichnet, so daß er dem König für die Ausbildung Friedrichs bestens geeignet erschien. Natürlich dürfen Soldaten bei der Erziehung Friedrichs nicht fehlen: Der König ernennt den Grafen Fink von Finkenstein und den Obersten von Kalkstein zu Gouverneuren für Friedrich. Weihnachten 1715 erhält Friedrich seine erste Bilderfibel — der Ernst des Lebens und des Lernens beginnt!

Am 1. September dieses Jahres geht in Paris eine Epoche zu Ende. Ein Mann, der sich und seine Zeit längst überlebt hat, wird aus dieser Welt abberufen: Ludwig XIV. Deutschland sollte aufatmen, denn von diesem König hatte es nichts als Leid erfahren, unter ihm hat Frankreich jede Gelegenheit wahrgenommen, sich in Angelegenheiten des Reiches einzumischen. Aufatmen sollte auch das französische Volk. Es kann nicht ahnen, daß Generationen nach ihm "größer" über den Sonnenkönig denken werden; es selbst hat keine Gründe für diese Denkweise. Als der Trauerzug mit dem Sarg durch das abendliche Paris zieht, denn der tote König soll nach St.-Denis in die Gruft der Ahnen überführt werden, säumt zwar eine Menge die Straßen, aber kaum jemand betet, weint, klagt oder kniet nieder: in der Dunkelheit haben diese "Steuersklaven", hat dieses "Kanonenfutter" den Mut, zu murren und Abneigung zu zeigen. Flüche und Schimpfworte tönen, Steine fliegen von irgendwoher und treffen den Sarg. Ihr Poltern scheint eine neue Zeit anzudeuten: Wartet nur, noch vierundsiebzig Jahre . . .!

Am 26. April 1715, aus dem Feldzug gegen die Schweden, schreibt Friedrich Wilhelm an seine Beamten:

"Dieweil ich ein Mensch und kann sterben, oder todtgeschossen werden, so befehle sie alle miteinander vor Fritz zu sorgen, da ihnen Gott vor belohnen wird".

Nach wie vor ist er um den Thronerben äußerst besorgt, dessen Gesundheit auch Anlaß zu Sorge gibt. Aber bei allen Anflügen und Krankheiten zeigt sich eine Widerstandskraft, fast könnte man sagen, ein Lebenswille, der verblüfft, der Bestandteil dieses Lebens bleiben soll.

"Kinder brauchen viel Liebe und Beispiel   **24. Januar 1716**
und sehr wenig Religionslehre"
Carl Hilty

Vierter Geburtstag

Prinzessin Wilhelmine, geboren 1709, befindet sich bereits in dem Alter, in dem Kinder mit Verstand feststellen, was im Elternhaus geschieht und wie die Eltern zueinander stehen. Sie ist auch hell genug, die Situationen auszuwerten und als einziger Ausweg erscheint ihr, wie später noch näher dargelegt wird, eine enge Bindung an den Bruder, der nun "spielend" in den Soldatenstand gleitet.

Die Kinder bemerken bald, daß es, was immer sie auch anstellen, einem der Elternteile stets quer kommt, da keine Einigung in Erziehungszielen und Grundsätzen besteht. Dabei ist guter Wille auf beiden Seiten vorhanden und im Prinzip alles einfach. Reinhold Brode hat in seinem 1904 erschienenen Buch "Friedrich der Große und der Conflict mit seinem Vater" Erziehungsgrundsätze aufgestellt, die wegen ihrer für alle Zeit gültigen Aktualität hier im Auszug wiedergegeben sein sollen:

"Gegen eine strenge Erziehung nun, die den Kindern durch den Sinn fährt und ihren jugendlich brausenden Willen beugt, wird gewiß kein Verständiger etwas einwenden. Aber wer den Willen des

31

Kindes bricht, bricht das Beste im Kinde. Die wirkliche Bändigung des Willens beruht auf anderen seelischen Faktoren: nur der Liebe ist es gegeben, der Liebe, die sich in des Kindes gesamtes Fühlen und Denken versetzt, es auch zügelnd und kräftigend zu lenken. Ein junges Menschenleben, zumal ein auf die Höhe des Lebens gestelltes, ist wie ein junges Bäumchen, das seine grünen Äste den Blitzen des Himmels entgegenreckt: daß man es stark mache, Stürmen und Blitzen zu trotzen. Mit liebevollem, verfeinernden Verständnis den Willen auf das Rechte zu lenken, ist das Geheimnis aller Pädagogik, und in dem Austausch der Gedanken und Gefühle, in dieser lebendigen Wirkung und Gegenwirkung, die überall einander bedingt, vollzieht sich die Erziehung des Willens. Nicht: wenn du nicht willst wie ich will; sondern wenn du nicht wirst, wie ich bin, dann schelte und strafe ich dich, dann verhöhne ich dich, dann zerre ich dich bei den Haaren, dann mißhandle ich dich! . . . Es gibt nichts Verletzlicheres als ein aufwachsender Organismus. Die kleine wehrlose Seele des Kindes bäumt sich auf gegen solch innerliche Vergewaltigung. Der zarte Geist zieht sich scheu und schüchtern in sich zurück. Das Kind sieht in dem erziehenden Leiter nur den hemmenden Unterdrücker, und es verhärtet und verschanzt sich auf seine Weise mit den tausend Mittelchen, an denen geängstigte Kinderseelen unerschöpflich sind. Was zurückbleibt, ist das Gegenteil von hingebender Liebe und rückhaltlosem Vertrauen . . ."

Wir werden erleben, wie rasch das hier Vorgetragene eintritt.

Im Jahre 1716 wird einer der späteren großen Widersacher Friedrichs in Livland geboren: Gideon Ernst Laudon. Auch sein Werdegang verläuft militärisch, in russischen Diensten kämpft er 1735, 1738 und 1739. 1740 bewirbt er sich um Aufnahme in die preußische Armee, wird aber abgewiesen. In Österreich hat er mehr Glück, und er soll der General werden, den Friedrich am meisten fürchtete. Am 14. November 1716 stirbt ein deutscher Gelehrter von Rang: Gottfried Wilhelm Leibniz.

Seine Verbindung mit Berlin ist für Preußen stets ein Gewinn gewesen, aber sein Makel ist die bürgerliche Herkunft — nach der Anschauung der damaligen Höfe. Außerdem hatten einige seiner Ideen Anstoß erregt, mußten es in ihrer durchdachten Modernität wohl auch; so ist es zuletzt recht still um ihn geworden. Nicht einer der geladenen Trauergäste aus der Hofgesellschaft nimmt an dem Begräbnis teil. Für ihn persönlich war die Mißachtung der letzten Zeit deprimierend gewesen —

aber heute wissen wir, daß man oft dann, wenn man sich den Mächtigen und Herrschenden unbequem macht, auf dem rechten Wege ist. Friedrich jedenfalls hat ihn später hoch geschätzt und hätte es sich gewiß nicht einfallen lassen, ihn wegen seiner Lehren, Philosophien und Worte abseits zu stellen.

Der deutsche Philosoph Gottfried Wilhelm Leibniz, geboren 1646 in Leipzig, gestorben 1716 in Hannover, pflegte auch Verbindungen zum preußischen Hof.

”. . . bin ich immer eine gute Preußin gewesen” **13. März 1716**
Charlotte

Charlotte

Auch an diesem Tage steht Friedrich als Stammhalter des Hauses Brandenburg-Hohenzollern allein da, denn das siebte Kind von Königin Sophie Dorothea ist wiederum ein Mädchen: Philippine Charlotte. Der König zeigt sein verdrießliches Gesicht, tröstet sich aber mit der Tatsache, daß ohne Mädchen keine Prinzen und Soldaten auf der Welt wären. Außerdem ist er zu kinderlieb — ”wenn sie fein artig sind” — als daß er sich über ein kleines niedliches Geschöpf lange ärgern könnte. Somit ist der Kindersegen auf vier angewachsen, die siebenjährige Wilhelmine ist bereits eine richtige Dame, wenn sie entsprechend aufgeputzt wird, und der vierjährige Friedrich, von seinem Vater ”der liebe kleine Fritz” genannt, sieht in seinem Kinderrock und dem Häubchen auf dem Kopf wie ein Mädchen aus, spielt aber begeistert mit Zinnsoldaten. Die zweijährige Friederike krabbelt munter im Kinderzimmer umher. Charlotte gewinnt schnell die Sympathie ihres Papas, da sie ein munteres und unbeschwertes Temperament entwickelt und zu Streichen und Scherzen aufgelegt ist, gnädig nennt er sie seine dulle Lotte, auch Lottine und Lolotte, und dreißig Jahre, bevor Friedrich sein berühmtes Schloß baut, nennt man sie Sanssouci. Aber sie scheint nicht nur eitel Sonnenschein um sich verbreitet zu haben, sondern auch, wie aus Briefen hervorgeht, Ärger und Mißgunst durch ihre ausgeprägte Spottlust; offenbar eine echte Schwester Friedrichs. Charlotte hilft, die Bande zum Hause Braunschweig-Bevern festzuknüpfen, woran dem König viel gelegen war, und woraus Friedrich später wertvollen Nutzen ziehen konnte. Der Herzog von Braunschweig-Bevern befindet sich in der gleichen Lage wie Friedrich Wilhelm: Es gilt, eine Menge Kinder unter die Haube zu bringen, was besonders bei den Mädchen nicht ohne Probleme sein wird. Beide Väter pflegten bei einem Humpen Bier und qualmenden Pfeifen ihre Heiratsverträge auszuhandeln, bei denen die Kinder üblicherweise nicht gefragt wurden. Nachdem Friederike im Jahre 1729 ihren Markgrafen von Ansbach geheiratet hat, darf sich Charlotte 1730 mit dem Erbprinzen Karl von Braunschweig verloben, der etwas schüchtern und wenig reich ist. Am 19. Mai 1730 fragt der König in der offiziellen Verlobungszeremonie:

"Wenn Ihr Euch nun einander lieben und haben wollt, so sagt ein deutliches Ja oder Nein, denn jetzt ist es noch Zeit, eines von beiden zu wählen."

Später ermuntert er den schüchternen Bräutigam:

"Er könnte nun ganz frei mit seiner Braut umgehen und sollte nicht so blöde sein, sondern ihr Komplimente sagen, sie karessiren und ihr die Hände küssen."

Königin Sophie Dorothea befindet sich in diesen Tagen in ihren "letzten Umständen": Ferdinand ist unterwegs. Bei aller Pracht der Verlobungsfeier und der folgenden Festlichkeit ist es unübersehbar, daß der Braunschweiger Hof kaum die Reise-und Aufenthaltskosten, geschweige denn Geschenke bezahlen kann, und die Hauptsorge des Herzogs gilt in der Folgezeit der Beschaffung der Finanzen. Schließlich verhandelt man bereits über eine weitere Verbindung: Friedrich und Elisabeth Christine. Am 2. Juli 1733 wird Charlotte mit Karl in Potsdam getraut. Bereits am 3. August zieht das Paar in das festlich beleuchtete Wolfenbüttel ein, wo es im Haus am Kornmarkt Wohnung nimmt. Fern von Potsdam und Berlin, beginnt Charlotte einen regen Briefwechsel mit dem Vater und Bruder Friedrich, der auch erwidert wird. Charlottes

*Friedrichs Schwester
Prinzessin Friederike.*

*Allegorische Darstellung als
Kind.*

*Friedrichs Schwester
Prinzessin Charlotte.*

Eines der anmutigsten Bilder Friedrichs.

Friedrichs Schwester Prinzessin Sophie.

Briefe sind jedoch nicht in den Originalen erhalten geblieben, sondern nur von Johann Gustav Droysen in französischer Sprache überliefert worden. Zunächst ist das Leben kindlich-heiter:

"Alle Tage spiele ich bei der Herzogin von Bevern mit meinen Schwagern und Schwägerinnen blinde Kuh, oder wir verstecken einen Ring, oder wir spielen Wolf und Hund . . ."

An den Vater 1733:

"Der Grund, weshalb ich mein Haar nicht gepudert habe, ist, daß ich mich nicht darum kümmere, jemandem zu gefallen, denn der Prinz ist nicht hier und nun achte ich nicht so auf meine Aufmachung . . ."

Der Schluß eines Briefes an Friedrich:

"Ihre alleruntertänigste spizerle bichberle Taube, kleine Seele, goldener Engel und Dienerin und Schwester Charlotte."

Charlotte folgt dem Beispiel ihrer Mutter und setzt dreizehn Kinder in die Welt, wovon vier in jüngsten und jungen Jahren sterben. Am 9. Oktober 1735 wird Erbprinz Karl Wilhelm Ferdinand geboren, der 1780 zur Regierung gelangt und 1806 stirbt. Zur Taufe hatte er von König Friedrich Wilhelm den Schwarzen Adlerorden erhalten.

Ein Leben lang haben Friedrich und Charlotte sich Briefe geschrieben, und insbesondere weil Wilhelmine früh starb, fand Friedrich in Charlotte seinen dankbarsten Briefpartner. Noch vor Friedrichs Thronbesteigung teilen sich die Geschwister gegenseitige Sorgen mit, darunter auch Geldsorgen, denn Friedrich wird auf Rheinsberg relativ kurz gehalten und Charlotte hat, wie erwähnt, nicht in ein reiches Haus geheiratet. Sie zeigt sich Friedrich auch in den Interessen an Kunst, Musik und Büchern sehr ähnlich. Friedrich Wilhelm ist erfreut, wenn er erfährt, daß "sein Enkel Charles das ABC lernt und sehr gut Beten kann".'

1753 zieht der Herzog von Braunschweig von Wolfenbüttel nach Braunschweig um, damit er dem Leben der Hauptstadt näher sein kann. Im großen Krieg ab 1756 steht Braunschweig auf der Seite Preußens und hat demnach unter den Franzosen erheblich durch Kriegseinwirkungen, Plünderungen und Brandschatzungen zu leiden. Die Familie stellt mit dem Bruder des Herzogs Karl, Ferdinand, einen Soldaten und Feldherrn, der Friedrich im Westen fast vollkommen entlastet und über den an anderer Stelle mehr zu berichten sein wird. 1763, gleich nach dem Krieg, ist Friedrich, begleitet vom Thronfolger Friedrich Wilhelm, dem "langen Neffen", in Schloß Salzdahlum, um diesen unter die Haube zu bringen; eine Ehe in der Familie, denn Friedrich Wilhelm heiratet die Tochter Charlottes, Elisabeth Christine Ulrike. Friedrich urteilt jedoch über ihn:

". . . Seine Liebe ist ebenso kalt wie seine ganze Person."

Und schon 1768 kann er an Charlotte berichten:

"Der Gatte, jung und sittenlos, einem ausschweifenden Leben hingegeben, übt täglich Untreue an seiner Gemahlin . . ."

Im April 1769 wird diese Ehe geschieden, und es soll hier der Hinweis genügen, daß dieser Friedrich Wilhelm, der spätere II., noch mit weiteren Frauengeschichten Furore gemacht hat. Charlotte fühlt sich nicht nur Friedrich, sondern allen ihren Geschwistern eng verbunden, und im Jahre 1772 gibt es ein großes Wiedersehen in Berlin, Potsdam und Wusterhausen. Die Zeit eilt dahin, Friedrich ist bereits sechzig, der jüngste Bruder, Ferdinand, immerhin zweiundvierzig. Herzog Karl von Braunschweig stirbt am 26. März 1780. Friedrich hockt halb lahm und siech in Sanssouci, und die vielen Briefe sind's, in denen die Geschwister von alten Zeiten träumen und erzählen. Die Zeit eilt nicht nur dahin, eine neue Epoche hat längst begonnen. Der letzte Brief Friedrichs ist an anderer Stelle zitiert. "Die alten müssen den jungen Leuten Raum machen; wenn man recht überlegt, was das Leben ist . . ." Lange nach Friedrich schließt Charlotte die Augen, bereits im neuen Jahrhundert, am 16. Februar 1801.

"Seit meiner Jugend bin ich immer eine gute Preußin gewesen . . ."

"Wer die Schule hat,   24. Januar 1717
hat das Land"
Sprichwort

Fünfter Geburtstag — Kontraste

Am Morgen des Tages wird Klein-Friedrich in die Montur des Regiments Kronprinz eingekleidet, dem Vater zuliebe, dem er sich am Abend nach dessen Rückkehr aus Charlottenburg präsentiert. Dieser

hängt ihm das Feldzeichen um und eine große Plempe an die Seite, alles
"was sonst zu besagter Montur gehörig ist". Die Zeitung schreibt
darüber:

> "In solcher Equipage ist er darauf zum Obristen solches sogenann-
> ten kronprinzlichen Regiments declariret worden. Nach solchem
> hat der König sich zu seinem ordinairen Abendplesier gemacht,
> nämlich bei einer Pfeife Tabak mit dem Toccadillenspiel eine Zeit
> zu passieren, den beiden Obristen de Briou und Forcarde de Biais
> aber befohlen, dem Kronprinzen bei der Tafel, wohin alle Königli-
> che und Markgräfliche Prinzen und Prinzessinnen sich befänden,
> Gesellschaft zu leisten. Nach der Tafel ist unter solchen jungen
> Herrschaften ein Ball gehalten, worauf der Kronprinz in voller
> Montur tanzen müssen, welchem der König eine gar kurze Zeit zu-
> gesehen."

Das wird eine lustige Geburtstagsfeier an diesem sparsamen Hofe gewesen sein . . .

Ganz anders, vor allem vornehmer und kostspieliger geht es am 13.
Mai dieses Jahres in Wien her: Dem Kaiserpaar wird ein Kind geboren,
leider kein Sohn, sondern ein Mädchen, Maria Theresia. Vorsichtshal-
ber hat ja der Vater, Karl VI., die bereits erwähnte Pragmatische Sanktion geschlossen, und damit ist Maria Theresia die erste Anwärterin auf
die Krone Österreichs, Böhmens und Ungarns, aber niemand denkt
daran, daß sie einst Kaiserin werden könnte, und ihr Vater erzieht sie
auch gar nicht in diesem Sinne. Die Kindheit Maria Theresias verläuft
ganz anders als die Friedrichs, was jener vermißt, wird sie in Fülle erleben können: Fröhlichkeit, Förderung kindlicher Talente; ganz so wie
die von Reinhold Brode zitierten Erziehungsgrundsätze. Es wird sich
auszahlen. Immerhin: die beiden größten Kontrahenten dieses Jahrhunderts stehen nun auf der Bühne der Weltgeschichte.
Im August dieses Jahres feiert ein anderer Österreicher, der eigentlich
ein Franzose ist, den größten Triumph seiner militärischen Laufbahn:
das Genie Prinz Eugen. Friedrich kann froh sein, daß er einer anderen
Generation angehört — so wird er ihn nicht als Gegner in seinen Schlesischen Kriegen vor sich haben. Bekanntschaft werden die beiden Männer allerdings machen. Mit seinem Sieg über die Türken vor Belgrad im
August befreit Prinz Eugen nicht nur die österreichischen Erblande
von einer nicht mehr erträglichen Gefahr, sondern auch ganz Deutschland und Europa. Es ist ein Krieg, der entscheidet, ob dieser Raum in
Zukunft europäisch oder orientalisch geprägt sein wird; man ahnt,

jetzt den Türken eine ordentliche, vernichtende Schlacht geliefert, dann dürften sie dort unten ihre Führungsposition verspielt haben. Es gelingt.

"Prinz Eugen, der edle Ritter . . ."
Schnell entsteht dieses lange Zeit populäre Liedchen. In dem zusammengewürfelten Haufen der kaiserlichen Armee kämpfen auch preußische Truppen mit äußerster Bravour und erringen Aufmerksamkeit und die Achtung der anderen Kriegsteilnehmer. Nach dem Frieden fallen Belgrad, Serbien, Slowenien, Siebenbürgen, die kleine Walachei und die Banater Militärgrenze an das Haus Habsburg.
In diesem Jahr bekommt Friedrich ein Brüderchen, Wilhelm, der jedoch im Jahre 1719 verstirbt. Am 23. Oktober verordnet Friedrich Wilhelm den Schulzwang, der jedem Vater befiehlt, seine Kinder zur Schule zu schicken. Damit ist der Anfang gemacht, daß Erziehung, Bildung und Wissen nicht mehr ein Privileg der Reichen und bevorzugt Geborenen sein wird: Wissen ist Freiheit — Wissen ist Macht.

"Wer sich an seine eigene   **24. Januar 1718**
Kindheit nicht deutlich erinnert,
ist ein schlechter Erzieher"
Marie v. Ebner-Eschenbach

Sechster Geburtstag

Für Friedrichs Vater Friedrich Wilhelm hat es einen Erziehungsplan gegeben, an dem Leibniz beteiligt gewesen ist; kein Wunder, daß dieser Plan, modernisiert, entrümpelt und zugeschnitten, auch für den Nächsten Verwendung finden soll. "Alles nach Plan" — für Friedrich Wilhelm eine Selbstverständlichkeit und durchaus zu verwirklichen. Leib-

niz nannte drei Grade der Vollkommenheit, die einem Fürsten durch Erziehung mitzugeben sind:
1. Die notwendigen,
2. die nützlichen und
3. die zur Zierde gereichenden Eigenschaften.

Notwendig ist, daß ein Fürst ein sittlicher, frommer, pflichtgetreuer und mutiger Mensch wird; nützlich ist, daß er Staats- und Kriegskunst versteht, damit er selbst regieren und kommandieren kann; zur Zierde gereicht, wenn er aufgeklärt, anmutig und kulturell aufgeschlossen ist. Da haben wir den Plan, nach dem man nicht nur Fürstenkinder erziehen sollte, nicht nur für frühere Zeiten gültig! Leibniz sagte, daß, um die Vollkommenheit zu erreichen, die Erziehung nach festem Plane vor sich gehen müßte, von Jahr zu Jahr bis ins Detail geregelt, daß sich der zu Erziehende jedoch frei vom Reglement fühlen müßte. Vor allem sei in der ersten Kindheit das Naturell sorgfältig zu bilden, die ersten Eindrücke seien entscheidend. Das Kind darf weder eingeschüchtert und geärgert, noch getäuscht und entmutigt werden. Man hat sich zu hüten, den Prinzen durch Possen zu erheitern, vielmehr ist seine Wißbegierde zu befriedigen und Spiel ist in den Unterricht mit einzubeziehen. Wichtig ist die passende Auswahl der Spielgenossen, die älter sein und dem Prinzen im Rang nachstehen sollten. Leibniz legt in seiner Instruktion Hauptwert auf die Erziehung in Moral, Religion und Ethik: Tugend, Gottesfurcht, Ehrgefühl, Rechtschaffenheit, Mut. Der Fortschritt im Lernen ist den Jahren anzupassen, das Nötigste zuerst und nicht mit Widerwillen: Religion, Geschichte, Französisch, Latein, Mathematik, Literatur, Geographie, Genealogie, Musik, Zeichnen.

Diese Erziehungsinstruktion von 1695, von Friedrich I. für Friedrich Wilhelm erlassen, änderte dieser 1718 für seinen Sohn Friedrich II., wie erwähnt, in einigen Punkten ab, eigenhändig, versteht sich, und vor allem ersetzt er die pomphafte Ausdrucksweise seines Vaters durch seine eigene mehr bürgerliche und nützliche. Auch sonst ging's natürlich mehr ums Nützliche. Latein — nicht notwendig. Geschichte — ja, hauptsächlich die der letzten hundertfünfzig Jahre, "dagegen muß die Geschichte der Griechen und Römer wegfallen; sie ist zu nichts gut". Mathematik — ja, aber hauptsächlich Geometrie und für Ökonomie und Artillerie. Religion — ja, aber keine Lehre des Atheismus, Arianismus oder Sozianismus und nichts von Katholizismus, dieser absurden Irrlehre;

> "daß ihm alle Zeit eine heilige Furcht und Veneration vor Gott beiwohne; denn dieses ist das einzige Mittel, die von menschlichen

Gesetzen und Strafen befreite souveräne Macht in den Schranken der Gebühr zu halten."

Mehr als wir uns heute vorstellen können, waren die Protestanten damaliger Zeit aufgesplittert und verfeindet: Universalisten, Artikularisten, Lutheraner, Reformierte. So schreibt Friedrich Wilhelm eigenhändig auf die Instruktion:

"Sollen ihn (Friedrich) nicht zum Artikularisten machen, sondern soll die universalistische Gnade glauben von Christus."

Und weiter:

"Absonderlich haben die Erzieher sich angelegen sein zu lassen, Meinem Sohne die wahre Liebe zum Soldatenstande einzuprägen, und ihn zu imprimieren, daß, gleich wie nichts in der Welt, was einem Prinzen Ruhm und Ehre zu geben vermag, als der Degen, er vor der Welt ein verachteter Mensch sein würde, wenn er solchen nicht gleichfalls liebte und die einzige Glorie in demselben suchte."

Die Erzieher hatten ihr besonderes Augenmerk darauf zu richten, "aufgeblasenen Stolz" und Hochmut abzuhalten und zu unterdrücken, dagegen Sparsamkeit und Bescheidenheit zu fördern. "Keine Schmeicheleien!" Friedrich Wilhelm hatte mit seinem Vater nie viel zu tun gehabt, und seine Mutter war ihm gegenüber schwach und ohne Durchsetzungsvermögen gewesen. Er wollte nun alles besser, gerechter machen. Er schreibt vor, daß man Friedrich, sollte er ungehorsam sein, nur mit der Mutter drohen sollte:

"Und müssen sie ihn mit derselben allezeit schrecken, mit mir aber niemals."

Man sieht, wenn man sich diese Zeilen durch den Kopf gehen läßt, daß in der Theorie alles außerordentlich gut gemeint und durchdacht ist. Vom Rabenvater kann gar keine Rede sein, aber einer der Hauptfehler Friedrich Wilhelms wird in der Folgezeit verhängnisvoll wirksam werden: infolge seiner Erziehung durch eine nachgiebige Mutter hat er eines nicht erlernt, Beherrschung. Sein Jähzorn wird alle Theorie wie Seifenblasen zerplatzen lassen.

Der Reisende Michael von Loen, später preußischer Regierungspräsident in Lingen, war in diesen Jahren am Hofe und beschreibt den kleinen Friedrich:

"Dieser zeigt bei einem noch zarten Alter eine ungemeine Fähigkeit, ja etwas ganz außerordentliches. Er ist ein überaus munterer und lebhafter Prinz. Er hat eine feine und geistreiche Bildung. Er zeigt dabei eine gewisse Leutseligkeit und eine so gute Gemütsart, daß man alles von ihm hoffen kann . . . Er fasset, lernet alles, was man ihm vorlegt, mit der größten Leichtigkeit."

Fest steht, daß Friedrich Wilhelm seinen niedlichen kleinen Friedrich abgöttisch liebt, wie es ein temperamentvoller Vater nur tun kann. Wie alle Kinder mit sechs Jahren, wird Friedrich bereits ein Eigenleben entwickelt haben, aber es ist nicht bekannt, ab wann dem Vater dieses Eigenleben mißfallen hat. Nicht lange mehr, und der väterliche Ärger wird über das normale Maß hinausgehen . . .

"Gute Exempel, halbe Predigt" **24. Januar 1719**
Sprichwort

Siebter Geburtstag

Michael von Loen schreibt aus seinen Beobachtungen am preußischen Hofe:

"Die Eltern halten den Prinzen unter scharfer Zucht. Und wenigen Prinzen wird so durch den Sinn gefahren und der jugendliche Wille gebeugt . . ."

Bereits seit seinem vierten Lebensjahr hat Friedrich elementaren Unterricht durch den Lehrer Hilmar Curas vom Joachimstalschen Gymnasium erhalten, und das Heft mit den ersten Schreibversuchen ist hier abgebildet.

Man kann sagen, daß Friedrich von dem Tage an, als er das Schreiben lernte, die Feder nicht mehr aus der Hand gelegt hat — er wird ein "Schreiberling", dem Schreiben beinahe notwendiger ist als Essen und Trinken.

Später wird das Lesen hinzukommen. Entsprechend dem Geist der Zeit wird Friedrich hauptsächlich in Französisch unterrichtet, der Sprache der Mode und der Gebildeten, die auch Friedrich Wilhelm besser beherrscht als seine Muttersprache. Doch sind die Lehrer angewiesen, Deutsch zu lehren — allerdings hat Friedrich beide Sprachen nicht fehlerfrei erlernt. Wenn man in Briefen und Randbemerkungen seine drastischen "Deutschfehler" bestaunt, muß man jedoch bedenken, daß es eine geregelte, genormte deutsche Schreibweise damals überhaupt nicht gegeben hat. Nach den schriftlichen Aussagen dieser Jahre verläuft der Werdegang des Kronprinzen durchaus nach den Vorstellungen des Vaters, da Friedrich sich stark für alles Militärische interessiert und nach den Berichten der Schwester Wilhelmine keinerlei Ambitionen fürs Schöngeistige zeigt. Den Vater aber lernt er bereits fürchten, denn aus Familienstreitigkeiten wird kein Hehl gemacht am Hofe dieses Königs, und dazu gehören laute und böse Worte, Ohrfeigen, Fußtritte und Stockschläge. Die Erziehungsvorstellungen der Eltern laufen immer weiter auseinander, und verstärkt versucht die Mutter, den Kronprinzen, und natürlich auch Wilhelmine, an sich zu ziehen. Bereits in dieses Jahr fallen Pläne ehelicher Verbindungen für die zehnjährige Wilhelmine und den siebenjährigen Friedrich: es erscheint für das Haus Hohenzollern günstig, Wilhelmine nach England zu versprechen und für Friedrich eine englische Braut zu besorgen. Diese Vorstellungen werden noch länger als zehn Jahre gehegt werden. Nach wie vor ist es erstaunlich, daß Friedrich, trotz des bulligen Vaters ein zierliches und zartes Persönchen, doch zäher zu sein scheint als sein Äußeres vermuten läßt. Übrigens macht Wilhelmine in dieser Zeit und auch später noch beinahe alle möglichen, damals üblichen Krankheiten durch, ohne sich umwerfen zu lassen.
Wenige Wochen vor Friedrichs siebtem Geburtstag, am 11. Dezember 1718, ist sein späteres Idol, Karl XII. von Schweden, im Kampf gefallen. "Oh, Karl von Schweden, im Glanze von Siegen! Den alle Genien des Ruhmes erfreuten, verheißen Dir Unsterblichkeit . . ." So mußte dieser nordische Ruhestörer untergehen, denn er hatte zu viele Gegner vor sich: Rußland, Sachsen, Preußen, Hannover, Dänemark, von dem er sich Norwegen als Ersatz für die Landverluste auf deutschem Boden

44

holen wollte. Der Kampf tobt um das Fort Fredrikshall, und mutig wie er ist, tritt Karl aus dem Laufgraben und steht, zum Entsetzen seiner Offiziere, in voller Größe und hellem Mondlicht für alle sichtbar da.

"Ha! Ein Blitz! und dann, die Todeskugel! Grad durchs Gehirn des Stolzen fährt sie . . ."

Von welcher Seite sie gekommen ist, die Kugel, bleibt ungeklärt. 1759 wird Friedrich über ihn schreiben:

"Karl XII. verdankt der Kunst nichts, der Natur alles. Sein Geist war nicht gebildet, aber kühn, standhaft, schwungvoll, ruhmbegierig und im Stande, dem Ruhm alles andere zu opfern."

In den Tagen, wo Friedrich dieses niederschreibt, mitten im Kriege, kann er froh sein, Karl XII. nicht an der Spitze schwedischer Truppen, die von Norden in Pommern eingefallen sind, als Feind zu haben . . .

"In einer guten Eh'   25. Januar 1719
ist wohl das Haupt der Mann,
jedoch das Herz das Weib,
das er nicht missen kann"
Rückert

Sophie

Der Mädchenreigen geht am 25. Januar 1719 mit Sophie weiter. "Mädchen muß man versaufen", meint Friedrich Wilhelm lakonisch. Zwar ist 1717 Prinz Wilhelm geboren worden, vom Vater viel umjubelt, aber schon nach zwei Jahren wieder gestorben. So bleibt es dabei: für Friedrich, sollte ihm etwas zustoßen, ist kein Ersatz in der Thronfolge vorhanden. Die Säuglings- und Kindersterblichkeit eröffnet ein bezeichnendes Licht auf die medizinische Situation dieser Zeit, in der die Ärzte eigentlich bei schweren Krankheiten und Infektionen soviel wie nichts tun konnten. Eine Frau mit fünf großgezogenen Kindern hatte meist mehr, sieben bis zehn geboren, und das Überleben der ersten Monate und Jahre war Glücksache. Offenbar haben die Menschen körperliche

Gebrechen und Leiden duldsamer ertragen als wir es heute tun können, aber selbstverständlich bemühte sich die Ärzteschaft um neue Erkenntnisse. Schon Mitte des Jahrhunderts begannen in Deutschland, von England herübergekommen, die ersten Impfungen gegen die Pocken, auch Blattern genannt. Kaum jemand war damals der Krankheit entkommen, und man trug Blatternnarben mit Würde oder überpuderte sie, je nachdem. Aus heutiger Sicht ist verständlich, daß es gegen das gefürchtete Kindbettfieber und Infektionen bei den Geburten kein Mittel geben konnte; der große medizinische Durchbruch war dem folgenden Jahrhundert vorbehalten. Also: Glücksache, wenn die Kinder die ersten Jahre überstanden.

Einen Tag nach Friedrichs siebtem Geburtstag wird das Schwesterchen Sophie Dorothea Marie geboren. Keine Sensation, schnell geht der königliche Hof zur Tagesordnung über. Sophie wird zusammen mit Friederike und Charlotte aufgezogen, diese drei spielen lustig, während Wilhelmine und Friedrich an den Ernst des Lebens herangeführt werden. Hier sei bereits vorab erwähnt, daß Sophies späterer Mann im Jahre 1719 bereits neunzehn Jahre alt ist. Darauf baut das ganze Dilemma auf, in das Sophie geraten wird. Kindheit und Jugend Sophies verlaufen ohne Besonderheiten, an die vielen ehelichen Kräche und des Vaters Tobereien wird sie sich im Laufe der Jahre gewöhnt haben, auch natürlich an die Ränke und Intrigen, die ihr nicht verborgen bleiben konnten, denn rasch ist sie in die ersten Hochzeitsintrigen mit hineingezogen worden. Sie ist es, für die der Markgraf von Bayreuth, der schließlich Wilhelmine heiratet, zuerst in Aussicht genommen wurde, aber der Vater hatte es anders vor. Er sagt zu ihr:

"Beglückwünschen Sie Ihre Schwester, sie ist mit dem Erbprinzen von Bayreuth verlobt; lassen Sie sich's nicht kümmern, ich werde mich nach einer anderen Versorgung für Sie umsehen."

Ja, das kann er, der alte Bärbeißer: bei Wein, Bier, Witzen und Tabaksqualm Hochzeiten aushandeln. Der nächste Bewerber macht sich freiwillig an Sophie heran, blitzt aber beim Vater ab: der Herzog von Mecklenburg; Sophie ist gerade zwölf Jahre alt. Friedrich Wilhelm fertigt den Herzog ab:

"Ich gebe Ihro Liebden nicht einmal ein Küchenmädchen zur Frau, geschweige denn meine Tochter."

Einen armen Herzog will der König nicht haben. Er brütet an einem anderen Plan herum, mit dem er einen bei Wilhelmine Abgeblitzten zurückgewinnen kann: Friedrich Wilhelm, Markgraf von Schwedt, hernach einmal der tolle Markgraf genannt. Dies ist ein Schlingel ganz nach dem Geschmack des Königs, der Männer auch danach beurteilt, wie standhaft sie bei Saufgelagen und Jagden sind. Um Sophie nicht zu verschrecken, hält der König ihn an, bei Tanzfesten und Hauskonzerten zu erscheinen, eine lammfromme Miene aufzusetzen, sich ausnahmsweise einmal den Damen von der angenehmsten Seite zu zeigen. Und siehe da: es gelingt. Erfreut stellt der König fest, daß wiederum einer seiner Pläne aufgeht, Sophie verliebt sich in den neunzehn Jahre ältern Markgrafen, mit dem sie außerdem verwandt ist. ”. . . wollte Gott, daß sie glücklich wird”, schreibt Wilhelmine an Friedrich. Und die Herzogin von Braunschweig bemerkt lakonisch zum König: ”Ew. Majestät entledigt sich recht geschwind all Ihrer liebenswerten Prinzessinnen.” Im April 1734 ist die Verlobung, kaum ein Jahr später die Hochzeit. Es wird berichtet, länger als über die Brautzeit hinaus habe des Markgrafen Verstellung nicht gereicht, dann sei er wieder der Alte, Natürliche gewesen. Er ist ein Taugenichts, nicht nur seiner Frau gegenüber, die dreißig Leidensjahre mit ihm verbringen muß, sondern auch gegen seine Untertanen, so daß Friedrich sich, gerade König geworden, genötigt sieht, ihn ernsthaft zu mahnen und ihm mit Enteignung von Würden und Untertanen drohen muß. Das Amt des Markgrafen ist in Deutschland längst überholt, was diese kleinen Fürsten als letzte bemerkt zu haben scheinen.

Sophie hatte vom knauserigen König eine Mitgift von 100.000 Reichstalern erhalten, und diese Summe verbraucht der Markgraf von Schwedt für sich allein: für den Bau eines großen Exerzierhauses, in dem eine komplette Reiterkompanie exerzieren kann. Früh gibt's den ersten Krach in der Ehe, am Ende verläßt Sophie das Schwedter Schloß und zieht sich in das kleine Jagdschloß Monplaisir zurück. Viel Eheglück genießen sie nicht, diese Preußentöchter! Mit Friedrichs Thronbesteigung wird der schwesterliche Briefverkehr nicht abgebrochen, im Gegenteil, doch jetzt korrespondieren nicht Bruder und Schwester, sondern König mit Markgräfin. Aber sie kann immer wieder ihr Herz bei ihm ausschütten, denn Familiensinn hat er, der Fritz, und hilft nach Maß und Möglichkeiten.

”Ich bitte Sie um Gottes Willen vernünftig zu sein, meine liebe Schwester, und kein bißchen Ihren Markgraf in seinem schlechten Betragen seinen Nachbarn gegenüber zu kopieren. Man muß mit aller Welt in Frieden leben.”

Sophie schenkt fünf Kindern das Leben, drei Mädchen und zwei Jungen, aber nur die Mädchen überleben. Der tolle Markgraf läßt sich sein lockeres Dasein nicht vergällen.

"Der scharfe Frost hat die Lust am Schlittenfahren fast erstickt, nur der Markgraf von Schwedt veranstaltet Picknicks in Charlottenburg", berichtet August Wilhelm im Februar 1751.

1755 gibt es eine Verwandtenhochzeit: Sophies jüngster Bruder Ferdinand heiratet Luise, Sophies Tochter. Friedrich spottet:

"Es ist eine Ehe nach jüdischer Art, denn sie bleibt in der Familie."

Ab 1757 leidet die Schwedter Markgrafschaft unter dem Einfall der Schweden, die Friedrich, da auf anderen Kriegsschauplätzen hinreichend beschäftigt, nicht hindern kann. Zu allem Überfluß meldet sich bei Sophie die Hohenzollern'sche Krankheit: Wassersucht. Es gibt weder Medikamente noch schmerzstillende Mittel, und so muß sie die Leiden, wie ihr Vater, ertragen. Die Briefe, die Sophie in ihren letzten Lebensjahren mit Friedrich wechselt, sind eine ansehnliche Krankengeschichte, denn Friedrich selbst, aus dem Krieg zurück, ist ebenfalls mit allerlei Zipperlein behaftet. Im Sommer 1765 kann Friedrich seine schwerkranke Sophie in Schwedt besuchen; sie sehen sich zum letzten Mal. Am 14. November 1765 schreibt Friedrich an seine Schwester Ulrike nach Schweden.

"Mit unserer armen Schwedter Schwester geht es zu Ende. Soviel sich die Ärzte auch bemühen, ihre Krankheit macht immer weitere Fortschritte. Sie erträgt ihre vielen Leiden mit bewundernswerter Geduld und Seelenruhe."

Sechsundvierzig Jahre alt, am 15. November 1765, stirbt Sophie, Tochter des alten Soldatenkönigs selig — ein Leben, früh gegängelt, früh mißachtet, mit wenig Freudenstunden, ist beendet. Heute erinnert in Schwedt, — im Gegensatz zu Ansbach, Bayreuth, Wolfenbüttel —, nichts mehr an die Zeiten des tollen Markgrafen und seiner preußischen Prinzessin Sophie Dorothea Marie.

"Und gäbe es keinen Gott,   24. Januar 1720
so müßt' man ihn erfinden"
Voltaire

Achter Geburtstag

Entgegen seiner späteren und allgemein bekannten Einstellung scheint
Friedrich in dieser Kinderzeit, er ist jetzt acht Jahre alt, ein "frommes"
Kind gewesen zu sein. Sollte des Vaters Erziehungslinie doch siegen? Es
sieht alles danach aus: Vater ist Militarist — der Sohn spielt gern Soldat;
Vater ist ein überaus frommer, überzeugter Christ — der Sohn schreibt
in Briefen und Aufsätzen das Wort "Gott" in großen Buchstaben; Vater hält nicht viel vom Lesen — der Sohn ist vorerst ebenfalls hierfür
nicht zu begeistern; der Vater ist Pedant — der Sohn hat gegen die
strenge Reglementierung seines Tagesablaufs nichts einzuwenden, ist
fleißig und gewissenhaft. Am Reiten, Scheibenschießen, Jagen und
Fechten hat er großen Gefallen, und er macht, wie sein Vater, Späße
mit dem Hofnarren Gundling. Das mißfällt der Königin sehr, sie versucht nach wie vor, auch mit Hilfe von Wilhelmine, ihn mehr auf ihre
Lebensart zu bringen. Hand aufs Herz: Was mag einem Knaben in dem
Alter mehr gefallen, ein resoluter, polternder, meist aber gerechter Vater, der auch in Anwallungen von Freude und Güte mit Liebesbezei-
gungen und Belohnungen nicht spart, oder eine Mutter, die selbst keine große Linie hat und intrigant und hintenherum mal dieses, mal jenes
redet und tut? Die Antwort kann nicht schwerfallen. Man muß sich
frei machen von der Vorstellung, Friedrich sei von Kind auf mehr ein
intellektueller als normaler Junge gewesen, mit frühesten Begabungen
in Musik und Dichtkunst, sozusagen einer, der lieber hinterm Ofen
hockt als beide Beine ins Leben stellt; und hieraus etwa beweisen wollen, sein Leben sei im großen und ganzen, trotz allem, kontinuierlich
und logisch abgelaufen. So etwas gibt es gar nicht, glaubt man höchstens dann entdecken zu können, wenn man ein Leben von hinten auf-
rollt. Stellen wir uns Friedrich also in dieser Zeit als ein Kind vor, das
überdurchschnittlich aufgeweckt, da es lernbegierig und offenbar zu jedermann gehorsam und fügsam ist. Wer weiß, wie um diese Zeit bereits

49

mit seiner Schwester Wilhelmine umgesprungen wird, kann auch Friedrich nichts Besseres anraten als Gehorsam gegen den Vater. In punkto Frömmigkeit: Will Friedrich sich in die Gunst des Vaters schmeicheln, so kann er nichts Gescheiteres tun, als diese hervorzukehren. Wieweit sein Bildungsstand gediehen ist, soll der nachstehend abgedruckte Brief zeigen, den der Achtjährige unter den Augen des Grafen Finkenstein in französisch an seinen Vater geschrieben hat:

"Man muß das Herz auf dem rechten Fleck haben und die reformierte Religion, Gott fürchten, nicht wie die, welche es ums Geld tun, auch nicht um der Erde willen. Man muß seinen Vater und seine Mutter lieben; man muß dankbar sein. Man muß Gott von ganzem Herzen lieben; denn wenn man liebt, tut man alles, ihm Freude zu machen, man liebt seinen Nächsten wie sich selbst; man tut alles, ihm Freude zu machen. Man muß nicht lange Gebete machen, wie die Pharisäer — ein kleines. Man muß Jesus Christus dankbar sein für seine Güte, daß er sich für uns arme Sünder hat kreuzigen lassen. Man muß der reformierten Religion nie untreu werden, und in seinen Krankheiten, daß Gott sie uns geschickt hätte um uns zu erinnern, daß wir Sünder sind, und man muß sich denken, ich bin nicht krank, ich kann Gott widerstreben, man muß immer denken, ich bin ein Sünder. Man muß nichts zu sehr lieben; man muß artig, höflich sein, mit allen Leuten reden; wenn man Gutes tun kann und tut's nicht, so ist's Sünde. Man muß die zehn Gebote halten, nicht stehlen, sich nicht beflecken und immer denken, alles, was ich Gutes tue, kommt von Gott. Man muß an nichts Böses denken; alles Böse, was uns einfällt, das kommt vom Teufel, man muß an eine Bibelstelle denken, welche heißt: Seid nüchtern und wachet; denn euer Widersacher, der Teufel, geht umher wie ein brüllender Löwe und suchet, welchen er verschlinge, dem widerstehet fest im Glauben."

So etwas können Achtjährige schreiben, besonders, wenn sie viel Religionsunterricht gehabt haben, und hier bleibt völlig offen, ob Friedrich nachschreibt, eigene Phantasie spielen läßt oder gar auf Anraten der Erzieher, die sich herausstellen wollen, dem Vater schmeicheln will. So scheint das Verhältnis zwischen Vater und Sohn noch in Ordnung, aber es kann nur eine Frage der Zeit sein, bis der Vater, gänzlich ungerührt, über das, was er zertritt, auch diesen Menschen von sich abbringt. Bekanntlich wächst mit dem Verstand auch die Kritikfähigkeit, und Friedrich wird auch den Einflüssen Wilhelmines auf die Dauer nicht widerstehen können.

Am 1. Februar 1720 schließt Preußen mit Schweden Frieden, womit für Friedrich Wilhelm der Nordische Krieg endlich beendet ist. Es hat ihn zwei Millionen Taler gekostet, nun Stettin, Vorpommern bis zur Peene, Usedom und Wollin für Preußen erworben zu haben; die Schweden bleiben noch in Wismar und im Rest des nördlichen Pommerns mit der Insel Rügen. Aus dem Großmachtstraum sind sie endgültig erwacht.

"Es bindet gleicher Schmerz wie gleiches Blut"   24. Juli 1720
Franz Grillparzer

Ulrike

"Gestern ist wieder eine auf die Welt gekommen . . . man muß sie versaufen oder Nonnen daraus machen; Männer kriegen sie nit alle."

Diese launigen Worte kann nur einer geschrieben haben: Friedrich Wilhelm, er schreibt sie an seinen Kummer- und Saufbruder, den Alten Dessauer, der auch Sorgen mit Mädchensegen hat. Rechnet man den früh verstorbenen Wilhelm ab, so hat Königin Sophie Dorothea ihrem König seit Friedrich, 1712, nur Mädchen ins Königreich gesetzt, womit er nicht zufrieden ist. Es ist das zehnte Kind, Luise Ulrike genannt, den letzten Namen nach der Königin Ulrike von Schweden, einem Land, mit dem der König ein paar Tage vorher eine Konvention gemacht hat, die ihm die vordem schwedische Odermündung einbringt. So ist der Bezug zu Schweden, der bleiben soll, bereits vom ersten Tag an vorhanden. Schnell ändert sich die Meinung des im Grunde gutmütigen

Königs: Ulrike wird so hübsch, daß sie ihn für sich gewinnt und er vergißt, eigentlich einen Jungen gehabt haben zu wollen. So ist sie eine Zeitlang die Hauptperson am Hofe, bis 1722 endlich wieder einmal ein Sohn geboren wird, August Wilhelm, und der Vater ein neues Objekt für seine Zärtlichkeiten erhält. Ein Jahr lang kann Ulrike allein und ungestört spielen und aufwachsen, bis der nächste Nachwuchs, Amalie, in die Welt tritt. Mit der Ruhe ist es vorbei. Amalie zeigt sich später äußerst musikbegeistert und bringt mit ihren Übungen Ulrike oft zur Wut. Das Leben dieser beiden Schwestern ist eigentlich nie ohne Spannungen untereinander verlaufen. In zeitgenössischen Berichten wird Ulrike gelobt als Schönheit mit strahlenden blauen Augen, gutmütig, immer zum Frieden geneigt. August Wilhelm wird ihr Lieblingsbruder. Als sie ins heiratsfähige Alter kommt, stellen sich viele große und kleine Fürsten in Berlin als Bewerber ein, aber der König kann sich nicht entschließen, ganz im Gegensatz zu den älteren Schwestern, seine Ulrike rasch und willig herzugeben; er erlebt ihre Hochzeit nicht mehr. 1735 steht ihr Vetter, der Prinz von Wales, zur Diskussion, 1736 der Erbprinz von Hessen-Darmstadt, der als zu arm abgewiesen wird. Den nächsten Bewerber, Karl III. von Spanien, der gleichzeitig Karl IV. von Neapel ist, schmettert der König mit einer klassischen Randbemerkung ab, die sein ganzes Wesen und seinen Charakter aufzeigt:
"Hundsfötter! Lieber sie den Hals abschneiden als katholisch!"
Als Friedrich Wilhelm 1740 stirbt, ist Ulrike frei und Friedrich nun der Herr der Familie. Damit hat er auch für das Auskommen der unverheirateten Prinzessinnen zu sorgen, die ihn des öfteren um Geld angehen. Als Voltaire 1743 am Preußischen Hof weilt, ist Ulrike dreiundzwanzig und in der Blüte ihrer Schönheit, obwohl bereits "zu alt zum Heiraten", und der alte Schwerenöter hat nichts anderes zu tun, als sich in sie zu verlieben. Er kleidet seine Gefühle als echter Intellektueller in Verse, und Friedrich muß einschreiten, mit Versen versteht sich, ihm den Kopf geradezurücken. Inzwischen ist Herzog Adolf Friedrich von Holstein-Gottorp Thronfolger von Schweden geworden, und auf Weisung der Zarin von Rußland soll er sich um eine andere der beiden preußischen Prinzessinnen bemühen: Ulrike oder Amalie. Amalie tritt zurück, und im März 1744 fällt die Entscheidung: Ulrike heiratet nach Schweden.
Sofort lernt sie die schwedische Sprache, Friedrich gibt ihr Anweisung, wie sie sich als Kronprinzessin von Schweden vorzubereiten hat und verabsäumt nicht, ihr geheime Informationen über ihre neue Heimat zukommen zu lassen. Am 28. Juni 1744 tritt sie von calvinistischen

Friedrich als Kronprinz, um 1720.

Friedrichs Lehrer Duhan de Jandun.

Friedrichs Schwester Prinzessin Ulrike, Königin von Schweden.

Friedrichs Bruder Prinz August Wilhelm.

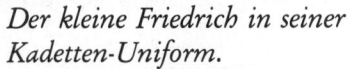

Der kleine Friedrich in seiner Kadetten-Uniform.

Friedrichs Schwester Prinzessin Amalie.

zum lutherischen Glauben über, so daß am 17. Juli, in Abwesenheit des Bräutigams, der durch Bruder August Wilhelm vertreten wird, im Berliner Schloß die Trauung vollzogen werden kann. Der 26. Juli ist als Abreisetag bestimmt. Über dieses traurige Ereignis schreibt Königin Elisabeth Christine nach Braunschweig:

"Die Abreise war die allertraurigste, der König weint noch, wenn er daran denkt, nur die Königinmutter behält die Fassung und weint nicht." Nach gemächlicher Reise betritt Ulrike am 8. August das königlich-schwedische Schiff in Karlskrona, vom Kronprinzen, den sie nie gesehen, herzlich empfangen — sie mögen sich von Anfang an und sind ein Leben lang gut ausgekommen. Am 29. August wird die richtige Vermählung auf schwedischem Boden nachgeholt. Von Schweden aus bleibt Ulrikes Kontakt nach Preußen intensiv bestehen, stets hat sie sich nach Brandenburg zurückgesehnt. Schweden! Schwedens Königtum! Es ist längst nicht mehr absolut wie Friedrichs, das politische Lager ist gespalten, und nicht alle Schweden sind dem Königshaus wohlgesonnen. Es ist hier nicht der Platz, auf die Verhältnisse dieses Landes einzugehen, Ulrike ist mit ihren neuen Landsleuten nicht immer glücklich gewesen, und der Thron wackelte später durchaus. Ihr größter Schmerz ist zweifellos gewesen, daß Schweden in den dritten Schlesischen Krieg gegen Preußen eintrat und sie machtlos zusehen mußte, ohne ihrem Bruder helfen zu können. Ihre Landsleute hausten in den Landstrichen ihres Vaterlandes "wie die Schweden" — Ulrikes Verzweiflung ist leicht vorstellbar. Friedrich berichtet ihr getreulich von seinen Siegen und Niederlagen, er kann froh sein, daß ihn die schwedischen Truppen nicht ernsthaft gefährden.

Im Jahre 1770 reist Prinz Heinrich in amtlicher Mission nach Schweden und berichtet dem König resigniert, daß die schwedische Monarchie so schwach sei, daß es gleichgültig sei, in welchem politischen Lager sie stehe. Am 12. Februar 1771 stirbt König Adolf Friedrich, und durch die Nachfolge seines Sohnes, Gustav III., wird Ulrike als Königin entthront. Sie sehnt sich nach Berlin, wo sie am 3. Dezember 1771 mit großem Gefolge eintrifft. Die Geschwister sind alt geworden in der anbrechenden neuen Zeit und lieben sich desto zärtlicher. Im August 1772 ist Ulrike wieder in Schweden, sie fühlt sich nach wie vor "als glühende Brandenburgerin auf dem Wasathron". Vier Jahre vor ihrem Bruder, dem König von Preußen, stirbt sie am 16. Juli 1782 auf Schloß Svartsjö bei Stockholm, erst zweiundsechzig Jahre alt. Ein menschlich reiches Leben, ohne historische Bedeutung, ist mit dieser preußischen Prinzessin zu Ende gegangen . . .

Zehnter Geburtstag

Folgende Szene hätte Adolf Menzel gezeichnet haben können — hat er
aber nicht: Mit vor der Brust gekreuzten Armen und finsterem Blick
steht der allmählich rundlich werdende Friedrich Wilhelm vor seinem
Sohn, der sich auf dem Boden lümmelt und bei Kerzenschein ein Buch
liest, einen Roman! Es gehört nicht viel Fantasie dazu, sich auszuma-
len, was nun geschieht. Da es das erste Mal ist, daß Friedrich Wilhelm
ihn erwischt, setzt es noch keine Prügel, sondern nur deftige Redensar-
ten, unter denen das Buch mit den Füßen zertreten wird. Mehr noch
als die Tatsache, daß Friedrich unnützes Zeug liest, verletzt den König
die Art und Weise, die der Sohn neuerdings an den Tag legt. Arrogant
und hochnäsig wirkt die Miene, wenn der König mit ihm redet, außerdem beginnt er, geckenhafte Kleidung zu bevorzugen. Irrt er sich, der
König, wenn er glaubt, daß auch das Interesse am Soldatendasein nach-
gelassen hat? Vermutlich nicht, denn Friedrich Wilhelm hat trotz aller
Rauhbeinigkeit das Gespür für das Treiben um sich behalten, zuviel
zwingt ihn, stets hellwach zu sein. Es ist soweit: Sich wiederholende
soldatische Exerzitien, mit starrer Pedanterie ausgeführte Kompanie-
vorführungen, Kriegsspiele in Festungen und Zeughäusern, Schieß-
übungen, dann die erzwungene Teilnahme an den königlichen Tabaks-
kollegien — alle diese profanen Tätigkeiten beginnen, den Kronprinzen
zu langweilen. Auch kirchlichen Predigten kann er nichts mehr abgewinnen, wenn die Rede davon ist,
    "daß Gott den Regen seiner Gerechtigkeit ohne Unterlaß über das
zarte Reislein, den Kronprinzen, träufeln lassen möge".
Worte einer ergebenen Hoftheologie, die nur der Protestantismus hervorbringen kann. Der Unterricht ist es, der dem Kind die meiste Freude bereitet, da Duhan es verstanden hat, seine Liebe zu gewinnen, und
es ist Duhans Sinn für das Schöne im Leben, Bildung und Kunst, der

allmählich in Friedrich einkehrt. Außerdem hat Wilhelmine ihm einen Anstoß gegeben. "Als Knabe wollte ich nichts tun", berichtet Friedrich selbst, "und war immer auf den Beinen." "Schämst Du Dich nicht", sagte Wilhelmine zu ihm, "Deine Talente so zu vernachlässigen!" So beginnt er, Romane zu lesen. Da man es ihm verbietet, huscht er ins Nebenzimmer, sobald die Erzieher oder Kammerdiener schlafen und liest bei Kerzenschein am Kamin gekauert weiter. Mit ihm kommen die beiden Gouverneure, die Lehrer und Erzieher in die Zwickmühle: Einerseits hat der König derlei Eskapaden verboten, andererseits können sie das Verbot nicht einsehen und wollen sich auch beim Kronprinzen nicht unbeliebter als nötig machen. Die kommenden Konflikte sind vorauszusehen, und sie müssen schwerwiegend sein, da an Friedrich eine schlechte Eigenschaft seines Vaters wiederzuerkennen ist: das aufbrausende, unbeherrschte Wesen. In diesen Tagen verfaßt Friedrich Wilhelm ein bemerkenswertes Dokument: "Die Instruktion für meinen Nachfolger", aus der einiges Bezeichnende wiedergegeben werden soll:

"Mein lieber Successor!
Sei wohl versichert, daß alle glücklichen Regenten, die Gott vor den Augen haben und keine Maitresse, es besser zu nennen Huren haben, und ein gottseliges Leben führen, diese Regenten wird Gott mit allem weltlichen und geistlichen Segen beschütten. Also bitte ich meinen lieben Successor ein gottseliges reines Leben und Wandel zu führen und seinem Lande und Armee mit gutem Exempel vorgehen, nicht saufen und fressen, davon ein unzüchtiges Leben herkomme ... Ein Regent, der mit honneur in der Welt regieren will, muß seine Affairen alle selber tun. Also sind die Regenten zur Arbeit erkoren und nicht zum flaxen faulen Weiberleben, und wenn mein lieber Successor erstlich werdet alles in Ordnung haben, alsdann wird so leicht gehen wie ein papis de musique. Der liebe Gott hat Euch auf den Thron gesetzt, nicht zum faulenzen, sondern zum arbeiten, und seine Länder wohl zu regieren. Ich habe das feste Vertrauen zu meinem lieben Successor, daß er darin meinem Exempel folgen wird und ein exemplarisches Leben führen und fleißig arbeiten wird, alsdann Gott ihn gewiß segnen wird."
Was hier geschrieben steht, ist auch heute noch, nach über zweihundertfünfzig Jahren, wo das Sagen von den Monarchen übergegangen ist auf gewählte Chefs, in seiner logischen und konsequenten Moral vollgültig; ob man nun alles im Namen Gottes oder des Volkes tut ...

Friedrich Wilhelms vernünftige und lebensfrische Ansichten sprechen auch aus einem Absatz seines im gleichen Jahre verfaßten Testaments: "... Was die Religion anlanget, bin ich und werde mit Gottes Hilfe reformiert selig sterben. Indessen bin ich versichert, daß ein Lutherischer, der da gottselig wandelt, ebenso gut selig werde, als die Reformierten und der Unterschied nur herrühre von Prediger Zänkereien ... Mein liebster Successor muß die Prediger in beiden Religionen nicht lassen sich in weltliche Affairen mischen, denn sie sich gerne in weltliche Sachen mischen und müssen kurz gehalten werden, denn die Herren Geistlichen gerne als Päpste in unserem Glauben agieren wollen ..."

Hier haben wir, bei dem sogenannten Soldatenkönig, eine Frömmigkeit, die die Augen keineswegs blind gemacht hat, dieser Mann kennt seine "Pappenheimer". Daß eine derartige Einstellung auch dann auf einen Nachfolger abfärben muß, wenn man sich verkracht hat, dürfte einleuchtend sein. In diesem Jahr tritt "der Nachwuchs" in die königliche Familie, der dereinst die Linie der Hohenzollern fortsetzen wird: August Wilhelm.

"Brüder haben ein Geblüte,   9. August 1722
aber selten ein Gemüte"
Altes Sprichwort

August Wilhelm

Auch zehn Jahre nach der Geburt Friedrichs steht die Thronfolge "auf nur zwei Augen", da entweder nachfolgend nur Mädchen geboren wurden oder der einzige Prinz verstorben ist. Friedrich Wilhelm macht sich Sorgen, denn Friedrich ist körperlich und gesundheitlich nicht stark, und wie leicht kann ein Unglück geschehen. Wie wir wissen, hat Friedrich Wilhelm schon genug Gelegenheit gefunden, sich über ihn zu ärgern. Noch kann freilich niemand etwas von dramatischen Schwierigkeiten ahnen. Da tritt August Wilhelm am 9. August 1722 auf den Plan, und der König kann endlich aufatmen. Tatsächlich ist dies die historische Stunde aller späteren Preußenherrscher, die ihr Herkommen bis in unsere Tage auf diesen August Wilhelm ableiten. Daß er selbst gar nicht König geworden ist . . . darüber an anderer Stelle mehr! August Wilhelm fällt aus dem Rahmen: Er ist der einzige große der Kinder Friedrich Wilhelms, auf den Wuchs bezogen. Natürlich dreht sich in den ersten Lebensjahren alles um ihn, der Vater schließt ihn immer mehr ins Herz, zumal Bruder Friedrich Probleme aufwirft, August Wilhelm jedoch ein typischer Mitmacher zu werden verspricht; und Friedrich Wilhelm hat bekanntlich seine Kinder nur lieb, wenn sie lieb sind. Auf die Erziehung der Jungen verwendet der Vater mehr Sorgfalt als auf die der Mädchen, die ja doch nur heiraten oder Nonnen werden. August Wilhelms Leben läßt sich also viel heiterer, optimistischer an als Friedrichs, niemand kann vorhersehen, wie tragisch und früh es enden wird. Wie Friedrich wird auch August Wilhelm einer intensiven militärischen Ausbildung unterzogen, zu der Friedrich Wilhelm ihm im Tiergarten eine Schanze errichtet, wo der Prinz mit einer kleinen Kanone Schießen lernen muß. Sein Lehrplan unterscheidet sich wenig von dem Friedrichs, wird aber nicht so konsequent durchgesetzt und überwacht. Des Vaters Wohlwollen muß sich 1726 teilen, denn wieder erblickt ein preußischer Prinz das Licht der Erde: Heinrich. Je mehr Schwierigkeiten es mit Friedrich gibt, desto freudiger richtet sich des Königs Blick auf August Wilhelm, als denke er jetzt schon: wenn der's nicht will oder schafft, macht's halt der andere. Im Krisenjahr 1730 hat er gewiß so gedacht.

Als August Wilhelm elf Jahre alt ist, wird er Leutnant bei der Potsdamer Riesengarde und muß, auf Kosten der Schulbildung, regulären Militärdienst verrichten. Mit dem vier Jahre jüngeren Bruder Heinrich versteht er sich ausgezeichnet, aber ein Nachteil macht sich bald bemerkbar: das zu häufige Zusammensein mit dem Vater. Dadurch leiden Bildung und Erziehung ganz folgerichtig, und August Wilhelm entwickelt sich zu einem burschikosen, wenig gehobelten jungen Prinzen. Doch bemüht er sich, dem Beispiel Friedrichs zu folgen und seinen Geist mit Büchern, Gedichten und Musik zu erweitern. Mit zwölf Jahren ist er Rittmeister. Um diese Zeit lebt Friedrich in Rheinsberg und unterhält eine Korrespondenz mit ihm, die den Nebenzweck hat, Nachrichten von Berlin, Potsdam und Wusterhausen hereinzubekommen; nur wenn man weiß, wie der König gelaunt ist, kann man sich richtig verhalten. Im Dezember 1739 taucht der Gedanke einer Verlobung nach Braunschweig auf, es geht um die Schwester von Elisabeth Christine, Friedrichs Angetrauter. Diesen Plan findet Friedrich Wilhelm gut, da er für die Braunschweiger starke Sympathien hegt. Im März 1740 sieht Friedrich sich vor dem Thron und gibt aus Ruppin seinem Bruder Anweisung über Totenwache beim König und militärische Vorsorgemaßnahmen. Mit dem Tode des Königs rückt Friedrich, aus der Sicht der Geschwister, in eine Vaterrolle innerhalb der großen Familie, und August Wilhelm wendet sich mehr seinem Bruder Heinrich und dem Nachkömmling Ferdinand zu. 1740 avanciert August Wilhelm zum Oberst. Am 20. September wird er mit Luise Amalie, der Schwester der jetzigen preußischen Königin verlobt und erhält einen eigenen Hofstaat. Als Generalmajor geht er in den Ersten Schlesischen Krieg, allerdings ohne eigenes Kommando. Im Winter, als die Kämpfe ruhen, heiratet er am 10. Januar 1742 im Berliner Schloß. Friedrich drängt zur Eile, nicht nur wegen der Hochzeit, sondern wegen der üblichen, meist unausbleiblichen Folgen, die ja bei ihm selbst ausbleiben: Nachwuchs. Seine eigentliche historische Tat in Sachen Dynastie tut er am 30. Juni 1744, indem er anordnet:

> "Wir haben allergnädigst resolvieret, daß Unseres Bruders des Prinzen August Wilhelm Liebden, fortan an allen Expeditionen (das sind Schriftstücke), worin deroselben gedacht wird, und sonst in allen Gelegenheiten bloß der 'Prinz von Preußen', ohne weder Deren Taufnamen und noch sonst dergleichen beizufügen, geschrieben und genannt werden sollen."

Damit ist August Wilhelm Thronfolger! Das Einvernehmen mit Friedrich ist ausgezeichnet, keine Anzeichen, daß es anders werden könnte. Aus dem Zweiten Schlesischen Krieg kehrt August Wilhelm mit dem König und Prinz Heinrich als strahlender Sieger zurück, inzwischen hat er sich jedoch in eine andere verliebt, was Friedrich mißfallen muß; Weibergeschichten - nein danke! Tauchen hier schon die ersten Schwierigkeiten und Trends auf, in die sich der "nächste" verwickeln wird? Der nächste: Er wird am 25. September 1744 geboren, erhält den Namen Friedrich Wilhelm, wie sein Großvater und wird dereinst König sein. Friedrich ist über die endgültige Sicherung der Thronfolge beruhigt. Der weitere Werdegang August Wilhelms ist in einem anderen Kapitel dargelegt.

Ein kleiner Soldat

J. D. E. Preuß sagt in seiner Festrede vor der Militärischen Gesellschaft
in Berlin am 24. Januar 1856:
> "Friedrichs Lebensrichtung ist wesentlich eine militärische gewe-
> sen, von seinen Kinderspielen bis zu seinen letzten großen Manö-
> vern . . ."

Das scheint auf den ersten Blick richtig zu sein. Über Erziehungspläne
ist hier bereits berichtet worden, die die dominierende Gestalt des Soldatenkönigs zeigen. Das erste Friedrich-Gemälde des königlichen Hof-
malers Antoine Pesne zeigt den dreijährigen Kronprinzen, bereits mit
dem Schwarzen Adlerorden dekoriert, wie er die Trommel schlägt und
seine Schwester marschieren läßt. Hier ist es noch kindliches Spiel, am
11. Oktober 1723 schon mehr. Friedrich, nun elf Jahre alt, darf dem
Großvater mütterlicherseits sein kronprinzliches Kadetten-Korps im
Lustgarten vorführen. Er ist der Lieblingsenkel dieses Großvaters, des
Königs Georg I. von England, in Personalunion Kurfürst von Hannover. Im Juli 1717 war dieses Korps in einer Stärke von einhundertzehn
Mann errichtet worden, "Sr. Königlichen Hoheit des Kronprinzen
Friedrichs Compagnie Cadets", und hatte bereits im Mai 1721 vier
Kompanien mit insgesamt zweihundertsechsunddreißig Soldaten. Es
klappt alles vorzüglich im Lustgarten, und beide Könige sind zufrieden. Wenn Friedrich Wilhelm zurückdenkt, kann er im allgemeinen
zufrieden und beruhigt sein, die kleinen Konflikte am Horizont wird
er in den Griff bekommen. Bereits am 15. Mai 1717 hatte die Königin
ihm berichtet: "Fritz exerziert täglich, er schießt mit der Kanone und
dem Gewehr." Im großen Saal des Berliner Schlosses besitzt Friedrich
in dieser Zeit ein Zeughaus, gefüllt mit Kanonen und Gewehren, an denen er täglich spielt. Außer mit den Kadetten exerziert Friedrich mit
der Leibkompanie des Infanterieregiments von Gersdorff in Köpenick,
und voller Stolz berichtet er alle Vorgänge seinem noch stolzeren Vater. Am 11. Juni 1720:

"Ich bin am 7. dieses in Cöpenick gewesen, meine Compagnie hat nicht allein die Handgriffe sehr gut gemacht, sondern auch so gut gefeuert, daß es unmöglich besser sein kann."

Und am 31. Oktober desselben Jahres:

"Meinem lieben Papa berichte mit allem untertänigen Respekt, daß ich gestern bei meiner Compagnie in Cöpenick gewesen; sie hat überaus gut exerziert, und ich habe ihr auch, weil sie es so wohl gemacht, ein Faß Bier geschenkt."

Wiederum am 17. Juli 1721:

"Übermorgen werde ich wieder nach Cöpenick gehen, um meinem lieben Papa von der Compagnie Bericht zu tun; ich bin oft bei meinen Cadets gewesen, wobei noch Alles wohl ist."

Hier kann selbst der größte Schwarzseher keine Probleme erkennen, weil keine vorhanden sind oder Friedrich bereits geschickt taktiert. Es ist durchaus verständlich, daß Friedrich seinen Vater liebt, respektiert und am Soldatenleben Spaß hat, denn schließlich steht er vor, nicht in der Front. Soldaten- und Kriegsspiele, das haben wohl alle Jungen um zehn herum zu allen Zeiten gern getan. Die Gefahren, die hierin liegen können, hat man damals zweifellos anders beurteilt als heute. Für Friedrich liegen die Gefahren ja nicht darin, daß er ein Militarist werden könnte, denn das wird gewünscht, sondern in dem von Friedrich Wilhelm nicht erkannten Umstand, daß er dieses Spiel einmal satt bekommen könnte. Zum Beispiel, wenn er, frühreif wie er ist, zu der Erkenntnis kommt, daß Soldatsein nicht alles bedeuten darf für den künftigen König von Preußen. In der simpel-optimistischen Denkart Friedrich Wilhelms muß alles wie eingeleitet und bewährt weitergehen, aber es wirken natürlich auch andere Kräfte auf Jung-Friedrich ein. Zu wenig wird in der Literatur herausgestellt, daß seine Eltern, der König und die Königin, zeitweise wie Hund und Katz' miteinander umgingen und in Erziehungsfragen uneinig waren. Was macht ein aufgeweckter Knabe bei solchen Familienverhältnissen? Er nutzt sie aus. Das heißt: Friedrich kommt in die Lage, aus elterlichen Streitigkeiten für sich das Beste herausholen zu müssen, und wie in derartigen Situation üblich, wollen beide Eltern das Kind jeweils beeinflussen, gewinnen, an sich ziehen. Das kann nicht gut gehen, wenn der eine tobt und Schrecken verbreitet, der andere durch Heimlichtuerei unaufrichtig wirkt. Hinzu kommen Geschwister, die ebenfalls ihre liebe Not haben, ungeschoren davonzukommen. Es wird sich zeigen, wer, wenn der Konflikt sich ausweitet, der Stärkere ist.

"Die Zunge ist mein Feind;   9. November 1723
sie redet, bevor der Verstand spricht"
Sprichwort

Amalie

Schlag auf Schlag geht es mit dem Kinderkriegen am Preußischen Hof in den zwanziger Jahren weiter, von 1720 bis 1730 setzt die Königin fünf Kinder in die Welt, darunter endlich die vom König heiß ersehnten Jungen. Nachdem mit August Wilhelm der spätere Prinz von Preußen geboren ist, kommt genau fünfzehn Monate später wieder ein Mädchen: Amalie, die letzte preußische Prinzessin, die eigensinnigste, am meisten ihrem königlichen Bruder ähnelnde.

Spektakulär ist ihr Eintritt in diese Welt: Im wahrsten Sinne des Wortes unerwartet, erstaunlicherweise auch von ihrer Mutter. Schwester Wilhelmine gibt später in ihren Memoiren eine Schilderung der Novembertage. Danach sei die Königin damals so korpulent gewesen, daß eine Schwangerschaft selbst dieser erfahrenen Frau verborgen blieb. Auch die Ärzte erkannten ihren Zustand nicht, obwohl ihr häufig übel wurde und ihr Leib anschwoll. Erst im allerletzten Moment, in der Nacht zum 9. November, erkennt sie selbst ihre "Koliken" als Wehen, und es bleibt keine Zeit, einen Arzt oder eine Hebamme zu holen, so daß Amalie mit Hilfe einer Kammerfrau und ihres Vaters zur Welt kommt. Der König soll sich wegen der handfesten Überraschung den Bauch vor Lachen gehalten haben, ein Zeichen seiner angeborenen Gutmütigkeit. Mit Amalie lebt nun die sechste preußische Prinzessin in der großen Familie des Soldatenkönigs, und es ist verständlich, daß er sich Sorgen um ihre Zukunft macht. Tatsächlich haben wir mit Amalie die einzige Prinzessin, die unverheiratet bleiben wird. Schon früh zeigt sich ihre große musikalische Begabung, es sei hier vorweg genommen, daß es heute eine Schallplatte gibt, auf der einige ihrer Werke festgehalten sind. Daß über das Lebensbild dieser Prinzessin weniger bekannt ist, liegt daran, daß sie im Briefeschreiben die faulste gewesen ist; natürlich auch, weil durch fehlende Hochzeit und andere öffentliche Ereignisse weniger über sie zu berichten gewesen ist. Wie schon vorher erwähnt, wachsen Amalie und Ulrike eine Zeitlang gemeinsam auf, und schon bald fühlt Ulrike sich durch Amaliens intensive Musikübungen gestört. Amalie ist als Kind rund und mollig, da sie gut ißt und gern lesend und musizierend herumsitzt.

> "Dagegen war das Nesthäkchen, die fette, naschhafte, phlegmatische Amalie der launischste Tyrann; friedlich war sie nur, wenn sie essend für acht Große sich mit einem Buch vor der Nase in einen Sessel hineinrollen konnte . . ."

So wie Friedrich sich mit Wilhelmine am besten versteht, fühlt sich Amalie zu August Wilhelm gezogen. Als Kind pummelig zu sein bedeutet nicht: fürs ganze Leben; so auch bei Amalie, die zu einer hübschen Erscheinung heranwächst. Schon ist, wie auch bei Friedrich, ihre scharfe Zunge gefürchtet, ihre spitzen Bemerkungen, ihre launische Art. Sie ist auch später eine scharf beurteilende Beobachterin und scheut sich nicht, wie Friedrich, in groben und schonungslosen Worten die Wahrheit zu sagen.

Im Jahre 1743 steht sie, zusammen mit Schwester Ulrike, wegen der schwedischen Hochzeit zur Diskussion, tritt zurück, da sie nicht zur lutherischen Lehre konvertieren will. Mit zwanzig noch nicht verheiratet — für eine Prinzessin damaliger Zeit ungewöhnlich. Nach Ulrikes Fortgang ist Amalie allein, Friedrich, als Chef der Familie, gibt ihr einen eigenen Hofstaat, sie kümmert sich viel um Königinmutter Sophie Dorothea im Schloß Monbijou. Niemand scheint daran zu denken, daß sie noch heiraten könnte. Dabei berichten Zeitgenossen von ihrer großen Schönheit, ihrer musikalischen Begabung und allgemeinen Bildung, daß sie von allen angebetet worden wäre. Als sie dreißig ist, scheint sie sich stark verändert zu haben, die Ursachen sind unbekannt, sie wird scharf-sarkastisch in ihren Bemerkungen, bissig in den Äußerungen und immer ähnlicher ihrem Bruder Friedrich, der sie sehr schätzt und verwöhnt. So in Geldsachen, denn preußische Prinzessinnen werden im allgemeinen kurz gehalten, und er muß ihre Schulden bezahlen. Amalie feiert, repräsentiert für den Hof, dichtet,komponiert, liest aus ihrer umfangreichen Bibliothek, die bis heute erhalten ist — geteilt wie Deutschland! Friedrich verweigert ihr zwei mögliche Heiraten: den russischen Großfürsten Peter und den Sohn Ludwig XV. von Frankreich, Louis. Dafür ermöglicht er ihr, 1756 Äbtissin von Quedlinburg zu werden, wodurch sie weitere Einkünfte erhält. Aber damit ist eine Verheiratung endgültig passé. 1757 stirbt der Mittelpunkt der alten königlichen Familie: Sophie Dorothea. Im gleichen Jahr muß der Hof nach Magdeburg flüchten, da die Feinde in Berlin und der Mark aufgetaucht sind. Freiherr von der Trenck, über den an anderer Stelle berichtet wird, "soll etwas mit Amalie gehabt haben", eine große Liebe sogar, aber das behauptet er selbst in seiner äußerst merkwürdigen Lebensgeschichte, und daraus sei ihr Alleinsein und ihre verschrobene Art zu erklären. Wie die meisten ihrer Geschwister wird Amalie früh leidend. Sie schreibt des öfteren an Friedrich, der es nicht unterläßt, sie mit sanfter Ironie zu necken, wie in einem Brief aus Torgau am 7. November 1762 wegen Heinrichs Sieg über die Feinde bei Freiberg:

"Sie, die Sie Beziehungen zum Himmel haben, die ich nicht habe, Sie können wissen, wie weit Ihr ewiger Schwiegervater uns begünstigt oder uns entgegenarbeitet; ich armer Sterblicher, der nicht einen Hund des Paradieses kennt . . . Adieu, liebe Braut Christi . . ."

In diesem Ton geht es weiter, sie hat es nicht übel genommen. Rührend und überliefert sind die Szenen, wenn Friedrich sie in den achtziger Jahren, von seinen Revuen und Paraden heimkehrend, in Berlin in ihrem Palais in der Wilhelmstraße besucht: Zwei früh gealterte Geschwister, die eigentlich nicht mehr in die sich anbahnende neue Zeit gehören. Amalie stirbt ein halbes Jahr nach ihrem verehrten Bruder, am 30. März 1787. Sie ist am Schluß so krank, daß sie den Kopf nicht mehr aufrecht tragen kann, klein und eingefallen, ohne richtig sprechen zu können, ähnelt ihr Dahingehen dem des Königs. Ihr letzter, echt friderizianischer Streich: Ihr Lieblingsneffe, voller Erwartung, erbt nichts als ihren Tabakvorrat!

"Die Regeln behalten immer   24. Januar 1724
ihren großen Wert"

Zwölfter Geburtstag

Inzwischen wachsen für Friedrich Wilhelm in der kopfstarken Familie die Probleme. Immer versucht er, ein liebevoller Vater zu sein, aber es gelingt ihm eigentlich bei keinem seiner Kinder anzukommen, und besonders seine Frömmigkeit ist es, in der er nicht ernst genommen wird. Wilhelmine berichtet aus diesen Tagen:

"Alle Nachmittage hielt uns der König eine Predigt, der wir so aufmerksam zuhören mußten, als spreche sie der Mund des Apostels. Oft überwältigte meinen Bruder und mich die Lachlust dergestalt, daß wir laut losplatzten; aber dann ergoß sich auch der apostolische Fluch über unsere Häupter; und wir mußten ihn durchdrungen und reuig ertragen."

Des Königs Pedanterie kann ihm in seiner Familie keine Achtung einbringen, zumal er nun verstärkt nur für das Notwendige und Reelle in Erziehung und Bildung eintritt. Friedrich wird durch Frühaufstehen, Exerzieren und Strapazen so ermüdet und überanstrengt, daß er, wie der österreichische Botschafter bemerkt, so ältlich und steif aussieht, als habe er schon viele Feldzüge mitgemacht.
Zwar hat er nach wie vor Neigung zum Lernen von Mathematik, Festungskunde und Mechanik, zeichnet auch gut aus der freien Hand, doch ist ihm allmählich der Umgang mit Offizieren, wo er auch hinschaut, sind Militärs, so zuwider, daß seine Abneigung wächst. Friedrich fühlt sich zu unterrichteten und gebildeten Personen hingezogen; der Vater ist nicht in der Lage, das zu bemerken, und wenn es ihm hinterbracht wird, lehnt er es ab, darauf einzugehen. Er begreift nicht, daß alles, was er mit so viel Liebe und Eifer für seine Kinder, speziell Friedrich, tut, nicht anerkannt wird, er begreift nicht die Verschiedenartigkeit der menschlichen Anlagen und glaubt, alles durch Erziehung in seine Bahnen lenken zu können. Nichts gibt es, um das er sich nicht kümmert, und seine Unberechenbarkeit läßt Schüler und Lehrer in steter Angst, wenn sie vom Unterrichtsplan abweichen. Das scheint Duhan schon von Anfang im Sinn gehabt und getan zu haben, so daß sich zwischen den beiden eine Art Verschwörung gegen den königlichen Oberaufseher einstellt. Es versteht sich von selbst, daß der König Pläne für den Unterricht erstellt hat, von denen einer hier abgebildet ist. Man sieht, daß Latein vollkommen fehlt und Französisch nicht als Sprachunterricht eingeplant ist. Der königliche Pädagoge hält nicht viel davon, so daß Duhan heimlich unterrichten muß. So kommen beide Sprachen bei Friedrich zu kurz, was er später in einem Brief an den Marquis d'Argens bedauert:
"Sie und Ihresgleichen lesen lateinisch, griechisch und hebräisch. Ich hingegen verstehe nur ein wenig französisch; wo mir nun das nicht aushilft, da bleibe ich in der gröbsten Unwissenheit."
Die Bücher, die er nun heimlich zu studieren beginnt, von denen er Zeit seines Lebens nicht mehr lassen wird, muß er in den vorliegenden französischen Übersetzungen lesen. Den königlichen Argusaugen entgeht die innere und äußere Veränderung des Thronfolgers nicht. Im März 1724 kommt es auf einer der zahlreichen Taufen, bei der Fried-

	Sonntag	Montag	Dienstag	Mittwoch	Donnerstag	Freitag	Sonnabend
6— 7	In der ersten halben Stunde Anziehen und Frühstücken, dann Morgenandacht, von Duhan vor den Bedienten abzuhalten.						
7— 8	Aufkleiden, Früh-stücken, Andacht	Geschichte					
8— 9	Katechisation				Geschichte bis 9½		Prüfung über das Wochenpensum bis 10½
9—10	Kirchgang		Religion bei Noltenius bis 10¾	Fechten bei Panzendorf bis 10½			
10—11							
11— 2		Zusammensein mit dem Könige.					
2— 3		Geographie			Geographie		frei, ev. Strafrepetition.
3— 4		Moral		frei	Moral	Deutsch	
4— 5		Deutsch.Briefstil	Arithmetik		Franz. Briefstil	Arithmetik	
5—9½		Bewegung und Erholung					
9½—10½	Abendandacht, vor den Bedienten abzuhalten, dann Schlafengehen.						

rich Wilhelm Gevatter zu stehen pflegt, zu einer bezeichnenden Szene. Friedrich ist ebenfalls anwesend.

"Ich möchte wissen", sagt der König mit einem Blick auf ihn, "was in diesem kleinen Kopf vorgeht; ich weiß, daß er nicht so denkt wie ich und daß es Leute gibt, die ihm andere Gesinnungen beibringen und ihn veranlassen, alles zu tadeln; das sind aber Schufte." Nach einer Weile fährt er fort: "Fritz, denke an das, was ich dir sage! Halte immer eine gute Armee . . ."
Er wiederholt sinngemäß, was er in seinen Instruktionen vom Januar 1722 niedergelegt hat, ". . . eine starke Armee usw. wegen unserer Nachbarn etc.", und diese Worte werden von kleinen Klapsen auf die prinzliche Wange begleitet, die sich allmählich zu Schlägen und Ohrfeigen steigern; königlich-preußische Erziehung. Derartige Tadel und Ermahnungen verteilt der König gewohnheitsgemäß "vor versammelter Mannschaft" und glaubt, damit seine Autorität untermauern zu können. Es ist verständlich, daß Friedrich auf die Zeit, im Stundenplan "elf bis zwei Uhr Zusammensein mit dem König", bald keinen Wert mehr legt, daß sein kindliches Gemüt nicht begreifen kann, warum der Vater sich bei seinem Anblick aufregt. So bleiben ihm als schönste Stunden des Tages der Unterricht mit dem verehrten Duhan und die Beschäftigung mit der Musik. Zwar hatte der Vater befürwortet, Musikunterricht zu nehmen, aber nur, um Choräle und Psalmen singen und spielen zu können. Es ist nicht ganz sicher, wann Friedrich "zur Flöte gekommen" ist, es kann vielleicht bereits in das Jahr 1719 datiert wer-

den, da sein Exerziermeister dieser Zeit, von Rentzell, ein guter Flötenspieler gewesen ist, und im Rechnungsbuch Friedrichs vom September 1719 ist die Reparatur einer Flöte verzeichnet: "Vor die Pfeiffe zurecht zu machen vier gr.". Die nächsten Jahre werden zeigen, wieweit Friedrich der Bedrängung durch den Vater standhalten kann; Unterstützung findet er allein bei Schwester Wilhelmine. Des Königs Pedanterie geht soweit, daß er Duhan genaueste Anweisung gibt über Friedrichs Tagesablauf inklusive Zeitplan, also "Frühstück sieben Minuten, großes Gebet mit Bibellesung und Kirchenlied 23 Minuten, Morgentoilette mit Gebet 15 Minuten". Freizeit heißt "tun was er will, wenn es nur nicht gegen Gott". Es dürfte keine weitere weltgeschichtliche Größe geben, die in der Jugend mit derartigen Kleinigkeiten traktiert worden ist. Hier finden wir eine der vielen Ursachen für Friedrichs späteres Verhalten.

"Stetes Pflichtbewußtsein   **18. Januar 1726**
ist die wahre Krone des Charakters"
Samuel Smiles

Heinrich

Wenige Tage vor Friedrichs vierzehntem Geburtstag wird Heinrich geboren, womit die preußische Thronfolge nun auf drei Trägern ruht. An diesem Bruder wird Friedrich eines Tages viel haben, doch soll nicht vorgegriffen werden. An der Menge der Kanonenschüsse erkennen die Berliner schnell, daß wieder ein Prinz geboren ist, und sie wissen, wie sehr Friedrich Wilhelm sich darüber freut. Zwar ist es wieder ein kleines schmächtiges Kerlchen, und später stellt man fest, daß er auch noch schielt, aber immerhin — besser als ein Mädchen, von denen

der König die Nase voll hat. Der Abstand zu den älteren Geschwistern ist erheblich: Wilhelmine ist siebzehn, Friedrich vierzehn, und die Probleme mit ihm werden immer drückender für den dickköpfigen König. Er sieht es gern, wenn seine Jungen ihn im Tabakskollegium besuchen, dann spielt und schäkert er mit ihnen, und sie küssen und liebkosen ihn. Bei Friedrich ist das nicht so gewesen, denkt der König grimmig. Schon in jüngsten Jahren nimmt der König seine Söhne mit aufs Exerzierfeld, wo sie Schießen und Fechten üben und sich ans Truppenleben gewöhnen müssen. Mit zwölf Jahren wird Heinrich Fähnrich im Grenadierregiment, zu seinem Leidwesen will's mit der Körpergröße nicht recht klappen, und wenn er in den Spiegel schaut, ist er recht unzufrieden. Heute würden wir urteilen: Schon früh entwickelte er Komplexe. In der Zeit des letzten Lebensjahrzehnts Friedrich Wilhelms hat Friedrich seinem Bruder kaum näher kommen können, der Altersunterschied trennt sie, und als Friedrich König wird, damit die Verantwortung über die zahlreiche Familie übernimmt, ist Heinrich halb so alt wie er, also in dem Alter, wo Friedrich selbst seinem Vater Schwierigkeiten bereitete. Darum hätte er es besser wissen müssen — und doch versucht er, Heinrich mit übertriebener Strenge zu erziehen. Daß er in der Armee zu dienen hat, ist selbstverständlich, Heinrich macht den Zweiten Schlesischen Krieg als Friedrichs Generaladjutant mit. Vom Anfang scheint eine gewisse Spannung zwischen den Brüdern zu stehen, die ihre Ursache gewiß in Heinrich selbst hat, obwohl Friedrich ihn mit Zeichen seiner Gunst versieht. Er darf an der Seite des siegreichen Königs in Berlin einziehen, und 1744 schon hat Friedrich ihm Schloß Rheinsberg geschenkt, damit er sich einen eigenen Hofstaat halten kann. Dennoch fühlt sich Heinrich vom König zu stark bevormundet, sein Temperament verkennt, daß er noch viel zu lernen hat; denn ähnlich wie Friedrich in diesem Alter hat er einen ausgeprägten Hang zum Leichtsinn. Fügt er sich den königlichen Anordnungen nicht, so hat er mit Arrest zu rechnen, denn bekanntlich setzt Friedrich seine Anordnungen durch und überwacht sie. In vielen Briefen schreibt Friedrich vorwurfsvoll den Satz: "Wenn Sie mich ein wenig lieben könnten." 1746: "Ich denke, wir haben uns gegenseitig nichts vorzuwerfen und stehen einander gleich kühl gegenüber. Sie haben es einmal so haben wollen, mag es denn so sein."
Friedrich schlägt ihm den Wunsch ab, in ausländische Militärdienste zu gehen; dies ist wohl ein Versuch Heinrichs, der königlichen Fuchtel zu entkommen. So bleibt ihm nichts anderes zu tun als das, was Friedrich durchgemacht hatte: Anpassung an die höhere Gewalt. Es war durch-

aus nicht so, daß die Prinzen viel frei entscheiden konnten, viel mehr,als man heute verstehen kann, unterlagen sie den Wünschen und Bestimmungen der Dynastie. Es ist Zeit für Heinrich, verheiratet zu werden. Auch bei ihm entscheiden nicht Liebe und Neigung, sondern Zweckmäßigkeit und höhere Wünsche. Immerhin darf er sich von zwei Kandidatinnen, Schwestern im Hause Hessen-Kassel, eine erwählen. Wieder glaubt er, durch die Heirat, die am 25. Juni 1752 im königlichen Schloß Charlottenburg vollzogen wird, der Aufsicht des Königs entrinnen zu können. Obwohl er ein zärtlicher Ehemann ist, scheint er schon ein Jahr später mit einer anderen angebändelt zu haben, wie Berichte von Hofleuten aussagen. Daß er stets Schulden hat, regt den König am meisten auf: "Sie werden noch ins Armenhaus kommen, wenn Sie fortfahren, Ihr Kapital auszugeben und Schulden zu machen." Das Hofleben, soll es standesgemäß sein, ist aber auch zu teuer für lebenslustige preußische Prinzen! Allerdings muß Heinrich zugestanden werden, daß er für die Einrichtung von Schloß Rheinsberg eine Menge Geld benötigte. Die musikalische Veranlagung der Hohenzollern kommt auch bei Heinrich durch, der, wie Friedrich es formuliert, die Geige für einen Prinzen fast zu gut spielt. Als 1756 der Krieg ausbricht, geht Heinrich sofort ins Feld und kommt mit dem König, ehe sie endgültig sieben Jahre fortbleiben, im Januar 1757 noch einmal nach Berlin zurück. Er gleicht auch hier seinem Bruder: kümmert sich so gut wie gar nicht um seine Frau. Hier sei vorab gesagt, daß Heinrichs Ehe kinderlos blieb. Im Feld, besonders in der siegreichen Schlacht bei Prag im Mai 1757, erkennt der König Heinrichs Begabung im Militärischen und Organisatorischen; Furcht kennt keiner der männlichen Hohenzollern! Friedrich findet in Heinrich einen wertvollen militärischen Führer — es ist kein Wunder, daß Heinrich auf fast allen überlieferten Bildern als Feldherr dargestellt ist.

Vierzehnter Geburtstag

"In der Blüte meiner Jugend beschäftigte ich mich mit Ovid und
folgte Rinalden in den Palast Armidas, und als das erste Barthaar
mir das Kinn umschattete, fand ich Geschmack an Sophokles, Ho-
raz und Cicero."
Worte Friedrichs aus dem Jahre 1762. Wie ist die Wirklichkeit? Da sein
Unterrichtsprogramm dieses Studium nicht vorsieht, treibt er es in sei-
ner Freizeit, mit Unterstützung Duhans und eines privaten Lehrers.
Aber: Friedrich Wilhelm kann jederzeit anrauschen! Und er tut es.
"Was machst du Schurke da mit meinem Sohn?"
Drohend steht Friedrich Wilhelm vor dem Lehrer, der Friedrich, als
Ergänzung zum Geschichtsunterricht, die lateinische Lektüre der Gol-
denen Bulle einstudieren läßt.
"Ew. Majestät, ich expliziere dem Prinzen auream bullam." Friedrich
Wilhelm hebt den Stock und scheucht den Lehrer: "Ich will dich
Schurken be-auream-bullam."
Obwohl Friedrich sich in diesen Jahren den königlichen Wünschen so
viel wie möglich zu fügen sucht, kommt es immer häufiger zu Streitigkeiten, da Friedrich, nach Ansicht des Königs, ein mokantes Äußeres
und arrogantes Wesen an den Tag legt, das er auf den Tod nicht ausstehen kann. Recht hat er damit, der König, daß er ihm Hoffahrt, Arroganz und Hochmut auszutreiben sucht, aber er selbst hat diese Eigenschaften hervorgerufen, und jetzt tut er das Falsche, sie zu unterdrücken. Zu Beginn des Jahres 1726 ist der König so zornig über Friedrichs Unbotmäßigkeit, daß er ihm verbietet, nach Potsdam zu kommen und droht, ihn zu enterben und einzukerkern, sowie den Grafen
Finkenstein fortzujagen, der insgeheim Friedrichs Sorgen versteht und
zu lindern sucht. Solche Kräche finden vorzugsweise vor der Königin
und Wilhelmine statt, die dann immer wieder die Versöhnung einzuleiten versuchen. Die königlichen Ausbrüche sind so heftig, daß man um
das Leben des Kronprinzen zu fürchten beginnt. Zu allem Überfluß

treibt das Tun der Hofintriganten einem Höhepunkt zu, bei dem man sich hauptsächlich wegen Doppelhochzeitsversprechungen mit dem Englischen Hof in die Haare kriegt. Spione überall für und gegen Österreich oder England, hilflos, zornig und polternd inmitten des Stroms von Lüge, Falschinformation und Bestechung der einzige Ehrenmann am Preußischen Hof: Friedrich Wilhelm. Friedrich soll Ostern 1727 konfirmiert werden. Mit Kummer vernimmt der König, daß er im Christentum lauer ist als er ihm vormacht; die Hofmeister melden, daß er seit Monaten nicht viel vom Religionsunterricht profitiert habe. Darauf werden die Stunden verdoppelt. Friedrich selbst findet es am schmerzlichsten, daß er von der Konfirmation an auf Duhans Unterricht würde verzichten müssen. Der Abschied von der Kindheit steht bevor.

"Als ich geboren ward, ward ich der Kunst geboren,
die heiligen neun Schwestern reichten mir die Brust,
und für des Herrschers Hochmut schien dies Herz verloren,
das voller Mitleid war und kindlich unbewußt.
Die ganze Welt war mir ein Garten duft'ger Blumen,
die voller Zärtlichkeit mein durstig Aug' umfing . . ."

Je mehr der König seinen intellektuellen Sohn an die Wand drückt, desto dringlicher muß dieser darüber nachsinnen, dem Druck zu entrinnen. Denn: "Unaufrichtigkeit und Spottlust sind die Waffen des Gedrückten."

"Wenn ich einen Tag gut bin", gesteht Friedrich Wilhelm mit naiver, bewunderungswürdiger Ehrlichkeit, "so bin ich hernach gleich wieder böse."

Daß er selbst in hohem Grade unter seiner eigenen Art leidet, kann ihm nicht abgesprochen werden und entspricht auch durchaus der offenen Wesensart derartiger Menschen; sie hören das Porzellan um sich her nicht klirren, das sie zertrampeln. Friedrich treibt ganz langsam und spürt es, einer Katastrophe zu.

Er berichtet später aus dieser Zeit, im Siebenjährigen Krieg, an seinen Vorleser Henri de Catt:

"Mein Vater hielt mich zunächst für eine Art menschlichen Teig, aus dem man formen könnte, was einem beliebte. Aber wie sehr täuschte er sich darin! Er tat alles, um einen Jäger aus mir zu machen, und ich wurde es nicht, so wenig, daß ich mich auf dem Stand, den man mir angewiesen hatte und an dem das Wild unfehlbar vorüber mußte, mit Lesen beschäftigte und sowohl Hasen wie Hirsche entwischen ließ, ohne sie überhaupt gesehen zu haben. Ihr könnt Euch denken, welch eine schöne Szene man mir machte, man überhäufte mich mit Vorwürfen und Spöttereien, man machte sich lustig über meine Unaufmerksamkeit und Gleichgültigkeit, und mein Vater rief verzweifelt und voller Herzweh: Aus dem Jungen wird niemals etwas werden!"

Um Friedrichs Gekränktsein zu ermessen, muß man sich vor Augen führen, wie diese rauhbeinige Gesellschaft geistig beschaffen war, die ihn da verhöhnte, und daß dies ja nicht nur der Vater tat, der es sich letztlich herausnehmen durfte, sondern auch seine Spießgesellen, die mit von der Partie waren. Ein Kronprinz als öffentliches Spottobjekt — es ist erstaunlich, daß Friedrich nicht schon eher die Konsequenzen gezogen hat! Aber bedenken wir die machtvolle Stellung des Vaters, der, wie wir erfahren haben, vor Gewalt in Familie und Öffentlichkeit nicht zurückschreckt. Die Drohung, ihn zu enterben, muß Friedrich ernst nehmen, und wenn er nicht enterbt werden will, heißt es für ihn, Unannehmlichkeiten so viel wie möglich hinunterzuschlucken. Doch für alles gibt es irgendwo eine Grenze . . .

"Toleranz ist der Verdacht,   4. April 1727
daß der andere recht haben könnte"
Sprichwort

Kindheit adé!

Der fünfzehnjährige Friedrich wird am 4. April 1727 im Dom zu Berlin, nach vorhergehender üblicher Prüfung, konfirmiert. Damit heißt es auch Abschied nehmen von Duhan, denn nach dem Willen des Königs soll er nur noch in den Kriegswissenschaften unterrichtet werden.

Am 20. Juni des Jahres schreibt Friedrich an Duhan einen Abschiedsbrief, der hier wegen des miserablen Französisch wiedergegeben sei:

"Mon cher Duhan Je Vous promais que quand j'aurez mon propre
argent en main, je Vous donnerez enuelement 2400 ecu par an, et je
vous aimerais toujour encor un peu plus Q'asteure s'il me l'est po-
sible.

Frideric P. R.   Potsdam, le 20 de Juin 1727"

Offenbar hat der König vor, den Sinn seines Sohnes auf das Reelle zu
konzentrieren, aber wie weit es damit her ist, mag eine seiner "theolo-
gischen Prüfungen" beweisen, die Friedrich in dieser Zeit über sich ergehen lassen muß.

Für den König gilt in Glaubenssachen nur, was man hersagen kann,
und so braucht sich Friedrich eigentlich nur die Mühe zu machen,
fleißig auswendig zu lernen, um dem Vater seinen Eifer im Religionsunterricht zu beweisen. Jetzt steht Friedrich im Kreis der Offiziere und
Generale, die bei der Prüfung zugegen sind, und was in den Köpfen der
Männer vorgeht, als sie den verschüchterten Kronprinzen vor dem ge-
wichtigen König stehen sehen, kann nur mit Phantasie ausgedacht oder
erahnt werden. Sie alle sind Haudegen und wenig zimperlich, versteht
sich, und in ihrer Art mögen sie ein durchaus christliches Leben führen
— aber man kann getrost behaupten, daß sie Friedrich Wilhelms Erzie-
hungspraxis an diesem jungen Menschen nicht gutheißen. Doch sie
müssen gehorchen. Friedrich hat dieses königliche Gefolge später
"buntscheckige, höchst übel erlesene Gesellschaft" genannt, und er ist
ihrer überdrüssig und kann sich mit ihr nicht anfreunden. Auch mit
den Geistlichen mag er wenig zu tun haben, da sie nicht in der Lage
sind, ihm das Christentum auf glaubwürdige Art schmackhaft zu machen. Frage eines Geistlichen an ihn:
"Ob Christus für alle gestorben wäre?"
Friedrich antwortet kurz und bündig:
"Für alle, die es annehmen."
Den Sinn dieser Frage und Antwort kann man nur dann richtig ermessen, wenn man sich die damals vertretenen, sich fanatisch bekämpfen-
den unterschiedlichen Strömungen des Protestantismus in Gedanken
vorführt. Friedrichs Antwort kann den König nicht befriedigen.
"Für alle, die es annehmen!"
Das ist im Grunde schon keine Ketzerei mehr, schlimmer, das ist Auf-
klärung. Und Aufklärung kann nur gedeihen auf dem Boden religiöser
Gleichgültigkeit. Ist Friedrich bereits gleichgültig? Er muß es sein,
wenn er mehr Verstand als üblich besitzt, neben scharfer Beobach-

tungsgabe und spöttischer Denkweise. Denn das Christentum, das ihm hier am Hofe vorgelebt wird, mit all der Pfaffen Zänkereien und der Nichtachtung anderer Anschauungen, — intoleranter waren kaum die Jesuiten —, kann diesen jungen Menschen, der mehr will als dahinleben in profanen irdischen Freuden, nicht für sich begeistern. Damit finden wir hier den Anfang von Friedrichs späterem vernünftigen, boshaften und aufgeklärten Verhalten christlichen Konfessionen gegenüber.

Nächste Frage: "Ist Christus aber nicht auch für die gestorben, die es nicht annehmen und wirklich verdammt werden?"

Friedrich schweigt, in die Enge getrieben; vermutlich würde eine ehrliche Antwort den Vater in Rage bringen. General Grumbkow ist derjenige unter den Anwesenden, der sich dem König gegenüber am meisten erlauben kann, er beendet das "Verhör" mit den Worten: "Das ist schwer zu begreifen."

Diese Szene spielt sich im Schloß Wusterhausen ab, ein Ort, den Friedrich absolut nicht ausstehen kann, und alle sind froh, als die Prüfung beendet wird.

Friedrich muß sich bei diesen Anlässen aufs Äußerste brüskiert und beleidigt fühlen, und es versteht sich von selbst, daß der Vater in seiner Achtung immer mehr sinkt. Friedrich Wilhelm aber hat kein Verständnis dafür, daß Fritz, seine Familie, sein Hof, sein Preußen und ganz Europa ihn nicht ernst zu nehmen scheinen und tröstet sich mit Gott, wie man einem Schreiben an den Alten Dessauer vom 14. Juli 1727 entnehmen kann:

> "Aber ich habe nits als chagrin, Sorgen gehat, das Geldt auszugeh-ben. Ergo ich mich sehr Prostituiret habe vor die Weldt, und ich vor fremde leute nit gerne höre von Preußen sprechen, den ich mich scheme. Gott hat mir bewahret sonste hette ich müssen nar-risch werden vor schimpf und Mockerie vor die gantze weldt. Aber Gott hat mich bewahret, denn der mir weitter bewahren wierdt . . ."

Sein unerschütterlicher Gottesglaube, bemerkenswert für einen Monarchen dieses Zeitalters und durchaus positiv zu bewerten, hat ihm den Blick auf seinen Sohn vernebelt. Es kann behauptet werden, daß er ihn nie verstanden hat, auch später nicht, als sie sich verstanden . . .

Was Kronprinz Friedrich vollkommen mangelt, gemeint ist hier nicht das bereits Dargelegte oder damit in Beziehung Stehende —, ist der Blick nach draußen über Berlin, Potsdam und Wusterhausen hinweg in die weite Welt. Aber der König denkt, daß er hierfür noch nicht reif genug ist und will ihn auch bei der für Anfang nächsten Jahres geplanten

Reise nicht mitnehmen. Er kennt die Welt — behauptet er — und will den Kronprinzen nicht solchen Gefahren aussetzen. In diesem Jahr stirbt in Osnabrück König Georg I. von England, ihm folgt Georg II., wie sein Vorgänger in Personalunion sowohl König von England als auch Kurfürst von Hannover. Er ist der Bruder der Königin von Preußen, also Friedrichs Onkel. Friedrich Wilhelm mag ihn nicht leiden, da er ihn "meinen Bruder, den Korporal" betitelt hat. Von den englischen Heiratsplänen, die die Königin intensiv verfolgt, will der König überhaupt nichts mehr wissen.

"Das Reisen kostet viel Geld,   24. Januar 1728
doch sieht man die Welt"
Sprichwort

Sechzehnter Geburtstag

Friedrich Wilhelm schreibt, Wusterhausen, den 10. Januar 1728: "Ich gehe Dinstag nach Dresden. Hoffe bald wieder zu kommen. Da werde ich so viell neues wissen. Ich freue mir, in eine ander weldt zu kommen, weill ich kurieux bin und nach mein Panchant die gantze weldt durch Reissette . . ."
Da haben wir es: Es selbst hat vom Hofe die Nase so voll, daß er hinaus muß. Es gilt, einer Einladung des Kurfürsten von Sachsen, der gleichzeitig König von Polen ist, zum Karneval nach Dresden zu folgen. Friedrich darf nicht mit. Aber seine Schwester Wilhelmine beeinflußt den sächsischen Gesandten derart, daß er nachkommen darf, sogar im neuen Rock und mit frisch eingekleideten Lakaien.
So weilt Friedrich vom 15. Januar bis 12. Februar in der sächsischen Hauptstadt und feiert den 16. Geburtstag im Hause des Staatsministers von Manteuffel. Welch eine Welt, welch ein Leben! Wie Friedrich Wil-

helm treffend bemerkt, ist die Pracht des Preußischen Hofes unter Friedrich I., längst dahin gegangen, nur ein Abglanz hiergegen. Dieses Leben genießt Friedrich in tiefen Zügen, wobei ihn seine Jugend und Unerfahrenheit hindern, hinter den Kulissen der Herrlichkeit die Schatten zu sehen. Denn wie alle Höfe Europas mit vergleichbarem Lebensstandard ist auch der Dresdner total verschuldet; das gemeine Volk muß die Zeche bezahlen. Das ficht Friedrich hier natürlich nicht an, seinen Vater dagegen sehr, wie wir lesen werden. In seiner Hochstimmung schreibt Friedrich am 26. Januar einen Brief an Wilhelmine, den er — französisch geschrieben — mit "Friedrich der Philosoph" unterzeichnet. Welch ein Unterschied zum Vater! Doch dürfen wir hier nicht ausschließen, daß ihm einiges an dem sächsischen Treiben mißfallen hat und er hier Eindrücke sammelt wie, "das werde ich nicht in meinen Landen machen". Die Musik begeistert ihn, er hört hier die erste Oper seines Lebens. Von Bedeutung ist die Verbindung mit Musikern wie Quanz, von dem später noch zu berichten sein wird. Über Friedrichs erstes Zusammensein mit dem schönen Geschlecht ist im Zusammenhang mit dem Dresdner Besuch ungeheuer viel geschrieben worden. Es muß leicht gewesen sein, den unerfahrenen Jüngling den Künsten einer schönen Frau erliegen zu lassen. Diese schöne Frau ist eines der dreihundertzweiundfünfzig "natürlichen" Kinder August II., die Gräfin Orzelska. Verständlich, daß Friedrich, trotz Bewachung mit ihr zusammengekommen, seitdem in sie verschossen, ist und an nichts anderes denken kann. Wilhelmine berichtet, er sei nach der Rückkehr krank vor Sehnsucht nach der schönen Gräfin gewesen. Im Mai des Jahres macht August den Gegenbesuch in Berlin und bringt Friedrichs Bekanntschaft mit. Obwohl Friedrichs Erzieher und Aufpasser nach einer Instruktion des Königs mit ihren Köpfen hafteten, daß er sich in keine Liebschaft einlasse, muß es dennoch zu einer Begegnung gekommen sein. Die Überwachung war wohl wegen der vielen Gäste nicht lückenlos, und manches Auge mag zugekniffen gewesen sein.

August hat bei diesem Besuch die dürftige preußische Hofkapelle bemängelt, die im Dienste der Königin steht, und im Juli schickt er deshalb einige Musiker nach Berlin, darunter Quanz, der Friedrich auf der Flöte unterrichtet. Wie das Jahr begonnen hat, lustig und abwechslungsreich, geht es leider nicht weiter. Härter denn je empfindet Friedrich das kalte Einerlei des Soldatenlebens in Potsdam oder Berlin, exerzieren, Paraden, Wachen, die Langen Kerls des Königs, für die kein Taler zu schade ist. Friedrich Wilhelm schreibt am 13. Februar 1728 an den Alten Dessauer, daß er wiedergekommen sei, wie hingefahren.

”. . . Gestern abendt bin wiedergekommen. Ich muß Sie kurz berichten, daß erstlich ich den König (August) Robust von leibe gefunden; der fuß aber sehr schlecht. Wo er sich nit in Acht nehmet,
kan es in kürtze um ihn getan sein . . .”

Es folgt eine Beschreibung der Regimenter des Königs von Polen. Weiter:

”. . . Was das Karnewahl und weldtgetümmell ist, hab alles gesehen, und ich davon sprechen kann, aber kein gusto gefunden. Ich
bin wiedergekommen, als ich hingegangen. Gott hat mir bewahret.
Die Verführungen fehlten nit. . . Aber ich bin vor Gott rein. Das
weibliche Geschlecht comme á Paris et Berlin. Alle Huren. Aber in
Dresden ist's öffentlich permittieret . . .”

Seine größte Sorge gilt seinem Sohn, der sich, aus seiner Sicht, immer
unmöglicher benimmt: Vernachlässigung des Dienstes, Flötenspielen,
Bücherlesen in jeder freier Minute, offen zeigt er Abscheu gegen des
Königs burschikose Freuden der Jagd, des Trinkens und Tabakskollegiums. Friedrich dichtet:

”Ich hab mich aus der Tabagie gedrückt,
sonst wär' ich ohne Hexerei erstickt;
dort kann man herzlich Langeweile spüren,
geredet wird allein vom Bataillieren.
Mir, der ich friedlicher Gemütsart bin,
will dieses Thema gar nicht in den Sinn.
Die Flucht ergreifend, eile ich zum Mahl,
nicht etwa, weil ich gar so hungrig bin,
nein, um mit einem Zuge den Pokal
zu leeren auf die teure Königin.”

Diese jugendlichen Reime, nach Schülerart gemacht, sagen alles. Was
Friedrich fehlt, stets fehlen wird, ist eine Person des Vertrauens, wenn
es warmherzige Liebe schon nicht gibt an diesem Hofe. In diesem Jahr
wird sein einstiger Retter aus schwerer Notlage geboren: der spätere
Zar Peter III.

"Die größte Krankheit der Seele 23. April 1728
ist die Kälte"
Georges Clemenceau

Krankheit

Dem schon erwähnten Michael von Loen verdanken wir eine gute Beschreibung des Preußischen Hofes unter Friedrich Wilhelm. Er lobt
die bereits berichteten Sparmaßnahmen des Königs, seine langen Grenadiere und die Schätze, die unter dem Schloß angesammelt sind. Die
Königin ist für ihn das Gegenstück des Königs, musik- und kultur-
liebend und im Prinzip den höfischen Sparmaßnahmen abgeneigt.
"Hier" sagt von Loen, "können die Großen haushalten lernen." Aber
sein guter Blick verkennt die Spannungen nicht. Einmal, als der König
dem Kronprinzen den Staatsschatz zeigt, die Tonnen voller Taler, sagt
dieser: "Wie froh werden einmal die Gefangenen sein, wenn man sie er-
lösen wird." Das mißfällt dem König, der hierin zu erkennen glaubt,
Friedrich hätte keinen Sinn fürs Sparen und würde diese Gefangenen,
die Taler, eines Tages verschwenderisch unter das Volk bringen. Was
an Friedrichs Hof später kaum aufkommen wird, steht jetzt hoch im
Kurs: Cliquenwirtschaft und Intrigentum; Spione hier, Spitzel dort,
mal für, dann gegen den König. Österreich mischt kräftig mit, und Gelder wechseln die Besitzer. Bisher ist Friedrich Wilhelm davon ausgegangen, daß sein Sohn die Freude am Soldatenstand beibehalten hätte
— was schon nicht mehr der Fall ist. Minister Grumbkow ist eifrig dabei, dem König das zu melden. Einer der größten Fehler Friedrich Wilhelms beginnt sich in den zwanziger Jahren unangenehm bemerkbar
zu machen: daß er den Kronprinzen, der bisher Soldatsein spielt, in den
militärischen Drill zu zwingen sucht, Drill, den man als Dressur bezeichnen kann. Friedrich, der seine Ohren und Augen offen hält, erkennt schnell die Chancen, die an einem derartigen Hofe einem "hel-
len Jungen" offenstehen, zudem ist er aus der väterlich verordneten
einseitigen Bildung längst ausgebrochen und unterhält sich mit Lesen,
Studieren, Dichten, Musizieren und anderen "unnützen Vergnügungen". Wie weit auch das Zerwürfnis Vater und Sohn gediehen ist, als

Friedrich 1728 erkrankt, macht der Vater sich Sorgen und schreibt einen bezeichnenden Brief an den Alten Dessauer, bei dem er in allen Angelegenheit seinen Dampf ablassen kann:

"Potsda, den 23. April 1728 . . . Mein elster Sohn ist sehr krank und wie in einer Abzehrung. Sie können sich einbilden, wie mir zu muhte ist. Ich will bis Montag abwarten; wo es nit besser wierdt, ein Konsilium aller Doctor halten. Denn sie nit sagen können, wo es Ihm sitzet und er so mager als ein Schatten wierdt, doch nit hustet. Also Gott sei anbefohlen. Dem müssen wir uns alle unterwerfen. Aber indessen gehet es sehr hardt, da ich soll itzo von die Früchte genißen, da er anfänget Resonmabell zu werden, und müßte ihn in seine blütte einbüßen. Anfein es ist Gottes wille. Der machet alles recht. Er hat es gegehben; er kann es nehmen — auch wiedergehben. Sein Wille geschehe im himell als auf Erden. Meine beste Konsolation ist, wier müssen alle dahin; also einer frühe, der ander spet; da ist kein Kraut vor gewaxen. Ich wünsche Euer Lieben von hertzen, daß Sie der liebe Gott möge vor alle ungelüke und solche chagrin bewahren. Wenn die Kinder gesundt sein, dann weiß man nit, daß man sie lieb hat . . ."

Er macht hier die Erfahrung vieler Eltern in derartigen Situationen, aber es kommt trotzdem nicht zu einer Annäherung, weil nach Friedrichs Genesung der alte Zustand einkehrt.

Friedrich ist sechzehn Jahre alt und will die väterliche Vergewaltigung nicht mehr hinnehmen, es ist nur eine Frage der Zeit, wann es zum großen Krach kommt. Im September 1728 muß Friedrich seinen Vater bereits bitten, "ihm gnädig zu sein und seinen grausamen Haß fahren zu lassen". Doch von vorgefaßten Meinungen abzuweichen, dazu ist Friedrich Wilhelm nicht der Mensch, außerdem glaubt er, daß seine Familie und die Erzieher Friedrichs sich gegen ihn verschworen haben. Jähzorn und Engstirnigkeit trüben seinen Blick immer mehr.

"Jäger ist er nicht,
aber der Hang zum Übertreiben
ist da"
Otto v. Bismarck

Hubertustag

Schloß Wusterhausen ist der Lieblingsort Friedrich Wilhelms, wenn er
sich einmal richtig austoben will. Dagegen wäre nichts einzuwenden,
wenn er seine Familie nicht zwänge, an diesen zwar romantischen, aber
düster-kalten Ort mitzukommen. Daß seine weiblichen Familienmitglieder sich hier nicht wohlfühlen können, müßte ihm einleuchtend gewesen sein. Er nimmt aber keinerlei Rücksichten auf sie, und daß
Friedrich bei den Jagden und Zechgelagen mit von der Partie sein muß,
ist für ihn eine Selbstverständlichkeit.

Der künftige König — gewiß würde er später die Tradition des Ortes
fortsetzen.
    ". . . Dieses sogenannte Palais bestand aus einem sehr kleinen
    Hauptgebäude, dessen Schönheit durch einen alten Turm erhöht
    wurde, zu dem hinauf eine hölzerne Wendeltreppe führt. Der
    Turm selber war ein ehemaliger Diebswinkel, von einer Bande
    Räuber erbaut, denen dies Schloß früher gehört hatte. Das Gebäu-
    de war von einem Erdwall und einem Graben umgeben, dessen
    schwarzes, fauliges Wasser dem Styx glich. Drei Brücken verband
    es mit dem Hof in Front des Schlosses, mit dem Garten zur Seite
    desselben und mit einer gegenüberliegenden Mühle. Der nach vor-
    nehin gelegene Hof war durch zwei Flügel flankiert, in denen die
    Herren von des Königs Gefolge wohnten. Am Eingang in den
    Schloßhof hielten zwei Bären Wacht, sehr, sehr böse Tiere, die auf
    ihren Hintertatzen umherspazierten, weil man ihnen die vorderen
    abgeschnitten hatte . . ."
Diese Beschreibung des Äußeren stammt von Wilhelmine, und man
merkt schon, daß sie nicht begeistert gewesen ist. "In Berlin hatte ich
das Fegefeuer, in Wusterhausen aber die Hölle zu erdulden."
Das ist gewiß übertrieben, wie so vieles ihrer Schilderungen, und ihre
Angaben über wenig und schlechtes Essen dort können gar nicht wahr
gewesen sein. Es leuchtet nicht ein, daß Friedrich Wilhelm, selbst ein

starker und leidenschaftlicher Esser und Trinker, anderen nichts derartiges gegönnt haben sollte. Im allgemeinen verbrachte Friedrich Wilhelm alljährlich zwei Monate in Wusterhausen, von Ende August oder Anfang September bis Ende Oktober oder Anfang November; mit dem Hubertusfest ging der Aufenthalt zu Ende. Jetzt, im Jahre 1728, ist Friedrich mit von der Partie, grollend, enttäuscht, angewidert, "hochfahrend — stolz", und Vater und Sohn, in zwei Etagen wohnend, verkehren nur brieflich miteinander.

"Sein eigensinniger, böser Kopf, der nicht seinen Vater liebet . . . Zum Anderen weiß er wohl, daß ich keinen effiminirten Kerl leiden kann, der keine männliche Inclinationen hat, der sich nicht schämt, nicht Reiten noch Schießen zu können, und dabei malpropre an seinem Leibe, seine Haare wie ein Narr sich frisieret und nicht verschneidet . . . Zum Anderen hoffärtig recht bauernstolz ist, mit keinem Menschen spricht, als mit Welschen, und nicht populär und affable ist, und mit dem Gesichte Grimassen macht, als wenn er ein Narr wäre, und in nichts meinen Willen thut . . ."
Wir lesen hieraus, daß Friedrich ein ganz passabler, aufgeweckter Junge ist, der gelegentlich seinen Spaß macht — nur eben nicht immer auf den Vater hören will; undenkbar, daß er nicht reiten kann. Wir lesen aber auch, daß Friedrich Wilhelm permanent meckert und offenbar nichts Gutes an seinem Fritz erkennen kann.
Nachdem Friedrich im Mai 1725 zum Hauptmann ernannt worden war, erhält er im August 1726 als Major ein Bataillon der Potsdamer Grenadiere, und im März hat ihn der König zum Oberstleutnant befördert. Das sollte doch seinen militärischen Ehrgeiz anstacheln. Überraschend bahnt sich nun eine Art Aussöhnung an, als Friedrich an der Hubertusfeier des 19. Oktober 1728 teilnimmt. Der Alkohol ist allerdings im Spiel . . . Bei der Mittagstafel sitzt Friedrich dem König und der Königin gegenüber, und er kann nicht umhin, wie alle, viel zu trinken.
"Davon werde ich morgen krank sein", sagt er widerwillig. Aber auch bei ihm, ob er will oder nicht, löst der Wein die Zunge, und er beginnt zum Nebenmann, dem sächsischen Gesandten von Suhm vertraulich zu werden. Man bedenke, wie voll dies jugendliche Herz mit Klagen und Kummer gefüllt gewesen sein muß; Klagen, die er im nüchternen Zustand niemandem anzuvertrauen wagte:
"Über unerträgliche Sklaverei, in welcher er gehalten werde." Und er bittet von Suhm, sich beim König für ihn zu verwenden, vielleicht für eine Reise und etwas persönliche Freiheit. Dabei spricht er so laut, daß

man aufhorcht und die Königin ängstlich den Gesandten bittet, ihn zum Schweigen zu bringen. Aber Friedrich ist nun einmal in Fahrt, er läßt sich nicht mehr stoppen, zeigt plötzlich auf den König und ruft: "Aber ich liebe ihn doch!"

Einmal, noch einmal. Alles reckt die Köpfe, spitzt die Ohren, und man kann sich vorstellen wie es weitergeht.

"Aber ich liebe ihn doch!"

"Was sagt er?" fragt der König den Gesandten.

"Der Prinz ist berauscht und unzurechnungsfähig", antwortet dieser.

"Oh, er stellt sich nur so", meint der König, "aber was sagt er?"

"Er sagt, obwohl Majestät ihn zwinge, zuviel zu trinken, liebe er ihn doch."

"Er stellt sich nur betrunken", antwortet der König.

Suhm bestätigt das um des Friedens willen, aber Friedrich wiederholt die Szene, so daß die Königin sich verlegen zurückzieht. Da der König aber die Tafel nicht aufhebt, versucht Suhm Friedrich, der kaum stehen kann, zu überreden, ins Bett zu gehen. Friedrich ruft mit lauter Stimme, dem König erst die Hand küssen zu wollen, die ihm gnädig über den Tisch gereicht wird, aber Friedrich küßt beide Hände, zieht den Vater über den Tisch, um ihn zu umarmen. Beifall der Gäste. Dadurch angeregt, geht Friedrich um den Tisch, fällt dem König um den Hals und wirft sich auf seinen Schoß, beständig auf ihn einsprechend.

"Ich liebe Ihn innig und bin von Seiner Herzensgüte überzeugt und glaube, daß die Ungnade, die Er mir bezeigt, nur von Verleumdungen gewisser Leute stammt, welche aus unserer Zwietracht Vorteile zu ziehen hoffen. Ich werde den König ein Leben lang lieben und ihm untertan sein."

Friedrich Wilhelm antwortet gerührt:

"Nun, das ist schon gut; werde Du nur ein ehrlicher Kerl." Man weint Tränen. Endlich hebt der König die Tafel auf, Friedrich wird ins Bett gebracht. Am Abend ist Friedrich Wilhelm vergnügt wie selten. Aber was er unter "werde Du nur ein ehrlicher Kerl versteht", heißt auf gut Deutsch: Unterwerfung. Er ist nicht in der Lage, aus diesem in seiner Tragik ungeheuerlichen Vorgang, der sich in aller Öffentlichkeit abspielt, pädagogische Folgerungen zu ziehen. So ist die Chance vertan, und die Verstrickung nimmt ihren Lauf ...

"Wenn man kleine Laster nicht straft, 24. Januar 1729
so wachsen die großen"
Sprichwort

Siebzehnter Geburtstag

Vier Offiziere der Potsdamer Garde müssen Friedrich rund um die Uhr bewachen, weil, wie der König meint, "bei herannahenden Jahren das Laster der Hurerei und Onanie einzureißen pflegt". Der König klärt die Bewacher in Gegenwart Friedrichs über dessen gefährliche Charaktereigenschaften auf und befiehlt genaueste Berichterstattung, "widrigenfalls Sie mir mit den Köpfen haften sollen".
Wilhelmine hat über die Zeit nach dem wunderlichen Hubertustag geschrieben:
"Stürme folgten dieser kleinen Windstille. Der König begann ihn wieder auf das grausamste zu mißhandeln. Der arme Prinz hatte nicht die geringste Erholung; Musik, Lektüre, Wissenschaften und Künste waren ebenso viele Verbrechen und ihm streng verboten. Niemand wagte, mit ihm zu sprechen; kaum getraute er sich, zur Königin zu kommen, und er führte das traurigste Leben. Aber trotz aller Verbote des Königs legte er sich doch auf die Wissenschaften und machte gute Fortschritte. Allein, weil er sich so ganz selbst überlassen wurde, geriet er auf Abwege. Da seine Hofmeister ihm nicht zu folgen wagten, gab er sich ganz der Ausschweifung hin. Ein Page des Königs namens Keith wurde sein Helfershelfer."
Anfang 1729 danken die bisherigen Hofmeister ab, an ihre Stelle beruft der König Oberstleutnant von Rochow und Hauptmann von Kaiserlingk zu militärischen Gesellschaftern. Die Instruktion für diese vom 17. März lautet, Friedrich habe keine Neigung zu soliden Dingen, denke nur auf faule Beschäftigungen, halte nichts auf seinen Leib, habe Hoffart im Kopf, hinter der nichts sei. Man solle alles tun, um einen braven Kerl und honetten Offizier aus ihm zu machen; wenn es nicht anschlage, so müsse man es als ein Unglück betrachten. Man sieht, des Königs Urteil wird immer vernichtender, er selbst scheint keine Hoffnung mehr zu haben. Mit "auf Abwege geraten" hat Wilhelmine wohl Friedrichs Leichtsinn in Geldsachen gemeint, woran der König sich of-

fenbar weniger stört. Er bezahlt Friedrichs Schulden bei einem Berliner Bankhaus, 7.000 Taler, mit den Worten: "Ich bezahle es mit Plaisir, denn es mir nicht an Gelde fehlet, und an dem Gelde ein Dreck gelegen ist, wofern Ihr nur Eure Aufführung und Conduite ändert und ein honettes Herz bekommt."

Aber es ist klar, daß die meisten Schulden, auch spätere, dem König verborgen geblieben sind. Da Friedrich weiterhin öffentliche Demütigungen hinnehmen muß, bleibt ihm nichts weiter übrig, als sich immer mehr abzukapseln. Sein Brief vom November 1729 an seine Mutter ist ein Zeugnis von Herzensnot, Seelenqualen und körperlicher Pein, die kaum noch zu überbieten sind.

"Ich bin in der äußersten Verzweiflung. Was ich immer befürchtet, hat mich endlich getroffen. Der König hat gänzlich vergessen, daß ich sein Sohn bin. Heute früh kam ich wie gewöhnlich in mein Zimmer, so wie er mich sah, erwischte er mich beim Kragen und schlug mich auf das Grausamste mit seinem Stock. Vergebens suchte ich mich zu decken, seine Wut war so fürchterlich, daß er seiner nicht mehr mächtig war, und nur seine Ermüdung bewirkte, daß er mich ließ. Ich bin zum Äußersten getrieben, ich habe zuviel Ehre in mir, und ich bin entschlossen, auf eine oder andere Weise der Sache ein Ende zu machen . . ."

Es fällt schwer, die letzten Sympathien, die man für den ehrlich-grimmigen König bis hierher haben mag, zu halten. Was bleibt Friedrich nun übrig? Flucht? Desertion? Wie herauskommen aus diesem verdammten Potsdam? Und wohin? Seit wann er hieran gedacht hat, ist nicht auszumachen. Vorerst verkriecht er sich in ein Doppelleben. Er macht seinen Dienst als Offizier des Königs so gut wie möglich, um ihn nicht zu reizen, versucht sich, in seiner freien Zeit schadlos zu halten. Runter mit dem Zopf, fort mit der verhaßten blauen Uniform, dem Degen, her mit der französischen Modetracht, musiziert, gedichtet, gelesen, studiert, mit der geliebten Schwester Wilhelmine und gleichgesinnten Freunden. Es wird berichtet, allerdings in einer Anekdote, wie er sich bei der Jagd beiseite gedrückt und im verborgenen Plätzchen musiziert hat; wahr oder erdichtet: es kennzeichnet seinen Charakter, seinen Mut, seine Originalität und Erfindungsgabe. Mancher Streich wird "dem Chef" gespielt worden sein, wovon der damals nichts merkte, die heutige Geschichte nichts weiß. Friedrich hat in dieser Zeit seine Schulden nicht nur fürs Lotterleben gemacht, sondern das Geld brav angelegt, zum Beispiel in Büchern: 1730 soll seine "geheime Bibliothek" bereits 3.775 Bände umfaßt haben. Diese Bücherei ist in gemieteten Räumen untergebracht, in die Friedrich sich stets heimlich davonstehlen muß. Englische, französische, spanische, italienische Literatur ist reichlich vorhanden, Klassiker, Zeitgenossen, Voltaire bereits mit frühen Werken, Lexika, Belletristik, historische Schriften und die alten Lateiner und Griechen in französischen oder englischen Übersetzungen: Homer, Sophokles, Herodot, Xenophon, Plutarch, Julian, Plato, Marc Aurel, Cäsar — um nur die bekanntesten zu nennen. Er kann unmöglich alles gelesen haben, aber immerhin: man bedenke, das Vorhandensein der Bücher, und das Lesen in ihnen bedeutete Lebensgefahr. Wehe, wenn der König dahinterkommt! Das Jahr 1729 ist das letzte vor der großen Entscheidung . . . Kann alles noch schlimmer werden? Wenn ja, wie groß wird die Katastrophe sein?

"Gute Freunde findet man nicht   24. Januar 1730
am Wege"
Sprichwort

Achtzehnter Geburtstag

Friedrich tritt in das turbulenteste Jahr seines Lebens ein, er ist später froh, heil davongekommen zu sein. Seit dem Dresdner Abenteuer hat er Geschmack am schönen Geschlecht bekommen, den auch die Ausbrüche des immer jähzorniger werdenden Vaters nicht unterdrücken können: an Köpfe fliegende Teller, Ohrfeigen und Schläge mit dem Krückstock gehören zum Alltag am Preußischen Hof, bei jeder Kleinigkeit fährt der König aus der Haut, so daß jeder gut tut, sich rechtzeitig zu verdrücken.

Sein Groll wird noch gesteigert durch die Tatsache, daß die Königin ihre englischen Heiratsprojekte weiterhin intensiv betreibt, trotz der alten englischen Hinhaltemethode, über die der König mit Recht ver-

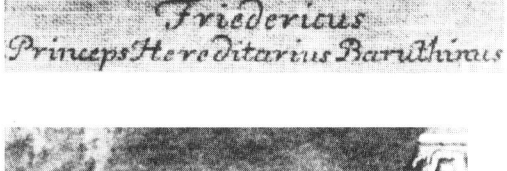

Friederieus Princeps Hereditarius Baruthinus

Friedrich als Kronprinz.

*Der Komponist Johann
Joachim Quanz.*

Friedrichs Bruder Prinz Heinrich.

*Das Tabakskollegium im
Schloß Wusterhausen.*

stimmt ist. Überhaupt fühlt er sich mehr und mehr außenpolitisch nicht für voll genommen, Sorgen, nichts als Sorgen, aus seiner Sicht, Verrat, Bespitzelung, Hintergehen und Unwahrheiten. Da kommt ihm der mißratene Fritz gerade recht, um Wut abzulassen. Obwohl Friedrich nicht mehr als üblich den Potsdamer und Berliner Töchtern nachstellt, ist er bereits in dieser Angelegenheit in schlechten Ruf geraten. Ganz richtig beurteilt er, nicht auf den Kopf gefallen, daß nach wie vor gewisse Kreise daran interessiert sind, Stimmung gegen ihn zu machen. Das fällt leicht, denn mit gelegentlich naiver Offenheit, ähnlich wie beim Hubertusfest in Wusterhausen, schüttet er vor Leuten das Herz aus, von denen er genau weiß, daß sie wenigstens für eine, wenn nicht für zwei Parteien spitzeln und berichten. Über dieses Thema schreibt er an den General von Grumbkow:

> "Ich weiß nicht, woher es kommt, daß alle Welt soviel von mir spricht. Um die Wahrheit zu sagen: Man ist jung und lebenskräftig, und ich leugne nicht, daß mein Fleisch bisweilen schwach ist. Aber es geht nicht an, daß man wegen einiger kleiner Sünden zum größten Wüstling gestempelt wird."

Eines seiner Opfer dieses Jahres ist Doris Ritter, Tochter des Rektors der Großen Schule in Potsdam. Über diesen "hervorragenden Stoff" ist natürlich viel geschrieben worden, darum seien die Tatsachen, teilweise vorweggenommen, hier bereits mitgeteilt. Danach ist auf die Berichte Wilhelmines nichts zu geben, denn die Liebe der beiden scheint mehr platonisch verlaufen zu sein. Dennoch: Friedrich Wilhelm hat's nicht leiden mögen, und die Unschuldigste aller Beteiligten muß am meisten leiden. Mit Befehl vom 6. September 1730 wird Doris Ritter ausgepeitscht und dann "auf ewig" auf die Festung Spandau geschickt. Die Szenen eines späteren Wiedersehens mit Friedrich sind Anekdoten oder stammen aus Romanen. Doris Ritter kommt 1733 frei und heiratet später. Auch als Friedrich König wurde, hat er sich nicht mehr um sie gekümmert.

Für Friedrich Wilhelm, der für sich in Anspruch nimmt, seiner Frau und Königin nie untreu geworden zu sein — gewiß eine Ausnahmeerscheinung — sind derartige Abenteuer natürlich die Bestätigung seiner Meinung über den Kronprinzen. Friedrich selbst ist durchaus nicht zimperlich und kommentiert einen königlichen Unfall mit den Worten: "Es fehlte nur ein Daumenbreit, und der König wäre ertrunken." Spätestens seit Mitte dieses Jahres ist Friedrich entschlossen, dem ganzen Dilemma durch Flucht ein Ende zu machen, so oder so, wohin auch immer. In Frage käme England, zu den lieben Verwandten, oder

auch Frankreich, dessen Lebensstil, natürlich nur der oberen Zehntausend, ihm am genehmsten wäre. Verbindungen werden geknüpft, aber Friedrich muß feststellen, daß niemand auf einen durchbrennenden Thronfolger scharf ist, zu groß mag das Risiko sein, sich mit dem König von Preußen anzulegen. Jetzt besteht außerdem die Chance, daß die auch von Friedrich nicht verachtete Vermählung mit der englischen Prinzessin Amalie doch zustandekommt. Der König ist einverstanden, angesichts der englischen Verzögerungstaktik, daß Friedrich sich binnen eines nicht zu langen Zeitraums mit Amalie verlobt. Am 10. Juli will sich der englische Gesandte Sir Charles Hotham beim König verabschieden, gleichzeitig seinen Nachfolger Guy Dickens einführen und Englands Feind am Preußischen Hof unschädlich machen: den Intriganten und Königintimus Grumbkow. Zu diesem Zwecke überreicht er dem König belastende Briefe des Generals — erreicht damit aber das Gegenteil; denn Friedrich Wilhelm reagiert wie oft: unerwartet, undiplomatisch weil ehrlich, menschlich rechtschaffen. Er weiß, daß Grumbkow ein Schlingel ist, will es sich aber von anderen nicht beweisen lassen. Die Briefe knallt er auf den Tisch:
"Ich habe die Nase voll von solchem Zeug!"
Hervorragend reagiert, zweifellos, aber England ist beleidigt; vorbei der Traum einer Doppelhochzeit Preußen — England, England — Preußen!

Das reicht Friedrich zum Handeln. In der Nacht trifft er sich zu Asyl-Sondierungsgesprächen mit dem neuen Botschafter, die nur den Erfolg bringen, daß man ihm die Begleichung seiner Schulden zusagt — die Friedrich rasch und clever in der Summe verdoppelt. Während der heimlichen Besprechung hat ein Mann Wache gehalten, der noch in diesem Jahr die Suppe auslöffeln muß, und zwar bis zur Neige: Hans Hermann von Katte. Es ist erstaunlich, wie furchtlos sich junge Offiziere für Friedrich engagieren, es sind Engagements in Lebensgefahr, die Ursache dafür ist Friedrichs Zauber, dieses "Leute an sich ziehen", das er ein Leben lang gekonnt beherrscht hat. Vier Tage später erfährt Friedrich in einem weiteren nächtlichen Treffen in Potsdam von Katte, daß er doch mitkommen könne auf die Deutschlandreise des Königs. Er selbst, Katte, werde als Werbeoffizier in den Westen des Reiches abkommandiert. Damit eröffnet sich die Gelegenheit zur Flucht. Beide wissen um Risiko und Schwachstellen des Planes, der gar keiner sein wird, aber Friedrichs Not ist zu groß, um jetzt nicht alles daran zu setzen.

"Adieu, mein Freund."
Ein Gruß in der Nacht, echte Freunde scheiden und sehen sich nur
noch einmal wieder . . .

"Leben und nichts erlangen,   25. Mai 1730
heißt fischen und nichts fangen"
Sprichwort

Ferdinand

Im "Katastrophenjahr" 1730 beschließt Ferdinand den Reigen der Königskinder am 25. Mai. Achtzehn Jahre trennen ihn von seinem ältesten Bruder, der über Fluchtpläne nachsinnt. Mit Ferdinand beendet
die dreiundvierzigjährige Königin Sophie Dorothea ihre Serie von vierzehn Geburten, die ihr eine bedauernswerte Figur eingebracht haben.
Die vielen Kinder sind natürlich der ganze Stolz des Vaters, und man
bedenke: dies sei das Haus Habsburg gewesen mit seinem "tu felix Au-
stria nube". In den ersten Jahren ist Ferdinand verständlicherweise von
allen geliebt und verwöhnt worden, was ihm offenbar nicht sonderlich
gut bekommen ist, denn Friedrich äußert sich bedenklich über ihn, er
wäre der niederträchtigste von allen und habe die schlechten Eigenschaften des Vaters übernommen, ohne seine guten zu erben. Doch
Friedrich ist damals in einem sarkastischen Zeitalter. Unangenehm fällt
Ferdinand auf, weil er bis ins sechste Lebensjahr nicht dichthalten

kann, er wird darum "Hosentrompeter" genannt. Er scheint ansonsten
ein sympathischer Lümmel und Lausejunge gewesen zu sein, denn man
beklagt sich häufig über zerbrochene Fensterscheiben und mit dem Degen demolierte Möbelstücke. Mit acht Jahren wird er Fähnrich in
Friedrichs Regiment in Ruppin. Aber er bleibt schwer zu erziehen und
erhält 1740, nach dem Tode des Vaters, einen Oberst als Erzieher. Immer wieder sehen wir bei allen Preußenprinzen Soldaten als Erzieher
auftauchen. 1747 darf Ferdinand das Regiment seines Bruders übernehmen, als einziger der Prinzen beginnt er, sich für die Jagd zu interessieren, so daß Jagden ausschließlich für ihn veranstaltet werden, und auch
die musikalische Ader schlägt durch. Zusammenfassend kann gesagt
werden, daß alle preußischen Prinzen überdurchschnittlich veranlagt
gewesen sind, jeder auf seine Art. In einer besonders wichtigen Angelegenheit wird Ferdinand eine Ausnahme zugestanden: Als einziger darf
er sich seine Frau selbst auswählen, ohne Gängeleien durch Vater oder
Bruder wie bei den anderen, sondern nach Herzensneigung. Die Wahl
fällt auf seine Nichte, Luise, die Tochter seiner Schwester Sophie,
Markgräfin von Schwedt. Da Friedrich die Hochzeit zu bezahlen hat,
beschränkt er die bewilligten Kosten auf 5.000 Taler, wohl wissend,
daß es ins Uferlose gehen würde, wenn er nicht Maß hält. Die Hochzeit findet am 27. September 1755 im Charlottenburger Schloß statt, jedoch ist für das Paar noch keine Wohnung vorhanden, so daß die junge
Luise in Berlin bleiben muß, während Ferdinand zu seinem Regiment
nach Ruppin geht. Er ist inzwischen ein begeisterter Soldat und wird
von Friedrich im Mai 1756, kurz vor dem Krieg, zum Generalmajor
befördert. Ansonsten ist er eher unauffällig, so jedenfalls beurteilen ihn
ausländische Gesandte in Berichten an ihre Regierungen. Wie alle seine
Brüder erweist Ferdinand sich als unerschrockener Soldat und ist im
Mai 1757 maßgeblich daran beteiligt, daß ein österreichischer Ausfall-
versuch aus Prag vereitelt wird. Kurz danach erfaßt alle Geschwister
großer Kummer über die Entzweiung zwischen Friedrich und August
Wilhelm, die nachhaltige Folgen haben wird. Ferdinand schreibt an
Heinrich:
"Die Lage meines Bruders August Wilhelm bereitet mir unsäglichen
Kummer. Sie wissen, wie ich ihn liebe, und Sie werden sich leicht sa-
gen, wie nahe mir mit Fug und Recht der Verdruß geht, der ihm bevorsteht. Ich weiß, daß man ihm allein die Schuld für den Mißerfolg in der
Lausitz zuschreibt . . ." Den einen verstößt Friedrich, den anderen befördert er: am 3. Dezember 1757 wird Ferdinand Generalleutnant, am
5. kämpft er noch tapfer bei Leuthen mit. Vermutlich wäre er ein eben-

so fähiger Heerführer wie Heinrich geworden. Aber er erkrankt einige Tage nach Leuthen derart, daß er 1758 aus dem Militärdienst ausscheiden muß.

August Wilhelm stirbt im Juni 1758, die jüngeren Brüder, eigentlich nie dem König hold gesonnen, machen Friedrich dafür verantwortlich. Ferdinand grollt und muß dem Kriegsgeschehen aus der Ferne zusehen. Brieflich machen Heinrich und Ferdinand untereinander ihren Gefühlen gegen Friedrich Luft, der von dieser heimlichen Konspiration nichts gewußt zu haben scheint.

Am 1. November 1761 wird das erste von sieben Kindern Ferdinands geboren, die Kindersterblichkeit wird auch in seiner Familie ihre Opfer fordern. Allen bösen Worten zum Trotz, die Ferdinand für den König gefunden hatte, sorgt Friedrich nach dem Ende des Krieges für ihn, besonders finanziell, denn er verschafft ihm eine Stellung, die 30.000 Taler jährlich einbringt und ein Haus in Berlin. Noch vor Ende des Krieges hatte Ferdinand das Schloß Friedrichsfelde kaufen können, so daß er endlich in Berlin eine standesgemäße Wohnung besitzt. Er beschäftigt sich hauptsächlich mit Büchern und Musik, ist jedoch verpflichtet, auf den Revuen dem König sein Regiment vorzuführen wie jeder andere Kommandant. 1767 wird er General. Seine Krankheit, nicht genau definiert, schwächt ihn jedoch immer mehr, so daß er den aktiven Dienst seines Regiments nicht mehr überwachen kann. Als fünftes Kind erscheint am 18. November 1772 Prinz Louis Ferdinand, der später, 1806 in der Schlacht von Saalfeld fallen soll. Ferdinand leidet gewiß darunter, daß er ein Mann ohne viel Bedeutung ist, aber im Schatten seines großen Bruders hat er, ebenso gewiß, gar keine andere Möglichkeit. Was gibt's auch in Friedenszeiten Bedeutendes zu verrichten! 1778, als der Bayerische Erbfolgekrieg ausbricht, kann er keinerlei militärischen Dienst mitmachen, im Gegensatz zu Friedrich, der sich den Unbilden eines Feldzuges noch einmal unterzieht. Am 7. August 1786 schreibt Friedrich den letzten Brief an Ferdinand, einen Besuch betreffend, den dieser ihm machen will:

"Aber meine Krankheit setzt mich außer Stande, Sie gebührend zu empfangen, und so müssen Sie schon so gütig sein, Ihren Besuch aufzuschieben, bis ich mich wieder ein wenig kräftiger fühle."

Dazu kommt es nicht mehr. Ferdinand erlebt die Französische Revolution und den Zusammenbruch Preußens, auch das Ende Napoleons in Rußland, zurückgezogen in seinen Büchern lesend sozusagen als Privatier, ehe er am 2. Mai 1813 in Berlin seine Augen schließt. Mit ihm ist das letzte der vielen Kinder des Soldatenkönigs dahingegangen.

Auf der Flucht

Nun endlich ist es soweit: Sowohl Friedrich Wilhelm als auch Friedrich freuen sich, Berlin und Potsdam verlassen zu können, der eine, um eine politische Aufgabe für seinen Kaiser zu erfüllen und der andere, um einen Plan, über dessen Verwegenheit er sich offenbar nicht ganz im klaren ist, zu verwirklichen. Wir erleben in der Folge, wie man aus der Mücke einen Elefanten macht . . . Diesmal hat der knauserige Friedrich Wilhelm nicht gespart. Er weiß halt, wann man Geld ausgeben soll und kann und wann nicht; ein ausgezeichneter Hausvater. Vierzig Personen rollen in komfortablen Kutschen über Deutschlands miserable Straßen nach Süden und Südwesten. Friedrich, der in einer der Kutschen mitfährt, kann nicht ahnen, wie die Rückreise, die er gar nicht vorhat, ausfallen wird. Es scheint alles vollkommen in Ordnung zu sein, er kann sich nicht vorstellen, daß ihm etwas in die Quere kommen könnte, obwohl er, typisch Friedrich, gar keinen richtigen Plan entworfen hat. Man werde an Ort und Stelle sehen, ein paar Pferde besorgen, und ab geht's in die Freiheit. Friedrich ahnt nichts Arges. Daß zwei Bewacher, Oberst von Rochow und Leutnant Keyserlingk, ihn nicht aus den Augen lassen, hinter der Kutsche reiten, beim Halt und in der Pause in der Nähe sind, fällt ihm nicht auf, denn er ist dies von zu Hause auch nicht anders gewohnt. Die Reise soll über die Höfe von Bayreuth, Ansbach, Ludwigsburg, Mannheim und Darmstadt an den Rhein gehen, und die Mission ist, daß Friedrich Wilhelm für den Kaiser das Gelände sondieren soll in Sachen Pragmatischer Sanktion. Maria Theresia ist jetzt dreizehn Jahre alt, und es sieht ganz so aus, als wenn sie dereinst Thronerbin werden sollte. Natürlich erlebt sie eine ganz andere Jugendzeit als Friedrich sie hinter sich gebracht hat: heiter, beschwingt, unbedarft, in gar keiner Weise auf ein hohes Amt vorbereitet. Der Kaiser weiß, daß er den wahrheitsliebenden offenen König für eine solche Mission am besten gebrauchen kann. Auf der ersten Station, in Meuselwitz, schließt sich der österreichische Gesandte am

Preußischen Hof, Seckendorff, der Reisegesellschaft an, und damit hat Friedrich einen ihm mißgesonnenen und ihn auch verdächtigenden Begleiter mehr. Mit Recht mißtraut Friedrich diesem Vertrauten seines Vaters seit langer Zeit, obgleich dieser für die "regelmäßigen Wiener Zahlungen" an ihn zuständig ist. Wie üblich und wie alle anderen erhält auch Friedrich, in seiner Rolle als Kurprinz von Brandenburg, vom kaiserlichen Hause seine Zuwendungen; man muß sich die jungen Leute, die irgendwann mal ans Ruder kommen, warm halten: wegen ihrer Stimme zur Kaiserwahl. In diesem Fall, das wird sich zeigen, ist das Geld schlecht angelegt.

Als letzte Rast vor Mannheim wird am 4. August im Dorf Steinsfurt Halt gemacht. Wie vom König gewünscht in einfachster Herberge, Friedrich in einer Scheune, bewacht von seinen beiden Offizieren, die über alles Meldung zu erstatten haben. Selbst auf dieser Reise, die Entspannung hätte bringen können, läßt der König nicht ab, Friedrich vor Publikum zu beschimpfen und zu schlagen, wegen Nichtigkeiten, weil er störrisch dasteht, ein hoffärtiges Gesicht macht, und es sieht aus, als wolle der König ihn zum Äußersten treiben. Schon einmal hatte er zynisch dahergeredet, er, der König, ließe sich an seiner, des Prinzen Stelle, eine solche Behandlung nicht gefallen. Friedrich habe keine Ehre im Leibe. Friedrich schluckt jedoch alles, doch durch diese Mißhandlung treibt die Lage auf den Höhepunkt zu, es muß etwas geschehen. In Ansbach hatte Friedrich erfahren, daß Katte die Werbungsreise nicht gebilligt bekommen hat und nicht zu ihm stoßen kann. So vertraut er sich seinem Pagen an, einem Bruder des Leutnants Peter von Keith, dem Mitwisser und Helfer in Wesel. Wesel ist preußische Garnison. Diesem Pagen gibt er mittels eines Zettels den Auftrag, Pferde zu besorgen, und um sich auf der Flucht nicht als preußischer Offizier zu verraten, hat er sich in Ludwigsburg einen roten Rock fertigen lassen. Bedenkt man, daß es Friedrich auf der Reise unmöglich war, irgendetwas unbeobachtet zu unternehmen, kann von einem raffiniert eingefädelten Plan keine Rede sein. Wie soll's auch: Wo doch Jugendliche, beinahe Kinder noch, unerfahren und verzweifelt, sich verdrücken wollen? Hier, in Steinsfurt, muß es klappen. In drei Reitstunden ist der Rhein zu erreichen, Frankreich, Sicherheit, ein freies Leben! Thron adé! Ob er daran gedacht hat? Da Mannheim für den nächsten Tag leicht erreichbar ist, hat der König für den 5. August etwas späteres Wecken als üblich befohlen, fünf Uhr. Es dämmert, als Friedrich sich gegen zwei Uhr dreißig in der Scheune erhebt, unbeobachtet, wie er glaubt, schlüpft er in seinen roten Anzug und zur Tür hinaus. Keith erscheint im grauen Licht des Morgens mit den Pferden, greifbar nahe rücken Gelingen und Freiheit, denn ein Vorsprung von einer Stunde müßte reichen, des Königs Häschern zu entkommen. Aber der Oberaufpasser, besorgt um seinen eigenen Kopf, den er beim Gelingen der Flucht verliert, Oberst von Rochow also, hat nicht ge- bzw. verschlafen: Dort steht er plötzlich und beweist, daß er ein Mann von Welt ist, und sagt anzüglich:

"Ein schöner Rock, Königliche Hoheit, aber nicht nach Ihrer Majestät Geschmack."

Das ist alles, und es genügt. Friedrich gibt auf, der Oberst macht pflichtwidrig keine Meldung an den König. Friedrich schweigt ebenfalls, Keith leider nicht. Geschichte machen, — manchmal kaum ein Unterschied zu Geschichten machen —, hat oft am seidenen Faden gehangen. Seidener Faden, das hängt mit Nerven zusammen. Einer hat sie nicht behalten! Wenn Oberst von Rochow "psst, psst" geflüstert, gemurmelt hätte, "ich sag dem Alten nichts", wäre alles gut gegangen. Doch er war ein Weltmann. So bleiben die beiden Täter im Ungewissen, — Page Keith wenigstens hätte beruhigt werden müssen —, und so macht er durch einen Kniefall Weltgeschichte . . . Friedrich ist guten Mutes, als die Reise nach Mannheim weitergeht..

Über den Hergang in den frühen Morgenstunden des 5. August gibt es verschiedene Versionen, teils dramatisch ausgeschmückte, da der Stoff wortreichen und blumigen Berichterstattern offenbar zu wenig hergegeben hat. Als sicher kann gelten, daß nicht mehr geschehen ist als dargestellt. Noch ist die Mücke kein Elefant, doch was nicht ist, kann werden . . .

"Rex viva lex —   12. August 1730
der König ist das lebendige Gesetz"
Marc Aurel

In Wesel

Wesel ist in jener Zeit eine wichtige Festung und ein preußischer Vorposten zum Westen. Vor hundert Jahren ist es, zum Herzogtum Kleve gehörig, mit dem Aussterben der Herzöge von Berg an Brandenburg-Preußen gefallen. Hierhin nun ist der im Grunde noch ahnungslose Friedrich gebracht worden, da der König vermeiden wollte, ihn im Ausland auf nichtpreußischem Gebiet festnehmen zu lassen. So hat Friedrich eine relativ fidele Rheinfahrt mitmachen können, verfolgt vom Spott des Königs, der sich erstaunlich in der Gewalt hat.

Wie ist es seit dem 5. August in Steinsfurt weitergegangen? Der König weiß auch am nächsten Tag in Mannheim, beim Kurfürsten von der Pfalz, nichts von den Vorgängen am Morgen dieses Tages, und alles scheint gutgegangen zu sein. Friedrich erkennt, daß er seinen Bewachern nie wird entkommen können und läßt des Königs schlechte Behandlung über sich ergehen. Aber das schwächste Glied in der Kette der Mitwisser hält nicht dicht: der Page Keith, ein Kind eigentlich noch. Er selbst wiederum hat keine Kenntnis, daß der König nichts weiß, und schmort in Angst, wenn er nicht gesteht, mit hineingerissen zu werden. So wirft er sich nach dem Gottesdienst dem König zu Füßen und gesteht schluchzend die Teilnahme am Fluchtplan. Was keiner erwartet hat, geschieht: Der König bleibt äußerlich vollkommen gelassen, kein Toben und Poltern, keine Schläge, kein Gebrüll. Schließlich befindet man sich im Ausland, will kein Aufsehen erregen. Friedrich seinerseits erfährt nicht, daß Keith ihn verraten hat und ist ruhig, wenn ihm auch nicht geheuer sein kann, als der König in Darmstadt lauernd fragt: "Noch hier? Ich denke, Er ist schon in Paris?"

"Ich wäre dort, wenn ich nur gewollt", lautet die halb selbstsichere, halb trotzige Antwort. Für Friedrich muß es jetzt darauf ankommen, den Eindruck zu erwecken, als habe er niemals flüchten wollen — was er später immer wieder behaupten wird. Es kann als sicher gelten, daß er von einem schwerwiegenden, bedrohlichen Gewitter nichts ahnt, väterliches Donnergrollen ja, mit Prügel und Mißhandlungen, neuen, vielleicht nicht für möglich gehaltenen Demütigungen, das würde sich alles aushalten lassen, dann müsse man weitersehen, ein dickes Fell war ja inzwischen gewachsen; aber eine Staatsaffäre, die ganz Europa aufhorchen läßt und ihn persönlich in Lebensgefahr brächte, gar Köpfe rollen ließ — undenkbar! Undenkbar auch natürlich für alle anderen, außer dem König. Dieser beherrscht sich weiterhin. Ab geht die Reise nach Frankfurt, man steigt auf das königliche Schiff, um stromabwärts nach Bonn und Köln zu fahren, wo Friedrich sich dem Kurfürsten vorstellen muß. Damit ist er im Glauben bestärkt, das Gröbste überstanden zu haben. Doch hat sich im Hintergrund einiges getan, das aus der Sicht des Königs den letzten Zweifel, ob Friedrich desertieren wollte, beseitigt: Leutnant Keith, der Bruder des geständigen Pagen und Friedrichs Fluchtgenosse, wenn alles geglückt wäre, ist inzwischen aus Wesel geflohen und dem König ist hinterbracht worden, daß Katte aus Berlin einen Brief an Friedrich geleiten ließ. Sofort gehen Boten ab nach Berlin, mit königlichen Befehlen in Sachen Katte. Am Horizont ziehen dunkle Wolken auf.

Vollends, als die preußische Reisegesellschaft endlich in Wesel eingetroffen ist. Auf der Kommandantur verhört Friedrich Wilhelm seinen Sohn zum ersten Mal.

"Warum hat Er desertieren wollen?"

"Weil Sie mich nicht wie Ihren Sohn behandelt haben, sondern wie einen niedrigen Sklaven."

"Dann ist Er nichts anderes als ein feiger Deserteur ohne Ehre."

Wie in späteren Vernehmungen beweist Friedrich hier bereits Mut und Kaltblütigkeit, und daß er nicht auf den Kopf gefallen ist; man meint, weil er noch immer nicht Gefahr an Leib und Leben für sich und seine Helfer befürchtete. Mag sein. Er antwortet jetzt:

"Ich habe soviel Ehre als Sie und habe nur das getan, was Sie hundertmal gesagt haben, Sie würden es an meiner Stelle tun."

Das ist stark gegen den König, der lange gestauten Zorn loswerden muß. Da hier, soweit möglich, vermieden wird, Legenden, Unsicheres und Anekdoten mitzuverarbeiten, soll nicht näher darauf eingegangen werden, ob es der Wahrheit entspricht, daß Friedrich Wilhelm jetzt den Degen zieht, Friedrich zu stechen, und daß nur durch das mutige Dazwischentreten des Festungskommandanten der Prinzenmord verhindert worden sei. Geschichtsschreibung ist eine zarte Pflanze, oft getreten, gerupft, vertrocknet. Denkbar ist die von Zeichnern nachträglich verfertigte dramatische Szene durchaus, denn ohne viel Phantasie bleibt vorstellbar, daß Friedrich Wilhelm total außer sich gewesen sein muß ob des verstockten, "böhsen" Friedrich.

Wir werden erleben, wie ausgezeichnet Friedrich sich hält, ehe es gelingt, sein Rückgrat zu brechen. Noch immer ahnt niemand, was der König beabsichtigt, wie hoch er den Vorfall aufziehen will. Außenpolitisch ein Dilettant, sieht er in Frankreich und England Komplizen, in allen Beteiligten ein Komplott gegen seinen Thron. Er gibt Befehl, Friedrich auf die Festung Küstrin zu verbringen, ein Gefangenentransport also quer durchs Reich. Ab Wesel zeigt sich Friedrich Wilhelm von seiner häßlichsten, gemeinsten und brutalsten Seite, und es fällt schwer, einen Funken Verständnis für seine Verhaltensweise wachzuhalten. Er erläßt eine genaue Vorschrift für den Transport: Geheimer Aufbruch, Meidung der Gebiete von Hessen und Hannover, Tag und Nacht fahren, essen in der Kutsche. "Hat er seine Notdurft zu verrichten, so muß solches auf freiem Felde geschehen, woselbst man sich weit umhersehen kann und da keine Hecken und Sträucher sind. Wenn unverhofften Falles sich begeben sollte, daß man Euch hier oder da denselben abnehmen wollte, und Ihr nicht im Stande wäret solches Wider eine größere Gewalt zu verhindern, so solltet Ihr dahin sehen, daß die anderen ihn nicht anders als tot bekommen."

Dies ist ein erschütterndes Dokument königlich-väterlicher Rachsucht und Enttäuschung, das einmalig dastehen dürfte. Man bedenke auch den Gewissenszwang der verantwortlichen begleitenden Offiziere! Als Friedrich Wilhelm nach Berlin zurückgekehrt ist, sagt er als erstes zu seiner Frau, der Königin:

"Ihr nichtswürdiger Sohn ist nicht mehr, er ist tot" und läßt seine Wut an der Familie aus.

"Man muß die Zukunft abwarten   5. September 1730
und die Gegenwart genießen oder ertragen"
Wilhelm von Humboldt

Küstrin

An diesem Tag bezieht Friedrich sein Arrestzimmer im zweiten Stock des Küstriner Schlosses, nachdem er über Treuenbritzen und Mittenwalde hergeschafft worden ist. Daß der Spaß vorbei ist, hat er nun begriffen, aber seine Sorge gilt vorrangig den Freunden und Mitverschworenen, vor denen der Vater sich nicht zurückhalten würde.

Er selbst spürt den Hauch von Sympathien und Mitgefühl, der von den für ihn verantwortlich gemachten Personen ausgeht. Sie sehen in ihm keinen bösen Friedrich und wollen es sich mit ihm — der mächtige König ist weit — nicht vollends verderben — eines Tages wird er den Thron besteigen . . . Es tut sich in der Tat etwas, denn Friedrich Wilhelm ist in seinem Element und macht tabula rasa. Er hält sich für bedauernswert, am Ende des Briefes an die Oberhofmeisterin von Kameke, in dem er ihr Friedrichs Vergehen mitteilt, steht der Satz: "Übrigens beklagen Sie einen unglücklichen Vater."

Am 27. August ist der König von Wesel aus in Berlin und läßt sich sogleich Leutnant von Katte vorführen. Schon am 15. August wußte Grumbkow von Friedrichs Fluchtversuch, mit der Nachricht war der Befehl gekommen, Katte unverzüglich festzunehmen. Trotzdem hätte Katte, der im folgenden makellos und ritterlich dastehen wird, Zeit zum Entweichen gehabt, kostbare Zeit, die man ihm absichtlich ließ. Er nutzte sie nicht. Wilhelmine berichtet, wie sie vom Fenster aus Kattes Vorführung beobachtete:

"Er war bleich und entstellt, nahm aber doch den Hut ab, um mich zu grüßen. Hinter ihm trug man die Koffer meines Bruders und die seinen, welche man weggenommen und versiegelt hatte. Gleich darauf erfuhr der König, dessen Empörung sich bis dahin gegen uns gerichtet hatte, daß Katte da sei. Und er verließ uns nun, um den Ausbrüchen seines Zornes ein neues Ziel zu geben."

Katte wirft sich vor dem König nieder, erhält trotzdem eine Portion Fußtritte und etliche Stockschläge, wobei der König ihm das Johanniterkreuz vom Hals reißt. Dann beginnt das erste Verhör, bei dem Katte

100

so viel Mut zeigt, daß der König sich wundert. Er sagt nur aus, von den Fluchtplänen gewußt zu haben, und daß er dem Kronprinzen habe folgen wollen.

"An welchen Hof hat der Prinz sich begeben wollen?"
"Das wisse er nicht."
Es kann nach allen Berichten kein Zweifel bestehen, daß Katte sich bis zuletzt standhaft behauptet hat. Die Verhöre werden in der Folgezeit fortgesetzt, bis der König glaubt, genug Prozeßmaterial zusammenzuhaben. Währenddessen hockt Friedrich in seiner Zelle und ist auf eingeschleuste Nachrichten von außen angewiesen, was trotz gegenteiliger Befehle des Königs klappt. Der Regierungspräsident von Münchow selbst schmuggelt die Briefe, Schreibzeug und Bücher in die Zelle, so daß er sogar mit Schwester Wilhelmine korrespondieren kann.
"Man wird mich jetzt verketzern, nachdem der Kriegsrat abgehalten sein wird; denn es genügt, um für einen Erzketzer zu gelten, daß man nicht in allen Dingen mit der Ansicht des Herrn und Meisters übereinstimmt. Du kannst dir also leicht vorstellen, wie artig man mich zurichten wird . . . Welche Freude für mich, daß weder Riegel noch Eisengitter mich hindern können, dir meine treue Freundschaft zu bezeugen . . . Ja, teuere Schwester, wenn ich nur weiß, daß du glücklich bist, werde ich im Gefängnis froh und zufrieden sein . . ."

Das klingt nicht nach Niedergeschlagenheit und Angst. Sein treuer ehemaliger Lehrer Duhan ist bereits in den hintersten Winkel Ostpreußens versetzt worden, ebenso sein Bibliothekar. Die Bibliothek! Der König hat durch Kattes Verhör von ihr erfahren. Er begibt sich selbst in die Bibliothek und steht konsterniert vor den fünfzehn Bücherschränken, schlägt einige Bände auf und entscheidet, daß von allen Büchern der Namenszug Friedrichs zu entfernen sei, sodann sind alle Bücher verpackt nach Hamburg zu schicken, wo sie verkauft werden sollen. Da man in Hamburg nicht mehr als eintausendeinhundert Taler bot, ließ Friedrich Wilhelm sie zu einer Versteigerung nach Amsterdam transportieren; eine der vielen barbarischen Taten des Königs. Barbarisch sind auch seine weiteren Anordnungen: Niemand darf das Wort an Friedrich richten noch Antwort geben. Wenn er nach seinen Eltern und Geschwistern frage, sei ihm zu antworten, daß er von allen vergessen und Wilhelmine in Berlin in Arrest sei. Friedrich verlangt, das Heilige Abendmahl nehmen zu dürfen, nur einmal heraus aus der Zelle. Doch der Vater durchschaut ihn und winkt ab:
"Es ist jetzo noch keine Zeit, es muß ernstlich das Kriegs Recht ausgemachet sein, sodann ist schon Zeit."
Der König praktiziert also eine Einzelhaft, die — Ordnung muß sein — psychologisch nicht schlecht durchdacht ist und ihn, trotz allem, als Menschenkenner ausweist. Doch wie gesagt, Friedrich hat Helfer. Gegen seine Familie läßt der König sich derartig aus, daß die Königin ihn mutig zurechtweisen muß:
"Gehen Sie in sich, Majestät, Ihr erster Zorn ist verständlich, aber er wird verbrecherisch, wenn Sie seiner nicht Herr werden."
Friedrichs Diener sind inzwischen entlassen worden, Pferden und Wagen ergeht es wie den Büchern, versteigert, und sein Regiment muß Bruder August Wilhelm übernehmen. Es sieht aus, als wolle Friedrich Wilhelm alle Brücken in ein weiteres Leben abbrechen. Er fühlt sich außerdem beleidigt, daß das Ausland sich einmischt und für Friedrich einsetzt.
"Ich weiß wohl, daß alle Welt mich als Tyrannen hinstellen will."
Der im ersten Zorn gefaßte Gedanke, Friedrich liquidieren zu lassen, ist gewiß dahin, in gedanklicher Diskussion bleibt für ihn jedoch der Plan, Friedrich von der Thronfolge auszuschließen. Doch das geht nicht so einfach, da reichsrechtliche Vorschriften zu beachten sind, und Friedrich wohl nicht zu bewegen sein wird, von sich aus zu verzichten. Als Hauptziel in diesen Tagen und Wochen dürfte Friedrich Wilhelm verfolgt haben, Friedrich mit allen Mitteln zu brechen, so daß

dieser von vorn anfangen muß. Friedrich hätte allen Grund gehabt, sich Sorgen um Wilhelmine zu machen, würde er erfahren haben, was der englische Gesandte an diesem 5. September an seine Regierung berichtet:

"Vor vier oder fünf Tagen ging der König in das Zimmer der Prinzessin, seiner Tochter, belegte sie mit einer Menge Namen, welche zu wiederholen ich mich schäme, schlug ihr dann den Kopfputz vom Haupt, wand ihr Haar um seine Hand, schleppte sie durch die Stube und schlug und stieß sie am Kopf, Gesicht und Brust in so heftiger Weise, daß sie genötigt ist, seitdem das Bett zu hüten. Das ganze Schloß war in Schrecken über das Schreien und Jammern, und die Wachen, welche die Ursachen nicht kannten, griffen zu den Waffen."

Friedrich Wilhelm hatte Aufsehen vermeiden wollen, nun horcht ganz Europa auf und richtet die Augen auf die entlegene Mark Brandenburg.

"Ein jeder schreckt seinen Feind mit dem,   **11. September 1730**
worin er stark ist"
Horaz

Der böse Friedrich

Es ist durchaus keine Beurteilung von Friedrichs Tun und Lassen dieser Tage, wenn man sagt, daß für seinen Vater eine Welt zusammengebrochen ist. Viele Väter in der Welt "fallen aus den Wolken", wenn ihnen das wahre Ich ihrer Kinder offenbar wird; diesen Vater, der sich überhaupt nicht in andere Menschen hineindenken kann, muß Friedrichs Tat tief treffen. Vermutlich hat Friedrich gar nicht bedacht, was er in seinem Vater anrichten würde, zuviel ging es um ihn selbst, zuviel stand für ihn auf dem Spiel. Wir kennen heute nur Friedrich Wilhelms Reaktion: daß er tobte, liquidieren wollte, offensichtlich keinerlei Verständnis gezeigt hat. Wie es in seinem Inneren ausgesehen hat in diesen dramatischen Tagen, davon kann niemand ein Lied singen. Wie andere Väter in dieser Situation sucht er Trost und Rat bei Vertrauten, schüttet sein Herz aus, findet im Zorn vernichtende Worte für den Urheber seines Schmerzes. Einer seiner besten Vertrauten seit Jugendtagen ist der Fürst Leopold von Anhalt-Dessau, ein Freier Reichsfürst, der freiwillig in den Dienst des Königs und Brandenburg-Preußens getreten ist, alter Schnurrbart, Stiefelettenfürst, Bullenbeißer, Kriegsmechanikus, Doktor Leopoldus, Rechenmeister und Alter Dessauer genannt, der bei allen hin- und herlaufenden Hofintrigen stets bei der Stange geblieben ist. Er hat schon dem ersten König in Preußen gedient und wird auch dem dritten dienen, wie in einem anderen Kapitel nachzulesen ist. Der Briefwechsel zwischen dem König und ihm ist ein ergreifendes Dokument altpreußischer Geschichte. Aus ihm stammt der hier wiedergegebene Brief des aufgebrachten Königs, originell in seinem skurrilen Deutsch, bezeichnend für den vertrauten Ton zwischen den beiden Männern.

". . . Was die inquisicion anlangt, die geht fort. Katte ist fertig. Des Böhsen Friedrich seine müssen sie noch nach Küstrin hin, zu verhöhren; alsdann über gesprochen kan werden. Indessen ist gewiß, daß Engelang (England) von allem gewuhst, aber die desercion abgerahten. Der Böhse mensch hat an Konig von Enge (König von England) geschrieben, sich über mir beschwehret, daß er so übell und nit nach sein Karacter (Rang) gehalten würde; und würfe sich im König Proteccion, ermöchte ihn auf- und annehmen. Mit dem Brief hat er den englischen Residenten aus dem sexischen Lager gesandt nach London, und er auch wieder gekommen, bevor ich nach das Reich verreißet . . . Der Böhse Mench hat . . . den Residenten gebeten, an König zu bitten, er Mögte ihm 17.000 Taler gehben, seine schulden zu bezahlen, die sich nur auf 9.000 Taler belaufen! Inquisit darauf geantwortet hätte, daß er mehr gefohdert hette, daß er noch was übrig hette; also man sein trefliches gemühte erkennen kann. Gott bewahre alle ehrlichen leutte vor ungerathene Kinder. Es ist ein grohs chagrin. Doch ich habe vor Gott und vor der weldt ein reines gewißen. Ich habe vermahnet; ich habe gestraffet mit Güte und mit quat (Zorn): es hat alles nit geholfen. Ich habe mehr als 100 Zeugen, da Euer Lieben mit davon sein. Dieses ist meine consolacion . . ."

*Friedrich als Jüngling, um
1730.*

*Friedrichs Vertrauter und
Freund Hans Hermann von
Katte.*

*Friedrichs Bruder Ferdinand im
Alte von fünf Jahren.*

Friedrichs Bruder Prinz Ferdinand.

Friedrich als Kronprinz, um 1730.

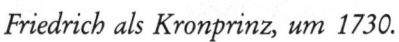

Leutnant Hans Hermann von Katte.

Es lohnt sich, ihn ein zweites Mal durchzulesen, einmal der Orthographie wegen, — es gab noch längst keine Regeln für deutsche Schreibweise —, sodann um die Klage recht zu fassen, die aus ihm spricht. Nur Klagen, nur Vorwürfe, nur Selbstmitleid, nur Enttäuschung! Dersertion eines Thronerben, das ist allerdings etwas Ungeheuerliches, nicht nur hier in Preußen, von daher könnte des Königs Reaktion vollkommen verständlich sein. Aber er selbst scheint keinerlei Verständnis für den "Böhsen Friederich" aufzubringen.

"Doch ich habe vor Gott und der Welt ein reines Gewissen." Dies ist die Rechtfertigung eines Mannes, der seinen Sohn nie begriffen hat.

Fürst Leopold von Anhalt-Dessau, genannt der Alte Dessauer.

"Alles entsteht und vergeht nach Gesetz"
Goethe

16. September 1730

Verhöre

Friedrich Wilhelm ist in diesen Tagen wenig mit Regierungsaufgaben, viel mit der "küstrinischen Sache" beschäftigt. Endgültig wird die Mücke zum Elefanten gemacht, aber man versteht kaum, daß er sich in die Vorstellung verrennt, daß ein Kopf fallen müsse. Was war denn schon geschehen: drei junge Leute hatten türmen wollen, wovon zwei es nur aus Gehorsam und Anhänglichkeit tun wollten, und nur einer es tatsächlich tat, Keith, der ältere. Ein Glück, daß er schnell England erreichte, wo ihn die preußischen Häscher nicht fassen können. Friedrich bestreitet nach wie vor, fortgewollt zu haben. Mit ein paar saftigen Ohrfeigen und einer Verbannung Kattes könnte der König sich famos aus der Affäre ziehen — wenn er Diplomat wäre. Aber er ist nur ein einfacher preußischer König, ehrlich, offen, tolpatschig, toll, enttäuscht und bis in den letzten seiner gichtigen Knochen zornig. Er kann sich nicht vorstellen, was im Herz der Königin vorgeht, wenn sie einen seiner brutalen Briefe lesen muß:

> "Ich habe den Schurken von einem Fritz verhaften lassen, ich werde ihn behandeln, wie er es für sein Verbrechen, für seine Feigheit verdient: ich erkenne ihn nicht mehr als meinen Sohn an; er hat über mich und mein ganzes Haus Schande gebracht, dieser Elende verdient nicht mehr zu leben."

Mit dieser Ansicht steht er natürlich allein, denn sonst ist niemand so verdreht, Friedrichs Versuch, an dem allerdings kaum jemand zweifelt, als eine Schande oder Feigheit anzusehen. Wie schon erwähnt, ist der Mut der beiden Arrestanten erstaunlich, von Feigheit kann keine Rede sein. Es geht jetzt von Verhör zu Verhör. Jeder der beiden steht für den anderen ein, ohne daß man es gegenseitig erfährt, denn es ist selbstverständlich, daß sie sich nicht begegnen dürfen. Auf der Herfahrt von Wesel glaubte Friedrich schließen zu können, daß Katte sich rechtzeitig abgesetzt habe, und erst in Mittenwalde erfuhr er von der Verhaftung. Das war ein erster Schock für ihn. Er ließ dem Vater mitteilen, daß er, Friedrich der Schuldige, Katte der Verführte sei und daß er die Ruhe seiner Seele nicht wiederfinden würde, wenn Katte seinetwegen sterben müsse. Am 16. September wird Friedrich zum ersten Mal "richtig" verhört, vom Generalauditeur Mylius, dem es, wie allen königlichen Befehlsempfängern dieser Tage, recht unwohl unter seiner Haut wird. Hundertfünfundachtzig Fragen! Die letzten vom König selbst entworfen. Friedrich läßt sich nicht kleinkriegen, obwohl von der Einzelhaft sichtlich mitgenommen, und beantwortet viele Fragen einfach mit "Ja", lässig, als gäb's darauf anderes nicht zu antworten; wenigstens läßt er sich nicht in die Rolle des Schuldigen bringen. Der Auditeur hat die Aufgabe, herauszustellen, daß nicht Friedrich, sondern der Vater ein Opfer sei, der versucht habe, den Sohn mit allen möglichen Methoden auf den Pfad der Tugend zu bringen. Friedrich gibt höchstens zu, daß man alles seiner Jugend zuschreiben müsse, eine Art Kompromiß aus seiner Sicht.

"Was Er verdiene und für eine Strafe gewärtig sei!"

"Ich unterwerfe mich des Königs Gnade."

"Was ein Mensch, der seine Ehre bricht und ein Komplott zur Desertion macht, verdient?"

"Ich habe meine Ehre nicht gebrochen."

"Ob Er verdiene, Landesherr zu werden?"

"Ich kann mein Richter nicht sein."

"Ob Er sein Leben geschenkt haben wolle?"

"Ich unterwerfe mich des Königs Gnade."

Auf die Frage, ob er auf die Thronfolge verzichten wolle:

"Mein Leben ist mir so lieb nicht, aber der König werde so sehr ungnädig auf mich nicht sein."

Fürwahr, ein einmaliges Verhör, das ein gutes Licht auf Friedrich wirft. Naturgemäß, trotz aller Erfahrungen, kann er sich nicht vorstellen, wie es im König aussieht. Friedrich bestreitet noch einmal, daß er flüchten wollte.

Leutnant von Katte wird am 20. September zum sechsten Verhör vorgeführt. Auf die Frage, wo die Ursache für die geplante Flucht liege, hatte er in einem vorigen Verhör Friedrichs Worte an ihn zitiert: "Mein Vater gehet so hart mit mir um, ich kann es nicht aushalten, ich will mich auf eine Zeitlang absentieren."

Eine Gnadenbitte des Vaters von Katte, eines verdienten alten Militärs, hatte der König abgelehnt. Wir sehen, daß an den Verbiesterten nicht heranzukommen ist. Er will sein Exempel haben: aber welcher der beiden wird's tragen müssen? Unerschrocken antwortet Katte auf die Frage, ob er geflohen wäre, hätte man ihn nicht rechtzeitig festgenommen: "Wenn der Kronprinz geflohen wäre, so würde ich ihm gefolgt sein."

Mutige Worte, im Angesicht des zu erwartenden Kriegsgerichtes. Aber er sagt wahrheitsgemäß, wohl von dem Fluchtplan gewußt, ihn jedoch nicht gefördert zu haben. Außerdem habe er, Katte, die 3.000 Taler Fluchtgeld bei sich gehabt, ohne die der Kronprinz niemals entflohen wäre.

"Verschwörung gegen Seine Majestät?"

Davon sei niemals die Rede gewesen. Dem König mißfällt sehr, wie geschickt und ehrlich sich diese beiden jungen Leute zu verteidigen wissen, was ihn nicht beruhigt, nur zorniger macht. Was alle gehofft hatten, daß er sich im Laufe der Tage und Wochen "abreagieren" würde,

daß sein im Grunde der Seele ruhender guter Zug durchschlagen würde, tritt nicht ein. Das Drama muß seinen Lauf nehmen, niemand kann
aussteigen. Alle, die Friedrich mehr zukommen lassen als der Vater erlaubt hat, spielen ohnehin mit ihrem Leben. Friedrich sieht noch immer keinen Grund, vollkommen schwarz zu sehen, aber Katte ist hellhörig und weitsichtig genug, die Art des auf ihn einstürzenden Unheils
zu erkennen, wenigstens zu erahnen, beklemmend beschleicht ihn die
Vorstellung, Hauptleidtragender und Opfer eines Dramas zu werden,
das er nicht geschrieben und inszeniert hat.

"Wer von Gericht bringt heile Haut,   **28. Oktober 1730**
der mag wohl jauchzen überlaut"
Sprichwort

Das Kriegsgericht von Köpenick

Nachdem Friedrich Wilhelm Leutnant Katte und Friedrich gehörigen
Befragungen hatte unterziehen lassen, sieht er die Zeit gekommen, das
Kriegsgericht tagen und urteilen zu lassen. In diesen Wochen zeigt er
sich von seiner übelsten Seite: Es ist nicht die Gerechtigkeit, wie er behauptet, die ihn antreibt, sondern Rachsucht. Wäre es Gerechtigkeitssinn, der ihm allgemein nicht abgesprochen sein soll, dann würde er
nicht fanatisch und verbiestert die Aburteilung der beiden Hauptschul-
digen betreiben — es kann tatsächlich nur Vergeltungsdrang sein, allerdings verursacht durch ein gekränktes König- und Vaterherz. Der König ist ungenießbar und drangsaliert Familie und Umgebung in uner-
träglicher Weise. Wer geglaubt hatte, sein Zorn würde im Laufe der Ta-

ge und Wochen verrauchen, sah sich getäuscht; zuviel ist angestaut worden in den letzten Jahren, zu sehr ist alles ganz logisch und folgerichtig — aus seiner Sicht — einhergegangen und gekommen.

Am 22. Oktober ernennt der König das aus fünfzehn Offizieren verschiedener Ränge zusammengesetzte Kriegsgericht, das fünf Gruppen bildet, die separat am 27. Oktober schriftlich ihre fünf Stimmen abzugeben haben, die sechste Stimme ist die des Vorsitzenden. Man muß sich hier einmal rückblickend vor Augen führen, welch ungeheuerliche Aufgabe vor diesem Kriegsgericht lag. Katte und Keith abzuurteilen konnte nicht schwerfallen, und wir werden sehen, wie geschickt man sich aus der Affäre zog, aber der Kronprinz! Blickten die Offiziere zurück, so sahen sie einen bärbeißigen, wutschäumenden König, unter dem der militärische Dienst stets eine Qual war, schauen sie vorwärts, so erblicken sie den kommenden Mann des Staates, jung zwar, aber hoffnungsvoll, gebildet, ein ganz und gar anderer Mensch als der König: Vergangenheit soll über Zukunft Recht sprechen! Kann der einzelne Offizier sich so viel selbst antun und sich den Kronprinzen durch ein hartes Urteil zum Feind machen? Wer weiß und will heute wissen, was in den Köpfen der ehrenwerten Richter vorgegangen ist? Planmäßig am 27. Oktober tritt das Gericht, in den Gruppen gesondert, zu den Beratungen zusammen, um die Urteile schriftlich niederzulegen. Die Beschuldigten werden nicht mehr gehört, schließlich hatte man sie vorher genügend ausgequetscht. Am nächsten Tag, dem 28. Oktober, tritt das eigentliche Kriegsgericht zusammen, um die abschließenden Urteile abzugeben. Man muß vermutlich lange suchen, ein zweites Kriegsgericht zu finden, das derartige "weise" Urteile gefällt hat:

1. Leutnant Keith. Tod durch den Strang; da er nicht habhaft ist, soll statt seiner sein Bild gehängt werden, eine durchaus übliche Art der Strafe — es bleibt offen, wie das Gericht geurteilt hätte, wäre Keith greifbar gewesen.

2. Leutnant Katte. Drei Gruppen fordern seinen Kopf, zwei "nur" ewige Festungshaft, die sechste Stimme, die des Grafen von der Schulenburg, Vorsitzender, muß den Ausschlag geben. Aus dem alten Militär spricht erfahrener und gesunder Menschenverstand: "Kann ich nach meinem besten Wissen und Gewissen, auch dem teuer geleisteten Richtereid gemäß, den Katte mit keiner Lebensstrafe, sondern mit ewigem Gefängnis zu belegen mich entschließen." Bei Stimmengleichheit gilt das mildere Urteil: Katte ist gerettet. Ganz richtig sagt von der Schulenburg, daß ein Unterschied zu

machen sei zwischen geplanter und ausgeführter Tat. Mit der "ewigen Festungshaft" brauchen die Richter ihre Gewissen nicht sonderlich zu belasten: die würde vorbei sein, sobald der Kronprinz den Thron besteigt.

3. Friedrich. Hier lehnt das Gericht das Urteil ab; der Fall sei eine Familienangelegenheit, falle nicht unter seine Kompetenz; es sei, das Gericht, nicht nur dem jetzigen König, sondern der Dynastie verpflichtet und überantworte den zwar ungehorsamen, dennoch reuevollen Kronprinzen väterlicher und königlicher Gnade.

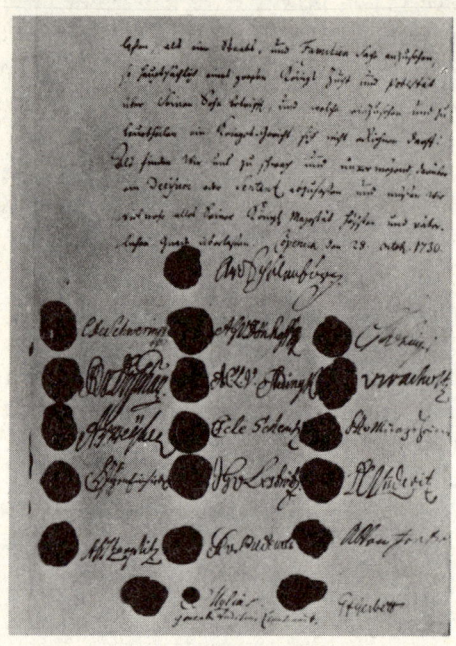

Gewandt, geschickt, raffiniert gesprochen, in der Tat echt preußisch; offenbar ist niemand der Herren eingeschüchtert — trotz dieses Königs! Dieser König — was macht er? Urteil Nummer eins akzeptiert er, Urteil Nummer drei ebenfalls, aber der Spruch Nummer zwei — Katte — bringt ihn in Rage. Er sieht sich in seiner Rache betrogen, schickt das Urteil an die Absender zurück mit der bösen Anweisung "Sie sollen Recht sprechen und nicht mit dem Flederwisch darübergehen", außerdem verweist er als frommer Mann auf einschlägige Bibelstellen — seine Stärke — "und Du sollst dich halten nach dem Gesetz". Das tut das Gericht, es bleibt unerschüttert beim ersten Urteil, und von der Schulenburg antwortet am 31. Oktober: "Nachdem er nochmals reiflich erwogen und wohl überlegt, finde er sich in seinem Gewissen überzeugt, daß es dabei bleiben müsse, und solches zu ändern ohne Verletzung seines Gewissens nicht geschehen könne, noch in seinem Vermögen stehe." Der König, in Wusterhausen, tobt und droht alle zu "zernichten", die es mit seinen Kindern gegen ihn halten wollten und ist gezwungen, will er "sein" Recht haben, die letzte Instanz — das ist er selbst — sprechen und urteilen zu lassen: Tod durch das Schwert für Katte! Seine Entschuldigung vor der Geschichte, "es sei besser, Katte stürbe als daß die Gerechtigkeit aus der Welt käme", kann nicht stechen, denn er selbst beugt das Recht kraft seiner Macht — und damit schafft er die Gerechtigkeit aus der Welt. Kattes dem Urteil des Gerichts beigefügtes Gnadengesuch ignoriert er, und lakonisch erhält Kattes Vater den Bescheid "Sein Sohn ist ein Schurke, meiner auch, aber was können die Väter dafür!" Dramatische Stunden und Tage, man glaubt allgemein, daß der König sich noch besinnen wird, aber ordentlich und pünktlich wie er arbeitet, hat er das Hinrichtungsdatum und den Ort bereits festgesetzt. Er muß sein Opfer haben, und da er es, trotz allem, nicht fertigbringt, Friedrich dem Tod zu überantworten, kann das Opfer nur Katte heißen.

Nicht Friedrich, der in Küstrin einsitzt, gilt ab hier unsere Erschütterung und Anerkennung, sondern Katte, dem Helden der Stunde, der mit übermenschlichem Mut seinen Opfergang antritt, damit der Freund und spätere König leben kann.

"Man muß das Beste hoffen,   5. November 1730
das Schlimmste kommt von selbst"
Sprichwort

Je eher je lieber

Leutnant von Katte ist die ganze Zeit in einer Arreststube auf der Wache seines Regiments Gensdarmes untergebracht gewesen. Am 2. November wird er nach dem Neuen Markt verlegt, wo jene fünfzehn Offiziere versammelt sind, die das Kriegsgericht gebildet hatten und die ihm nun die beiden Urteile verkünden: ihres und das vom König "korrigierte". Ihnen ist nicht wohl in der Haut, denn sie sind zwar rauhe Militärs, aber mit dem natürlichen Rechtsgefühl solcher Leute versehen, doch können sie nicht anders, und weiterhin zeigt Katte Haltung und Charakter:

"Ich bin völlig in die Fügungen der Vorsehung und dem Willen des Königs ergeben. Ich habe keine schlechte Handlung verübt, und wenn ich sterbe, so ist es um einer guten Sache willen."

Nachdem er zurückgeführt ist, bittet er um Schreibzeug, um ein Gnadengesuch an den König aufzusetzen, das Bekenntnis seiner Schuld und die Bitte um Milde.

Auch hierzu, bedenke man, gehört eine Portion Mut und für mutige Männer die gleiche Portion Selbstüberwindung. Eigentlich undenkbar für Katte und die anderen Betroffenen, daß der König ablehnen wird. Weiß man doch, daß "bei Eingeständnissen" seine schwache Stelle angerührt ist. Umsonst: das Gesuch wird nicht beantwortet! Frühmorgens am 3. November erscheint ein Kommando der Gensdarmes unter Major von Schack, um Katte nach Küstrin zu bringen. Küstrin! Wo der Kronprinz einsitzt!

"Ich habe Befehl von Seiner Majestät", sagt der Major, "bei Ihrer Hinrichtung zugegen zu sein. Zweimal habe ich mich geweigert, aber ich habe zu gehorchen, Gott weiß es, was es mich kostet. Gebe der Himmel, daß das Herz des Königs sich noch wenden und ich in letzter Stunde noch die Freude haben möchte, Ihnen Ihre Begnadigung anzukündigen."

"Sie sind zu gütig", antwortet Katte, "aber ich bin mit meinem Schicksal zufrieden. Ich sterbe für einen Herrn, den ich liebe, und habe den Trost, Ihm durch meinen Tod den stärksten Beweis meiner Anhänglichkeit zu geben."

Er steigt auf den Wagen, und ab geht es durchs Landsberger Tor, in Richtung Oder. Im ersten Nachtquartier in einem Dorf versucht Katte, einen Abschiedsbrief an seinen Vater zu schreiben, was ihm in der Erregung nicht sofort gelingt, schließlich reicht er dem Major flüchtig beschriebene lose Zettel mit der Bitte, sie ins Reine bringen zu lassen. Ehe Schack ihn gegen zehn Uhr veranlaßt, sich niederzulegen, sagt er mit großer Ruhe:

"Ich gehe mit Freuden in den Tod, und wenn ich die Wahl zu leben oder zu sterben hätte, so wollte ich das letztere wählen, denn es möchte mir nicht immer die Zeit sein, sich so gut vorzubereiten wie jetzt."

Er schläft gut in der folgenden Nacht, und am anderen Tag geht es die üblichen vier Meilen weiter, bis sie am dritten Tag, an dem es ausgiebig regnet, gegen Mittag Küstrin erreichen, die letzte Station. Es ist der 5. November. Katte, der im Gerücht gestanden hat, ein Atheist zu sein, sagt, als beim Erreichen der Oderbrücke der Regen aufhört, und die Sonne durchbricht:

"Das ist mir ein gutes Zeichen, hier wird meine Gnadensonne anfangen zu scheinen."

Platzkommandant von Reichmann nimmt ihn in Empfang und geleitet ihn in das Arrestzimmer, über dem Tor gelegen. In dem Zimmer stehen zwei Betten, eines für den Delinquenten, das andere für den Geistlichen, der mit ihm die letzten Stunden zu verbringen hat. Von Reichmann trägt Sorge mit der Bewachung, die der König ausdrücklich auch für diese Stunden angeordnet hat. Außerdem zeigt er dem Major von Schack den königlichen Befehl für den nächsten Tag: Hinrichtung des Katte um sieben Uhr. Der Major ist erschüttert, geht doch nun damit seine letzte Hoffnung auf Begnadigung dahin. Er hat die schwere Aufgabe, Katte dies mitzuteilen.

"Das Ende ist näher als Sie vermuten."

Katte fragt ohne zu zögern:

"Wann und um welche Zeit?"

"Morgen um sieben Uhr."

"Es ist mir lieb, je eher je lieber."

Die letzte Nacht bricht an. Daß er Sympathien hat, nicht böse angesehen wird, merkt Katte an den Aufmerksamkeiten: Essen, Wein und Bier vom Gouverneur von Lepel, ungarischer Wein vom Präsidenten von Münchow, der für den in Küstrin einsitzenden Friedrich verantwortlich ist. Feldprediger Müller und der Garnisonsgeistliche Besser sind abends und in der Nacht um ihn, auch einige Offiziere, und gemeinsam wird gesungen und gebetet. Major von Schack gibt eine eindrucksvolle Schilderung, wie er selbst, traurig und verzagt, sich an der Standhaftigkeit Kattes wieder aufrichtet. Katte schläft von drei bis fünf Uhr, bis er durch Ablösung des Postens aufwacht. Er kommuniziert. Dann verschenkt er seine Bibel an einen Korporal, der fleißig mitgesungen und gebetet hat, und seine Sachen dem Burschen des Majors von Schack. Draußen hört man Schritte. Der König hat befohlen, daß hundertfünfzig Mann der Küstriner Garnison einen Kreis zu bilden hätten, der den Schauplatz abzuschließen hat. Das Kommando, das ihn vorzuführen hat, lärmt vor der Tür.

"Ist es Zeit?"

Major von Schack bejaht, und Katte nimmt Abschied von ihm. Begleitet von je einem Geistlichen rechts und links, die Gruppe vom Kommando Gensdarmes in die Mitte genommen, beginnt er seine letzten Schritte . . .

Um die hier geschehende Ungerechtigkeit voll erfassen zu können, führe man sich des Königs Urteil, gefällt am 1. November in Wusterhausen, noch einmal vor Augen:

> "Des besagten Katte Verbrechen ist das der beleidigten Majestät, und dafür steht der Tod, was hiermit von Rechts wegen ausgesprochen wird und was dem Katte alsogleich anzukündigen ist. Man mag ihm sagen, daß es Seiner Majestät leid täte, doch sei es besser, er stürbe, als daß die Gerechtigkeit aus der Welt käme . . ."

Da kann man den heroischen Worten des Leutnants von Katte nur beistimmen:

"Je eher je lieber!"

Friedrich Wilhelm hat am 3. November an den Feldprediger Müller geschrieben:

"... Woferne Ihr nun den Cron-Prinz zerknirscht findet, sollet Ihr Ihn animiren, auf die Knie mit Euch zu fallen, und auch die Officiers, die bei Ihm sein, und Gott mit tränendem Hertzen um Vergebung bitten."

"Vergessen können ist ein großes Glück,   **6. November 1730**
vergessen werden ein großes Leid"
Sprichwort

Ein glücklicher Streich

"Kattes Augen waren meist auf Gott gerichtet; wir erhielten sein Herz unterwegs immer himmelwärts, durch Vorhaltung der Exempel solcher, die im Herrn verschieden wären — als des Sohnes Gottes selbst, und Stephanie, wie auch des Schächers am Kreuze, bis wir uns unter solchen Reden dem Schlosse näherten. Da erblickte Katte nach langem, sehnlichen Umsehen endlich seinen geliebten Freund, Ihre Königliche Hoheit, den Kronprinzen, am Fenster des Schlosses . . ."

So klingt der Bericht des Küstriner Garnisonspredigers Besser, der Leutnant Katte beim letzten Gang begleiten muß. Am anschaulichsten jedoch lautet der Bericht des schon erwähnten Majors von Schack, der hier bis zur dramatischen Stelle wiedergegeben werden soll:

"Wie kurz vor 7 das Commando der Gens d'Armes da war, fragt er mich: "Ob es Zeit wäre?" Wie ich solches mit Ja beantwortet, nahm er Abschied von mir, ging hinaus, und das Commando nahm ihn in die Mitte; der eine Prediger ging zur Rechten, der andre zur Linken, und beteten und sprachen ihm immer vor. Er gieng ganz frey und munter, den Hut unter dem Arm, nicht gezwungen noch affektiert, sondern ganz naturell weg.

Er war ein paar hundert Schritte längs dem Wall geführet, und waren die Zugänge des Walls militairisch besetzt, so daß wenig Menschen oben waren. Im Kreise ward ihm nochmals die Sentenz vorgelesen, ich kann aber hoch versichern, daß ich vor Betrübniß nichts gehöret habe, und wußt' auch nicht drey Worte zusammen zu bringen. Bei Vorlesung der Sentenz stund er ganz frey; wie solches vorbey, fragte er nach den Offiziers von den Gens D'Armes, gieng ihnen entgegen und nahm Abschied. Hernach ward er eingesegnet. Darauf gab er die Peruque an meinen Kerl, der ihm eine Mütze darreichte, ließ sich den Rock ausziehen und die Halsbinde aufmachen, riß sich selbst das Hemd herunter, ganz frey und munter, als wenn er sich sonsten zu einer serieusen Affair präparieren sollen, gieng hin, kniete auf den Sand nieder, rückte sich die Mütze in die Augen und fing laut an zu beten: "Herr Jesu! Dir leb' ich" etc. Weil er aber meinem Kerl gesagt, er sollt' Ihm die Augen verbinden, sich aber hernach resolviret, die Mütze in die Augen zu ziehen, so wollte der Kerl, der schrecklich consterniert, ihm immer noch die Augen verbinden, bis von Katte ihm mit der Hand winkte und den Kopf schüttelte."

Bis kurz vor diesem Zeitpunkt hat man den anderen Häftling, Friedrich, vollkommen im unklaren gelassen, was in Küstrin weiter vor sich gehen soll. In den letzten Wochen hat Friedrich sich gefangen, in der Annahme, daß Zeit heilen mag, und persönlich fehlt ihm dank der Freundschaft des Kammerdirektors Münchow kaum etwas, persönlich, für sich, fürchtet er wenig, der König kann es nicht wagen, ihn und Katte . . . Katte? Friedrich weiß nichts über das Schicksal seines Freundes, nicht einmal, wo er ist in Berlin, Spandau oder gar hier in Küstrin. Er ahnt nicht, daß die schlimmsten Stunden seines Lebens unmittelbar bevorstehen, Stunden und Minuten, die seinen Charakter verändern werden. Zur gleichen Zeit, in der Katte dem Corporal die Bibel schenkt, treten zwei Offiziere in Friedrichs Zelle und fordern ihn auf, sich anzukleiden.

"In zwei Stunden ist die Hinrichtung des Leutnants von Katte." Und:

"Es ist Befehl des Königs, daß Sie vom Fenster aus zuzusehen haben."
In Friedrich bricht eine Welt zusammen, wenn auch eine bisher un-
schöne, so doch eine mit dem Rest Hoffnung, den man benötigt zum
Ausharren und Obenbleiben.

Die Offiziere verstehen ihn, auch sein Verlangen, sofort eine Eilstafette
zum König nach Wusterhausen zu schicken, damit die Exekution verschoben werde, er bittet, weint, ringt verzweifelt die Hände, erklärt
seinen Verzicht auf die Thronfolge, schriftlich, wenn nötig, nur um
den Freund zu retten, aber die Soldaten stehen stumm wie Steine, können und dürfen nichts tun — hier ist die Macht des Schicksals stärker
als menschlicher Verstand. Kurz vor der Exekution schleppt man ihn
gewaltsam ans Fenster, und er sieht Katte, der vorgeführt wird.

"Mein lieber Katte, im Namen Gottes flehe ich Sie an, verzeihen Sie
mir!"

Katte bleibt gelassen, fast ruhig und heiter winkt er nach oben zum
Fenster.

"Mein Prinz, ich sterbe mit tausend Freuden für Sie!"

Schack berichtet weiter:

"Darauf fing er nochmals an zu beten, 'Herr Jesu', welches noch
nicht aus war, so flog der Kopf weg, welchen mein Kerl aufnahm
und wieder an seinen Ort setzte."

Dem Scharfrichter aus Seelow ist gelungen, was offenbar nicht selbstverständlich war: Ein glücklicher Streich, das bedeutet, daß nur ein
Hieb notwendig war. Nachmittags um zwei Uhr ist Katte beerdigt;
nachdem Körper und Haupt mit schwarzen Tüchern bedeckt worden
waren, hatten die vornehmsten Bürger Küstrins ihn in den Sarg gelegt
und zum Friedhof geleitet. Damit hat Friedrich Wilhelm endlich seinen Willen.

Sachlich fordert er schon am nächsten Morgen den Generalmajor von
Lepel per Kabinettsorder auf:

"Ihr solltet mir berichten, was die Exekution gekostet und die Rechnung davon einsenden . . ." Ordnung muß sein. ". . . Es wundert mich
sehr, daß Ihr nicht berichtet, was der Arrestant Prinz Friedrich gesagt
hat."

Friedrich hat nichts gesagt. Denn während alle Anwesenden gebannt
dem Schauspiel der öffentlichen Hinrichtung zuschauen, fällt er in
Ohnmacht — somit hat er das furchtbarste Erlebnis seiner Jugend wenigstens nicht mit ansehen müssen. Mit dieser gnädigen Ohnmacht beginnt für ihn ein neues Leben . . .

Wie treffend schließt Major von Schack seinen lebendigen Bericht:
"... Seine (Kattes) Standhaftigkeit und Unerschrockenheit werde mein
Tage nicht vergessen, und durch seine Zubereitung zum Tode habe vieles gelernet, so noch weniger zu vergessen wünsche."

"In großer Not zeigt sich der große Mut"　　　7. November 1730
Jean-François Regnard

Am Tag danach

Dies ist kein authentischer Bericht. Aber es gehört nicht viel Phantasie
dazu, sich vorzustellen, wie der 7. November verlaufen sein könnte.
Geht man davon aus, daß Friedrich für den Rest des 6. November
nicht mehr ansprechbar gewesen ist, die Nacht einigermaßen ruhig verbracht hat, so kann man ebenfalls davon ausgehen, daß er sich am 7. in
klarer Verfassung befunden hat.
Wie der aufdämmernde Tag mag ihm zu Bewußtsein gekommen sein,
was man ihm angetan hat, hinzu kommt abgrundtiefe Trauer um das
Schicksal des Leutnants Katte, und es kann unterstellt werden, daß sein
Angebot, für ihn sterben zu wollen, aufrichtig gemeint gewesen ist.
Von allen, die ihm etwas bedeuten, ist er getrennt: die Mutter, Wilhelmine, jetzt Katte, über das Schicksal des Keith ist er nicht unterrichtet.
Gehört es zu seinem Leben, nie echte Freunde haben zu dürfen? Brütend, die Hände umfassen den Kopf, die Arme, die Knie, hockt der Arrestant Friedrich auf seinem Hocker und weiß nicht, was die väterliche
Rache weiterhin über ihn bestimmt hat. Er fühlt sie über sich wie das

bekannte Schwert, und mag ihm vorerst noch manches gleichgültig sein, das Leben überhaupt, so kann es doch nun nur heißen, den Tatsachen und Machtverhältnissen die Stirn zu bieten. Der König ist nicht mehr als Vater anzusehen, sondern eben als absoluter Monarch, der völligen Gehorsam fordert und sich nicht scheut, inhumane Mittel zur Durchsetzung seines Willens einzusetzen. Unruhig geht Friedrich auf und ab, verweigert das Essen und gutes Zureden seiner Bewacher, denkt nicht ans Lesen und Schreiben, nur daran, wie es weitergehen kann und soll. Gewiß wird in nächster Zeit wieder irgendein lästiger königlicher Befehl vorliegen, der dieses und jenes vorschreibt, erlaubt oder verbietet, ermahnende Worte, sattsam bekannt und gehaßt, in erster Linie Gehorsam fordernd, denn nur gehorsame Kinder kann er lieb haben, dieser König; er, Friedrich, würde diese Befehle zum ersten Mal nicht mit Ironie und Herablassung zur Kenntnis nehmen, nein, diese Zeiten werden vorbei sein; die Lage ist ernst. Will er, Friedrich, alles verlieren, wofür er auf die Welt gekommen ist, — durch diesen Zufall der Geburt —, und das all die letzten schweren Jahre vor seinen geistigen, in die Zukunft gerichteten Blicken gestanden hat, der Thron Preußens nämlich, dann muß er sich einrichten. Was bedeutet das? Ganz einfach: Gehorchen! Vielen in Preußen bereitet das keine Schwierigkeiten, aus Gewöhnung, Opportunismus, Tradition; er, Friedrich, wird seine Persönlichkeit des Gehorsams wegen verändern müssen. Wird er das überleben? Kann man das überhaupt überleben? Friedrich beschließt, es zu können; soll er, vollkommen ohne Ähnlichkeit, umsonst der Sohn dieses energiegeladenen, kraftvollen Vaters genannt werden?

Friedrich tritt ans vergitterte Fenster und schaut auf die inzwischen "aufgeräumte" Stätte. Armer Katte! Wie gnädig war die Ohnmacht, daß sie verhinderte, Deine letzte Sekunde mit ansehen zu müssen! Friedrich schüttelt sich. Wenn er auch in klaren Gedanken Verständnis dafür aufbringen kann, daß der König derartig zu handeln gezwungen war, der Staatsräson und des Rechts wegen, so muß er konsterniert sein über des Königs Befehl, daß er die Hinrichtung anzusehen habe. Welch' einmalige, ungeheuerliche Zumutung! Da der König nichts ohne Hintergedanken tut, kann der Befehl doch nur folgenden Sinn gehabt haben:

"Sieh es Dir genau an, Fritz! So geht es auch Dir, wenn Du nicht gehorchen wirst!"

Ja, er würde dazu fähig sein, und Friedrich schaudert's bei der Vorstellung, ob der Vater ihn hätte hinrichten lassen, wenn das Kriegsgericht diesen Spruch gefällt hätte. Als erster Diener seines Staates hätte er vermutlich auch das fertiggebracht. Friedrich starrt in den Küstriner Novembertag. Wie lange würde er in dieser Zelle stecken müssen? Logischerweise je länger desto trotziger und uneinsichtiger er sich zeigen würde; das sieht er sehr klar. Er steht am Scheideweg, mit nur zwei Richtungen: einmal zu versuchen, sich nicht zu beugen und damit Preußen adé sagen zu müssen, zum anderen komplette Unterwerfung; letzteres natürlich nur gemimt mit seiner Begabung zur Verstellung, die ihm bisher bereits einige Unannehmlichkeiten erspart hat. Aber: Kann ein junger Mensch wie er sich dauerhaft verstellen, ohne charakterlich Schaden zu nehmen? Friedrich kann es nicht beantworten. Er ahnt aber, daß die unglückliche Zeit seines Lebens nicht hinter, sondern vor ihm liegt. In der Not des Jahres 1757 wird er einmal sagen: "Es wird das Jahr stark und scharf hergehen — aber man muß die Ohren steif halten, und jeder, der Ehre und Liebe für das Vaterland hat, muß alles daran setzen."

Jetzt ist für ihn die Situation nicht viel anders. Friedrich wendet sich vom Fenster, denn ein Offizier naht und fordert ihn mit bestimmt-verständnisvollen Worten auf, dem Essen zuzusprechen, denn es halte Leib und Seele zusammen. Nach dem Essen sieht die Welt nicht rosiger aus, natürlich nicht, aber ein versorgter Magen signalisiert leichter als ein knurrender vernünftige Impulse ans Gehirn. Friedrich weiß, daß er Kattes Worte, seinen allerletzten Blick, nie vergessen wird — Verpflichtung für ihn, alles zu tun, einst König von Preußen zu werden. Alles zu tun? Ja alles! Was der gestrenge Vater, der König, Seine Majestät wünscht! Nun denn: In jedem Menschen steckt ein Schauspieler, er muß nur erweckt werden!

In diesem Haus in Steinsfurt
übernachtete Friedrich am
4./5. August 1730.

Gedenktafel am Haus in
Steinsfurt.

Hier blieb auf seiner
Flucht am 4/5. Aug. 1730
Friedrich d. Große
dem Vaterland erhalten

Auf dieser Lagerstatt hat
Friedrich übernachtet.

Hans Hermann von Katte wird zur Hinrichtung geführt.

Schloß Küstrin von der Oder aus gesehen.

">. . . zur rechten Zeit
fällt einem nie was ein,
und was man Gutes denkt,
kommt meist erst hinterdrein!"
Goethe

Bilanz einer Jugend

Bilanz einer verkorksten Jugend — ist es so zu formulieren? Man ist geneigt, dem zuzustimmen. Und ebenso geneigt zu glauben, daß es nach all dem Erlebten für Friedrich nicht schlimmer werden könnte. Wir werden sehen, wie er das nächste Jahrzehnt verbringen muß.
Um die Jugend betrogen . . .
Das ist ein hartes Wort, bei dem man sich damalige Realitäten einmal vor Augen führen muß. Wie wuchsen denn die meisten jungen Männer aus den obersten Kreisen auf? Nicht nur zu Friedrichs Zeiten, sondern noch Jahrzehnte später? Kaum einer war dabei, der sich nicht den Leichtigkeiten höfischen Lebens hingab, Geld, Feste, Frauen, Verschwendung, Geldausgeben, meist weit über das Vorhandene hinaus. Friedrichs Schwager, die Ehemänner seiner Schwestern, haben es uns vorgelebt, wie es nicht sein sollte. Es ist nicht schwer auszudenken, was Friedrich für ein flottes Bürschchen geworden wäre, hätte sein Vater ihn nicht kurz gehalten, sein Vater, der vom eigenen Vater anschaulichen Darstellungsunterricht in Geldverschwendung erhalten hat. Die nachfolgende Geschichte hat gezeigt, daß es nicht nur vor Friedrich, sondern auch nach ihm einige flotte Hohenzollern gegeben hat, und Friedrich selbst, nachdem er sich aus schweren Jugendjahren konstituiert hatte? Man wird sehen, wie er mit Geld umgegangen ist . . .
Im großen und ganzen muß seine Haltung bis ins Jahr 1730 als bewundernswert angesehen werden, "er hat sich tapfer gehalten". Sein erster langer Krieg ist der mit seinem Vater gewesen, der naturgemäß zuletzt zu seinem Sieg geführt hat, aber nur, weil der eine früh abtreten mußte. Guter Instinkt für die Schwächen der eigenen Familie und eine im wesentlichen zutreffende Menschenkenntnis kann Friedrich Wilhelm

nicht abgesprochen werden, und Triebkraft seiner uns unglaublich erscheinenden Handlungen ist seine Sorge, daß einer nach ihm alles Geschaffene, einschließlich des Goldschatzes in den Gewölben, wieder
durchbringen würde. War das nicht eine berechtigte Sorge, hatte sich
nicht alles andere der sogenannten Staatsräson unterzuordnen? Aus der
früheren Geschichtsschreibung, die an diesem König kein gutes Haar
ließ, soll er nicht in die Stellung eines Nur-Verkannten hervorgehoben
werden; das wäre wiederum ungerecht. Aber verkannt war er. Über
das, was er aus dem preußischen Staat gemacht hat, an anderer Stelle,
wenn er endgültig abgetreten ist, mehr. Hier geht es um das, was er bis
1730 erlassen, falsch gemacht hat. Strenge gegen Friedrich scheint nach
allem, was wir erfahren haben, angebracht gewesen zu sein, Friedrichs
offenbar angeborenen Hochmut, — siehe seine Schwestern, die mit dieser Eigenschaft reichlich versehen waren, — in Schranken zu weisen,
Stolz und Überheblichkeit gar nicht erst aufwachsen zu lassen und ihm
ein vernünftiges Verhältnis zum Geld zu vermitteln, auch wenn er dadurch ein kleinbürgerlicher Spießer geworden wäre; immer noch besser als ein Verschwender à la Habsburg.

Friedrichs Dasein bis 1730 ist ein Leben des Trotzes und der Opposition, der kunstsinnige, freidenkende junge Mann gegen den profanen
Vater, der nichts anders als die Staatsräson und sein Verhältnis zu Gott
im Kopfe hat. Wie Friedrichs Veranlagungen tatsächlich waren, weiß
niemand zu sagen, ebenso, was der Vater hervorgerufen, was er unterdrückt hat. Friedrichs nächster Lebensabschnitt wird zeigen, ob der
Vater das, was an einem Menschen am meisten zu schätzen ist, Toleranz, Offenheit, Ehrlichkeit und musische Begabung, derartig mit Füßen getreten hat, daß es verkümmern mußte. Einst wird Friedrich
selbst — der Vater weiß es — in die Zwickmühle von Müssen und Wollen geraten, dann kommt es darauf an, was in Kindes-, Jugend- und
Jungmannesalter erhalten, geweckt oder verschüttet worden ist. Was
geschähe, wenn der Vater jetzt, im Jahre 1730, stürbe? Ein Achtzehn-
jähriger, dem der eigene Vater Untauglichkeit bescheinigt, müßte Preußens Thron besteigen und ein Staatsgebilde leiten, das weder Nation
noch Heimat, Staat noch Land und in Europa wenig angesehen ist.
Nicht auszudenken, diese Situation! Als Bilanz ist zusammenfassend zu
sagen, daß Friedrich sich durchweg gut gehalten und geschlagen hat, in
den Verhören, Quälereien und Zumutungen, daß er ursprünglich das
Herz auf dem rechten Fleck gehabt haben muß, als Kind, Junge, junger
Mann, Schlingel, Schelm und Kavalier, daß er begabt und fähig war zu

Zuneigung, Liebe und Freundschaft: ein ganz normaler Mensch mit überdurchschnittlichem Format. Bemerkenswert bereits seine Fähigkeit, sich Freunde und Mitmacher heranzuziehen, die gewiß nicht alles nur Trittbrettfahrer und Schnorrer gewesen sind. Anzukreiden ist ihm, durch eine leichtsinnig oder gar nicht ernsthaft geplante Flucht den tragischen Tod eines Menschen und Freundes verursacht zu haben; ein Jugendstreich mit tödlichem Ausgang. Der Held der Küstriner Tragödie ist nicht Friedrich, sondern Leutnant Hans Hermann von Katte. Er hat es verdient, als historische Person in guter Erinnerung gehalten zu werden. Küstrin bleibt für Friedrich weiterer Aufenthaltsort, Ernst des Lebens, Schule des Lebens — wie man es auch nennen mag: das, was er zehn Jahre später selbst sagen wird, ist nun eingetreten: "Die Possen sind zu Ende!"

"Im Militär hat der Vorgesetzte immer recht,   **18. Dezember 1730**
aber ganz besonders dann,
wenn er unrecht hat"
Paulo Fambri

Der Buchfink

Was Friedrich nicht hatte erwarten können: Sein Arrest dauert kürzer als befürchtet. Allerdings wäre der Vater entschlossen gewesen, ihn länger einzusperren, hätte er sich nicht unterworfen. Denn aus allen Äußerungen Friedrich Wilhelms in den Tagen nach der Hinrichtung Kattes geht hervor, daß der König völlig unbeeindruckt ist von dem Entsetzen und der Aufregung um ihn her; er verfolgt das Ziel, den Kronprinzen zu bessern oder ihn abzuservieren und damit basta. Wer nachzugeben hat, ist nicht er, sondern der Kronprinz. Vielleicht hätte er anders gedacht und gehandelt, hätte er den Sohn wenige Stunden nach der Hinrichtung kennengelernt. Jetzt, in den Wochen danach, beginnt Friedrich sich einzurichten, in dem wahrsten Sinne des Wortes planmäßig. Schon ein paar Tage später kann Feldprediger Müller dem König berichten, Friedrich sei offen für Zuspruch und kein Ketzer mehr; so einfach ist das! In einem Schreiben an den Alten Dessauer vom 16. November läßt der König sich vertraulich über seine Ansichten und Absichten vernehmen:

> ”Ich habe Euer Lieben nit eher schreiben können, denn ich soviell mit die küstrinnische Sache zu Reguliren gehat. Ich setze Wolden und zwei Kammerjunker bei ihn, und er muhs den gantzen dag auf der Kriegs- und Domänenkammer gehen, da sie ihn informiren sollen von allem. Will er es sich nit selber lernen, so wierdt es ihm doch 1.000 Mahll vorgebettet werden, und er doch behalten muhs. Wo Krig wierdt, soll er mit dem ersten Grenadierunteroffizier aus die Sappe springen, zu Rekognesziren den graben, und die gallerie bauen. Wo er es de bonne grace tuet und bleibet, ist völlig Pardon.”

Seine Bedingung an Friedrich ist, soll eine Milderung der Haft gewährt werden oder gar Aufhebung:

> ”Wenn der Prinz mit einem körperlich geleisteten Eid ohne Hintergedanken seine zerknirschungsvolle Reue und vollkommene fußfällige Unterwerfung und Absicht künftigen vollkommenen Gehorsams und Fügens dem königlichen Willen in allen Stücken beschwören wolle und mit gutem Gewissen beschwören könne.”

Was bleibt Friedrich, will er nicht im Arrest verkümmern: Zwei Wochen nach dem Tod des Freundes schwört Friedrich mündlich und schriftlich, und die Tür der Arrestzelle öffnet sich in eine für ihn veränderte Welt, aber noch nicht in die unbeschränkte Freiheit. Friedrich Wilhelm ärgert sich, daß das Ausland lebhaften Anteil am Schicksal Friedrichs nimmt, so in einem Flugblatt aus der Schweiz:

> ”Geruhen Sie, großer Prinz, daß ich von fern den königlichen und christlichen Tugenden huldige, die Ew. Kgl. Hoheit schmücken und Sie unter den jetzigen Verhältnissen so glanzvoll strahlen lassen. Ja, junger, frommer, lichtstrahlender Held, Sie erscheinen heute auf der Weltbühne mit solchem Ruhmesschimmer, daß ganz Europa Sie bewundert.”

Friedrich unterwirft sich ”ganz der Gnade des allergnädigsten Vaters”, bittet nochmals um Verzeihung, da ihn nicht so sehr die Beraubung seiner Freiheit als seine eigenen Gedanken über den begangenen Fehltritt zur Vernunft gebracht habe. Friedrich Wilhelm glaubt bald zu erken-

nen, "daß dieser ungeratene Sohn zur Gemeinschaft der Gläubigen ge-
bracht, sein gottloses Herz zerknirscht, erweicht und geändert und den
Klauen des Satans entrissen war." Immer wieder im ganzen Vater-
Sohn-Konflikt bricht dieses königlich intolerante Christentum sich
Bahn, und hier werden wir weitere Ursachen zu suchen haben, warum
Friedrich dem gesamten christlichen Glauben distanziert, ja sarkastisch
gegenüber gestanden hat: wenn er ihm so vorgelebt wurde!

In der Küstriner Domänenkammer erhält Friedrich die Stelle des jüngsten Rates, Auskultator genannt, um sich in Fragen der Land- und
Staatswirtschaft einzuarbeiten. Jede Geselligkeit ist beschränkt, kultu-
relles Tun natürlich auch, aber seine Flöte erklingt insgeheim doch!
Man muß hier ganz deutlich erkennen, in welcher Zwickmühle sich
Friedrichs Vorgesetzte befinden, ihre Situation ähnelt der der Richter
des Köpenicker Kriegsgerichts. Auf der einen Seite müssen sie den königlichen Anweisungen strikt gehorchen, auf der anderen wollen sie es
mit dem zukünftigen König nicht verderben. Ein plastisches Bild entwerfen die Briefe, die von Küstrin nach Berlin und zurück gehen: zwischen dem Kammerdirektor Christoph Werner Hille, dem Hofmar-
schall Gerhard Heinrich von Wolden und dem alten Intriganten Friedrich Wilhelm von Grumbkow. Danach hat Friedrich seine Lebenslust
und gute Laune, bisweilen Übermut, schnell wiedergefunden und auch
das bald aufgekommene Thema einer Heirat hat ihn nicht schrecken
können. Über seinen inneren Zustand sagen die Briefe nichts aus. Wir
lesen, daß Friedrich es mit gestandenen Männer zu tun hat, die sein Bestes wollen.

"Kann man beim König nicht durchsetzen", schreibt Hille am 18. Dezember 1730 an Minister Grumbkow, "daß er ehrliche Leute, die hier
am Orte sind, zu Tische laden darf? Er wünscht es heiß, und ich sehe
keinen Nachteil darin; denn wir sprechen ja täglich mit ihm."

Und dann der letzte, entscheidende Satz:

"Se. Kgl. Hoheit sind lustig wie ein Buchfink."

Da haben wir Friedrichs Lebenskunst, die ihm später viel Schweres
überstehen hilft. Hille berichtet, Friedrich wolle von Heirat nichts wissen und spräche über dieses Thema, daß alle lachen müßten; sein Vater
habe ihm erklärt, er solle nicht jung heiraten, denn bei seiner Natur
wäre er bald eines Frauenzimmers überdrüssig, das ihm alljährlich ein
Kind beschere und häßlich würde.

"Ich will mit vierzig Jahren heiraten, und zwar eine fünfzehnjährige
Prinzessin, so schön, als ich sie finden kann."

Das sind freilich Worte, die der Vater nicht hören darf, der vorerst nur

Friedrichs Reue zur Kenntnis nimmt und nichts von Verzeihung und Vergebung durchblicken läßt. Hille klagt aber auch:
"Sie glauben, seine Lieblingsleidenschaft sei Musik. Gott gebe, daß dem so wäre! Aber er hat eine stärkere Neigung: er will Verse machen und Reimschmied werden. Während er nicht weiß, ob seine Vorfahren Magdeburg im Kartenspiel oder sonstwie gewonnen haben, kann er die Regel der Poetik des Aristoteles an den Fingern abzählen."
Friedrich ist achtzehn — er fühlt sich höher gebildet als seine Umgebung, und es wird ihm ein spöttisches Vergnügen sein, diese einfachen Männer in Verlegenheit zu bringen. Kurz vor Weihnachten erkrankt Friedrich an heftigem Fieber, die Meldung geht an den König. Aber kein Wort des Trostes und der Teilnahme kommt aus Berlin, im Gegenteil:
"Wie er prädestinieret ist, wird alles gehen; wo was Gutes an ihm wäre, würde er sterben, aber davon bin ich gewiß, daß er davon nit stirbt, denn Unkraut vergeht nicht."
Des Königs pädagogischer Sinn steht eindeutig noch nicht auf guten Worten. Hille erkennt das Fatale an der Situation: "Der Kronprinz erhielt heute einen Brief des Königs vom 20., voller Schmähungen auf ihn und die Prädestination. Mein Gott, was soll aus alle dem werden!"
In diesen schweren Tagen tritt ein Mann in Friedrichs Leben, der Bedeutung erlangen soll: der nachmalige Geheime Kämmerer Michael Gabriel Fredersdorf, Flötenspieler wie er, ein hübscher Jüngling, zu dem Friedrichs Schönheitssinn sich hingezogen fühlt.

"Lernen ist wie Rudern gegen den Strom: 24. Januar 1731
sobald man aufhört, treibt man zurück"
Benjamin Britten

Neunzehnter Geburtstag

Dies hatte sich Friedrich bisher nicht träumen lassen: daß er einen Geburtstag fern der Eltern und des Hofes in einem kleinen preußischen Kaff feiern müßte. Noch immer hat er Ausgangssperre und darf Küstrin nicht verlassen, noch immer wartet er auf eine freundliche Geste des Vaters, noch immer darf er keine anderen Briefe als an die Eltern schreiben; obwohl er Wege findet, diesen Befehl zu umgehen. Schwer enttäuscht ist er, mit ihm alle um ihn, daß der König eine große Geburtstagsfeier nicht gestattet.
". . . nit aus dem Hause essen, nit Musicke, nit tanzen, denn dieses nit der Ort davor ist," hat der König bestimmt. "Nun ist er niedergeschmettert", berichtet Hille an Grumbkow, "und steckt die Geigen und Flöten wieder ins Futteral. Ich habe nichts weiter zu sagen."
Der König denkt nicht daran, einen Schritt entgegenzukommen, so daß Friedrich, den außerdem die Langeweile plagt, schier verzweifeln möchte. In dieser Stimmung entwirft er einen Plan, eine Erklärung, die über Grumbkow an den König weitergeleitet werden soll. Er hat sich vorgenommen, alle königlichen Auflagen ohne Klagen hinzunehmen, um, wie Hille mutmaßt, den König ins Unrecht zu setzen. Am 30. Dezember 1730 hatte Friedrich dem König geschrieben:
"Ich wünschte nichts mehr, als daß ich dieses jetzt verflossene, unglückliche Jahr möchte aus meinem Leben gleich als ausradieren können."
Er hatte bereits erklärt, sich bezüglich der Heirat den Wünschen des Vaters fügen zu wollen. Aber in einem sozusagen natürlichen Instinkt, über den alle mißtrauischen Menschen verfügen, traut Friedrich Wilhelm der Lage nicht, zu oft fühlt er sich von Friedrich getäuscht, er hegt außerdem das Unbehagen des einfachen Mannes gegen Intelligenzler. Grumbkow berichtet von den Ansichten des Königs und zählt diese auf:
1. Er hält ihn für äußerst verstellt.

2. Er ist überzeugt, daß der Kronprinz ihn nie geliebt hat, sondern daß das Gegenteil zutrifft, sogar noch etwas mehr.
3. Daß er in Küstrin zufrieden wie ein König, nur weil er nicht in seiner Nähe zu sein braucht, was Anstrengung und Arbeit bedeutet.
4. Schließlich glaubt er, daß dem König nur etwas Vergnügen zu machen braucht, um dem Kronprinzen widerwärtig zu sein.

"Wenn ich ihn auf dreißig Schritt kommen sehe, so will ich ihm vom Gesicht ablesen, wie es in seinem Herzen steht."

Man fühlt sich beim Lesen dieser Sätze versucht, den König zu bewundern ob seiner Menschenkenntnis, wenn nicht abgrundtiefe Verachtung daneben stünde. Seine Forderung, der Kronprinz müsse in Küstrin erst einmal etwas Nützliches lernen, ist nicht zu verwerfen, aber er kanzelt ihn ab, als er das erste Mal eine eigenständige Arbeit zustandebringt. Denn Friedrich arbeitet wirklich und wahrhaftig, was dem König seltsam vorkommen mag, an einem Vorschlag zur Verbesserung der Leinenindustrie, diesen Vorschlag schickt Hille an den König. Hille sieht Friedrichs Arbeit positiv und die Situation erstaunlich klar, wie er in einem Brief an Grumbkow, der eine Abschrift von Friedrichs Vorschlägen erhält, formuliert:

"Ich hoffe, Sie werden darin die ersten Ansätze politischen Denkens finden. Wie ich sagen kann, beginnt man (Friedrich ist gemeint), nachdem man die langweiligen Einzelkenntnisse erworben hat, die verschiedenen daraus entstehenden Gedanken zu verknüpfen und Folgerungen daraus zu ziehen, die aber noch zu verbessern sind. Kurz, ich hoffe, der Küstriner Aufenthalt wird mit der Zeit für den Herrscher wie für das Volk segensreich sein, und wenn unsereiner auch nicht sehr begabt ist, so haben wir wenigstens den Mut, die Dinge so zu sagen, wie sie sind, ohne zu schmeicheln. Daher wird man (Friedrich) sich auch nicht mit Reimedrechseln vergnügen, sobald man andere Dinge zu tun bekommt."

Das sind immerhin beachtenswerte, weitsehende Worte eines braven preußischen Beamten. Doch der König verwirft Friedrichs Vorschlag und erkennt nicht einmal den guten Willen. Die andauernde Nichtbeachtung bringt Friedrich zu einer Erklärung, mit der er allen Küstriner Unbilden zu entrinnen hofft. Er sieht, daß seine vollkommene Unterwerfung ihm bis jetzt nichts eingebracht hat und muß befürchten, daß der König mehr verlangt: Zwar nicht das Leben, diese Gefahr, die durchaus bestand, scheint gebannt zu sein, aber den Verzicht auf die Thronfolge. Hille berichtet, wie Friedrich ihn nachts am 11. April aus dem Bette holen läßt, um ihn in Gegenwart von Zeugen seinen Ent-

wurf niederschreiben zu lassen. In der Erklärung beschwert sich Friedrich, daß er sich vergeblich bemüht habe, durch blinde Unterwerfung die Gnade des Königs wiederzuerlangen. Er müsse annehmen, obwohl er auf die Stellung eines Kleinstädters herabgedrückt sei, sowohl hinsichtlich seiner Beschäftigung wie seines Unterhalts, daß der König noch weitere, geheime und unliebsame Absichten mit ihm hege. Er wolle sich jedoch allen königlichen Wünschen, auch in bezug auf eine Heirat, fügen, nur einen Glaubenswechsel solle man ihm nicht zumuten. Friedrich ist in dieser Zeit nicht ausreichend unterrichtet und glaubt, der König habe mit ihm österreichische Heiratsabsichten. Nun erklärt er, daß er die Schwierigkeiten an Europas politischem Horizont sehe, die bei einer Verbindung Österreichs mit Preußen entstehen würden, er sei aber bereit, auf den Thron zugunsten August Wilhelms zu verzichten, wenn man ihm nur sicherstelle, daß er fernerhin mit Anstand leben könnte. Das ist der Inhalt von Friedrichs Erklärung, die Grumbkow zugestellt werden soll. Das Werk eines Verzweifelten? Gewiß — aber auch das Werk eines neunzehnjährigen Menschen, der genug ertragen hat, endlich leben will und auf ein hohes Ziel verzichtet. So ist es zu werten. Grumbkow fällt aus allen Wolken, wie er selbst schreibt, und hütet sich wohlweislich, dem König zu berichten. Er erkennt ganz richtig und teilt von Wolden mit, "daß der ganze Heiratsplan fehlerhaft sei, denn nie wird eine Erzherzogin (von Österreich) einen Prinzen heiraten, der nicht stockkatholisch ist." So bleibt Friedrich nichts übrig, als entweder in Langeweile zu verkommen, oder besser, sich in die profane Arbeit zu stürzen. Am 28. April berichtet von Wolden über ihn:
"Inzwischen wäre es sehr nötig, daß Se. Majestät dem Kronprinzen etwas mehr zu tun gibt. Die Tätigkeit in der Kammer reicht nicht aus; denn er hat theoretisch alles gelernt, was man in der Finanzwirtschaft lernen kann, und wette, selbst der Herr Präsident wird keinen besseren Anschlag (Vorschlag) machen können, als unser erlauchter Auskultator."

Ein Wiedersehen

Was Friedrich später zur Gewohnheit werden soll, beginnt er bei seiner weiteren Tätigkeit in Küstrin: rasch und effektvoll zu arbeiten,
wenn er einmal etwas begonnen hat. Dies sind Flötentöne in den Ohren des gar nicht musikfeindlichen Vaters: daß das Amt Wollup statt
der tausendsechshundert auch zweitausend Taler einbringen könne,
daß die Glashütten von Marienwalde nicht genug Gewinn machen und
desgleichen Plusmachens mehr. Friedrich Wilhelm horcht auf, denn
Friedrich trifft ihn an seiner empfindlichen Stelle. Zweifellos sieht der
Vater die Fortschritte, schließlich muß er den Berichten aus Küstrin
über Friedrichs Leben Glauben schenken, doch hält er es für angebracht, den scharfen Ton beizubehalten:
"Gott gebe aber, daß Euer falsches Herz durch Euren Arrest möge
wollen gebessert werden . . ."
"Wollte Gott, Ihr hättet Meinem väterlichen Rat und Willen von Jugend auf gefolget, so wäret Ihr nicht in solch Unglück verfallen; denn
die verfluchten Leute, die Euch inspirieret haben, durch die weltlichen
Bücher klug und weise zu werden, haben Euch die Probe gemacht, daß
alle Eure Klugheit und Weisheit ist zu nichts und zu Quark gewor
den . . ."
Also Ermahnungen und Vorwürfe noch und noch, nicht geeignet, im
Sohn väterliche Gefühle zu erwecken. Aber Friedrich weiß, wo der
Weg hergehen muß. Er erkennt, daß er den untertänigsten Ton anzuschlagen hat, will er die allerhöchste Gnade wieder erwerben, und
handfeste Beweise von Fleiß und Besserung müssen ebenfalls erbracht
werden. So nur kann es ihm vielleicht für dieses Jahr gelingen, seine Lage in Küstrin menschlicher zu gestalten. Bei erstbester Gelegenheit
wird er den Vater bitten, wieder Soldat werden zu können, er weiß,
daß er damit eine weitere empfindliche Stelle treffen wird.
Erst am 3. Mai dieses Jahres erhält Friedrich den ersten Brief seines Vaters nach Küstrin, der ihn sehr rührt und ihm Hoffnung macht. Im Mai

erfährt Friedrich auch, was mit seiner Schwester Wilhelmine in Sachen Heirat getrieben wird, und wütend sagt er zu Hille: "Da wird meine Schwester mit irgendeinem Lumpen verlobt und fürs Leben unglücklich!"

Der weltkluge Hille schreibt entsetzt an Grumbkow: "Lieber Gott, welch ein Unglück wäre es, wenn man auch die Neigung des Kronprinzen erzwingen wollte, der durchaus nicht gesonnen ist, eine Wahl zu treffen, ohne mit eigenen Augen gesehen zu haben, und wenn er wie seine Schwester die Katze im Sack kaufen müßte!"

"Fest steht, daß diejenigen, die von ihm annehmen, er liebe seinen Vater und sein Haus nicht, sich meines Erachtens sehr irren ... Nie hat er geklagt, sondern höchstens geäußert, man hätte bei ihm etwas zu sehr den Kronprinzen mit einem preußischen Offizier verwechselt, aber selbst das sagte er lachend und scherzend."

Friedrichs Umgebung bittet den König, Erleichterungen zu gewähren und ihm Gelegenheit zu geben, sich ihm, dem König zu Füßen werfen zu dürfen, doch wieder lautet die Antwort abweisend und zurechtrückend:

"Es wird Euch darauf zur Antwort, daß der Kronprinz in Küstrin verbleiben soll, und werde die Zeit schon wissen, wenn das böse Herz wahrhaftig gebessert sei und keine Heuchelei mehr zu finden ist."

Am 5. August kommt die Nachricht, daß der König am 15. nach Küstrin reisen wolle.

"Man solle den Kronprinzen trösten, sein Schicksal werde sich wenden, wenn er nur etwas Neigung zur Liebe bei ihm verspüre."

Verständlich, daß Friedrich, als man ihm dies mitteilt, weiß, wie er sich am 15. zu benehmen hat, aber falsch wird es sein, ihm für diesen denkwürdigen Tag nichts als Verstellung zu unterschieben.

Der König kommt in Begleitung des mächtigen Grumbkow, der sich unabläßlich, nicht nur aus humanen Gründen, für die Begnadigung Friedrichs eingesetzt hat. Eine wogende Menschenmenge umsteht das Gebäude des Gouverneurs, in dem Friedrich Wilhelm abgestiegen ist. Sofort erscheint Friedrich in Begleitung seiner Kammeroffiziere Natzmer und Rohwedell im Zimmer des Königs und wirft sich dem Vater zu Füßen, bereit und in Erwartung von unendlichen königlichen Vorwürfen, denn es ist klar, daß der König, selbst wenn er es will, nicht sofort einlenken und gute Worte benutzen wird. Wie ein Sturzbach fallen die Worte des Zorns und der Anklage auf Friedrich hernieder, vor versammelter Mannschaft, versteht sich.

"Aber du hast gemeint, mit deinem Eigensinn durchzukommen. Wie schändlich hast du dich aufgeführt, wie gottlos dein Vorhaben gewesen. Es gibt noch Mittel, dich zur Räson zu bringen."

Doch dann ein neuer Ton, jahrelang nicht gehört, Friedrich horcht unten auf, vor des Vaters Füßen:

"Denn siehe! Sohn, alles was ich getan habe, was ich geschaffen habe und noch schaffe zum Agrandissement des Hauses, der Armee und der Finanzen, das habe ich für Dich getan, und für Dich soll das alles sein, wenn Du Dich dessen würdig machest. Aber Du bist, während ich arbeitete und Ordnung und festes Gedeihen schuf, Deinen Capricen und Deinen opiniatren Herzen gefolget, hast Deine Tage mit Schmeichlern vertändelt und caressiret, so Dich flattiret und in Deinem bösen Vorhaben bestärket haben. Was ich geliebt, das hast Du gehaßt, und die ich distinguiret, die hast Du meprisiret. Hast Du denn noch solch eine Aversion vor Wusterhausen? Ist es Dir denn noch so schrecklich, meinen Sterbekittel zu tragen?"

Großartige, pathetische Worte, deren Sinn und Wirkung Friedrich erst in späteren Zeiten erkannt hat, jetzt eröffnen sie ihm die Hoffnung, daß des Königs steinernes Herz zum ersten Mal erweicht worden ist. Und der tröstende Rest der langen Rede läßt nicht lange auf sich warten:

"Und so möge Gott in seiner Gnade Dir beistehen, armer Sohn Fritz. Und ich, in Hoffnung, daß die Zukunft Früchte bringen wird, vergebe Dir das Vergangene."

Nun ist es heraus! Wie schwer mögen dem stolzen König und Vater diese Worte gefallen sein! Friedrich küßt unter Tränen die königlichen Füße unter ihm und wiederholt später, als der König abreist, vor dem Reisewagen, in aller Öffentlichkeit, diesen Akt der Unterwerfung. Welch dramatische Momente im Leben eines neunzehnjährigen Kronprinzen! Menschlichkeit und absurde Despotie, Willensbeugung und Erziehung zum Guten so nahe beieinander, wie sie nur sein können; Verzweiflung, Triumph, Erniedrigung und Sieg in einer Sekunde. Ist das Weltgeschichte? Vielleicht — wenigstens aus dem gebührenden Abstand der Historie betrachtet. Ein neuer Anfang für die Dynastie und den Staat Preußen. Und ein "Erfolgserlebnis" für Friedrich: Er weiß nun aus hautnaher Erfahrung, was mit Verstellung und Anpassung an Mächtige erreicht werden kann, er, "der Düpierte der dreißiger Jahre", von nun an wird er im Nebenberuf weiterhin Schauspieler sein; so gut, daß des Vaters latentes Mißtrauen im großen und ganzen ein Jahrzehnt lang getäuscht wird. Ein Aufatmen geht durch Preußen und Europa, denn mehr, als wir uns als Kinder der totalen Kommunikation vorstellen können, ist Anteil am Schicksal des Kronprinzen genommen worden. Noch einmal Hille über diesen Tag:

"Man müßte blind sein, wenn man in alledem nicht die Hand Gottes erkennen wollte. Wenn der Vater von dem Sohne bezaubert ist, so ist dieser ganz durchdrungen von Hochachtung und Zärtlichkeit. 'Ich habe gar nicht geglaubt', sagt er, 'daß mein Vater das geringste Gefühl von Liebe für mich hätte. Nun bin ich überzeugt, daß es der Fall ist. Früher hat er mich um einer Bagatelle willen härter behandelt als jetzt um eines Kapitalvergehens, das ich nicht leugnen kann.' Kurz, es müßte der Teufel darin sitzen, und dieser Friedensschluß wird ewig sein."

An diesem 15. August 1731 ist Friedrich Wilhelm dreiundvierzig Jahre alt geworden!

"Es ruht noch manches im Schoße der Zeit,   22. September 1731
das zur Geburt will"
Shakespeare, Othello

Der blaue Rock

Küstrin, am 18. August 1731:

"Dürfte ich mir wohl nur die eine Gnade erbitten, wieder Soldat zu werden? Machen Sie mich zu was in der Welt Sie wollen, ich werde mit allem zufrieden und vergnüget sein, wenn es nur Soldat ist. Seien Sie so gnädig und glauben mir, daß es aus purer Inclination ist, und wo Sie mir die Gnade tun meine Bitte zu erhören, so werden mein allergnädigster Vater sehen, ob es aus dem Herzen, oder nicht, gehet, und wo Sie es nicht also finden, als ich es sage, so strafen Sie mich wie Sie nur wollen. Woferne vor diesem nicht so Lust dazu gehabt habe, als ich es gesollt, so habe ich sie jetzunder daher, weil man das Gute niemalen besser erkennet als man das Übel gehabt hat.''

Es ist früher schon erwähnt worden, daß Friedrich gar nicht ungern Soldat gewesen ist; schließlich hatte er als Kind und Jugendlicher militärische Ränge erreicht, für die normale Preußen ein volles Leben im Militärdienst benötigten. Alle seine militärischen Würden und Ehren hatte der König ihm nach dem Fluchtversuch aberkannt. Kein Wunder, daß Friedrich wenige Tage nach der Aussöhnung darauf brennt, wieder Soldat werden zu können. Sein Wunsch würde dem Vater schmeicheln und ein militärischer Rang würde ihm hier in Küstrin, sollte er länger verweilen müssen, mehr Achtung unter den Zivilisten verschaffen. Somit ist sein Wunsch ganz geschickt ausgeklügelt. Natürlich hat Friedrich schon immer gewußt, wie er dem König ''eine Freude machen kann'', aber bisher hat er sich zu diesem Nachgeben nicht bequemen können. Seine Umgebung in Küstrin drängt ihn fortwährend, die gute Stimmung des Königs zu nutzen und in Briefen einen unterwürfigen, gehorsamen Ton anzuschlagen, getreu der Devise des Königs:

''Ihr wißt, daß, wenn meine Kinder gehorsam sind, ich sie sehr lieb habe.''

Friedrich weiß, daß Wilhelmine bald heiraten wird, und er hofft dabei sein zu können, er weiß aber auch, und das bedrückt ihn tief, daß Wilhelmine unter dem Versprechen eingewilligt hat, daß Friedrich seine volle Freiheit erhält. Die ersten Ergebnisse der Versöhnung zeigen sich rasch: Friedrich bleibt zwar in Küstrin gebunden, aber er hat viel Bewegungsfreiheit und kann seinen Arbeitsbereich in die weite Umgebung Küstrins ausdehnen, wo er Krongüter, Manufakturen und Glashütten besucht, begutachtet und seine Vorschläge, die auf Einsparung oder Mehrerlöse zielen, an den König richten kann. So kommt es, daß der König viel Positives aus Küstrin vernimmt und allmählich auftaut; sein Mißtrauen ist wie ein Eisbrocken, der auch unter strahlender Sonne nur langsam schmilzt. In dieser Zeit gibt es Unruhen mit den Polen, Friedrich hofft, sich bei eventuellen Scharmützeln auszeichnen zu können:

''Da jetzo das Spargement hier gehet, als wenn die Polen, an die sechstausend Mann stark, hier einfallen würden, so hoffe, mein allergnädigster Vater werden mir, falls diese Rede wahr sei, erlauben, einige Gelegenheiten, um mich zu distinguiren, zu suchen.''

Ihn wurmt, daß sein Vater ihn oft einen Feigling genannt hat, und das kann er nicht auf sich sitzen lassen. Stets hat Friedrich abfällige Worte für des Königs Marotte, die Langen Kerls von Potsdam, auf den Lippen gehabt, jetzt reißt er sich zusammen und versucht ihn auch hier zu packen, in einem Brief vom 22. September 1731:

> ''Der Major Röder von den Württembergern ist hier durchpassiret und hat den Mittwoch bei mir gesessen. Er hat einen schönen Kerl für meines allergnädigsten Vaters Regiment, welchen ich nicht ohne blutigen Herzen habe ansehen können; ich versehe mich von meines allergnädigsten Vaters Gnade, Er werde es mir gut machen; ich verlange auch nichts, und hoffe, Sie werden sich wohl meiner in Gnaden erinnern und mir wieder den blauen Rock anziehen.''

Friedrich Wilhelm reagiert nicht wie gewünscht, er mag der raschen Wandlung des bösen Friedrich nicht recht trauen und hat seine Rehabilitation für einen späteren, passenden Zeitraum bestimmt. Nach den Berichten aus Küstrin ist dort in diesem Sommer und Herbst die Welt meist in Ordnung: ''Kurz, in Küstrin atmet alles nur noch Freude und Sonnenschein. Gott gebe, daß dies ein gutes Vorzeichen ist.''

''Im übrigen hat der Kronprinz noch keinen Posttag vorübergehen lassen, ohne dem König neue Zeichen seiner Unterwerfung und seines blinden Gehorsams zu geben.''

Wegen der beiden Heiraten:

''Man kauft nicht eine Katze im Sack, viel weniger eine Frau. Durch Geld kann man wohl reich, aber nicht zufrieden werden, wenn nicht andere Reize damit verknüpft sind.''

Zu Hille sagt Friedrich, gefährlich offen:

''Ich versichere Ihnen — aber sagen Sie's nicht weiter —, mein schönstes Vergnügen ist die Lektüre. Ich liebe die Musik, aber weit mehr das Tanzen . . .''

Jagd hasse er, und er fabuliert von dem, was er später auch tut: gute Musik, gut essen, gepflegte, geistreiche Freunde und Genossen. Nach den Berichten ist Friedrich auch äußerlich verändert: fülliger, gesetzter geworden. Der König hat seinen Schneider zwecks Anpassung einer neuen Garderobe geschickt; also noch immer nicht den blauen Rock? Erstaunlich bleiben die Beurteilungen der Männer aus seiner Umgebung, die in den Worten von Woldens an Grumbkow den treffendsten, am weitesten vorwärts weisenden Ausdruck finden: ''Gott lasse Se. Majestät nur noch ein paar Jahre am Leben, damit der Kronprinz aus-

reifen kann; dann wette ich, er wird einer der größten Fürsten des Hauses Brandenburg werden." Aber vielleicht charakterisiert ihn ein Besucher, der Graf von der Schulenburg, am besten:
"Ich merke wohl, daß er Ratschläge nicht liebt; er gefällt sich nur im Umgang mit solchen, die geistig unter ihm stehen. Er sucht sogleich die lächerlichsten Seiten bei jedem hervor und spottet gern — ein großer Fehler bei Fürsten."
Zukunftsmusik? . . . Auch jagdlich kann Friedrich sich betätigen, wie ein Brief an den Vater beweist:
". . . dichte bei habe einen Hirsch von 8 Enden und einige Schmaldiere geschossen, auch ist eine grausame Menge Hirsche in den Heiden und seind so zam, daß man sie mit dem Wagen dichte auf 30 Schritte anfahren kann und findet man Rudeln von 40 bis 50 Stücke zusammen und dießes ser heufich. Beim Wollup steht ein Hirsch von 28 Enden welcher glaub ich sehr leicht einzufangen wehre, wenn es mein allergnädigster Vahter beföhle; Vorigen Montach habe auch 3 Rehe bei Neumühle, eine Meile von hier, geschosen, und vergangenen Dienstag bin etwas ausgeritten gewesen, auch ist der junge Herr von Kamecke von seinem Guth Tuchebandt hier einpassiret, ich empfehle mich meines allergn. Vahters beständige Gnade, und versichere, daß ich gerne Leib und Leben lasen wil umb mihr solche Gnade werth zu machen, und verbleibe solange ich lebe mit ganz unterthänigem Respect und kindlichem Gehorsam

    Meines Allergnädigsten Königs und Vahters
       getreu gehorsamster Diener und Sohn".
                Cüstrin
         Friderich. den 6. Oct. 1731
Beachtenswert sind die Worte, die Friedrich nun häufig benutzt: Gnade, gnädig, allergnädigst.

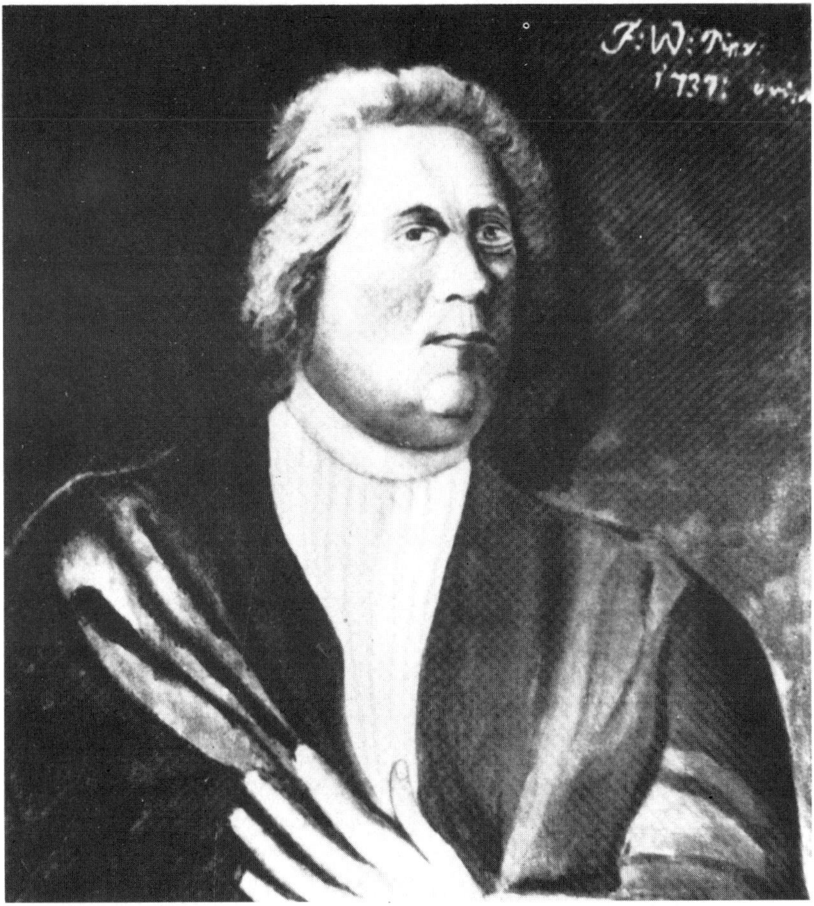

Friedrich Wilhelm I. im Selbst-
portrait.

Friedrich Wilhelm von
Grumbkow

Friedrich als Kronprinz

Friedrich Wilhelm I. als Kronprinz.

Friedrich Wilhelm I. als König

Eine Heirat

Der alte Knauser hat nicht geknausert; schließlich ist es die erste Hochzeit, die er ausrichtet: Die Braut trägt ein Kleid mit golddurchwirktem Silberstoff, dessen Schleppe zwölf Ellen lang ist, und sie kann wegen der schweren Krone den Kopf kaum heben. Für die Unmenge der Gäste, die sich in den fackelgeschwärzten Prunksälen des Berliner Schlosses drängeln, gibt es reich besetzte Tafeln. Der Silberschatz des Königs flackert im Kerzenlicht, überall Silber und Glanz, als sei der gesamte Staatsschatz aus den Fässern entlassen worden. Musik mit Pauken und Trompeten, denn alle die irren, die den König unmusikalisch nennen. Nicht für jeden ist heute ein Freuden- und Feiertag: die Königin schmollt und grollt. Bis zur letzten Sekunde hatte sie gehofft, ihre englische Heirat zustandezubringen, doch mit dieser Hoffnung ist sie allein geblieben, so ist sie an diesem Morgen, beim Ankleiden der Braut, zu dieser auch nicht sonderlich nett gewesen. Was wundert's, daß die Braut, wenn schon Vater und Mutter nicht liebevoll sind, sich fort sehnt vom kalten Berliner Hof in die Arme eines fast unbekannten Bräutigams!
Die Braut: Friedrichs Lieblingsschwester Wilhelmine; der Bräutigam: Markgraf Friedrich von Brandenburg-Bayreuth. Dieser Erbprinz ist in den letzten Monaten dem König besonders ans Herz gewachsen: weil er im Tabakskollegium gut mithalten konnte und sich auch für die Jagd interessierte; denn Handfestes liebt der König nun einmal mehr als französische Lackaffen und welsche Bücherwürmer und Allüren. Aber wird Wilhelmine mit solch einem Ehemann glücklich sein? Gleichgültig, sie hat wenig, eigentlich nichts zu bestimmen, und ist viel zu jung, darüber lange nachzudenken. Nachdenklich wird sie allerdings, wenn ihr Friedrich in den Sinn kommt. Hatte der Vater nicht versprochen, daß er zu ihrem Fest anwesend sein darf, zum ersten Mal fort von diesem garstigen Küstrin! Am 21. November ist Gratulationscour bei Wilhelmine und dem Erbprinz. Der König in Begleitung seiner Generalität, schenkt Wilhelmine ein Silberservice, ausreichend für vierzig

143

Personen. Aber Wilhelmine ist ungeduldig und läßt bei Grumbkow anfragen, wann der König Friedrich freilassen will. Friedrich Wilhelm liebt Überraschungen und Effekte, erst auf dem großen Ball am 23. soll Wilhelmine ihren geliebten Bruder wiedersehen. Er hat sich so verändert, ist in einen so unauffälligen Anzug in Grau gekleidet, daß sie ihn unter den Fremden, — siebenhundert Paare sind anwesend —, nicht wiedererkennen kann.

"Aber Prinzessin", sagt Grumbkow, "Sie scheinen fürwahr von der Tarantel gestochen; sehen Sie denn nicht den Fremden, der soeben gekommen ist?"

Sie blickt nach allen Seiten und sieht einen grauen Jüngling. "Umarmen Sie ihn doch", ermuntert Grumbkow, "es ist der Kronprinz".

"Himmel", ruft Wilhelmine freudig, "mein Bruder! Aber wo ist er denn? Zeigen Sie ihn mir um Gottes Willen!"

Grumbkow führt Wilhelmine zu dem unauffälligen jungen Mann, den sie nur schwer erkennt, denn er hat sich seit dem Juli vorigen Jahres verändert: wie Hille in seinen Briefen beschrieb, ist er dicklicher geworden, mit kurzem, aufgesetzten Hals, insgesamt gedrungen und nicht mehr der strahlende Jüngling von früher. Früher? Über ein Jahr lang haben die beiden sich nicht gesehen, in einem Alter, in dem junge Menschen sich rasch verändern. Wilhelmine fällt Friedrich um den Hals, sie ist so überrascht, daß sie keine klaren Worte hervorbringen kann, weint und lacht, berichtet später "noch nie im Leben eine solche Freude empfunden zu haben". Doch Friedrich ist kühl und durchaus nicht der alte von damals, was Wilhelmine irritiert. Der König erscheint. "Sind Sie zufrieden mit mir?" fragt er, "Sie sehen, daß ich Wort hielt."

Er bildet sich noch etwas ein auf seine pädagogischen Winkelzüge. Augenzeugen berichten, wie das Paar Friedrich-Wilhelmine auf dieser Festlichkeit mit den Augen spielt: Es besteht doch noch das alte Einvernehmen zwischen den Geschwistern, ihre Blicke untereinander sagen es, doch Friedrich hat sich fest vorgenommen, in Gegenwart des Vaters keinerlei Anlaß zu Klagen oder Verdächtigungen zu geben, und die aufmerksamen Gäste des Balles bemerken in ihm den perfekten Versteller und Schauspieler. Wäre er keiner, müßte er allerdings vor Raserei aus der Haut fahren! Warum? Man führe sich vor Augen: Er, eigentlich der zweite Mann bei Hofe, in seinem schäbigen Zivilanzug inmitten der herausgeputzten Damen und Herren, die alle wissen, was der Vater mit ihm getrieben hat, und daß er heute zum ersten Mal wieder ans Licht der Öffentlichkeit darf. Wenn das nicht Zähne zusammenbeißen erfordert, was dann im Leben!

Die Zeiten der Erniedrigung sind längst nicht vorbei; er weiß und spürt es, er muß noch mehr als bisher untertänigster Knecht seines Vaters und Königs sein. Als die Geschwister allein sind, läßt Friedrich das alte herzliche Einvernehmen wieder aufkommen und sagt Wilhelmine, daß er sich nur des Vaters wegen verstellt habe. Er freut sich, daß sie es, nach allem Anschein, mit ihrem Markgrafen wohl nicht übel getroffen hat. Es läßt sich nicht übersehen, daß es mit Friedrich in diesen Berliner Festtagen weiter aufwärts geht: Am 27. November bittet das Offizierscorps mit dem Alten Dessauer an der Spitze den König, Friedrich wieder in die Armee aufzunehmen. Der König ist gnädig und ernennt ihn sogar zum Befehlshaber eines Infanterieregiments. Aber Friedrich muß vorerst zurück nach Küstrin, von wo aus er dem König dankt, daß er ihn zum Offizier gemacht habe und bittet ihn am 22. Dezember: "Weilen mein gnädigster Vater mir erlaubet, mir eine Gnade bei Ihnen auszubitten, so bitte, Er sei so gnädig und schicke mir das Reglement, wovor ich jederzeit untertänigst Dank sagen werde." Nachdem er es erhalten hat: "Nun werde brav im Reglement studieren, denn ich wollte mich gerne geschickt machen, meinem allergnädigsten Vater auf alle Art zu dienen."

Es fällt schwer, in einem Abstand von über zwei Jahrhunderten, heute auszusagen, wo hier die Schmeicheleien und Dienereien aufhören und die ehrlichen Bemühungen und wahren Interessen beginnen. Jedenfalls: mit dem Jahr 1732 läßt sich Friedrichs Zukunft lichter an.

Reformerische Gedanken

Wie man persönlich zu diesem Vater-Sohn-Konflikt steht, ob man
Friedrich Wilhelm oder Friedrich seine Sympathien vergeben mag,
kann gleichgültig sein in Überlegungen über die väterlichen Maßnahmen "danach". In vielen Konflikten, welcher Art auch immer, ist nicht
die Strafe maßgebend, sondern die Gestaltung der Zukunft. Ob Friedrich Wilhelm soweit gedacht hat, kann vermutet, auch angezweifelt
werden, sicher ist seine Denkweise richtig gewesen, Friedrich "noch
einmal von vorn anfangen" zu lassen, das heißt für ihn, ganz unten,
beim Volk sozusagen; Hoffahrt und Stolz gilt es zu brechen.
Wer Friedrichs Werdegang zurückverfolgt, — sagen wir einmal, wenn
er bei 1770 angelangt ist —, wird zu der Erkenntnis kommen, daß ohne
diesen Konflikt Friedrich wohl nicht "der Friedrich" geworden wäre.
Da ist zum Beispiel die Küstriner Zeit, als Folge des Konflikts. Friedrich hätte diese "niedere Arbeit", die er dort tun mußte, gewiß nie nötig gehabt zu tun, wenn . . . So, er sitzt nun dort, fängt wie gesagt unten
an, und ist natürlich doch nicht der kleine Mann, der jeder andere gewesen wäre, denn nie darf man vergessen, daß alle, die jetzt mit ihm zu
tun haben, in ihm den künftigen König sehen; mit dem verdirbt man es
nicht! Friedrich kommt in seiner Küstriner Zeit, ob er will oder nicht,
mit den untersten Schichten seiner späteren Untertanen in Berührung,
sieht ihre täglichen Sorgen, lernt Nöte und Kummer kennen, als fast
zwanzigjähriger Mann, und es wäre merkwürdig gewesen, wenn er
nicht auch hier, wie in seinem bisherigen Leben, seine Augen und Ohren offen gehalten hätte. Mögen seine eigenen Sorgen um seine Rehabilitierung Vorrang haben, er weiß sie abzuschütteln und zu unterdrücken, zugunsten fleißiger Arbeit. Hätte Friedrich — ohne Küstrin
— die Sorgen der preußischen Bauern kennengelernt? Das ist anzuzwei-
feln. Wie überall in Europa steht auch in Preußen der Bauer in der ge-
sellschaftlichen Rangordnung ganz unten, da es dem Bauernstand seit
den Erhebungen des großen Bauernkrieges — diesem letzten Versuch

— permanent schlechter ergangen ist. Er ist total unfrei und steht in Abhängigkeit der großen adeligen Grundbesitzer, denen er, obwohl er selbst meist Grund und Boden zu bestellen hat, zu umfangreichen Dienstleistungen verpflichtet ist. Er arbeitet mehr für die anderen als für sich. Damit sind wir beim Thema.

Friedrich hat dieses bei seinem Küstriner Aufenthalt bemerkt, es hat ihn zweifellos menschlich berührt und zu selbständigen Gedanken und Vorschlägen angerührt. Vielleicht ist hier der Keim gelegt worden, aus dem die Pflanze wuchs, die man "Herz für kleine Leute" nennt. Wir werden diese Pflanze noch näher kennenlernen. Immerhin stecken in Friedrichs Gedanken, die er im folgenden Brief vom 22. Dezember 1731 an seinen Vater entwickelt, reformerische Ideen, die die großen Grundbesitzer ihm gewiß verübelt hätten, wären sie ihnen zu Ohren gekommen — tatsächlich sind sie ihrer Zeit so weit voraus gewesen, diese Ideen, daß ihre Verwirklichung undurchsetzbar blieb. Friedrich Wilhelm hat sie lobend anerkannt, ein weiteres positives Element des Soldatenkönigs. Ganz richtig erkennt er Friedrichs selbständige Denkarbeit als ersten Weg der Besserung und des Entgegenkommens. Friedrichs früh entwickelter praktischer Sinn hat bei seinen humanen Gedanken um die Bauern Pate gestanden, denn neben der Abstellung eines Übelstands wird es ihm darum gegangen sein, die Bauern zufriedener zu machen; Zufriedene leisten mehr für König und Staat. Friedrich schreibt diesen Brief an den König, als er mit den neuen Pachtanschlägen der Neumärkischen Kammer beschäftigt ist. Diese sogenannten "Hofedienste", um die es in dem Brief geht, leisten die Bauern nicht nur ihrem Herrn, sondern auch dem Staate, dem Hof also, und Friedrich will sie beileibe nicht abschaffen oder reduzieren, nur für alle Beteiligten günstiger legen. Wo, frage man sich nach dem Lesen des nun folgenden Briefes, wo in Europa sonst mag ein Kronprinz oder Thronfolger sitzen, in dem "zarten" Alter, der sich ernsthaft mit derartigen Themen beschäftigt?

"Auch habe zu erinnern gefunden, daß die Bauern, im Amt Carzig, wie überall, alle Tage mit einem Pferd Hofedienste thun müssen, welches ihr größter Ruin ist, und habe dem Departements-Rath gesaget, ob es nicht anginge,daß sie die Woche dreimal mit zwei Pferden die Dienste thäten: er findet solches auch, gleich wie ich; der nicht täglich die Dienste nöthig hat, und, wenn er sie gebrauchet, zwei Pferde ihm besser vortheln können; er will auch 40 Stück Ochsen sich anschaffen, und ist Weide genug, um sie zu ernähren. Die Bauern sind mit Diesem nicht gänzlich zufrieden, es ist aber gewiß ihr eigener Vorthel, und wann man es ihnen wird haben begreifen machen, so werden sie gewiß damit content sein." Dieses sind die ersten reformerischen Gedanken, die Friedrich entwickelt hat. Es werden noch viele nachfolgen, wie wir im Verlauf seiner Lebensgeschichte erfahren werden.

"Die meisten Freundschaften   20. Februar 1732
zerbrechen nicht,
sondern verwelken"
Ernst Zacharias

Tamsel

Daß Friedrichs Bewacher in Küstrin des Königs Befehle nicht immer wörtlich ausgelegt und befolgt haben, wird dadurch bewiesen, daß Friedrich unerlaubte Ausflüge in die Umgebung der Stadt machen kann. Diese weiß man als Inspektionsreisen zu tarnen. Hierbei tut sich besonders sein Vertrauter Natzmer hervor, aber es ist sicher, daß auch die anderen davon gewußt haben. Daß Friedrich in diesen Monaten seine spätere Abneigung gegen Frauen noch nicht gehabt haben kann, beweist sein Interesse für eine der schönsten Bewohnerinnen der Oderlandschaft: Luise Eleonore von Wreech, Herrin auf Schloß Tamsel, etwas über zwanzig Jahre alt und verheiratet mit dem Obersten von Wreech.
Wie nicht anders denkbar, hat die sich hier entspinnende Romanze Stoff für Spekulationen über zweihundert Jahre gegeben, und auch heute weiß niemand, ob Friedrich mit der hübschen Frau "etwas gehabt hat" und wieviel. Soviel, daß sich der Oberst nicht als Vater seines

Sohnes betrachten durfte? Alles spricht jedoch dafür, daß Friedrich zwar unsterblich verliebt war, sich aber ehrenvoll benommen hat und Frau von Wreech nicht im Stande war, aus verständlichen, in die Zukunft zeigenden Gründen, den Kronprinzen abzuweisen, wenn er sie besuchte und mit Reimen und Versen verfolgte. Stellen wir uns Friedrich vor, in Küstrin bewacht und bedrückt, wie er, der Enge des Ortes und seines Arbeitszimmers entrückt, Stunden des Flirts, der Musik, der geistreichen Unterhaltung und Diskussionen genießen kann, eine Tätigkeit, zu der er sich berufen fühlt, die den Kontrast seines beschwerlichen Lebens bilden. Etwas holperig, wie alle seine Reime, aber zart und fühlend klingen die Gedichte jener Tage, so der Anfang von "Geständnis":

"Durch Deine Huld, oh Herrin, mög's mir verstattet sein,
in diese lautre Wahrheit Dich offen einzuweihn:
seitdem ich Dich gesehen, dahin ist meine Ruh,
durch Dich ist es geschehen, und dessen wert bist Du.
Mein Herz hat es erfahren, es traf zu gut der Pfeil,
die Freiheit ist verloren, und Knechtschaft ist mein Teil.
Wie wohl mit jeder Stunde ich reife mehr zum Mann,
sieht es die Welt als Schwäche und als verächtlich an.
Doch was als schwach sie tadeln, ich will es höher preisen
als jene Herzen, gefühllos wie Felsgestein und Eisen.
Und wenn man es auch Sünde und schlimmer nennen wollt',
um Dich will ich sie tragen; denn Du bist allzu hold . . ."

Das "Verhältnis" kann nicht lange angedauert haben, denn erst nach der Aussöhnung mit dem König, Mitte August 1731, hat Friedrich soviel Freiheit, daß er weitere Ausflüge in die Umgebung Küstrins machen darf. Ende August weilt er zum ersten Mal in Tamsel, Ende Februar 1732 ist er wieder in Berlin. In einem Brief vom 12. Februar 1732 berichtet Holden an Grumbkow: "Morgen fahren wir nach Tornow, um einen Anschlag von der Glashütte zu machen, in Wirklichkeit aber, um auf der Insel der Kalypso zu Mittag speisen zu können . . ." Die Insel der Kalypso — das ist Schloß Tamsel! Selbst für den König können Friedrichs Besuche dort kein Geheimnis sein, denn Grumbkow spricht in einem Brief an Seckendorff sowohl von einer "starken amour", in die der Prinz verfallen sei als auch von derben Worten, die der König hierüber habe fallen lassen. Wir sind heute gewohnt und geneigt, alle Verhältnisse zwischen Mann und Frau vorrangig dem "Sex" zu unterstellen und das Gefühl scheint verloren gegangen zu sein, daß er bei gebildeten und feinsinnigen Menschen, auch in "günstigen Situationen", keine tragende Rolle spielen muß. Kann es nicht sein, daß Friedrich einfach eine Kehrseite seiner Küstriner Tage haben muß, hinaus in ein gepflegtes Haus, und wie herrlich ist es, wenn in diesem Haus auch eine schöne, geistreiche Frau lebt!

Zur Hochzeit von Schwester Wilhelmine befindet sich Frau von Wreech in Berlin, und Friedrich schreibt voller Begeisterung an die Mutter, Frau von Schöning: "Sie feierte schließlich einen völligen Triumph, und alles am Hofe kam überein, daß Frau von Wreech den Preis der Schönheit und feinen Sitten davontrage."

Das ist es doch, was Friedrich sucht! Einen Ort, an dem er nicht unterdrückt und mißachtet wird und nicht von kleinlichen Finanzgeschäften die Rede ist. Wenn man seine Verse und Briefe jener Zeit liest, spürt man zwar seine große Verliebtheit, aber es schwingt auch sein Humor durch und das Wissen um eine Episode, die auf einen Wink des Königs beendet werden kann. Es wundert ihn sowieso, daß es so lange gutgehen konnte. Anfang des Jahres 1732 weiß er, daß seine Tage in Küstrin gezählt sind, einerseits erfreulich, andererseits kommt die Stunde des Abschieds von einem Haus, das er vielleicht nie wiedersehen wird, und wenn, wie wird man ihn dann empfangen! Friedrich kann nicht ahnen, unter welchen Umständen das sein muß: Am 30. August 1758, fünf Tage nach der mörderischen Schlacht von Zorndorf — und Tamsel ist zerstört, seine Bewohner sind erschlagen oder geflüchtet. Jetzt, am 20. Februar 1732, schreibt Friedrich für seine Verehrte einen Abschiedsbrief und fügt diesem ein kleines Bild bei.

"Nimm als Gesandten dieses Bild hin.
Als zager Dolmetsch dient ihm dieses Lied:
es sage Dir als meiner Siegerin,
wie tief in Deine Fesseln ich geriet . . ."

Ganz realistisch schreibt er dazu:

"So schicke ich Ihnen denn mein Bild, ich hoffe, daß es mich wenigstens dann und wann bei Ihnen in Erinnerung bringen wird und Sie zu dem Zugeständnis veranlassen wird: Er war im Grunde doch ein guter Junge; aber er langweilte mich; denn er liebte mich zu sehr und brachte mich oft zur Verzweiflung mit seiner unbequemen Liebe."

Freimütig gesteht er später, in einem Brief vom 16. August 1737 an Voltaire, und wir ersehen daraus, daß er nichts in seinem Leben unverwertet gelassen hat:

"Eine liebenswürdige Dame flößte mir in der Blüte meiner Jünglingsjahre zwei Leidenschaften zugleich ein. Sie erraten, daß die eine derselben die Liebe war; die andere war die Poesie. Dies kleine Wunder der Natur, voll holdester Anmut, besaß Geschmack und Zartsinn. Sie wollte sie mir mitteilen, und es gelang ihr dies in der Liebe, aber weniger in der Poesie. Seitdem bin ich oft genug verliebt und immer Poet gewesen."

"Die Zukunft wird sich stets denen dankbar   26. Februar 1732
erweisen, die Geduld mit ihr haben"
Sprichwort

Küstrin adé!

Historische Abhandlungen über diese Zeit gefallen sich in der Feststellung, ohne die Küstriner Monate wäre Friedrich nicht Friedrich der Große geworden, nach dem Motto "Lehrjahre sind keine Herrenjahre". Hier eine Lebensideologie hineinzubringen, ist gewiß fehl am Platze, aber Tatsache ist, daß Friedrich durch seine Küstriner Tätigkeit stark sozial und ökonomisch geprägt worden ist. Wer weiß, ob er sonst diesen Einblick in das Leben und die Sorgen des kleinen Landmannes genommen hätte, so wie Friedrich Wilhelm es auf seinen Reisen tat und in seiner berühmten Instruktion von 1722 gefordert hat:
"Mein lieber Successor muß seine Länder und Provinzen jährlich bereisen wie ich es getan habe. Da wird er seine Regimenter und Armee, Offiziere und Länder und Leute kennenlernen und wird selber sehen, daß in allen seinen Provinzen schöne Verbesserungen in den Domänen sind und wo jährlich sechshunderttausend bis achthunderttausend Taler mehrere jährliche Revenues ohne Drücken der Untertanen zu schaffen seien durch gute Industrie und Ökonomie!"

"Plusmachen" — dieser für unsere heutigen Wirtschaftler unmöglich gewordene Begriff war für Friedrich Wilhelm etwas Selbstverständliches, und wer ihm dabei half, war in Gnade und gern gesehen. Es ist schon angedeutet worden, daß Friedrich der Arbeit in Küstrin Geschmack abgewonnen hat — sinnvolle Arbeit muß jeden normaldenkenden jungen Menschen befriedigen, und Befriedigung kann man lernen. Er hat das Glück, unter fähigen, mutigen und offenen Männern arbeiten zu dürfen, weitab vom Vater, in einem sozusagen "losen Arbeitsverhältnis" und beginnt die Zukunft rosig zu sehen. Historiker haben behauptet, Friedrich, von Natur leichtsinnig, arrogant und frivol, habe diese Küstriner Lehrjahre nötig gehabt, und der Vater habe ganz Recht getan mit dieser brutalen Durchsetzung. Aber wer will denn aus dem Rückblick behaupten, was dieser junge Mensch brauchte, was nicht. Tatsache bleibt, daß er von seinem Vater und König vergewaltigt und düpiert worden ist — aber darf man so weit gehen, derartige Methoden gutzuheißen, weil sie Positives erbracht hätten?

Daß er sich voll in seine Arbeit kniet, beweist ein im scherzhaften Ton gehaltener Brief aus Küstrin:

"Ich sitze bis über die Ohren in meinem schlesischen Handel, und er macht mich so zerstreut, daß, wenn man mich fragt, ob ich zum Rindfleisch Senf haben will, ich imstande bin zu antworten: 'sehen Sie in der neuen Zollrolle nach.' Ja, das hat etwas auf sich. Ich kann mich einer Sache nicht halb ergeben. Ich muß kopfüber hinein."

Doch heißt es für ihn Abschied nehmen von einem Ort, dessen Name für sein ganzes Leben für Schmerz, Todesangst, Unrecht und Wiedergeburt stehen wird: Küstrin! In einem Brief vom 4. Februar kündigt der König ihm die "endgültige" Braut an, und daß er ihn im April zur Armee abkommandieren wolle.

Als Letzter aus Küstrin soll der kluge Hille mit einer Charakterisierung Friedrichs das Wort haben:

"Der Kronprinz tut sich außerordentlich viel auf seinen Geist zugute, und tatsächlich besitzt er Geist. Er hört sich gern dafür loben. Damit wird man seine Freundschaft leichter gewinnen als durch alles andere, und wäre es ein Rekrut von dreieinhalb Ellen. Außerdem tut er sich auf eine überaus peinliche Höflichkeit etwas zugute, selbst gegenüber Leuten, die tief unter ihm stehen. Seine Gesinnung ist im allgemeinen vornehm; er neigt zum Wohltun und viel eher wird er in unangebrachtes Mitleid als in das entgegengesetzte Laster verfallen . . ."

Eine Beschreibung, die ein paar Jahrzehnte jünger sein könnte. Neben dem weiter oben zitierten "scherzhaften" Brief Friedrichs und dem folgenden an Grumbkow vom 19. Februar 1732 liegen nur wenige Wochen:

"Ich habe genug gebüßt für ein aufgebauschtes Vergehen und gebe mich nicht dafür her, meinen Kummer zu verewigen. Mir bleibt noch ein Ausweg: ein Pistolenschuß kann mich von meinem Kummer und meinem Leben befreien."

Bemerkungen, die dem König, hätte er sie zur Kenntnis bekommen, Friedrichs Verstellung offenbart hätten. Eher als gedacht, kommt die gnädige Erlaubnis aus Berlin: Am 26. Februar 1732 darf Friedrich Küstrin verlassen und in die Hauptstadt zurückkehren, schon drei Tage später ist er Oberst und Chef des 15. Infanterieregiments, das in Ruppin und Nauen stationiert ist. Endlich der blaue Rock . . .

"Verlobt ist noch nicht verheiratet"　　　　　　　　　**10. März 1732**
Sprichwort

Verlobt, aber nicht verliebt

"Am nächsten Montag findet meine Verlobung statt in der gleichen Weise wie Deine. Die Person ist weder schön noch häßlich, nicht ohne Geist, aber sehr schlecht erzogen, schüchtern und ohne Lebensart: das ist das wahrheitsgetreue Bild einer Prinzessin. Daraus, liebste Schwester, kannst Du entnehmen, ob sie nach meinem Geschmack ist oder nicht. Ihr größtes Verdienst besteht darin, daß sie mir die Freiheit verschafft hat, Dir zu schreiben, was in Deiner Abwesenheit mein einziger Trost ist."

153

Diese schnöden Sätze schreibt Friedrich an seine Schwester Wilhelmine.

"Wenn die Prinzessin häßlich und dumm ist, werden Sie sie dann lieben und wirklich mit ihr leben können?"

"Nein, sicher nicht."

"Aber was werden Sie dann tun?"

"Ich werde sie sitzenlassen, sobald ich mein eigener Herr bin. Man muß es mir nachsehen, daß ich mich aus der Klemme ziehe, so gut ich kann."

Diese Fragen richtete Hille im September 1731 an Friedrich. "Ich möchte am liebsten Junggeselle bleiben. Wenn ich heirate, werde ich gewiß einen sehr schlechten Ehemann abgeben; denn ich fühle weder Beständigkeit noch Zuneigung genug für das weibliche Geschlecht, um mir einzubilden, das käme in der Ehe nach."

Diese Sätze stammen aus einem Brief Friedrichs an Grumbkow. "Gleichwohl erklärt der Kronprinz, daß er sich bezüglich der Heirat stets den Wünschen und dem Willen seines Vaters fügen wird."

Aus einem Brief Woldens an Grumbkow am 23. Dezember 1730. "Wenn der König durchaus will, daß ich mich verheirate, werde ich gehorchen. Aber später werde ich meine Frau sitzenlassen und auf meine Weise leben."

"Diese Haltung verstößt gegen Anständigkeit und die Gebote Gottes."

"Ich werde ja meiner Frau dieselbe Freiheit lassen."

Was alles von diesen Äußerungen an des Königs Ohr gelangt sein mag — es kann ihn nicht interessiert und wankend gemacht haben. Für ihn ist es nun einmal basta, daß Fritz eine Braut haben muß, und zwar, gefälligst, keine englische! Während Friedrich sich in Küstrin verstecken mußte, hatte sich das Gewitter der drohenden Verheiratung über seinem wohl ahnenden Haupte zusammengebraut. In Fürstenkreisen damaliger Zeit war es durchaus üblich, daß die Prinzen und Prinzessinnen zweckmäßig und ökonomisch an andere Häuser verheiratet wurden, wie wir das bereits zur Genüge kennengelernt haben, aber was mit Friedrich jetzt getrieben wird, ist vollkommen ungewöhnlich.

König und Königin sind zerstritten, seitdem der König mit Wilhelmines Hochzeit den Traum der englischen Doppelhochzeit zerstört hat, aber die Königin möchte nun wenigstens für Friedrich eine Prinzessin von der Insel beschaffen. In den Intrigenspielen mischen natürlich Grumbkow und Seckendorff kräftig mit, im Namen Wiens, versteht sich, nur einer wird nicht gefragt: Friedrich. Die Braut wird ebenfalls nicht gefragt, aber für sie scheint die Partie vorteilhaft zu sein, so daß sie, mit ihrer Familie, keine Einwände erhebt; wer möchte nicht Königin von Preußen werden! Des Königs Sympathien liegen mehr beim Hause der Braut als in England, und wenn er auch noch vor einigen Monaten Friedrich die Wahl zwischen zwei deutschen Prinzessinnen ließ, so hatte er diese Wahl jetzt selbst getroffen. Friedrich durchlebt diese Tage in der Stimmung eines Galgenhumors, was seine sarkastischen und zynischen Bemerkungen erklärt. Und er lebt, wie seit langem, im Zwiespalt der notwendigen Verstellung vor dem König und dem Willen, einen letzten Rest von Selbständigkeit zu erhalten. Seine Äußerungen und Briefe klingen als Warnungen eines Verzweifelten, der sich schon jetzt für das Kommende rechtfertigen will:

»Wenn man mich zwingt, sie zur Gemahlin zu nehmen, kann sie damit rechnen, verstoßen zu werden, sobald ich der Herr bin. Niemand wird mir diese Handlungsweise verübeln können, weil ich gegen meinen Willen gezwungen worden bin.«

Dem Vater gegenüber äußert er jedoch größte Bereitschaft und Unterwürfigkeit, das Wort »gnädigst« in verschiedenen Varianten wird das meistgebrauchte in seinen Briefen. Friedrich versucht, Zeit zu gewinnen, mit Recht kann er nicht einsehen, daß er nun unbedingt unter die Haube muß, jung, wenig erfahren, und politische Notwendigkeiten bestehen hierzu überhaupt nicht. Auch Wien, an dem Zustandekommen dieser Heirat zwar brennend interessiert, drängt nicht sonderlich, aber seine Diplomaten wissen, daß der König nicht aufzuhalten ist, und somit können sie mit ihren Bemühungen nicht zurückstehen. Wie bereits gesagt: Alle Kurprinzen des Reiches werden von Wien »finanziell unterstützt«, schließlich vergeben sie dereinst Stimmen zur Kaiserwahl, und Friedrich ist kaltblütig genug, Geld anzunehmen, da er Schulden hat, aber er denkt nicht daran, jetzt und später Zugeständnisse zu machen.

Die Verlobungsfeier findet programmgemäß am 10. März 1732 in Berlin statt. Die Braut: Elisabeth Christine von Braunschweig-Bevern. Friedrich sieht sie hier zum ersten Mal und fühlt sich angenehm enttäuscht, da sie nicht so häßlich aussieht, wie ihm vom diplomatischen Grumbkow vorgeredet wurde, und ihre angebliche Beschränktheit erweist sich als anmutige Schüchternheit. Nach der geplanten und eingeleiteten Ausbildung in Benehmen, Tanzen und Konversation, von Wien tatkräftig gefördert — sie ist eine Nichte der Kaiserin — würde sie vermutlich ein ganz passables Persönchen abgeben. Doch ausreichend für Friedrichs Ansprüche? Wie würde sie reagieren, wenn er die zitierten Drohungen in Sachen Ehe wahrmachen würde? Als Trostpflaster hat Friedrich Wilhelm für Friedrich an diesem Tag noch etwas parat: Seine tatsächliche Ernennung zum Regimentskommandeur. Die Hochzeit ist für das nächste Jahr geplant.

Zieht man Bilanz für die Zeit vom Fortgang von Küstrin bis zum Tag der Verlobung, so ist man geneigt zu konstatieren, daß es Friedrich nun erheblich besser geht. Aber: Wie wird er düpiert und erniedrigt in diesen Tagen und Wochen, in denen er absolut nichts zu bestellen hat, aber auch nicht den Mut aufbringt, nicht aufbringen kann, gegen die väterlichen Befehle, Instruktionen und Bestimmungen aufzumucken; er muß sich als Spielball von Menschen fühlen, die alles mögliche im Sinn haben — nur nicht sein Wohlergehen.

Salzburger Protestanten bauen Häuser.

3. Mai 1732

"Nichts als das Evangelium
vertreibt uns ins Exilium.
Verlassen wir das Vaterland,
so sind wir doch in Gottes Hand"

Preußische Zwecktoleranz

Schon seit langem wissen die Bedrängten und Verfolgten Europas, wo sie, wenn ihnen die Heimat zu ungemütlich wird, eine neue Zuflucht finden können: in Brandenburg-Preußen. Es ist oft nicht die wirtschaftliche Not, die Aus- und Einwanderungen verursacht, sondern wieder einmal — noch immer, obwohl der Dreißigjährige Krieg nun 100 Jahre zurückliegt —, die Unduldsamkeit der katholischen Kirche. Ihre Bischöfe lassen lieber fleißige, wertvolle Menschen aus ihren Machtbereichen abziehen als ihnen freie Religionsausübung zuzugestehen; ein Beweis, daß Rom die Reformation noch immer nicht akzeptiert und verwunden hat.

So müssen sich jetzt, in den 30er Jahren, wie vordem die Hugenotten Frankreichs, die Salzburger Protestanten auf den Weg machen, ausgewiesen, verspottet, verketzert, ins Abseits gedrängt, um Vermögen gebracht — und da sie aufrechte Christen sind, verlassen sie lieber ihre Heimat als sich zu beugen. Fürstbischof Firmian von Salzburg entpuppt sich als konsequenter Verwalter seiner Kirche und setzt die Ausweisung, auch gegen vielfachen Widerstand aus dem Reich, durch. Friedrich Wilhelm kennt seine Chance und lädt die Salzburger ein herzukommen. Preußen — damals versteht man ausschließlich Ostpreußen darunter. Hier haben Seuchen das Land entvölkert, willkommener Anlaß, Toleranz zu zeigen und alles aufzunehmen, was kommen will, das Land neu zu "pöplieren". Friedrich Wilhelm taktiert äußerst geschickt, als Bischof Firmian, stockkatholischer als selbst der Habsburger Hof und unduldsam wie ein spanischer Inquisitor, im Oktober 1731 seine lutherischen Untertanen vor die Wahl stellt, in Form eines Emigrationspatents, entweder dem ketzerischen Glauben abzuschwören oder die Heimat zu verlassen. Friedrich Wilhelm meldet sich sofort mit einem Gegenpatent, sehr zum Ärger Wiens, in dem er den Bedrückten eine neue Heimat am Ostseestrand anbietet. Tausende Salzburger folgen dem Angebot, und Friedrich Wilhelm schickt ihnen Kommissare bis Regensburg entgegen, die sie führen sollen. Er läßt Wegegeld auszahlen und fordert Städte und Fürsten auf, "dieselben frei, sicher und unaufgehalten passieren, ihnen auch zur Fortsetzung ihrer mühseligen Reise dasjenige, was ein Christ dem anderen schuldig, erweisen zu lassen."

Im Mai 1732 erreichen die ersten Trecks Berlin, von wo aus sie die Weiterreise nach Ostpreußen fortsetzen. Der Braunschweiger Gesandte Wilhelm Strathmann berichtet aus jenen Tagen:

"Am vergangenen Mittwoch abends um 6 Uhr langten von denen Salzburgischen Emigranten 500 an Männern, Weibern und Kindern über Potsdam prozessionsweise dahier an. Der König hatte tags vorher befohlen, daß die hiesigen Prediger, Schulbedienten, Kandidaten und Schüler selbige durch die Stadt begleiten sollten und ritt zuvorderst ein Kommissarius voraus. Soferner folgten die Kurrende-Schüler, dann die hiesigen Scholaren, die Kandidaten theologiae, die Schulkollegien demnächst und also Probst und Prediger paarweise, denen dann der Emigranten Söhne, so sie selbst, auch darauf die Töchter, Frauen in simili zwei und zwei nachfolgten und also wieder ein Kommissarius beschloß. Sie hatten sämtlich Gesangbücher in ihren Händen und sungen mit denen Schülern geistliche Lieder, als 'Herrgott, dich loben wir' oder 'Nun lobe meine Seele' oder 'Was Gott tut, das ist wohlgetan' oder 'Wer nur den lieben Gott läßt walten' mit der größten Andacht. Die Tour ging durch die Neustadt ins Leipziger Tor über den Friedrichswerder, in Kölln über die Place d'arme, wo sie schwenkten und das Schloß vorbei über die Lange Brücke hinwieder aus dem Königstor passierten, da ihnen in der Vorstadt oder sogenannten Königsstadt die Quartiere angewiesen wurden, nachdem ihnen der Prediger Schunemann seiner gleichsam angeborenen Poetenkunst nach in herzbrechenden Versen eine Trostrede gehalten."

Natürlich klappt nicht alles reibungslos, und wie es vor sich geht, verrät ein Brief eines Salzburgers an seinen Sohn vom 20. Januar 1733:

"Wir haben von Hause aus bis nach Berlin ungefähr 100 Meilen Wegs gehabt. Von da bis Königsberg 80 und bis nach Litauen 15 Meilen. Allda wie gesagt sind wir ausquartiert in unserem Dorf Schallmeicken im Amte Kräcupinen haben sie für uns neue Häuser gebauet und im Frühling werden sehr viel gebauet werden. Wir haben von unserem König Getraid, Fleisch, Speck, Mehl, Schmalz und Geld und leiden keine Not: Man hat uns auf der Reise viel Kleider, Bücher und Geld geschenkt, daß viele reicher und nicht ärmer geworden sind. Man wird einen jedweden, der im Salzburgischen ein Bauer gewesen, eine Hufe, welche 30 Morgen hat, mitteilen. Das Land liegt etwas hoch und kalt, aber nicht unfruchtbar, alles wohlfeil, das Pfund Fleisch 5, 6, 7, 8 bis 9 Pfennige. Dieses hab ich nun geschrieben, mein lieber Sohn, daß Gott geholfen bis hierher . . ."

Es ist klar, daß die Salzburger eine Eingewöhnungsfrist benötigten und ihre Sitten und Gebräuche nicht aufzugeben gedenken. Niemand kommt es in den Sinn, sie daran zu hindern, und tatsächlich halten sie ihre Traditionen bis zu ihrer nächsten Vertreibung: im Jahre 1945!

Mit der Aktion "Salzburger Emigranten" zeigt sich Friedrich Wilhelm von seiner besten Seite: Christlich, human, staatsklug, praktisch, weltoffen und schlaumeierisch. Selbst wenn man ihm unterstellt, mehr zweckdienlich als tolerant gehandelt zu haben, so schmälert dies seine Verdienste nicht. Außerdem wird es ihm Genugtuung gewesen sein, mit dieser Aktion Zeichen zu setzen und Wien in der Welt bloßzustellen; sich selbst jedenfalls hat er ein Jahrhunderte dauerndes Denkmal gesetzt. Es darf angenommen werden, daß Friedrich hier seinen Vater von einer Seite kennengelernt hat, die nachhaltig positiven Eindruck

Eleonore von Wreech

*Elisabeth Christine von
Braunschweig-Bevern.*

*Vermählung Friedrichs mit
Elisabeth Christine*

*Schloß Schön-
hausen bei Berlin.*

*Schloß Rheinsberg
von der Rückseite*

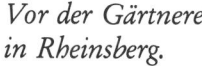

*Vor der Gärtnere
in Rheinsberg.*

hinterließ; die Sorgen für den kleinen Mann hat er sich später ja ebenfalls angelegentlich sein lassen. Wir erkennen, daß es immer das Vorbild der Älteren ist, das die Jüngeren erzieht und prägt. Friedrich wird in den nächsten Jahren Gelegenheit haben, die Arbeit seines Vaters für Ostpreußen persönlich zu beurteilen. Im November 1732 schreibt er über die Salzburger Emigranten an Grumbkow:

"Das Herz blutet mir, wenn ich das traurige Schicksal der Flüchtlinge vernehme. Ich glaube, man kann die Standhaftigkeit nicht genug belohnen, welche diese braven Leute bewiesen haben, sowie die Unerschrockenheit, mit der sie lieber alles Elend der Welt erduldet haben, als daß sie die einzige Religion aufgegeben hätten, die uns die Wahrheit unseres Heilands kennen lehrt. Ich würde gern mein letztes Hemd hergeben, um es mit diesen Unglücklichen zu teilen. Ich glaube, jeder rechtschaffene Mann müßte es sich zur Pflicht machen, aus allen Kräften Leuten beizustehen, deren Väter und Verwandte für unseren Heiland gelitten haben."

"Glück ist, wenn man zusieht,
wie die Zeit vergeht und hofft,
daß sie für einen arbeitet"
Werner Finck

Ruppin

"Ihr wißt, daß, wenn meine Kinder gehorsam sind, ich sie sehr lieb habe."

Dieser Satz Friedrich Wilhelms wird hier nicht ohne Sinn wiederholt: Friedrich hat gehorsam sich verloben und wird sich verheiraten lassen — nun hat der Vater ihn sehr lieb und zeigt sich großzügig.

Friedrich darf nach Ruppin, dort ist sein Regiment stationiert, dort ist er seine Verlobte erst einmal los, dort findet er Kumpane für das Leben, das ihm zusagt, und außerdem hat der König ihm ein Schloß in Aussicht gestellt: Rheinsberg. Und die Mittel dazu, es wieder herzurichten und auszubauen. Grumbkow, der weitsichtige Schlaumeier, hat erkannt, daß es besser sei, Friedrich bliebe nicht in Berlin in der Nähe des Königs — um Reibereien zu vermeiden; jetzt, wo das Verhältnis einigermaßen hergestellt ist. Gerade einundzwanzigjährig, denkt Friedrich nicht daran, im militärischen Dienst zu versauern, noch Jahre später wissen die Bewohner Ruppins von seinen und seiner Gesellschaft Streiche zu berichten; auch den Mädchen ist er nicht abgeneigt:

"Mir ist eine nach Knoblauch riechende Dorf-Nymphe lieber als die Komtess Dönhoff mit ihrem gespreizten Getue."

Ob er will oder nicht, ob ihm militärische Fragen des Reglements zuwider sind oder nicht: wie immer macht er keine halbe Arbeit, und es dauert nicht lange, bis dem König von dem hervorragenden Zustand des Ruppiner Regiments berichtet wird. Anfang des Jahres 1733 besteht die Aussicht auf kriegerische Verwicklungen wegen der polnischen Erbfolge, und wie später, 1734, ist Friedrich versessen darauf, an Kämpfen teilzunehmen. Am 31. März 1733 schreibt er deswegen an den alten Vertrauten Grumbkow:

"Jetzt könnte ich noch Schüler in der Kriegskunst werden; im Alter von dreißig Jahren hat man keine Neigung mehr zu lernen, und ein Handwerk wie das des Krieges, verdient mehr als den Eifer des Alters. Man muß darin erzogen und groß geworden sein, und es ist besser, daß uns eine verfrühte als eine verspätete Praxis darin unterrichtet. Der Krieg außerhalb unseres Gebietes und unserer Grenzen ist jedenfalls nützlich und notwendig; er wehrt Üppigkeit und Hoffart ab; er lehrt Nüchternheit und Enthaltsamkeit; er macht unseren Körper fähig, Anstrengungen zu ertragen, er rottet alles weibische Wesen aus."

Er beschäftigt sich mit Gedanken über die "Abrundung der Grenzen Preußens", studiert Feldzüge großer Feldherren — "Ich habe soeben Turenne in der Schlacht bei Achern sterben sehen . . ." und widmet sich der Musik und dem Reimeschmieden.

"Ich lese und schreibe wie ein Galeerensklave und mache Musik für vier."

Nach wie vor wechselt seine Stimmung zwischen Euphorie und Niedergeschlagenheit, eine Eigenschaft, die er nie mehr ablegen wird. Seine Tätigkeit beschreibt er selbst am besten in einem Brief am 23. Oktober 1732:

"Ich beschäftige mich eifrig mit den Angelegenheiten des Regiments; es wird viel exerziert; dann nehmen mich die ökonomischen Aufträge, die der König mir gegeben hat, in Anspruch; dann kommt die Essenszeit, dann die Parole. Wenn ich hiernach nicht irgendein Dorf bereise, so unterhalte ich mich mit Lektüre oder Musik. Gegen sieben Uhr gehe ich in die Gesellschaft der Offiziere, die sich entweder bei den Hauptleuten, oder bei dem Major Buddenbrock oder bei anderen versammeln. Ich spiele mit ihnen, esse um acht Uhr und ziehe mich um neun Uhr zurück. So vergeht regelmäßig ein Tag wie der andere, außer, wenn die Hamburger Post kommt. Dann habe ich eine Gesellschaft von drei bis vier Personen auf meinem Zimmer, und wir speisen zu Abend, weil ich nicht soviel ausgeben kann, um zehn Personen mit so teuren Gerichten satt zu machen. Meine ganze Zerstreuung besteht darin, daß ich auf dem Wasser spazierenfahre oder in einem Garten, der vor der Stadt liegt, einige Raketen steigen lasse."

Der Sachse Manteuffel charakterisiert ihn in einem Bericht an den Grafen Brühl folgendermaßen:

"Es ist recht schade, daß der Prinz nur von jungen, meist sehr leichtsinnigen und unwissenden Offizieren umgeben ist, wenn er bei seinem Regiment ist, wo er dem König, seinem Vater, zu gefallen den größten Teil seiner Zeit zubringt. Würde er nur mit vernünftigen und geistreichen Leuten verkehren, so würde er sicher einer der schönsten Geister seiner Zeit werden und sich ohne Mü-

he von mehreren kleinen Fehlern des Herzens und Verstandes los-
machen, welche ihm noch anhaften."
Man bedenke das Alter — vielmehr die Jugend — des so Kritisierten!
Dem man keine Zeit zur normalen Entwicklung gelassen, dessen Ju-
gendjahre man jäh abgebrochen hat. Allmählich sieht der König ein,
daß der Kronprinz ein standesgemäßes Zuhause verdient hat, und er
vermacht ihm das Schloß Rheinsberg als Wohnsitz und Residenz. Er
selbst, der König, verspürt durchaus selbstkritisch und aufgeweckt das
Ende der Epoche, die er eingeläutet hat. Unmerklich fast beginnen die
Berliner und Potsdamer Höflinge, sich dem kommenden Herrn Preußens zuzuwenden.

"Die Absicht, daß der Mensch glücklich sei,   12. Juni 1733
ist im Plan der Schöpfung nicht enthalten"
S. Freud

Eine Hochzeit

"Es macht nichts", sagt Friedrich Wilhelm zu diesem Tag seines Tri-
umphes, "daß meine Minister vom Ausland bestochen werden. Sie
können nichts entscheiden und nichts beeinflussen, da ich es bin, der
regiert. Sollen sie Geld bekommen, dafür zahle ich ihnen umso weniger."
Diese praktischen Worte fallen mit Seitenblick auf die beiden Schelme
Seckendorff und Grumbkow, die diesen Tag noch in allerletzter Minute zu hintertreiben gedachten.

Eines der "Opfer" des 12. Juni 1733 ist Elisabeth Christine von Braunschweig-Bevern, Nichte der Kaiserin, Tochter aus welfischem Hause, die im festlich hergerichteten Schloß zu Salzdahlum bei Braunschweig dem Kronprinzen von Preußen angetraut wird, wie man so schön sagt. "Angetraut . . ." — viel mehr wird sich aus diesem Tag nicht für sie ergeben; eine weitere Düpierte des Jahrzehnts! Es geht lustig her in Salzdahlum: Am Vortag wird ein großes Schäferspiel veranstaltet, in dem hohe und mittelhohe Herren als Hirten auftreten und die Flöten blasen, der Schwiegervater Friedrichs, Herzog von Braunschweig-Bevern, tritt als Hirtenfürst auf; es ist ja nicht so, als wenn ordentliche Preußen nicht ordentlich feiern können. Was sich hinter den Kulissen abgespielt hat, wird nicht erkennbar, ebenso bleibt verborgen, was im Herzen der beiden Hauptbeteiligten vorgeht. Elisabeth Christine, ein wenig einfältig und "blöde", — blöde hatte damals den Sinn von schüchtern, wie heute noch im Plattdeutschen — ist stolz und hoffnungsvoll wie die meisten Bräute, einen schicken und bedeutenden Bräutigam, dessen Höflichkeit man lobt, erhalten zu haben. Friedrich jedoch ist nicht höflich: Deutlich trägt er seine Rolle als Opferlamm zur Schau, so daß Grumbkow zu Seckendorff sagt: "Aus ihm ist ein guter Diplomat geworden."

"Das ist keine Diplomatie, sondern schnöde Heuchelei."

Wie dem auch sei: Friedrich hatte kein Hehl aus seiner Einstellung gemacht, wie aus bereits zitierten Äußerungen hervorgeht, wie weitere Bemerkungen belegen. Je näher der Tag rückte, desto drastischer entwickelt er Zynismus und Galgenhumor. Am 25. Januar 1733 an Grumbkow:

"Ich gestehe, daß ich keine große Ungeduld in Bezug auf die Reise nach Braunschweig verspüre; denn ich weiß schon im voraus alles, was mir meine Stumme sagen wird. Und doch ist das ihre beste Eigenschaft, und ich denke ganz wie Sie, daß eine dumme Frau ein Segen des Himmels ist. Kurz, ich werde die Braunschweiger Komödie spielen, daß nichts daran fehlen soll, und il signor Brighella wird verliebte Gespräche mit la bella Angelica führen; aber ich fürchte, ich werde genötigt sein, mir auf meine Komplimente im Namen der Dame selbst zu antworten."

Am 27. Januar:

"Jetzt studiere ich Komplimente für Braunschweig und gehe zu diesem Zwecke auf die Schweinsjagd; denn zwischen einem Westfalen, der mit Schweinen erzogen und geboren ist, und einem Schwein ist kein großer Unterschied."

Und am 28. April:

> "Ich fürchte die verhängnisvolle Epoche, welche herannaht, und alles, was daraus folgen kann, als das unangenehmste Ereignis meines Lebens."

Seckendorff hat kein gutes Urteil über den künftigen Ehemann abgegeben:

> "Des Kronprinzen flüchtiger Sinn wird wohl schwerlich sobald können geändert werden ... Sein größter Konfident ist der Natzmer ..., welcher sich für alle verbotenen Handlungen und vornehmlich Liebesgeschichten gebrauchen läßt. Dies ist die stärkste Passion, so man allerdings bei dem Kronprinzen noch zur Zeit remarkieret, deswegen viel Unordnung zu befürchten, wenn es zur Wissenschaft des Königs kommen sollte. Man hält aber dafür, daß die Kräfte des Körpers die Neigung des bösen Willens nicht genug sekundieren, folglich der Kronprinz in seinen Galanterien mehr einen eignen Ruhm sucht, als eine sündliche Neigung. An Verstand fehlt es zwar dem Kronprinzen nicht; aber es ist wenig Solides noch zur Zeit dabei, und befleißigt er sich mehr, ein bon mot, als Realität zu sagen."

So scheint eigentlich niemand rechte Lust auf die bevorstehende Hochzeit zu haben, aber Friedrich Wilhelm hält an dem einmal gefaßten Plan fest, zumal Friedrich völligen Gehorsam zugesichert hat, und tatsächlich kann niemand voraussehen, wie Friedrich diese Ehe gestalten wird. Elisabeth Christines Schicksal sei hier vorweggenommen, so wie es einer Person von wenig Bedeutung in Preußens Geschichte zukommt; gerafft, kurz und knapp. Die Jahre bis zur Thronbesteigung Friedrichs sind ihre beste Zeit gewesen. In Rheinsberg ist Friedrich noch der Kavalier, jedoch nicht nur ihr gegenüber, galant und höflich, und nur ihr Optimismus und ihre untertänige Lebensauffassung verhindern, daß sie erkennt, was ihr bevorsteht. Es ist ungewiß, ob Friedrich sie "angerührt" oder "besucht" hat; sie selbst hat behauptet, eine Fehlgeburt gehabt zu haben. Ungewiß ist auch, woher Friedrich bereits 1740 wußte, auf eigene Nachkommen nicht bauen zu können. Bereits ab 1740 rückt Elisabeth Christine als Königin in den Hintergrund, für die Sommermonate auf das Schlößchen Schönhausen verwiesen. Friedrich läßt es ihr an nichts fehlen. Aber sein Herz gehört ihr nicht; Sanssouci hat sie nie gesehen. Durch die Kriege verändert sich Friedrichs Lebensweise, damit sein Charakter derart, daß er sie praktisch vergißt und nur noch bei offiziellen Anlässen zu sehen bekommt.

In einem Dasein "so nebenbei" verbringt sie ihre Tage mit Tätigkeit für Arme und Hilflose, jedoch immer anonym bleibend und stirbt, den König weit überlebend, 1797 in Schönhausen. Ist sie tatsächlich einfältig gewesen? Beurteilt an ihrer Vorgängerin, der resoluten Königin Sophie Dorothea, gewiß — aber sie erscheint auch sympathischer und weiser. Am 31. Dezember 1775 schreibt sie:

"Durch die Erfahrung bin ich belehrt worden, daß mein Schicksal durch eine höhere Hand und andere Einsicht als meine gelenkt wird. Aber ich glaube fest, daß mein Herz sich loslösen muß von den törichten Eitelkeiten der Welt, damit die Kraft des Guten mehr und mehr in mir wachse . . ."

"Ich bin glücklich gewesen
nur in Rheinsberg"
Friedrich

16. März 1734

Rheinsberg

Im 18. Jahrhundert hat Schloß Rheinsberg folgende Besitzer: bis 1734 Familie de Beville, von der Friedrich Wilhelm es kauft und Kronprinz Friedrich zum Geschenk macht; Friedrich schenkt es 1744 seinem Bruder Heinrich, der aber erst 1753 übersiedelt. Der prominenteste Besitzer und Bewohner aber ist Friedrich geblieben, und seinen Namen nur bringt man noch heute mit dem Schloß in Verbindung. Ruppin, in dem Friedrich seit seiner Aussöhnung mit Friedrich Wilhelm lebt, ist kein Ort für einen jungvermählten Kronprinzen und eine Prinzessin, das meint auch Friedrich Wilhelm, und so schenkt er Schloß Rheinsberg am 16. März 1734 seinem Sohn. Das Gebäude ist ziemlich heruntergekommen, so daß Friedrich es innen und außen renovieren lassen muß. Diese von ihm überwachten Arbeiten dauern zwei Jahre, darum kann er seine Hofhaltung erst im Frühjahr 1736 beginnen. Es hebt nun eine Zeit an, bis 1740 dauernd, die in Geschichtsdarstellungen über Gebühr viel Platz einnimmt und Verklärungen und Überschätzungen erfährt, die sie nicht verdient hat.

"Friedrichs glücklichste Zeit",

"seine Vorbereitungszeit",

"seine Bildungszeit" —

vier Jahre fernab vom Vater und König und seinen Reglementierungen und ihnen doch nicht entzogen! Vater und Sohn: Man versteht sich besser, je weniger man sich sieht. Als Friedrich mitsamt dem Hofstaat seiner Frau in Rheinsberg einzieht, ist er ein Jüngling von 24 Jahren, und bald versammelt er um sich eine Reihe von mehr oder weniger fähigen Köpfen. Am hoffnungsvollsten erscheint, daß er sich Elisabeth Christine annähert, die er, nach eigenen Bekundungen, nach der Hochzeit hatte fortjagen wollen; wenigstens benimmt er sich wie ein Kavalier, aber niemand kann seine Gedanken und Pläne erahnen. Während Friedrich Wilhelm aus Berlin, Potsdam oder Wusterhausen argwöhnisch herüberblickt und Verschwendung und Lotterleben mutmaßt, entwickelt sich ein Musen- und Musikhof, den es freilich in Preußen nie wieder gegeben hat. Friedrich muß viel aufholen in punkto Kultur und persönlicher Freiheit, und er ahnt, daß diese Tage nicht lange dauern werden. Entsprechend der Stimmung fallen große Worte:

"Es genügt mir, daß ich von der Unsterblichkeit meiner Seele überzeugt bin."

"Ich fange endlich an, die Morgenröte eines Tages zu bemerken, der meinen Augen noch nicht vollständig leuchtet." "Ich müßte der niedrigste Mensch auf dem Erdboden sein, wenn ich meine Frau nicht aufrichtig hochschätzen wollte." "Ein Mensch, der die Wissenschaften pflegt und ohne Freunde lebt, ist ein gelehrter Werwolf."

Es wird leicht gewesen sein, in diesen Jahren abseits der Regierungsverantwortung, die der kränkelnde König allein vertritt, Thesen und Theorien aufzustellen, besonders in einem Kreis, in dem der eine geistvoller sein will und muß als der andere. Da ist Etienne Jordan, ein Schweizer Weltmann und vornehmer Unterhalter; der später besprochene

Dietrich von Keyserlingk; einen ruhenden Pol mit seiner lutherischen Strenggläubigkeit bildet der Offizier Christoph Ludwig von Stille; Bedeutung in Friedrichs Leben wird Heinrich August de la Motte Fouqué als General bekommen, in Rheinsberg betätigt er sich als Schauspieler; auch Aufschneider und Angeber wie der Franzose Franz Isaak von Chasot fehlen nicht; Jacob Friedrich Bielfeld, Kaufmannssohn aus Hamburg, bekanntgeblieben durch seine mit Vorsicht zu genießenden Berichte aus Rheinsberg, von Friedrich später zum Baron erhoben; von einer Italienreise zurückkehrend, trifft der ehemalige Offizier, nun Liebhaberarchitekt, Georg Wenzel von Knobelsdorff in Rheinsberg ein und baut einen zweiten Flügelbau mit Eckturm, in dem Friedrichs Bibliothek untergebracht wird. Neben dem Dienst in Ruppin bleibt Friedrich genug Zeit, mit den Genannten und weiteren Künstlern und Musikern einen gepflegten Umgang zu führen, in dem es oft lustig und ungezwungen hergegangen ist, wo er aber stets die Grenzen zu ziehen weiß und eine Unnahbarkeit sichtbar bleibt. Wenn es ihn packt, arbeitet er wie ein Artilleriepferd, studiert, liest, musiziert und komponiert 96 Stunden ohne Schlaf, bis er zusammenbricht. Extreme schon in Rheinsberg, später ein Leben lang!

"Ein kleines Häuflein voller Geist ist die Gesamtheit in der Quintessenz."

"Friderico tranquillitatem colenti" steht über der Eingangspforte: Friedrichs Feierstille.

Der Ruf Rheinsbergs dringt durch Deutschland und Europa und weckt Erwartungen des Optimismus, die später nicht erfüllt werden. Endlich wieder ein Musenhof in Preußen — man sieht, daß Aufwand und Angeben mehr beeindrucken als sparsame Finanzwirtschaft und "Plusmacher-Ökonomie", wie sie Friedrich Wilhelm betreibt. In den Rheinsberger Studien festigt sich Friedrichs Geschmack, legt er seine Richtung fest, in der Literatur, Musik, Architektur, abhängig, — für einen jungen, früh geplagten Menschen verständlich —, von den Meistern und Vorbildern: antike Klassiker und Dichter, Musiker seines Hofes, das französische Idol Voltaire, mit dem er brieflich Verbindung aufnimmt; sie begegnen sich in der Aufklärung und dem Spott über die Religionen der Welt. Nach eigenen Aussagen lebt Friedrich in Rheinsberg nicht nur in den Tag hinein, sondern macht sich Gedanken um Preußens Zukunft und Ausgestaltung, je mehr, desto bedrohlicher die Nachrichten über die Gesundheit des Königs klingen. Um ihm Freude zu bereiten, kauft er, auf Schulden und Pump, aus allen Gegenden Lange Kerls und schickt sie nach Potsdam, wohl wissend, daß er dereinst

die Riesengarde auflösen wird. Nebenher übt er sein "Schauspielerta-
lent", das er einmal wird brauchen müssen. Schon 1737 hat er an
Grumbkow geschrieben:
"Wenn ich heute meine Grabschrift machte, so würde sie lauten:
'Hier liegt, der ein Jahr gelebt hat'."
Fleißig sammelt er Ölgemälde, hauptsächlich von Watteau und Lan-
cret, macht Schulden, von denen er die vom Wiener Hof bezogenen
Gelder nie zurückzahlen wird. Ansonsten steht er in Wartestellung, bis
Gevatter Tod die Stunde bringt . . . Rheinsberger Jahre — Zeit der
Sammlung zu großen Taten!

"Wer nicht weiß, was Krieg ist,   9. September 1734
der gehe in den Krieg"
Spanisches Sprichwort

Feuertaufe

Im Sommer 1734 ist es endlich soweit: Friedrich zieht ins Feld. Österreich und Frankreich liegen sich wieder einmal in den Haaren, und
Friedrich Wilhelm ist zur Stellung eines Hilfskorps für den Kaiser verpflichtet. Zehntausend preußische Soldaten stehen in Südwestdeutsch-
land, und Friedrich darf mit von der Partie sein. Zwar hat Friedrich
Wilhelm später Grund zur Klage über den Kaiser, was er in einem Brief
an seinen Sohn ausdrückt:
"Das ist der Dank für die gestellten zehntausend Mann und alle Defe-
rence, so Ich für den Kaiser gehabt, und könnet Ihr daraus sehen, daß
es nicht hilft, wenn man sich für denselben auch sakrificirete. So lange
man uns nötig hat, so flattiret man; sobald man aber glaubet, der Hülfe

nicht mehr zu gebrauchen, so ziehet man die Masque ab, und weiß von keiner Erkenntlichkeit. Die Betrachtungen, so Euch dabei einfallen müssen, können Euch Gelegenheit geben, Euch künftig in dergleichen Fällen zu hüten."

Der alte preußische Groll gegen Habsburg . . . Friedrich hat von Schlachten geträumt, wenigstens von hoch hergehenden Gefechten, aus denen er für die Zukunft lernen könnte. Nichts davon. Entsprechend seine Stimmung und seine Briefe an Schwester Wilhelmine.

"Hier geschieht nichts, außer daß man das französische Lager unter Wasser setzen will . . . Blut ist bisher fast gar nicht geflossen, außer bei den Husaren. Glanz und Pracht fehlen ganz . . . Dieser Feldzug ist die friedlichste Sache von der Welt. Man hört keinen Schuß fallen. Man führt hier Krieg wie auf der Berliner Generalrevue . . . Wie gesagt, ist hier nichts los, als daß wir mit aller Seelenruhe zusehen, wie Philippsburg vor unserer Nase genommen wird . . . Wir haben uns heute zurückgezogen, nachdem wir unser Lager verbrannt und unsere alten Linien den Franzosen überlassen haben. Sie waren so höflich, uns beim Abmarsch nicht im geringsten zu stören."

Am 3. August ist Friedrich in Heidelberg, von wo er am 4. starke und sarkastische Worte an die Schwester schreibt:

"Gestern war ich in Heidelberg, einer einst ganz protestantischen Stadt, die jetzt voller Jesuitenseminare und katholischer Klöster ist. Mir blutet das Herz, und ich war mehrmals versucht, diese Verräter, die Unschuldige verfolgen, zu brandschatzen."

Wir finden hier bereits seine unerschrockene, treffende Kritik, die ihn später gefürchtet machen sollte. Unerschrocken und kaltblütig ist er auch an vorderster Front, wo sich ihm die Gelegenheit bietet — wie später in seinen eigenen Kriegen. Mit seinem Gefolge erkundet er die Philippsburger Linien und muß dabei ein Gehölz durchreiten. Die Feinde beobachten die Gesellschaft und verfolgen sie die Linie entlang mit lebhaftem Feuer, das in die Bäume kracht und Äste und Zweige niederfallen läßt. Nach Aussagen seiner Begleitung kümmert sich Friedrich überhaupt nicht um die Gefahr des Getroffenwerdens, er reitet ruhig, beobachtend und sprechend, weiter. Das macht natürlich Eindruck.

Wenn es nach ihm, nicht Prinz Eugen, dem kaiserlichen Feldherrn ginge, wäre gewiß einiges mehr los in diesem Rheinfeldzug. Wäre Lothringen dann nicht abgetreten worden? Prinz Eugen ist in dieser Zeit nur ein Schatten einstiger Größe, gebeugt, schwächlich durch Anstrengungen und Alter, aber auf Friedrich macht er einen großen Eindruck.

Von ihm, in einem Gespräch mitgeteilt, nimmt er einen Grundsatz mit, der sich wie ein roter Faden durch sein späteres Kriegerleben ziehen wird:

"Gehen Sie immer ins Große, wenn sie Feldzugspläne entwerfen. Fassen Sie sie so weit wie möglich; denn man erreicht sie doch nicht ganz. Denken Sie unaufhörlich nach über Ihr Handwerk, Ihre Kriegshandlungen und Ihre Generale, die sich als fähig erwiesen haben; dieses Nachdenken ist das einzige Mittel, jene Behendigkeit des Geistes zu erwerben, die alles erkennt und begreift, was in den jeweiligen Verhältnissen von Vorteil ist."

Der Rat eines Österreichers an einen Preußen! Friedrich sagt im Siebenjährigen Krieg hierüber:

"Wenn ich etwas wert bin, wenn ich ein wenig mein Handwerk verstehe, besonders in seinen schwierigsten Teilen, so verdanke ich diesen Vorzug dem Prinzen Eugen."

Durchaus selbstkritisch und nicht ohne Humor beobachtet Friedrich in diesem Feldzug noch folgendes:

"Hier ist der Exerzierteufel auch in die Kaiserlichen gefahren, denn der Prinz Eugen exerziert nun ärger als wir; er ist öfters drei Stunden selber dabei, und fluchen die Kaiserlichen so viel auf uns, daß es grausam ist." Eine interessante Perspektive in einer Zeit, in der die europäische Welt über das Exerzieren auf Potsdamer Garnisonplätzen spottet.

Friedrich Wilhelm ist ins kaiserliche Hauptquartier nachgekommen, erkrankt aber schwer, so daß sich die Konstellation an Europas Himmel zu ändern scheint. Schon redet man dem Kronprinzen zu, "daß er seines Hauses Interessen erkennen und an der kaiserlichen Majestät festhalten müßte", worauf Friedrich antwortet, "er sei bereit, die bisherige Freundschaft fortzusetzen, wann auch Allerhöchstdieselbe eben die Sentiments vor ihm wie vor seinem Herrn Vater bezeigen würden."

An Wilhelmine schreibt er am 9. September:

"Die Nachrichten vom König sind sehr schlecht. Man prophezeit ihm kein langes Leben. Doch ich habe beschlossen, mich über alles, was geschehen mag, zu trösten. Denn schließlich bin ich fest überzeugt, daß ich bei seinen Lebzeiten keinen guten Tag haben werde, und ich glaube, ich finde hundert Gründe gegen einen, daß Du ihn rasch vergessen wirst."

Alles kommt anders. Friedrich Wilhelm selbst, gar nicht so unkriegerisch wie von manchen angesehen, ist enttäuscht über den Feldzug und schreibt an den Alten Dessauer:

"Sagen Sie mir, hätten Sie sich das vorgestellt, einen frantzosenkrieg zu erlehben, und daß die Algirte (die Alliierten) den Preußen in der innaxion (Inaktion) ließen! Das hätte ich mein Dage nit geglaubet. Allso ist es nits in dieser weldt."

Friedrich hat in diesem Feldzug eine wertvolle Beobachtung und Erfahrung gemacht: Die österreichische Armee ist schlecht ausgerüstet, miserabel ausgebildet, hat keine fähigen Führer. Wenn sich jemand ein Herz nimmt, im passenden Moment gegen sie zu marschieren ... Zukunftsvisionen am europäischen Horizont und im Hirn eines ehrgeizigen und kaltschnäuzigen jungen Mannes.

"Krankheit läßt den Wert der Gesundheit erkennen ..."
Heraklit

12. Oktober 1734

Ein kranker König

"Ich bin erst sechsundvierzig Jahre alt, habe auf Erden alles, was ich wünschen kann, und der liebe Gott hat mich zu einem glücklichen Herrscher gemacht. Und nun bin ich den grausamsten Qualen preisgegeben, die es vielleicht auf der Welt gibt. Aber ich will alles geduldig ertragen. Mein Heiland hat noch viel mehr für mich gelitten, und durch meine Sünden habe ich Gottes Strafe wohl verdient. Aber sein Wille geschehe, und er bestimme über mich, wie sein heiliger Wille beschlossen hat."

Diese Worte eines einfältig-ergebenen Christendenkens sagt Friedrich Wilhelm auf dem Krankenlager vom Herbst 1734. Er sieht trostlos aus, erbarmungswürdig. Die Beine von der Wassersucht bis zu den Oberschenkeln dick geschwollen, die Füße scharlachrot und vereitert. Während Arme und Gesicht abgemagert erscheinen, ist der Leibesumfang gewachsen. Im gelblichen Gesicht stehen blaue Flecken, und der Atem geht kurz und schwer. Er kann weder ordentlich essen noch schlafen, und wenn er schlummern möchte, muß er aufrecht sitzen. Alle am Hofe rechnen mit seinem Ableben. Er selbst auch, wie sonst könnte er alle Leiden mit Festigkeit und Geduld ertragen. Friedrich ist bei ihm, das macht ihm Freude und auch, was er über ihn aus dem Rheinfeldzug vernommen hat. Zwar weiß er nicht, was der kaiserliche Gesandte am Berliner Hof nach Wien berichtet hat auf die Anfrage, ob der Kronprinz das Militär liebe: "Ja, und weit solider als sein Vater."

Er bemerkt es auch so. Friedrich spürt zweifellos seine Stunde nahen, wovon er in seinem Brief vom 14. Oktober 1734 an Wilhelmine nichts durchblicken läßt. Im Gegenteil: "Wir können nichts anderes als weinen, wenn wir ihn so sehen, und ich kann Dir schwören, ich hätte nie geglaubt, daß ich ihn so lieb habe. Ich weiche den ganzen Tag nicht von seiner Seite, und das hat ihm so gefallen, daß er großes Vertrauen und viel Gnade für mich hat."

Aber in einem bereits vorher erwähnten Brief hatte er ihr geschrieben: "... Denn Du bist jetzt nur deswegen so erschüttert, weil Du ihn lange nicht gesehen hast; aber wenn Du ihn wiedersiehst, glaube ich, wirst Du ihn gern in Frieden ruhen lassen, ohne Dich zu grämen."

Die Ärzte sind sich einig, daß der König das Jahr nicht überleben wird, und somit ist Friedrich gezwungen, sich über das Kommende Sorgen zu machen. Er ist ehrgeizig, temperamentvoll, energiegeladen, hat unter diesem Vater außerordentlich leiden müssen — soll es da wundern, daß er seine Stunde herbeisehnt? Er weiß, daß er unter "Beobachtung" steht, daß ausländische Diplomaten und der ganze Hof auf ihn schauen, wie er sich verhalten mag.

"Man muß darauf gefaßt sein, liebe Schwester, und wenn auch mein Herz in gewisser Beziehung leidet, so bin ich doch froh, daß ich mich dann in einem Zustande befinden werde, in welchem ich Dir dienen kann."

Friedrich trifft am 12. Oktober in Potsdam ein und findet seinen Vater in dem oben beschriebenen Zustand. Auf der Heimreise vom Kriegsschauplatz hatte er vom 5. bis 9. Wilhelmine in Bayreuth besucht und keinen positiven Eindruck auf sie gemacht: Sie war erschreckt über "die völlige Änderung" seines Charakters, die sie aus den letzten Briefen nicht entnehmen konnte, er "zeigte sich hochmütig und kalt berechnend, offenbar vom Glanz des Thrones bereits geblendet". Wenn man, wie heute bekannt, nicht alles für bare Münze nehmen kann, was sie der Nachwelt hinterlassen hat, so muß man doch bedenken, daß sie Friedrichs Lieblingsschwester war und keine Gründe für negative Beschreibungen hatte. Allgemein ist sich Friedrichs Umgebung einig, daß er kaum abwarten kann, König zu werden. Dennoch können seine Gefühle am Krankenlager seines Vaters als echt angesehen werden.

> "Wenn mein Vater mich nach meinem Geschmack leben lassen wollte, so wollte ich einen Arm hingeben, um sein Leben um zwanzig Jahre zu verlängern."

Es kommt zu zärtlichen Szenen am Bett, Friedrich Wilhelm nennt ihn nur noch "Fritzchen" und läßt ihn an Regierungsgeschäften teilhaben, was nicht ganz zu seiner Zufriedenheit ausfällt.

> "Wenn Du es nicht recht anfangen wirst und alles drüber und drunter gehen wird, so werde ich im Grabe über Dich lachen."

Friedrich arbeitet Tag und Nacht, und sein Hochmut, kaum ist er fort vom Bett des Vaters, kommt wieder durch.

> "Es ist doch angenehm, Alleinherrscher in Preußen zu sein."

Von allen Seiten, wie üblich, biedert man sich an, Prinz Eugen beginnt mit ihm eine vertrauliche politische Korrespondenz. Am 9. November wird Friedrich Wilhelm operiert. Und am 10. Januar 1735 muß Friedrich an seine Schwester schreiben:

> "Was den König betrifft, so muß ich Dir bemerken, daß er zu meinem größten Erstaunen sich vollständig wieder erholt ... Er ißt und trinkt für vier ... und man muß annehmen, daß der liebe Gott sehr gute Gründe gehabt hat, ihm das Leben zurückzugeben. Ich muß jetzt beiseite treten."

Seine Enttäuschung ist groß, daß die bullige Natur seines Vaters es noch einmal geschafft hat. Also zurück in Wartestellung! Böse schreibt er im Juni 1935 an Wilhelmine:

> "Die Krankheit des Königs ist die reine Politik; er befindet sich wohl, sobald er Lust hat, und macht sich kränker, wenn es ihm beliebt."

"Wenn jemand eine Reise tut,
so kann er was erzählen . . .
Matthias Claudius

Ostpreußen 1735

"Eine Sendung nach Preußen ist etwas anständiger als eine Sendung nach Sibirien, aber nicht viel."

Das ist Friedrichs Reaktion auf die folgende Einladung seines Vaters vom 6. September 1735:

"Inzwischen habe Ich Euch hierdurch fragen wollen, ob Ihr Lust habt, auf fünf oder sechs Wochen eine Lustreise nach Preußen zu tun, um die dortige Ökonomie und Landesart zu examinieren und kennenzulernen, auch dabei zu sehen, woran es fehlt, daß es bisher dort nicht recht gehen wolle; welches Euch sehr nützlich sein kann. Alles was dorten sowohl bei den Städten, als auf dem Lande und in den Ämtern vorfällt, recht einzusehen, weil Ihr doch dereinst dies Land beherrschen müsset und übel daran sein werdet, wenn Ihr bloß denen specieusen Berichten derer meistenteils eigennützigen Bedienten glauben müsset. Ich habe solches mehr als zuviel erfahren, und da es eines von Meinen schönsten Ländern ist, so muß Ich doch gestehen, daß es noch in schlechter und miserabler Ordnung ist . . ."

Noch immer nicht hat Friedrich den vollen Anschluß an Friedrich Wilhelm gefunden, obwohl er inzwischen eingesehen haben muß, daß dieser Vater neben vielem Falschen eine Menge richtig und weitschauend macht. Er selbst fühlt sich verkannt und unterbewertet, mitunter beleidigt — wofür der König wenig Verständnis zeigt. 1735 hindert die Krankheit Friedrich Wilhelm, die jährliche Inspektionsreise nach Preu-

Die Stadt Königsberg in Ostpreußen.

Schloß Moyland bei Kleve.

*Die Stadt Straßburg
im Elsaß.*

*Gedenkmünzen zur Thron-
besteigung Friedrichs.*

*Friedrich als junger
König.*

ßen (Ostpreußen) zu unternehmen, Friedrich soll ihn vertreten. "Die Behörden sollen dem Kronprinzen alles Verlangte zeigen, auch von allem Rede und Antwort geben und daß, was er hier und da erinnern und befehlen wird, so exequieren, als wenn Seine Majestät selbst es mündlich befohlen hätte."

So beginnt Friedrich jenes, was ihm später zur "lieben" Gewohnheit werden soll: Inspektionsreisen. Waren diese bisher bei Behörden, Ämtern und Landräten gefürchtet — es sollte noch schlimmer kommen. Es geht auch ums Militär, die stationierten Regimenter.

"Die Kerls reiten wie die Puppen", berichtet Friedrich aus Marienwerder, "bei guter Ordnung und Propreté wird bei dem Regiment nichts fehlen."

Solche Aufmerksamkeit und Beobachtung gefällt dem Vater, besonders, da Friedrich einige groß gewachsene Rekruten dieses Regiments erwähnt. Über Mohrungen, Wartenstein und Angerburg fährt Friedrich nach Gumbinnen, von wo aus er Domänen, Ämter und neu gegründete Siedlungen und Dörfer besichtigt. Dann geht's weiter nach Ragnit, Tilsit, Insterburg und Königsberg, der Krönungsstadt, bereits in Richtung Heimat, wo Friedrich am Sonntag, dem 9. Oktober der Predigt in der überfüllten Schloßkirche beiwohnt. Danach, wie üblich, die Parade.

"Die Städte sind schön", berichtet Friedrich, "gut bevölkert und ganz bebaut. Die meisten haben Vorstädte anlegen müssen, kurz, es wimmelt von Menschen in Stadt und Land, und in etwa acht Jahren wird die Provinz stärker bevölkert sein als die Schweiz oder Franken."

Nicht nur optimistisch berichtet er an Friedrich Wilhelm, dem die Berichte gut gefallen, sondern auch von Mißständen und Notlagen, verursacht durch Mißernten und Fehlplanungen in der Ansiedlung der Einwanderer. Friedrich fühlt sich durchaus als Vorgänger des Königs und sieht auch die Zeit vor Augen, wo er allein verantwortlich sein wird für dieses Land. Er schärft hier sein Urteil für spätere Zeiten. In Polen tobt in diesem Jahr der polnische Erbfolgekrieg, Exilkönig von Rußlands Gnaden Stanislaus Leszcynski wartet in Königsberg den Ausgang des Krieges ab, viele Polen flüchten vor den Russen nordwärts nach Ostpreußen. Mit drastischen, echt friderizianischen Worten schildert Friedrich das Zusammentreffen mit dem Exilkönig:

"Bei der Rückkehr begegnete ich ein paar hundert Berittenen, lauter Polen, die Pferde sämtlich von vorzüglicher Rasse und von den größten Schmutzfinken der Welt geritten. Kurz darauf kam König Stanislaus aus der Messe. Wir haben uns große Reverenzen gemacht, und jeder ist weitergezogen. Seinem Wagen folgten ein Dutzend andere, in denen polnische Herren und Damen saßen, häßliche Affen und Äffinnen. Am Nachmittag erschien Graf Tarlo mit der ganzen Konföderation, um mir eine tiefe Verbeugung zu machen. Das sind keine Leute wie jene, die Sie in Dresden gesehen haben; sie verstehen, mit geringen Ausnahmen, nur Polnisch und starren von Fett und Schmutz. Ich hielt ihnen eine Ansprache und versicherte ihnen, mein Vater, der König, sei sehr für ihre Freiheit eingenommen und wünschte nichts mehr, als daß sie während des Aufenthalts in seinen Staaten zufrieden sein möchten."

Auf der Heimreise durchs polnische Ermland und Westpreußen sieht Friedrich überall Flüchtlinge und sächsische Truppen, er ahnt nicht, wie schnell er nach Ostpreußen zurückkehren sollte. Noch ist es nichts mit Flöten und Dichten in Ruhe und Abgeschiedenheit, fernab vom Vater und König. Die erste Lustreise ist beendet . . .

"Wer Land besitzt, hat Streitigkeiten   7. Juli 1736
zu gewärtigen"
Französisches Sprichwort

Ostpreußen 1736

Der Wagen mit dem königlichen Wappen rumpelt in rücksichtsloser, unglaublicher Fahrt über die heißen und trockenen Wege Preußens ostwärts. Die Sonne brennt vom Himmel, die Pferde stöhnen und dampfen, ein unendlich langer Troß folgt der königlichen Kutsche, die sich schwankend und knarrend den Unebenheiten der Wege anpaßt. Anfeuernd, mit klatschender Peitsche, holt der Kutscher das Letzte aus den acht Pferden heraus. Da, ehe sie beinahe nicht mehr können und zusammenzubrechen drohen, nach zwei Meilen, taucht die nächste Relaisstation auf, an der sich eine große Schar von Helfern bereithält. Sie umringen sofort den haltenden Wagen und nehmen ihre verschiedenen Aufgaben wahr: die zischenden Radnaben mit Wasser begießen, die erschöpften Pferde gegen neue austauschen. Währenddessen drängen sich Berittene an die Kutsche heran, beantworten Fragen, erhalten Anweisungen, und halten sich auch bei der Weiterfahrt an der Seite der Kutsche. Einige Zeit, nachdem sie in der Staubwolke unsichtbar geworden und etwas Ruhe auf der Relaisstation eingekehrt ist, taucht aus der alten Richtung das Gefolge der Pack-, Küchen- und Proviantwagen auf. Sie sind nicht ganz so hergenommen, aber auch hier müssen die Pferde gewechselt werden. Nachdem dies geschehen ist, geht's weiter, währenddessen hat die erste Kutsche bereits die nächste Station erreicht, wo alles bereitsteht und sich wiederholt. Die begleitenden Reiter bleiben zurück und sind von anderen abgelöst worden. Als der Abend sich neigt, hat der Wagen sechzehn deutsche Meilen hinter sich gebracht, bei achtmaligem Pferdewechsel: denn alle zwei Meilen werden die insgesamt hundertachtundneunzig Pferde der Kolonne gewechselt! Pünktlich, mit preußischer Zuverlässigkeit; die Provinzialverwaltung ist für diese Präzisionsarbeit verantwortlich. Voll Stolz schaut der "Hauptinsasse" der vorderen Kutsche zurück: Das macht ihm keiner nach in der Zeit! Wer fährt so hektisch durch Dorf, Feld und Wald? Es ist der Mann, der noch im vorigen Jahr auf den Tod daniederlag: Friedrich Wilhelm, König in Preußen!

Er scheut die Strapazen nicht, um sein geliebtes Preußen wie alle Jahre wieder besuchen zu können, und wer mit ihm reist, hat diese Strapazen mitzutragen: Friedrich, August Wilhelm, der Markgraf von Schwedt, der Alte Dessauer mit Sohn, Grumbkow, der französische Gesandte, zwölf Pagen, Boten, Offiziere und Adjutanten. Insgesamt sind auf dieser Reise einundzwanzig Wagen unterwegs. Die Landräte und Beamten der Domänen haben neben der königlichen Kutsche zu reiten, wenn die Fahrt durch ihr Zuständigkeitsgebiet geht, um für Fragen Rede und Antwort zu stehen. Früh um vier Uhr geht's los, oft bis in den späten Abend hinein, so daß täglich zwischen zwölf und zwanzig deutsche Meilen zurückgelegt werden; fürwahr ein für damalige Zeiten mörderisches Tempo, das von Mensch, Tier und Material das Höchste fordert. Wo in Europa ist ein zweiter König mit derartiger Arbeitsleistung! Nicht einmal einen ganzen Monat dauert diese zweite Ostpreußenreise Friedrichs, denn am 7. Juli hatte man die Weichsel passiert, am 8. August ist Friedrich wieder in Ruppin. Er ist von dieser Reise noch weniger begeistert als von der vorigen, fühlt sich überflüssig und vom König kaum zu wichtigen Entscheidungen herangezogen, liest die französische Übersetzung von Christian Wollfs 'Metaphysik'', die Revuen und Paraden sind ihm langweilig, die militärischen Aufgaben zu eintönig. Der König hat ihm das Schloß Rheinsberg vermacht, so daß er bereits vom Umzug dorthin träumt und von dem geplanten, heiteren Dasein dort in Musik, Dichtkunst, Frauen und Festen. Außerdem plant er, den Briefwechsel mit Voltaire nach der Rückkehr zu beginnen. So ist die kaum verborgene Spannung zwischen König und Kronprinz unvermeidbar: hier der Realist, dort der Träumer in höheren geistigen Sphären. Doch kann er sich dem Erfolg der königlichen Tätigkeit nicht verschließen: Alle Anzeichen sprechen dafür, daß die Ansiedlung der Salzburger Protestanten im großen und ganzen geglückt ist, neue Orte wie Stallupönen, Trakehnen und Pillkallen sind gegründet worden. Ähnlich wie früher mit den Schweizern wird mit den Salzburgern ein sogenannter Sozietätskontrakt geschlossen, der ihre Freistellung von Diensten und Scharwerk regeln soll. In Gumbinnen wird die zweite ostpreußische Regierung als Kriegs- und Domänenkammer eingerichtet, besetzt mit Adam Ludwig Blumenthal, einem Mann, der später für Friedrich noch äußerst wertvoll sein wird. Sechsundzwanzig Schulzen mit je einer Freihufe werden eingesetzt, die die Wiederbesetzung der frei werdenden Höfe in Selbstverwaltung besorgen sollen. Die Verhältnisse der Schulen und Kirchen werden revidiert. Kein Zweifel, Ostpreußen hat die Folgen der Katastrophen der zwanziger Jahre und der ersten dreißiger überwunden, dank des königlichen Einsatzes, der effektiv arbeitenden Behörden und der Neuansiedlung von fleißigen Menschen aus allen Teilen Europas, die dort eine neue Heimat fanden und sie zweihundert Jahre lang gestalten und behalten dürfen . . .

"Wer keine üblen Gewohnheiten hat,   **18. März 1739**
hat wahrscheinlich keine Persönlichkeit"
William Faulkner

Friedrich Wilhelm
von Grumbkow

Woran mag es liegen, daß sich das Verhältnis zwischen Vater und Sohn
immer mehr bessert und in Zukunft, für das noch "verbleibende Jahr",
verbessern wird? Liegt es an der räumlichen Trennung? Weil Friedrich
fern ist von den Zornesblitzen seines gereizten Vaters, weil dieser nicht
genau mitbekommen kann, was der Sohn so allerlei in Rheinsberg
treibt? Oder paßt Friedrich sich tatsächlich soweit an, daß der König
nichts an ihm auszusetzen haben kann? Mehrere und viele Faktoren,
von jedem etwas, tragen zu der Aussöhnung bei; beide Kontrahenten
anerkennen ihre Leistungen, aber wie ein unaufhellbarer Schatten
scheint nach wie vor eine Person zwischen ihnen zu stehen, die von
Anfang an dabei war: Friedrich Wilhelm von Grumbkow, Generalfeldmarschall und Minister des Königs in Preußen. Aus dem, was bisher
über ihn gesagt worden ist, wird bereits einiges über seinen Charakter
hervorgegangen sein. Was ist er, was war er: Diplomat hoher Schule?
Käuflicher Intrigant? Soldat? Vermittler oder Aufwiegler? Fest steht,
daß er nicht nur das Wohl seines Vaterlandes und Herrscherhauses im
Sinn hatte, sondern auch sein eigenes — verständlich bei der Knauserigkeit seines Arbeitgebers. Auf ihn trifft die lakonische Bemerkung
Friedrich Wilhelms zu, daß es ihm nichts ausmache, wenn seine Minister bestochen würden, da sie doch nichts zu bestimmen hätten; er mache die Regierung. Grumbkow ist ein Preuße alter Schule und der aller-
ersten Stunde, der schon dem ersten Preußenkönig seine Dienste geleistet hat und im Diplomatenalltag vertraut ist; ein Ränkeschmied, mit
allen Wassern gewaschen, stets wachsam um sich selbst besorgt und
sich geschickt und möglichst unbemerkt auf die Seite derer schlagend,
wo Gunst und Gnade am wichtigsten sind. Nur so können Höflinge
mehrere Regenten überstehen. Gewiß hat Friedrich Wilhelm gewußt,
wie es um ihn stand, doch ist er für ihn unentbehrlich gewesen; da er

sich selbst in auswärtiger Politik unsicher fühlte. Grumbkow war natürlich auch Saufkumpan des Tabakskollegiums, gleichzeitig machte er der Königin gegenüber auf vornehm und nutzte geschickt die Gegensätze zwischen ihr und dem König. Zweifellos hat er manchen Streit vermittelt und befand sich stets in Gefahr des Abgeschossenwerdens. So wie er zwischen König und Königin stand, befand er sich auch von Anfang an zwischen König und Kronprinz. Das gehörte teils zu seinen Aufgaben, zum Teil war er aus ehrlicher und persönlicher Einstellung daran interessiert, es nicht zu einem endgültigen Bruch kommen zu lassen. Wie wir erfahren haben, ist er für Friedrichs befehlsgemäße Unterbringung in Küstrin verantwortlich gewesen, der außerordentlich rege Briefwechsel zwischen ihm und den Männern aus Friedrichs Küstriner Umgebung ist im Auszug zitiert worden. Friedrich wußte früh Bescheid über die Rolle dieses Hofmannes, schließlich hatte er gute Augen und Ohren und auch so etwas wie Hofspione, die ihm Nachrichten zutrugen. Friedrich befand sich in der Zwickmühle: Einerseits mochte er Grumbkow nicht, andererseits konnte er auf ihn in der Zeit nach Küstrin nicht verzichten. Sie schlossen sozusagen ein Bündnis, aber Friedrich ist sich früh im klaren gewesen, daß Grumbkow ein Hindernis sein müßte für ein völlig wieder hergestelltes Verhältnis zum Vater. Er ist sich auch, als es freilich zu spät war, nicht sicher gewesen, ob er Elisabeth Christine hätte heiraten müssen, wenn er mit dem König selbst, ohne Grumbkow als Vermittler und Zuträger, über diese Heirat verhandelt hätte. Denn seine kritischen und warnenden Äußerungen über diesen unmenschlichen Hochzeitsplan, an Grumbkow gerichtet, für den König gedacht, sind nie an die richtige Adresse gekommen. Vielleicht deswegen, weil Grumbkow für die zustandegebrachte Hochzeit 40.000 Taler zugesprochen waren, die er dann auch erhielt.

Friedrich hat einen imponierenden Briefwechsel mit Grumbkow geführt, der hier nur angedeutet werden kann. Küstrin, 18. Februar 1732: "Noch einmal, mein Herr: wenn die Prinzessin nicht angenehm ist und wenn sie dumm ist, so werde ich sie niemals nehmen . . ."
Ruppin, 28. April 1736:
"Sie schreiben mir einen ganzen Abschnitt die Heilige Schrift betreffend, als ob ich sie nie gelesen hätte. Ich kenne Gott durch das Licht der Vernunft, sein Gesetz ist in mein Herz gegraben . . ."
Rheinsberg, 23. September 1736:
"Ich bin Ihnen sehr verpflichtet für die Wünsche, die Sie mir für meine Fortpflanzung aussprechen, und wenn ich dieselbe Bestimmung habe wie die Hirsche — die gegenwärtig in der Brunftzeit sind —, so könnte

jetzt in neun Monaten geschehen, was Sie mir wünschen."

Einer der letzten aus Rheinsberg, 1. November 1737:

"Sie haben mich hochherzig verteidigt, als mein Vater mit Ihnen über mich sprach. Niemals hatte ein Künstler eine so schlechte Meinung von seinem eigenen Werk wie der König von dem seinigen."

Durch die Korrespondenz zieht sich wie ein unsichtbarer roter Faden Friedrichs Überheblichkeit diesem Minister gegenüber, als wollte er andeuten: Na warte, wenn . . .! Längst hatte der alte Ränkeschmied, des Königs abnehmende Gesundheit im Auge, die Schwenkung zum Thronfolger hin vollzogen; man kann nie wissen, wie schnell ein Wechsel stattfindet. Er hat ihn nicht erlebt, es wird ihm nicht vergönnt, dem dritten König zu dienen: Friedrich Wilhelm von Grumbkow stirbt am 18. März 1739. Friedrich schreibt hierüber an Wilhelmine:

"Sein Tod ist für mich der denkbar größte Gewinn. Ich schmeichle mir, daß wir jetzt nach einem langen Sturm werden aufatmen können."

Das sagt alles, was der Kronprinz über ihn in Wahrheit gedacht hat. Und in der Tat: Der Schatten scheint gewichen, schon in diesem Jahr finden König und Kronprinz zueinander, wie es niemand erwartet hätte.

"Ich kann den König gar nicht genug rühmen", schreibt Friedrich an Elisabeth Christine, "er ist so gegen mich, wie ich es immer gewünscht habe."

Etwas mehr als ein Jahr wird er seinen Vater noch haben . . .

"Meiner Idee nach ist Energie   27. Juli 1739
die erste und einzige Tugend des Menschen"
Wilhelm von Humboldt

Ostpreußen 1739

Zum elften und letzten Mal wird am 7. Juli 1739 für Friedrich Wilhelm zu einer Reise nach Ostpreußen angespannt. Wehmut mag in der Luft liegen, als man ihm in den Wagen hilft; so miserabel geht es ihm, daß er errechnen kann, diese Reise 1740 nicht noch einmal unternehmen zu können. Gicht und Wassersucht setzen ihm zu, er ist so dick und angeschwollen, daß er nicht mehr ohne Hilfe aufs Pferd steigen kann. Vater und Sohn, der wieder mit von der Partie ist, haben sich ausgesöhnt, so "wie ich es mir immer gewünscht und vorgestellt habe". Jetzt, wo eine Epoche zu Ende geht, zählt man in Ostpreußen 600.000 Bewohner, die sich damit seit dem Regierungsantritt Friedrich Wilhelms um 160.000 vermehrt haben. Wiederum gefällt Friedrich der Abschied von Rheinsberg nicht, wie er in einem Brief vom 8. Januar des Jahres an Voltaire hat durchblicken lassen:
". . . Unglücklicherweise geht der König in diesem Frühjahr nach Preußen, und ich werde ihn begleiten . . ."
Er ahnt nicht, wie stark ihn diese Reise nach Preußen beeindrucken, wie sehr er Einsicht gewinnen wird in wahres Herrschertum eines inneren Königs, den die Welt verspottet wegen seiner ungeschickten Politik nach außen, wegen seiner ehrlichen, unbeholfenen Art auf dem europäischen Parkett.
Die Pest in Ostpreußen hatte fünfzehn Städte und fünfhundert Dörfer total entvölkert, jetzt zählt die Provinz mehr Menschen, Herden und Städte als früher. Von hektischer Unrast getrieben durchreist Friedrich Wilhelm mit seiner Begleitung sein Land, noch mehr als zuvor tönt sein "schnell, schneller", und er fordert von allen den vollen Einsatz. "Seit drei Wochen", schreibt Friedrich an Wilhelmine, "durcheilen wir ein Land, das so ausgedehnt ist, wie zwei Drittel von ganz Deutschland und sind mit unseren Geschäften noch nicht durch." In Gedanken an bequemere Stunden in Rheinsberg formuliert er unwirsch und ungerecht:

"Vielleicht taugt dieses Land nicht zum Denken, oder der Gott der Verse hat es nie mit gnädigen Blicken angesehen."

Das ist schon deswegen ungerecht, weil die Königsberger Albertus-Universität inzwischen Weltruf erlangt hat. Aber Friedrich, wäre er nicht er selbst, fände er nicht zu dem klaren durchdringenden Urteil, das uns in Worten an den verehrten Voltaire erhalten geblieben ist. Am 27. Juli schreibt Friedrich aus Insterburg:

"... endlich sind wir nach einer dreiwöchigen Reise hier, in einem Lande angelangt, welches ich als das äußerste Ende der gebildeten Welt ansehe. Man kennt es in Europa wenig, obschon es besser bekannt zu werden verdient, da es als eine Schöpfung meines königlichen Vaters angesehen werden kann."

Dann beschreibt er die Vorgänge und Verhältnisse bis zum Tode Friedrichs I., wo Pest und Mißernten diese Provinz in eine Wüste verwandelten.

"Mein Vater war sein Nachfolger. Das allgemeine Elend ging ihm nahe. Er bereiste die Gegend und sah die weite Wüste mit eigenen Augen, in der die Pest, die Teuerung und die schmutzige Habsucht der Minister ihre schrecklichen Spuren hinterlassen hatten ... Seit dieser Zeit hat der König keine Ausgabe gescheut, um seinen Willen zum Segen des Landes durchzusetzen. Zuerst erließ er weise Verordnungen, befahl die Häuser in den durch die Pest verödeten Ortschaften wieder aufzubauen und siedelte Tausende von Kolonistenfamilien aus allen Teilen Europas in dem Lande an ... Es zählt mehr Städte und Herden als früher, hat mehr Wohlstand und Fruchtbarkeit als irgendeine Gegend Deutschlands. Und all das ist lediglich dem König zu danken, der die Ausführung persönlich angeordnet und selbst auch geleitet hat. Er hat die Pläne entworfen und sie allein ausgeführt; er hat weder Mühe noch Sorge, noch ungeheure Geldmittel noch Versprechungen noch Belohnungen gespart, um eine halbe Million denkender Wesen das Glück und das Leben zu sichern. Ihm allein verdanken sie ihr Wohlergehen und ihre Ansiedlung."

Dann benutzt Friedrich Formulierungen, die er selbst gewiß vor wenigen Jahren für unmöglich gehalten hätte.

"Ich finde etwas so Heroisches in der hochherzigen und emsigen Art, wie der König diese Wüste besiedelt, sie fruchtbar und glücklich gemacht hat, daß es mir schien, als müßten Sie der gleichen Meinung sein, wenn Sie die Umstände der Kolonisierung erführen."

Diese positiven und fairen Worte über seinen Vater kann Friedrich nicht aus Selbstzweck oder einer Laune heraus geschrieben haben, ebenso wenig ist dieses einer der vielen höflichen oder überschwenglichen Briefe damaliger Zeit. Nein, hier haben wir das Urteil eines Mannes, der bald ganz auf sich allein gestellt sein wird und anerkennt, was ein Vorgänger für seinen Nachfolger geschaffen hat, getreu der Instruktion, "daß Ihr alles selber machen müsset". Er lernt, daß es für einen echten und guten Monarchen das höchste Glück ist, das Wohlergehen der Untertanen mit allen zur Verfügung stehenden Mitteln und Kräften zu fördern.

"Der König als erster Diener seines Staates."

Das neu geschaffene gute Verhältnis veranlaßt Friedrich Wilhelm zu einer großzügigen Geste: Er schenkt Friedrich das königliche preußische Gestüt, das ihm 18.000 Taler Jahreseinkünfte sichert. Voller Freude berichtet Friedrich darüber, ebenfalls am 27. Juli, seiner Schwester Wilhelmine nach Bayreuth. Der Bann scheint gebrochen, kein Jahr mehr bleibt, das gute Einvernehmen zu genießen.

Niccolo Macchiavelli

Gegen Macchiavelli

Niccolo Macchiavelli wurde am 3. Mai 1469 in Florenz als Sohn einer verarmten Patrizierfamilie geboren. Italiens war damals zerrissen von fürstlicher Eigensucht und politischen Wirren, und Macchiavelli glaubte in Cesare Borgia, in dessen Gefolge er sich dank seiner Begabung aufhielt, den Retter Italiens von der spanischen und französischen Fremdherrschaft gefunden zu haben.

Es ist ihm gewiß Recht zu geben, wenn er formuliert, daß das Italien seiner Zeit nur durch einen starken "morallosen" Fürsten, der sich über alles hinwegsetzen könne, befreit und vereint werden könnte. In seinem Buch "Vom Fürsten" legte er seine Lehre von der Staatsräson nieder, eine Lehre, auf die sich seither viele berufen haben, die von noch mehr Staatsmännern, Politikern und Gelehrten widerlegt worden ist — ohne daß diese moralisch höher standen als andere oder weniger skrupellos gehandelt hätten. Macchiavelli war für "normale Verhältnisse" Anhänger der Republik als der geeignetsten Staatsform. Schon zu seiner Zeit hat er Widerruf auf seine Schrift erfahren müssen, das war ganz natürlich, aber er konnte nicht ahnen, daß sich etwa zweihundertfünfzig Jahre später ein deutscher Kronprinz hinsetzen würde, um sein Buch zu zerpflücken: Friedrich von Preußen. Lassen wir Friedrichs Leben bis zur Abfassung seines "Antimacchiavell", in dem er den Italiener zu widerlegen sucht, kurz noch einmal vor unserem Innern passieren, so kann es uns nicht verwundern, daß er sich an diese Streitschrift gemacht hat. Die Schreib- und Dichtwut hat ihn gepackt, er fühlt sich moralisch erhaben, — da noch nicht an der Regierung —, dieses Werk zu verfassen und den vergangenen, gegenwärtigen und künftigen Fürsten und Staatslenkern an die Köpfe zu schleudern. Hätte Friedrich seinen Antimacchiavell nicht geschrieben — wer würde heute noch von diesem Florentiner reden! Macchiavelli vertrat, in wenigen Worten dargelegt, die Ansicht, daß der Staat Macht ist und sich um jeden Preis behaupten muß, daß also der Zweck die Mittel zu heiligen habe. Da der

Staat durch die Fürsten regiert wird — anders kannte er es ja nicht — können die Fürsten demnach noch so böse, verwerfliche Taten begehen — sie sind berechtigt, solange sie dem Staat nützen. Aus seinem Rheinsberger "Wartestand" heraus hat Friedrich es leicht gehabt, diesen Maximen seine Ansicht entgegenzusetzen, die mehr der Theorie eines Idealisten zuzusprechen sind als den Realitäten eines erfahrenen Praktikers.

Dementsprechend wirkt vieles im Antimacchiavell wenig ausgegoren, unreif, idealistisch und weltfremd oder einfach profan:
"Man müßte wenigstens bei den Fürsten noch Ehre und Tugend finden, wenn sie auch aus der ganzen Welt verschwunden wären."
Die deutsche Kleinstaaterei ist — ähnlich wie die italienische — Friedrich naturgemäß ein Dorn im Auge und Objekt seiner Spottlust:
"Die Mehrzahl der kleinen Fürsten und besonders die deutschen richten sich durch ihre Aufgaben zugrunde."
Banal klingt die Feststellung:
"Die Jagd ist von allen Vergnügungen diejenige, die sich am wenigsten für Fürsten schickt. Gustav Adolf, Turenne, Marlborough, Prinz Eugen, denen man nicht die Eigenschaften bedeutender Männer und geschickter Feldherren bestreiten wird, waren keine Jäger."
Heute würde man Friedrichs Niederschrift mit "Dampf ablassen" bezeichnen, er selbst ist von ihr nicht sonderlich überzeugt gewesen und hat keine Gelegenheit zu ausgiebiger Korrektur mehr gehabt. Hätte ein weniger bedeutender Mann als er sie verfaßt, auch sie wäre heute vergessen. Wo liegt Friedrichs Verdienst? Hat er die Fürsten, die Welt wachgerüttelt? Nein, das haben mehr fundierte Werke ebensowenig geschafft. Der Antimacchiavell hat heute wenig Bedeutung, bedeutungsvoll bleibt, daß ein Kronprinz, ein werdender Fürst also, so etwas niedergeschrieben hat. Daß Friedrich selbst sich an seine Grundsätze nicht halten kann, die er im Werk vertritt, ist nicht paradox, sondern menschlich und entspricht den normalen Gepflogenheiten auf unserem Planeten; jeder lernt einmal die Diskrepanz zwischen Theorie und Praxis kennen. Am Anfang seiner Rheinsberger Tage fällt Friedrich Macchiavellis Buch "Vom Fürsten" in die Hände, er verschlingt es, sieht in ihm Parallelen zu seiner Zeit, ist aber auch über den kaltschnäuzigen Autor empört und beschließt, ihn zu widerlegen. Er diskutiert mit Voltaire, der teils andere Ansichten vertritt, aber später für die Veröffentlichung sorgen soll. Im Mai 1739 steckt Friedrich mitten in der Arbeit, wie immer voll dabei, am 6. November 1739 kann er Voltaire mit-

teilen, daß das Werk vollendet ist, und Anfang Dezember gehen die ersten Kapitel an den Freund ab.

"Wennschon", bemerkt Friedrich, "ich nicht meinen Namen auf dieses Werk setzen will, möchte ich doch, falls das Publikum den Verfasser erraten sollte, nicht Unannehmlichkeiten ausgesetzt sein."

Der nicht sonderlich zuverlässige Voltaire berichtet:

"Ich hielt ihm (Friedrich) vor, es sei vielleicht unpassend, sein Buch zu eben der Zeit zu veröffentlichen, wo man ihm vorwerfen könnte, er übertrete seine Grundsätze. Er erlaubte mir, die Ausgabe abzubrechen. Ich reiste nach Holland, einzig um ihm diesen kleinen Dienst zu erweisen; aber der Verleger verlangte soviel Geld, daß der König, der im Grunde seines Herzens nicht böse war, gedruckt zu werden, lieber umsonst gedruckt als für teures Geld nicht gedruckt werden wollte."

So kann Friedrich, bereits König geworden, nicht mehr verhindern, daß die Leser ihn an seinen Theorien messen werden. Friedrich ist nicht der erste und einzige gewesen, der sich an die Widerlegung Macchiavellis gemacht hat, neu ist die Tatsache, daß jetzt der Autor aus königlichem Hause stammt, und alle interessierte Welt ist neugierig, was er zusammengeschrieben hat. Ohne Voltaires Nacharbeit freilich wäre der Antimacchiavell nicht nur heute wenig erbaulich ...

"Macht ohne Großmut,
äußere Trauer ohne Schmerz,
das sind Dinge, die ich nicht mit ansehen kann"
Konfuzius

Vorabend der Macht

Es geht zu Ende mit dem alten Herrn! Der noch gar nicht alt ist. Jeder erkennt es und ist beeindruckt, mit welcher Gelassenheit er dem Tode entgegensieht.

"Tod, wo ist dein Schrecken — Hölle, wo ist dein Sieg?"
Friedrich Wilhelm steht als Exempel, daß einen gläubigen Christen nichts schrecken kann, er ist ins Reine gekommen mit dem lieben Gott:

"Ich kome, so gewis als die Sone am Himell, bei Gott."
Das bedarf keines Kommentars, und auch ein Freidenker wie Friedrich kann nicht ungerührt bleiben. Er ahnt nicht, daß dieser Vater, in Stunden eigener Not, ihm nächtens im Traum erscheinen wird, damit die seelische Not noch vergrößernd. Ein König tritt ab, der sein Haus geregelt hat, seine Finanzen, Verwaltung, Armee, und wie er meint, auch die Familie: Seine Kinder lieben ihn. Friedrich wird in seinen späteren Werken nur Positives über ihn berichten. Der Geschichte ist kein Fall bekannt, wo ein Monarch seine Angelegenheiten so geordnet hinterläßt, daß der Nachfolger ohne Probleme einsteigen kann. Friedrich wird das tun, wir werden sehen. So kurzsichtig war Friedrich Wilhelm in den letzten Jahren nicht, daß er nicht erkannte, einen würdigen Nachfolger zu hinterlassen; was ihm den Abtritt erleichtert hat. Wie sieht es in Friedrich in diesen Tagen aus? Einig ist er sich mit dem Vater im alten preußischen Groll gegen Habsburg, wegen der leidigen Jülich-Berg-Frage und anderer meist von Habsburg begangener krummer Sachen, die die offenbare Mißachtung der Wiener gegen Preußen dokumentierten. Wenn der Vater es noch hingenommen hat, des lieben Friedens und der Konsolidierung willen — wird der Sohn es auch tun? So offenbar wie diese Mißachtung ist auch die Schwäche Wiens, die Karl VI., alles wegen seiner Pragmatischen Sanktion, herbeigeführt hat; jedenfalls ist Österreichs Armee wenig in Schuß und sind die Gewölbe

der Wiener Hofburg nicht mit Fässern hübscher Taler gefüllt! Friedrich weiß sich an diesem Tag kurz vor dem Ziel seiner Wünsche, es ist nicht zu erwarten, daß der König noch einmal, wie anno 1734, davonkommt. Friedrich Wilhelm leidet die Qualen, die nach Aussagen der Ärzte die schlimmsten sind, Gichtqualen, er wiegt zweieinhalb Zentner, der Körper ist aufgequollen, aus offenen Stellen der Beine fließt Wasser, quillt der Eiter, die Gelenke schmerzen zum Nichtaushalten, er kann weder stehen noch liegen. Leibniz hatte, als ihn die Gicht rasend machte, seine Gelenke mit hölzernen Klammern festgeschraubt; es ist mehr als ein Mensch ertragen kann. Man bedenke, daß es nichts gab, wie heute, die Schmerzen zu lindern. Doch keine Klage über den körperlichen Zustand kommt vom König, er ist froh, sich, im Rollstuhl hockend, mit Friedrich überschwenglich und tränenreich versöhnt zu haben. Versöhnt? Von Friedrich her: kaum möglich! Zuviel der Leiden, zuviel "Jugend kaputtgemacht", um jetzt in einer rührenden Szene alles ungeschehen werden zu lassen. Verzeihen ja; vergessen, man wird sehen; versöhnen nie! Friedrich ist kein Unmensch, schon gar nicht gefühlskalt, — im Gegenteil: das Gefühl wird ihn noch oft übermannen —, aber es ist etwas zerstört in ihm, zerklirrt wie das begehrte Meißener Porzellan, außerdem muß er grollen, erst heute vom Vater instruiert, eingewiesen und als fähiger Nachfolger erkannt worden zu sein. Doch bleibt er natürlich bis zum Ende des Vaters "der brave Friedrich".

Niemand ahnt, was in ihm vorgeht, so ganz ist er schon Diplomat und Politiker, und logischerweise ist Hoffen und Bangen um ihn her; je nachdem, was seine Umgebung von ihm erwartet: Begünstigung, Freundschaftsbeweise, "Cassation", Abservierung, wie gesagt, je nachdem.

Nicht nur seine nähere Umgebung beobachtet den sich anbahnenden Thronwechsel, sondern auch ganz Europa. Zu viele Schlagzeilen hat es von Berlin und Potsdam gegeben, als daß man nicht weitere erwarten könnte. Wien ist in Sorge. Nicht gut klangen die Berichte der Gesandten und Spione in den letzten Jahren über die Einstellung Friedrichs für oder gegen Österreich. Man ahnt, daß man mit ihm wird nicht so leicht verfahren können wie mit dem Vater, diesem Vandalenkönig an der Ostsee. Doch hofft man auf Jugend, Unerfahrenheit und Geldbedarf Friedrichs; wer kann schon gegen die eingefahrene Diplomatie der Wiener Hofburg angehen. Diese Herren irren wenigstens in einem Punkt: Friedrich hat Geld stets brauchen können, war aber nie geldgierig; hat er doch als Kronprinz einen Beutel Dukaten, den man ihm traditionsgemäß am Stadttor eines Ortes überreichte, nicht angenommen, vielmehr unter die Armen verteilen lassen. Er kann Leute behandeln, wie sich zeigen wird. Friedrichs Ahnung, daß er morgen schon "dran ist," bestätigt sich. In der Nacht auf den 31. rollt Friedrich Wilhelm seinen Stuhl ins Schlafzimmer der Königin und sagt:

"Fiekchen, steh auf, ich muß sterben."

Sein Preußen ohne Ordnung? Nein: Die Beisetzung hat er selbst organisiert, das Salutschießen, wie und von welchen Offizieren der Sarg zu tragen sei, das Thema der Leichenpredigt, Wein für die Gäste. Man möge seinen Körper öffnen, damit die Ärzte die Todesursache feststellen können, aber sie dürfen nichts herausnehmen. Zufrieden betrachtet er seinen Sarg:

"In diesem Bett will ich recht ruhig schlafen."

Fürwahr, dieser Berserker, der es sich und anderen unendlich schwer gemacht hatte, verlebt seinen vorletzten Tag in einer Gelassenheit, die nur seelischer Größe, unanfechtbarer Moral, konsequentem Pflichtgefühl und optimistischen Zukunftsvisionen entstammen kann.

"Ich habe einen guten Kampf gekämpft."

Einen Satz wird Friedrich nicht vergessen:

"Mein Fritze, vergib es mir, ich habe Dir viel Leid und Unrecht getan; wollte Gott! ich hätte Dich so gekannt, wie anitz."

Ein "Langer Kerl" aus der Potsdamer Riesengarde.

Der Orden Pour le Mérite

Friedrich als Kronprinz.

*Huldigung der Breslauer
Stände vor Friedrich.*

Aussiedler nehmen Abschied.

Bilanz eines Jahrzehnts

1731 bis 1740 — ein Jahrzehnt, in dem sich viel getan hat. Auf Friedrich persönlich bezogen, werden diese zehn Jahre in fast allen Geschichtswerken und Darstellungen als seine schönsten Jahre bezeichnet, wenigstens die Jahre von 1736 bis 1740: Rheinsberg. Friedrich habe sich, heißt es, zum Guten entwickelt, angepaßt, akklimatisiert, sei sozusagen Mensch geworden; alles richtig. Tiefer gesehen muß es heißen: Ein Jahrzehnt des Düpierten, Betrogenen, Hintergangenen, zu kurz Gekommenen. Wir haben seine Anpassung mit verfolgen können. Man kann davon ausgehen, daß die Zäsur in Friedrichs Jugendleben die Hinrichtung des Freundes Katte gewesen ist. War seine "zarte Seele" vorher noch relativ frisch und heiter, sozusagen optimistisch eingestellt, so hatte sie am 6. November 1730 ihren "Bruch" bekommen. Er selbst mochte bis hierher seinem harten Vater allerhand zugetraut haben, diese Tat gewiß nicht, und wie auch andere Menschen im Angesicht des Todes zu sich kommen oder finden, so auch Friedrich: Die Erkenntnis, daß gegen den Vater kein Kraut gewachsen ist; außer man schafft ihn beiseite.
Friedrich Wilhelm war in der Tat einer jener Gewaltmenschen — mit Gewalt in den Händen — denen mit nichts beizukommen ist, wir haben erlebt, wie seine Familie alles versucht hat mit ihm: Schmeicheleien, Kriecherei, Opposition, Intrigen, offener Widerstand. Bis an sein Ende hatte er das Ruder in der Hand, mit seltener Gradlinigkeit verlief sein Leben, logisch, konsequent, packend, faszinierend. Also: Solche Menschen kann man nur ertragen oder umbringen. Friedrich hat nach der Hinrichtung Kattes nur eines denken und verfolgen können: Rettung des eigenen Lebens, Rettung der Zukunft. Es kann davon ausgegangen werden, daß er trotz gegenteiliger Beteuerungen auf den Thron außerordentlich scharf gewesen ist, und wollte er ihn jetzt nicht verlieren, gab es nur eines: Vollkommene Unterwerfung in den Willen des

Vaters. Das ist geschehen, wie wir erlebt haben, wie Friedrichs Verhalten bezeugt, seine "untertänigsten" Briefe beweisen. So bricht man ein junges Herz.

Es gibt Historiker und Schriftsteller, die behaupten, diese Zäsur habe Friedrich gut getan, er wäre sonst wohl nicht "der Große" geworden. Welch eine ungeheuerliche Unterstellung! Welch unmenschliche Theorie! Als ob ein Mensch erst Erniedrigendes und Inhumanes erleben muß, um groß und edel zu werden. Wir wissen aus Friedrichs Jugendzeit, daß er früh ein Herz für soziale Belange entwickelte, er konnte freilich Geld gebrauchen, war aber nicht sonderlich begierig, und welcher junge Mann aus großem Hause hatte damals nicht Lust am süßen Leben! Wie auch alles ausgelegt und gedeutet werden mag: Ab dem grausamsten Morgen seines Lebens, dem 6. November 1730, war Friedrich entschlossen, dem Vater in allem nachzugeben und es zu keiner entscheidenden Widersetzlichkeit mehr kommen zu lassen; es galt auszuharren, bis der Alte abtreten mußte. Diese Einstellung ist ihm in gar keiner Weise vorzuwerfen, wenn sie auch nicht unbeschadet am seelischen Leben zu verfolgen ist. Gewiß hätte er noch einmal fliehen können, aber das wäre gleichbedeutend mit dem Verlust des Thrones gewesen, den der viel bravere August Wilhelm dann bestiegen hätte.

Friedrichs Gewinn dieses Jahrzehnts ist seine Bildung. Sie hätte vielleicht nie stattgefunden, wenn sein Leben weniger aufregend verlaufen wäre, dann hätte er hübsch artig an der Seite des Vater ausgehalten, ohne die Selbständigkeit und Abgeschiedenheit der Rheinsberger Jahre. Aus Briefzitaten Friedrichs und anderen Äußerungen haben wir erfahren, wie weit er sich dem Vater entfremdete, als logische Folge des Erlittenen, aber die Form ihm gegenüber wahrte. Der Vater war nur noch ein Machtfaktor, dessen Auslaufen abgewartet werden mußte, und auch die viel besungene Versöhnung in den Maitagen 1740 hat hieran nichts geändert; die Tränen der Rührung, des Abschieds werden echt gewesen sein, aber nur eine Augenblickserscheinung eines leicht zu rührenden Menschen. Daß Friedrich von 1730 bis 1740 sein militärisches Wissen vertiefte, zeigt, daß er schon vorher Interesse am Soldatenwesen und Feldherrntum, besonders letzterem gehabt hat, und daß des Vaters übertriebener Drill und seine erhöhten Ansprüche dieses Interesse nicht vernichtet hat. Natürlich kann unterstellt werden, daß Friedrich immer mehr erkannte, die Armee eines Tages benutzen zu müssen, und je mehr er darüber nachdachte, auch benutzen zu wollen. Als "ausgesprochener Jammer" kann die Tatsache beurteilt werden, daß Friedrich sich in dieser Zeit dem zarten Geschlecht entfremdete;

wie das geschehen ist, kann nur vermutet werden. Daran kann nicht nur die aufgezwungene Ehefrau die Schuld tragen, wenn es auch möglich ist, daß die Ungeheuerlichkeit einer verordneten Heirat alle Gefühle für Weiblichkeit bei ihm abgetötet hat. Über dieses "Thema Nummer eins" hat man sich selbstverständlich ausgelassen, es ausgeformt und breitgetreten, — die Klatschpresse ist älter als man denkt —, aber nichts Sicheres ist dabei herausgekommen; so bleibt die Unsicherheit der Unwissenheit weiterbestehen.

Friedrich steht im Mai 1740, dem Beginn eines neuen Lebensabschnitts, am Ziel seiner Wünsche und als jugendlich-strahlender Held da, auf den die Welt erwartungsvoll — in verschiedenen Erwartungen — blickt und horcht. Voltaire jubelt, andere Dichter und Denker mit ihm, alte Schnorrer denken ans Abtreten, neue ans Hochkommen. Die Zeit der Geizhälse scheint vorbei zu sein, Militärs hoffen auf leichteren, angenehmen Dienst ohne Drill, Intriganten auf ein Tätigkeitsfeld wegen des unerfahrenen Königs, das alles Bisherige in den Schatten stellen soll. Rheinsberg wird gewiß nach Berlin oder Potsdam verlegt — das muß ein herrliches Leben werden: Dichten, Komponieren, Musizieren, Schreiben, Lesen, Diskutieren, Tanzen, Feiern, Saufen, Fressen, Geld ausgeben, Rokokokokotten! Nur wenige sehen klar, ahnen etwas: Daß die Possen zu Ende sind!

"Es ist leichter, ein großer
als ein rechtschaffener König zu sein"
Friedrich

31. Mai 1740

König

"Endlich König"
Wer weiß tatsächlich genau, ob Friedrich so gedacht hat am 31. Mai
1740.

Vor wenigen Monaten noch mag er den Abtritt seines Vaters herbeige-
sehnt haben wie sonst nichts auf der Welt, gequält, gedemütigt, erniedrigt. Aber jetzt? Ob die viel gepriesene Versöhnung zwischen Vater
und Sohn wie üblicherweise geschildert in Wirklichkeit stattgefunden
hat, wie tief sie bei Friedrich eingedrungen ist in sein strapaziertes
Herz, das mag dahingestellt bleiben. Aber eine Annäherung dieser gar
nicht verschiedenen Männer ist geschehen, wie Friedrich selbst später
geäußert und sein Vater in den letzten Monaten mit Genugtuung anderen mitgeteilt hat; auch die Umgebung des Hofes hat dies natürlich bemerkt. Das lag nicht nur daran, daß der alte König mehr und mehr seine Kraft verlor und Kranke und Sterbende allgemein mehr in Toleranz
und Vergebung zu machen pflegen, auch nicht daran, daß Friedrich
"vernünftiger" und einsichtiger wurde und geduldig auf seinen Tag
wartete — nein, es muß eine echte Annäherung wegen Wesensver-
wandtschaft gewesen sein! Der alte König — nicht an Jahren, aber am
Körper alt — starb langsam und vorbildlich, "preußisch", wie es eigentlich nur ein guter Christ fertigbringt, und sein Sohn litt mit ihm. Ein
Gedanke war Friedrich Wilhelm in seiner letzten Zeit angenehm, er
kleidete ihn in folgenden Satz:
"Nun werden die Leute sagen, der alte Menschenquäler wird sterben,
aber sagt ihnen nur, daß der nach mir kommen wird, der würde sie alle
zum Teufel jagen, und das würden sie davon haben."
Friedrich dichtete am 26. Februar 1740 an Voltaire:
    "Dies anzusehen! Ein Vater in Todesnot!
    Von Sterbenspein gequält erbarmungslos,
    sein Leben jeden Augenblick bedroht
    vom Scherenschnitt der Atropos!

Wie dieser Anblick mich doch übermannt . . .
. . . Und spricht in mir die Stimme der Natur,
Beredter denn manch Ehrgeiz je gesprochen:
mein Herz ist trüb, mein Mut gebrochen,
nichts fühl' und weiß ich mehr, ich sehe nur
im Geiste vor mir meines Vaters Schatten . . ."

Tiefe Betrübnis, Himmelhochjauchzen — in Friedrichs Leben hat es immer eng beieinander gelegen, und diese ersten Monate des Jahres 1740 haben ihm den lange verlorenen Vater zurückgegeben. Tröstlicher klingt vielleicht, daß auch der Vater seinen Sohn zurückgewann. "Tut mir Gott nicht viel Gnade," rief er am 28. Mai vor Beamten und Offizieren aus, "daß er mir einen so braven und würdigen Sohn gegeben hat?"

An diesem Tage war Friedrich aus Rheinsberg an das Bett seines Vaters gerufen worden , wo er sich eineinhalb Stunden lang politische Ratschläge anhören mußte, so auch den schon früher erteilten:

"Mein lieber Successor bitte ich umb Gottes willen keinen ungerechten Krigh anzufangen und nicht ein agressör sein den Gott die ungerechte Krige verboten . . . bedenk was Gottesgericht scharf ist lehset die historie da werdet Ihr sehen das die ungerechte Krige nicht guht abgelauffen sein."

Am 31. Mai 1740 übergibt Friedrich Wilhelm die Regierungsgeschäfte an seinen Sohn und stirbt christlich und mannhaft in der Überzeugung, in den Himmel zu gelangen.

"Wenn es wahr ist", schreibt Friedrich später, "daß wir die schützende Größe der Eiche der wunderbaren Eichel, die sie entstehen ließ, verdanken, dann wird alle Welt darin übereinstimmen, daß man in dem arbeitsreichen Leben dieses Fürsten und in der Weißheit seines Wirkens die Keime sieht, die das Aufblühen des königlichen Hauses nach seinem Tode bewirken."

Friedrich ist am 31. Mai 1740 Herr über 2.220.000 Landeskinder, 83.000 Soldaten und 10 Millionen Taler im Staatsschatz. Ein Regierungsantritt ohne Staatsschulden: Damals eine Seltenheit, heute undenkbar . . . Preußen erstreckt sich von der Maas bis an die Memel in einer verzerrten Gestalt, die jeden Staatchef nicht nur nachdenklich machen, sondern auch auf korrigierende Gedanken bringen muß. Diese Gedanken hegt nicht nur Friedrich, auch seine Vorgänger haben sich mit ihnen befaßt, aber keiner von ihnen hatte die Macht, den Gedanken und Plänen Taten folgen zu lassen. Wie schon sein Vater, verzichtet Friedrich auf die Zeremonien der Krönung und Thronbesteigung, gibt stattdessen den Generalen die Ermahnung, mildes Benehmen der Hohen gegen die Niedrigen zu praktizieren und sagt seinen Ministern: "So ist Unsere Meinung nicht, daß ihr euch inkünftig bereichern und Unsere armen Untertanen unterdrücken sollt, sondern ihr sollt hingegen verbunden sein, vermöge gegenwärtigen Befehls, mit ebenso vieler Sorgfalt für das beste des Landes als für Unser bestes zu wachen, um so viel mehr, da wir keinen Unterschied wissen wollen zwischen Unserem eigenen Besonderen und des Landes Vorteil . . ."

Neue Töne, die alle überraschen. Im friderizianischen Fahnenadler heißt es nicht mehr "Non soli cedit" — "Er weicht der Sonne nicht" —, sondern "Pro Gloria et Patria".

"Geld ist nicht alles, aber es hat   1. Juni 1740
einen Riesenvorsprung vor allem,
was danach kommt"
Sprichwort

Fässer voller Taler

Friedrich soll, wie vorher berichtet, einmal gesagt haben, als er mit seinem Vater am königlichen Schatzkeller vorbeiging:
"Ihr werdet froh sein, wenn man euch eines Tages frei läßt."
Damit meinte er die vielen Taler in den Gewölben und Kellern, fein säuberlich in Fässer verpackt. Ist es ein Wunder, daß Friedrich Wilhelm über diese Worte seines Sohnes entsetzt war? Mußte er doch annehmen, daß sie einst, diese schönen Taler, von Friedrich leichtsinnig

ausgegeben werden würden. Schon früh, ehe er mit ihm ernsthaften Ärger bekam, hatte Friedrich Wilhelm, im Januar 1722, die Instruktionen für seinen Nachfolger zu Papier gebracht, in denen nicht nur — heute eher drollig wirkend — Worte wie diese stehen:

"Jesuwitter (Jesuiten) müsset Ihr in Eure Länder nicht dulden. Sein Deuffels . . . also müsset Ihr sie nicht dulden, unter was Prätext sie sich auch wollten einnisteln in Eure Länder."

Viel wichtiger für den "lieben Successor" ist folgender Abatz:

"Es ist wahr, daß ich Euch einen Schatz lasse, da eine hübsche Summe Geld darinnen ist. Aber es ist für einen Regenten eine notwendige Sache, bares Geld zu haben. Denn da Euch Gott vor Krieg, Pest bewahren möge, wenn etliche Provinzen ganz ausfallen, der Krieg schrecklich Geld weg nimmt, wenn Ihr aber einen braven, gespickten Tresor habet, Ihr diese Unglücklichen sutenieren könnt. Also müßt Ihr jährlich dem jetzigen Tresor zum wenigsten 500.000 Taler beilegen. Denn eine formidable Armee und ein großer Tresor, die Armee in Zeit von Not mobil zu machen, kann Euch groß Respekt in der Welt geben und Ihr könnt wie andere Mächtige ein Wort mitreden. Die Armee wie auch Eure Bedienten und sämtliche Collegia müßt Ihr richtig ihre Gehälter bezahlen lassen, daß sie nicht warten dürfen. Alles, was Ihr in Eure Länder und auswärtige Länder kaufet, müßt Ihr richtig bezahlen. Das gibt Euch in der Welt Kredit und wird Reputation geben. Gott sei Dank bin ich keinem Menschen was schuldig und wenn einer oder anderer auch sollte mahnen kommen, könnt Ihr ihn mit gutem Gewissen glatt abweisen. Daher machet auch keine Schulden. Gebt nichts mehr aus, als Ihr einzunehmen habet. Alsdann werdet Ihr sehen, wie forisant daß Eure Provinzen und Finanzen sich wohl befinden werden."

Das sind immerhin handfeste Worte und Anweisungen, die noch heute, was die Finanzen betrifft, volle Gültigkeit haben sollten:

"Das wird Euch in der Welt Kredit . . . geben."

"Gebt nichts mehr aus als Ihr einzunehmen habet."

Das sind keine Hirngespinste eines Geizkragens, sondern gesunde Ansichten eines zeitlosen Kaufmanns. Und sollten Politiker und Staatschefs nicht Kaufleute sein!

Friedrich ist nun, am 1. Juni 1740, unbeschränkter Chef eines Schatzes von 8 Millionen Talern — während in den Kellern der Wiener Hofburg allenfalls Schuldscheine archiviert werden: Friedrich weiß, hat es am eigenen Leib spüren dürfen, wie das Vermögen zusammengekratzt wor-

den ist: Durch persönliche Sparsamkeit der königlichen Familie, — ohne, daß diese zu kurz gekommen wäre —, drastische Kostensenkung in Luxus und energische Eintreibung von Steuern und Abgaben. Außerdem ist der erste Friedrich nicht so arm verschieden wie man angenommen hat: Man fand nach seinem Tode Millionenschätze in Verstecken und Geheimkammern, mit denen er, beispielsweise, das verarmte Ostpreußen hätte sanieren können. Friedrich mag es jetzt trotz aller Kenntnis der Verhältnisse ein Rätsel sein, wie der Vater das Geld herbei geschafft hatte. Denn neben dem Schatz ist auch des alten Königs teuerstes Unternehmen zu beachtlicher, überdurchschnittlicher Stärke angewachsen: die Armee. Hat etwa Friedrich Wilhelm Staatsschatz und Armee deswegen geschaffen, daß sein Nachfolger sie — vielleicht gar im Sinne von "Abrechnung" — nutzen möge? Weiß Friedrich nicht aus eigener Erfahrung, wie sehr sein Vater sich unter Habsburgs Mißachtung und Machenschaften geärgert und betrogen gefühlt hat? Ist's nicht dem Großvater genauso ergangen? Und dem Urgroßvater, dem Großen Kurfürsten? Friedrich hat sich in seinen Rheinsberger Jahren genug mit der Geschichte seines Hauses befaßt, um zu wissen, mit welchen Augen Preußen, sein Königreich, von Wien aus angesehen wird. Neid liegt gewiß in diesen Augen, wegen der "Moneten" natürlich, aber auch jener Hauch von Furcht, der der Ungewißheit vor etwas Neuem zu entspringen pflegt. Das Neue ist er, Friedrich, über den Spione und Gesandte beunruhigende Ansichten und Meinungen nach Wien gemeldet haben. Es ist nicht überliefert, ob Friedrich die "Sparkasse" seines Vaters jemals aufgesucht, die Fässer vielleicht liebevoll gestreichelt, mit den Talern gespielt hat — denk- und vorstellbar wäre es. Geld und Wissen sind Macht; Friedrich hat beides. Auch andere, vor allem seine sogenannten Freunde aus Ruppiner und Rheinsberger Tagen wissen oder ahnen von dem vielen Geld und hoffen zuversichtlich, es möge in den nächsten Tagen einiges davon unter sie verteilt werden. Fest steht, daß Friedrich von Anfang an hierzu nicht bereit gewesen ist. Possen kosten Geld, er hat genug gerissen in lustigen Tagen, aber: "Jetzt haben die Possen ein Ende!"
Die Welt wird in den nächsten Monaten erfahren, wie Friedrich die Taler anzulegen und auszugeben gedenkt, und sie sind schneller verronnen als vom Vater gewonnen . . .

"Wer seine Absichten nicht für sich
behalten kann, der wird nie etwas
Bedeutendes ausführen"
Sprichwort

2. Juni 1740

Vergnügen an einer Menge guter Truppen

Aus vielem des bisher Dargelegten geht klar hervor, daß Friedrich Wilhelm in erster Linie angestrebt hat, Friedrich zu einem guten und begeisterten Soldaten zu machen; aber auch, daß Friedrich in zwei Epochen seines bisherigen Lebens offenbar ganz gern Soldat gespielt hat und gewesen ist: In der Kindheit und seit den Tagen von Ruppin. Viele Zeitgenossen haben erkannt, daß Friedrich dem Militärischen nicht abgeneigt ist, und sie erwarten nicht, daß er die Armee seines Vaters verkleinern oder gar auflösen wird; nicht nur, weil ihm die entsprechenden Ermahnungen des Vaters in den Ohren nachklingen werden.
Allerdings: Die Riesenkerle aus Potsdam, des Vaters Augenweide in verdrießlichen Stunden, werden aufgelöst, wer von den Langen Kerls gehen will, darf es, die anderen werden in Regimentern eingestellt. Friedrich ist auch hier nicht der Meinung, daß es sich bei der Garde nur um eine mehr oder weniger zu belächelnde Liebhaberei des alten Königs gehandelt habe — nein, er teilte mit anderen Fortschrittlichen die Ansicht, daß große Soldaten das lange Gewehr mit dem Bajonett und Ladestock besser und schneller handhaben können, daß diese langen Kerle im Getümmel der Schlacht besser würden standhalten und vor allem der Kavallerie Paroli bieten könnten. Aber es müßte ein Unding sein, sie aufrecht zu erhalten und weiterhin für teures Geld ergänzen zu müssen. Also hinweg mit ihnen! Noch viele Jahre nach "ihrer großen Zeit" ließen sich einzelne besonders Lange Kerle auf Jahrmärkten und Schaustellungen Deutschlands und Europas für Geld sehen und erzählten dem staunenden Publikum über Potsdam und den dicken König, der sie so sehr liebte.
Schon in der Schlacht von Malplaquet hatte ein englischer General über die preußischen Soldaten gesagt:

"Sechzig Bataillone von solchen Leuten, und kein preußischer König muß sich jemals wieder schikanieren lassen."
Eine Aufforderung?
"Mein Vater", sagte Friedrich Wilhelm bei seiner Thronbesteigung, "fand Freude an prächtigen Gebäuden, großen Mengen Juwelen, Silber, Gold und Möbeln und äußerlicher Magnifizenz — erlauben Sie, daß ich mein Vergnügen habe, das hauptsächlich in einer Menge guter Truppen besteht."

Damit hatte er einen wichtigen Teil seines Regierungsprogramms gesagt. Schon 1729 bestand die preußische Armee aus 69.000 Soldaten, bei seinem Tode 1740 aus 83.000. Vergleicht man diese Zahl mit den Einwohnern und der Finanzkraft des Staates, dann hat Preußen nun die größte Armee Europas, denn Frankreich, Rußland und Österreich stellen nur 160.000, 130.000 beziehungsweise 100.000 Mann auf die Beine. Was wird Friedrich tun? Weg mit einem Teil dieser Kostenfresser, um das ersparte Geld in Opern, Konzerten, Büchern und Gedichten anzulegen? Die Militärs spüren sofort, woher der Wind weht: Aus der Kälte — bald werden sie die vergnüglichen Zeiten Friedrich Wilhelms herbeisehnen.
"Ich hoffe", sagt Friedrich zu den Generalen, "Sie werden mir beistehen, die schöne Armee zu erhalten, welche Sie meinem Vater haben bilden helfen. Sie sollte jedoch nicht nur schön, sondern auch brauch-

bar sein." Dann der unmißverständliche Hinweis: "Gegen einige von Ihnen liegen Klagen vor über Härte, Habsucht und Übermut. Stellen Sie die Klagen ab!"

Das ist ein Ton, den Friedrich Wilhelm nie benutzt hat, er ist leiser und verhaltener, nicht polternd, aber er zieht mehr in die Knochen. Sogleich befiehlt er die Aufstellung neuer Truppen: Sechzehn Infanteriebataillone, fünf Schwadronen Husaren, eine Schwadron schwere Kavallerie. Seine Verwandten und andere Fürsten Deutschlands werden angehalten, Truppen zu stellen, denn Preußens eigene Reserven sind erschöpft, und Friedrich will (vorerst) das unselige Soldatenwerben des Vaters einstellen.

"Sein Vater", schreibt Voltaire in seinen Memoiren, "hatte ihm 66.400 Mann hervorragende Truppen hinterlassen; er verstärkte sie und schien Lust zu haben, sich ihrer bei der ersten Gelegenheit zu bedienen."

Was in Friedrichs Kopf in diesen ersten Tagen seiner Regierung vorgeht, vermag niemand zu erdenken, er selbst läßt keinen Zweifel daran, daß er, wie sein Vater, allein regieren wird. In den Instruktionen vom Januar 1722 hatte der Vater seinen lieben Successor unter anderem instruiert: "Bitte ich euch umb Gottes willen die Armee wohll zu conserviren und sie mehr und mehr zu versterken und sie formidabeler zu machen und sie nicht zu separriren so wie Mein Vatter fridrich König in Preußen im letzten frantzösischen Krig getan hat, sondern eure Armee stehts zusammenbehalten . . ."

Man hat im Preußen der letzten Jahre gar keinen Hehl daraus gemacht, daß man eines Tages gewisse Ansprüche auf die Provinz Schlesien erheben könnte, nur erwartete die Welt ernsthafte Worte und Taten von einem König wie Friedrich Wilhelm nicht. Die Anordnung, auf den preußischen Exerzier- und Garnisonplätzen den Drill einzuschränken, auf das europäische Maß zu reduzieren, von vielen erwartet, erfolgt nicht, denn Friedrich denkt nicht daran, hier dem Bequemlichkeitsdrang der Gemeinen und Offiziere entgegenzukommen. Aber es ist wohl zu weitreichend beurteilt, wenn man unterstellt, daß er Anfang Juni konkrete Pläne für den Einsatz der Armee gehabt hätte . . .

> "Und wenn der Mensch in seiner Qual
> verstummt, gab mir ein Gott, zu sagen,
> wie ich leide."
> Goethe, Torquato Tasso

Torturen

Bereits im Jahre 1720 hatte Friedrich Wilhelm durch ein Dekret verfügt, daß die Anwendung der Folter, "der peinlichen Befragung" aus unseligen Zeiten des Mittelalters, von seiner Genehmigung abhängig sei, und daß die Befragten durch die Folter keine Dauerschäden davontragen dürften; damit tat er, der Aufgeklärte eigener Art, den ersten Schritt zur Humanisierung der Strafjustiz, dem Friedrich den nächsten, noch immer nicht endgültigen, folgen läßt. Ein Kabinettsschreiben Friedrichs an seinen Minister Samuel von Cocceji vom 3. Juni 1740 lautet:

"S. K. M. in Preußen usw. haben aus bewegenden Ursachen resolviret, in Dero Landen bei denen Inquisitionen die Tortur gänzlich abzuschaffen, außer bei dem crimine laesae maiestatis und Landesverräterei, auch denen großen Mordtaten, wo viele Menschen ums Leben gebracht oder viele Delinquenten, deren Connexion herauszubringen nötig, impliciret sind. Hingegen sollen in allen übrigen Fällen, wenn die Delinquenten die stärkesten und sonnenklare Indicia und Beweise durch viele unverdächtige Zeugen und dergleichen wider sich haben und doch aus hartnäckiger Bosheit nicht gestehen wollen, dieselben nach denen Gesetzen bestrafet werden . . ."

Das aufgeklärte Europa atmet auf, denn hiermit ist ein Anfang gemacht, zu dem andere Fürstenhäuser sich bisher nicht haben aufraffen können. Friedrichs Vorbehalte — damit ist es keine totale Abschaffung der Folter —, können den Jubel und die Anerkennung nicht schmälern. Wenn wir heute bedenken, wann unsere Justiz im Strafvollzug angefangen hat, Rehabilitierung vor Strafe zu stellen, Chancen offen zu lassen, dann kann es uns nicht leicht fallen zu beweisen, was Friedrichs Schritt bedeutete. Denn keinesfalls kann die Rede davon sein, daß viele Gelehrte und humane Menschen, ob Christen oder nicht, etwa nicht die Sinnlosig- und Unwürdigkeit der Folter erkannt hätten. Auch der praktische Nutzen kann bezweifelt werden, denn auf viele erpreßte "wahre" Geständnisse kommen manche ungezählte, unregistrierte, die nur aus panischer Angst vor der Folter entlockt wurden. Dementsprechend fügt Friedrich der Kabinettsorder ein eigenes Schreiben hinzu, das für sich äußerst bemerkenswert ist:

> "Man verzeihe es mir, wenn ich mich gegen die Tortur wende. Ich wage es, die Partei der Humanität gegen einen Gebrauch zu nehmen, der den Christen und den gebildeten Völkern Schande macht, und ich wage hinzuzufügen, gegen einen Gebrauch, der ebenso grausam als nutzlos ist."

Zu diesem mutigen Schritt sofort in den ersten Regierungstagen hat sich Friedrich durch den Justizminister Cocceji anregen lassen, ein Mann, von dem noch zu hören sein wird.

Was die Delinquenten zu erwarten hatten, Daumenschrauben, Streckband, glühende Zangen, soll hier nicht näher beschrieben werden, interessanter ist das, was nach einer Verurteilung ihrer harrte: Die Art und Weise der Hinrichtung. Erfinderisch, wie der Mensch stets war, hat er auch für die verschiedenen Kapitalverbrechen unterschiedliche Bestrafungen ausgedacht. Das Hängen galt am schändlichsten und war Dieben und Betrügern zugedacht. Mörder, Räuber, Verräter und Mordbrenner kamen aufs Rad: auf dem mit scharfen Spitzen versehenen Rad wurden ihnen qualvoll Knochen und Gliedmaßen zerbrochen. Die Hinrichtung mit Schwert oder Beil galt als die jedem Opfer genehmste:

> "Wer einen Mann erschlägt oder beraubt oder Feuer anlegt ohne Mordbrand oder Weib oder Magd notzüchtigt, wer den Frieden bricht oder wer in Ehebruch begriffen wird. Wer gestohlene Sachen oder Raub hütet, also der Hehler, soll, so man ihn überführt, gerichtet werden . . ."

Allerdings sind den Delinquenten des Beils oder des Schwerts früher durch Herausschneiden oder -brechen der Augen, Ohren, Nase und Zähne vor der Hinrichtung entsetzliche Qualen bereitet worden. Eine andere Art, früher für Hexen, Zauberer und Juden, im 18. Jahrhundert nur noch für Brandstifter, Falschspieler und Fälscher: der Scheiterhaufen. Diebinnen, ab drei Schillinge, wurden lebendig begraben. Kindesmörderinnen, oft Huren, wurden gesackt: sie mußten sich selbst den Sack nähen, wurden in diesen "eingesackt" und lebendig ertränkt; in Berlin in der Nähe des Schlosses an der Langen Brücke. Bis weit in das 19. Jahrhundert hinein sind Hinrichtungen in Preußen wie im übrigen Deutschland öffentlich ausgeführt worden und gestalteten sich für die offenbar gefühllose Menge des Volkes oft zu einem abwechslungsreichen Fest. Darüber sollte man heute nicht pikiert und entrüstet sein.

Friedrich hat sich mit seiner Order vom 3. Juni 1740, wie aus dem Text hervorgeht, nicht zu einer vollständigen Aufhebung der Folter entschließen und durchringen können, wohl wissend, daß auch der Fortschritt schneller in kleinen, aber überlegten, denn in großen und unüberlegten Schritten vorwärtskommt. Erst in späteren Jahren hat Friedrich die genannten Ausnahmen nicht mehr zugelassen. Jetzt jedenfalls hat er sich bei seinen Bewunderern einen Namen gemacht, während ein großer Teil der europäischen Fürsten voller Argwohn nach Berlin und Rheinsberg schaut.

"Orden sind Wechselbriefe, gezogen   17. Juni 1740
auf die öffentliche Meinung"
Arthur Schopenhauer

Pour le Mérite

Er ist nicht der höchste Orden Preußens, das ist nämlich der Orden vom Schwarzen Adler, aber der populärste und begehrteste. Sein Vorgänger mit der Devise "de la générosité" wurde im Jahre 1667 von Kurprinz Friedrich, dem späteren Friedrich I., gestiftet. Er war damals wohlfeil zu bekommen: Für große Rekruten und gutes Exerzieren, so daß sein Wert entsprechend verfiel und Friedrich II. ihn nicht übernehmen mochte. Wenige Tage nach seiner Thronbesteigung, um den 10. Juni 1740 herum, das genaue Datum ist nicht bekannt, verwandelte er die Devise in "Pour le Mérite", die sich bis in unsere Tage gehalten hat. Entsprechend seinem antibürokratischen Wesen sind von Friedrich keine näheren Bestimmungen getroffen worden, so existieren weder Statuten noch Stiftungsurkunden. Das von ihm Gesagte und mündlich Angeordnete hat zu gelten, und niemand wagt es, auf fehlendes Schriftliches hinzuweisen. Demnach großzügig und wenig aufwendig in der Verwaltung verfährt er in der Vergabe des Adels, besonders an verdiente Soldaten, so daß die Verleihung des "Pour le Mérite" oft mit der Vergabe des Adels gleichgesetzt werden konnte. Es ist bekannt, daß Friedrich frischgebackene Adelige, die ihn um schriftliche Bestätigung ihres neuen Standes anhielten, mit den ärgerlichen Worten abfertigte: "Was will Er denn, Er ist doch von Adel."

Wer sich die Gunst nicht verscherzen wollte, stellte sein Ansinnen nicht ein zweites Mal. In den ersten Jahren seiner Regierung hat Friedrich den Orden sowohl an Militär- als auch an Zivilpersonen verliehen, aber dann kam der große Krieg, in dem die Soldaten natürlich bevorzugt wurden, Kapitäne der Kompanien vorzüglich, da sie stets mit in vorderster Linie standen, aber auch höhere Offiziere; mancher Bürgerliche ist hier zum Adeligen geworden. Es ist nicht genau nachzuweisen, aber ab dem Siebenjährigen Krieg scheint der Orden an Zivilpersonen nicht mehr verliehen worden zu sein. Das konnte Friedrich bei seiner Abneigung gegen zivile Beamte, Minister und Sekretäre besonders, nicht schwerfallen. Voltaire, Algarotti und Maupertuis haben den Orden erhalten, wohl mehr aus Freundschaft denn als Verdienst, von Zivilbeamten sind als ausgezeichnete Minister von Marschall und Landrat von Eckwricht bekannt.

Kein System, ob despotisch, diktatorisch oder demokratisch, scheint ohne seine Ordensflut auszukommen, und wie man auch heute dazu stehen mag, der Geist der Zeit ist zu bedenken: der "Pour le Mérite", im Namen oder Beisein Friedrichs empfangen, — und es wurde mit ihm ja nicht herumgeworfen —, war für den Empfänger etwas Erstrebenswertes und Aufwertendes und gab seinem Leben eine neue, meist positivere Richtung. Wie viele Orden hat auch der "Pour le Mérite" Wandlungen und Varianten erhalten, zum letzten Mal wurde er am 8. November 1918 an einen Leutnant der Jagdflieger verliehen, den ersten hat der Generaladjutant von Hacke schon im Mai 1740 erhalten. Im Jahre 1952 ist der Orden wiederbelebt worden, allerdings nur für Verdienste in Wissenschaft und Kunst. Friedrich sagte über Verdienst: "Die Stabilität erfordert, daß das Verdienst der Vorfahren, welches durch den Adel geehrt wird, bei sonst gleichen Talenten den Vorzug gibt. Aber die Talente sind von Natur ohne Rücksicht auf die Genealogie verteilt . . . jeder, der sich durch Tugend oder Talent auszeichnet, ist ein Mann von wahrem Adel ... Wie viele Feldherren, wie viele Staatsminister sind bürgerlichen Standes! Ich verachte gewiß nicht den Stamm der Wittekinde, der Karolinger und Ottonen; im Gegenteil habe ich mehr als eine Ursache, das Blut der Heroen zu lieben. Aber noch mehr liebe ich das Verdienst!"

Den "Pour le Mérite" nennt Friedrich gelegentlich "die Münze, die die menschliche Eitelkeit in Kurs gesetzt hat". Damit verrät er, wie nüchtern und sachlich er über die im Grunde billige Methode denkt, mit der Staat und Landesherr Verdienste ihrer Untertanen wohlfeil zu belohnen pflegen und, — als Kehrseite — wie eitel doch die Menschheit sein kann. Dennoch kann er wie alle Staatsmänner nicht umhin, diese Eitelkeit auszunutzen.

"Ein Grab ist doch immer die beste   **22. Juni 1740**
Befestigung wider die Stürme des
Schicksals"
Georg Christoph Lichtenberg

Ein Leichenbegängnis

Am 22. Juni 1740 tritt Friedrich Wilhelm seine vorletzte Reise an, die ihm für zweihundertfünf Jahre Ruhe bringen soll; über seine letzte muß an anderer Stelle berichtet werden. Mit mehr Prunk und Pomp als er im Leben benötigt hat, findet diese Beisetzung statt, denn sein Sohn will sich nicht lumpen lassen. Zwölf Generalmajore und acht Generalleutnante tragen den Thronhimmel und begleiten den Sarg, der in der Potsdamer Garnisonkirche beigesetzt wird.

Friedrichs bekanntester Vorleser Henri de Catt.

"Drei neue blaue Kinder", Friedrich Wilhelm besichtigt neue Rekruten.

Königin Sophie Dorothea von Preußen

213

Prinz Karl von Lothringen

Friedrich als junger König.

Was geht in Friedrichs Kopf in diesen Tagen vor? In diesem Kopf, der reformerische und ketzerische Gedanken wälzt, die bereits teilweise in die Tat umgesetzt sind, die die Welt haben aufhorchen lassen. Er selbst mag Fazit ziehen über das Leben und Wirken seines Vaters und sich Vorstellungen darüber machen, ob sie beide denn so gegensätzlich gewesen sind. Wie ein Orkan, wie ein Unwetter ist die Regierungszeit dieses Vaters und Monarchen vorbeigerauscht. Kaum ein Untertan Preußens, der von diesem Unwetter nicht betroffen worden wäre, er selbst, Friedrich, weiß das lauteste Liedchen hierüber zu singen. Wie groß der Groll über diesen Vater noch sein mag, wie erlösend die Freiheit durch seinen Abgang, schon jetzt fühlt er sich ihm nicht gegensätzlich, und eines Tages wird er sich hinsetzen und in seinem Werk "Denkwürdigkeiten zur Geschichte des Hauses Brandenburg" seinen Vater treffend charakterisieren. Hieraus soll ein Auszug wiedergegeben werden:

"König Friedrich Wilhelm hatte von 1713 bis 1740 das große Staatsproblem, ein faules Volk arbeitsam, ein üppiges Volk sparsam und einen verschuldeten Staat reich zu machen, aufgelöst. Aber ganz Europa sah nur, daß er, anstatt einer majestätischen Perücke einen steifen Zopf trug und anstatt Leckerbissen Erbsen und Speck aß. Man hielt ihn für lächerlich, nebenher auch für tyrannisch, wegen seiner höchst zu tadelnden auswärtigen, gewaltsamen Werbung, und für geizig, weil er Geld in den Schatz legte. In dasjenige, was seine Regierung wahrhaftig groß machte, drang nicht ein einziger europäischer Hof ein."

Als Gegenüberstellung ist es interessant, eine Selbstdarstellung Friedrich Wilhelms zu bringen:

"Mein ganzes Leben hindurch war ich gezwungen, um dem Neid des österreichischen Hauses zu entgehen, zwei Leidenschaften zur Schau zu tragen, die ich nicht hatte: ungereimten Geiz und übertriebene Vorliebe für lange Soldaten. Nur wegen dieser so sehr in die Augen fallenden Schwachheiten vergönnte man mir das Einsammeln eines großen Schatzes und die Errichtung einer starken Armee. Beide sind da, und mein Nachfolger bedarf nun keiner Maske."

Diese beiden Aussagen klären einiges und dokumentieren preußische Geschichte. Die einmalige Person Friedrich Wilhelms verdient natürlich auch aus heutiger Sicht eine Würdigung. So wie es Friedrich nicht ein zweites Mal gab, es aber doch denkbar gewesen wäre, daß er sich wiederholte, erscheint es ausgeschlossen, daß ein Mann wie Friedrich

Wilhelm noch einmal existieren könnte. Alle diese Eigenschaften wiederum in einem Monarchen — undenkbar! Wie schon einmal gesagt und später wiederholt, lassen sich historische Persönlichkeiten nur aus der Sicht ihrer Zeit, unter Berücksichtigung der Umstände und mit dem gewissen Etwas verstehen, das man als historisches Fingerspitzengefühl bezeichnen könnte. Führt man sich die Zustände der Stunde Null vor Augen, also den Tag, an dem Friedrich Wilhelm seine Regierung begann, dann erscheint es jedem gerecht Denkenden als selbstverständliches Walten des Schicksals, daß endlich ein Mann an die Macht kommen mußte, der unter allen Umständen zum Aufräumen entschlossen war. Bei aller Schlamperei hat Friedrich I., sein Vater, doch ein Gutes getan: er hat seinen Sohn, diesen Frühreifen, Selbständigen und Entschlossenen sobald wie möglich mit den Regierungsgeschäften vertraut gemacht, indem er ihm erhebliche Vollmachten einräumte. Im stillen mochte er froh gewesen sein, daß es nach ihm anders hergehen würde als bei ihm selbst. Es ist hier nicht der Ort, noch nähere Angaben über Friedrich Wilhelm, als bereits aus vorigen Darstellungen ersichtlich geworden zu bringen und auszuarbeiten; wichtig ist allein seine Arbeit für den Nachfolger, die Hauptperson, und weiterhin für die Entwicklung Preußens. "Ein faules Volk arbeitsam, einen verschuldeten Staat reich zu machen."

Ist das nicht eigentlich vollkommen genug für ein Regentenleben? Fragt denn die Geschichte viel danach, unter welchen Querelen, Opfern, Zumutungen und Tränen das zustandegekommen ist? Kann Privatleben in diesem Sinne überhaupt interessieren? Natürlich kann man diese Fragen mit Ja und Nein beantworten, gerade in dieser Darstellung Preußens und seiner Männer und Frauen ist viel von Privatleben und "Nebensächlichkeiten" die Rede, die scheinbar den Lauf der Geschichte nicht mitbestimmen, aber wer weiß schon genau, wieweit das Andenken an Friedrich Wilhelm, Andenken in Furcht, ohnmächtigem Grimm und eigentlichem Bewundern in Friedrich wachgeblieben ist und sein Tun und Denken bestimmt hat! Zwar ist nicht historisch erwiesen, da der nicht immer korrekte Henri de Catt es mitteilt, daß Friedrich im Siebenjährigen Krieg Traumerscheinungen seines Vaters und des Alten Dessauers hat, aber denkbar ist es doch: Alpträume von einem Vorbild, dem es nachzueifern gilt, das zu übertreffen ist.

Am 22. Juni 1740, drei Wochen nach der Machtergreifung, ist letzter Abschied vom Vater. Was ist der Grund, entgegen den "Anordnungen" des Vaters doch ein aufwendiges Leichenbegängnis zu veranlassen? Friedrich fürchtet — das Volk weiß ja nichts von der Sparmaßnahme des Vaters —, daß ihm wegen der alten Unstimmigkeiten Mißachtung des Verstorbenen vorgeworfen werden könnte; das will er sich nicht nachsagen lassen. Das berühmte Potsdamsche Grenadierregiment, die Garde der Langen Kerls, erscheint bei diesem Leichenbegängnis zum letzten Mal in der Öffentlichkeit; hiernach hat Friedrich nichts anderes zu tun, sie schleunigst aufzulösen. Auf der Basis "gewisser Freiwilligkeit" wird das Regiment umformiert, viele Soldaten nehmen Abschied, einige der Riesen reisen, wie bereits berichtet, durchs Land und zeigen sich für Geld als "ehemaliges Spielzeug des dicken Preußenkönigs Friedrich Wilhelm".

"Der Weg zum Reichtum liegt hauptsächlich   27. Juni 1740
in zwei Wörtern: Arbeit und Sparsamkeit"
Benjamin Franklin

"Die Kräfte des Staates"

So wie dieser junge, achtundzwanzigjährige König ist wohl nie ein Thronerbe "rangegangen" — an die Arbeit. Allerdings verschweigen viele Biographien, daß er gleichzeitig ein großer Müßiggänger und Lebenskünstler gewesen ist. Wie das: Arbeiter und Lebenskünstler? Ganz einfach: Ein Alleinherrscher kann das! Wenig Bürokratie, kaum Berater, alles selber machen; klar, daß dann manches locker von der Hand geht.

"Ich arbeite mit beiden Händen", schreibt er im Juni an Voltaire, "mit der einen an der Armee, mit der anderen an dem Volke und an den schönen Künsten."

Stelle man sich einen heutigen Regierungschef vor, den nichts, keine Bürokratie, keine Lobby, keine Wahlangst an Entscheidungen hindern könnte, wie schnell er seine Wochenarbeit hinter sich hätte; in einem Vormittag vermutlich. Genauso ist es bei Friedrich, und das ist sein Geheimnis, warum er neben seiner "Freizeit" wie Lesen, Musik, Tafeln und Diskutieren eine Menge Regierungsarbeit erledigt. Seine Mitarbeiter, vom Stallmeister bis zum Minister, sind Erfüllungsgehilfen. Verständlich, daß sich Friedrich, wie ein Nachwuchs-Jungchef in der Firma seines Vaters, übereifrig und mit Enthusiasmus in die Arbeit stürzt. Viel ist liegengeblieben in den letzten Monaten des Vaters, genug alter Krempel muß abgeschafft oder aufgeräumt werden. Friedrich zeigt eine erfrischende, hoffnunggebende Modernität. "Ich gehe nach Preußen (Ostpreußen)", schreibt er in einem anderen Brief an Voltaire, "um die Huldigung zu empfangen, ohne die unnützen und frivolen Ceremonien, welche Ignoranz und Aberglaube eingeführt haben."
Bedenkt man, welchen maroden Pomp deutsche Fürstenhäuser, von Habsburg bis zum kleinen Duodezfürsten bei Thronbesteigungen zu entwickeln pflegen, so sind dies durchaus neue Töne, die hier mit Mißfallen, dort mit wohlwollendem Erstaunen zur Kenntnis genommen werden. Am meisten wundert's Europa, daß Friedrich sein Hauptaugenmerk aufs Militär, auf die Armee, richtet.
"Ich habe damit angefangen", schreibt er am 27. Juni 1740 an Voltaire, "die Kräfte des Staates durch sechzehn Bataillons, durch fünf Escadrons Husaren und durch eine Escadron Garde du corps zu vermehren."
Von Beginn seiner Regierung bis in die Zeit des Amerikanischen Unabhängigkeitskrieges hat Friedrich zweiundfünfzig Reglements militärischen Inhalts verfaßt, viele für die Berufsausbildung seiner Offiziere, deren allgemeiner Bildungsstand ihm nicht hoch genug erschien. Das erste Reglement stammt vom 30. Juni 1740 und ist für das Kadettencorps bestimmt, dessen Ausbildung ihm zu inhuman ist und wenig förderlich für die Erweckung staatsbürgerlicher und dem Königshaus treuer Gedanken. Im Siebenjährigen Krieg, als im wahrsten Sinne des Wortes Not am Mann war, hat er auf fünfzehn- und sechzehnjährige Kadetten zurückgegriffen, — denn der Abgang an gefallenen Offizieren war überdurchschnittlich hoch —, die sich heldenmütig, bestens ausgebildet, für Preußen geschlagen haben. Mit dem Reglement vom 30. Juni 1740 wird die Erziehung der Kadetten vornehmlich auf Humanität und Wissenschaft begründet. Die Ketten fallen, der Profos, dem Prügel und andere körperliche Strafen obliegen, wird abgeschafft. Die ausbilden-

den Unteroffiziere, Feldwebel und Offiziere haben ihre Brutalität gegen diese jungen Menschen einzustellen. Die Brandenburgische Geschichte sei stärker zu lehren, bei Tisch soll aus Feuquiéres Kriegsnachrichten vorgelesen werden. In drei Hauptrichtungen soll die Ausbildung der Offiziere gelenkt werden: wissenschaftlich, patriotisch, militärisch. Das Schuldenmachen der Offiziere hatte schon Friedrich Wilhelm rasend gemacht, auch Friedrich will es nicht dulden. Alle spüren den neuen Wind, der von diesem König ausgeht, der wie sein Vater darauf verzichtet, jemals eine Krone zu tragen. Es bleibt nicht aus, daß Gesandte und Spione, die in "Personalunion" aufzutreten pflegen, Friedrichs militärische Neigungen und Ambitionen getreulich nach Hause vermelden, und besonders in Wien weiß man sich, zwischen Bedenken und Spott, keinen Reim zu machen. Man führe sich vor Augen, daß Friedrich bisher der Welt mehr ein intellektuelles als ein achtungsvolles Bild geboten hat. Wieweit die Kräfte des Staates Preußen inzwischen gediehen sind, was aus ihnen erwachsen kann, Bedrohliches, Neues, Beachtenswertes — das kann niemand ahnen. Aber: Die beste Kraft vollbringt wenig, wenn sie falsch eingesetzt und geführt wird . . .

"Wahrheit sagt den Text ohne Glossen"   30. Juni 1740
Sprichwort

Berlinische Nachrichten

Friedrichs Verhältnis zur Presse wird oft unterschiedlich dargestellt: Einmal ist er hoch gelobt als Verfechter der Pressefreiheit, andere schmähen ihn der Zensur; beides ist richtig und falsch zugleich. Wer glaubt, britische Zeitungsverhältnisse — absolute Pressefreiheit ist auch auf der Insel eine Legende gewesen —, hätten in Deutschland und Preußen herrschen können, verkennt vollkommen die Zeichen der Zeit und die historische Entwicklung des Zeitungswesens im 18. Jahrhundert. Demokratische Strömungen auf diesem Gebiet hat es selbstverständlich gegeben, aber sie waren nicht so stark, daß ein "echter Bedarf" bestanden hätte. Im Vielfürstenstaat Deutschland hatte auch der kleinste Herrscher soviel Gewalt über seine Untertanen, daß er nach Belieben über Veröffentlichungen bestimmen konnte. Die Erkenntnis, "daß Gazetten, wenn sie interessant sein sollen, nicht geniret werden dürfen", stammt nicht von Friedrich, wie dieser Satz, oft zitiert, glauben machen kann, und es ist erwiesen, daß Friedrich offene Berichterstattung im politischen Teil auf jeden Fall vermeiden wollte, das Nichtgenieren sollte sich nur auf das Nichtpolitische erstrecken. Wehe dem Zeitungsschreiber, der es sich erlaubt hätte, Order und Entscheidungen Friedrichs einer Kritik zu unterziehen. Aber immerhin: Ein Anfang war gemacht, Zeichen für die Zukunft sind gesetzt worden.

Bezeichnenderweise hat Friedrich Kritik an der eigenen Person durchaus vertragen können, schon dadurch unterschied er sich wohltuend von seinen Standeskollegen des In- und Auslandes. Bei ihm kann wegen "Majestätsbeleidigung" niemand ausgepeitscht werden wie im Rußland der Zarin Elisabeth: Als die Gräfin Natalia Lopuchina auf einem Ball mit ähnlicher Frisur und Blume wie die Zarin erscheint, muß sie eine kaiserliche Ohrfeige kassieren, und als darüber unvorsichtige Äußerungen folgen, wird sie, ihr Mann ebenfalls, öffentlich ausgepeitscht, und nach Herausreißen der Zungen gehen beide für immer ab nach Sibirien — und das nur, weil die Zarin sich beleidigt "fühlte". Undenkbar in Preußen dieser Vorgang!

Friedrich Wilhelm ist ein rechter Zeitungsmuffel gewesen, denn seine Untertanen sollten gehorchen, nicht räsonieren. Schon 1628 erschien in Berlin die Zeitung "Avisen", erst nur so oft, wie Neuigkeiten hereinkamen, dann einmal wöchentlich, schließlich täglich. Doch Friedrich Wilhelm verbot vorerst alle Zeitungen, bis sie 1715 einige Freiheiten genießen durften. Am 11. Februar 1721 erhielt Rüdiger das ausschließliche Privileg zu einer neuen Zeitung, das er bis 1740 behalten und dann wegen einer unliebsamen Meldung verloren hat. Friedrich bleibt es vorbehalten, neues Leben in Berlins Zeitungen zu bringen. Anfang Juni 1740 regt er die Herausgabe einer politisch-literarischen Zeitschrift in französischer Sprache an, die schon am 9. Juni unter dem

Titel "Journal de Berlin ou Nouvelles politiques et litéraires" durch Haude erscheint. Hier will Friedrich selbst mitarbeiten, aber der Krieg kommt ihm dazwischen, und das Blatt geht am 8. April 1741 ein.

Bei demselben Buchhändler Haude — Buchhändler waren damals auch Verleger — veranlaßt Friedrich gleichzeitig die Gründung einer weiteren Zeitung: "Berlinische Nachrichten von Staats- und Gelehrtensachen", wovon die erste Ausgabe am 30. Juni 1740 erscheint, unter dem Wahlspruch "Wahrheit und Freiheit", der ab 1743 in "Mit königlicher Freiheit" umbenannt wird.

Aus Hamburg holt Haude den erfahrenen Lamprecht an seine Zeitung, der dort nach englischer Manier geschrieben hatte. Lamprecht ist 1744 als Mitglied der Akademie der Wissenschaften verstorben. Friedrich hat der neuen Zeitung viel freie Hand gelassen, soweit, wie er vertreten zu können glaubte, und selbst einige Beiträge geliefert. Ende Juni schickt er ein Exemplar der Zeitung an Voltaire. Am 11. Mai 1749 erscheint allerdings das Allgemeine Zensuredikt, das bis zu Friedrichs Tode in Kraft bleibt. In Paragraph 10 heißt es hier:

"Bei dieser vorgeschriebenen Zensur ist Unsere Allergnädigste Absicht jedoch keineswegs dahin gerichtet, eine anständige und ernsthafte Untersuchung der Wahrheit zu hindern, sondern nur vor-

nehmlich denjenigen zu steuern, was den allgemeinen Grundsätzen der Religion und sowohl moralischer als bürgerlicher Ordnung entgegen ist."

Doch scheint nicht so heiß gegessen wie gekocht worden zu sein, sonst
hätte der Engländer Moore 1775 nicht berichten können:

"Nichts befremdete mich anfangs, als ich nach Berlin kam, so sehr,
als die Freimütigkeit, womit viele Leute von den Maßregeln der
Regierung und dem Betragen des Königs sprechen. Ich habe politische Sachen und andere, die ich für noch kitzliger gehalten hätte,
hier ebenso frei und ungescheut, als in einem Londoner Kaffeehau-
se, behandeln hören."

Aus heutiger Sicht gesehen sind das alles keine weltbewegenden Vorgänge, aber, wie gesagt, ein Anfang ist gemacht, und wenn man in späteren Zeiten Berlin die zweite Zeitungsstadt nach London nannte, ist
der Ursprung dieser Leistung und Traditionen in der Aera Friedrichs
zu suchen.

"Verschiedene Dinge sind ihrer Natur
nach so beschaffen, daß ein Regent nie seine
Macht bis auf sie muß ausdehnen wollen.
Darunter gehören hauptsächlich: Religion
und Liebe"
Friedrich

Religiöse Toleranz

Nebenstehender Satz, in unnachahmlichem Deutsch niedergeschrieben, hat es mehr in sich, als man oberflächlich ablesen könnte. Toleranz — ein Wort, heute oft geschrieben und gesagt und nur selten nachgelebt; religiöse Toleranz — zwei Worte, heute oft gesagt und geschrieben und kaum in Taten umgesetzt! Wieviel mehr müssen sie damals bedeutet haben! Oder? Oder ist man damals, 1740, insgesamt toleranter als heute? Dies ist kaum recht zu beantworten. Religiöse Toleranz kann wohl nur aus religiöser Gleichgültigkeit erwachsen — und damit geht Friedrich als Aufgeklärter voran. Es gibt genug Äußerungen dieses Inhalts von ihm, somit beweist er seine geistige Größe, die ihn der Denkweise seiner Zeit vorauseilen läßt; weiter voraus als wir offenbar ahnen.

Nur wenige Wochen an der Regierung, setzt Friedrich Zeichen, die mehrfachen Ursprung haben: Tatendrang, jugendlicher Überschwang, Ruhmbegierde, Aufsehenerregen.

"Neue Besen kehren gut."

Aber es kann kein Zweifel bestehen, daß er alles aus gutem Willen und zum Besten von Volk und Staat tun möchte. Schaut man rings um Preußen, ist der Fortschritt unübersehbar: Während Habsburg weiterhin Religionsverfolgungen durchführen läßt, deutsche Fürsten ihre Landeskinder als Soldaten ins Ausland verkaufen, ein sächsischer Minister in Saus und Braus Vermögen verpraßt, und ein Duodezfürst des Reiches seiner Mätresse zuliebe einen Dachdecker vom Hause schießt, setzt Friedrich mit Erlassen, Verfügungen und Randbemerkungen Zeichen von Menschlichkeit, Einsicht, Toleranz und Fortschritt, die hundert Jahre später noch nicht selbstverständlich sind.

Zu der oben angeführten Randbemerkung war es gekommen, als sich die geistliche Behörde Berlins bei Friedrich über katholische Proselytenmacherei unter den Protestanten beschwerte, die in Folge der Neugründung katholischer Schulen in Berlin entstanden war. Hiermit wahrte er die Rechte der protestantischen Kirche.

In einer anderen Randbemerkung ein paar Tage vorher hat er geäußert, "daß alle Religionen gleich seien und gut, wenn nur die Leute, die sie profesiren gute Leute seien", und wenn sie Türken und Heiden wären. Schon seinem Vater, erheblich frommer, war es vollkommen gleichgültig gewesen, welche Leute das Land pöplieren, ob Schotten, Türken oder Russen. Es ist klar, daß Friedrich über Kirchengezeter und Religionsgezänk erhaben ist wie alle Großen und Geistreichen, er aber einsehen muß, daß auch der mächtigste weltliche Herrscher Religion und Kirche nicht ignorieren kann. Desto mehr muß diese Institution sein Spott treffen. Seine Randbemerkung sagt deutlich: ". . . und muß der Fiskal nur das Auge darauf haben, daß keine der anderen Abbruch tue . . ." Wenn es um Unruhen innerhalb des Staates geht, versteht Friedrich nämlich nicht mehr den geringsten Spaß. Der Schluß: ". . . denn hier muß jeder nach seiner Fasson selig werden" ist ein großartiges Bekenntnis eines Mannes, der in seinen Staaten nichts anderes will als Ruhe, Ordnung und Freiheit des Geistes, Aufgeklärtheit aus religiösem Stumpfsinn und Fanatismus vergangener Jahrhunderte — er sebst muß diesen Geist vorleben, soll das Volk seinen Worten Glauben schenken. Friedrichs Lohn für seine Haltung ist die Tatsache, daß es plötzlich viele große und freie Geister gen Berlin und Potsdam zieht,

Voltaire allen voran. Europas Intelligenz — sie war schon immer wenig weitsichtig und viel egoistisch — erklärt Friedrich zum Heroen des Geistes, der Aufklärung und Literatur und trägt damit zu einem Geschichtsbild bei, das bis in unsere Tage nachwirkt und seine Taten, Werke und Entscheidungen dieses Gebietes überbewertet; über seine vielen unpassenden Formulierungen, Orders, Befehle und Bestimmungen haben sie gern geschwiegen. In diesen Wochen und Monaten vor dem Ersten Schlesischen Krieg trifft Friedrich Entscheidungen von großer Tragweite, einige aus dem oben erwähnten Ursprung, aller aber eines freien Geistes würdig und unvergessen. Es darf nicht wundern, daß er als Praktiker zuerst das Wohl seines Staates, nicht der Untertanen im Sinn hat, ganz wie sein Vater, dessen Verdienste er bald schätzen lernt, von echter Humanität also kaum die Rede sein kann. Aber wo ist die zu finden in damaliger Zeit — wo suchen wir sie heute?

"Am Throne gibt es fast für niemand   2. August 1740
Geheimnisse als für den, der darauf sitzt"
Jean Paul

Huldigungen

Die letzte prunk- und pomphafte Thronbesteigung in Preußen hatte für Friedrich I. stattgefunden, denn schon Friedrich Wilhelm verzichtete auf diese "alten Gebräuche". Wohl hatte er seinen Vater standesgemäß unter die Erde bringen lassen, doch von da an regierte der preußische Rotstift bei allen Anlässen, die nur der Repräsentation dienten. Friedrich handelt nicht anders als sein Vater. Schon bei seinen Anweisungen für die Beisetzung Friedrich Wilhelms hören die Hofleute, "nur keine Unterschleife!" daß der Besen, der in Zukunft kehren wird, nicht neu ist. Friedrich verzichtet also auf jede Art Repräsentation anläßlich seiner Thronbesteigung und möchte die eingesparten Gelder an anderer Stelle sinnvoller eingesetzt sehen. Er äußert sich ironisch über "die heilige Ölflasche und unnütze und nichtige Zeremonien, die die Unwissenheit eingeführt hat und der Brauch begünstigt." Wie sein Vater findet er die Monarchie gefestigt genug, um sich höfische Formen ersparen zu können. Auf die Huldigung jedoch kann nicht verzichtet werden, denn sie ist ein rechtlicher Vorgang, und Friedrich betrachtet sie als staatsrechtliche Sicherheitsmaßnahme. Die Stände, Beamten und Bürger verschiedener Provinzen und Landesteile hatten dem König offiziell zu huldigen, und diese Huldigung sollte weniger seiner Person als dem Amt gelten. Um sich in seinen Provinzen huldigen zu lassen, muß Friedrich diese aufsuchen, nur die Kurmärkischen Stände können ihm in Berlin direkt huldigen.

Zunächst macht Friedrich sich nach Preußen auf, womit in seiner Zeit noch immer vorrangig Ostpreußen gemeint ist. Wie sein Vater ordnet er für die Reise an, "daß unterwegs in den Städten keine Zeremonien und Gelärme mit Aufzügen, Turmblasen, Schießen, Ansprachen, Blumen-, Kalmus- oder Grasstreuen und dergleichen stattzufinden habe, es habe Namen wie es wolle".

Am 7. Juli 1740 bricht Friedrich in Begleitung des Adjutanten von Hacke, Freiherrn von Keyserlingks, Francesco Algarottis und seiner Leibköche auf, über Frankfurt, Landsberg, Stargard, Köslin, Marienwerder, Preußisch Holland, Preußisch Eylau, Angerburg, Trakehnen, Tilsit nach Königsberg, wo er am 16. Juli eintrifft. Unterwegs besichtigt er Regimenter und spricht in den größeren Orten mit den Amtshauptleuten. Am 17. Juli findet in der Schloßkirche der Huldigungsgottesdienst statt, dem sich eine Parade im Königsgarten anschließt. Die nächsten Tage vergehen mit Audienzen der Abgesandten, Besichtigung des Hafens, Vorstellen der Zöglinge des Waisenhauses, Fackelzüge der Studenten. Friedrich kennt die Probleme Ostpreußens von seinen letzten Reisen her ganz genau und hört sich überall die Klagen, Wünsche und Eingaben offenen Ohres an. Die eigentliche Huldigungsfeier findet am 20. Juli auf dem Schloßhof statt, wo sich Landräte, Ritterschaft, Magistrat, Abgeordnete der Städte, der Zünfte und die Professoren der Universität eingefunden haben. Noch in der folgenden Nacht reist Friedrich über Danzig zurück nach Berlin, wo er am 24. eintrifft. Viele der Beschwerden und Wünsche, die ihm während der

Huldigungen vorgebracht werden, auf die er gar nicht einzugehen gedenkt, läßt er vollkommen unbeantwortet, obwohl sie bis Ende der vierziger Jahre jährlich wiederholt vorgebracht werden; friderizianische Diplomatie!

Eine Huldigung, wie sie das pompliebende Volk in etwa erwartet haben mag, findet am 2. August 1740 im Berliner Dom statt. Genau um acht Uhr beginnt die Predigt, die auf Friedrichs ausdrückliche Anordnung hin nicht länger als eine Viertelstunde dauern darf. Friedrich sitzt bedeckten Hauptes auf dem Thron im Huldigungssaal, an seiner Seite stehen die Erbkämmerer mit dem Zepter und der Erbmarschall mit dem Schwert. Die versammmelte Ritterschaft spricht mit erhobener Schwurhand die Eidesformel nach, es folgt der dreimalige Ruf "Vivat Fridericus Rex", und der König tritt hinaus auf den Balkon des Schlosses. Auch hier hat er Kürze verfügt:

"Kann alles dergestalt gefaßt werden, daß mit Vermeidung unnützlicher Weitläufigkeit der ganze Actus in kurzer Zeit vollendet werde, weil mit vergeblichen Umständen nicht viel gedient."

Was geht in seinem Kopf vor, als er auf die ihm laut zurufende Bürgerschaft Berlins herabschaut? Spott und Ironie mögen ihn in der Kirche, während der mittelalterlichen Zeremonie, durchzuckt haben, veraltete Begriffe wie Ritterschaft und Erbhuldigung mögen ihm innerlich nichts mehr bedeuten — doch hier, auf dem Balkon, unter sich das Volk: Ist das nicht etwas anderes! Hat er nicht versprochen, für das Wohlergehen dieser Menschen sich einzusetzen? Haben sie es verdient, überheblich von ihnen zu denken? Nach Augenzeugenberichten bleibt der König lange Zeit auf dem Balkon, reglos, "in tiefe Betrachtung verloren". Am 15. August bricht Friedrich in seine westlichen Provinzen auf, während dieser Reise besucht er inkognito Straßburg und trifft sich in Schloß Moyland mit seinem Idol Voltaire.

Erstes Treffen mit Voltaire

Die beiden Spötter und Freigeister haben sich bis jetzt nur geschrieben, meist in Form mehr oder weniger bemerkenswerter Reime und Verse, nun wollen sie sich auch einmal persönlich kennenlernen. Wenigstens Friedrich dürstet danach. Voltaire dichtet zur Thronbesteigung:

"Mein schönster Tag, all meiner Wünsche Krone,
erschien er? Täuscht ein holder Wahn mich nicht?
Du herrschest, und der Weisheit Licht
strahlt hell und hehr von einem Königsthrone."

Voltaire, der Friedrich auch den König der Grenzlinien nannte, wegen der zerrissenen Gestalt Preußens, erwartet eine Regierung der Künste und Wissenschaften, des Geistes, der Musen und der Bildung; ein Traum, der Friedrich in Rheinsberger Tagen vorschwebte. Aber er hat längst anders entschieden. Mit folgenden Zeilen hat er Voltaire die Thronbesteigung angekündigt:

"In Zukunft ist mein Volk, das warm ich liebe,
der einzige Gott, dem meine Arbeit gilt.
Lebt wohl, ihr Verse und ihr Melodien,
leb wohl Genuß, selbst Voltaire, lebe wohl!
Die höchste Göttin ist die Pflicht fortan."

Nun, ganz so konsequent ist er nicht gewesen, wie wir wissen, zwischen all den Kriegen gibt's Zeit genug zum Dichten, Schreiben und Musizieren. Bevor Friedrich das Schlesische Abenteuer beginnt, regelt er mit Eifer verschiedene Angelegenheiten des Staates und begibt sich dazu auch in den westlichen Teil seiner Besitzungen. Er selbst hat später einmal gesagt — und auch bedauert —, in der Welt so gut wie gar nicht herumgekommen zu sein, jetzt entfernt er sich wie nie mehr später von seinem Hofe: Im August 1740 leistet er sich die Eskapade, unerkannt in Straßburg aufzutreten, in Begleitung seines Bruders August Wilhelm, Fredersdorfs, Algarottis und des Grafen Wartensleben. Die leichtsinnige Gesellschaft hat keine Pässe bei sich, und Friedrich wird auf einem Manöverplatz von einem preußischen Deserteur erkannt, so daß er es vorzieht, die lustige Reise abzubrechen und Frankreich schleunigst zu verlassen. Er quartiert sich auf preußischem Boden ein, in Schloß Moyland bei Kleve, und betreibt von hier die Zusammenkunft mit Voltaire. Er teilt ihm mit, ihn in Brüssel, wiederum inkognito, zu besuchen, doch ein heftiges Fieber zwingt ihn ins Bett, so daß er Voltaire bitten läßt, ihn in Schloß Moyland aufzusuchen. Am 11. September 1740 kommt es zu der ersten Begegnung dieser beiden Männer, aus der sich eine Freundschaft entwickelt, die eigentlich nie eine ist; zu realistisch sind beide, zu gute Menschenkenner, zu intensive Denker, als daß sie sich nicht gegenseitig durchschauen könnten: Aber ist das nicht die Grundlage einer echt dauerhaften Freundschaft? Voltaire schreibt später über seinen ersten Eindruck:

"Ich wurde in die Gemächer Seiner Majestät geführt. Da waren nackte vier Wände. Beim Schein einer Kerze entdeckte ich in einem Kabinett ein kleines, zweieinhalb Fuß breites Feldbett, darauf lag, in einen Schlafrock aus grobem blauen Tuch gemummt, ein kleiner Mann: Es war der König, der in einem heftigen Anfall von Fieber unter einer dürftigen Decke schwitzte und zitterte. Ich verbeugte mich und schloß Bekanntschaft, indem ich ihm den Puls fühlte, als ob ich sein Leibarzt gewesen wäre. Als der Anfall vorüber war, zog er sich an und ging zu Tisch. Algarotti, Keyserlingk und der Botschafter des Königs bei den Generalstaaten nahmen an dem Souper teil, bei dem die Unsterblichkeit der Seele, die Freiheit und Platos Androgyne aufs gründlichste abgehandelt wurden."

Voltaire liest sein neuestes Werk "Mahomet" vor und darf sich um die Drucklegung des "Antimacchiavell" in Holland kümmern. Zweifellos sind beide Männer außerordentlich voneinander angetan, wenn sich Friedrich auch an den höchst irdischen, weil geldhungrigen Interessen des Franzosen stößt. Voltaire seinerseits muß feststellen, daß zwischen dem, was Friedrich im Antimacchiavell zu Papier gebracht hat und den Plänen und Realitäten der Monate nach der Thronbesteigung krasse Gegensätze bestehen.

"Bald zeigte sich", schreibt Voltaire, "daß Friedrich II., König von Preußen, kein so großer Gegner Macchiavellis war, als es der Kronprinz gewesen zu sein schien. Obwohl er bereits den Plan zu seinem Einfall in Schlesien im Kopf hatte, rief er mich an seinen Hof."

Bedenkt man die Stellung der Schriftsteller und Dichter jener Zeit Königen und Regenten gegenüber, so ist es schon außergewöhnlich, daß Friedrich Voltaire als gleichberechtigt ansieht und behandelt, was Voltaire in weiteren Worten treffend zum Ausdruck gebracht hat:

"Ich fühlte mich nach wie vor ihm zugetan, denn er besaß Geist,
Anmut, und er war König, was in Ansehung der menschlichen
Schwachheit immer eine große Verführung darstellt. Gewöhnlich
schmeicheln wir, die Schriftsteller, den Königen; dieser lobte mich
vom Kopf bis zu den Füßen, während der Abbé Desfontaines und
andere Lumpen mich in Paris wenigstens einmal die Woche ver-
leumdeten."

Hier also ist der Geist Friedrichs eindeutig erkennbar, der Geist, mit
dem er sich von anderen Herrschern seiner Zeit unterscheidet: Toleranz, Modernität, Gleichberechtigung, freilich aus der Warte des
Obenstehenden gesehen, und es wird viel davon im Alltag der Regierungsgeschäfte und am Druck der Realitäten untergehen. So bleibt dieser 11. September 1740 für beide Männer und die Nachwelt von Bedeutung in Form von vielen tausend Worten, die noch gewechselt werden.

"Die Einsicht in das Mögliche   **24. September 1740**
und Unmögliche ist es, die den
Helden vom Abenteurer scheidet"
Mommsen

Königliche Arbeitswut

"Meine Art zu leben ist für jetzt noch nicht richtig im Gange,
denn die Fakultät hat es für gut befunden mir ex officio Pyrmonter
Wasser zu verordnen. Ich stehe um vier Uhr auf, trinke Brunnen
bis acht Uhr, schreibe bis zehn, lasse bis mittag exerzieren, schreibe bis fünf und erhole mich abends in guter Gesellschaft. Wenn die
Reisen beendet sind, soll meine Lebensart ruhiger und planmäßi-

Büste Voltaires

Friedrich als Kronprinz

Kaiser Karl VI.

Kanonenemblem Friedrich Wilhelm I.

Kanonenemblem Friedrichs

ger werden. Für jetzt aber habe ich die gewöhnlichen laufenden Geschäfte zu erledigen und überdies noch neue Anordnungen zu treffen; bei allem muß ich noch viele unnütze Komplimente machen, Zirkulare ergehen lassen usw."

Diese Worte schreibt Friedrich am 27. Juli 1740 aus Charlottenburg an Voltaire, nachdem er ihm vorher einige Arbeitsleistungen mitgeteilt hat: Heeresverstärkung, Schreiben an namhafte Gelehrte, Einrichtung neuer Departements für Handel und Manufaktur. Es bleibt zweifelhaft, ob Friedrich jemals geglaubt hat, ruhige Zeiten, wie in Rheinsberg, wieder erleben zu dürfen; vielleicht hätte es sie gegeben, wäre er nicht in Schlesien eingefallen . . .

Davon spricht jetzt noch niemand, wenn auch Friedrich daran denken wird. Im September ist er auf der Reise in seine westlichen Provinzen, Mitte des Monats zurück in Berlin: Er hat Voltaire getroffen und die Lütticher Angelegenheit geregelt, mit gewissem Befremden schaut Europa auf ihn, denn er hat gezeigt, daß er nicht nur ein Mann der Worte, sondern auch der Tat ist. Befremden erregt seine Mißachtung der Etikette, hat er doch an die Höfe von Wien, Paris und Hannover "einfache Soldaten", Offiziere, als Beauftragte geschickt, die seinen Regierungsantritt bekannt zu machen hatten. Besonders Wien und Paris zeigen sich pikiert, und der französische Gesandte in Berlin berichtet seiner Regierung: "Der regierende König ist noch undurchdringlicher als sein Vater es war; er tut alles selbst, und seine Minister sind nur Handlanger von mittelmäßiger Bedeutung."

"Sein Charakter ist so, daß er glaubt, mit Geist begabt könne man alles wissen, daß er niemand um Rat fragt, und besonders, daß er um jeden Preis eine erste Rolle in Europa spielen will." Das ist etwas überspitzt ausgedrückt und trifft den Kern nicht richtig: Zeit seines Lebens ist Friedrich auf seinen gut funktionierenden Beamtenapparat angewiesen gewesen und hat gar nicht daran gedacht, Bewährtes umzustoßen. Das schließt Neuerungen nicht aus: Er hebt erst einmal alle Anwartschaften auf Lehngüter, Amtshauptmannschaften und andere Pfründe auf. Er hält die Behörde zu rascher Erledigung der Arbeiten und knapper Berichterstattung an, und sie merken schon, diese Beamten, daß sie es beim Alten besser gehabt haben. Leute antreiben, nie hat Friedrich damit aufgehört! Über seinen Gesandten in Paris, Oberst Camas, bemüht Friedrich sich im September um ein gutes Verhältnis mit Frankreich. "Die Interessen Frankreichs", schreibt Friedrich an den Kardinal Fleury, "sind mit den meinigen gleichbedeutend, alles scheint auf unsere Vereinigung hinzuweisen, und nur etwas mehr guter Wille von seiten des Königs von Frankreich würde dieselbe für alle Zeiten befestigen. Ich bin fest überzeugt, daß es so kommen muß, besonders da Sie keinen zuverlässigeren und entschlosseneren Verbündeten finden dürften als mich."

"Kleinigkeiten" ordnet Friedrich in einer Order an die Kriegs- und Domänenkammer vom 14. September 1740, wo es ihm um eine verstärkte Anpflanzung von Obstbäumen ankommt. Am 17. September geht ein Brief an seine Räte von Borcke und von Gräve in Wien, das seit Jahren große Summen aus den Maaszöllen zu zahlen verweigert, und Friedrich will sich nicht, wie sein Vater, mit leeren Worten vertrösten lassen. Wegen des Geldes ist auch der Minister von Podewils in Wien, von wo aus er über "Ebbe in den Kassen" berichtet und daß ein jüdischer Emissär nach Berlin unterwegs ist, um vom preußischen Staatsschatz Geld zu borgen.

Friedrich macht im Schreiben aus Magdeburg, am 22. September 1740, an Podewils bereits Anspielungen auf Schlesien:

"Will mir aber der Kaiser einen auf meine Staaten anstoßenden Distrikt Schlesien als Sicherheit verpfänden, so könnten wir uns darüber verständigen."

Mit wenigen Worten: Die preußische Außenpolitik ist seit Jahrzehnten der Ruhe wieder aktiv. Gewiß hat Friedrich das Gefühl, einiges nachholen zu müssen. In aller Arbeit findet er Gelegenheit zu launigen Briefen an seine Freunde, so am 24. September an Jordan:

"Sehr achtbarer Inspektor der Armen, Invaliden, Waisen, Wahnsinnigen und des Irrenhauses . . ."

Er berichtet von seinem Treffen mit Voltaire und dem viertägigen Fieber auf Schloß Moyland und beschließt den Brief:

"Ich erwarte morgen mein Fieber. Die Reise hat mich ein wenig abgemattet; indes habe ich die Lust am Plaudern nicht verloren. Du wirst mich bei meiner Zurückkunft sehr geschwätzig finden; aber erinnere Dich, daß ich zwei Gegenstände gesehen habe, die mir immer am Herzen lagen: Voltaire und französische Truppen." Weiterhin "leistet" Friedrich sich alle paar Wochen ein Fieber, das man heute als Malariaanfälle glaubt diagnostiziert zu haben, offenbar keine Seltenheit in den Sumpfgebieten der Mark Brandenburg. Aber diese Anfälle halten ihn nicht wirklich von der Arbeit ab, da er sie, wenn nötig, "abschütteln" kann. Noch ahnt er nicht, daß er seine Maschine in nächster Zeit wird mehr brauchen müssen denn je. Ist es Zufall, daß er Fieber hat, und zwar so heftig, daß außer Kammerdiener Fredersdorf niemand ihn anzusprechen wagt, als das Ereignis des Jahres eintritt. "Ich war krank", schrieb Friedrich später über diese Tage, "als ich es erfuhr, aber der Wunsch, gesund zu werden, gab mir die Gesundheit wieder."

Das Ereignis: Kaiser Karl VI. stirbt am 20. Oktober, und trotz der wie verrückt reitenden Boten erfährt Friedrich dieses erst am 26. in Schloß Rheinsberg.

"Von dem, was man erworben,
ist das Beste die Erinnerung,
wie man's erworben"
August von Kotzebue

20. Oktober 1740

Der Fall Lüttich

Daß Friedrich nicht nur zur Kurzweil und Pflege der Muse in seine westlichen Länder gereist ist, beweist er bald auf augenfällige Weise. Überhaupt muß man die Hektik seiner Regierungstätigkeit der ersten Monate auf den Umstand zurückführen, "daß er der Sohn Friedrich Wilhelms ist". Das soll heißen: Es ist viel nachzuholen. Wie ähnlich Friedrich seinem Vater geraten ist, wird sich noch zeigen. Zunächst, von Schloß Moyland aus, noch in Gesellschaft Voltaires, gilt es eine alte Schmach zu tilgen. Zuviel hat das Haus Brandenburg in den vergan-

235

genen Jahrzehnten einstecken müssen wegen des Königs, der zwar nach innen hart und konsequent, aber nach außen zaghaft und schwankend regiert hatte.

"Er ist nur im eigenen Schafstall ein Wolf", spottete man damals. Die Besitzansprüche bei einigen Provinzen im Westen des Reiches waren äußerst unbefriedigend geregelt, darunter gehörten die Ansprüche auf Jülich-Berg und Herstal. Alle Welt erwartet von Friedrich höchstens einige politische Aktivitäten für Jülich-Berg, wobei er in erster Linie mit Wien verhandeln müsse. Seit 1732 schwelten Streitigkeiten mit dem Bischof von Lüttich, der die Oberhoheit Preußens über die Herrschaft Herstal, aus der oranischen Erbschaft stammend, nicht anerkennen wollte. Friedrich Wilhelm hat nicht die Energie aufgebracht, sich mit dem Bischof anzulegen, und Friedrich meint nun, daß es an der Zeit sei, Versäumtes nachzuholen. Ihm ist sowieso ein Dorn im Auge, daß kirchliche Würdenträger in Deutschland weltliche Macht innehaben, in seinen Augen natürlich ein Anachronismus, aber noch traurige Realität. Er betrachtet sich als Mann, der kurzen Prozeß mit einem trotzigen Bischof machen kann und beauftragt Voltaire, eine öffentliche Erklärung zu entwerfen. Aber Friedrichs Minister, unter ihnen der zaghafte Podewils, warnen vor einem zu forschen Vorgehen. Friedrich herrscht sie an:

"Wenn die Minister von Politik reden, so sind sie geschickte Leute, aber wenn sie von Krieg reden, so ist es, als wenn ein Irokese von Astronomie spricht."

Eine Ansicht, die sich durch Friedrichs ganze Regierungstätigkeit ziehen wird. Er schickt den Staatsminister Rambonet mit einem Ultimatum nach Lüttich, das dem Bischof zwei Tage Bedenkzeit einräumt, Preußens Ansprüche anzuerkennen. Wie erwartet, tut er das nicht und gibt eine ablehnende und stolze Antwort; kann er doch nicht ahnen, mit welch einem Preußenkönig er es nun zu tun hat. Außerdem mag er urteilen, daß der Besitz von Herstal für den Preußenkönig nicht soviel Bedeutung haben könne, gewagte Aktionen und öffentliches Aufsehen zu riskieren — eine durchaus richtige Ansicht, wie Friedrichs späteres Verhalten zeigt. Nur: Hier muß es einmal ums Prinzip gehen! Unverzüglich rücken aus der preußischen Garnison Wesel Truppen ins Gebiet des Bischofs ein, und damit ist das öffentliche Aufsehen erregt. Die Truppen verteilen Flugblätter mit folgendem Text: "... Doch wird der König, trotz so vieler Äußerungen des Übelwollens seitens dieses Fürsten (des Bischofs), nicht unerbittlich sein; befriedigt, ihm gezeigt zu haben, daß er ihn züchtigen kann; aber zu hochherzig, um ihn zu zerschmettern."

Und es ertönt Europas Stimme:

"Das ist stark, das ist die Sprache Ludwig XIV."

Natürlich setzt der Bischof alle seine Beziehungen in Bewegung, um Europas Kabinette gegen Friedrich aufzubringen, was ihm auch gelingt, Friedrich aber nicht einschüchtern kann. Friedrich weiß, daß er jetzt nicht nachgeben darf, will er nicht für immer sein Gesicht verlieren. So läßt er auch den kaiserlichen Gesandten abfertigen mit den stolzen, zutreffenden Worten, er erachte sich dem Kaiser durchaus ebenbürtig. Gewiß, hier ist nicht nur jugendlicher Überschwang im Spiele, sondern ein junger Hasardeur kommt hervor, der einmal ein großer werden soll. Krieg in Europa wegen Herstal und eines beleidigten Bischofs? Nein. Es kommt zu Verhandlungen, bei denen Friedrich von vornherein nicht im Sinn hat, Herstal für Preußen zu behalten, aber der andere darf nicht ungeschoren davonkommen, und Geld ist immer zu gebrauchen. Schließlich nach vielem Hin und Her, findet "diese ergötzliche Angelegenheit" ein Ende, indem der Bischof sich bereit erklärt, für die Abtretung Herstals 200.000 Taler an Preußen zu zahlen. Am 20. Oktober 1740 wird der Vertrag unterschrieben, Friedrich hat sein Ziel erreicht und der Welt gezeigt, daß aus Berlin oder Potsdam ein anderer Wind als bisher wehen wird. Ihn kann auch eine der letzten Regierungshandlungen Kaiser Karl VI. wenig in Verlegenheit bringen: Das Strafwort wegen seines kühnen Vorgehens an der Maas. Über diesen Handstreich schreibt Voltaire:

"Mir ahnte, mein Salomo (Friedrich ist gemeint) werde es dabei nicht bewenden lassen . . ."

Er ahnt richtig; wer einmal mit Gewalt Erfolg hat, möchte sie wiederholt anwenden!

"Wo nichts ist, da hat der Kaiser
sein Recht verloren"
Sprichwort

26. Oktober 1740

Kaiser Karl VI.

Als Kaiser Karl VI. am 20. Oktober 1740 nur 55jährig verschied, — an einem Pilzgericht, wie Voltaire zu berichten weiß —, da mußte sich zeigen, was sein Lebenswerk wert war: die Pragmatische Sanktion, die Unteilbarkeit der österreichischen Staaten. Natürlich hat er in seinem Leben noch manch anderes Werk geschaffen, aber wenig davon zugunsten des Deutschen Reiches, dessen römischer Kaiser er ja war, sondern wie alle seine Vorgänger richtete er sein Hauptaugenmerk auf die Erhaltung der Dynastie seines Hauses und auf die Vergrößerung und Erweiterung der Stammlande Österreichs. Die internationale Verflechtung seiner Familie zeigt sich darin, daß er ab 1711 auch König von Ungarn und Spanien war. Eine der Folgen dieser österreichischen Politik ist die Entfremdung der deutschen Fürsten vom Reichsgedanken, denn was sollten sie sich hierum scheren, wenn der Kaiser seine Pflichten vernachlässigte. In Brandenburg-Preußen hat man seit Generationen Verdruß mit dem Hause Habsburg, und Friedrich Wilhelms "Treue" zum Kaiser steht dieser Tatsache nicht entgegen. Friedrich, realistisch und spöttisch, macht sich schon in der Kronprinzenzeit, mit dem Blick voraus, seine eigenen Gedanken über den deutschen Kaiser: er weiß, was dieser dem Hause Hohenzollern schuldig geblieben ist, und darüber muß er als echter Preuße grollen und auf Heimzahlung sinnen. Wie er über das Amt des Kaisers denkt, hat Friedrich in vielen Äußerungen kundgetan:
"Es ist der abgelebte Schatten eines Idols, das einstmals Macht besaß und gewaltig war, aber heute nichts mehr ist. Er war ein kräftiger Mann, aber er hat von den Türken und Franzosen die böse Seuche bekommen und ist jetzt entnervt."
Seit dem Tode des Prinzen Eugen im Jahre 1736 ist die österreichische Politik schwach und tatenlos gewesen, des Kaisers Sorge scheint nur auf die Sicherung der Erbfolge seiner Tochter Maria Theresia ausgerichtet gewesen zu sein. Man hat jahrzehntelang über die finanziellen

Verhältnisse gelebt, so sind die Kassen leer geworden, die Armee verkommen, die Verwaltung zerrüttet; kein Wunder, daß Friedrich spöttische Worte findet, als ihm am 26. Oktober 1740 der Tod des Kaisers gemeldet wird; und daß er diese Worte an Voltaire richtet:

"Privatmann war er erst, und ward
ein König, ward ein Kaiser dann.
Eugen erwarb ihm seinen Ruhm;
doch leider! Ist er nun befleckt.
Er macht im Tod bankrott."

"Dieser Todesfall", schreibt er weiter, "zerstört alle meine friedlichen Gedanken. Ich glaube, im Monat Juni (1741) wird es mehr auf Pulver, Soldaten und Trancheen ankommen als auf Schauspielerinnen, Balletts und Schauspiele . . ."

Friedrichs Gedanken — das kann nur so gemeint sein, daß Friedrich sich vorgenommen hatte, mit seinen Forderungen an Österreich bis zum Todes des Kaisers, den er vielleicht ins nächste Jahrzehnt zu kalkulieren hatte, stillzuhalten und abzuwarten. So schnell, wie es ihm offenbar nötig scheint, hat er wohl nicht in einen Krieg ziehen wollen. Schade um die schönen Rheinsberger Tage! Friedrich liegt mit Fieber im Bett, als Fredersdorf die Nachricht bringt, und beschließt, ab sofort gesund zu sein. Er rechnet ganz kühl, daß halb Europa, obwohl es die Pragmatische Sanktion unterschrieben und garantiert hat, sich an Österreich mit allerlei Forderungen heranmachen wird, besonders dann, wenn einer damit beginnt. Warum soll er, der König von Preußen, nicht derjenige sein? Er schreibt später:

"Ich faßte sofort den Entschluß, die Fürstentümer Schlesiens in Anspruch zu nehmen, auf welche mein Haus sehr begründete Rechte hatte, und ich ergriff Maßregeln, um meine Ansprüche auf bewaffnetem Wege geltend zu machen."

Er denkt an Wiens leere Kassen und daß der österreichischen Armee 70.000 Mann fehlen; außerdem Feldherren und eine starke Hand. Zu den nächsten Schritten hält Friedrich es nicht für nötig, Rheinsberg zu verlassen. Im Gegenteil: niemand braucht zu wissen, wie wichtig er "diese Kleinigkeit", den Tod des Kaisers, nimmt, denn Spione lauern überall. Podewils erhält Anweisung, daß man in Berlin so lange um den Tod des Kaisers trauern soll, wie man in Wien um den Tod Friedrich Wilhelms getrauert hat, und ihm und dem Feldmarschall von Schwerin eröffnet er in Rheinsberg seine Pläne. Podewils ist entsetzt, Schwerin nur halb begeistert, wird es aber ganz, als er bemerkt, Friedrich nicht beeinflussen zu können. Friedrich untersucht, "daß man sich vor dem

Winter in den Besitz Schlesiens setzen und dann erst im Winter verhandeln muß". Friedrichs Eifer reißt alle mit, zumal er sofort Anweisungen an die Truppen gegeben hat, so daß ein Rückzieher sowieso problematisch erscheint.

"Die Rechtsfrage ist Sache der Minister, also die Ihrige", muß Podewils vernehmen.

Kaiser Karl hätte seine europäischen Kollegen eigentlich besser einschätzen müssen, denn noch stets hatten sie sich um Verträge wenig gekümmert, wenn Staatsräson und Machthunger es erforderten. Statt Bestechungsgelder in unvorstellbarer Höhe zu verteilen, Rechte zu verpfänden, Sizilien, Serbien, Neapel und die Walachei zu verschleudern, hätte er richtiger seine Armee in Schuß bringen und die Kassen füllen sollen — wie es der Vandalenkönig dort oben an der Ostsee getan hatte! Nun ist es zu spät: Man macht seinem Hause nicht nur einige Provinzen streitig, sondern auch die Nachfolge auf des Reiches höchstes Amt — die ganze Pragmatische Sanktion ist somit für die Katz'! Glückliches Österreich? Alles andere als das! Niemand ahnt, wie schwer die folgende Zeit sein, wer sie meistern wird.

"Das Land, das wir wieder erobert   16. Dezember 1740
haben, ist unser väterliches Erbe"
Makabäer 20, 33

Auf nach Schlesien

"Meine Herren, ich unternehme einen Krieg, für den ich keinen anderen Bundesgenossen habe als Ihre Tapferkeit und Ihren guten Willen. Meine Sache ist gerecht, und ich vertraue auf mein Glück. Bleiben Sie stets des Ruhmes eingedenk, den Ihre Vorfahren sich erwarben auf den Feldern von Warschau, von Fehrbellin und auf dem Zuge nach Preußen. Ihr Schicksal ruht in Ihren eigenen Händen; Auszeichnungen und Belohnungen warten nur darauf, daß Sie sie durch glänzende Taten verdienen. Aber ich brauche Sie nicht erst anzufeuern. Der Ruhm allein steht Ihnen vor Augen, nur er ist das würdige Ziel Ihres Strebens. Wir werden Truppen angreifen, die unter dem Prinzen Eugen die Bewunderung der Welt errungen haben. Zwar ist dieser Prinz nicht mehr; aber unsere Siege werden darum nicht weniger ruhmvoll sein, da wir uns mit seinen braven Soldaten zu messen haben. Leben Sie wohl! Brechen Sie auf zum Rendezvous des Ruhmes, wohin ich Ihnen ungesäumt folgen werde."

Ruhm, ruhmvoll, Rendezvous des Ruhmes — in dieser Rede, raffiniert anfeuernd und eindeutig — gehalten am 13. Dezember 1740 vor den Offizieren der Berliner Garnison, hat Friedrich sich selbst verraten, entlarvt; woraus er auch später, in Briefen und Schriften, durchaus keinen Hehl gemacht hat. Am besten hat dies wiederum Voltaire erkannt und anerkannt, indem er schreibt:

"Seit es Eroberer gibt oder Feuerköpfe, die es sein möchten, ist er, glaube ich, der erste, der so mit sich ins Gericht gegangen ist."

Friedrich hatte ihm allerdings auch geschrieben:

"Der Ehrgeiz, die Aussicht auf Gewinn, der Wunsch, von mir Reden zu machen, gaben den Ausschlag: der Krieg war beschlossen."

Nach einem Maskenball hat der König Berlin verlassen und trifft am 14. Dezember in Krossen ein, um jetzt, am 16., die Grenze Schlesiens zu überschreiten. Von hier kommen pathetische Worte:

"Ich habe den Rubikon überschritten", schreibt er an den noch immer entsetzten Podewils, und sein Ton verrät einen ungeheuerlichen Leichtsinn, "mit fliegenden Fahnen und Trommelwirbel. Mein Herz weissagt mir alles Gute von der Welt: dazu verkündigt mir ein gewisser Instinkt, dessen Ursache uns unbekannt ist, Glück und Heil."

Glück wird er brauchen müssen, der Friedrich! Nun weiß also die Welt, wozu die Vorbereitungen der letzten Wochen nötig waren: Das große Österreich wird vom kleinen Preußen angegriffen, in der Stunde der Unordnung, Ungeregeltheiten und der Schwäche. Ganz so einfach, mir nichts dir nichts, hatte es Friedrich allerdings nicht tun wollen. Immerhin schickte er den Grafen Gotter mit dem Vorschlag nach Wien, dreiviertel der Provinz Schlesien an Preußen abzutreten, wofür Friedrich bereit ist, zwei Millionen Taler zu verleihen und dem Gemahl Maria Theresias seine Fürstenstimme bei der Kaiserwahl zu geben. Aber einerseits betrachtet er selbst diesen ungehobelten Vorschlag als unannehmbar, andererseits unterbreitet Graf Gotter ihn erst, als preußische Truppen in Schlesien eingerückt sind. Geldmangel hin, Notlage her: Maria Theresia denkt nicht daran, ein Stückchen Schlesien abzutreten. Der Form halber hat Friedrich seine Ansprüche auf Schlesien mit ein paar Argumenten untermauert, aber was davon zu halten ist, offenbaren seine Worte an Voltaire:

"Man nehme zu solchen Überlegungen stets einsatzbereite Truppen, meine wohlgefüllte Schatzkammer und meinen lebhaften Charakter hinzu, so hat man meine Gründe für den Krieg gegen Maria Theresia, Königin von Ungarn und Böhmen."

Nie hat er Maria Theresia anders genannt!

Ein Abenteuer kann beginnen. Das preußische Heer, zumeist aus Landeskindern wie Pommern, Brandenburgern und Magdeburgern bestehend und etwa 20.000 Köpfe stark, marschiert am 16. Dezember 1740 in Schlesien ein und begegnet erwartungsgemäß keinem Widerstand. Zu groß ist die Überraschung, zu kurz war die Vorbereitungszeit der letzten Endes doch gewarnten Österreicher. Was Friedrich selbst nicht für möglich gehalten hätte: der evangelische Teil der Bevölkerung Schlesiens begrüßt den preußischen Einmarsch, hoffend, die Bedrückungen der katholischen Kirche mögen nun ein Ende haben. Mit Erstaunen und sicherem Instinkt nimmt er wahr, wie sehr hier die Evangelischen an ihrem Glauben hängen. Im Januar 1741 schreibt Friedrich an Algarotti:

"Ich habe angefangen, die Figur Preußens zu regeln. Ganz Schlesien ist erobert mit Ausnahme eines elenden Nestes."

Damit ist Glogau gemeint, das man eingeschlossen hat. Nun, Friedrich ahnt in seiner Euphorie nicht, mit welch einem Gegner er es tatsächlich zu tun bekommt.

"Dieser Mann ist wahnsinnig", äußert Ludwig XV. von Frankreich, der selbst bereits Appetit hat, wenn er seine Augen nach Osten, ins Deutsche Reich, richtet: Hier müßte doch etwas zu holen sein.

1740 im Rückblick

Die sieben Monate seiner Regierungszeit im Jahre 1740 müssen Friedrich, wenn er am 31. Dezember zurückblickt, wie ein Traum vorkommen. "Traum" wird im Lexikon so definiert:
"In den seelischen Abläufen während des Schlafes sind Raum- und Zeitbewußtsein verändert, treten Halluzinationen und Illusionen auf . . ."

Silvester 1740 befindet Friedrich sich in Pilsnitz bei Breslau, in Erwartung des Abschlusses des Neutralitätsvertrages mit der Stadt Breslau, der am 2. Januar 1741 stattfindet, worauf Friedrich am 3. feierlich in die Stadt einziehen wird. Dieses und der Rückblick auf 1740 müssen in der Tat wie Träume vorkommen: Die Hauptstadt Schlesiens in Besitz, Neuerungen und Reformen, wenigstens Ansätze und Anfänge davon, in Preußen, und eine Arbeitsleistung, die andere Regenten nicht in einem ganzen Leben vorweisen können.
Erwartungen und Hoffnungen, von wem auch immer gestellt, hat Friedrich nur selten erfüllt, die einen jubeln, die anderen weinen — das wird bis 1786 so weitergehen. "Die Regelung der Gestalt Preußens" ist im wahrsten Sinne des Wortes in Angriff genommen, und auch hier reichen die Reaktionen von Jubel bis "der Kerl ist ja verrückt". Das Deutsche Reich ist ohne Kaiser, und obwohl seine Person nicht mehr die Bedeutung vergangener Zeiten hat, scheint er zu fehlen. Ob die preußische Armee taugt, muß sie beweisen, eine Schlacht hat noch nicht stattgefunden. Auf jeden Fall ist 1740 etwas eingeleitet, was preußische und deutsche Geschichte machen wird, und Friedrich erwartet Kämpfe und Schlachten, woher sonst sein Ausspruch vom "Rendesvouz des Ruhmes"!
1740 hat Friedrich bewiesen, daß er gedenkt, für die Menschen Preußens seine Arbeitskraft einzusetzen, wie sein Vater es unermüdlich getan hat, und alle Männer seiner näheren Umgebung bemerken, daß der Regierungswechsel nahtlos vonstatten gegangen ist, aber auch jene Kälte und Distanz, die es bei Friedrich Wilhelm, trotz aller Ungemütlichkeiten, nicht gegeben hat. Der Glaube ist's wohl, der christliche, der diesem jungen Monarchen fehlt, den sein Vater konsequent und genüßlich vorgelebt hat — nur wenige Monate haben genügt, das zu offenbaren; es wird mit ihm nicht leichter auszukommen sein als mit dem Alten.

In seiner Regierungsart des raschen Zugreifens hat Friedrich schon deswegen Aufsehen erregt, weil alle Welt, wenigstens die europäische, in dieser Zeit nach Potsdam, Rheinsberg und Charlottenburg blickt — wird sie es weiterhin tun können? Was wäre geschehen, wenn Kaiser Karl VI. erst einige Jahre später verstorben wäre? Jahre, die Friedrich zu friedlicher Tätigkeit hätte nutzen können. Hätte er sie genutzt? Niemand kann antworten. Tatsache bleibt, daß Friedrich in sieben Monaten eine Bewegung in das verschlafene Europa gebracht hat, die kein Diplomat Wiens, Frankreichs, Rußlands oder Englands ihm zutraute, und daß Europas Intelligenz, längst überdrüssig der alten Herrschaftsformen, — besonders in Frankreich —, hoffnungsvoll in die Mark Brandenburg schaut, von wo Impulse, Anregungen und Ideen strahlen. Die Einwohner Preußens freilich halten nichts von dem kecken Unternehmen, mit Österreich anzubändeln, sie sehen vorrangig Not, Unsicherheit und unnütze Geldausgaben. Unter wessen Zepter sie leben ist ihnen 1740 noch ziemlich gleichgültig. Siege allerdings mögen auch sie bejubeln.

Neben Überschwang, Leichtsinn und vor allem Unberechenbarkeit hat Friedrich gezeigt, schweigen zu können, entsprechend seiner Regierungsauffassung wußten nur einige Eingeweihte von seinen Plänen seit dem Tode des Kaisers.

"Vom Maskenball direkt in den Krieg" —

das kann nur ein Mann wie Friedrich veranstalten! Das hätte Maria Theresia niemals fertiggebracht.

"Unsere Kriege müssen kurz und vif sein", sagt Friedrich im Hinblick auf seine Kassen, die zwar prall gefüllt sind, durch einen anhaltenden Konflikt aber rasch geleert sein würden, und Preußen hat weniger Hilfsquellen und Reserven als andere Länder Europas.

Ehe es nun an die Schilderung der fälligen Schlachten geht, muß man sich eines vor Augen führen lassen: Es gibt noch keinen "Frontenkrieg", die Heere ziehen solange durchs Land, bis sie sich, geplant oder ungewollt, so nahe gekommen sind und gegenüberstehen, daß eine Schlacht geschlagen werden muß; eine einzige kann alles entscheiden . . .

"Ein Thor ist, wer behauptet,
daß er in der ersten Schlacht
so unverzagt gewesen wie in der zehnten"
Friedrich

Mollwitz

Seit dem Einfall in Schlesien hatte sich der erste Krieg um dieses Land dahingeläppert, noch war es zu keiner entscheidenden Kampfhandlung gekommen, die Auskunft über Stärke und Qualität der Heere geben konnte. Die Österreicher hatten sich bisher nicht gestellt, waren aber, als sie im Frühjahr 1741 anrückten, unter dem Befehl Graf Neippergs siegesgewiß und hochmütig. Nicht anders erging es Friedrich, der darauf brannte, seine erste Schlacht zu schlagen. Dazu scheint es nun am Vormittag des 10. April 1741 in der Nähe des Dorfes Mollwitz zu kommen. Der Schnee liegt hoch, ein sonniger Tag, die Österreicher kampieren ahnungslos und unvorbereitet in Brieg und den umliegenden Ortschaften. Anstatt entschlossen, wie er es später gern tat, den Gegner zu überfallen, macht Friedrich hier den ersten Fehler, über den er nachmals geschrieben hat:

„Wir waren da, bevor irgendein Feind erschien. Neippergs Truppen kantonierten in drei Dörfern, aber ich hatte nicht die Geistesgegenwart und Geschicklichkeit, dies auszunützen. Was zu tun gewesen wäre, war dieses: Das Dorf Mollwitz zwischen zwei Infanteriekolonnen nehmen, es umwickeln und angreifen, gleichzeitig Entsendungen nach den beiden anderen Dörfern machen, wo die österreichische Reiterei lag, Dragoner, um sie in Verwirrung zu bringen, Fußvolk, um sie am Aufsitzen zu hindern; ich bin überzeugt, ihr ganzes Heer wäre verloren gewesen."

Nun, die erste Chance eines Sieges ist vertan. Es kommt schlimmer, denn die schnell mobil gemachte österreichische Reiterei wirft sich auf die schwache preußische Kavallerie des rechten Flügels, rollt sie auf, zersprengt sie, gerät bereits in den Rücken der preußischen Aufstellung. Die preußische Kavallerie versagt überall, nur das Feuer der Infanterie verhindert zunächst das Schlimmste. Schon gerät der König selbst mit seiner Begleitung in Bedrängnis, und er zeigt, wie schon im Rheinischen Feldzug unter Prinz Eugen, daß er Gefahren gegenüber

vollkommen gleichgültig bleibt. Wieder ist es die Infanterie, die seine Gefangennahme verhütet, und auf sie setzt nun Feldmarschall von Schwerin seine letzte Hoffnung. Wozu, zum Donner, ist sie in der Schule Friedrich Wilhelms gewesen! Um hier, von der Reiterei verlassen, zusammengehauen zu werden? Aber der König muß fort vom Schlachtfeld, der König, der die Fäden nicht mehr in den Händen hat! Auf Schwerins Drängen, — wie drängend dieses war, darüber gibt es verschiedene Versionen, aber es muß intensiv, ultimativ gewesen sein —, begibt sich der König mehr oder weniger fluchtartig vom Schlachtfeld. Er flieht. Dieses hat man später zu beschönigen und entschuldigen versucht. Warum? Weil ein junger, kriegsunerfahrener König versagt hat? Er reitet in scharfem Tempo auf seinem Schimmel bis Oppeln, das er von Österreichern besetzt findet, worauf er weiter muß. Sein kecker Ausruf gegen die ihn alsbald verfolgenden Husaren ”Adieu, meine Freunde, ich bin besser zu Pferde als ihr alle” ist nicht verbürgt und äußerst unwahrscheinlich, denn welcher Teufel sollte den König reiten, nach dem Siebenmeilenritt von Mollwitz nach Oppeln derartig leichtfertig auf die Schnelligkeit seines Pferdes zu vertrauen. Er weiß natürlich noch nichts von der Wende auf dem Schlachtfeld, wo die preußische Infanterie durch ihr Gewehrfeuer, das wie Donner rollt, und ihr vorbildliches, einexerziertes ”preußisches” Avancieren die Österreicher geschlagen hat. Ein ”kleiner Ruck der Weltgeschichte”; wie anders hätte sie laufen können bei einem Sieg Österreichs! Ein Teil von Friedrichs Begleitung wird von den Verfolgern gefangengenommen, er selbst irrt durch die Dunkelheit, inzwischen über die Ereignisse informiert, und erst am nächsten Tage ist er wieder bei seinen Soldaten auf dem Schlachtfeld. Mit welchen Gefühlen mag er unter sie getreten sein? Der militärische Wert der gewonnenen Schlacht ist nicht bedeutend, die Verluste sind auch für die Preußen erheblich und besorgniserregend, aber sonst stimmt alles: Das kleine Preußen hat Österreichs alte ruhmreiche Armee besiegt! Die Welt horcht zum ersten Mal auf, weiteres Aufhorchen sollte folgen . . .
Im Hauptquartier zu Breslau — beinahe ganz Schlesien jubelt — geben sich ausländische Diplomaten und Besucher die Türklinke in die Hände.
”Jeder sucht seinen Topf mit an das Feuer zu stellen”, meint von Podewils treffend.
Die Moral des Tages von Mollwitz ist aber folgende: Der König hat seinen Hang ”laß fahren dahin” zum ersten Mal öffentlich gezeigt, diese fatale Eigenschaft, die seinen Staat noch in höchste Not bringen sollte.

Daß Geistesgegenwart, Erkennen der Lage und Entschlußkraft noch nicht ausgeprägt sind wie später, ist natürlich und verständlich, dieser Mangel ist durch seine fähigen Heerführer und die Truppe wettgemacht worden. Es ist noch ein weiter Weg bis Leuthen ... Mit eiserner Energie ist Friedrich nach diesem Tage an die Reorganisation der Kavallerie gegangen und hat auch der Artillerie größere Aufmerksamkeit gewidmet. Die von seinem Vater geschaffene Infanterie, mit ihrem Gehorsam und Drill, ihrer fast fünfzig Prozent höheren Schußkraft, — die schnellste der Welt —, sie hat den Tag gerettet, an den Friedrich stets mit gemischten Gefühlen zurückgedacht hat. Zu vieles hat ihn an sein erstes Versagen erinnert, und immer, wenn er Feldmarschall von Schwerin vor sich stehen sah, hat er daran denken müssen.

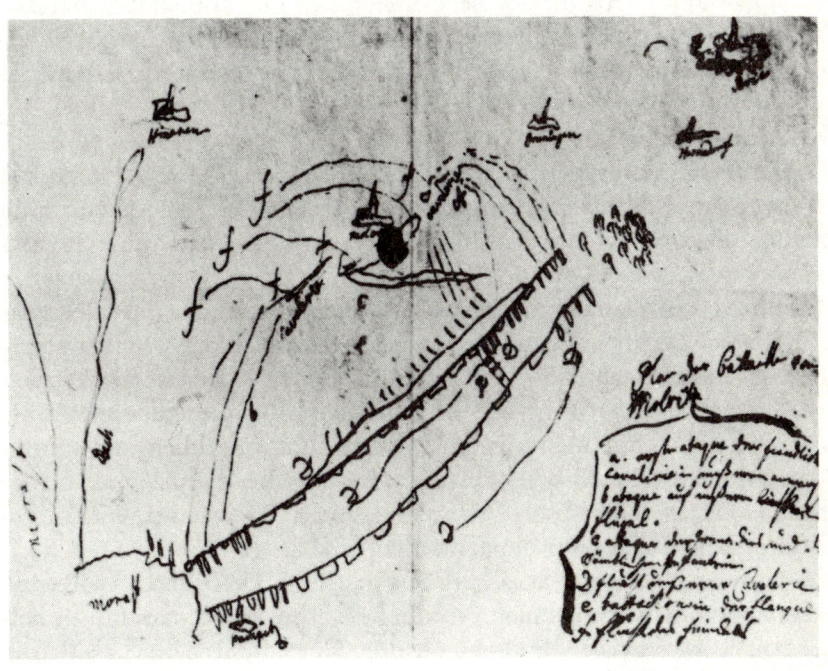

"Wer gesund ist und arbeiten will,   7. November 1741
hat in der Welt nichts zu fürchten"
Lessing

Schlesische Huldigung

"Ich habe mir vorgenommen, Schlesien zur blühendsten und glücklichsten meiner Provinzen zu machen. Jetzt muß es die Aufgabe der Ruhe sein, die Tränen zu trocknen, die das Kriegsschwert hat fließen lassen. Ich wünsche nichts sehnlicher als das Glück meiner neuen Untertanen so groß zu machen, als es die Lage jedes Individuums gestattet . . . Die Streitigkeiten der Priester gehören nicht zur Zuständigkeit der Fürsten . . . Die Humanität muß die erste Tugend jedes ehrenwerten Menschen und, wie ich glaube, jedes Christen sein . . . Das ist meine Religion. Ich werde sehr glücklich sein, wenn der Erfolg eines Tages der Redlichkeit meiner Absichten entspricht."

Diese Worte schreibt Friedrich am 29. Oktober 1741 an den Bischof von Breslau, Kardinal von Sinzendorf, kurz vor der Schlesischen Huldigung. Friedrich glaubt sich im Besitz einer neuen Provinz und kann nicht ahnen, wieviel er noch tun muß, um sie wirklich zu besitzen. Natürlich kann er kaum der katholischen Geistlichkeit trauen, das weiß er, es ist ihr ein offenes, rasches Umschwenken von Habsburg nach Preußen eigentlich nicht zuzumuten, und Friedrich macht auch aus diesen Gründen klar, daß er an Religionsbenachteiligungen oder gar Unterdrückung nicht denkt; das wird ihm im großen und ganzen abgenommen. Die Evangelischen freilich werden es besser als bisher haben. Durch schwedische Garantien von 1709 gestärkt, hatten die Evangelischen sich zwar einigermaßen behaupten können, wenn auch zu geringer Bedeutung herabgedrückt, aber gerade dadurch hatten sie angefangen, sich immer mehr von der Habsburger Monarchie zu entfernen. So sahen viele von ihnen die preußische Besitznahme als Befreiung an, sollten sich aber getäuscht sehen, wenn sie glaubten, nun bevorzugt zu werden. Nichts ist Friedrich wichtiger als eine friedliche Übernahme Schlesiens. Für Niederschlesien nimmt er am 7. November 1741 in Breslau die Huldigung entgegen. Alles geht recht nüchtern zu, anekdotenhaften Übertreibungen ist kein Glauben zu schenken.

Gedenkmünzen auf den
Frieden zu Dresden.

Zwölfpfünder-Kanone von
1762

Maria Theresia, Zarin Elisabeth von Rußland und für Frankreich die Marquise de Pompadour, hier als Venus posierend, von Beruf Mätresse Ludwig XV.

Salutschießen, feierliche Einholung und kostbare Ausschmückungen hat Friedrich verboten, es gilt eine alte Huldigungsordnung aus dem Jahre 1611. In der Uniform seines Leibregiments, vor dem Thron stehend, neben sich August Wilhelm und Heinrich, nimmt Friedrich im Fürstensaal des Rathauses von Breslau die Huldigung der Abgeordneten entgegen, die Ansprache hält der bewährte Heinrich von Podewils, Antwort gibt der Landeshauptmann. Standesherrschaften, Stände, Städte, vor allem das Domkapitel und die übrige Geistlichkeit müssen den Lehnseid leisten, worauf Friedrich besonderen Wert legt. Niemand von ihnen verweigert den Eid — Friedrichs heimliche Gegner unter ihnen werden auf bessere Zeiten hoffen: Die Abmachungen von Kleinschnellendorf vom 9. Oktober des Jahres, mit der Abtretung Niederschlesiens, können in ihren Augen nichts Endgültiges sein.

Für den weiteren Teil Niederschlesiens wird die Huldigung im Mai nächsten Jahres erfolgen. Dann wird man wieder im Kriege stehen. Das Herzogtum Schlesien mit der Grafschaft Glatz umfaßt 40.000 Quadratkilometer, ein beträchtlicher Landzuwachs für Preußen, etwas, wovon brandenburgische Kurfürsten und preußische Könige schon lange geträumt hatten. Friedrich hat's erreicht — erleichtert und stolz kehrt er Mitte November nach Berlin zurück, von wo aus er, am 8. Januar 1742, endlich wieder einen Brief an Voltaire abgehen lassen kann.

"Augenblicklich bin ich damit beschäftigt", schreibt er, "mich mit zwanzig mehr oder weniger gefährlichen Macchiavellis herumzuzanken. Die liebenswürdige Dichtkunst wartet an der Tür, ohne Einlaß zu finden . . . Haben Sie Lust, die Poesie mit der Politik zu vertauschen? Die einzige Ähnlichkeit zwischen beiden ist der Umstand, daß Staatsmänner wie Dichter der Spielball des Publikums und der Gegenstand der Witze ihrer Kollegen sind. Übermorgen reise ich nach Remusberg ab, um wieder den Hirtenstab und die Leier zu ergreifen. Ach, wenn ich sie doch niemals wieder abzulegen brauchte! Aus dieser entzückenden Einsamkeit werde ich Ihnen mit ruhigerem Geiste schreiben können. Vielleicht begeistert mit Kalliope noch einmal."

Es ist ersichtlich, daß Friedrich vom Rendezvous des Ruhmes die Nase voll hat, denn die Kassen sind leerer als erwartet, der Ruhm ist auch nicht überwältigend, die Verluste groß, die Sorgen noch größer:

"Die ich rief, die Geister, werd' ich nun nicht mehr los!" Er kann froh sein, daß die von Friedrich Wilhelm geschaffene Verwaltung reibungslos läuft, sonst könnte er nicht so oft von den Regierungsgeschäften fortbleiben. Seine Minister arbeiten gut, dennoch redet er überall drein und verfügt konsequent am 8. November 1741:

"Aus Schlesien müssen die schlesischen Gouverneurs und Commandanten bezahlet werden. Ich bin jetzunder der dirigierende Minister vom Schlesischen Departement, bis es in Ordnung ist."

"Der Glaube ist nicht der Anfang, sondern das Ende allen Wissens" Goethe

24. November 1741

Land der kaum begrenzten Möglichkeiten

Der aufsehenerregende, ja spektakuläre Zuzug der Salzburger Protestanten nach Preußen ist an anderer Stelle abgehandelt und soll hier außer Acht gelassen werden. Wie ein steter Strom sickert in den Regierungsjahren Friedrichs eine Gruppe Neusiedler oder Kolonisten nach der anderen in Preußen ein, als suchten sie das gelobte Land. Bedenkt man, daß auch der Abzug aus dem Reich nach Westen, über das große Meer, erheblich war, so kann man ermessen, daß eine große Menge Bewohner mit den Verhältnissen in der Heimat unzufrieden war: Glaubensbedrückung, Arbeitslosigkeit, Kinderreichtum, persönliche Unfreiheit, Hoffnungslosigkeit und Hoffnung — Antriebe des Menschen, den angestammten Wohnsitz zu verlassen. Preußen ist in den Ruf geraten, neben Arbeit und Brot auch Glaubensfreiheit zu bieten:

". . . und wenn die Türken und Heiden kämen, so wollten wir ihnen Moscheen bauen."

Heutige Menschen können sich kaum Vorstellungen davon machen, wieviel wüstes, unbebautes Land es in Europa, Deutschland und Preußen jener Tage gegeben hat: Oder doch? Denken wir nur an die Moore und "unfruchtbaren" Länder, die sich in unsere Tage retten konnten und die man nun zu erhalten bereit ist! Stets hat der Mensch der Natur nur abverlangt, ihr wenig gegeben, und Existenzsicherung und Ernährung werden immer Antrieb Nr. 1 sein!

Der Hauptteil der Einwanderer nach Preußen sind naturgemäß Protestanten, Reformierte, Lutheraner, Unitarier, Hussiten — alles andere als tolerante Bürger und untereinander mehr uneins als Katholiken und Evangelische. Sie mußten die von oben, von Friedrich kommende Toleranz erst erlernen. Ganz Deutschland scheint nach den beiden ersten Schlesischen Kriegen unterwegs zu sein, wie hier im Vorgriff aufgezählt wird: Am 6. Juni 1748 kommen 56 Kolonistenfamilien aus der Pfalz in Berlin an, 120 Personen am 9. Juni, 211 weitere am 20. Juni, dreizehn Familien aus Zweibrücken, 56 Familien am 10. Juli aus Darmstadt und der Pfalz, 18 Familien am 18. Oktober aus Heilbronn. Es ist unmöglich, volle Aufzählungen zu bringen. Nicht nur Landwirte und Bauern, also Leute, die neues Land erschließen mußten, sind gekommen, sondern auch zahlreiche Handwerker, damals besonders hoch angesehen, und Händler, damals weniger angesehen. Der Gewinn für den Staat ist außerordentlich gewesen, denn Preußen war in mancherlei Hinsicht, verglichen etwa mit dem Rheinland und Württemberg ein wenig unterentwickelt. Friedrich weiß das. Er schätzt die Blutauffrischung für seine "faulen und wenig wendigen" Preußen hoch ein, und wenn er auch später von den "gar liederlichen Franzosen" keine mehr im Land haben wollte, konnte doch jeder kommen, den es nach Preußen zog. Es wurde auch regelrecht "im Ausland" um Kolonisten geworben, sogar im Herrschaftsbereich der Königin von Ungarn, Maria Theresia.

Schon kurze Zeit nach seinem Regierungsantritt verfolgt Friedrich den Plan, böhmische Kolonisten nach Schlesien zu ziehen, dessen er sich noch gar nicht sicher sein kann: 1741. In Berlin existierte seit einigen Jahren die Brüderunität, eine Vereinigung ausgewanderter "böhmischer Brüder", die ihr Land nach einer Art Gegenreform verlassen hatten. Kaum von der Huldigung in Breslau zurückgekehrt, interessiert Friedrich sich für die Vergrößerung der Kolonie, die jedoch Schlesien zugute kommen soll, denn auch Schlesien, obwohl überdurchschnittlich dicht bevölkert, weist viele wüste Dörfer und Ortschaften auf, die dringend mit Neuankömmlingen besiedelt werden müssen. Böhmen sind fleißig, nicht umsonst hat Maria Theresia eine Schwäche für sie. Ein böhmischer Prediger namens Liberda erhält am 24. November 1741 von Friedrich Vollmacht und Reisespesen, um in Böhmen Landsleute zu werben, die der Protektion des in Böhmen kommandierenden Prinzen Leopold von Anhalt-Dessau empfohlen werden:
". . . Sorge zu tragen, daß diejenigen Böhmen, die nach Schlesien emigrieren, ihr Vieh und Habe sicher dahin transportieren können. Jeder neu geworbene Kolonist, welcher lesen kann, soll ein böhmisches Testament und Gesangbuch erhalten . . . Was die Benefizien betrifft, so soll jedem sogleich nach seiner Ankunft in Schlesien freies Quartier verschafft, und sollen ihm Äcker angewiesen werden, damit sie bereits künftiges Jahr ihr eigenes Brot essen können, um dem Lande nicht weiter beschwerlich zu fallen brauchen."
Bei allen Ansiedlungen denkt Friedrich auch immer an die steigenden Steuereinnahmen der betroffenen Provinzen, und gewiß auch an künftige Soldaten. Die Stadt Münsterberg ist ausersehen, die böhmischen Hussiten, die nun kommen, aufzunehmen, denn sie weist über 220 wüste Stellen aus und ist gegen früher stark heruntergewirtschaftet. Friedrich erklärt sich bereit, wenn ein "solider Anschlag" (Kostenvoranschlag) gemacht würde, die nötigen Taler für Häuser- und Kirchenbau, 64.000, herauszugeben. Denn für "sein Schlesien" hat er von Anfang an mehr übrig als für andere Provinzen. Natürlich ist nirgendwo alles so glatt gelaufen wie Optimisten es prophezeit haben, vor allem ist der Widerstand der Alteingesessenen — Religion hin, Glauben her — gegen die Neuankömmlinge so heftig nicht erwartet worden, und auch die Herren Beamten waren nicht immer die Nettesten und Fähigsten, aber im großen und ganzen hat die Kolonisation dem Staat Preußen ebenso zu Macht und Bedeutung verholfen wie die Eroberungen kriegerischer und halbkriegerischer Art. Welche Schwierigkeiten in der neuen Heimat auch auftreten mochten, für diejenigen, die des Glau-

bens wegen gekommen waren, wog das alles wenig gegen die Möglichkeiten in diesem Land der kaum begrenzten Möglichkeiten.

"Der Mut stellt sich die   17. Mai 1742
Wege kürzer vor"
Goethe, Torquato Tasso

Chotusitz

Friedrich ist das Herummanövrieren nach österreichischer Art endgültig satt und will eine zweite Schlacht. Die Monate nach dem Sieg von Mollwitz sind nicht ruhmreich für die preußische Armee verlaufen, der Vertrag von Kleinschnellendorf war ein Fehler und hat Friedrichs Ansehen geschmälert und den Österreichern eine Atempause verschafft, so daß sie sich gegen die Bayern und Franzosen im Westen richten können. So kommt es, daß auch die Bundesgenossen über Friedrichs Verhalten vergrault sind und sich gegenseitig Hintergedanken vorwerfen — das alte Lied der hohen Politik.
"Er atmet nichts als Rache", schreibt der Kabinettssekretär Eichel an den Minister von Podewils, als Friedrich sich am 11. Mai 1742 zur Wiederaufnahme der Kampftätigkeit gegen "die Königin von Ungarn" entschließt.

Maria Theresia hat Schlesien natürlich niemals abgeschrieben, es ist klar, daß eine gegen Preußen verlorene Schlacht sie dazu nicht veranlassen kann. Ihre Minister hatten nach der Schlacht von Mollwitz erklärt, die preußische Armee, besonders die Infanterie, könne zwar hervorragend schießen, marschieren und "Contenance" halten, aber von Taktik und Strategie verstehe sie nichts, und die Reiterei sei sogar miserabel; richtig geurteilt. Aber nach Mollwitz hat Friedrich seine Kavallerie exerzieren lassen, daß "die Heide wackelte", und er selbst ist entschlossen, einen Fehler nicht zu wiederholen; keiner seiner Generale würde ihn jemals wieder vom Schlachtfeld "abkommandieren" können.

Was Friedrich nicht ohne weiteres erwartet hätte, tritt ein: Die österreichische Armee stellt sich, jedoch in der Hoffnung, die getrennt operierende preußische Armee schlagen zu können. Prinz Karl von Lothringen, ein Schwager Maria Theresias, kommandiert die 28.000 Mann starke österreichische Armee, ist damit an Stärke der preußischen gleich, aber in der Artillerie deutlich unterlegen; noch hat die lange vernachlässigte österreichische Artillerie nicht den furchtbaren Ruf späterer Schlachten. Achtzig Kilometer südöstlich Prag liegt das Dorf Chotusitz, Schauplatz des zweiten preußischen Sieges über die österreichische Armee. Hier steht der Erbprinz Leopold von Anhalt-Dessau, und ehe Friedrich mit seinen Truppen zu ihm gestoßen ist, hat er die Schlacht durch einen Angriff auf die im Aufmarsch befindlichen Österreicher begonnen. General von Buddenbrock läßt die preußischen Reiterschwadronen auf die österreichische Kavallerie attackieren, getreu Friedrichs Forderung, daß sich seine Reiterei nie sollte attackieren lassen,

"sondern die Preußen sollen allemal den Feind attaquiren!"

Eine haltende Kavallerieeinheit ist einem Angriff fast schutzlos ausgeliefert. Als Generalmajor Graf Rothenburg weitere Schwadronen nachführt, gelingt es tatsächlich, die Österreicher zu werfen. Doch sie formieren sich zum Gegenangriff, so daß ein Handgemenge entsteht, ein großer Reiterkampf schließlich, in dem der Sieg sich den Österreichern zuzuneigen scheint. Leopold von Daun, später mehr bekannt, hier noch Feldmarschall-Leutnant, läßt seine Infanterie wirksam durch Artillerie unterstützen, und auch in dem blutigen Kampf im Dorf Chotusitz droht die preußische Armee zu unterliegen. Wieder — wie bei Mollwitz — hängt alles am seidenen Faden, an der noch nicht zum Einsatz gekommenen preußischen Infanterie, die Friedrich nun rechtzeitig heranführt. Einundzwanzig Bataillone gelangen über eine vor Chotusitz sich erhebende Höhe in Flanke und Rücken der Österreicher, womit die Handlungsfreiheit an die Preußen zurückgeht. Völlig überrascht blasen die Österreicher zum Rückzug und haben das Glück, nicht nachhaltig verfolgt zu werden. Wie denn überhaupt diese Schlachten noch nicht den Stempel tragen, so viel Menschenleben und Material wie möglich zu vernichten; vielmehr sind sie, gewonnen, ein gutes Faustpfand für kommende Friedensverhandlungen. Wieder ist Friedrich, der diesmal viel Anteil am Gelingen trägt, mit der Kavallerie unzufrieden — aber die Infanterie?

"Sie gehet ohne Sagen", lobt er.

Die Schlacht hat außerordentliche Verluste gebracht: 4.800 Preußen, 6.500 Österreicher, auf beiden Seiten sind viele Offiziere und Generale gefallen. Erbprinz Leopold wird noch auf dem Schlachtfeld zum Feldmarschall ernannt. Friedrich ist außer sich vor Stolz und Freude.

"So ist denn Dein Freund", schreibt er an Jordan, "zum zweiten Male in einem Zeitraum von dreizehn Monaten Sieger. Wer hätte vor ein paar Jahren gesagt, daß der Jünger Jordanscher Philosophie, Ciceronischer Rhetorik und Baylescher Dialektik auf dieser Welt die Rolle des Kriegers spielen würde . . .?"

Von einem Bauern pachtet er neun Morgen Ackerland für die Dauer von 25 Jahren, um "seine Helden von Chotusitz" begraben zu können. Ihre Opfer scheinen sich gelohnt zu haben, denn der Engländer Lord Hyndford drängt nun auf Wiederaufnahme der Friedensverhandlungen. Auch Friedrich hat's eilig, streifen doch österreichische leichte Verbände im Rücken seiner Armee und läßt Maria Theresia den katholischen Teil Schlesiens gegen ihn aufhetzen. Außerdem glaubt er, in der gemeinsamen Sache mit Frankreich mehr als genug getan zu haben, an einer Verlängerung des Krieges kann er nicht interessiert sein. Und in der Tat: Maria Theresia signalisiert den Verzicht auf Schlesien — ihr geliebtes Schlesien! Das nun preußisch sein soll. Und bleiben . . . Der Erste Schlesische Krieg wird beendet, Friedrichs "Treffen mit dem Ruhm" hat sich ausgezahlt.

"Ihr von der widrigen Parthey,   28. Juli 1742
schaut, eure Hoffnung ist verlohren"
Spruch der Zeit

Schiedsrichter Europas

Friedrich ist am Ziel seines Weges in den Ruhm — für wie lange, darüber
kann er sich keine Illusionen machen; denn Österreich ist letztlich nicht
niedergerungen worden. Die Königin von Ungarn, Maria Theresia, hat
sich als stärker erwiesen als gedacht und einkalkuliert. Wenn Friedrich
nach seinem umjubelten Einzug in Berlin am 12. Juli den Frieden von
Breslau, abgeschlossen von Graf Podewils und Lord Hyndford, am 28.
Juli genehmigt, kann er sich jedoch erst einmal seines ansehnlichen Rau-
bes erfreuen, denn dieser ist von europäischen Mächten sanktioniert
worden, die noch vor wenigen Jahren wenig Notiz von Brandenburg-
Preußen zu nehmen pflegten. Die "Aufwertung" Preußens allein ist
schon den Feldzug wert gewesen. Neben dem neuen Zusatz in seinem
offiziellen Titel "Souveräner und oberster Herzog von Schlesien" ist
Friedrich noch eine andere, unverhoffte, bedeutendere Rolle zugefallen: Schiedsrichter Europas! Horatio Walpole schreibt seinem König
Georg II.,
"that the King of Prussia at present holds in his hands the balance of
Europe."
Der französische Premierminister äußert sich enttäuscht über den Frieden:
"Ew. Majestät werden jetzt der Schiedsrichter von Europa, und dies ist
die glorreichste Rolle, welche Dieselben jemals spielen können. Führen
Sie dieselbe vollkommen aus, Sire, indem Sie Ihre Bundesgenossen und
den Vorteil des Kaisers soviel als möglich zu schonen suchen. Das ist alles, was ich bei meiner jetzigen Niedergeschlagenheit Demselben vorzustellen die Ehre haben kann."
Im Friedensvertrag überläßt Maria Theresia in völliger Unabhängigkeit
von der Krone Böhmens dem König von Preußen und dessen Erben
das Herzogtum Nieder- und Oberschlesien, die Grafschaft Glatz und
den mährischen Distrikt Katscher, womit 641 Quadratmeilen preußisch werden. Friedrich verzichtet auf alle alten und neuen Ansprüche

an Maria Theresia, er verspricht, die katholische Religion in der bestehenden Verfassung zu belassen, allen Einwohnern, auch den protestantischen, werden die Privilegien zugesichert. Bei aller Glaubensfreiheit gestattet Friedrich jedoch keinem ausländischen Geistlichen irgendwelchen Einfluß, selbst eine päpstliche Bulle bedarf seiner Genehmigung. Es ist bezeichnend, daß der Papst die Vereinbarungen genehmigt. In Anbetracht des reichen Landes und der zu erwartenden Steuereinnahmen übernimmt Friedrich auch alte ausländische Schulden, die auf Schlesien liegen. Schlesien zählt über 5.000 Städte und Dörfer und 1,5 Millionen Einwohner, die 4,5 Millionen Taler Einnahmen erbringen. Friedrich kann Geld gut gebrauchen, denn als der Friede geschlossen wird, befinden sich im Berliner Schloß nur noch 150.000 Taler — Friedrich Wilhelms Staatsschatz ist in zweieinhalb Kriegsjahren draufgegangen. Trotzdem geht Friedrich an den Wiederaufbau der Kriegsschäden sofort heran, erneuert Befestigungen, baut die festen Plätze weiter aus und vermehrt die Armee um 18.000 Soldaten. Obwohl Ruhm- und Kriegslust erheblich gedämpft worden sind, argwöhnt er spätere neue Komplikationen um Schlesien, in der festen Ansicht, daß es dem Wiener Hof mit dem Verzicht nicht ernst ist, nicht ernst sein kann. Wenn andere ihn auch Schiedsrichter nennen mögen — Friedrich ist sich der Schwäche Preußens bewußt, die besonders dann zum Tragen kommen kann, wenn die Konstellation von Feinden und Verbündeten sich ändern sollte. Die Aussichten sind vorerst nicht schlecht: In den Berliner Frieden werden die russische Zarin, Sachsen, das Haus Wolfenbüttel und König Georg von England in seiner Eigenschaft als Kurfürst des Reiches eingeschlossen, außerdem verbürgt Georg in einer Urkunde vom 24. Juni den Frieden und schließt am 29. November in Westminster mit Preußen ein Verteidigungsbündnis.
"Eroberung durch einen gerechten Krieg",
unter diesem Motto ist Friedrich 1740 ausgezogen, die fadenscheinigen Gründe, die er offiziell verlauten ließ, können diesen Satz nicht ungültig machen. Aber sich wie ein Eroberer benehmen, das will er nicht, doch scheint es ihm unausweichbar, daß in Schlesien "preußische Verhältnisse" in Sachen Verwaltung und Steuern eingeführt werden müssen. Schlesien wird nicht, wie andere Provinzen, unter das Generaldirektorium gestellt, sondern der Minister für Schlesien, als erster Graf Münchow, untersteht direkt dem König von Preußen; das ist übrigens bis 1806 geblieben. Schon am 9. Dezember 1741 hatte Friedrich den Ständen erklärt, daß er das ungleiche Steuerwesen der Vorbesitzer besser einrichten wolle, was auch im großen und ganzen geschehen ist.

Daß trotzdem Klagen über drückende Kontributionen laut geworden sind, liegt in der Natur der Sache und daran, daß preußische Steuereintreiber gerechter eintrieben als Wiener, das heißt, das Geforderte und Legalisierte wurde auch eingeholt; was Wiener Steuerbeamte häufig aus Schlendrian nicht getan hatten. Von Anfang an bleibt Schlesien in Sonderstellung gegenüber anderen preußischen Provinzen, hauptsächlich, weil Friedrich sein Generaldirektorium hier ausschaltete, so daß sogar Volkszählungen direkt an ihn, ohne Umwege über das Generaldirektorium gingen. Wahr ist, daß die Protestanten Schlesiens durch den Besitzwechsel "Oberwasser" bekommen haben, doch hat es zweifellos, wie in anderen Teilen Preußens auch, hier eine "religiöse Beruhigung" gegeben; freilich — daß nun alle tolerant wie der König werden würden, war nicht zu erwarten!

"Besser ein gesunder Bauer   **25. August 1742**
als ein kranker Kaiser"
Sprichwort

Kur in Aachen

Über Friedrichs Krankheiten und Zipperlein wird noch ausführlich berichtet. Friedrichs erste gichtige Erkrankungen fallen bereits, wie nachforschende Ärzte festgestellt haben, in das Jahr 1742, er ist also dreißig Jahre alt. Trotz seiner Skepsis gegen die Kunst der Ärzte und die Wirkung von Badekuren entschließt er sich zu einer Kur im "Modebad" Aachen. Daß schon damals in den Bädern nicht alles ging, wie die Ärzte es wünschten, daß also nicht nur gekurt, getrunken und gebadet wurde, — wie es auch heute der Fall ist —, und die Kurschatten und Spielteufel umgingen, beweist Friedrichs späterer verneinender Bescheid an einen Antragssteller zur Kur nach Aachen:

"Wird dort spilen (spielen)."

Einen anderen in Italien Erholungsuchenden schmettert er mit der Bemerkung ab,

"er habe noch nicht gehört, daß wer in Deutschland krank gewesen, in Italien gesund geworden ist."

Und noch einen anderen, diesmal ganz richtig, der wegen eines Ohrenleidens nach Karlsbad wollte:

"Das Carelsbad kann nichts vor (für) die Ohren."

Also: Wenn der "Chef" nichts von Kuren hielt, konnten die Untertanen auch keine Großzügigkeit erwarten.

Am 20. August 1742 bricht Friedrich von Potsdam auf, nachdem kurz vorher der Erste Schlesische Krieg beendet worden und Schlesien an Preußen gekommen war. Über Magdeburg, Bielefeld, Minden, Lippstadt und Wesel geht es in anstrengender Fahrt über schlechte Wege nach Aachen, wo er am Nachmittag des 25. August eintrifft. Aachen — die Hauptstadt Karl des Großen und aller Hypochonder, wie Friedrich spöttisch bemerkt —, war damals hauptsächlich injiziert für rheumatische Beschwerden und arthritische Affektionen wie Gicht, Unterleibsstörungen wie Magendrücken, Aufblähungen, Hartleibigkeit, Koliken, Hämorrhoiden; alles Krankheiten, die Friedrich bereits oder dereinst zu schaffen machen. Mit weit geringerem Aufwand als andere gekrönte Häupter ist Friedrich angereist: Bruder Heinrich, Herzog Ferdinand von Braunschweig, einige Offiziere, Sekretäre und zwanzig Soldaten der Leibgarde sind mit von der Partie, letztere sollen laut einem zeitgenössischen Bericht vor dem Quartier im Hotel Bouget Wache gestanden haben; was gar nicht Friedrichs Gepflogenheiten entspricht. Er hatte jede Ehrenbezeigung verboten, doch von allen Seiten strömen Menschen herbei, um den berühmten Eroberer Schlesiens zu sehen, und die Stadt unterläßt es nicht, ihm 300 Mann Kavallerie und Garde entgegenzuschicken.

"Wofern Sie es für gut und nötig befunden hätten, würden Sie alle Male aus Dero in der Nähe von Aachen gelegenen Landen soviele Mannschaft zu Ihrer Sicherheit und Parade dahin kommen lassen können, als Ihnen gefällig gewesen."

In Aachen konsultiert Friedrich die beiden berühmten und erfahrenen Doctores Cappel und Gotzweiler, über die er nachher ungewohnt milde urteilt, obwohl sie ihm auferlegen, "er solle ganz nach seiner Gesundheit leben und dürfe weder Verse machen, noch überhaupt denken."

Das gefällt ihm natürlich gar nicht, und später beklagt er sich als stets Tätiger über die unbequeme, unfreiwillige Muße, daß ihm die Bäder die ganze Zeit wegnähmen. Damaliger Gepflogenheit und seinen eigenen Neigungen folgend hat Friedrich eine große Menge Wasser zu trinken und ziemlich heiß zu baden; Friedrich hatte auch zu Hause mit Vorliebe Schwitzkuren durchgemacht, die gegen sein häufiges Fieber und rheumatische Beschwerden helfen sollten. Es gibt nicht viele Äußerungen Friedrichs über Erfolg und Mißerfolg seiner Aachener Kur, an Minister von Podewils drückt er die Hoffnung aus, daß sie helfen möge und zeitgenössische Berichte sagen, Friedrich habe Erfolg gehabt und die Absicht geäußert, "sich gedachten Bades inskünftige zum öfteren zu bedienen". Zweifellos sind von Ärzten und Badeverwaltungen schon damals allzu optimistische Sprüche über die Wirkung von Kuren losgelassen worden, schließlich galt es die gut zahlende, vornehme Welt herbeizulocken, aber es kann als sicher angesehen werden, daß es Heilungen kaum gab, nur Linderungen wie bei Friedrich.

"Eine alte Canaille wieder junk machen."

Friedrich bezweifelt dies von Anfang an und bezeichnet Badereisen als "Narredeien".

"Viele Leute kommen nur her", schreibt er an Voltaire, "um sich zu belustigen und Liebesintrigen anzufangen."

Voltaire! Er lädt ihn nach Aachen ein, denn es stört ihn, "daß er neben Aachens Quellen nicht das Wasser der Hippocrene" trinken darf und, wie gesagt, auf geistige Genüsse verzichten soll. Voltaire kommt, nicht ohne hintergründige politische Absichten, ein Schlingel wie er ist, aber nach seinen eigenen Worten haben die beiden geplaudert wie Scipio und Terenz. Nebenher hat Friedrich genug zu tun, auftauchende Gerüchte über seine Gesundheit zu dementieren oder durch seine Minister entkräften zu lassen. Trotz seiner Skepsis plant er für 1743 einen weiteren Aufenthalt in Aachen, der jedoch wegen der politischen Konstellation nicht zustandekommt. Aus seiner Familie sind später Amalie, Heinrich und Ferdinand ebenfalls in Aachen gewesen, während er selbst nicht mehr kam, stattdessen Pyrmont und Landeck aufsuchte. So abgeneigt war er den Trinkkuren nicht, daß er sich Pyrmonter Wasser nicht nach Berlin und Potsdam nachkommen ließ, aber da er keinerlei Diät dauerhaft einhalten wollte, zum Kummer seiner geplagten Leibärzte, konnte von durchschlagender Wirkung keine Rede sein. Friedrichs Aufenthalt in Aachen dauert bis zum 9. September, am 11. ist er wieder in Potsdam.

"Dankbarkeit gehört zu den Schulden,   **18. März 1744**
die jeder Mensch hat, aber nur die
wenigsten tragen sie ab"
Sprichwort

Königliche Dankbarkeit

Zittern und Zagen, Hoffen und Bangen in den ersten Tagen von Friedrichs Regierungsantritt: nach dem Motto, daß neue Besen gut kehren oder bei jedem Machtwechsel Köpfe zu rollen haben. Zwei Gruppen gibt's, die zu hoffen und bangen haben. Da sind einmal Friedrichs Kumpane, Genossen, Gesellen, Helfer, Freunde und Unterhalter aus dem letzten Jahrzehnt; zum anderen jene Männer, die ihm, auf Befehl des Vaters, unfreundlich gegenübertreten mußten. Würde es das große Aufräumen geben und eine Welle von Bevorzugungen? Niemand in Preußen weiß das, denn niemand mag urteilen, wie man mit dem neuen König dran ist, Beweise der Überraschungen und Unstetigkeit hat er bereits gegeben. Wer lange genug in fürstlichen Diensten gestanden

hat, erlebt, daß Dankbarkeit nicht unbedingt zu den Tugenden der Menschen zählt. Aber Friedrich handelt auch hier anders als andere. Einer der Männer, die ihm in Küstrin auf die Finger sehen sollten und die Befehle des Vaters wörtlich auszuführen hatten, war der Kammerpräsident von Münchow, ein gerecht denkender Mann, der Friedrichs Seelenqualen nicht mitansehen konnte, ohne helfen zu wollen. Ihm verdankt Friedrich wesentliche Erleichterungen während seiner Haftzeit und danach. Bei der Huldigung der Kurmärkischen Stände in Berlin, am 2. August 1740, weist Friedrich dem alten Kammerpräsidenten einen Ehrenplatz an, als Geste der Versöhnung und Anhänglichkeit. Auf der Reise nach Königsberg, Mitte Juli 1740, macht Friedrich in Angerburg Station. Dort ist Hans Heinrich von Katte Kommandeur eines Kürrassierregiments, der Vater des hingerichteten Freundes, unglücklich, kaum zu trösten, im Herzen gebrochen. Friedrich überreicht ihm das Feldmarschalls-Patent und erhebt ihn in den erblichen Grafenstand. Ein Trost für den alten Mann, vom König von Preußen nicht vergessen zu sein . . . Auch der Küstriner Kammerdirektor Hille, im vorigen oft zitiert, ebenfalls Friedrich gegenüber in heikler Position gewesen, erhält am 2. August 1740 eine Auszeichnung, da er einer der königlichen Bevollmächtigten für die Huldigung in Vorpommern ist. Friedrich verkennt nicht, daß er viel von ihm hatte lernen können, und möchte ihn gern in das neu geschaffene V. Departement holen. Aber Hille will nicht fort von Stettin und lehnt aus Altersgründen ab. Die unglückliche, auf Friedrich Wilhelms Befehl ausgepeitschte Doris Ritter, 1733 begnadigt, hat von Friedrich keine direkte Dankbarkeit erfahren dürfen. Ihr Mann bittet Friedrich um eine Anstellung und erhält sie — das ist alles; alle anderen Darstellungen, etwa eines Wiedersehens, sind Erfindungen. Am meisten fühlt sich Friedrich seinem alten, vom Vater verbannten Lehrer Duhan verpflichtet. Schon am 13. März 1737 hatte er ihm aus Rheinsberg geschrieben:
"Wir sind ein Dutzend Freunde hier in der Zurückgezogenheit, wir kosten die Freuden der Freundschaft und die Süßigkeit der Ruhe. Ich glaube, ich würde vollkommen glücklich sein, wenn Sie sich in unserer Einsamkeit mit uns vereinigen könnten."

Nachdem Friedrich 1733 seine Befreiung durchgesetzt hatte, erhielt Duhan durch Seckendorffs Vermittlung eine Bibliothekarstelle beim Herzog von Braunschweig-Wolfenbüttel und eine kaiserliche Pension von 6.000 Gulden. Friedrich tröstet ihn: "Ich sende Ihnen eine Kleinigkeit für Ihren Unterhalt, die ich Sie bitte anzunehmen. Ein ander Mal, wenn ich in besserer Lage bin, werde ich mehr tun. Haben Sie mich immer lieb."

Nach dem Wechsel holt Friedrich ihn aus Wolfenbüttel zurück und verschafft ihm eine Stelle im Auswärtigen Amt. Es liegt ihm hauptsächlich daran, ihn finanziell sicherzustellen, was kann er mehr tun? Neben der genannten Stelle verschafft Friedrich ihm auch einen Ehrenposten, von dem Duhan nicht erbaut zu sein scheint; offenbar mißfällt ihm, wenig Verantwortliches zu tun zu haben, so daß Friedrich ihm am 18. März 1744 liebevoll aus Breslau antworten muß:

"Sie fragen mich, was Sie als Direktor der Ritterakademie in Liegnitz zu tun haben. Sie haben einfach Ihr Gehalt in Ruhe zu beziehen, mich lieb zu haben und sich zu amüsieren. Dies sind die Pflichten, deren Übernahme Sie, wie ich hoffe, nicht ausschlagen werden, und die Ihnen um so weniger lästig sein werden, als sie den Inbegriff alles von Ihnen Verlangten bilden. Leben Sie glücklich in Berlin, lieber Duhan, und genießen Sie im Alter die Vorteile, die Sie Ihren Verdiensten verdanken, und die Ihnen das Schicksal in Ihrer Jugend versagt hat."

Es versteht sich, daß auch Duhan mit königlichen Versen bedacht worden ist:

"Teurer Duhan, Du meiner verlorenen Kindheit Berater,
der Du heiteren Sinn mit gründlichem Wissen vereinest,
doch der Verleumdung erlagst, die mit giftigem Schlangengezische
alles bedrohte und auch der Redlichsten keinen verschonte —
tief umnachtet von Schlaf lag meine verschüchterte Unschuld
an dem Busen der Thorheit und in dem Schoße des Irrtums . . ."

So zeigt sich Friedrich doch als dankbarer Fürst, für alle jene, die er für wertvolle und fähige Menschen hält, denen er einiges zu verdanken hat, und seine Dankbarkeit basiert mehr auf Treue als auf Lohn, und leer ausgehen tun alle, die sich in der Kronprinzenzeit nur als Schmeichler und Schnorrer an ihn gehängt haben; sie sind ihm damals gut genug gewesen, nun kann er sie, taugen sie nichts, nicht gebrauchen.

"Ein schönes Weib ist das Paradies   **13. Mai 1744**
der Augen, die Hölle der Seele
und das Fegefeuer des Geldbeutels"
Sprichwort

Barbara Campanini

Mittwoch, am 13. Mai 1744, besucht Friedrich mit Gefolge eine französische Komödie in besonderer Spannung: Denn der neue Stern an Europas Balletthimmel gibt eine erste Vorstellung. Wie in damaliger Zeit üblich, wird in den Zwischenakten ausgiebig Ballett getanzt, es ist eigentlich der Mittelpunkt jeder Darstellung — schwerelos, graziös, anmutig, so recht nach dem Geschmack einer verfeinerten Epoche; natürlich nur für jene, die es sich leisten können. Dominierend ist der italienische Tanzstil mit seinen wirbelnden Luftsprüngen, hüpfenden Schritten und rhythmischem Stampfen. Gewiß ist alles nicht so perfekt ausgeführt wie an einer Oper unserer Tage, aber die Begeisterung ist nicht geringer gewesen.

So auch heute. Friedrich ist entzückt, ganz Berlin ebenfalls, man findet den Bericht aus Paris bestätigt:

> "Gestern erschien in der Oper eine neue Tänzerin. Sie ist Italienerin und heißt la Barbarini. Sie kann sehr hoch springen und hat kräftige Beine, tanzt aber mit Präzision. Selbst in ihrer etwas nachlässigen Art liegt Grazie."

"Barbarina", wie sie in Berlin genannt wird, hat Friedrich so begeistert, daß er sie nach der Vorstellung zu sich rufen läßt. Er erkennt, daß sie nicht nur schön, sondern auch geistreich und schlagfertig ist, Punkte, die er schätzt, und damit hat sie sein Herz so gefangen, daß er ihr zwei Tage später einen Vertrag vorlegen läßt, in den sie selbst die Gage eintragen darf. Da sie als Kind des Südens nicht auf den Kopf gefallen ist, auch die günstige Gelegenheit nicht verpassen möchte, greift sie zu und schreibt beherzt: 5.000 Reichstaler. Und Friedrich akzeptiert; noch ist er ja nicht der endgültige Geizkragen von später und achtet Schönheit und Kultur, wenn sie so angenehm verbunden sind. Zwei Jahre später erhöht er die Gage um 2.000 Taler, denn nun scheint er tatsächlich ein wenig in sie verliebt zu sein.

Barbara Campanini

Kaiser Karl VII.

*Freiherr von der Trenck in
Ketten.*

Blick auf das alte Potsdam

Ein preußischer Krüppel

*Sitz der kurfürstlichen
Kompanie in Emden.*

"Da ich Sie selbst sprechen möchte, mögen Sie morgen nach Charlottenburg kommen, wo ich mich sehr freuen werde, Sie zu sehen. Wenn Ihre schönen Augen bezahlt sein wollen, so müssen Sie sich zeigen. So wird es ein Vergnügen sein, Ihnen zu entrichten, was man Ihnen schuldet."

Er soupiert oft mit der schönen Ballerina, auch allein, aber es gibt keine verläßlichen Nachrichten, daß mehr zwischen den beiden gewesen ist. Der stets gut unterrichtete Friedrich wird freilich gewußt haben, wen er sich hier nach Berlin geholt hatte: Durchaus kein unbeschriebenes Blatt, aber ein echter Kavalier fand damals nicht viel dabei, wenn hübsche Theaterfräuleins sich mal da, mal dort aushalten ließen. Nun, Friedrich hat anderen europäischen Höfen dieses Kind weggeschnappt, Berlin ist damit um eine Attraktion reicher geworden, und Friedrich denkt lakonisch und kalt lächelnd daran zurück, wie Barbarina in seinen Staat gekommen ist: Unerquicklich und halb gewaltsam! Das kam so: Auf die 1721 in Parma geborene Barbara Campanini hatte ihn der Baron Bielfeld von London aus aufmerksam gemacht:

"Wir haben hier eine junge Hebe, schön wie Venus, die wie Terpsichore tanzt: Fräulein Barbarina."

Im September 1743 läßt Friedrich ihr ein Angebot für die Berliner Oper unterbreiten, und sie nimmt an. Doch just in diesen Tagen bietet ihr ein junger englischer Lord die Heirat an; "lieber den Spatz in der Hand . . ." Barbarina mißachtet ihre preußischen Verpflichtungen und verdrückt sich mit dem Lord nach Venedig. Jeder andere europäische Fürst hätte sie wohl ziehen lassen, gnädig oder auch grollend — nicht so Friedrich, König von Preußen! Über seinen venezianischen Vertreter läßt er erinnern, anmahnen: Umsonst, die Schöne hat geheiratet und möchte nicht in die kühle Mark Brandenburg kommen. Es folgt ein offizieller Schritt Friedrichs an die Republik Venedig, umsonst; Drohungen, umsonst; Graf Dohna, der Wiener Gesandte, wird vorstellig, umsonst. Da nimmt Friedrich den venezianischen Gesandten von London, der zufällig in Preußen weilt, "als Gast zu sich", bis der Senat von Venedig einlenkt. Das Ende der Affaire: Von Militär begleitet verläßt Barbarina Venedig, von einer Kompanie Kavallerie geleitet geht es über Wien nach Norden, bis sie am 8. Mai 1744 in Berlin Einzug halten kann. Europa ist teils erheitert, teils schockiert über diesen friderizianischen Handstreich, bei dem jedoch das Recht auf preußischer Seite ist. Und es wendet sich sogar alles zum Guten. In Berlin bringt Barbarina, wie nicht anders zu erwarten, einige Männerköpfe in Verwirrung, selbst hochstehende Adelige vergessen ihren Stand und möchten das "lüderliche Weibsbild und diese perfide Creatur" heiraten. Damit hat sie bei Friedrich verspielt, denn auf seinen Adel läßt er nichts kommen: Sie wird wegen Vertragsbruch entlassen. Nichts Schlimmes für sie, bei der Nachfrage. Aber Friedrichs Kämmerer Fredersdorf entdeckt, daß sie Schulden hat in Berlin und vermeldet es seinem Herrn. Sein Befehl:

"Sie soll zahlen, wenn nicht, halte man sie fest."

Sie zahlt den größten Teil, so darf sie im Juli 1748 nach England abgehen. Zwar taucht sie 1749 noch einmal in Berlin auf, und Friedrich muß gewaltsam eingreifen, um eine unstandesgemäße Verbindung zwischen ihr und dem unsterblich in sie verliebten Sohn des Großkanzlers von Cocceji zu verhindern, aber das gehört eigentlich nicht mehr hierhin.

Der Fall Barbarina zeigt, wie leicht Friedrich in den ersten Regierungsjahren trotz der Kämpfe und Schlachten noch zu begeistern ist, aber auch, wie unbekümmert um die öffentliche Meinung er schaltet und handelt. Sie ist eine königliche Unterhaltung gewesen, die kleine, listige Rokokoballettratte, mehr nicht, wie die andere "Canaillen-Bagage" des Theaters auch — wer mehr in dieses Verhältnis hineinkonstruieren will, ist wohl auf dem Holzweg.

"Staatsschiffe, welche die Segel
verloren, haben darum noch nicht
die Anker eingebüßt"
Jean Paul

16. September 1744

Prag I

Prag, das Ziel aller Eindringlinge in Böhmen, hat wieder einmal die Feinde vor den Toren: am 2. September 1744 steht Friedrich mit 80 Bataillonen und 132 Schwadronen vor der Stadt, und die Belagerung beginnt. Am 17. August war die preußische Armee unter der Empörung des Wiener Hofes in drei Heersäulen in Böhmen eingerückt. Nicht mehr, wenigstens nach außen hin, geht es um Ehre und Ruhm: "Seine Majestät", eröffnet Friedrich, "greift zu den Waffen, um dem Reiche die Freiheit, dem Kaiser (Gegenkaiser Karl VII., ein Bayer) die Ehre und Europa den Frieden zu bringen."

Hohe Politik also vor Eroberungsgelüsten. Friedrich glaubt die Österreicher lange genug im Westen mit Frankreich beschäftigt und deshalb leichtes Spiel zu haben, wenn man sich zur Schlacht stellen wird. Doch Wien denkt nicht daran und frohlockt:

"Großes wäre geleistet, wenn man diesen Teufel mit einem Schlage zermalmen und ihn soweit zurückbringen könnte, daß man ihn nie mehr zu fürchten brauchte. Und das hoffe ich von der göttlichen Vorsehung. Es scheint, daß Gott alles so fügt, daß der einmal gründlich bestraft wird, der die Ursache so vielen Unheils ist."

Und Franz Stephan fühlt sich stark, Friedrich zu zermalmen, "um ihn für alle Zukunft außerstande zu setzen, sich furchtbar zu machen." Noch immer weint Maria Theresia, wenn sie einen Schlesier sieht, und der erste Schlesische Frieden ist für sie nichts anderes als eine Atempause gewesen — sie kann Schlesien nicht aufgeben! Offiziell geht es diesmal also gar nicht um Schlesien, denn die Österreicher marschieren gegen Frankreich und überschreiten Anfang Juli mit 70.000 Mann bei Philippsburg den Rhein, und Friedrich möchte mit seinem Einmarsch in Böhmen der nicht sonderlich vorteilhaft stehenden Sache Kaiser Karls VII. dienen. Dennoch: Der Zweite Schlesische Krieg hat hiermit begonnen. Nach kurzer Belagerung fällt Prag am 16. September 1744 in preußische Hände, Friedrich glaubt, das Schwerste dieses Feldzuges bereits hinter sich zu haben. Er ist noch mehr Offensivstratege als im ersten Krieg, sucht den entscheidenden Schlag und mit ihm den Frieden diktieren zu können. Aber es wird sich zeigen, daß er im Überschwang und Weitblick den Blick zurück vergißt und in schwere Bedrückung gerät. Neben der Eroberung Prags, in dem eine kleine Besatzung zurückgelassen wird, geht der Vormarsch zügig weiter, Tabor wird erobert, die Bevölkerung gezwungen, dem bayerischen Kaiser die Treue zu schwören. Jetzt aber bekommt Friedrich einen Gegner, dessen Kriegskunst ihm nicht gefällt: Karl von Lothringen, von den Franzosen zwar bedrängt, kann aber in aller Ruhe über den Rhein zurückkehren und sich gegen ihn wenden, und in seiner Begleitung befindet sich Feldmarschall Traun, der Meister des Manövrierens.

Dieser denkt gar nicht daran, sich den überlegenen Preußen zu stellen, auch nicht, als Friedrich Anfang Oktober bereits über die Moldau herangekommen ist. Und als Friedrich am 2. Oktober bei Marschowitz endlich auf die Österreicher trifft, denen sich mittlerweile die Sachsen zugesellt haben, muß er erkennen, daß ihre Stellung zu stark ist, um angegriffen werden zu können; aus schon aufgestellter Schlachtordnung muß er den Rückzug antreten! In diesen Tagen rächt sich die Struktur der preußischen Armee, die offenbar nur für erfolgreiche Feldzüge geschaffen ist: Rückmärsche, Rückzüge, Mangel an Proviant und anderer Versorgung — die Soldaten sind demoralisiert und desertieren verbandsweise, die katholische Bevölkerung Böhmens verweigert die Fourage, leistet Verrat und Widerstand, aufgewiegelt durch die geschickte Wiener Propaganda. 17.000 preußische Soldaten sollen ihre Armee verlassen haben, die wohl einen zu großen Anteil an Ausländern und Gepreßten gehabt hat.

”Wir haben”, meint Präsident Münchow verzagt, ”keine Armee mehr. Was wir haben, ist nichts als ein Haufen Menschen, noch beieinander gehalten durch die Gewohnheit und die Autorität der Offiziere.”
Wenn alle verzagen, Friedrich nicht! Zwar zeigt sich seine Schwäche, daß er alles gegen sich verschworen glaubt und Fehler kaum einzugestehen gewillt ist, gleichzeitig aber jene Stärke, die ihm in Dritten Krieg die Existenz retten wird: Standhaftigkeit im Unglück! Widerstandswille! Seelische Kraft! Er erinnert seine Offiziere an das weibliche Vorbild in Wien: ”Ihr wolltet nicht den Mut dieser Frau haben? Jetzt, da wir noch keine Schlacht verloren haben?”
”Seid überzeugt, daß wir Schlesien behalten, oder Ihr werdet nur unsere Gebeine wiedersehen.”
In der Tat steckt sein Staat in der ersten ernsten Krise. Die Armee ist auseinandergelaufen, Geld fehlt, in perfekter Manier zerstören österreichische Streiftrupps die preußischen Magazine und Transporte, auf die Friedrich zu wenig Aufmerksamkeit verwendet hat. Er lernt, daß erst der Bauch einer Armee gefüllt sein muß, ehe sie kämpfen und siegen kann. Inzwischen ist Prag wieder aufgegeben worden. Karl VII. stirbt, womit Friedrichs Kriegsmotiv hinfällig wird, fünfeinhalb Millionen Taler kostet die Wiederaufrüstung einer Armee, die gar keine Schlacht geschlagen, nur eine Belagerung, Scharmützel und Rückzugsgefechte hinter sich gebracht hat. Aber: Nach dem Tiefpunkt des Feldzuges von 1744 kann es nur aufwärtsgehen.
”Was der Feind auch unternimmt”, sagt Friedrich, ”wir werden ihn besiegen, oder wir werden uns niederhauen lassen für das Heil des Va-

terlandes, für den Ruhm der Dynastie."
Im Frühjahr 1745 ist seine Armee intakter denn je, Friedrich glaubt zu
wissen, was die Österreicher nun planen und plant selbst einen seiner
größten Geniestreiche . . .

4. Juni 1745

Hohenfriedeberg

Zwei Aussprüche vom 3. Juni 1745 erscheinen bedeutungsvoll. Friedrich: "Wir haben sie dort, wo wir sie haben wollen."
Sein Kontrahent Prinz Karl von Lothringen:
"Es gibt keinen Gott mehr im Himmel, wenn wir diese Schlacht nicht
gewinnen."
Zuversicht und Hoffnung also bei beiden, aber nur einer kann Sieger
werden. Karl von Lothringen hat seinen besten Mitarbeiter verloren,
den Feldmarschall Traun, vielleicht fühlt er sich dadurch übermütig
und stark, jedenfalls ist er falsch informiert, als er mit seinen 65.000
Österreichern und Sachsen, nachdem die Gebirgspässe der Sudeten
überwunden sind, in die weite Ebene zwischen Pilgramshain und Hohenfriedeberg einströmt. Große ebene Flächen, das ideale Gebiet für
die überlegene Taktik der preußischen Armee — somit hat Friedrich

273

mit seiner Bemerkung recht, als er am Nachmittag des 3. Juni die hohe Staubsäule sichtet, die das anrückende Heer der Feinde aufwirbelt. Auf seine Anweisung hin ist famose Vorarbeit geleistet worden: Überläufer berichten den siegestrunkenen österreichischen Offizieren von der Demoralisation der preußischen Armee, kriegsmüden Anführern und miserabler Ausrüstung; der Rückzug sei beschlossene Sache, denn die Straßen in Richtung Breslau würden instandgesetzt, einzelne Einheiten zögen bereits ab; wenn überhaupt die Preußen zu schlagen wären, dann jetzt. Was ein Sieg über Friedrich in diesen Monaten bedeuten würde, wissen die Österreicher natürlich, was sie nicht wissen ist, daß Friedrich alle diese von den Überläufern berichteten Tatsachen hat inszenieren lassen, um den großen Bluff zu machen und eine riesige Falle aufzubauen. Hier wird eine Schlacht in einer Art vorbereitet, die sich mit jeder Planung moderner Strategen messen kann. Als Karl von Lothringen am Abend auf dem Galgenberg sein Zelt bezieht, glaubt er höchstens 40.000 Preußen gegen sich zu haben, die man am anderen Morgen in alle Winde jagen wird. Seine Leute melden, daß die preußischen Wachtfeuer bei Schweidnitz wie gewöhnlich brennen — das tun sie auch, allerdings sind die Zelte des Lagers bereits leer, weil die Soldaten sich im Nachtmarsch, lautlos und heimlich, dem linken Flügel der Österreicher nähern, wo die Sachsen stehen. Disziplin und Stimmung der preußischen Soldaten sind musterhaft, kein Mann entweicht, keine Deserteure, jeder weiß um die Entscheidung. Kurz nach Mitternacht ist Striegau erreicht, und der Aufmarsch beginnt, um zwei Uhr gibt Friedrich seinen Generälen die Disposition zur Schlacht, um sich dann, inmitten seiner Soldaten, für kurze Zeit niederzulegen. Man ist bereits dem Feind in der Flanke, als man gegen fünf Uhr marschiert, und um 5.30 Uhr prallen die ersten Reiterschwadronen aufeinander. Direkt aus dem Marsch, vollkommen ungewohnt, greift die preußische Infanterie die sächsische an und wirft sie über den Haufen. Um 7.00 Uhr wird Prinz Karl geweckt, der nicht ahnt, schon geschlagen zu sein. Trotz der Tapferkeit der preußischen Infanterie wird die Kavallerie die Truppe des Tages. Zieten fällt mit zehn Schwadronen den Österreichern in die Seite, die dreimal so stark sind, während Friedrich mit drei Bataillonen eine Artilleriestellung erstürmt. Unerhört, ungesehen bisher: Ein König an der Spitze seiner Soldaten!

"Die Schlacht ist gewonnen", ruft Friedrich, als der gesamte feindliche linke Flügel geschlagen zurückflutet. Vom Fuchsberg aus leitet Friedrich die weitere Schlacht: Angriffe der Infanterie auf den rechten Flügel, wo die Österreicher durch das preußische Infanteriefeuer, gefürchtet seit Mollwitz, bereits erschüttert sind, als der Chef der Bayreuther Dragoner, General Gessler, eine Lücke in der Infanterie nutzend, den berühmtesten Reiterangriff der preußischen Geschichte beginnt. Jetzt gibt es für die Österreicher kein Halten mehr, sie werden niedergehauen, niedergeritten, niedergemacht, ganze Regimenter, 1.000 Reiter machen 2.500 Gefangene, es ist 8.00 Uhr morgens. Wohl selten ist eine Armee so eindeutig, vor dem Frühstück, geschlagen worden, und das in einem außergewöhnlichen Verhältnis der Verluste: 5.500 gefallene oder verwundete Preußen, 9.000 Österreicher und Sachsen, dazu 7.000 Gefangene; über 70 Kanonen, 80 Fahnen werden erbeutet. Trotz der frühen Stunde unterläßt Friedrich die Verfolgung des über die Pässe zurückströmenden Gegners, denn er will sich nun seinerseits nicht in eine Falle locken lassen. Vor der österreichischen Manövrierkunst hat er Respekt bekommen, außerdem glaubt er, seine Feinde für die kommenden Friedensverhandlungen nicht zu sehr demütigen zu sollen. Stattdessen spricht und schreibt er viel von Gott, an dem Prinz Karl nun verzweifeln müßte.

”Ich danke Gott für den mir geschenkten Sieg”, sagt Friedrich seinen Offizieren, ”macht Ihr es ebenso.”

”Gott hat uns sichtlich in Schutz genommen”, schreibt er der Gräfin Camas.

Daß er den Hohenfriedberger Marsch komponiert hat, ist bis heute nicht erwiesen, jedoch erhält das Bayreuther Dragonerregiment die Ehrenauszeichnung, zu Fuß den Grenadiermarsch schlagen und zu Pferde den Parademarsch der Kürrassiere blasen zu lassen. Obwohl die Schlacht von Hohenfriedeberg weniger zur Friedenswilligkeit der Österreicher beigetragen hat als von Friedrich erhofft, ist sie als eine der denkwürdigsten in die Geschichte eingegangen, und ihre wahre Bedeutung muß man daran messen, was geschehen wäre, hätte Friedrich sie verloren. Ihm mißfällt, daß die Österreicher hartnäckig den Frieden verweigern, außerdem das Kuriosum, gegen die Sachsen kämpfen zu müssen, mit ihnen jedoch nicht im Kriegszustand zu sein; er will sie abspenstig machen.

”Ich werde Sachsen nicht angreifen”, schreibt er am 10. Juni an Podewils.

Aber es wird dennoch einen Strauß mit ihnen geben . . . Wer heute den herrlichen Hohenfriedberger Marsch, von zünftiger Militärkapelle gespielt, hört, denkt selten an jenen 4. Juni 1745, an dem Friedrich den Grundstein zu Feldherrnruhm legte — Schlachten sind unpopulär geworden, geblieben ist die Musik.

"Nur Kinder, Narren und sehr alte
Leute können es sich leisten, immer
die Wahrheit zu sagen"
Winston Churchill

Freiherr von der Trenck

Mit welcher Vorsicht sogenannte zeitgenössische Berichte zu genießen
sind — zu allen Zeiten! — zeigen die Auslassungen des von der Trenck.
Getreu dem Motto, "etwas Wahres wird schon dran sein", werden diese Bücher geschrieben und gelesen. Diese sogenannten Memoiren des
von der Trenck sind allerdings eine Zumutung auch in dieser Beziehung, und es hat bis in unser Jahrhundert gedauert, bis sie durch Gustav Berthold Volz ins rechte Licht gerückt wurden.
Hier der Lebenslauf des Freiherrn. Geboren am 16. Februar 1726 in
Königsberg in einer Soldatenfamilie; sein Vater starb 1740 als preußischer General. Friedrich von der Trenck studiert auf der Universität
Königsberg, ehe er in die Armee eintritt. Im Zweiten Schlesischen
Krieg kämpft er bei Hohenfriedeberg mit und sitzt bereits am 28. Juni
1745 in der preußischen Festung Glatz gefangen. Mit Unterbrechungen, Verlegungen und Fluchtversuchen dauert seine Haft bis Ende
1763. Er geht nach Österreich, 1765 nach Aachen, wo er eine Familie
gründet und sich erstmals schriftstellerisch betätigt. Von 1780 bis 1792
lebt er in Österreich, hält sich nach dem Tode Friedrichs, dem er vorher nicht unter die Augen kommen durfte, in Preußen auf und besucht
1789 Frankreich, wohin er bei Ausbruch der großen Revolution zurückkehrt. Hier ereilt den Ruhelosen das Schicksal, denn er gerät, wie
viele andere, unter die Guillotine, am 25. Juli 1794. Wie nun konnte er
mit Friedrich so aneinander geraten, daß dieser ihn für die besten Jahre
seines Lebens hinter Gitter stecken mußte? Bekanntlich ist Friedrich
bei Unregelmäßigkeiten und Insubordination im militärischen Bereich
äußerst empfindlich, und ohne Unterschied in Rang und Namen ist der
verratzt, der sich derartiges zuschulden kommen läßt. Spionage, bis
heute ein straffälliges Verbrechen, obwohl — jedenfalls bis heute — jede
Regierung Spione beschäftigt und bezahlt. Friedrich macht keine Ausnahme. Am 28. Juni 1745 befiehlt er aus dem Lager von Diretz dem
Kommandanten von Glatz, Generalmajor Fouque:

"Den hiermit an Euch geschickten Cornet von den Garde du Corps von Trenck sollet Ihr zum Festungsarrest annehmen, ihn auf die Festung setzen und wohl verwahret halten, daß er durchaus mit Niemandem correspondiren könne."

Handschriftlich setzt Friedrich hinzu:

"Verwahret sehr streng diesen Schelm; er hat bei seinem Oheim Pandur werden wollen."

Sein Oheim, das ist Trenck, der Pandur, Offizier im österreichischen Dienst. Schließlich befindet man sich im Krieg. Da ist es freilich verdächtig und gefährlich, mit Verwandten auf der anderen Seite einen Briefwechsel zu unterhalten. Mehr scheint Trenck nicht verbrochen zu haben, jedenfalls gibt es keine weiteren Akten über seine Verhaftung, und ein Verfahren gegen ihn findet nicht statt. Nach mehreren versuchten Plänen flüchtet Trenck mit einem wachhabenden Offizier am 26. November 1746 aus Glatz, und Friedrich kann nichts anderes tun, als ihn durch Urteil des Kriegsgerichts vom 12. April 1747 aller Ehren und Würden für verlustig zu erklären und sein Gut in Ostpreußen zu beschlagnahmen. Trenck hält sich in Rußland auf, bis er im Oktober 1749 die Erbschaft des verstorbenen Pandurenoheims in Österreich antreten kann. So weit, so ganz gut. Aus Österreich betreibt Trenck, durch die Vermittlung von Minister Podewils, seine Begnadigung bei Friedrich, der tatsächlich, jetzt 1750 im Frieden, nicht abgeneigt ist unter der Bedingung, daß Trenck still und ruhig in Ostpreußen leben bleibe. Trenck akzeptiert, kündigt seine Heimreise an, erscheint aber aus unbekannten Gründen nicht und tritt als Rittmeister in die österreichische Armee ein. Er hat Friedrichs Begnadigung nicht angenommen — ist folglich nicht begnadigt, wie er schmerzlich verspüren wird. Er gilt als Deserteur; ein gefährlicher "Beruf". Trenck ist leichtsinnig und begibt sich 1754 nach Danzig, wo er am 6. Juli unter allerlei diplomatischem Ränkespiel verhaftet wird. Schon am 22. Juli befindet er sich in Berlin. Der Gouverneur von Berlin berichtet Friedrich:"Heute ist der gewesene Cornet Trenck von Stolp, von Garnison zu Garnison, durch ein Commando anhero gebracht. Ich habe ihn in guter Verwahrung genommen bis auf Ew.Kgl. Maj. weitere gnädigste Ordre."

Friedrich antwortet:

"Da nach Eurem Rapport am 22. dieses der ehemals echappirt gewesene Trenck zu Berlin abgeliefert worden ist, so befehle ich hierdurch, daß Ihr denselben des Morgens mit dem frühesten in aller Stille unter sehr sicherer Eskorte weiter nach Magdeburg schicken sollt."

Kaum sitzt Trenck in Magdeburg ein, als Österreich vorstellig wird und die Freilassung fordert. Für Friedrich ist Trenck nun einmal ein schändlicher Verbrecher, und er läßt sich nicht erweichen. Den Erfahrungen aus Glatz gemäß wird Trenck außerordentlich scharf bewacht und in Einzelhaft angekettet, am 4. August 1756 erfolgt seine weitere kriegsgerichtliche Verurteilung, die ihn den Siebenjährigen Krieg und noch etwas darüber hinaus im Kerker verbringen läßt.

”. . . das, weil Inquisit Friedrich Wilhelm Trenck bereits durch das vorige Urteil aller seiner Ehren und Würden entsetzet, sein Vermögen confiszirt und er hiernächst zum Festungsarrest condemirt worden, derselbe nunmehro in Eisen zu schmieden sei und in solchen auf seine ganze Lebenszeit Festungsarrest halten solle.” Friedrich bestätigt das Urteil am 7. August 1756. Lebenslang auf Festung: Das müßte das Ende sein! Verständlich, daß Trenck auf Flucht sinnt, er macht allerlei Anstalten dazu, und es gelingt ihm immerhin, mit der Außenwelt in Verbindung zu treten. Aber seine Vorhaben werden rechtzeitig entdeckt, so daß er eigentlich mit der Welt abgeschlossen hat, als das Ende des Siebenjährigen Krieges einen neuen Hoffnungsschimmer aufkommen läßt. In den Friedensverhandlungen wird eine allgemeine Amnestie beiderseits vereinbart, und sofort fordert Wien die Anwendung auch auf Trenck.

”Aus Rücksicht auf Maria Theresia”, wie Friedrich sagt, und unter der Bedingung, daß dieser nie wieder preußischen Boden betrete und ”nimmer mehr etwas Beleidigendes weder durch Reden noch durch Schreiben des von Trenck zu befahren hätte,” wird Trenck am 29. Dezember 1763 freigelassen.

Das ist in knappen Zeilen sein Lebenslauf, aus dem er in geschickter Weise seine ”merkwürdige Lebensgeschichte” gemacht hat. Merkwürdig? Das ist milde ausgedrückt, denn es wimmelt in ihr von Fehlern, Irrtümern und Lügen, großzügig macht er sich zum Helden und ”Vertrauten des Königs”. Es lohnt nicht auf alles einzugehen. Derartige Geschichten sollten eine Warnung für alle Geschichtsschreiber sein. Zweifellos hat Friedrich zu hart an diesem Mann gehandelt, und der wahre Grund, warum er das getan, kann die letzten Zweifel, ob Trenck doch Friedrichs Familie, besonders seiner Schwester Amalie, mehr bedeutete als urkundlich dargelegt, nicht ausfegen. Trenck ist eine Episode in Preußen, sonst nichts, nur sein eigenes Werk macht Größeres aus ihm; mehr scheinen als sein!

"Freunde verständigen sich nicht,
sie verstehen einander"
Ernst Zacharias

13. August 1745

Dietrich von Keyserlingk

Am 15. Oktober 1745 schreibt Friedrich in einem Brief an Fredersdorf unter anderem:
"... ich weis wohl nich, wann ich So eigentlich nach Berlin Komme ... ich fürchte mihr recht, dahr wieder hin zu Kommen."
Am 22. August an Minister Podewils:
"Ich bin mehr tot als lebendig beim Empfang Ihrer Anzeige. In drei Monaten verliere ich meine beiden nächsten Freunde, die Männer, die mir von allen, die ich kenne am meisten ergeben waren. Nun bin ich fremd in Berlin, ohne Verbindungen, Bekannte und wahre Freunde ... Eller (der Arzt) hätte im vergangenen Winter für ihn sorgen sollen. Damals wäre es noch Zeit gewesen, aber er hat sich damit begnügt, den Wein des Kranken aufzutrinken, ohne sich um die Krankheit zu kümmern. Die Nachricht ist mir so nahe gegangen, daß ich nicht im Stande bin, mehr zu schreiben. Vernunft und Philosophie müssen vor wirklichem Schmerz schweigen."
Und am 10. September an seine mütterliche Freundin, die Gräfin Camas:
"... Ich hatte mich auf meine Heimkehr gefreut; jetzt fürchte ich mich vor Berlin, Potsdam, Charlottenburg, vor allen den Orten, die mir die trauervolle Erinnerung der Freunde wecken werden, welche ich für immer verloren habe ... Ich bitte Sie, bei der Achtung, die ich für Sie habe, in Gemeinschaft mit Knobelsdorff der armen Adelaide als Vormund zu dienen und sowohl für ihre Gesundheit und zartes Alter Sorge zu tragen, als auch, wenn es Zeit sein wird, für ihre Erziehung ..."
Was ist geschehen? Wieso mobilisiert Friedrich seine liebsten Freunde, anderen zu helfen? Am 13. August 1745 ist Graf Dietrich von Keyserlingk gestorben, einer der Männer, die Friedrichs höchstes Vertrauen besaßen, schon von den Rheinsberger Tagen her. Alles hatte anders angefangen, als es geplant gewesen war. Zusammen mit Friedrich Ludwig Felix von Borcke gehörte Dietrich von Keyserlingk zu den Aufpassern,

279

die Friedrich Wilhelm dem fünfzehnjährigen Kronprinzen zustellte. Aus den Aufpassern wurden schnell Freunde, dann, wenigstens bei Keyserlingk, Vertraute. Der dreißigjährige Keyserlingk, von baltischer Abstammung, bekam die Stellung eines Stallmeisters und mußte dem argwöhnischen König über den Kronprinzen Bericht abstatten. Friedrich, schon damals stark eingebildet auf seinen Geist, das "Anderssein als sein Vater", hatte früh einen Hang für gebildete und höfliche Männer, von denen er später eine Gruppe um sich versammelte. Keyserlingk zeigte sich ergriffen von dem Unrecht, welches Friedrich vom Vater erleiden mußte, und suchte zu helfen, wo es möglich war. Anfang 1730 wuchs die Spannung, wie berichtet, so an, daß Friedrich Wilhelm Fluchtpläne argwöhnte, und Keyserlingk anhielt, den Kronprinzen Tag und Nacht nicht aus den Augen zu lassen. Trotzdem kam es bekanntlich zum Fluchtversuch, jedoch ist Keyserlingk in keiner Weise in die Vorbereitungen verstrickt gewesen, so daß der König ihm nichts anhaben konnte, ihn trotzdem vom Kronprinzen verbannte, zur Strafe für diesen natürlich. Nachdem Friedrich aus Küstrin zurück und in eine neue Garnison gewechselt war, betrieb er beim König die Rückkehr Keyserlingks aus der Rathenower Garnison; vergeblich, der König schlug die Bitten so lange ab, bis Friedrich in Rheinsberg seine eigene Hofhaltung bekam. Das war, wie Friedrich jubelnd schreibt, "der Durchbruch der Sonne durch den frostigen Winternebel". Es ist wohl Keyserlingks Art des gepflegten Edelmanns, im echten Sinne des Wortes, gewesen, die ihn Friedrich wertvoll und angenehm machte: Esprit, Schlagfertigkeit in Rede und Antwort, Bildung, Belesenheit, Bescheidenheit und Wahrung des Abstandes, der Rangordnung sozusagen. Seine Rheinsberger Gesellschaft wußte: Ein Ausrutscher in dieser Beziehung, und man war unten durch.

Keyserlingk gehörte zu den Freunden, mit denen Friedrich auch nach dem Machtantritt weiteren engeren Kontakt behielt, sein Kosewort für ihn, "mein Cäsarion" besagt eigentlich alles über diese Freundschaft. Bezeichnend ist Friedrichs großzügige Antwort auf Keyserlingks Geständnis, daß er das Rauchen nicht lassen könne:

"Du weißt wohl, daß ich Dich in keiner Sache genieren will, also kannstu immer in Gottes Namen fortschmauchen."

Bei Keyserlingks Krankheiten ist Friedrich außer sich, schickt den kostbarsten Wein, die besten Ärzte, erkundigt sich stündlich. Es geht eine Zeitlang auf und ab mit der Gesundheit, bis Friedrich, mitten in den Bedrängnissen des Zweiten Schlesischen Krieges, von der Todesnachricht getroffen wird. Seine Hauptsorge gilt der kleinen Tochter

Adelaide, die er selbst am 14. Juli 1744 über die Taufe gehalten hat. Er fühlt sich dem Kind verpflichtet und unterstützt die Mutter mit Zuwendungen, wie ein Brief von Fredersdorf an den König ausweist, am 21. April 1746:

"Ew. Konigl. Majesté Allergnädigsten Befehl Nach habe die 1.000 Thaler vor (für) der Kleinen Keyserlingk an den Ministre von Marschal so gegeben, wie es Ew. Konigl. Maj. allergnädigst Befohlen. die Mutter wahr gantz scharmiret Vor das Besonders gnädige Andenken."

Fredersdorf weiß, was den König aufheitert, und berichtet weiter von Adelaide:

"das Kleine eben-Bildt geht der Mund wie eine Klapper-Büchse, und ist das veritable original, artig und Munter."

Sie scheint also die Heiterkeit des Vaters geerbt zu haben, was Friedrich besonders erfreut. Schon trifft ihn das, was er später verstärkt erleben wird: Die erste Garnitur seiner Freunde und Gefährten aus der Kronprinzenzeit, die meist älter sind als er, stirbt hinweg, sein frauenarmes Dasein beginnt bereits jetzt, wo er dem Höhepunkt seines Ruhmes zustrebt, einsam und farblos zu werden.

"Carpe diem —   30. September 1745
Nutze den Augenblick"
Horaz

"in der Suppe bis über die ohren" — Soor

"Sistuwohl", schreibt Friedrich in drastischem Deutsch an Fredersdorf, "mihr tut Keine Kugel was!"

Sein Leichtsinn ist diesmal nicht gestraft worden, einerseits, und anderseits hat er ihn durch rasche und richtige Entscheidungen wettgemacht:

"Ich hätte verdient gehabt", urteilt Friedrich später, "bei Soor geschlagen zu werden, wenn nicht die Habilité meiner Generals und die Tapferkeit meiner Truppen Mich vor solchem Unglück präserviret hätten."

Sein Glück ist auch die unendliche Überheblichkeit der österreichischen Führung, die ihn und seine Armee noch immer nicht ernst nimmt. Zu seinem weiteren Glück hält Maria Theresia Prinz Karl von Lothringen, ihren Schwager, für einen großen Feldherrn, ohne daß er bisher den Beweis hierfür erbracht hat.

Eine ähnliche Falle, wie Friedrich sie bei Hohenfriedeberg hat zuschnappen lassen, droht ihm und seinen Soldaten seit der Nacht zum 30. September 1745: Die 552 Meter hohe Graner Koppe, beherrschend in der rechten Flanke, wird von den Österreichern überraschend besetzt, womit den Preußen die Rückzugslinie abgeschnitten ist. Leichtfertig, — wie er später häufiger sein wird — hat Friedrich die notwendigsten Sicherungen außer acht gelassen und seine Armee durch Abkommandierungen geschwächt, so daß er nun mit 22.000 Mann einer Armee von beinahe 40.000 gegenübersteht, darunter über 12.000 Reiter. Er muß verloren sein, dieses Mal tatsächlich, und Karl von Lothringen darf siegesgewiß tun. Nun, wo Friedrich eine Schlacht nicht wünschen kann, bieten die Österreicher sie an, allerdings mit Verspätung, was sich rächen wird. Sie greifen nicht in der Nacht an, obwohl die lagernden Preußen ahnungslos sind, und auch nicht im Morgengrauen, wie Friedrich bei Hohenfriedeberg, und es ist nicht sicher, ob sie es am 30. überhaupt getan hätten. Friedrich will an diesem Tag nach Trautenau abmarschieren, nun erhält er die Meldung, daß der Feind mit Kavallerie auf der Höhe stehe. Er läßt Generalmarsch schlagen und wirft sich aufs Pferd, um selbst zu rekognoszieren, stellt sofort fest, daß er sich in tödlicher Gefahr befindet. Augenblicklich fällt sein Entschluß: Nur der Angriff kann ihn retten, denn er sitzt, nach eigenen Worten, in der Suppe bis über die Ohren. Jetzt zeigen die preußischen Soldaten, daß sie eine andere Armee sind als die im vorigen Jahr auseinandergelaufene, denn im Angesicht des weiterhin stehenden Feindes stellt sie sich in unglaublich kurzer Zeit in Schlachtordnung; jeder Befehl Friedrichs wird korrekt befolgt.

"Der Feind", sagte nachher der österreichische Bericht, "rückte auf das allergeschwindeste zusammen, welches nicht wenig zu bewundern war, indem solcher auf das Höchste eine Stunde zubrachte zu seiner Formierung."

Ja, der preußische Drill der letzten Jahrzehnte ist nicht umsonst gewesen, das hatten die Österreicher bei Mollwitz schmerzhaft erfahren müssen, und auch heute soll er ihnen schlecht bekommen. Sofort nach Aufstellung läßt Friedrich die Graner Koppe, die als unersteigbar für Pferde gilt, von der Kavallerie des greisen Feldmarschalls Buddenbrock attackieren, daß die österreichische Reiterei vor Bestürzung und Furcht wendet und den Berg verläßt. Erst siebenundzwanzig, dann achtundvierzig Schwadronen, Sachsen und Österreicher, werden innerhalb einer Stunde in die Flucht getrieben. Dann entwickelt sich der Infanteriekampf, als die Preußen den linken Flügel der Feinde angreifen, deren Stellung durch eine starke Batterie gedeckt ist. Sie wird überwunden. Ferdinand von Braunschweig erstürmt durch einen Bajonettangriff eine andere Höhe, so daß die Österreicher, nun endgültig um ihre Angriffschance gebracht, allgemein zu weichen beginnen.

"Es sei nicht anders gewesen", berichten die Österreicher, "als wenn die Preußen mit klingendem Spiel in den Tod hätten gehen wollen."

Ein Wagnis zwar, Friedrich ist sich dessen bewußt, schon der großen Verluste wegen, aber die feindliche Übermacht darf nicht mehr dazu kommen, sich zu formieren und zum Angriff schreiten zu können. Die österreichische Reiterei versagt, sobald sie die preußischen Kürassiere auf sich losstürmen sieht. Friedrich hat in dieser Schlacht das Heft fest in der Hand und erweist sich als ausgereifter Feldherr, der sich auf seine Soldaten verlassen kann. Und auf seine Generale, die in großer Selbständigkeit ihre Abteilungen befehligen. So haben Mut und Tüchtigkeit den Tag gerettet, die preußischen Verluste sind jedoch derart hoch, daß an eine Verfolgung des geschlagenen Gegners wiederum nicht zu denken ist: Ein Drittel der preußischen Armee ist außer Gefecht gesetzt, Friedrichs komplette Bagage dadurch verloren, daß die ungarischen leichten Truppen, statt sich am Kampf zu beteiligen, das preußische Lager plündern. Sie führen als Gefangene ab: Friedrichs Sekretär Eichel und seinen Lieblingswindhund Biche, die beide später ausgetauscht werden. Durch den Sieg von Soor hat Friedrich die Rückeroberung Schlesiens, mit der Prinz Karl fest rechnete, vereitelt, aber noch immer nicht seine Gegner friedensbereit machen können. Damit steht ein Winterfeldzug bevor, der damals allgemein ungewöhnlich ist, aber diesmal sind Sachsen und Österreicher dazu bereit. Mit seltenem Offensivgeist planen sie, Friedrich im Herzen seiner Staaten zu treffen: in Berlin. Das preußische Heer ist weiterhin unbesiegt, dennoch kann es dem Gegner nicht eindeutig das Gesetz des Handelns aufzwingen; wie viele Schlachten sind notwendig, um diesen Krieg erfolgreich zu beenden?

"Im Namen Jesu marsch!"   15. Dezember 1745

Kesselsdorf
— die Posaunen von Jericho!

Der Zweite Schlesische Krieg "benötigt" noch eine Schlacht, um zu Ende gebracht zu werden. Wieder wird vorher der Herrgott angerufen, diesmal in recht origineller Weise:

> "Herrgott helf mich, und wenn Du das nich willst, dann helf wenigstens die Schurken, die Feinde, nich, sondern siehe zu, wie es kommt. Amen"

Dieses Gebet, vor versammelter Front gesprochen, ist ein faires Angebot . . . Das liederliche Deutsch läßt auf Friedrich schließen, aber mitnichten: Der Alte Dessauer hat's gesagt. Seine Stunde schlägt, mit der er viele Rüffel der letzten Wochen wieder entkräften will. Denn Friedrich hatte ihn mit dem Befehl marschieren lassen, erst anzugreifen, wenn die Österreicher den Boden Sachsens betraten, das noch immer als neutral galt, und als sie es taten, marschierte, ja kroch er mit seiner

Samuel von Cocceji

Der Alte Dessauer

Schloß Sanssouci bei Potsdam

Friedrichs Freund Dietrich von Keyserlingk.

Blick auf Dresden

Der Friede zu Dresden

Armee so langsam, daß die Vereinigung der beiden feindlichen Armeen drohte. Durch den schwedischen Gesandten hatte Friedrich die Pläne erfahren: Die Österreicher sollten die Preußen in Böhmen binden, während die Sachsen ins Kernland Brandenburg vorstießen, wo man sich vor den Toren Berlins wiedertreffen wollte; währenddessen mußten die Russen 10.000 Mann unter Waffen an Ostpreußens Grenzen bereithalten. Für Maria Theresia war die frische Kaiserkrone ihres Mannes wenig wert, wenn Schlesien preußisch bleiben sollte, und Sachsen, kriegseifriger denn je, winkten Landerwerbungen auf Kosten Preußens.

"Soll ich denn nie Ruhe haben können!" ruft Friedrich ganz unlogisch. Nach der Schlacht von Soor war Friedrich nach Schlesien zurückgekehrt, während Prinz Karl von Lothringen sein altes Lager bezog, doch nun ist in der Tat Eile geboten. Das weiterhin ungemütliche Verhältnis zwischen Friedrich und dem alten siebzigjährigen Fürsten von Dessau, der sich seit fünfzig Jahren in bleihaltiger Luft aufgehalten hatte, verschärfte sich durch dessen wenig offensives Verhalten, stur nach den alten überlieferten Vorschriften. Doch Friedrichs Vorhaltungen bringen ihn in Rage, und er fiebert, seine Fähigkeiten an den Sachsen zu beweisen. Nun beginnt eine Art Wettlauf: Die Österreicher sind drauf und dran, zu den Sachsen zu stoßen, die bei Kesselsdorf südlich Dresden in befestigter Stellung stehen, und Friedrich will ebenfalls seinem Feldmarschall zu Hilfe kommen, gibt aber Befehl zum Angriff, da er glaubt, daß sich die Feinde eher vereinigen werden.

Am 15. Dezember 1745 ist Prinz Karl nur noch eine Meile vom Kampfort entfernt, Friedrich steht mit 25.000 Mann bereits in Meißen. Kesselsdorf liegt am Fuß eines Hügels, den der sächsische linke Flügel besetzt hält und mit vierunddreißig Geschützen bestückt hat. Einschnitte und Hohlwege machen das Gelände schwierig für einen Angriff, zudem ist der Boden mit Schnee bedeckt und vereist. Kein Wunder, daß der Alte Dessauer vor diesen ungünstigen Verhältnissen erst einmal ein Gebet versucht . . . das oben zitierte. Wie bei Hohenfriedeberg sucht man den Feind über die Absicht zu täuschen, diesmal ist es "Spionagechef" von Winterfeldt, der Verwirrung stiftet, so daß er Friedrich schreiben kann:

"Ich bin außer mir vor Freude, daß unser Herr Gott die Leuthe mit Blindheit geschlagen."

Inzwischen hat Friedrich den Sachsen den Krieg erklärt und überfällt ihr Korps am 23. November bei Katholisch Hennersdorf, nimmt es gefangen, folgt mit seinen 30.000 Mann Prinz Karl, dem es mulmig wird.

Alles mußte, wie dargelegt, schnell gehen, damit der Alte Dessauer mit seinen 32.000 Mann freie Hand gegen die Sachsen unter Rutowski hat, die 31.000 Mann stark sind. "Im Namen Jesu marsch!" ruft der Alte Dessauer, und der Angriff auf die kanonenstarrenden Anhöhen beginnt. Moritz von Dessau, sein Sohn, ist ebenfalls dabei, desgleichen bewährte Soldaten wie General Gessler und preußische Dragoner. Das Unglaubliche geschieht: Die preußische Infanterie nimmt, unter hohen Verlusten, die Stellungen der sich verzweifelt wehrenden Sachsen, während das österreichische Kontingent gar nicht zum Einsatz kommt und die Spitzen von Prinz Karls Entsatzheer sich dem Kampfplatz nähern. Friedrich hat recht behalten mit seiner Eile und den anfeuernden Ermahnungen an den Dessauer, vor dem er nun — vergeben und vergessen dem Sieger — am 17. Dezember auf der Straße zwischen Wilsdruff und Kesselsdorf den Hut zieht, ihn umarmt und mit schmeichelhaften Worten bedenkt, und im Heer singt man

"Friedrich selbsten voller Freuden,
als die Schlacht itzt war vollbracht,
tät ihm gleich entgegenschreiten,
hat ihm sein Kompliment gemacht."

Mit diesen Soldaten, spürt Friedrich, könnte er den Krieg ewig weiterführen, aber Maria Theresia hat genug und will Frieden haben. Am 16. Dezember schreibt Friedrich an seinen Intimus Fredersdorf:

"Du wirst wissen, Was hier passiret ist. wiehr haben viele leüte verlohren, aber die Säksische armée ist fast gäntzlich zu-grunde gerichtet . . . östreicher und Saksen Seindt nach Böhmen und wihr Morgen in Dresden."

Auch aus dem Zweiten Schlesischen Krieg geht Friedrich ungeschlagen heraus, und es ist nicht zu leugnen, daß sein Ansehen in Deutschland und Europa enorm gestiegen ist. Dennoch: Er weiß um das Wagnis, das er 1740 auf sich genommen hat, traut Maria Theresia wegen Schlesien natürlich nicht, — trotz der Kriege ist alles viel zu glatt gelaufen, er selbst würde eine so reiche Provinz niemals aufgeben —, ist aber entschlossen, keine Katze mehr anzugreifen, wenn . . . er in Ruhe gelassen wird!

Friede zu Dresden

Schlesien, eine Provinz, um die bisher zwei Kriege geführt wurden, und wo der zweite Friedensvertrag nun abgeschlossen wird, dieser Zankapfel zwischen Preußen und Österreich, um den die "Heldenäcker" für die gefallenen Soldaten entstanden sind, dieses Land gehört gar nicht dem Heiligen Römischen Reich Deutscher Nation an! Niemals war es ein Teil des Deutschen Reiches, hatte dem Reich keine Steuern gezahlt, noch Sitz und Stimme auf den Reichstagen gehabt und die Reichsgerichte anerkannt. Insofern sind die Verhältnisse ähnlich wie im Herzogtum Ostpreußen. Nur dadurch, daß Schlesien 1355 die Hoheit Böhmens hatte anerkennen müssen, war es dem Reich lose angehängt worden. Friedrichs neuer Titel "Souveräner Herzog von Schlesien", den auch die Wiener Reichskanzlei benutzt, weist auf die Sonderstellung hin. Der Zweite Schlesische Krieg ist beendet, ruhmreich zwar für Preußen und voller Siege, aber er hat so viele preußische Schwächen aufgedeckt, daß Friedrich mit Recht der Meinung sein kann, wie gesagt, "keine Katze mehr angreifen zu wollen". Acht Millionen Taler sind verbraucht, im Tresor ruhen noch 15.000, zu wenig zum Leben, wenn es keinen Frieden gibt. Wie beim ersten Frieden hat sich England wiederum ins Mittel gelegt, denn es braucht Ruhe in Deutschland, um seine Angelegenheiten mit Frankreich und in Übersee unbehindert verfolgen zu können. Anstelle des Österreichfreundes Lord Carteret sind 1744 der Herzog von Newcastle und sein Bruder Pelham getreten, die mit Friedrich am 26. August 1745 die Übereinkunft schließen, daß alles so bleiben soll, wie beim Berliner Frieden: also Gewähr für den Besitz von Schlesien. Damit bleibt Maria Theresia nichts anderes übrig, — da leider auch die erhofften Siege auf sich warten lassen —, als Frieden zu schließen. In Dresden, in das Friedrich am 18. Dezember 1745 eingezogen ist, empfängt er den Grafen von Harrach, die sächsischen und englischen Bevollmächtigten. Man kommt so schnell zur Sache, daß am 25. Dezember der Friede abgeschlossen werden kann. Österreich und Sachsen, das auf die falsche Karte gesetzt hat, sind die Verlierer.

1. Der Breslauer Friede (der dem Berliner vorangegangen ist) samt den darauf erfolgten Grenzberichtigungen wird erneuert.
2. Preußen erkennt Franz I. als Kaiser und Oberhaupt des Reiches an.
3. Österreich verbürgt dem König alle seine Staaten, auch die von Kaiser Karl VII. ihm zugesicherten Vorteile.
4. Friedrich dem Hause Österreich alle seine deutschen Besitzungen.
5. Sachsen, Braunschweig, Kassel und die Pfalz werden in den Frieden eingeschlossen.
6. Kursachsen bezahlt an Preußen eine Million Reichstaler.
7. Es entsagt für sich und seine Erben, als Eventualerbe des Hauses Österreich, allen Ansprüchen auf Schlesien.

Das ist eindeutig, und wenn Verträge dazu da sind, eingehalten zu werden, dürfte es Schwierigkeiten um Schlesien nicht mehr geben.

Aber die Weltgeschichte zeigt, daß derjenige, der den Frieden schließen muß, oft der nächste Gegner ist ... Während Friedrich sich nach Berlin aufmacht, um dort würdig empfangen und mit einem neuen Namen bedacht zu werden, ist die Niedergeschlagenheit in Wien groß. Eine reiche Provinz scheint endgültig verloren, das Kaiserhaus ist gedemütigt, während der Stern des "Salomons des Nordens" heller denn je erstrahlt. Aber man hätte nicht die bewährteste Diplomatie Europas, wenn nicht zur rechten Zeit etwas Passendes eingefädelt werden könnte! Friedrich trägt aus diesem Krieg keinen weiteren Landgewinn davon, aber etwas viel Wertvolleres: Ein begeistertes Volk, dem es eine Ehre ist, Preußen zu heißen; der Grundstein zu einem Nationalgefühl konnte in damaligen Zeiten nur so gelegt werden, Niederlagen und Mißerfolge zählten nie etwas, neben Begeisterung kommt Vertrauen auf, das Band zwischen König und Volk zieht sich enger. Auch Skeptiker werden umgestimmt und anerkennen Friedrichs diplomatisches Geschick: Schließlich hat er sich jetzt aus dem weiter andauernden österreichischen Erbfolgekrieg herausgewunden, den Frankreich allein fortsetzen muß. Bayerns Kurfürst Maximilian Joseph, Sohn Karl VII. ist froh, seine Erbländer behalten zu dürfen und entsagt allen Ansprüchen, die der unglückliche Karl VII. gestellt hatte. Erst am 18. Oktober 1748 ist der österreichisch-französische Krieg mit dem Frieden von Aachen beendet worden, der auch hier im großen und ganzen alles beim alten gelassen hat. In Artikel 22 des Vertrages verbürgen alle teilnehmenden Mächte noch einmal dem König Schlesien und die Grafschaft Glatz.

Zwar ahnt niemand, was noch alles um den Besitz Schlesiens wird angestellt werden, aber ein großes Unbehagen bleibt in Europa zurück. Friedrich ist vorerst beruhigt.

"Die Welt", schreibt er über seine Soldaten, "ruht nicht sicherer auf den Schultern des Atlas, als Preußen auf einer solchen Armee." Zufall und Schicksal der Weltgeschichte, die in den Händen weniger ruht: Der österreichische Graf Harrach hatte Vollmacht, den Frieden mit Preußen abzuschließen, aber Maria Theresia überlegte anders und wollte stattdessen einen Sonderfrieden mit Frankreich, doch ihr eilender Bote, der den Grafen zurückhalten sollte, kam zu spät — es ist bereits unterschrieben!

Wie damals bei solchen Anlässen üblich, werden in Preußen auf den Frieden von Dresden Gedenkmünzen geschlagen. Klar, daß Niederlagen dazu keinen Anlaß bieten; deshalb wird Österreich noch ein wenig warten müssen, bis es die ersten Münzen "gegen" Preußen schlagen lassen kann.

"Wohl von Berlin ein tapfrer Held   28. Dezember 1745
regiert nebst Gott jetzt in der Welt"
Spruch der Zeit

Fridericus magnus

Oh, wie so trügerisch ist doch die Laune des Volkes, des sogenannten kleinen Mannes! Wie alle Herrscher muß auch Friedrich diese Erfahrung machen. Als er zum Ersten Schlesischen Krieg auszog, konnte kein Jubel aufkommen, denn alles geschah so heimlich, daß Friedrich mit seiner Armee bereits in Schlesien stand, als die Bevölkerung von Berlin die ersten Kriegsnachrichten vernahm.

Bei Friedrichs Rückkehr war der Jubel gemäßigt, seine Leistungen waren nicht überzeugend genug gewesen. Ein Krieg gegen das Erzhaus in Wien konnte in Berlin nicht populär sein. Geradezu konsterniert reagierten die Berliner auf den Beginn des Zweiten Krieges. Was ging sie schließlich die Erwerbung einer Provinz an, wieviel Verständnis mochten sie für eine Politik haben, die ihnen nur Gefahren brachte, Politik, deren Tragweite sowieso nur wenige Zeitgenossen erkennen konnten. Wie sehr sie den Waffen ihres Königs, mit dem sie noch nicht richtig warm geworden waren, mißtrauten, zeigt ein zeitgenössischer Bericht aus dem Berlin jener Tage, als das Gerücht umging, Karl von Lothringen sei mit einem Heer von 20.000 Soldaten im Anmarsch auf Berlin, während des Königs Armee anderweitig beschäftigt abseits stand:

"Der Angriff sollte, wie es hieß, auf fünf Punkten geschehen und ein Corps, 20.000 Mann stark, aus dem Erzgebirge gerade auf Berlin losgehen und sich der Hauptstadt bemächtigen. Man sagt einander in die Ohren, daß der König schon Vorsichtsmaßnahmen getroffen habe, um die Archive und seine Familie nach Magdeburg in Sicherheit zu bringen. Der größte Teil der Vorstädter flüchtete sich in den Mittelpunkt der Stadt, die Reichen und Wohlhabenden beeilten sich, ihre kostbaren Besitztümer in Sicherheit zu bringen; andere verließen die Stadt, und noch andere, die ihnen folgen wollten, fanden keine Pferde, um sich fortzuschaffen. Man sah in den Straßen nichts als Reisewagen, Karren, Fuhrwerke, Bagagewagen, die mit Bündeln beladen waren. Die Bestürzung trat auf allen Seiten hervor, im Inneren der Häuser hörte man nur Wehklagen und sah man nur Jammerseelen."

Friedrichs schlechte Meinung von den Berlinern ist durch dieses Verhalten natürlich bestärkt worden. Als die Stimmung nach den glorreichen Siegen umschlug, machten, ebenso natürlich, die Berliner keine Ausnahme, und sie bereiteten sich auf einen Empfang vor, den der siegreiche junge König nicht vergessen sollte. Die Vorteile des Friedens zu Dresden lagen auch für die geschäftstüchtigen Berliner klar auf der Hand: Maria Theresia verzichtete "endgültig" auf Schlesien, obwohl sie Bayern, ihren potentiellen Ersatz, nicht bekommen hatte; Sachsen hat an Preußen eine Million Reichstaler Kontributionen zu zahlen, eine Summe, von der in Berlin gewiß einiges hängenbleiben würde; Friedrichs Gegenleistung, nämlich in seiner Eigenschaft als Kurfürst von Brandenburg die Anerkennung Franz I. als Deutscher Kaiser, interessierte in diesem Zusammenhang das gemeine Volk nicht. Es aner-

kannte aber wohl Friedrichs kriegerische, politische und diplomatische Leistungen gegen die mächtigen Habsburger in Wien, Leistungen, die Preußen im großen
und ganzen allein, ohne die Hilfe
des Bundesgenossen Frankreich
erbracht hatte. Frankreich zeigte
sich verprellt, Preußen war ihm
ein unbequemer, allzu selbständi-
ger Bündnispartner gewesen. Der
englische Gesandte meldet nach
London:
"Das Herz des Königs ist deutsch,
ungeachtet der französischen Ver-
zierungen , die auf der Oberfläche
erscheinen."
Am Abend der Unterzeichnung
des Dresdner Friedens besucht
Friedrich die dortige Oper, um

sich dann auf den Heimweg in seine Hauptstadt zu machen. Mit gemischten Gefühlen: denn zwei seiner alten Freunde, Jordan und Keyserlingk, sind in diesem Jahr während seiner Abwesenheit verstorben.
Aus dem übermütig-ruhmsüchtigen Kriegshelden vom Dezember 1740
ist ein gereifter und erfahrener König geworden, dem die Lust am
Kriegführen und Erobern gründlich vergangen ist, der sich mit Glück
und Geschick allen Gefahren entzogen und Preußen in die Reihe der
geachteten Nationen Europas gestellt hat. Rumpelnd poltert die königliche Karrosse durch Heide, Sand und Wälder Berlin entgegen. Da, auf
der Britzer Heide steht die erste Abordnung von Berliner und Potsdamer Bürgern, den Heimkehrer zu empfangen. Gelassen, ganz königliche Distanz, hätte Friedrich ihre Huldigung entgegen genommen, wäre
hier nicht ein neuer Ton gewesen, Jubel und ehrliche Volksbegeiste-
rung, wie sie der König bisher nicht erlebt hat, und auch der neue, erstmals gehörte Zuruf, so daß Friedrich sein Ohr in die Richtung strecken
muß.
    "Vivat, vivat Friedrich der Große!"
Da ist es heraus, einer hat es gerufen, nie feststellbar wer, und alle rufen
es nach.
"Der Große!"

Für einen König, der gerade 33 Jahre alt ist! Die Kutsche rumpelt weiter und erreicht am Abend Berlin. Tore, Häuser und Straßen sind voller Menschen, die Stadt ist illuminiert, die Schüler der Berliner Gymnasien singen:

"Vivat, vivat Fridericus Rex, vivat Augustus, Magnus, Felix, pater Patriae!"

Von Berlin aus läuft der neue Beiname durch Preußen, Deutschland, Europa, in alle Welt, wo man Interesse am Geschick Mitteleuropas zeigt.

"Friedrich der Große."

"Pro Gloria et Patria", sein Wahlspruch, auf allen Fahnen mit in die Schlachten getragen. Friedrich lächelt im Erinnern an den Wahlspruch seines Vaters: "Non soli cedit". Im neuen preußischen Wappen von 1744 ist nun auch Schlesien aufgeführt. Ja, er lehnt sich zurück in den Sitz der Kutsche, es ist geschafft. Die kommenden Jahre werden zeigen, wie ernst es dem Wiener Hof mit dem Verzicht auf Schlesien ist. Endlich Friede: Nun zurück an die Tafelrunde und vor allem, das Schloß bei Potsdam auf dem Weinberg gebaut . . . Noch ist er nicht zu alt, sich für Musik, Dichtkunst, Philosophie, schöne und teure Künste, Oper und Konzert und geistreiche Freunde zu interessieren.

Ultima ratio regis —
Rückblick auf zwei Kriege

Niemand kann Ende 1745 ahnen, daß die beiden berühmten Schlachtennamen der zwei Schlesischen Kriege, Mollwitz und Hohenfriedeberg, demnächst von weiteren Schlachten überstrahlt werden: Roßbach und Leuthen. Schlesien scheint gewonnen, der räuberische Handstreich auf eine Provinz ist ohne schwerwiegende Folgen für Preußen geglückt. Zwar hat die Armee, mit ihr der oberste Führer, einige Sorgen gemacht, aber sie hat die Kriege ungeschlagen überstanden, was für das Zusammengehörigkeitsgefühl noch von Wichtigkeit sein wird. Über die Zusammensetzung der Armeen der Zeit ist an anderer Stelle mehr gesagt worden. Wenn Friedrich zurückblickt, stolz, aber gewiß ernüchtert, ohne Aggressivität, dann weiß er, was in Zukunft zu tun sein wird: Reorganisation und Verstärkung der Armee, deren Schwachstelle nicht mehr die Kavallerie, sondern die Artillerie ist. Aber es wird nicht gelingen, sie der ausgezeichneten österreichischen gleichzustellen. Auch auf österreichischer Seite wird ein gewisser Leopold Daun nach dem Ende des Erbfolgekrieges bemüht sein, die Armee zu reorganisieren, die gar zu schlecht — Prinz Eugen selig sei's geklagt — abgeschnitten hat. Aus verständlich dilettantischen Anfängen hat Friedrich zu bewundernswerter Feldherrnkunst gefunden, doch sind manche Gefahren durch Mangel an Vorsicht entstanden, die Kämpfe bewegen sich in dem Rahmen, den die Technik der Zeit setzt. Als Neuerung gilt, daß Friedrich bemüht war, den Feind nachhaltig, möglichst vernichtend zu schlagen und zu verfolgen; aus unterschiedlichen Gründen war das nicht immer durchführbar. Erste Anzeichen einer Verbissenheit, die sich später ausweiten wird, sind in den letzten Schlachten erkennbar gewesen. Die Pausen zwischen den Feldzügen haben Friedrich genügend Zeit gelassen, seinen künstlerischen und kulturellen Neigungen nachzugehen, außerdem hat er trotz seiner Abwesenheit aus der Hauptstadt die Regierungsgeschäfte fest in der Hand gehabt. Obwohl stets auf der Suche nach fähigen Mitarbeitern, hat er keinen Zweifel gelassen, Alleinregierender zu sein und zu bleiben. Gezeigt hat sich auch seine Fähigkeit zu lauten Klagen, jedenfalls für öffentliche, und es sieht aus, als habe alle Welt, nur nicht er selbst, Schuld an seinen Nöten und Verfolgungen. Die letzten Jahre haben ihn als Chef seiner großen, weit verstreuten Verwandtschaft gezeigt, er hilft aus, wo es nötig ist, und tadelt dort, wo er es für nötig hält. Zu einem guten Chef gehört die Kunst des Finanzwesens, also Geld beschaffen, und auch darin hat er sich bewährt — und wird es noch besser tun! Die beiden Schlesischen Kriege sehen wie ein vollkommener Erfolg aus und werden gewiß den Frieden für einige Jahre sicherstellen, doch gilt als unwahrscheinlich, daß Friedrichs Raub von den Verlierern für immer akzeptiert wird: Es heißt also auf der Hut bleiben!

"Das letzte Mittel der Könige" — die Kanone also, hat das große Wort gehabt, und obwohl sie ihr Maul in Zukunft immer weiter aufreißen wird, tausendfach Tod und Verderben speiend, wird eben diese Zukunft der Infanterie gehören: Preußische Infanterie — ein Begriff bis in unser Jahrhundert! Artillerie kann ein Land zerstören, nur Infanterie kann es besetzen . . . Sie ist Friedrichs Rückhalt gewesen, wird es bleiben. Schlesien ist durch Friedrich preußisch geworden, wird später durch Preußen deutsch, noch später durch Deutschland an nachbarliche Eroberer verloren. Gedanken sind fortzuspinnen: Wenn Schlesien durch friderizianische Niederlagen österreichisch geblieben wäre — wäre es das dann heute noch? Viele Millionen Flüchtlinge, Verlust wertvollen Kulturgutes gespart? Andererseits: Durch den Anschluß an Preußen ist Schlesien in den Vorteil gelangt, zu einem der tolerantesten, modernsten Staatswesen zu gehören, die in Europa existierten — hier kann tatsächlich von Vorteil die Rede sein.

"Krankheit kommt mit Extrapost   13. Februar 1747
und schleicht hinweg wie die
Schnecke"
Sprichwort

Den Höllenhund bellen hören

Friedrichs Krankheiten seiner Kindheit und Kronprinzenzeit sind bereits mehrfach erwähnt worden, so daß hier nur die "königliche Zeit" abgehandelt werden soll. Versuchen heutige Ärzte mit ihrem ungeheuren Reservoir an Wissen und Erfahrungen Friedrichs Leiden und Krankheiten nachzuvollziehen, so stehen sie vor dem Phänomen, wie dieser Mensch die Strapazen und Entbehrungen von vier Kriegen und einer Regierungszeit von 46 Jahren durchstehen konnte. Wie schon öfter erwähnt, stand die Medizin in der Mitte von Friedrichs Jahrhundert auf so tiefer Stufe, daß man getrost feststellen kann: Seit den Tagen der alten Römer hatte sich nicht viel verändert.

Mit dem Regierungsantritt stürzt sich Friedrich voller Vehemenz in die Arbeit, ohne irgendwelche Rücksicht auf die Gesundheit zu nehmen. Er braucht seine Maschine, wie er sagt, versucht, ohne Schlaf auszukommen, ignoriert aber die Ratschläge seiner Ärzte in Sachen Ernährung und Diät. Sein ganzes Leben leidet er an Verdauungsstörungen, Hämorrhoiden und eine Art von Fieber, das man heute als Malaria diagnostiziert. Große Teile der Mark Brandenburg sind durch Sümpfe fieberverseucht, Ärzte und andere Fachleute kritisieren die Bauausführung von Schloß Sanssouci, das ohne Keller auf feuchtem Grund errichtet werden soll.

"Je mehr man sich behütet", schreibt Friedrich an Voltaire, "desto zarter und schwächlicher wird der Körper."

Ehe er von den Fieberanfällen des Sommers 1740 richtig erholt ist, geht es auf in den ersten Krieg um Schlesien, für damalige Zeit ganz ungewohnt mitten im Winter. In der Zeit von 1742 bis 1746 ist Friedrich mehrere Male zu Kuren in Aachen und Pyrmont gewesen, wovon an anderer Stelle berichtet worden ist. Seinem Kämmerer Fredersdorf teilt er in dieser Zeit mit, daß er "an Nihre, Miltz und Leber leide" und ihm mißfällt besonders, daß sich bereits jetzt, im Alter von 34 Jahren, die ersten Anzeichen der Gicht einstellen. Er denkt dabei an das qualvolle Ende des Vaters.

Am 13. Februar 1747 scheint Friedrich eine Art Schlaganfall erlitten zu haben, ganz sicher sind sich die Ärzte bis heute nicht; das noch jugendliche Alter Friedrichs spricht dagegen und die halbseitigen Lähmungserscheinungen, die er hervorruft, scheinen es eher zu bestätigen. Dieses Mal spürt Friedrich, daß es ernst gewesen ist, obwohl sein Humor einige Tage später wiederkehrt.

"Für dieses Mal", schreibt er, "glaube ich dem Reiche Plutos entronnen zu sein, aber ich war bis zur letzten Station vor dem Styx, ich hörte schon den Cerberus bellen."

Den Höllenhund endgültig bellen hören — das sollte noch lange dauern. Am 2. März schreibt er an Fredersdorf:

"Elert (Dr. Eller) hat einen guhten glauben, wo er meint, daß Schlachflüsse und Stein-Coliquen einen Menschen Restituiren. ich empfinde es So bei mihr, daß ich So schwach bin, daß mich eine bagatele gleich über den haufen Schmeißet."

Und am 4. März:

"ich fange nun auch an mich zu Erhollen, Die Luft und exercise Tuht mihr guht. es ist die Miltz und Nihre Sehr in Meiner Krankheit implicirt; wann ich werde können zu Pferde Kommen, Denke ich mihr gantz zu Couriren. wegen den Schlach mus ich ofte aderlassen. frage an Ellert (Dr. Eller), wann ich Carelsbatér (Karlsbader) wasser Dies frühjahr hier tränke, ob das guht währe."

Vom Aderlaß hält Friedrich viel, auch ohne Krankheit oder Leiden läßt er es viermal im Jahr vornehmen. Er hat Glück, daß die Lähmungserscheinungen verschwinden und nie mehr wiederkehren, womit er die bereits umlaufenden Gerüchte über seine Gesundheit entkräften kann. Wie gewohnt, schont er sich nicht, just daß er wieder laufen, reiten und arbeiten kann. Eines der unangenehmsten Leiden jener Zeit, gegen das es ja erst in unseren Tagen wirksame Mittel und Methoden gibt, waren die Hämorrhoiden. Man stelle sich seine nächtlichen Qualen vor, die ihn nicht schlafen ließen und einen weniger willensstarken Mann zur Verzweiflung gebracht hätten. In blumiger Sprache berichtet Hofmedicus Dr. Cothenius in einem Brief vom Gesundheitszustand Friedrichs ab 1748:

"Vom Jahre 1748 war Friedrichs Gesundheitszustand durch viele Beschwerden oft unterbrochen. Im erwähnten Jahre war seine Majestät von einer Verstopfung der Eingeweide des Unterleibs beschwert, welche, wo ich nicht irre, Überbleibsel eines sechs Jahre zuvor ausgestandenen hartnäckigen Quartanfiebers war, wobey annoch ein gichtischer Erbstoff in dem zähen Geblüt entwickelt war ... Seine Majestät hatten bald Anfälle von gichtischen Krämpfen, bald von wirklichen intermittierenden Fiebern, und dreymal in seinem Leben mit zurückgetretenem Podagra, von einem Entzündungsfieber begleitet, kämpfen müssen."

Daß Friedrich den Siebenjährigen Krieg gesundheitlich durchsteht, ist beinahe ein Rätsel. Schon 1758 schreibt er an Prinz Heinrich: "Ich kann nicht mehr, meine Körperkraft beginnt sich zu verzehren." "Nach dem Kriege werde ich mir einen Platz im Invalidenhaus erbitten."

Allmählich entwickelt sich seine äußere Erscheinung zu dem Bild, das der Nachwelt vielfach hinterlassen ist: Der Alte Fritz, Krückstock, schäbiger Uniformrock, alter Hut, gebeugte Haltung, strenges, hageres Gesicht, in dem die Augen jedoch unverändert als leuchtende Punkte stehen. Er vernachlässigt seine Gesundheit und macht sich über Ärzte und Kuren lustig, so in einem Brief aus Landeck an die Kurfürstin von Sachsen: "Ich überlaß dieses Element (das Wasser) den Steinbutten, Aalen, Hechten und Enten und danke dem Himmel, wenn der Augenblick meiner Befreiung da sein wird."

Am Schluß soll einer seiner originellen Briefe an Fredersdorf stehen: "Wan man der Fernunft folgen Wil als das Geblüte zu versüßen, der Materien ihren lauff zu lassen, Keine treibenden Mitels zu nehmen, das Fieber zu Wiederstehen, den Hemoroiden wan sie kommen zu aduciren und auf solche Weise das Frühjahr gewinnen, dar dann mit Brunnens und Kräuters Viehlen übeln umstände können abgeholfen werden."

Samuel von Cocceji

Am 13. August 1743 überreicht Justizminister Samuel von Cocceji Friedrich den Plan zur Verbesserung des Justizwesens, den Friedrich selbst angeregt hat. Damit beginnt das Kapitel preußischer Justizgeschichte, das Friedrich zwar angefangen, aber nicht beendet hat: Die Mühlen der Justiz mahlten schon immer bedächtig. Juristen sind Beamte — entsprechend ist Friedrichs Meinung und sind seine boshaften Bemerkungen über diese Gruppe seiner Untertanen: "Gnade Gott demjenigen, der nicht redlich und ehrlich in Justizsachen verfährt."

Als Friedrich sich zu einer Reform des Justizwesens entschließt, hat er nicht so sehr eine erneuerte Rechtssprechung im Sinn, sondern mehr eine Rechtspflege: Die Langwierigkeit der Prozesse, — wovon heute erst recht ein Lied zu singen ist —, wurmte ihn als "Schnellentscheider" außerordentlich, hinzu kam sein Mißtrauen gegen die Richter, bei denen er oft Unehrlichkeit und Parteilichkeit argwöhnte. Der Rechtsweg war in seinem Staat in drei Instanzen geordnet: In Kleinigkeiten und Wechselsachen hatte der erste Richter zu entscheiden; in jeder Provinz gab es ein Obergericht, für schriftliche und schwierige Fälle, gegen dessen Entscheidung die nächste Instanz, das Tribunal in Berlin, angerufen werden konnte; als allerletzte Instanz sozusagen war Friedrich selbst da, der sich allerdings bemühte, in die zivile Rechtspflege nicht einzugreifen. Auf dem platten Lande besaß die Gutsherrschaft die untere Gerichtsbarkeit oder auch die Domänenbeamten, und dort standen natürlich alle Möglichkeiten von Willkür, Anmaßung und Rechtsbruch offen. Hier war Friedrich mit Recht und wohl auch aus Erfahrung hellhörig:

> "... und das arme Volk mus nicht unterdrückt werden, und kein Mensch mus gegen Sie Tirannisch verfahren."

Auf sein Verhältnis zum "kleinen Mann" ist bereits mehrfach eingegangen worden.

Ein Name ist mit dem Justizwesen des friderizianischen Preußen auf immer verbunden: Samuel von Cocceji. Schon Friedrich Wilhelm, der offen zugab, daß ihm die Organisation der Justiz nicht geglückt sei, empfahl seinem Sohne Cocceji als geeignete Person. Zu Friedrich I. Zeiten, 1702, war Cocceji geadelt worden und hatte seine praktischen Erfahrungen am Reichskammergericht in Wetzlar gesammelt. 1740 ist er bereits sechzig Jahre alt und kann kaum erwarten, noch die Chance seines Lebens zu erhalten. Zwar erkennt auch Friedrich seine Gelehrsamkeit, seinen Eifer und Scharfsinn an, zwar sistiert Cocceji bei ihm wegen der offenliegenden Mißstände in der preußischen Rechtspflege, aber Friedrich will sich Zeit lassen, ehe er eine einzelne Person mit den notwendigen Vollmachten ausstattet; außerdem kommen die leidigen Kriege dazwischen. Coccejis Streben und Absichten können nicht geheim bleiben, so daß sich, logischerweise bei Reformen, Neider und Feinde einfinden, die seine Pläne zunichte machen wollen, an ihrer Spitze der Minister im Justizkollegium von Arnim. Daß Cocceji sich letztlich durchsetzt und von Friedrich volle Freiheit erhält, ist eine ebenso große Leistung wie sein angefangenes Reformwerk. Mit Friedrich ist er der Meinung, daß das Grundübel der preußischen Rechtspflege die Verschleppung der Prozesse ist, wobei Pommern das abschreckendste Beispiel liefert. Ein Schreiben Friedrichs vom 12. Januar 1746 an Cocceji beginnt demnach auch: "Da aus unzähligen, mir bekannten Exempeln erhellet, daß nicht ohne Ursache überall über eine ganz verdorbene Justizadministration geklagt wird ... wobei dieselbe von den bisherigen, leider eingerissenen oft himmelschreienden Mißbräuchen durch Chikanen, Touren und Aufhaltungen der Justiz nach der alten Leier ..."

Am 31. Dezember 1746 befiehlt Friedrich, ein deutsches allgemeines Landrecht, auf Vernunft und Landesverfassung gegründet, zu entwerfen und ihm alsbaldig vorzulegen. Gleichzeitig wünscht er, daß alle Prozesse in Pommern in allen Instanzen innerhalb eines Jahres erledigt sind: etwa 3.000! Danach räumt Cocceji in Berlin auf: 1.364 Angelegenheiten. Daß nicht alles nach Gerechtigkeit entschieden wird, leuchtet ein, doch wie sonst sollen zweihundertjährige Händel endlich beigelegt werden! Friedrich jedenfalls ist zufrieden: Am 8. März 1747 macht er Cocceji zum "Großkanzler des Königreichs und aller übrigen Lande" und beehrt ihn mit dem Schwarzen Adlerorden. Cocceji erkennt zwei Schwächen unter Preußens Juristen: Ihre mangelhafte Ausbildung, die miserablen Gehälter. Letztere zu verbessern, also anzuheben, scheint bei Friedrichs Einstellung unmöglich. Friedrich verbietet am 24. Januar 1747 die "Fiskalischen Bagatellprozesse", so daß es nicht mehr angeht — wie heute —, um zehn Pfennig die Gerichte anzurufen. Es ist unmöglich, hier alle Leistungen Coccejis aufzuzählen. Als er am 24. Oktober 1755 stirbt, stecken seine Reformen in den Anfängen, für den Nachfolger Jariges vorbereitet, Ausbildung, Organisation und Effektivität der Justiz sind aber wesentlich verbessert, "der Zutritt des kleinen Untertanen zur Rechtsprechung" ist weniger abgeschnitten als vorher. Von hierher rührt das Ansehen preußischer Richter, das sie einmal in der Welt genießen sollten. In einer Abhandlung, die am 22. Januar 1750 in der Akademie der Wissenschaften verlesen wird, urteilt Friedrich so über seinen Großkanzler:

"Seine Rechtschaffenheit, Einsicht und unermüdliche Tatkraft würde den Republiken Griechenlands und Roms zur Zeit ihrer reichsten Fruchtbarkeit an großen Männern Ehre gemacht haben."

Ein größeres Lob hat Friedrich nicht vergeben können. . .

"Gehorcht der Zeit und dem Gesetz der Stunde"   **5. April 1747**
Schiller, Maria Stuart

Der Alte Dessauer

Aus der Zeit des alten Preußen ragen einige Persönlichkeiten, sozusagen wie große Bäume, urwüchsig und unvergeßlich, hervor. Zu ihnen zählt Leopold Fürst von Anhalt-Dessau, genannt der Alte Dessauer. "Im Gleichschritt marsch . . .!"

Der Retter von Mollwitz, Curt Christoph von Schwerin.

Freiherr von Plotho wirft den kaiserlichen Gesandten Dr. April aus dem Haus.

Friedrich nach der Niederlage von Kolin in Nimburg.

*Friedrichs Schwester Wil-
helmine im Alter von
drei Jahren.*

*Friedrichs Schwester Prinzes-
sin Wilhelmine*

*Ferdinand von Braun-
schweig, Friedrichs Feldherr
im Westen.*

Der Sinn dieses Befehls, von vielen Millionen Soldaten befolgt und verflucht, stammt, — könnte es anders sein? — von einem alten Preußen. Doch von Schikanen konnte damals keine Rede sein, nur von Zweckmäßigkeit. Man halte sich vor Augen, wie die Infanterie damaliger Zeit anzugreifen hatte: In möglichst eng geschlossener Formation, gut "contenance" haltend, so wie sie auf den Übungsplätzen exerzierte. Es ging ja darum, die feindlichen Truppen vom Schlachtfeld zu werfen, nicht sie zu vernichten — wie später —; wer auf dem Kampfplatz blieb, hatte gewonnen. Es leuchtet auch dem Nichtmilitär ein, daß eine gut eingeübte, gedrillte Truppe besser zu dirigieren ist als eine, die alle Bewegungen unter dem Feuer des Gegners wohlgemerkt, nur stockend und unvollkommen ausführen kann. Die Zukunft hat gezeigt, daß Preußen das Überleben seiner schneller und besser marschierenden Infanterie verdankt.

Leopold Fürst von Anhalt-Dessau, für die nachfolgenden Generationen der Inbegriff preußischen Drills und des exakten Marschierens, er hat in der preußischen Armee den Gleichschritt und den eisernen Ladestock eingeführt: Damit hat er großen Anteil an den preußischen Erfolgen unter Friedrich. Dem alten König Friedrich Wilhelm war er ein Intimus, hat sich Dinge herausnehmen können, wie sonst kaum jemand, hat auch Dinge gehört wie sonst kaum jemand, womit klar sein dürfte, daß er zu Intrigen und Machenschaften prädestiniert war. Seinen politischen Blick verriet er mit einem Schreiben vom 3. Februar 1740 an Friedrich Wilhelm:

"Ew. K. M werden gnädigst erlauben, daß ich dieses allerunterthänigst beyfüge, da es nun mehro wohl fest ist, daß in Wien resolviret worden, die Kayserliche Regimenter fast auf ein Drittel zu vermindern, wodurch sie sich von Ihrer Schwachheit sehr bloß geben, so sollte unmaaßgeblich davor halten, daß wofern es Ew. K. M. Thresor zulasse, daß Ew. K. M. Dero Armee und Regimenter mit einigen tausend Mann anitzo verstärkten, welches gewiß einen exelenten Effekt unfehlbar nach Sich ziehen wird, und an gantz Europa zeigen, in was vortrefflicher Disposition Ew. K. M. seyn; diese Erinnerung werden Ew. K. M. nicht ungnädig aufnehmen, weil es Deroselben zum Besten bewußt ist, mit was Treue Ich Ew. K. M. diene und nicht anders wünsche, als daß Sie von Tage zu Tage Ihre Armee formidabler machen, zum Trotz Dero Feinde, der ich mit treuer Beständigkeit und Respekt verbleibe

Ew. königl. Majestät
Leopold Fürst von Anhalt."

Unter diesen Brief schreibt Friedrich Wilhelm wenige Tage später am 9. Februar eigenhändig:

"ich dencke zu sterben und habe an meinem elsten sohn alles gesagt was ich weis."

Mit diesem Schreiben ist klargestellt, daß auch Friedrich Wilhelm sich Gedanken über die Wiener Schwächen und Stärken gemacht hat. Des Alten Dessauer Stolz, seine Ansprüche, seine Herablassung Friedrich gegenüber — diese Faktoren sind es, weshalb Friedrich ihn im Grunde seines Herzens — trotz der anerkannten Verdienste — nicht leiden mag. Nur aus dieser Stimmung ist zu erklären, wie Friedrich am 8. April 1747 seinem Freund Fredersdorf den Tod des Fürsten meldet: "der alte Dessauer ist verreket . . ."

Immerhin ist der Alte Dessauer, gestorben am 5. April 1747, der Sieger von Kesselsdorf und preußischer Feldmarschall, aber diese drastischen Worte verraten, wie Friedrich in Wirklichkeit zu ihm gestanden hat. Schon unter dem ersten Friedrich Feldmarschall, hatte der alte Soldat unter Friedrich Wilhelm eine überragende Stellung eingenommen, in einer Armee, die kaum Gelegenheit bekam, ihre Tüchtigkeit und die ihrer Führer zu beweisen. Friedrich erkannte schon als Kronprinz in ihm einen Mann "von großen, aber nicht von guten Eigenschaften", eine typisch friderizianische Klassifizierung, und in sie paßt bezeichnend der Vorfall kurz nach dem Regierungsantritt Friedrichs. Leopold bat hierbei um Belassung seiner Würden und Autoritäten, mußte sich aber mit spitzen Worten belehren lassen, daß es in diesem Staat nur eine Autorität gäbe, die des Königs. Das Verhältnis bleibt gespannt, da Leopold sich nur ungern an den neuen König "gewöhnt" und Friedrich für den grobschlächtigen, wenig geistreichen Mann keine Sympathien aufbringen kann. Bei seinen Soldaten ist der Dessauer beliebt und gilt als kugelfest, in zweiundzwanzig Schlachten und siebenundzwanzig Belagerungen hat er nur einen Streifschuß erhalten. Der Sieg von Kesselsdorf ist, wie wir erfahren haben, weniger Leopolds als Friedrichs Werk, und wenn sich auch das Verhältnis der beiden hiernach verbesserte, Leopold und Friedrich stellten zu große Gegensätze dar. Friedrich scheute sich nicht, den alten Soldaten gehörig zurechtzustutzen, was drei Briefstellen belegen sollen. Am 9. Dezember 1745 aus dem Hauptquartier in Bautzen, wo Friedrich sich aufregt, daß seine Befehle nicht verstanden werden:

"Alle meine officiers verstehen meine ordres, die Ich deutlich und positiv genug gebe. Ich kann also nicht begreifen, warum Ich das Unglück habe, daß Euer Liebden Mich nicht verstehen."

Nach der Schlacht von Kesselsdorf, am 16. Dezember 1745 aus dem Lager von Wilsdruff:

"Morgen umb neun Uhr hoffe Ihr Liebden bei Kesselsdorf zu embrassieren und Ihnen zu danken, daß Sie dem Staate und mir bei dieser Gelegenheit so ausnehmende Proben von Dero Treu, Bravoure und Conduite gegeben haben."

Am 5. November 1746 aus Potsdam, wo sich der König abermals über nicht befolgte Befehle aufregen muß:

"Ich verstehe darunter keinen Scherz, und mögen Euer Liebden mich nicht vor (für) einen Fürsten von Zerbst oder Coethen nehmen, sondern meine Orders einen genügen, sonsten es nicht anders wie Verdruß machen kann."

Es ist klar, daß der alte Haudegen, vom vorigen König über alle Maßen hofiert und verwöhnt, derartige Worte nur schwer schlucken kann. Zu einer echten Aussöhnung ist es nicht gekommen. Als der Fürst stirbt, sind die beiden Schlesischen Kriege gewonnen, damit die neue Provinz Schlesien, und Friedrich hofft, keine Feldherren und Marschälle mehr nötig zu haben.

"In seinem Hause ist selbst der   1. Mai 1747
Arme ein Fürst"
Talmud

Sanssouci

Es versteht sich von selbst, daß ein Mensch wie Friedrich sich stets nach einem Platz gesehnt hat, an dem er allein, zu Hause, eben Mensch sein konnte. Erst wollte er fliehen, dann besaß er Rheinsberg, nun, als König, zwar verheiratet, aber ohne Familie, bewegt er sich zwischen Berlin, Potsdam, Rheinsberg, Charlottenburg und den Schlachtfeldern seines Krieges hin und her. Wo ist sein Zuhause? Wo kann er ohne Sorge leben, nicht nur regieren, sondern auch schönen Künsten dienen, dichten, musizieren und philosophieren? Trotz seines Tatendrangs liebt er die stille Einkehr und das Alleinsein — nur fehlt ihm der Ort dafür. Also muß ein solcher geschaffen werden. Nicht im lauten Berlin, sondern im ruhigen, beschaulichen Potsdam, besser noch außerhalb der Mauern, auf einem Hügel gelegen: Ein Haus auf dem Weinberg! Nach amateurhaften Zeichnungen und Entwürfen Friedrichs, mit denen er seine Vorstellungen darlegt, als er am 13. Januar 1745 durch Kabinettsorder dem Baukassenrendanten Neubauer den Bau befohlen hat, legt Architekt von Knobelsdorff am 14. April 1745 den Grundstein zum Schloß Sanssouci; ein Name, von Friedrich geprägt, weltbekannt geworden. Außerhalb Potsdams, vor dem Brandenburger Tor, steht nun auf dem Weinberg das ''kleine Schlößchen'', das bis 1786, mit erzwungenen Unterbrechungen, Friedrichs Refugium für die schöne Jahreszeit bleiben soll. Künstlerisch und intim, ohne prunkvoll zu sein, kein zweites Versailles, ohne Kellerunterbau, darum kalt, feucht und ungesund, mit großen ebenerdigen Türen, da Friedrich gern ohne Umschweife ins Freie treten möchte.

Knobelsdorff hat seine künstlerischen Intentionen aus Italien mitgebracht oder vertieft, wohin Friedrich ihn von Rheinsberg aus schickte. Rheinsberg — dieses erste gemütliche Nest Friedrichs wird in Sanssouci teilweise kopiert: Arbeitszimmer, Konzertraum und Bibliotheksraum entstehen als Nachbildungen von Schloß Rheinsberg.

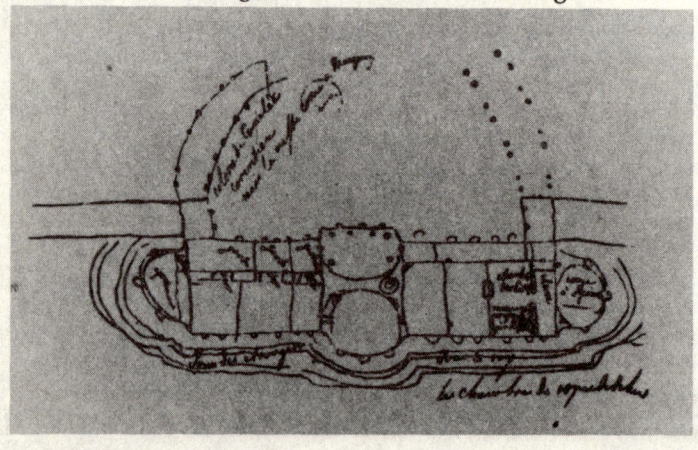

Schon während des Baues kommt es zu Verstimmungen zwischen Bauherrn und Baumeister, die nie wieder bereinigt werden; Knobelsdorff erleidet das Schicksal der meisten Persönlichkeiten, die mit Friedrich in enge persönliche Bindung treten: Eintracht und Zwietracht liegen dort stets beieinander. Bereits am 19. Juli 1746 speist Friedrich, von einer Jagd kommend, zum ersten Mal in Sanssouci, jedoch ist das Schloß noch nicht beziehbar. Erst zwei Jahre nach der Grundsteinlegung, am 1. Mai 1747, ist großes Einweihungsfest für zweihundert Personen, unter denen sich die Königin jedoch nicht befindet: Sie sitzt in Schönhausen und grollt, nicht ahnend, daß sie das neue Schloß nicht zu sehen bekommen wird. Die weit verbreitete Meldung, Personen weiblichen Geschlechts hätten Sanssouci nicht betreten, stimmt nicht, wie einige Daten eindeutig aussagen: Am 18. August 1749 sind Prinzessin Amalie und die Königinmutter in Sanssouci, am 20. ist Ball, das ganze Schloß illuminiert, und es ist undenkbar, daß das schöne Geschlecht bei diesem Anlaß gefehlt haben soll. Lockere Ereignisse treten vor dem Krieg mehrfach ein, so auch am 10. August 1750, wo ein "Bal en domino" stattfindet. Am 5. Dezember 1751 besichtigen der Herzog von Braunschweig mit Gemahlin und Tochter Friedrichs fast vollständig fertiggestelltes Schloß, ehe sie nach Berlin zurückkehren. Friedrich hat sich inzwischen eine stattliche Gemäldesammlung zugelegt: Watteau, Rubens, Rembrandt, Correggio sind vertreten, Friedrichs Einkäufer durcheilen Europa nach Kunstschätzen, von friderizianischer Knauserigkeit kann keine Rede sein.

Auch in Potsdam selbst, "vor den Toren Sanssoucis" gelegen, wird verschönert, wobei Friedrich in die Planungen privater Bauvorhaben eingreift.

"Ich baue hier wie toll", schreibt er an Wilhelmine. Knobelsdorff steht für die letzten Bauten Sanssoucis abseits, sein Nachfolger ist der Kastellan Boumann. 1753 besucht Knobelsdorff auf Befehl Friedrichs Sanssouci zum letzten Mal. Er stirbt am 16. September 1753, verbittert, enttäuscht, doch als gehorsamer Diener seines Königs.

"Man muß ihn genau kennen", läßt Friedrich als Nachruf verlesen, "um sein Verdienst voll zu würdigen. Er förderte die Talente, liebte die Künstler und ließ sich lieber suchen, als daß er sich vordrängte."

Friedrich hat sein "Sorgenfrei", "ohne Sorge", einen Ort, der heiter und beschwingt Künstlertum und Kultur ins Leben strahlt und Friedrichs Ruhm auf diesem Gebiet begründet. Feste, winterliche Ruhe, Regierungstätigkeiten, Diplomatie, Kultur in Literatur, Dichtkunst und Musik lösen einander ab — Friedrichs schönste Zeit; nach Rheinsberg.

Das dauert bis 1756. Am 28. August 1756 verläßt Friedrich Sanssouci, um den Siebenjährigen Krieg zu eröffnen, aus dem er Anfang Januar 1757 noch einmal zurückkehrt; dann aber soll er sein Sanssouci sechs Jahre lang nicht mehr sehen. Als er zurückkommt, ist er ein anderer, mit ihm wird das Leben, der Ton, der Umgang anders in Sanssouci. Nun beherrschen die Männer die Szene: Offiziere, Generale, Diplomaten, Minister, auch noch Musiker, Dichter und Weltreisende, Potsdam wird gegen Berlin zum Hauptschauplatz, in dem die Fäden europäischer Politik zusammenlaufen, wo aber auch jene Kleinigkeiten entschieden werden, die Friedrich populär machen. Jetzt will er das Weibsvolk hier nicht mehr sehen, und an den berühmten Tafelrunden hat nie eine Frau gesessen. Statt ihrer hocken Hunde mit bei Tisch, tollen durch die Räume und Gärten der Anlagen — noch heute sind die verwitterten Namenstafeln ihrer Gräber auf der obersten Terrasse von Sanssouci zu sehen.

"Ich kann den Geist der Musik
nicht anders fassen,
als in Liebe"
Richard Wagner

B.A.C.H.

Wie ungerecht die Lebenden ihre gegenwärtigen Künstler zu behandeln pflegen, dafür steht Johann Sebastian Bach als mahnendes, klassisches Beispiel. Er mußte erst lange tot sein, um erkannt und gewürdigt zu werden, und steht mit dieser traurigen Tatsache unter den alten Musikern nicht allein: Mozart, Beethoven, Schubert und andere haben um Anerkennung zu Lebzeiten ringen müssen. Um das Verhalten der damaligen Menschen zu verstehen, muß man sich vor Augen führen, wie die Stellung von Musikern und Komponisten zur Zeit Friedrichs gewesen ist: Etwas besser als die fahrender Gesellen oder der Jahrmarktmusikanten. Eine meist brotlose Kunst, abhängig von Huld, Gnade oder Almosen der zahlungswilligen hohen Herren. Nur wenige Zeitgenossen erkennen die Künstler, die wir später als Genie bezeichnen, deren Werke zeitlos und ewig sein werden.
Bach ist, wie erwähnt, das typische Beispiel der Verkennung. Leipzig, das heute stolz auf seinen Bürger ist, hat ihn schmählich behandelt, am sächsischen Hof gibt's zu seiner Zeit so viele gute Musiker, daß es auf einen mehr oder weniger nicht ankommen kann, um die Stelle des Thomaskantors reißen sie sich und beliebt ist, wer gefällige Musik macht — so war's und ist's zu allen Zeiten! So darf man eigentlich niemandem einen Vorwurf machen, den großen Komponisten, der erst durch Mendelssohn und Busoni uns Heutigen erschlossen worden ist, nicht erkannt zu haben — Friedrich gewiß nicht. Er kennt kaum etwas von ihm, obwohl Sohn Carl Philipp Emanuel, in des Königs Hofkapelle, sich für den Vater einsetzt und den Besuch in Potsdam arrangieren kann. Was mag es an Bitten und Vorstellungen gekostet haben, den Weg bis vor den König freizumachen, und was wird der Meister sich von seinem Auftritt vor Preußens Allerhöchstem erhofft haben!
Mühsam und teuer ist die Reise von Leipzig nach Potsdam, und die zahlreiche Familie verschlingt jeden Groschen. Bachs Ruf als Kapellmeister und Komponist "frommer" Werke ist bereits weit über Sach-

sen hinausgedrungen, es ist nicht so, daß er zu Lebzeiten keinerlei Anerkennung gehabt hätte, aber eben die Wirkungsstätte ist es, wo man ihn wenig unterstützt und erkennt. Anfang Mai 1747 geht er auf die Reise und ist am 7. in Potsdam, um im Schloß Sanssouci vorgelassen zu werden. Hier finden die abendlichen Konzerte vor erlesenem, kleinen Kreis statt, wer dabei ist, kann das als Ehre betrachten. Der König pflegt bei guter Disposition selbst ausgiebig und lange zu spielen. Die Berlinischen Nachrichten von Staats- und Gelehrtensachen berichten am 11. Mai über Bachs Besuch und Auftritt in Potsdam:

"Aus Potsdam vernimmt man, daß daselbst verwichenen Sonntag der berühmte Kapellmeister aus Leipzig, Herr Bach, eingetroffen ist, in der Absicht, das Vergnügen zu genießen, die dasige vortreffliche Königliche Musik zu hören. Des Abends, gegen die Zeit, da die gewöhnliche Kammermusik in Appartements anzugehen pflegt, ward Sr. Majestät berichtet, daß der Kapellmeister in Potsdam angelangt sei, und daß er sich jetzo in Dero Vorkammer aufhalte, allwo er Dero allergnädigste Erlaubnis erwarte, der Musik zuhören zu dürfen. Höchstdieselben erteilten sogleich Befehl, ihn hereinkommen zu lassen, und gingen bei dessen Eintritt an das sogenannte Forte und Piano, geruheten auch, ohne einige Vorbereitung in eigener höchster Person dem Kapellmeister Bach ein Thema vorzuspielen, welches er in einer Fuge ausführen sollte. Es geschahe dieses von gemeldetem Kapellmeister so glücklich, daß nicht nur Se. Majestät Dero allergnädigstes Wohlgefallen darüber zu bezeigen beliebten, sondern auch die sämtlichen Anwesenden in Verwunderung gesetzt wurden. Herr Bach fand das ihm aufgegebene Thema so ausbündig schön, daß er es in einer ordentlichen Fuge zu Papiere bringen und hernach in Kupfer stechen lassen will. Am Montage ließ sich dieser berühmte Mann in der Heiligengeistkirche zu Potsdam auf der Orgel hören und erwarb sich bei den in Menge anwesenden Zuhörern allgemeinen Beifall. Abends trugen Se. Majestät ihm nochmals die Ausführung einer Fuga von 6 Stimmen auf, welches er zu Höchstderoselben Vergnügen und mit allgemeiner Bewunderung ebenso geschickt, wie das vorige Mal, bewerkstelligte."

So ist das also: Nicht der König will Bach, Bach soll den König hören! Durchaus verständlich nach damaliger Auffassung. Der zweite Bericht über Bachs Besuch in Potsdam stammt von seinem Sohn Carl Philipp Emanuel, er klingt sachlich und zuverlässig:
"Im 1747sten Jahre tat er (Bach) eine Reise nach Berlin und hatte bei dieser Gelegenheit die Gnade, sich vor Sr. Majestät dem Könige in Preußen in Potsdam hören zu lassen. Se. Majestät spielten ihm selbst ein Thema zu einer Fuge vor, welches er sogleich zu Höchstderoselben besonderem Vergnügen auf dem Pianoforte ausführte. Hierauf verlangten Se. Majestät, eine Fuge mit sechs obligaten Stimmen zu hören, welchen Befehl er auch sogleich über ein selbsterwähltes Thema zur Verwunderung des Königs und der anwesenden Tonkünstler erfüllte. Nach seiner Zurückkunft nach Leipzig brachte er ein dreistimmiges und sechsstimmiges sogenanntes Ricecare nebst noch einigen anderen Kunststückchen über eben das von Sr. Majestät ihm aufgegebene Thema zu Papiere und widmete es, im Kupfer gestochen, dem Könige."
Das "in Kupfer gestochene Thema" widmet Bach am 7. Juli 1747 dem König mit folgenden Worten:
"Allergnädigster König, Eure Majestät weihe ich hiermit in tiefster Untertänigkeit ein Musikalisches Opfer, deren edelster Teil von Deroselben hohen Hand selbst herrühret. Mit einem ehrfurchtsvollen Vergnügen erinnere ich mich annoch der ganz besonderen königlichen Gnade, da vor einiger Zeit, bei meiner Anwesenheit in Potsdam, Eure Majestät selbst ein Thema zu einer Fuge auf dem Clavier mir vorzuspielen geruhten und zugleich allergnädigst auferlegten, solches alsobald in Deroselben höchsten Gegenwart auszuführen. Eure Majestät Befehl zu gehorsamen war meine unterthänigste Schuldigkeit. Ich bemerkte aber gar bald, daß wegen Mangels nötiger Vorbereitung die Ausführung nicht so geraten wollte, als es ein so treffliches Thema erforderte. Ich faßte demnach den Entschluß und machte mich sogleich anheischig, dieses recht königliche Thema vollkommener auszuarbeiten und sodann der Welt bekannt zu machen. Dieser Vorsatz ist nunmehro nach Vermögen bewerkstelligt worden und er hat keine andere als nur

diese untadelhafte Absicht, den Ruhm des Monarchen, obgleich nur in einem kleinen Punkte, zu verherrlichen, dessen Größe und Stärke, gleich wie in allen Kriegs- und Friedenswissenschaften, also auch besonders in der Musik, jedermann bewundern und verehren muß. Ich erkühne mich dieses untertänigste Bitten hinzuzufügen: Eure Majestät geruhen gegenwärtige wenige Arbeit mit einer gnädigen Aufnahme zu würdigen und Deroselben allerhöchste Gnade noch fernerweit zu gönnen Eurer Majestät alleruntertänigst gehorsamsten Knechte, dem Verfasser.”

Schon einmal, mit etwas mehr Erfolg, hat Bach seine Musik einem Preußen gewidmet: Seine Köthener Konzerte 1721 dem jüngsten Sohn des Großen Kurfürsten, Markgraf Christian Ludwig von Brandenburg, der Musik von ihm bestellt hatte, und diese sechs Konzerte erhielten später — nicht von Bach verliehen — den Namen ”Brandenburger Konzerte”. Jetzt muß Bach die Erfahrung machen, wie viele vor und nach ihm mit hohen Herren: Aus den Augen — aus dem Sinn! Friedrich reagiert nicht auf die Dedizierung, Geld kommt auch nicht aus Potsdam. Somit ist die Potsdamer Vorstellung insgesamt kein Erfolg, eher eine handfeste Enttäuschung für den Meister, und dieser für uns Heutige unglaubliche Brief hat ”Se. Majestät” offenbar nicht rühren können; hat Friedrich ihn gelesen? Immerhin: Nach Bachs Tod, 1750, als seine Witwe bettelnd auf den Straßen Leipzigs hockt, rückt er für sie eine kleine Rente heraus, mit Recht zornig auf den sächsischen Hof, der für seine treuen und verdienten Untertanen nichts erübrigen will, aber selbst in Saus und Braus das Geld verjubelt.

Allergnädigster König,

Ew. Majestät weyhe hiermit in tiefster Unterthänigkeit ein Musicalisches Opfer, dessen edelster Theil von Deroselben hoher Hand selbst herrühret. Mit einem ehrfurchtsvollen Vergnügen erinnere ich mich annoch der ganz besondern Königlichen Gnade, da vor einiger Zeit, bey meiner Anwesenheit in Potsdam, Ew. Majestät selbst, ein Thema zu einer Fuge auf dem Clavier mir vorzuspielen geruheten, und zugleich allergnädigst auferlegten, solches alsobald in Deroselben höchsten Gegenwart auszuführen. Ew. Majestät Befehl zu gehorsamen, war meine unterthänigste Schuldigkeit. Ich bemerkte aber gar bald, daß wegen Mangels nöthiger Vorbereitung, die Ausführung nicht also gerathen wollte, als es ein so treffliches Thema erforderte. Ich faßte demnach den Entschluß, und machte mich sogleich anheischig, dieses recht Königliche Thema vollkommener auszuarbeiten, und sodann der Welt bekannt zu machen. Dieser Vorsatz ist nunmehro nach Vermögen

Preußische Invaliden

Der schwedische Gesandte im Haag schreibt:
"Sparsam war Friedrich so sehr, daß er kaum sich derer erbarmte, die in seinen Kriegen nur Wunden und Mangel erworben; aber bis zur Verschwendung freigebig war er, wenn es dem Ganzen zum Besten gereichte."
Hier wird aus fehlender Einsicht falsch geurteilt. Wie an anderer Stelle dargelegt, fehlt es Friedrich nach den Kriegen an allen Ecken und Enden an Geld, nicht nur für die Invaliden war wenig oder nichts da, und Preußen geht es nicht anders als anderen Staaten, die am Kriege teilgenommen haben. Und doch ist Preußen der Staat gewesen, der sich erstmals ernsthaft um das Schicksal der Kriegsinvaliden gekümmert hat. Friedrichs Großvater nämlich, der erste König in Preußen, hatte den Plan gefaßt, ein Invalidenhaus vor dem Königstor bauen zu lassen, nachdem der Geheime Rat von Hamrath Pläne dazu unterbreitet hatte. 1707 schrieb Kanzler von Ludwig ein Traktat über das Recht der Invalidenhäuser, deren Bau dann doch unterblieb. Immerhin stiftete Friedrich I. einen Invalidenversorgungsfond, der von Friedrich Wilhelm erheblich erweitert wurde. Es verwundert nicht, daß Friedrich Wilhelm sich der Invaliden besonders annahm und ihnen schon 1714 Pensionen auf Lebenszeit auszahlen ließ. Die Werdersche Invalidenkompanie ist seine Schöpfung. Es kann also keine Rede davon sein, daß an das Los der Kriegsversehrten niemand gedacht habe, und wenn man bedenkt, daß noch zu Friedrichs Zeiten die Beamten, Schulmeister und Offiziere um ihre Gehälter kämpfen mußten, dann verwundert es nicht, daß wenig Geld für die Ärmsten ausgegeben worden ist.
Was seine Vorgänger versäumt haben, will Friedrich nun nachholen, denn durch die beiden Schlesischen Kriege ist das Unglück der Kriegsinvaliden zu augenscheinig geworden. Am 10. Dezember 1746 inspiziert er in Begleitung des Generals von Hacke einen Platz vor dem Oranienburger Tor, auf dem das geplante Invalidenhaus errichtet werden

soll. Die Bauarbeiten beginnen im Jahre 1747. Immer wieder, nachweislich am 30. Mai 1747, kontrolliert Friedrich den Fortgang der Arbeit an Ort und Stelle, wie bei allen öffentlichen Bauten will er stets unterrichtet sein. Mitte November 1748 ist es endlich soweit: Nachdem Friedrich am 14. durch von Hacke einige tausend Taler an Waisen und Soldatenwitwen hatte austeilen lassen, ist am 15. die feierliche Einführung der Invaliden in das neue Haus. Dieses ist eine Stadt für sich, denn es leben über 600 Menschen hier, Kommandanten, Unteroffiziere, allein 570 gemeine Soldaten, dann Küchenpersonal, Priester, Verwaltungspersonal, Pferdeknechte, Brauer, Branntweinbrenner, Gärtner und Bierschänker. In der Anstalt befinden sich je eine lutherische und katholische Kirche, und obwohl Friedrich selbst sich wenig aus religiösen Pflichten und Übungen macht, denkt er darüber doch anders, wenn es die Untertanen betrifft. Nummer neunzehn der aus fünfundzwanzig Artikeln bestehenden Instruktion vom 31. August 1748 besagt: "daß die Leute, welche nicht krank sind, allemal in die Betstunde und in die Messe kommen sollen."

Friedrichs ausführliche Instruktion beweist seine Fürsorge für die Invaliden; noch hat er Geld, noch steht das Grauen des dritten Krieges nicht vor seinen Augen. Folgende Gelder hat er bei der Einrichtung locker gemacht:

für Arbeits- und Mastvieh, Getreide, Gerät etc. einmalig	7.160 Taler,
Verpflegung und Besoldung jährlich	18.903 Taler,
zur großen Montierung jährlich	1.318 Taler,
zur kleinen Montierung jährlich	2.758 Taler,
Unterhalt der Gebäude, Geschirr, Betten etc. jährlich	3.026 Taler,
Öl für Beleuchtung jährlich	902 Taler.

Jährlich kommen 471 Haufen Holz dazu, außerdem gibt es bedeutende Steuerfreiheiten. Ohne dies ist es natürlich auch hier nicht gegangen, ohne Reglement sind diese rauhen Männer gewiß nicht zusammenzuhalten gewesen. Wer noch gehen, laufen und stehen kann, tut seinen Dienst in den drei Invalidenkompanien an den Brücken Berlins. Aus heutiger Sicht kann das Schicksal der Insassen des Invalidenhauses

nicht beneidenswert sein, aber unter den herrschenden üblichen Verhältnissen und Gewohnheiten hatten sie doch das große Los gezogen: Immer noch besser als Bettelei auf den Straßen Berlins oder Potsdams! Nie haben alle Invaliden unterkommen können, später, nach dem Frieden von 1763, sah man überall in Preußen Krüppel des Krieges. Friedrich bemühte sich, wie an anderer Stelle dargelegt, um Unterbringung seiner Invaliden in "normalen Berufen":

"Daß bei der Versorgung und Unterbringung der Invaliden vorzüglich auf diejenigen Rücksicht genommen werden müsse, die den Siebenjährigen Krieg mitgemacht und die im Kriege blessiert worden: denn die verdienen am ehesten versorgt zu werden."

Das Kapital der Generalinvalidenkasse beträgt beim Abgang Friedrichs 514.686 Taler. Im gleichen Jahr bedenkt Friedrich die Witwen und Waisen seiner Offiziere mit 38.900 Talern, 12 Groschen, getreu seinen Worten:

"Endlich ist der Herrscher recht eigentlich das Oberhaupt einer Familie von Bürgern, der Vater seiner Völker, und muß daher bei jeder Gelegenheit den Unglücklichen zur letzten Zuflucht dienen: an den Waisen Vaterstelle vertreten, den Witwen beistehen, ein Herz haben für den letzten Armen wie für den ersten Höfling, und seine Freigibigkeit auf jene verteilen, die jeden Beistandes bar sind und allein durch seine Wohltaten Hilfe finden."

"Revolutionen bessern nicht,   8. Februar 1749
wohl aber Reformationen"
Karl Julius Weber

Revolution in Ostfriesland

Zwei Daten gleich vorab, um zu veranschaulichen, wozu preußische Energie in einem abgewirtschafteten Land fähig gewesen ist: Während Fürst Christian Eberhard 1707 in Ostfriesland 7.740 Fuß neue Deiche geschaffen hat, läßt Friedrich bereits im Jahre 1752 22.560 Fuß bauen. Die damalige Provinz Ostfriesland ist nicht ganz identisch mit dem heutigen Ostfriesland. Es fehlte ein Streifen am Jadebusen und Wangerooge, die an Oldenburg gebunden sind. In den ersten Jahrzehnten des 18. Jahrhunderts ist Ostfriesland das klassische Beispiel dafür, was aus einer Provinz werden kann, wenn die schwache Hand regiert. Alle hatten etwas zu sagen, nur der Fürst selbst nicht, und das konnte in einer traditionell eigensinnigen und trotzköpfigen Bevölkerung nicht gutgehen. Es mangelte an einheitlicher Verwaltung, die Ziele setzte und koordinierte. Nicht genug, daß der Kampf gegen das anbrandende Meer geführt werden mußte, auch untereinander machte man sich in Eigenbrötelei Schwierigkeiten. So war Ostfriesland, als sich der Besitzwechsel ankündigte, das deutsche Land, in dem der Ständekampf am heftigsten getobt hatte, woraus Friedrich schloß, daß er in Verfassungsangelegenheiten hier besonders behutsam sein müßte. Im Mai 1744, als der Letzte aus dem Hause Cirksena erbenlos gestorben war, hatten die Ostfriesen sich noch nicht den Sand aus den Augen gerieben, als sie bereits Preußen geworden waren; so schnell hatten die preußischen Beamten reagiert und die Offiziere die Truppen marschieren lassen. Friedrich denkt nicht daran, sich um die fadenscheinigen Ansprüche einiger Österreicher zu kümmern, denn er findet sich auf Grund einer 1694 vom Kaiser dem Hause Brandenburg erteilten Anwartschaft, beim Aussterben des Mannesstammes, völlig im Recht. Außerdem ist nicht zu erwarten, daß ein König, der ruckzuck in Schlesien einmarschiert, freiwillig auf eine Provinz verzichten wird. Und doch: Friedrich betrachtet eine Zeitlang Ostfriesland als Tauschobjekt für andere Vorhaben und spielt mit dem Gedanken, Emden an die Briten oder Holländer zu verkaufen. Er kommt den Ostfriesen zuerst in Sachen Selbstverwaltung ziemlich entgegen, gegen eine jährliche Zahlung von 24.000 Talern Subsidien und 16.000 Talern für die Freistellung vom Soldatendienst. Ab 1745, nach dem Dresdner Frieden, will er jedoch die Unzufriedenheit der Bevölkerung mit der schludrigen ständischen Verwaltung ausnutzen und erteilt dem Kammerdirektor Daniel Lentz, einem Altmärker Schlauberger, bedeutende Vollmachten:

".. da Ich das dasige Land niemalen gesehen noch der dortigen Umstände kundig bin ..."

Es gilt, das noch immer selbstherrliche und selbständige Emden unterzukriegen. Noch 1650 zählte die Stadt 20.000 Einwohner, jetzt 8.000, hat also einen großen Teil ihrer früheren Bedeutung an die Holländer abgeben müssen. In der Stadt ist die Bevölkerung mit der selbstherrlichen Regierung der Patrizier schon lange unzufrieden, so daß Lentz nur ein wenig aufzuwiegeln braucht, um eine Revolution zu entfachen. Diese sogenannte Revolution findet am 8. Februar 1749 statt, wobei der Stadtprokurator die Treppe hinuntergeworfen wird. Der Rat der Stadt muß den preußischen Forderungen nachgeben: Ein Ortskommissar übernimmt die Finanzverwaltung, Anpassung der Verwaltung an die im übrigen Preußen übliche, damit Einordnung in den preußischen Gesamtstaat und Ende der Sonderstellung Emdens und der anderen größeren Städte des Landes. Das preußische Königtum vertritt somit mehr die Interessen der Bevölkerung als die der Stände und bisher herrschenden Klassen — der Erfolg schlägt sich darin nieder, unter anderem, daß die Ostfriesen bald die treuesten Untertanen der preußischen Krone sind, und lange bleiben werden! Endlich kann sich die "preußische Energie" auch hier richtig austoben, veranlaßt durch einen antreibenden König und ins Werk gesetzt durch tüchtige Beamte. Wie überall in "unterentwickelten" Landen geht es Friedrich um Urbarmachung, Trockenlegung, Meliorationen, neues Land, mehr Gewinn, Plusmachen und Soldaten. Bisher hatten die Ostfriesen mehr oder weniger in Eigeninitiative herumgewurschtelt, wenn es um diese Dinge ging, jetzt findet alles mehr nach Plan und besserer Voraussicht statt, so daß die Landgewinnung bald stolze Zahlen aufweisen kann. Eine starke Hand, die auch gelegentlich allzu stark sein kann, ist halt nützlicher in solchen Sachen als demokratische und republikanische Rücksichten. Bald wissen die Friesen, zu wem sie in Deutschland gehören und sind stolz darauf, Preußen zu sein.

Ein Urteil jener Zeit lautet:

"Der Beginn der preußischen Regierung war die Morgenröte einer besseren Zeit."

In Emden entsteht die Ostindische Handelskompanie, Schiffe laufen vom Stapel, die Stadt blüht auf. Im nächsten Krieg ist Friedrich froh, über Emden britische Hilfstruppen ins Land kommen lassen zu können, die entscheidend auf dem westlichen Kriegsschauplatz mitkämpfen. 1751 ist Friedrich zum ersten Mal in Ostfriesland, und es bedarf kaum einer Nachhilfe der preußischen Behörden, ihm einen guten Empfang zu bereiten. In Emden prangt an einer Ehrenpforte der Spruch

"O Koning, groot van Macht,
van Godheit, van Verstand,
meer Vater in ons hart,
als Koning van ons Land."

Friedrich hat seine drei Brüder bei sich, mit denen er eine Bootsfahrt auf der Ems unternimmt. 1755 überzeugt er sich wiederum von den wirtschaftlichen Fortschritten des Landes. Den größten Teil der Einnahmen Ostfrieslands hat Friedrich "in die eigene Tasche gesteckt", jedoch hauptsächlich zu Bauten in Berlin und Potsdam verwendet, damit verdankt manche Stadtverschönerung, eines seiner besonderen Anliegen, ihr Dasein dem Fleiß der Menschen "von der Waterkant".

Juden in Preußen

Friedrich-Biograph J. B. G. Preuß schreibt 1833:
"Erinnert man sich, wie in den finsteren Jahrhunderten die verschiede-

*Voltaire in seinen
alten Tagen.*

*Friedrich besucht das
Rhinluch*

Der Kronprinz und der Alte Fritz in vier lebensechten Bildern von Knobelsdorff, Daniel Chodowiecki und Anton Graff. Als König hat Friedrich nie zum Portrait gesessen, so daß die Künstler sich ihre Motive, die oft kopiert wurden, aus dem Leben greifen mußten.

nen christlichen Kirchen sich untereinander gehaßt und verfolgt haben, so wird man sich's schon denken können, wie wenig alle die Juden werden geschont haben."

Das ist so deutlich gesagt, daß über die Situation der Juden im Mittelalter kein Wort mehr geschrieben zu werden braucht. Nachdem in Brandenburg noch 1573 Juden ausgetrieben worden waren, nahm der Große Kurfürst bereits 1671 aus Österreich vertriebene Juden bei sich auf. In Brandenburg wurden sie zwar nicht mehr verfolgt, doch konnte natürlich von Gleichberechtigung und Schutz vor Willkür, Volkszorn und Neid keine Rede sein. Friedrich Wilhelms praktische Toleranz hat die Juden in Brandenburg-Preußen mit den gewöhnlichen, überall üblichen Auflagen gewähren lassen, und Friedrich hatte in den ersten Regierungsjahren wenig Zeit, sich um eine Regelung für die Juden zu kümmern. Aber am 17. April 1750 erscheint ein "Revidiertes Generalprivilegium und Reglement vor (für) die Judenschaft im Königreiche Preußens", das alle Fragen regeln soll. Friedrich geht es vor allem darum, die Anzahl der Juden in Preußen nicht anwachsen zu lassen, sie auf einem Stand zu halten. Dafür gibt es Bestimmungen und Begriffe, die heute eher seltsam und befremdlich als diskriminierend anmuten und überall im Reich und Europa in ähnlicher Form angewendet worden sind. Da sind die "ordentlichen Schutzjuden", die ihren Schutz nur auf ein Kind vererben dürfen; die "außerordentlichen" haben ihn nur auf Lebenszeit. Bei einem Mindestvermögen von 10.000 Talern haben auch fremde Juden die Chance, sich in Preußen niederzulassen. Andere bekommen ihren Schutz nur, wenn sie eine Fabrik gründen. Knechte und Mägde dürfen nicht heiraten, ein zweites Kind darf nur heiraten, wenn 70.000 Taler hinterlegt werden.

"Alle zünftige Gewerbe sind den Juden untersagt."

"Für den Erwerb der Ansetzung eines Kindes ist für 300 Taler Porzellan zu kaufen."

"Es sollen keine Juden Privilegien kriegen, es sei, daß sie neue Fabriken anlegen, sonsten bleiben immer die selbige Zahl Familien."

Dennoch steigt in Berlin die Zahl der Judenfamilien von 152 im Jahre 1703 auf 203 im Jahre 1750. So merkwürdig uns alle diese Verordnungen heute anmuten mögen, es bleibt doch ihr praktischer Sinn unverkennbar: Wie kann man am schnellsten an das Geld der Juden herankommen! Im Geldbeschaffen sind Friedrich Wilhelm und Friedrich ja tüchtig und erfinderisch gewesen. Trotzdem kann von einer öffentlichen Diskriminierung der Juden in Preußen keine Rede sein, und den meisten Juden scheint es in Preußens Städten ganz gut gefallen zu haben. Es ist klar, daß sie überall dort, wo es ums Geld geht, eifrig tätig waren, und amtliche Beschränkungen von Zinsen und Wucher sind notwendigerweise erlassen worden.

Der tüchtige Münzunternehmer Ephraim aus Berlin hat sein "Andenken in jedes Buch über Preußen hinüberretten" können, ohne ihn hätte es um Friedrichs Finanzen zeitweise schlecht ausgesehen, denn er hat von "Ephraimiten" gelebt, Geld dieses Juden Ephraim. David Itzig, ein anderer Jude, hat sich um die Finanzierung etlicher Fabriken und Manufakturen verdient gemacht. In "echt christliche Gewerbe" wie Landwirtschaft und Handel mit Lebensmitteln sollten sich die Juden überhaupt nicht mischen, Friedrich regt sich auf und gibt Rüffel an das Generaldirektorium, als Juden beginnen, "Kühe zu pachten" und Landgüter erwerben zu wollen. Eine Order befiehlt, die Juden nicht mehr nach Familien, sondern Köpfen zählen zu lassen, trotzdem ist ihre Vermehrung "in dem großzügigen Pflaster" Berlin nicht aufzuhalten gewesen.

Ansonsten ist ihre persönliche Freiheit erstaunlich wenig angetastet, sie haben freie Religionsausübung, Selbständigkeit in Erbschafts- und Eheangelegenheiten, und dienten sie in der Armee, nahm niemand Anstoß an ihren religiösen Riten, sofern sie mit dem Dienst vereinbar waren. Bald gab es in Berlin viele "vornehme" reiche Juden, die durch ihr gutes, "preußisches Benehmen" mithalfen, die gegen sie gerichteten, alteingesessenen Vorurteile abzubauen. Wo Reibereien auftauchten, ging's meist um Neid, so in dem Streit zwischen Judenspötter Voltaire und dem Juden Hirsch, wo Voltaire keine gute Figur gemacht hat. Friedrich selbst liegen ungerechtfertigte Maßnahmen völlig fern, dennoch ist auch er in alten Ressentiments verhaftet, und wo nicht, hat er zum Nutzen des Staates gehandelt, nach dem alten Motto, daß man an das Geld der Vermögenden und Reichen herankommen muß. Die Hauptursache des allgemeinen Mißmutes gegen die Juden ist bekanntlich religiösen christlichen Ursprungs: Folglich wurden sie in streng christlichen Gegenden mehr gehaßt als in weniger glaubensbetonten; das läßt sich, in gewissem Grade, auf den einzelnen Bürger übertragen. Ein toleranter Preuße kann also keinen Judenhaß hegen. So konnte es geschehen, daß der Geheime Archivar Dohm äußerte, mit der religiösen Denkfreiheit der Juden müsse das wahre Judentum fallen. Er schlug die bürgerliche Freiheit der Juden vor und wollte sie in allen Rechten mit den anderen Untertanen der Krone gleichgestellt sehen. Wir sollten heute nicht vergessen, daß die meisten der damaligen reichen und etablierten Juden nichts anderes im Sinn hatten als völlige Integrierung,

damit bereit waren, ihren Ursprung, ihr Judentum praktisch preiszuge-
ben. Diese "königliche Gnade" haben viele von Friedrich erlangen
können, und es ist kein Zweifel, daß auch im Volk, besonders in der
Beamtenschaft, sein Beispiel Schule gemacht hat. Preußen war am Ende
seiner Epoche drauf und dran, ein Eldorado für Juden zu werden — in
einer Zeit, als Joseph II. für seine österreichischen Staaten endlich andere Religionen als die katholische offiziell zuläßt.

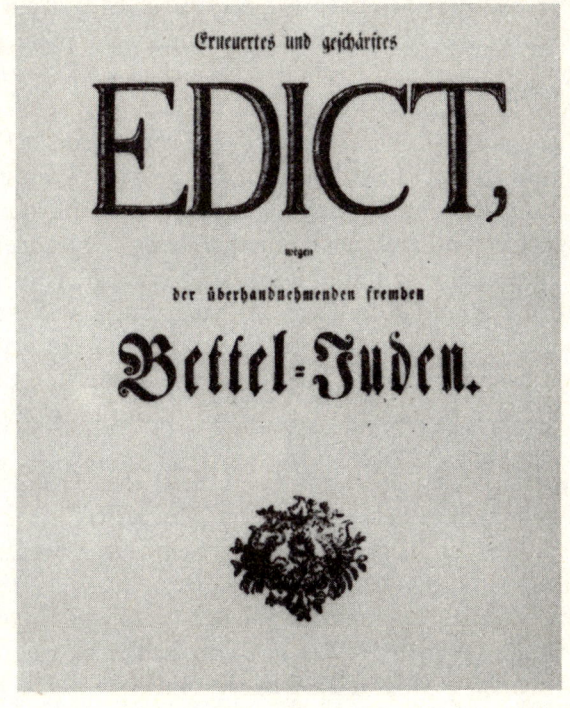

François Marie Arouet

Hinter diesem Namen steht Voltaire, einfach nur Voltaire, so ist er bekannt geworden. Aus der Enge und Prüderie eines preußischen Königshofes hat Friedrich ihn verehren gelernt, zunächst nur aus der Ferne und durch Gedrucktes, was leicht und einfach war, später persönlich, wobei einige Illusionen den Realitäten gewichen sind.
Ein Philosoph, dessen Bücher öffentlich verbrannt wurden, am 10. Juli 1734, gegen den ein Haftbefehl vorlag — das war etwas für Friedrich in seiner Kronprinzenzeit! Hier schien ihm der geistige Glanz einer neuen Zeit zu leuchten, zwar hat er nicht alles, was aus Frankreich kam, unkritisch hingenommen, aber doch allem anderen vorgezogen. Voltaire seinerseits schmeichelte sich, im Heimatland verfolgt, von einem deutschen Kronprinzen und König verehrt zu werden, was auch damals zum Lebensunterhalt wesentlich beitragen konnte. Es war nur eine Frage der Zeit, wann die beiden Männer zusammentreffen würden. Geschickt hat Voltaire Friedrichs erste Briefe an ihn unter die Leute gebracht:
"Ich habe einen höchst merkwürdigen Brief des Kronprinzen von Preußen erhalten; ich schicke Ihnen eine Abschrift."
"Ich schicke Ihnen den Brief des Kronprinzen; zeigen Sie ihn nur einigen Freunden."
Später sprach Voltaire von seinem "lieben König in Preußen" oder dem "Messias des Nordens". Wie bekannt, sahen sie sich Mitte September 1740 in Schloß Moyland bei Kleve zum ersten Mal. "Sein Geist arbeitet ständig", schreibt Friedrich, "ein jeder Tropfen Tinte ist ein Geistesblitz aus seiner Feder."
"Ich sah einen der liebenswürdigsten Männer der Welt", schreibt Voltaire, "einen Mann, der das Entzücken der Gesellschaft wäre ... wenn er nicht König wäre ... daß ich am Fußende meines Bettes einen Souverain sitzen sah, der eine Armee von 100.000 Mann hatte." Es ist unmöglich, hier auch nur eine einigermaßen umfassende Auswahl der ge-

genseitig gewechselten Briefe und Äußerungen zu bringen, sie sind in anderen Werken vollständig nachzulesen. Wollte man Menschen nur nach den Briefen beurteilen, die sie geschrieben haben, so kämen meist falsche Urteile heraus — bei Friedrich und Voltaire ganz gewiß: Nur beim Kennenlernen kann man sich kennenlernen!

Im Oktober 1740 sollte Voltaire nach Berlin kommen, doch verschob sich der Termin wegen des Todes des Kaisers um einen Monat. Am 19. November wird Voltaire in Schloß Rheinsberg, nicht wie erwartet in Potsdam, in privatem Kreis von Friedrich empfangen. Keiner ist ohne Hintergedanken: Angesichts des geplanten Krieges schmeichelt sich Friedrich, den größten Denker des Jahrhunderts am Hofe zu haben. Voltaire seinerseits möchte ein wenig spionieren, ob Friedrich weiterhin die Leier spielen oder das Schwert ziehen will; das muß den französischen Hof brennend interessieren. Doch Friedrich bleibt undurchsichtig. Ihn ärgert die hohe Spesenrechnung, die Voltaire vorlegt: 3.300 Taler. ”Er kostet mich pro Tag 550 Taler”, stöhnt Friedrich und meint, das sei eine zu hohe Rechnung für einen Hofnarren. Im großen und ganzen ist er jedoch stolz und begeistert und denkt nicht daran, die Beziehung abzubrechen. Zum dritten Mal sehen die beiden Männer sich in Aachen, im Sommer 1742. Da Voltaire in Frankreich nach wie vor Schwierigkeiten hat, versucht Friedrich diese noch zu schüren. Am 17. August 1743 schreibt er an den Grafen Rothenburg:

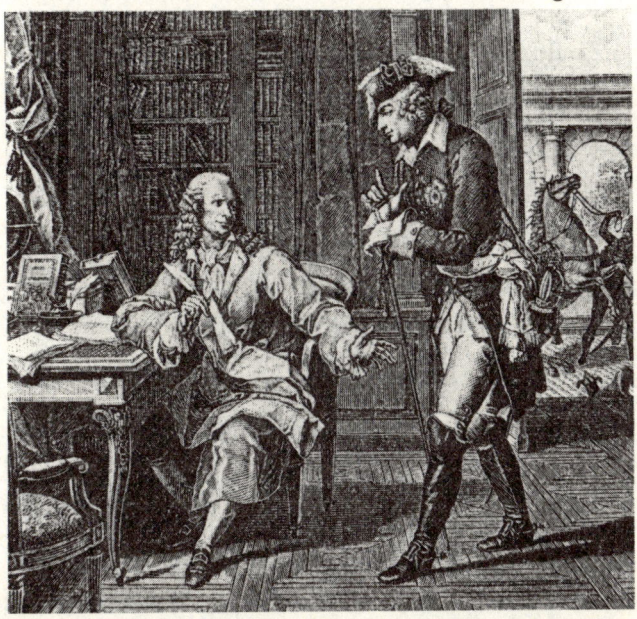

"... Es ist meine Absicht, Voltaire in Frankreich solche Zerwürfnisse zu bereiten, daß ihm nichts anderes übrig bleibt, als zu mir zu kommen."

Voltaire bekommt das Spiel zwar mit, doch ist er am 30. August 1743 wieder in Berlin. Der größte Glanz der beiden Männer strahlt jedoch von ihrem Zusammensein in Schloß Sanssouci aus, und es scheint, daß es etwas Idealeres in Sprache und Geist noch nie gegeben hat. Als Voltaire am 8. Mai 1750 eine erneute Reise nach Preußen zusagt, bittet er gleichzeitig um Reisegeld von 4.000 Talern, die Friedrich auch überweisen läßt. König Ludwig bemerkt zu seinem Abschied:

"... ein Narr mehr am preußischen Hof und einer weniger am Meinigen."

Am 10. Juli kommt Voltaire in Potsdam an. In seinen Memoiren, die den echten Schlingel, Spötter und auch Schwindler zeigen, spricht Voltaire von geringsten Gunstbeweisen, die Friedrich ihm gewährt, die aber recht handfest sind für einen armen Literaten: Ernennung zum Kammerherrn, den Orden Pour le Mérite und 7.000 Taler Jahresgehalt! Wenn Voltaire auch spottet, sich gegängelt fühlt — so viel Freiheit, wie er selbst aussagt, hat er noch nie genossen. An Wilhelmine schreibt Friedrich am 7. Oktober 1750: "In unserer kleinen Gesellschaft löscht das große Licht unseres Dichters das schwache Licht der Kerzen aus; er, und er allein hat Geist, und wir haben das Vergnügen, ihm zuzuhören."

Kein Zweifel: Friedrich genießt das Zusammensein, und wenig Bedeutung mögen in Wirklichkeit die kleinen Niggeligkeiten haben, die beide an den Tag legen. Beide sind Spötter, der eine ein reicher; kein Wunder, daß der andere einen ganz normalen, irdischen Hang zum Geld hat. Das längere Beisammensein dieser Zeit bringt jedoch eine Ernüchterung, in der Friedrich nie den großen Geist verkennt, aber seinen Spott nicht unterdrücken kann:

"Es ist schade, daß eine so niedere Seele mit einem schönen Geist verbunden ist. Er hat die Artigkeiten und die Bosheiten eines Affen."

Am 26. März 1753 verläßt Voltaire Berlin, um nach Leipzig zu reisen, wie er verlauten läßt, aber er nutzt die Gelegenheit, sich endgültig abzusetzen. Was man ihm in Preußen auch angetan haben mag: Er war nicht der Typ, es irgendwo lange auszuhalten. Nach einer einjährigen Pause hat Friedrich den Briefwechsel mit ihm wieder aufgenommen — es lohnt sich auch heute noch, ihn zu lesen. Denkt man an die Verbindung dieser beiden ungleichen und doch so ähnlichen Männer, dann kommt der Gedanke: Hätte Friedrich sich, ohne Voltaires Bekannt-

schaft und seine Vorliebe für ihn, mehr um die deutsche Literatur gekümmert?

"Denn viele sind berufen,   19. Juni 1755
aber wenige sind auserwählt"
Bibelspruch

Ein Auserlesener

Der Tag, an dem Friedrich zur Reise nach Holland aufbricht, der 19.
Juni 1755, wird für einen Mann zum Schicksalstag werden, von dem,
ohne diesen Tag, sonst niemand der Nachwelt erfahren hätte, der in
keinem Buch über das Preußen Friedrichs erschienen wäre: Henri de
Catt. Diesen Glücksfall verdankt der Schweizer einem Zusammentreffen mit Friedrich, das auf typisch friderizianische Art zustandekommt:
inkognito. Schon einmal, auf seiner Straßburger Reise von 1740, hatte
Friedrich sich den Scherz erlaubt, verkleidet und unerkannt aufzutreten, nun, auf einer Fahrt in Holland, macht er es wieder so. Von Magdeburg aus reist Friedrich nach Salzthal, Minden, Bielefeld, Lingen und
Emden, dann nach Wesel zurück, von wo aus er am 19. Juni in Begleitung eines Pagen und des Obersten Balbi inkognito nach Holland aufbricht. Nachdem er in Amsterdam die Gemäldesammlung des Kaufmanns Bramkamp besichtigt hat, besteigt er eine Barke nach Utrecht,
um die schönen Landhäuser am Ufer der Vechte zu bewundern. Auf

der Barke befindet sich mit anderen Passagieren der Schweizer Henri
de Catt, der nun von Friedrich etwas unhöflich angesprochen wird:
"Wer sind Sie, mein Herr?"
Friedrich trägt ein zimtfarbenes Kleid, eine schwarze Perücke und ist
offenbar nicht erkennbar. Henri de Catt weigert sich, den Namen zu
nennen, worauf Friedrich höflicher wird und ihn in die Kajüte bittet.
Dort reden sie vertraulich miteinander über Holland und seine Regie-
rung, Philosophie, Religion, Literatur, Gott, Reisen und die Welt.
"Welche Regierungsform halten Sie für die beste?" fragt Friedrich.
"Die monarchische, wenn der König gerecht und aufgeklärt ist."
"Aber wo findet man dergleichen", sagt Friedrich und läßt sich so über
Könige aus,, daß de Catt nicht ahnen kann, einen "dergleichen" vor
sich zu haben.
"Waren Sie in Deutschland?" fragt Friedrich.
"Nein, aber ich habe Lust, diese Reise zu machen, und ich bin sehr begierig, die preußischen Staaten und deren König zu sehen, von dem
man viel erzählt."
Als sie sich am Ziel der Reise trennen, erfährt Friedrich den Namen seines Reisegefährten, der auf ihn einen so guten Eindruck gemacht haben
muß, daß er sich an ihn erinnert. Seine Menschenkenntnis täuscht ihn
auch hier nicht. Drei Monate später erfährt Henri de Catt die Tatsachen: Indem Friedrich ihn brieflich einlädt, in seine Dienste zu treten.
Es versteht sich, daß de Catt, gebildet und geistvoll, das Angebot anzunehmen gedenkt, doch hindert ihn eine Krankheit, es sofort zu tun.
Erst im Dezember 1757, als Friedrich den Antrag wiederholt, mitten
im Krieg, sagt de Catt zu und trifft Friedrich ein zweites Mal, Anfang
1758 in Breslau. Das Wiedersehen ist herzlich und gnädig, offenbar hat
das notwendige Vertrauen von vornherein bestanden, und hieraus ist
de Catts Sonderstellung unter allen Vorlesern zu erklären.
"Sie sind nicht mein Vorleser", sagt Friedrich, als er einen mit "Vorleser" adressierten Brief an de Catt erhält, "sondern mein Auserlesener."
Leute von Geist und Witz, zuvorkommend und höflich, ohne devot zu
sein, hatten in Friedrichs naher Umgebung große Chancen, und Henri
de Catt gebührt der Ruhm, sie wahrgenommen zu haben. Er hat Friedrich während des Siebenjährigen Krieges von Lager zu Lager, Schlacht
zu Schlacht und in die Winterquartiere begleitet, oft wie Friedrich
selbst unter kargen Umständen, wobei Friedrich stets um ihn besorgt
gewesen ist und ihm viel Freiheiten gelassen hat. Auch unter den Männern, die in dieser Zeit um Friedrich waren, meist Militärs, hat de Catt
sich Achtung und Ansehen zu verschaffen gewußt — gewiß keine leich-

te Aufgabe. Meist waren es die Mittagsstunden, in denen er von Friedrich gerufen wurde, tatsächlich weniger zum Vorlesen als Diskutieren, "Gesellschafter" ist wohl der passendste Ausdruck, und manchmal ging Friedrich mit ihm sogar militärische Fragen durch. "Dort steht der Feind, ich hier, was werden Sie nun anfangen, und was ich?"
"Sire, ich verstehe davon nichts, schlechterdings nichts."
"Macht nichts aus. Sagen Sie nur, was Sie davon denken, ich höre gern, worauf ein Mann fallen kann, der gar keine Kenntnis von der Kriegskunst hat."
Sicher ist, daß in den bedrückenden Zeiten Friedrich den Umgang mit de Catt genossen hat; darin liegt der Verdienst dieses Schweizers. Außerdem hat er es vermocht, sein Volk bei Friedrich in lebenslange Sympathie zu bringen. Sich selbst hat er ein Denkmal gesetzt in den Aufzeichnungen über sein Zusammensein mit Friedrich, doch gibt er zu, daß sie, später niedergeschrieben, eine Mischung von Dichtung und Wahrheit seien. Somit sind sie nur bedingt als historische Quelle brauchbar. Auch de Catt erlitt das Schicksal vieler derjenigen in Friedrichs allzu großer Nähe: Die Gnadensonne schien in späteren Tagen nicht immer über ihm, zwar wurde das Gehalt pünktlich gezahlt, aber den alternden Friedrich hat er nicht mehr besuchen dürfen. Seine Heirat am 9. November 1762 in Berlin hatte Friedrichs Mißfallen gefunden, der die Männer seiner nahen Umgebung am liebsten unverheiratet sah. Friedrich Wilhelm II. schenkte ihm nach 1786 eine einträgliche Präbende, er starb am 27. November 1795 in Potsdam. Drei Jahrzehnte im Schatten eines großen Königs, es war kein leichtes, aber ein interessantes Leben. Henri de Catt ist wohl einer der aufrechtesten Männer um Friedrich gewesen.

Preußische Werbungen

Das Schlachtfeld verschlingt mehr Menschen als von der Heimat geliefert werden können — woher also nehmen und nicht stehlen?

Das eben, nämlich stehlen, haben preußische Werber seit den Zeiten
Friedrich Wilhelms so fleißig und konsequent getan, daß der
Schreckensruf "Die Werber kommen" noch lange die Menschen an
Preußen denken ließ. Friedrich Wilhelm hatte hauptsächlich große
Männer für seine Potsdamer Riesengarde werben, kaufen und stehlen
lassen, die wenig militärischen Nutzen brachten, so daß Friedrich bei
Regierungsantritt sofort diesen Unfug abgestellt hat. Offiziell hat er
unsaubere Werbemethoden mißbilligt, besonders die Gewalt dabei,
aber nicht alles ist ihm zu Ohren gekommen und später mußte er, weil
auf Soldatennachschub größten Ausmaßes angewiesen, beide Augen
zudrücken. Doch darf nicht übersehen werden, daß nach preußischen
Siegen ein steter Strom Freiwilliger aus ganz Europa zu Friedrichs Armee zog und daß im Siebenjährigen Krieg die Truppenteile, die aus der
Mark, Pommern, Magdeburg und Halberstadt rekrutierten, alljährlich
zu Beginn der Feldzüge wieder komplett waren, trotz großer Verluste,
und daß diese Regimenter, zumeist aus Landeskindern bestehend, so
gut fochten, daß Friedrich sie stets ins erste Treffen stellte. Ohne sie
wären die "späten Siege" von Torgau und Liegnitz nicht möglich gewesen. Obwohl man also bereits die Erfahrung machte, daß Landeskinder ihr Land besser verteidigten als angeworbene Söldner, wollte und
konnte man noch nicht auf ausländische Werbungen verzichten: Wie
sonst den Bedarf decken? Eine Methode, an Soldaten zu kommen, war
Gefangene, teils ganze Einheiten kurzerhand ins eigene Heer einzurei-
hen, wie Friedrich das mit der sächsischen Armee bei Pirna praktiziert
hat, aber die Folge hiervon konnte nur sein, daß eben solche Soldaten
und Truppen bei bester Gelegenheit desertierten und überliefen. Dem
konnte auch nicht durch schärfste Bewachung und Bestrafung ganz abgeholfen werden. Nicht nur in Kriegs-, sondern auch in Friedenszeiten

durchreisten preußische Werber, wie die anderer europäischer Staaten auch, Deutschland und angrenzende Länder, um mit allerlei Versprechungen, Lockungen und Bezahlung, also ganz legal, von der Obrigkeit erlaubt, junge Leute für die preußischen Fahnen zu begeistern, Der Soldatenstand hatte nichts Anrüchiges, und nicht überall gab es Arbeit und Brot. Natürlich meldeten sich auch viele zweifelhafte Elemente, die in den Armeen Unterschlupf suchten — und nicht immer war Krieg und harter Dienst. Viele preußische Werber gaben sich als Offiziere aus, ohne es zu sein, aber gravierend wurde das Problem erst, als Friedrich im Siebenjährigen Krieg den Abgang um jeden Preis decken mußte.

Ob er wollte oder nicht: Nun mußte er den Werbern freien Lauf lassen, die es mit den Methoden nicht genau nahmen. Hauptsache, die Kasse stimmte. So schwärmten sie denn aus, allen voran Leute wie der Oberst Colignon, ein Meister seines Faches. Er und seine Untergebenen reisten in Verkleidung durch Süddeutschland und wandten infame Tricks an, um junge Menschen für den Dienst in Friedrichs Armee zu begeistern: Sie verteilten und verkauften sogar Patente, mit denen sie Studenten, Bauernjungen, Diener und Arbeiter zu Leutnants und Kapitänes erhoben und nach Magdeburg schickten, auch noch das Reisegeld einsparend, wo die Geprellten ihre Einheiten sofort in Empfang nehmen könnten. Es war umgekehrt: Die Einheiten nahmen die Geprellten in Empfang. Einmal in der Mühle der preußischen Militärs, gab es kein Entkommen mehr, die herrlichen Patente der Werbeoffiziere galten gar nichts, man war nur Rekrut, und jede Empörung und Aufsässigkeit wurde erstickt. Fluchtversuche gelangen selten, die Angehörigen konnten wenig tun, da sie meist nicht wußten, wo ihr Sohn, Vater, Bruder, Neffe oder Onkel abgeblieben war. Wer sich fügte, genoß bald das Soldatenleben der Garnison, das oft besser und erträglicher war als das bisherige Dasein. Freilich, wenn's in den Krieg ging, war der Spaß zu Ende. Friedrich hat um die Verhältnisse gewußt und sie akzeptiert, da der Wunsch nach Soldaten größer war als alle humane Erkenntnis. Trotz der vielen abfälligen Urteile über Friedrichs Armee kann diese jedoch nicht schlecht gewesen sein — woher sonst die Erfolge! Sie mochten ihn, den Fritz, und wenn man bedenkt, daß zahlreiche Regimenter zu mehr als die Hälfte aus "Ausländern" bestanden, viele davon gewaltsam angeworben oder getäuscht, dann ist das schon eine Leistung.

Ein besonders böser Vorfall ereignete sich 1754. Der preußische Werbeoffizier von Heyden nimmt einen katholischen Studenten auf einer

Straße bei Ulm gefangen, um ihn heimlich nach Preußen zu entführen. Aber der arme Kerl erstickt an dem Knebel, den man ihm in den Mund gesteckt hat, die Sache kommt auf, und der Werbeoffizier wird festgenommen. Doch Friedrich, obwohl er empört ist, will nicht, daß der kaiserliche Reichshofrat den Prozeß macht, sondern möchte selbst Richter sein: Am 25. August 1755 fordert er seinen Untertan zu diesem Zwecke vom Ulmer Magistrat an. Aber wie's so geht in der hohen Politik, und wenn niemand volle Verantwortung und Konsequenzen übernehmen will: Häftling von Heyden ist plötzlich entwischt, ein Prozeß kann nicht stattfinden und Friedrich nicht vor den Kopf gestoßen werden. Natürlich entsteht mit solchen Ereignissen keine vorteilhafte Stimmung für Preußen im Reich, aber in der Folge sind dies die kleinsten Sorgen . . .

1745 bis 1755
Zehn Jahre im Frieden

Bevor Friedrich, nun 44 Jahre alt, erneut und zum dritten Mal ins Feld rückt, um sein geliebtes Schlesien zu verteidigen, kann er voller Stolz und ohne Zorn zurückblicken. Nicht nur er selbst, sondern auch seine Preußen haben sich gemacht: Aus dem ruhmsüchtigen, leichtfertigen jungen Mann von 1740 ist ein richtiger König geworden; und er ist nicht nur König, sondern auch Landesvater, souveräner Herrscher, Feldherr, Förderer des Gewerbefleißes, der Künste und Wissenschaften, Bauherr, Dichter, Philosoph, Komponist und vor allem erster Diener seines Staates. Und das in höherem Grade, als sein Vater es von ihm verlangt hatte. Alle diese Eigenschaften und Tätigkeiten haben nicht nur ihm und seinem Ansehen genützt, sondern auch seinem Königreich Preußen, das damit endgültig aus den Geburtswehen heraus und in die Reihe europäischer Staaten eingetreten ist. Viele Kritiker Friedrichs und des Landes sind verstummt, da sie erkennen müssen, daß hier ein König regiert, der in Sachen Arbeit und Fleiß derartig seinen Untertanen vorangeht, daß ihnen nichts anderes übrig bleibt, als dem Beispiel zu folgen. Daß bei allem Arbeitseifer und Aufbauwillen Künste, Vergnügen und Wissenschaften nicht zu kurz kommen wie zu Zeiten Friedrich Wilhelms, wird besonders hoch angerechnet. Nach wie vor werfen die großen Höfe Europas, Rußland, Österreich und Frankreich, mit dem Geld um sich, ohne es wirklich zu besitzen, und bedrücken ihre Untertanen so in Glaubenssachen, daß gerecht und freidenkenden Europäern das Preußen Friedrichs wie ein gelobtes Land erscheint. Das ist es natürlich nicht. Wir haben gesehen, daß ein Strom von Siedlern, Kolonisten und Händlern Preußen als neue Heimat gewählt hat und der größte Teil dieser wandernden Menschen ist mit den Verhältnissen in der bisherigen Heimat nicht zufrieden gewesen: Wenig Arbeitsmöglichkeiten, ungerechte Abgaben, keine Glaubensfreiheit, Willkür kleiner und mittlerer Fürsten, da ist Preußen ihnen eben doch als das gelobte Land erschienen. Arbeiten und Steuern zahlen müssen sie überall, und dann tun sie es halt dort am liebsten, wo es am gerechtesten geschieht. Abgaben aller Art müssen in jedem Land entrichtet werden — Preußen dürfte der Staat sein, in dem solche Gelder am sinnvollsten verwertet werden; auch eine starke, vielleicht überstarke Armee war sinnvoll im damaligen Preußen. Man bedenke außerdem: In Österreich ist nur die katholische Religion zugelassen, in Rußland genügt eine leichtfertige Bemerkung über die Zarin, um den Kopf zu verlieren oder lebenslänglich Sibirien zu genießen, Frankreich verfolgt seine Intellektuellen, und in allen Ländern rund um Preußen wird auch die "peinliche Befragung" noch angewandt, die Tortur, dieses schreckliche Überbleibsel der Inquisition: Wie wir bereits wissen, hatte schon Friedrich Wilhelm sie so weit eingeschränkt, daß den Gequälten keine Dauerschäden beigebracht werden durften.

Friedrichs und seiner Untertanen Mühen haben sich auch in klingender Münze niedergeschlagen, denn der Tresor ist so voll, daß Friedrich dem ersten Feldzug des neuen Krieges in Ruhe entgegensehen kann, und einen zweiten möchte er ja sowieso nicht führen. Wenn er auch mutig und großspurig tut, diesmal ist er es nicht; so wie es ein Eingekreister eigentlich auch nie sein darf. Aber ein Feldherr kann ja nichts anderes tun, als optimistisch zu erscheinen und seinen Mitstreitern Mut einzuflößen. Im nächsten Krieg wird Preußen nicht nur militärisch, auch wirtschaftlich blockiert sein, da ist es gut, daß die Produktionskraft des Landes in den letzten Jahren erhöht worden ist. Friedrichs Hauptaugenmerk hat selbstverständlich der Ausbildung, Vermehrung und Reorganisation der Armee gegolten, ohne die er Preußen verloren glaubt — die kommenden sieben Jahre werden zeigen, wie recht er damit hat. Ende 1755 hat Preußens Armee folgende Stärke: 213 Schwadronen Kavallerie mit 32.496 Mann, 140 Bataillone Infanterie, Artillerie und technische Einheiten mit 119.843 Mann; im Heer stehen 4.655 Offiziere, 10.668 Unteroffiziere, 240 Pauker und Trompeter, 3.094 Trommelschläger und Pfeifer, 416 Hoboisten und 1.057 Wundärzte. Am wenigsten ist an der Artillerie getan worden, diesem ''Ultima ratio regis'', die der österreichischen sowieso schon unterlegen ist; dieser Umstand wird vielen preußischen Soldaten das Leben kosten!

In dem nun anstehenden Krieg wird Friedrich gegen drei europäische Damen kämpfen müssen, genau genommen gegen vier, denn seine Schwester, Königin Ulrike von Schweden, ''muß'' auch gegen ihn antreten lassen:

Für diese Sippschaft hat Friedrich verständlicherweise stets nur höhnisch-satirische Worte gefunden, die hintertragen wurden und Stimmung machten; sie haben mitgeholfen, die Einkreisung Preußens leichter vonstatten gehen zu lassen. So ist es denn soweit, daß Friedrich Frankreich als Bundesgenossen verloren hat und nun tatsächlich eingekreist ist — England wird wenig helfen können und wollen. Ist Angriff die beste Verteidigung? Nicht immer — aber Friedrich ist fest überzeugt und wird recht behalten. . .

"Winkt dem klaren Geist Vollbringen,
scheitert blinder Unverstand;
so Gedeihen wie Mißlingen —
beides liegt in unserer Hand"
Friedrich

Curt Christoph von Schwerin

Was wäre geschehen, wenn Friedrich seine erste Schlacht, Moll
witz, verloren hätte? Wie wäre Preußens, Deutschlands, Europas Geschichte weiter verlaufen? Niemand vermag auf diese Frage verbindlich
zu antworten, doch scheint es sicher, daß mit einer Niederlage bei
Mollwitz Friedrichs großspurig angetretener Marsch in den Ruhm jäh
abgebrochen wäre; Schlesien hätte wohl vorerst bei Österreich verbleiben können. Obwohl man vom guten Drill der preußischen Armee
wußte, glaubte kaum jemand, daß die erfahrenen Österreicher geschlagen werden könnten, so daß der verwegene junge Preußenkönig in seine Schranken verwiesen werden dürfte. Desto mehr hofierte man ihn
nun nach dem Sieg. Wir wissen, daß es beinahe so, wie angedeutet, gekommen wäre und nicht Friedrich der eigentliche Sieger ist.
Mit Mollwitz verbindet sich untrennbar der Name eines Mannes, der
hierdurch, nur hierdurch, unsterblich geworden ist: Curt Christoph
von Schwerin, geboren am 26. Oktober 1684, seit 1720 Generalmajor
in preußischen Diensten, vorher im Mecklenburgischen Heer, wo er
sich bewährte. Zeitgenossen schildern ihn als Mann umfassender Bildung mit verbindlichem Wesen, gewiß ein Grund, daß Friedrich ihn
leiden mochte: Noch bevor er sich für Preußen bewähren konnte,
machte Friedrich ihn am 8. Juli 1740 zum Feldmarschall. In den wenigen Kämpfen bis Frühjahr 1741 hatte er sich so bewährt, in einer Mischung von Draufgängertum und nüchternem Krieger, daß Friedrich
ihm unterm 10. Januar 1741 schrieb:
"Schonen Sie Ihre Person, wenn Sie mich lieben, sie ist mir kostbarer als 10.000 Mann; ich weiß, daß Sie sich zu sehr aussetzen. Ich
werde mit Ihnen, solange ich leben werde, alles teilen, mein Glück
und alles, was von mir abhängt. Ich werde morgen zu Ihnen sto
ßen; ich beklage die Toten, sorgen Sie für die Verwundeten, es sind
meine Kinder. Leben Sie wohl, teurer und würdiger Freund; mein
ganzes Herz ist Ihr."

Mit seiner größten Tat, der Rettung der Schlacht von Mollwitz, gerät Schwerin zum ersten Mal in Ungnade, die er mit Fassung trägt, denn er weiß das Recht auf seiner Seite und um die Launen der königlichen Herren. Friedrichs Reaktion, ihm zu grollen, ist ungerecht, aber verständlich. Wenn man will, könnte man Schwerin als den militärischen Lehrmeister Friedrichs ansehen, und so wundert es nicht, daß Schwerin die beiden ersten Schlesischen Kriege voller Unmut und Unzufriedenheit verläßt. Als Friedrich 1756 alle Soldaten braucht, ist Schwerin, inzwischen 72 Jahre alt, natürlich wieder mit von der Partie, die seine Letzte werden soll. Herzlich wie vorher sind Friedrichs Briefe. Am 3. November aus Seglitz:

"Wir haben uns hier wie Sie ohne irgendwelchen Verlust zurückgezogen. Browne verschiebt alles aufs kommende Jahr, und ich ebenso. Diese Zeit muß also erwartet werden, um durch gute Glücksschläge über die Freiheit von Europa und über den tyrannischen Despotismus Österreichs zu entscheiden. Schleifen Sie Ihr Messer in diesem Winter gut und sorgen Sie für gute Gesundheit im kommenden Jahr."

Am 14. Dezember 1756 aus Dresden, und hier haben wir das größte Lob, das Friedrich aussprechen kann:

"Ich, der ich ein Schwerin und die ausgezeichnetsten Truppen von Europa habe, verzweifle an nichts. Aber es bedarf einer bald lebhaften, bald klugen Haltung und bei allen Gelegenheiten einer erprobten Unerschrockenheit. Wenn man diese Gesinnung den Truppen einflößt, wird man selbst die Hölle bezwingen."

Die Sachsen sind bei Pirna und die Österreicher bei Lobositz besiegt worden, aber entgegen seinen Plänen muß Friedrich die Entscheidungsschlachten erst 1757 schlagen, womit seine Strategie, Österreich rasch niederzuwerfen, ehe alle Feinde auf dem Felde erschienen sind, gescheitert ist.

Der Winter wird mit der Reorganisation und Ausbildung der Truppen verbracht, ehe es im zeitigen Frühjahr zu einem raschen Siegeszug nach Prag und Böhmen gehen soll. Hier geschieht dann, im Vorgriff mitgeteilt, Schwerins Abgang, und er ist eines großen Soldaten angemessen und verschafft ihm weiteren Ruhm und jene Popularität, aus der Anekdoten und Legenden geboren werden. Das Paradoxe ist, daß er sich ausgerechnet in seiner letzten Schlacht, auch kurz vorher, wenig ruhmreich verhalten hat, so daß von Seiten Friedrichs, hätte Schwerin überlebt, einige ernste Worte fällig gewesen wären. Die Legende beschreibt Schwerins Tod in der Schlacht von Prag als Heldentod eines uner-

*Friedrichs fähiger Gegenspieler
General Laudon.*

Friedrich der Große

Ansicht der Schlacht von Kunersdorf.

339

Friedrich als Flötenspieler

Prinz Heinrich als Feldherr

Ewald Friedrich
von Hertzberg

schrockenen, alles wagenden Truppenführers: Die Fahne in der Hand, die ihn dann zudeckt, versucht er seine weichenden Soldaten aufzuhalten, als er von einer Kartätschensalve getroffen wird. Sein Opfertod habe die Schlacht entschieden. Wahr ist jedoch, daß seine Truppen, die nicht so gut kämpften wie die dem König direkt unterstellten, sich durch seinen Tod in der Flucht nicht haben aufhalten lassen und ihn liegen ließen, wie es auch dem schwer getroffenen Winterfeldt geschehen ist. Nur weil die Österreicher nicht folgten, ist Schwerin nicht in ihre Hände gefallen. Schon vorher hatte Schwerin Friedrichs Unmut erregt, weil er von einer Schlacht um Prag abriet und sich nicht pünktlich mit Friedrichs Armee vereinigt hatte. Wie gesagt, hätte Schwerin überlebt, Friedrichs Donnerwetter wäre vielleicht lauter gewesen als der Donner der Kanonen von Prag. Schwerins Leiche wurde in einem Kloster bei Prag einbalsamiert und später zu seinem Gut Wussecken bei Schwerinsburg überführt.

"Nimmer läßt des Himmels Haß und Tücke   1. April 1757
stolze Reiche schmachvoll untergehen;
nirgend stand's im Buch der Weltgeschicke:
also nur, nicht anders soll's geschehen!"
Friedrich

Geächtet

Friedrich hat, wie bekannt, für das Heilige Römische Reich Deutscher Nation viel Spott übrig. Im Jahr 1757 wird ihm bestätigt, wie recht er damit hat, denn der Kaiser, mit ihm der Reichstag in Regensburg, kramt gegen ihn eine alte Waffe aus der Schublade, die längst stumpf und beinahe unbekannt geworden ist: die Reichsacht. Ob er wirklich glaubt, im 18. Jahrhundert einen Mann wie Friedrich damit schrecken zu können! Und wenn er es glaubt: Welche Vorstellungen hat er von seinem Amt? Wie verträgt sich diese seine Maßnahme mit der Tatsache, daß er die preußische Armee als Lieferant mit Vorräten versorgt, die Armee, die seine Landeskinder totschießt! Friedrich befindet sich in dieser Sache in guter Gesellschaft: Geächtet wurden 976 Heinrich von Bayern, 1130 Heinrich der Löwe, 1208 Otto von Wittelsbach, 1547 und 1566 Johann Friedrich von Sachsen, 1619 Friedrich V. von der Pfalz und 1707 der Kurfürst von Bayern. Üblicherweise hebt der Achtsprozeß mit einer öffentlichen Vorladung des Angeklagten an; Friedrich kann sich durch einen Bevollmächtigten vertreten lassen. Erscheint der Angeklagte nicht, kann gegen ihn die einfache Acht erklärt werden, von der er sich in Jahresfrist lösen kann. Geschieht dies nicht, kann er in Oberacht genommen werden, womit er vogelfrei wird. Was das früher für einen armen Schlucker bedeutete, ist leicht vorstellbar, und auch jetzt könnte es für Friedrich gefährlich werden, da zu seinen zahlreichen Feinden ein weiterer Gegner tritt: die Reichsexekutionsarmee. Wäre sie so gut geführt und ausgerüstet wie seine eigene . . .

Am 17. Januar 1757 wird in Regensburg der Reichskrieg gegen Preußen beschlossen, am 1. April die Rechtsacht gegen Friedrich ausgesprochen, der letzte Achtspruch, den ein deutscher Kaiser hat ausgehen lassen! Das Heilige Römische Reich bestand damals aus etwa 300 souveränen Territorien, beim Reichskammergericht harrten 60.000 Prozesse ihrer Erledigung — ein Grund für Friedrich, alle diese veralteten Institutionen zu verachten.

"Spotte des Reichstages und aller seiner Beschlüsse", ruft Friedrich aus, "man wird im kommenden Frühjahr Preußens Kraft kennenlernen." Und höhnend an Wilhelmine:

"Man wird dieses von Nürnberg kommende Heer behandeln wie das, was die Deutschen Nürnberger Ware nennen."

Preußens Vertreter auf dem Reichstag ist Freiherr von Plotho, der den Boten des Reichstages, Hofgerichtsrat Aprill, der das Ergebnis überbringen will, kurzerhand aus dem Hause werfen läßt. Bezeichnend und für Friedrich entmutigend das Ergebnis der Abstimmungen: Im Rat der Kurfürsten stimmt nur Hannover für ihn und gegen die Reichsexekution, im Fürstenrat erhält Preußen von 86 Stimmen nur 26, ausschließlich protestantische. Damit ist die Tendenz klar und die Losung des katholischen Habsburg, Preußen zu verkleinern, von der Mehrheit akzeptiert worden; manch einer der Herren mochte hoffen, von dem zu verteilenden Kuchen ein Stückchen abzubekommen. Erbost ist Friedrich darüber, daß auch protestantische Fürsten gegen ihn stimmten, so auch sein Schwager, der Markgraf von Ansbach.

"Ihr sollt mich nicht ungestraft beleidigt haben", verkündet Friedrich drohend, " und wenn Gott mich am Leben läßt, werdet Ihr Eure Stimmabgabe noch bereuen."

Offenbar will niemand, wegen der erdrückenden Übermacht, an ein Überleben oder Siegen der Preußen glauben. Friedrich witzelt, "sich in seinem Alter mit rasenden Weibern schlagen zu müssen": Maria Theresia, Zarin Elisabeth, die Königin von Polen und Madame Pompadour. Zu der am 29. Januar 1757 verhängten Reichsexekution bestimmte der Kaiser, daß auch die Minderheit sich an der Vollstreckung zu beteiligen habe. Liest man den Text der "fiskalischen Zitation", die Herr Aprill zu überbringen hatte, nämlich:

"Vorladung des Kurfürsten und Markgrafen von Brandenburg, zu sehen und zu hören, wie er werde in des Reiches Acht und Aberacht erkläret, und aller seiner Lehne, Rechte, Gnaden, Freiheiten und Anschaften beraubt werde,"

dann war durchaus Grund zu der Besorgnis vorhanden, daß man es mit der Absicht ernst meinte, Preußen auf die Mark Brandenburg zu reduzieren. Aber tatsächlich haben die Zeiten sich verändert: Immerhin vom Mittelalter in die Neuzeit; wer sich aufgeklärt nennt, kann über römischen Anachronismus nur lächeln! Tatsächlich hat Friedrich das Lächeln und Spotten beibehalten und sein Versprechen, die Reichsarmee entsprechend zu behandeln, wahrmachen können, wie in dem Kapitel über die Schlacht von Rossbach dargelegt ist. So, wie dieser Haufen gegen ihn angerückt ist, konnte er ihm nicht gefährlich werden; sein Einsatz zeigt das ganze Dilemma der Reichsverfassung und ihrer Interpreten: Wohl wollten die deutschen Fürsten in der Aktion gegen Preußen beteiligt sein, freilich ohne sich viel dafür krumm zu legen. Außerdem marschieren im Reichsheer manche Elemente mit, deren Herzen heimlich für Preußen schlagen, die nicht einsehen mögen, daß sie gegen den Großen Friedrich kämpfen sollen. Neben Friedrich sind auch die in seinen Diensten stehenden Prinzen und Reichsgrafen vor den Reichshofrat zitiert worden: Seine Brüder Heinrich und Ferdinand, seine Helfer aus Braunschweig und Bevern und andere, binnen zwei Monaten, am 22. August 1758 um zu sehen und hören, ob ihnen die Acht erklärt werden sollte. Überhaupt diese Achtsache: Sie ruhte immer dann, wenn Preußens Waffen siegreich waren, und wurden aufgewärmt, wenn sie verloren. Schließlich drohte auch dem König von

England in seiner Eigenschaft als deutscher Kurfürst die Acht, mit ihm den evangelischen Reichsständen. Ernstliche Folgen hat dieses Aufflackern ehemaliger kaiserlicher Macht in Deutschland nie gehabt, zu wenig galt sein, des Kaisers Stellung noch, zu sehr setzte er sich selbst über Verträge und Absprachen hinweg, zu stark war das Königreich Preußen bereits bewerden, zu sehr hielten Friedrichs Verbündete und Freunde ihrem König die Stange . . .

"Eh wat! Ik folge op min Voddermann,   6. Mai 1757
wo deh hinmarschirt, ik och"
Spruch der Zeit

Prag II

Wieder, wie 1744, hebt sich die Silhouette Prags vor den anrückenden Preußen am Horizont. Dreizehn Jahre sind seither vergangen, wiederum geht es darum, Böhmen in die Hände zu bekommen, eine Provinz, die in der Lage, also reich genug ist, eine fremde Armee längere Zeit zu ernähren. Feldzüge dieser Zeit sind so ausgerichtet, daß man möglichst die Winterquartiere in Feindesland verbringt, um es auszusaugen und den eigenen Bedürfnissen dienstbar zu machen. Zwar hat Friedrich das Kriegsziel von 1756 nicht erreicht, nämlich eine vernichtende Schlacht gegen Österreich, aber den Winter 1756 auf 1757 benutzt, seine Armee zu stärken und hofft nun auf einen kurzen und erfolgreichen Feldzug 1757. Wie er selbst hat auch Österreich seine Armee geteilt, die eine steht unter Prinz Karl von Lothringen, seinem alten Bekannten, bei Prag, die andere unter Leopold von Daun, — er wird ihn fürchten lernen — rückt allmählich ebenfalls heran. Ehe es soweit ist, will sich Friedrich mit Schwerins Armee vor Prag vereinigen und damit zeichnet sich Anfang Mai die erste große Schlacht des Dritten Schlesischen Krieges ab, nachdem diese Vereinigung aller preußischen Armeen vor Prag stattgefunden hat: über 100.000 Mann. Mit der Vernichtung der Armee des Prinzen Karl von Lothringen und der Wegnahme Prags hofft Friedrich, den Krieg mit Österreich rasch entscheiden zu können, um sich dann anderen Kriegsschauplätzen zuzuwenden. Niemand kann den Irrtum dieses Tages ahnen; Österreich ist mehr als das, was es in den beiden vorigen Schlesischen Kriegen gewesen ist, sowohl in Rüstung als auch in der Entschlossenheit. Die Zeiten, daß eine große Schlacht einen Krieg entscheiden kann, sind vorbei. Friedrich hat wieder alles in guter Übersicht vorbereitet, und da er diesmal in der Überzahl ist, kann er frohen Mutes sein. Jedoch stehen die Österreicher bestens verschanzt in Stellungen, die zudem durch die Geländebeschaffenheit beinahe unangreifbar erscheinen. Hier kann nur preußische Unerschrockenheit helfen. Friedrichs Soldaten sollten feststellen, daß Österreich die Friedensjahre genutzt hatte, eine ungeheuere Artillerie aufzubauen, in der richtigen Erkenntnis, daß man in einem Krieg gegen Preußen wohl hauptsächlich in der Defensive stehen würde. Um zehn Uhr beginnt der Angriff auf die österreichischen Stellungen, Friedrich hat Befehl gegeben, ohne erst zu schießen unverzüglich mit dem Bajonett auf den Feind zu gehen. Dieser Befehl verursacht die unverhältnismäßig hohen preußischen Verluste dieser Schlacht, denn die österreichische Artillerie kann, ohne vorher gestört worden zu sein, ihr mörderisches Feuer auf die Eindringlinge abgeben. Ganze Reihen preußischer Grenadiere stürzen nieder, müssen durch nachfolgende Regimenter ersetzt werden, die in dem besagten schweren Gelände, sowieso kaum vorwärts kommen können. Sie weichen zurück und können froh sein, nicht durch den Feind verfolgt zu werden. Die Anführer selbst müssen ihre Soldaten nach vorne reißen: Winterfeldt führt sie zweihundert Schritt an die feindliche Front, die bereits wankt, ein Halsschuß läßt ihn vom Pferd fallen; Schwerin kommt und ruft "heran, meine Kinder!" und schon stürzt auch er getroffen zu Boden. Aber der Feind geht zurück, wird bereits verfolgt, so daß ein klassischer Vernichtungssieg winkt. Bei der preußischen Kavallerie klappt auch nicht alles wie erwartet, da sie sich in der Flanke fassen läßt und erst durch Zieten herausgehauen werden kann, der seinerseits die österreichische

Reiterei umgangen hatte. Alle Kämpfe finden mit einer Härte statt, die aus den bisherigen Kriegen unbekannt war — ein Zeichen, wie sehr die gegenseitige Verhetzung gewirkt hat. Als Folge davon steigen die Verluste in nicht erlebte Ausmaße. Südlich des Ziskaberges versuchen die Österreicher, sich noch einmal den Preußen zu stellen, doch auch hier werden sie geworfen, so daß gegen drei Uhr sich die ganze kaiserliche Armee auf der Flucht befindet. Der größte Teil wirft sich nach Prag hinein, nur fort von den wütenden Preußen, ohne die Folgen zu bedenken. Denn die Stadt ist nicht eingerichtet, eine Belagerung auszuhalten. Als man das bedenkt, mit fast 50.000 Mann in der Stadt, und am Abend schon den ersten Ausbruchversuch macht, ist es zu spät: Der Ring der Preußen ist geschlossen. Die Österreicher sind in der Tat noch einmal davongekommen, hauptsächlich deswegen, weil 30.000 Preußen auf dem Moldauufer stehend gar nicht in die Schlacht eingreifen konnten: Der Fluß ist zu stark angeschwollen, um rasch übersetzen zu können. Ein großer preußischer Sieg. Ein kriegsentscheidender Sieg? Friedrich glaubt es.

"Ich bin mit meinen Brüdern gesund", schreibt er vom Kampfplatz an seine Mutter, "der Feldzug ist für die Österreicher verloren und ich habe mit 150.000 Mann freie Hände . . .

Wir sind Meister von einem Königreich, das uns Geld und Mannschaft geben wird. Ich werde einen Teil meiner Truppen absenden, den Franzosen ein Kompliment zu machen, mit den übrigen will ich die Österreicher verfolgen."

Das ist zweifellos eine falsche Einschätzung der Lage, denn Friedrich weiß, daß Österreichs Heer nicht nur aus einer Armee besteht, wie er bald schmerzlich spüren wird. Aber noch ist er ja der "junge König", nicht vom Krieg gezeichnet, und sieht alles gern im rosa Licht. Die Verluste betragen auf beiden Seiten fast 30.000 Tote und Verwundete, auf beiden Seiten sind auch unersetzbare Offiziere und Generäle gefallen. Am 7. schreibt Friedrich an Marschall Keith:

"Nach den Verlusten, die wir gehabt haben, bleibt uns als einzige Tröstung, die Leute, die in Prag sind, zu Gefangenen zu machen. Und dann glaube ich, ist der Krieg zu Ende."

Friedrichs taktisches Genie und sein Organisationstalent haben sich vor Prag wiederum ausgezeichnet, sein Weitblick weniger; offen bleibt, ob ein weiterer Blick überhaupt möglich gewesen ist. Gewiß hat niemand in diesen Tagen voraussehen können, daß noch sechs Kriegsjahre in der Zukunft stehen. Immer wieder versuchen die Eingeschlossenen von Prag in den folgenden Wochen, den Ring der Belagerer zu sprengen, aber es gelingt ihnen nicht, auch nicht in einer gut vorbereiteten nächtlichen Aktion. Die Preußen wissen bereits, daß der Hunger umgeht in der eingeschlossenen Stadt, und deshalb kann Friedrich guten Mutes sein, hier nun eine ganze österreichische Armee samt ihrem Anführer gefangennehmen zu können. Doch er ist dem Unglück näher als er ahnt . . .

"Im Grunde ist jedes Unglück 18. Juni 1757
nur so schwer, wie man es nimmt"
Richard Nixon

Kolin

Der Dritte Schlesische Krieg hatte sich nicht schlecht angelassen, seit die preußische Armee im Vorjahr in Sachsen einmarschiert war — der Nimbus, unbesiegt zu sein, ist mit Erfolg aufrechtgehalten worden. Die österreichische Armee unter Karl von Lothringen ist in Prag eingeschlossen und soll ausgehungert werden. Als dunkle Wolke am Maihimmel zieht jedoch eine zweite österreichische Armee unter dem bisher wenig bekannten Marschall Daun heran, die Eingeschlossenen zu entsetzen und die Preußen endlich das Fürchten zu lehren. Daun hatte aus Wien Bescheid bekommen, daß Prag sich höchstens bis zum 20. Juni würde halten können, Eile ist also geboten. Friedrich erkennt die Lage vollkommen, und in alter Manier ist er bereit, die Schlacht zu liefern, als Angreifer versteht sich, um zu vermeiden, von Daun und den

Pragern in die Zange genommen zu werden. Aber er macht den ersten Fehler: Er unterschätzt die Stärke und Qualität der Daun'schen Armee:

"Viel hergelaufenes Zeugs."

Somit ist er sich nicht im klaren über das Kräfteverhältnis: 33.000 Preußen mit 28 schweren Kanonen, 54.000 Österreicher mit 60 Kanonen. Dennoch: Was anderes bleibt Friedrich sonst zu tun als anzugreifen? In Erwartung dieser logischen Entscheidung hat Daun mit seiner Armee bei dem Dorf Kolin eine feste und strategisch ausgezeichnete Stellung bezogen. Friedrich ist am 17. Juni so nah herangerückt, daß er diese Stellung erkennen und folgenden Entschluß fassen kann: Angriff auf den rechten Flügel der Österreicher von Planjan, östlich von Kolin her und in einem Schwung die ganze Stellung aufgerollt. Aber mit Daun hat er zum ersten Mal einen echten Feldherrn vor sich, keinen Draufgänger freilich, doch einen Methodiker und kühlen Rechner, der zudem Maria Theresias Zusage in der Tasche hat, beim Mißlingen seiner ersten Schlacht gegen Friedrich nicht gefeuert zu werden. Er sieht die preußische Absicht voraus und verändert in der Nacht auf den 18. seine Stellung unbemerkt von preußischen Posten und Beobachtern. Nur an den Übergängen sind leichte Truppen und Posten verblieben. So präsentiert sich die österreichische Armee am Morgen des 18. den erstaunten Preußen in einer veränderten, verbesserten Stellung, ausgeruht, gelassen, vorbereitet, während die preußischen Soldaten in der

Unüberwundnes Heer! mit dem Tod und Verderben
In Legionen Feinde dringt,
Um das der frohe Sieg die güldnen Flügel schwingt;
O Heer! bereit zum siegen oder sterben.

Frühhitze des Sommertages, durch Kornfelder, Wiesen und über Äcker marschierend, fünfzehn Kilometer in fünf Stunden, die erste Kraft verbrauchen. Die leichten Hügel und Bergrücken, bis 80 Meter hoch, sind von Österreichern besetzt und starren von schwerem Geschütz, das die mutigsten Angreifer niederkartätschen müßte. Friedrich macht den zweiten Fehler: Anstatt den Angriff zu verschieben, wenigstens um Tage, damit die Armee sich erholen kann oder ihn überhaupt vorerst aufzugeben, — Daun ist ja im Zugzwang, wenn er nach Prag will, und in Prag arbeitet die Zeit für die Preußen —, läßt er sich vom einmal gefaßten Entschluß nicht abbringen. Also Angriff, wozu ein neuerlicher Marsch vor den Österreichern her nötig ist, um an deren rechten Flügel zu gelangen. Schnell sind die österreichischen Kroaten aus Planjan geworfen, und weiter geht es auf der Kaiserstraße nach Novemesto. Die hier stehenden Feinde weichen vor Zietens Avantgarde auf ihre Hauptmacht zurück. Weiter geht es in der glühenden Mittagshitze, denn die im Wege liegenden Dörfer müssen vom Feind ausgesäubert werden, ehe der Angriff auf die Hauptmacht beginnen kann. Friedrich unterläuft der dritte Fehler: Während er mit seinen Soldaten vor dem Feind her marschiert, äußerst mangelhaft über dessen Bewegungen informiert, sieht Daun ihn auf dem Präsentierteller und kann entsprechend reagieren: prompt verstärkt er seinen rechten Flügel, ohne sich andernorts maßgeblich zu schwächen. Um zwei Uhr nachmittags, in der größten Tageshitze, ist der Aufmarsch der Preußen beendet, die Soldaten sind ermattet, durstig, unlustig, die Generäle raten vom Angriff ab. Und nun Friedrichs vierter Fehler, sein schlimmster dieses verhängnisvollen Tages: Obwohl die Generäle noch einmal heftig abraten und überhaupt alles noch abgeblasen werden kann, außerdem kommt die Meldung der Verstärkung von Dauns rechtem Flügel, will der König nicht mehr zurückstecken; mit klingendem Spiel greifen die Preußen an. Anfangserfolge sind die Eroberung des Dorfes Braditz und einiger Kanonen, unter nicht vertretbaren Verlusten für die Preußen, und als weitere Angriffe der Truppen Zietens und Hülsens nicht den gewünschten Erfolg bringen, befiehlt Friedrich den Angriff ins österreichische Zentrum.

Es ist hier nicht der Platz, eine Schlachtbeschreibung zu liefern; einschlägige Literatur hierüber ist vorhanden. "Beinahe" hätte alles noch geklappt, denn auf die preußischen Erfolge hin läßt Daun bereits einen Zettel mit dem Rückzugsbefehl umlaufen, der jedoch von einem klarer sehenden Offizier angehalten wird. Dieser Offizier erkennt, andere mit ihm, daß die Preußen mit allen Reserven in der Schlacht stehen, während die eigene hinten noch in aller Ruhe auf den Einsatz wartet. Also Gegenangriff der Österreicher: Noch nie hat man preußische Soldaten so laufen sehen! Der Nimbus zerbricht!

Friedrich hat an diesem Tag hoch gespielt — Hasard! Und verloren. Versagt hauptsächlich wegen der vier aufgezählten Fehler. Ein schwarzer Tag in seinem Leben, der unnötig viele Soldatenleben gekostet hat. Die Belagerung von Prag muß natürlich aufgegeben werden, und nur Marschall Dauns Unentschlossenheit, seiner fehlenden "Konsequenz zur Vernichtung eines fliehenden Gegners" hat Friedrich seine Rettung und die Fortführung des Krieges zu danken. Geschichtsbücher sind voll der Schilderung der Leiden Friedrichs an diesem Tage — diese Leiden sind nichts gegen die leichtfertig wider besseres Wissen der Berater geopferten Soldaten. Niedergeschlagen läßt Friedrich sich gehen, wie Abbildungen zeigen. In jeder länger andauernden Auseinandersetzung gleichen sich Ausbildung und Bewaffnung der Gegner an. Kolin zeigt, daß die österreichische Infanterie der preußischen von Mollwitz stark angeglichen ist. Die Preußen erkennen mit Staunen, daß die Österreicher, wie sie selbst, im Gleichschritt in die Schlacht marschieren. Das Erbe des Alten Dessauers ist international geworden. Na, da ist ja noch etwas zu erwarten, wenn der Krieg länger andauern wird . . .

"Der Tod einer Mutter ist der erste Kummer, den man ohne sie beweint" Petit-Senn

28. Juni 1757

Sophie Dorothea

Die am meisten zu achtende Person am Berliner Hofe der Jahre von 1720 bis 1740 ist nicht der König, auch nicht der Kronprinz oder einer

der intrigenspinnenden Gesandten, sondern die Königin Sophie Dorothea. Sie, nicht der König, steht "wie ein Fels aus Erz" inmitten einer
Hofclique und Familie, deren Haupt zwar der alleskönnende König ist,
der sich auch nie von seinen "Weibern" das Heft aus der Hand hat nehmen lassen, aber der letzte Hort der Menschlichkeit ist die Königin.
Zwar ist auch sie ein Dragoner mit Haaren auf den Zähnen, kann wütend, beleidigt sein, ihre Kinder mit Verachtung strafen, aber es ist
doch alles nicht so finster — konsequent wie beim König. Schon früh
hat Friedrich bei ihr Schutz suchen müssen, mit ihm seine Schwester
Wilhelmine, aber sie hat sich nicht gescheut, ihre Kinder gegen den König auszuspielen. Gequält und innerlich aufgewühlt von hochtraben-
den, ehrgeizigen Plänen und Vorstellungen, arrogant im Gefühl, dem
König geistig überlegen zu sein, konnte diese Frau keine Ruhe finden
oder zufrieden sein. Dennoch, von der groben Gewalt des Vaters flo-
hen die Kinder fort, lieber in die Arme einer zwar launischen, aber
nicht prügelnden Mutter. Ihr Steckenpferd war, bis auf den Tag, da
Wilhelmine ihren Markgrafen von Bayreuth heiratete, die sogenannte
englische Doppelhochzeit: Für Friedrich eine englische Prinzessin, für
Wilhelmine einen englischen Prinzen. Visionär sah sie sich bereits als
Doppelkönigin-Mutter zweier eng liierter Königreiche, die der Wiener
Monarchie Paroli bieten konnten. Gewiß hätten sich bei dieser Konstellation die deutschen Fürsten unwohl gefühlt, und niemand weiß,
was in Wirklichkeit dabei herausgekommen wäre.
Österreich arbeitete kräftig gegen diese Pläne, Friedrich Wilhelm
schwankte lange, außenpolitisch nicht sonderlich versiert, aber er
mochte die englische Verwandtschaft — hier sprach sein gesunder Menschenverstand — überhaupt nicht leiden, und schließlich hing ihm das
ganze diplomatische Pokerspiel derartig zum Halse heraus, daß er den
letzten Rest väterlicher Menschlichkeit spielen ließ: Wilhelmine durfte
den heiraten, den sie einigermaßen leiden mochte, als Belohnung für
ihre Entscheidung konnte Friedrich zum ersten Mal seinen Arrestort
Küstrin verlassen. Jetzt spielte er für die Königin die weitere englische
Rolle, denn sie gab nicht auf und wollte wenigstens eine englische
Hochzeit erreichen. Wie wir wissen, ging auch das schief, wieder setzte
der König seinen Willen durch. Aus dem ganzen weibischen Intrigen-
spiel hat Friedrich eines gelernt: Sich nie von Frauen in die Politik her-
einreden zu lassen. Schon 1734, noch nicht König, droht er zukunftsweisend, falls sie sich später doch einmischen sollte:
"Versuche sie es, so werde sie sehen, mit wem sie es zu tun habe."
Tatsächlich hat er die Königin bei seiner Machtübernahme vollkom-

men kaltgestellt, nur so konnte sich das immer herzlicher werdende Verhältnis zwischen diesen streitbaren Menschen entwickeln. Ihr Geburtstag, der 26. März, wird zum Hauptfest des Hofes. Nach Friedrichs Siegen über die ihr nicht genehmen Österreicher fühlt sie sich, auf Schloß Monbijou wohnend, als die glücklichste Mutter auf Erden. Wie ein heiteres Kind widmet Friedrich ihr zu Weihnachten ein Gedicht:

"Drei Könige brachten einst, oh Königin,
dem Christuskind mit andachtsvollem Sinn,
als Gaben Weihrauch, Myrthe, lautres Gold.
Oh daß Ihr mir gestatten sollt,
wenn ich Euch ebenso zum gleichen Tage
die gleichen Gaben darzubieten wage.
Die Myrthe stellt die zarte Liebe dar,
die Ehrfurcht, die ich allzeit Euch bewahr;
der Weihrauch ist mein inniges Gebet,
das Euer Leben zu verlängern fleht.
Und dient Euch das Metall in diesem Schrein
zum Zeitvertreib, wirds überglücklich sein."

Es ist ein Verhältnis, das sich aus der Ferne am besten anläßt, die Mutter ist stolz auf ihren Sohn, der Sohn, dessen Leben frauenarm verläuft, sieht sich zu ihr desto mehr hingezogen, je älter er wird. Während seines Berliner Aufenthaltes im Januar 1757 hat Friedrich seine Mutter zum letzten Mal gesehen, bevor er für über sechs Jahre ins Feld zurückkehrt. Sophie Dorothea ist um diese Zeit bereits sehr hinfällig, er muß damit rechnen, sie bei längerer Kriegsdauer nicht wiederzusehen. Je mehr ist er darauf bedacht, ihr Nachrichten über seine Erfolge und das Wohlergehen der Brüder, die mit im Felde stehen, zukommen zu lassen, so im schon zitierten Brief vom Mai 1757, als er die Lage Preußens noch optimistisch sah:
"Meinen Lieben und mir geht es noch immer gut. Der ganze Feldzug ist für die Österreicher so gut wie verloren, und ich habe freie Hand mit 150.00 Mann. Nimm dazu, daß wir Herren über ein Königreich sind, das genötigt ist, uns Truppen und Geld zu liefern. Die Österreicher sind zerstoben wie Spreu vor dem Winde. Einen Teil meiner Truppen werde ich zur Bewillkommnung der Herren Franzosen absenden und mit dem Rest meines Heeres die Österreicher verfolgen."
Am 28. Juni 1757, ausgerechnet in Friedrichs schweren Tagen nach der Niederlage von Kolin, stirbt die Königinmutter, und verzweifelt äußert Friedrich zu seiner Schwester Amalie: "Alle Unglücksschläge treffen

mich auf einmal. Oh meine teure Mutter! . . . Vielleicht hat der Himmel unsere liebe Mutter abberufen, damit sie nicht das Unglück unseres Hauses erlebt."

Wie immer bei "Nackenschlägen" ist Friedrich unfähig zu konstruktiver Arbeit und meist für niemanden zu sprechen. Und am 3. Juli schüttet Friedrich dem englischen Gesandten Mitchell sein Herz aus, wie er es gelegentlich Menschen gegenüber zu tun pflegt, denen er vertraut. Doch der Krieg muß weitergehen.

"Wenn zwei streiten, ist der, der dem   **12. August 1757**
Zornigen nicht widerspricht,
der Weisere"
Euripides

Ein königlicher Streit

Das Jahr 1757 hat sich nicht schlecht angelassen, aber jetzt, nach der verlorenen Schlacht von Kolin, ist Friedrich mit seinen Armeen in äußerste Bedrängnis geraten und benötigt jeden Soldaten und Offizier zum Überleben. Nur jetzt nicht aufgeben, Pannen dürfen nicht mehr vorkommen. Und doch hat er den Anfang zu einer großen Panne schon selbst gemacht: Indem er August Wilhelm, Thronfolger und Prinz von Preußen, ein Kommando über eine Truppe gegeben hat. Mochte August Wilhelm als Soldat auch, wie alle Preußenprinzen, furchtlos und draufgängerisch sein, als selbständig entscheidender

Truppenführer ist er nicht zu gebrauchen; das hätte Friedrich erkennen müssen . . .

Nun ist es zu spät. In einem Gefecht hat August Wilhelm sich bei Gabel schlagen lassen und seine wichtigen Magazine verloren. Gewiß, die Truppen, die er befehligt, sind zum Teil die geschlagenen von Kolin, aber Friedrich hätte wohl mehr aus ihnen herausgeholt. August Wilhelms Zagen und Unentschlossenheit sind für Friedrich quälend und aufregend, für jede Entscheidung fragt August Wilhelm an, fordert Befehle und Verhaltensmaßregeln — eine Methode der Kriegführung, die Friedrich außer sich bringen muß. In dem Briefwechsel dieser Tage spricht die Verschlechterung des Klimas unter den Brüdern eine deutliche Sprache, und das in einer Situation, in der Friedrich selbst genug am Halse hat. Denn nach der Niederlage von Kolin sehen die Österreicher ihre Chancen und drängen von allen Seiten nach; jetzt oder nie muß man den frechen Preußenkönig vernichten! Durch August Wilhelms Zögern ist der Gebirgspaß von Gabel verlorengegangen, so daß die Preußen Böhmen räumen müssen, um zur Lausitz zu ziehen, unter dem Verlust von Bagage und wertvoller Pontons. Hierdurch hat Dauns Armee Zeit bekommen, Zittau mit seinen gefüllten Magazinen einzuschließen und zu erobern, ein großer Verlust für die preußische Armee. Am 14. Juli hatte Friedrich gemahnt: "Wenn Sie sich immer weiter zurückziehen, werden Sie binnen vier Wochen auf Berlin zurückgedrängt sein . . ."

Als Entgegnung schildert August Wilhelm seine Lage in wenig optimistischen Worten, so daß Friedrich am 15. Juli böse und gereizt antwortet:

"Ihr habt wohl alle samt den Kopf verloren! Wollen Sie Ihre Magazine preisgeben und auf die Deckung der Lausitz verzichten? Zehn Schlachten wären besser gewesen, als es soweit kommen zu lassen . . . Sie lassen mich das Vertrauen, das ich Ihnen schenke, recht teuer bezahlen."

Darauf neue Klagen von August Wilhelm:

"Gabel ist genommen. Ich habe nur noch für vier Tage Brot."

Friedrich am 18.:

". . . Sie machen alles verkehrt. Nach alledem ist es mir unmöglich, Ihnen den Befehl über eine Armee anzuvertrauen."

Noch schärfer am 19.:

". . . kommandieren Sie einen Harem, wohlan; aber solange ich lebe, vertraue ich Ihnen keine zehn Mann mehr an. Wenn ich tot bin, machen Sie soviel Dummheiten wie Sie wollen; sie kommen auf Ihr Konto . . . Mögen Ihre besten Offiziere jetzt die Schweinerei, die Sie angerichtet haben, wieder gut machen . . ."

August Wilhelm ist entsetzt, antwortet aber tapfer: "Ich habe nie um das Kommando über eine Armee gebeten . . ."

Das kann Friedrich natürlich nicht als Entschuldigung gelten lassen, und beim Wiedersehen am 29. Juli läßt er den Prinzen unbeachtet stehen, kein Wort, keine Blicke, dafür an die Generale die berühmten Worte, "daß sie verdient hätten, einen Kopf kürzer gemacht zu werden."

Darauf legt August Wilhelm das Kommando nieder.

"Ich klage nicht Ihr Herz an", lenkt Friedrich etwas ein, "sondern Ihre Ungeschicklichkeit."

Umsonst: August Wilhelm bittet, nach Berlin zurückkehren zu dürfen. Nun ist Friedrich außer sich und macht in einem Brief aus Weißenberg am 12. August massive Vorwürfe:

"Wie! Ihr wollt fliehen, während wir darum kämpfen, den Staat für Euch und Eure Kinder zu erhalten? Ihr wollt das Beispiel der Feigheit geben, daß andere sagen können, wir fordern nur, was der Prinz von Preußen für sich in Anspruch nahm? Ihr redet von Eurer Ehre, sie war bestimmt, eine Armee zu befehlen, aber nicht in dieser Zeit vier Bataillone zu verlieren, Eure Magazine und Eure Bagage. Solange ich lebe, werde ich Euch kein Armee mehr anvertrauen, denn ich habe keine mehr zu verlieren, aber Ihr könnt Euch hier einfinden, ohne daß es Eurer Ehre Schaden tun wird.

Wenn Ihr nach Berlin geht, seid Ihr in Gefahr, gefangengenommen zu werden, oder Ihr müßt Euch mit den Frauen in eine Festung retten. Wahrlich eine gute Rolle für einen Thronfolger! Ihr habt wirklich ebensowenig einen Begriff von Euren Pflichten, wie die Fähigkeit, eine Armee zu führen, darüber bin ich bis auf den Grund meines Herzens erbittert.

Macht jetzt, was Ihr wollt, aber wißt, daß ich Euch als meinen Bruder und Verwandten nicht mehr kennen werde, wenn Ihr nicht dem Weg der Ehre folgt, dem einzigen, der einem Thronfolger gangbar sein darf.

Redet nicht von Ehrerbietung, Ihr wißt, wie ich denke, ich zwinge niemand, ebenso zu denken wie ich, aber ich verlange, daß die, die gleichen Blutes mit mir sind, den anderen ein Beispiel der Standhaftigkeit und der Ehre geben und nicht das der Feigheit."

Das ist eindeutig genug, verfehlt aber seine Wirkung, nämlich den Angeschriebenen zurückzubringen, und damit ist das brüderliche Einvernehmen endgültig gebrochen, offenbar Herz und Seele des Prinzen auch, und dessen Gesundheit ist plötzlich bedenklich angegriffen. Friedrich war nie zimperlich, wenn es um Rüffel ging, aber aus dem vorigen ist bekannt geworden, daß August Wilhelm und auch Heinrich wenig Herzlichkeit für ihren ältesten Bruder aufbringen konnten und sogar gegen ihn konspirierten. August Wilhelm kehrt nicht mehr auf den Kriegsschauplatz zurück.

Ergreifend ist der nachfolgende Briefwechsel zwischen Friedrich und August Wilhelm, der auf Schloß Oranienburg hofft, sich in Ruhe und ländlicher Abgeschiedenheit kurieren zu können. Doch er ist "fertig", wie wir heute sagen würden, zu tief ist der königliche Stachel gedrungen, eine Heilung scheint unmöglich. Krankheit und Depression steigern sich, während Friedrich seine Siege von Roßbach und Leuthen erringt, und Mitte 1758 ist das Ende abzusehen: August Wilhelm nimmt keine Medizin mehr und stirbt im Alter von 35 Jahren am 12. Juni 1758 auf Schloß Oranienburg. Der Stammvater der künftigen Preußenkönige ist dahingegangen ... Friedrich schreibt am 25. Juni an Bruder Heinrich:

"Ich habe aus Berlin die traurige und schmerzliche Nachricht vom Tode meines Bruders erhalten. Ich bin um so tiefer niedergeschlagen, als ich ihn immer zärtlich liebte, und ich habe allen Ärger, den er mir verursachte, auf seine Schwäche für schlechte Ratgeber und sein cholerisches Temperament zurückgeführt ..."

Damit hat Friedrich nicht ganz unrecht, aber seine Trauer ist echt. Der Krieg ist es, der sie auseinander gebracht hat ... Ohne selbst auf den Thron gekommen zu sein, vermacht August Wilhelm seinem Erstgeborenen, Friedrich Wilhelm, die Thronfolge. Ein neuer Prinz von Preußen steht bereit ...

Papst Clemens XIII.

*Ein österreichischer Verbands-
platz bei Hochkirch.*

Die Blessierten der Kriege.

Königin Sophie Dorothea von Preußen in späteren Jahren.

Friedrichs "Spionagechef" Hans Carl von Winterfeld.

Die Erstürmung des Kirchhofs von Leuthen.

"Geschichte und Ortskunde ergänzen   8. September 1757
sich wie die Begriffe von Zeit und Raum"
Helmuth von Moltke

Hans Carl von Winterfeldt

Ein Brief, den Friedrich am 14. September 1757 aus Erfurt schreibt, erreicht einen Toten:

"Hier geht alles nach Wunsch. Es ist aber eine verflogene Zeitung aus
der Lausitz gekommen, die mir in großen Sorgen setzet; ich weiß
nicht, was ich davon glauben soll. Aus Dresden schreibt man mir, Er
wäre tot, und aus Berlin, Er hätte einen Hieb über die Schulter: aus diesem kann ich mir nicht vernehmen; der Prinz Franz sei gefallen und
Anhalt tot. Der Prinz von Bevern wird mir gewise geschrieben haben,
der Jäger muß seind aufgehoben worden. Wende der Himmel alles zum
Besten!"

Im Treffen von Moys am 7. September 1757 ist General von Winterfeldt schwer verwundet worden und bereits am 8. in Görlitz verstorben. Damit hat Friedrich nicht nur einen seiner fähigsten Generäle,
sondern auch einen lieben Freund und persönlich nahestehenden Menschen verloren. Der Plan einer Offensive gegen Österreich im Jahre
1756 stammte von Winterfeldt, der des Königs Meinung teilte, die Gegner müßten, ehe sie sich versammelten, nacheinander niedergeworfen
werden. In diesem Sinne hatte er ihm am 29. Dezember 1756 aus Dresden geschrieben:

". . . Ich bringe künftig Jahr mit Schwerin 120.000 Mann gegen die
Österreicher ins Feld: wenn die anderen 140.000 haben, so ist es der
Welt Ende. Also, wenn es angeht, werden wir wohl mit sie fertig, nur
muß ich mit meiner Kavallerie solche Versüren machen, daß ich die
immer an den Ort hinbringe, wor ich was decidiren kann; das wird alles ausmachen. Dann, kümmt der Feind, ich schlage ihn und kann
nicht nachsetzen, so ist nur ein unnützes Blutbad, das nichts decidieret,
und das muß nicht seind, sondern jede Bataille, wo wir liefern, muß ein
großer Schritt vorwärts zum Verderben des Feindes werden . . ."

Vom 5. März 1757 stammt ein eigenhändiger Zusatz Friedrichs unter
einem Brief an Winterfeldt, der in seiner Originalität wert ist wiedergegeben zu werden:

"Es wirdt das jahr Stark und Scharf her gehen, aber man mus die ohren Steif halten und jeder der Ehre und liebe vohr das Vahterlandt hat mus alles dran Setzen, eine guhte husche so wirdt alles Klarer werden."
Wer war dieser Mann, dem Friedrich so viel Vertraulichkeit entgegenbrachte? Winterfeldt war schon Vertrauter Friedrich Wilhelms gewesen, auch in der Zeit der Komplikationen zwischen Kronprinz und Vater, was Friedrich ihm aber nach 1740 nicht nachgetragen hat; im Gegenteil: Er sah seinen Wert als echter Patriot und militärischer Fachmann — beides konnte er in den kommenden Jahren gut gebrauchen. Bezeichnend für seine Treue zu Friedrich ist, daß er der Gruppe um Prinz Heinrich, der bekanntlich zeitweise gefährlich offen opponierte, tief verhaßt und unbequem war; ihnen galt er als Kriegsantreiber.
Am 4. April 1707 in Vanselow bei Demmin geboren, war er 1722 bereits Fähnrich im Königsregiment Nr. 6, 1734 Begleiter Friedrichs im Rheinfeldzug, 1740 Major und Kommandant eines Grenadierbataillons, 1741 Oberstleutnant, 1742 Oberst und Generaladjutant, 1745 Generalmajor, 1756 Generalleutnant und Ritter vom Schwarzen Adler. Wie beim Kollegen Seydlitz ist auch bei ihm die Beförderung rascher verlaufen als üblich. Winterfeldts Erfolg und Emporkommen beruhte in erster Linie darauf, daß er nicht nur Militär, sondern auch Diplomat, Planer und Organisator war — ein Generalstabsoffizier, würde man einige Jahrzehnte später gesagt haben. Der schon angedeutete Plan eines Einmarsches in Böhmen, nachdem Sachsen besiegt war, stammt von ihm, ferner der Aufbau der Husaren und eines Nachrichten- und Sicherheitsdienstes — 1866 ist Moltke seinen Plänen für den Krieg gegen Österreich gefolgt! In der Schlacht von Prag geht es Winterfeldt beinahe wie Schwerin: Auch er will die weichenden Preußen zum Halten bringen, auch ihn trifft die Kugel:
"Als ich mich nach einigen Minuten wieder ermunterte", berichtet er selbst später, "und den Kopf in die Höhe hob, fand ich niemanden von unseren Leuten mehr und neben mir, sondern bereits alles hinter mit Hochanschlagen auf der Retraite (Rückzug). Die feindlichen Grenadiere waren ongefähr achtzig Schritt von mir, blieben aber halten und trauten sich nicht uns zu folgen."
Zu Fuß kann Winterfeldt verwundet der Gefangenschaft entgehen. Prag ist seine letzte große Schlacht, aus einer Summe von Fehlern heraus muß er in einem kleineren Gefecht sein Leben lassen. Nach der Niederlage von Kolin ordnet Friedrich ihn der Heeresgruppe seines Bruders August Wilhelm zu, der ihn aus Opposition kaltstellt — sofort geht alles schief! Als er im Herbst desselben Jahres, 1757, dem Herzog

von Bevern zugeteilt wird, der Nachfolger August Wilhelms geworden ist, kann er eine weitere Niederlage nicht abwenden und findet sein Schicksal: Der österreichische General Nadasdy benutzt die Abwesenheit des Herzogs und Winterfeldts von ihren Truppen zu einem Überfall, und der zurückeilende Winterfeldt wird im Kampf tödlich verwundet; morgens um drei Uhr stirbt er am 8. September 1757 in Görlitz. Als Friedrich später die Nachricht erhält, ruft er unter Tränen aus: "Ich werde Mittel wider die Menge meiner Feinde finden, aber wenige Winterfeldte wiederbekommen!"

Größer hat das Lob für diesen verdienten Mann nicht ausfallen können. Der Krieg ist gerade ein Jahr alt, und schon hat Friedrich zwei seiner besten Soldaten verloren. Wer soll weiterhin seine Truppen anführen . . .? Wer der Chef seiner "Spionageabteilung" sein? Das ist nämlich von Winterfeldt auch gewesen. Dank seiner Menschenkenntnis und Freundlichkeit zu den Bewohnern des Landes ist es ihm gelungen, ein beispielhaftes Nachrichtennetz aufzubauen, das Friedrich meist gut informiert hat, aus dem er Nutzen ziehen konnte. Somit hinterläßt Winterfeldt drei Lücken: als Anführer, "Generalstabsoffizier", Nachrichten- und Spionagechef. Da Friedrich meist in Feindesland steht, wird ihm in Zukunft der Mann fehlen, der für ihn "aufgeklärt" hat. Noch ist Zeit, aus dem Unglücksjahr 1757 ein "annehmbares", erträgliches zu machen . . .

"In der Sprache, die man
am schlechtesten spricht,
kann man am wenigsten lügen"
Hebbel

22. Oktober 1757

Kutscherdeutsch

Friedrich ist an einem französisch sprechenden Hof aufgewachsen, der mitten im Deutschen Reich liegt. Obwohl sein Vater als urwüchsiger Deutscher anzusehen ist, hat auch er besser französisch als deutsch gesprochen und geschrieben, ein Hauptunterschied ist allerdings, daß der Vater ansonsten für Frankreich, die Welschen, wenig Sympathie hegte und daß der Sohn sich damit, schon aus Trotz, desto mehr der französischen Sprache, Lebensweise und Literatur verschrieben hat. Daß er nebenher auch "etwas Deutsch" lernte, konnte nicht ausbleiben. Selbst unter der Berücksichtigung, daß es den "Duden" noch nicht gab, also überhaupt keine verbindliche deutsche Rechtschreibung, ist Friedrichs Schriftdeutsch als urkomisch, abenteuerlich, ungeheuerlich, imponierend und entwaffnend zu bezeichnen.

"Schreiben wie man spricht" — warum eigentlich nicht!

Wir können froh sein, Briefe in Friedrichs "Originaldeutsch" überliefert bekommen zu haben, denn aus ihnen spricht mehr als aus seinem unverbindlich-kühlen Französisch die Naivität und Natürlichkeit eines "märkischen Menschen". Hören wir hin, wie heute Berliner, Potsdamer und Märker reden, bedenken wir, daß damals der Großteil der preußischen Bevölkerung bäuerlichen Ursprungs oder Berufs war, so können wir, mit etwas rückdenkender Phantasie, uns vorstellen, wie Friedrich sprach, wenn er in die deutsche Sprache verfiel. Manche seiner Zeitgenossen zwangen ihn ins Deutsch, so sein "Kanzler" und Geheimer Kamerier Fredersdorf, des Französischen nicht mächtig, und in dem Briefwechsel dieser beiden Männer finden wir Friedrichs Schriftdeutsch in Reinkultur. Wer sich die Mühe macht, diesen Briefwechsel durchzuackern, wird belohnt werden mit einer ihm sonst unbekannten Aussicht auf den Menschen Friedrich: Keine Kälte mehr, nur Herzenswärme; kaum Kommandoton, mehr Bitten; kein Abkapseln, sondern Auftauen und Aus-sich-kommen. Viele Randverfügungen und Marginalien Friedrichs sind ebenfalls deutsch gehalten, ihre Drastik und Originalität ist kaum zu überbieten und bringt uns auch heute ins Schmunzeln und Nachdenken. Auf dieses köstliche Thema ist an anderer Stelle ausführlich eingegangen worden. Der Ausdruck "Kutscherdeutsch" stammt von Friedrich selbst. Professor Gottsched berichtet hierüber am 22. Oktober 1757 aus Leipzig an einen Kollegen in Königsberg: "Als ich sagte, daß die deutschen Dichter nicht Aufmunterung genug hätten, weil der Adel und die Höfe zuviel Französisch und zu wenig Deutsch verstünden, um alles Deutsche recht zu schätzen und einzusehen, antwortete der König: 'Das ist wahr, denn ich habe von Jugend auf kein deutsch Buch gelesen, und ich rede es wie ein Kutscher; jetzo aber bin ich ein alter Kerl von 46 Jahren und habe keine Zeit dazu'." Viel kann ihm hieran auch nicht gelegen haben, denn sonst hätte er, bei seiner Energie, gewiß noch einen Deutschkursus mitgemacht. Einige seiner treffendsten Formulierungen sollen hier angeführt sein; sie zeigen, wie man eine Sprache in der Schrift vergewaltigen, aber dennoch verständlich bleiben kann. Regeln des Falschschreibens gibt's nicht, Friedrich schreibt nach Einfall, Gedankengang, Ton und Laune. Sein Schriftbild ist schwungvoll und energisch, naturgemäß nur mühevoll lesbar, wenn es nach einiger Übung auch besser geht. "Gott bewahre Dich", diesen herzlich gemeinten Abschluß vieler seiner Briefe an Fredersdorf, kann man sehr variabel schreiben:

Gottbewahre
Gott bewahre Dir
Gott bewahre Dihr
gottbewahre Dihr
gottbewahredir
gottbewahredihr
gottbewahrediehr
got bewahre Dihr
Gottbewahre Diehr
Gotbewahre Dier
gottbewahre Dihr tausend mahl.

Diese Variationen sprechen für sich und bedürfen keines Kommentars. Friedrichs berühmteste Randbemerkungen, über Religion und Gazetten, sind ebenfalls in Deutsch abgefaßt und bestechen durch ihren frischen Mut und ihre prägnante Aussage. Formulierungen wie "seindt" für "sind" kommen nicht nur bei Friedrich vor, auch sein Vater gebrauchte sie, sie sind nicht als falsches Deutsch zu bezeichnen. Auffallend sind auch die gegen heute verlängerten Endungen : "machet" für "macht", "gehet" für "geht", "meinet" für "meint". Besonders freizügig geht Friedrich mit der Groß- und Kleinschreibung um: "Den ausSchlag von der gantzen Sache Muß der Sonntag geben . . .", "bestelle die Matrazen und betten nuhr nicht Dobelt", "gestern abendt habe ich wieder einen Starken Krampf im unterleibe gehabt, das Steiget mihr bis am hals, es wahr aber in der rechten Seiten."

Es ist wohl mehr Glückssache, wenn er die richtige Schreibweise getroffen hat. Friedrichs Freunde, Beamte, Sekretäre und Minister jedenfalls sind mit seiner Sprache klargekommen.

"Nie in der Welt ist eine so unbedeutende Schlacht von so wichtigen Folgen gewesen" Clausewitz

5. November 1757

Rossbach

1757 ist das Jahr der großen österreichischen und französischen Prahlereien und Überheblichkeiten. Friedrich bei Kolin zum ersten Mal geschlagen, Ostpreußen russisch, seine Positionen in Sachsen und Schlesien erschüttert, er selbst stark in die Enge getrieben und scheinbar planlos mit seiner Armee hin und her ziehend.

Auch auf dem westlichen Kriegsschauplatz sieht es nicht gut aus, da vorerst ein guter Feldherr für die preußisch-englische Sache nicht in Sicht ist. Und nun die Franzosen mit der Reichsarmee auf dem Vormarsch nach Osten. Man hofft zuversichtlich, den Krieg in diesem Jahr zu beenden. Friedrich, der sich nach eigenen Worten nicht daran gewöhnen konnte, die Franzosen als seine Feinde zu betrachten, hatte "hintenherum" einen Versöhnungsversuch mit Frankreich gemacht, war aber wegen der oben erwähnten Überheblichkeiten abgeblitzt. Ganz richtig hatte er sich von vornherein über diese französische Fehlentscheidung des Jahrhunderts gewundert, daß Frankreich nämlich in Deutschland für Österreich die Kastanien aus dem Feuer holte, anstatt sich seinem Todfeind England jenseits Europas zuzuwenden. Natürlich nutzten die Engländer dieses auf ihre Art perfekt und gründlich aus — am Ende war es Frankreich, das diesen Krieg verloren hat!

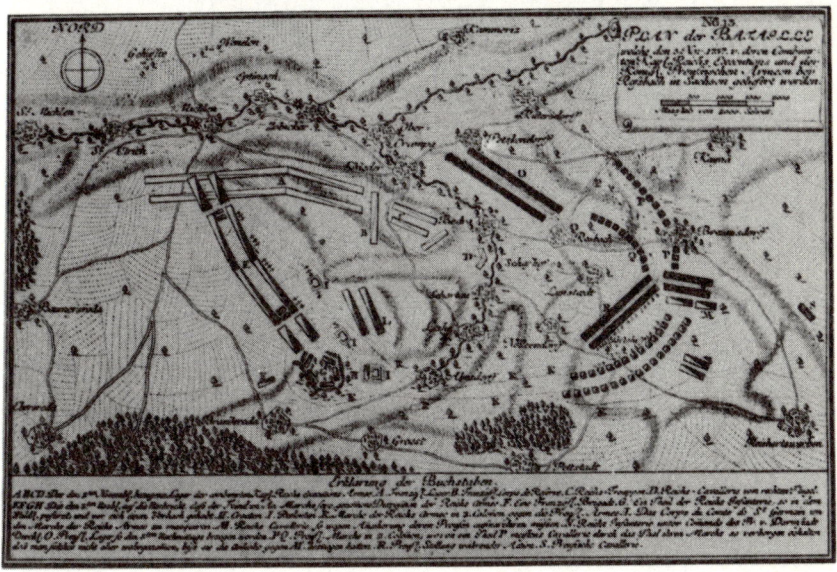

Nun aber erst einmal, Ausgang 1757, ist es hoffnungsfroh und gewiß, dem "Marquis de Brandenbourg" den Todesstoß zu versetzen, rückt es doch mit 41.000 Soldaten gegen 22.000 Preußen. Mit von der Partie ist die gefürchtete Artillerie, unter berühmten Anführern, allein 1.000 Artilleristen begleiten die Armee. Am 28. Oktober hat Friedrich alle verfügbaren Kräfte bei Leipzig zusammengezogen und überschreitet bei Weißenfels und Merseburg die Saale, um am 3. November bei Freiburg eine Stellung zu beziehen. Der Feind steht beim Dörfchen Horsbach, unter dem Franzosen Soubise und dem Deutschen von Hildburghausen, die, da sie Friedrich noch gar nicht kennengelernt haben, darauf brennen, seine "Potsdamer Wachtparade" zusammenzuhauen. Friedrich hat selbst ebenfalls keine hohe Meinung von seinen Gegnern, aber sie entspricht mehr den Realitäten, wie man erfahren wird. Am Morgen des 4. unternimmt Friedrich eine Erkundung und stellt fest, daß er die feindliche Stellung nicht angreifen kann, was zur Folge hat, daß am nächsten Tage die Franzosen die "Angreifer" sind. Denn nun wollen sie es wissen! Ein Teil von ihnen bleibt im Lager stehen, den Preußen gegenüber, während der andere Teil abmarschiert und den Preußen in die linke Flanke zu kommen sucht. Das kann Friedrich recht sein, er vertraut auf die Schnelligkeit seiner Truppen und läßt sie nicht einmal Aufstellung nehmen: Sie kochen das Mittagessen. Erst um zwei Uhr brechen sie die Zelte ab und marschieren los, Seydlitz mit der Kavallerie voran; den Franzosen erscheint dies als voller Rückzug, und sie beeilen sich, die Preußen einzuholen. Dabei entgeht ihnen, — Siegeszuversicht macht blind —, daß die preußische Kavallerie hinter einer Hügelkette entschwunden ist, die es ihr ermöglicht, ungesehen in die Flanke des marschierenden Feindes zu kommen. Das entscheidet den Tag. Es ist gewiß historisch falsch zu behaupten, diese "gemischte Reichsarmee" sei zu ordentlicher und tapferer Gegenwehr nicht in der Lage gewesen, — Berichte sprechen ja auch von zusammengewürfelten, unmotivierten Banden von Straßenräubern, Abenteurern und Glücksrittern —, Tatsache ist, daß viele Truppenteile sich hart und tapfer gewehrt haben. Nicht die Soldaten sind an diesem Tage schlecht, ihre Führer sind's. Wie ein Sturmwind bricht die preußische Kavallerie auf die ahnungslose Kolonne der Feinde, die sofort derart in Unordnung gerät, daß organisierter Widerstand unmöglich ist, die preußischen Reiter hauen alles kurz und klein, und jetzt rückt auch die Infanterie, die vorher teilnahmslos tat, heran, und ihr Kanonen- und Gewehrfeuer, wie auf dem Exerzierplatz, macht die Verwirrung vollkommen. Jeder Versuch der Feinde, Ordnung in die Reihen zu bringen, wird durch die preußische Kavallerie vereitelt. Ganze Regimenter werfen die Gewehre fort und fliehen, nur hinweg von diesen Preußen, die keine Gnade kennen. Als Rache dafür, wie die Franzosen in den von ihnen besetzten Gebieten bisher gehaust haben, kennen die preußischen Soldaten tatsächlich keine Gnade. Soubise geht selbst mit vor, will die Flüchtenden aufhalten, alles umsonst: In einer Schlacht, in der ganze preußische Einheiten gar nicht zum Einsatz gekommen sind, wird die Reichsarmee, hier vor allem französische Truppen, vollkommen geschlagen und nur durch die Nacht gerettet.

Entsprechend sind die Verluste: 10.000 Tote und Verwundete bei der Reichsarmee, 600 bei den Preußen. Wertvoller als diese feindlichen Verluste sind für Preußen die Folgen. Denn hiermit war der Reichsarmee das Rückgrat gebrochen, eine Krankheit, von der sie sich nicht mehr erholte. Da es hauptsächlich die Franzosen getroffen hatte, jubelte ganz Deutschland auf, ob groß, ob klein, arm oder reich, evangelisch oder katholisch, von Bayern bis Holstein: Endlich einmal ein Sieg über Frankreich! An den reichlich hervorsprießenden Spottversen beteiligt sich natürlich auch Friedrich und macht Reime auf die Rückansichten fliehender Franzosen. Und das Volk Deutschlands jubelt:

"Und kommt der Große Friederich
und klopft nur auf die Hosen,
dann läuft die ganze Reichsarmee,
Panduren und Franzosen."

Es ist dieselbe Armee, die die in Regensburg ausgesprochene Reichsacht vollstrecken sollte. Ein neuer Name ist mit der Schlacht von Rossbach bekannt geworden, wird später populär: Friedrich Wilhelm von Seydlitz. Im übrigen hat Friedrich keine Zeit, diesen Sieg auszukosten, denn schon ist seine Anwesenheit in Schlesien erforderlich, wo der andere "Überhebliche" sich ausgebreitet hat. Das heißt für die preußischen Grenadiere marschieren, nochmals marschieren, um genau einen Monat später eine weitere Schlacht zu liefern . . .

"Bereit sein ist alles"   **5. Dezember 1757**
Shakespeare, Hamlet

Leuthen

"Nun danket alle Gott . . ."
dieser herrliche, in großer Notzeit entstandene Choral ist viel älter als die Schlacht von Leuthen, war auch in vorigen Schlachten häufig genug

gesungen worden, nur gibt es keine Überlieferung, daß er je inbrünstiger erklungen ist. Ein frommes christliches Lied nach einer mörderischen Schlacht? Wer sich daran stört, es unpassend findet, der bedenke einmal den Zeitgeist, und daß Habsburg und der Papst zur Vernichtung der Ketzer geblasen hatten, zum anderen, daß auch in unserem Jahrhundert Kreuz und Schwert famos zusammengearbeitet haben und die Segnung von Vernichtungswaffen zur Alltagsarbeit von Militärgeistlichen gehörte. Schlesien steht auf dem Spiel, dazu der Feldzug des Jahres 1757. Während Friedrich die Reichsarmee verdrosch, hatten die Österreicher ihre Position in Schlesien ausgebaut und dachten schon an Winterquartiere, in Schlesien natürlich, was Friedrich nicht akzeptieren durfte. Schon taten die Österreicher, als gehöre Schlesien ihnen nun wieder für alle Zeiten, man hatte die Beamten neu huldigen lassen und konnte sich nicht vorstellen, daß Friedrich noch im Winter Gegenmaßnahmen treffen würde. Aber er rückt an. Ehe er da ist, schlagen die Österreicher am 22. November ein kleineres preußisches Heer unter dem Herzog von Bevern bei Breslau, was die Gesamtlage noch kritischer macht; Breslau fällt in feindliche Hand. In sechzehn Tagen marschiert Friedrichs Armee von Leipzig bis an die Oder und nimmt hier Reste versprengter preußischer Truppen auf, um den bei Breslau verschanzten Feind anzugreifen. Am 3. Dezember hält Friedrich vor den Heeresführern seine berühmt gewordene Rede, von der hier nur der letzte Satz wiedergegeben sein soll:

»Nun leben Sie wohl, meine Herren. Binnen kurzem haben wir den Feind geschlagen, oder wir sehen uns nie wieder.«

Die Offiziere haben Auftrag, Friedrichs Optimismus an die Soldaten weiterzuvermitteln, was gelungen zu sein scheint, denn die Regimenter brennen darauf, für den König in die Schlacht zu gehen. Es kann getrost behauptet werden, daß sämtliche Soldaten mit diesem Opfermut in den Kampf gegangen sind. Im österreichischen Kriegsrat wird bestimmt, Friedrichs Armee nicht etwa zu erwarten, das mag später sehr nach Unentschlossenheit aussehen —, sondern ihr aus dem Lager heraus entgegenzumarschieren; noch hat Daun nicht das alleinige Kommando, sondern Karl von Lothringen ist Oberbefehlshaber.

So stehen sich am 5. Dezember beim Dorf Leuthen gegenüber: 65.000 Österreicher, 35.000 Preußen. Ist die österreichische Siegesgewißheit nicht verständlich? Friedrichs entschlossenes Vorgehen macht die Österreicher noch am 4. bedenklich, so daß sie ihren Vormarsch stoppen, um ihn in einer Aufstellung am 5. zu erwarten. Sie beziehen ein Lager zwischen Nippern und Leuthen am Abhang eines

Höhenzuges, und als sie am Morgen des 5. das kleine Preußenheer anrücken sehen, ist ihre Zuversicht ungebrochen. Mit Staunen verfolgen sie Friedrichs Marschbewegungen, die sich erst gegen den rechten österreichischen Flügel richten. Der dortige Kommandant verlangt und erhält sofortige Verstärkung, als die Preußen sich gegen ihn entwickeln. Aber es ist eine Scheinbewegung, plötzlich wenden die Preußen nach Süden ab und für die österreichische Führung sieht es aus, als wollen sie längs vor ihrer Front unverrichteter Dinge abziehen. Hier fallen Dauns historisch-fehlerhafte Worte, in echt wienerischer "Gemütlichkeit":
"Die guten Leute paschen ab; lassen wir sie ziehn."
Wiener Kriegführung halt! So gelingt es Friedrich, seine Hauptmacht dem linken feindlichen Flügel zuzuführen, ohne gestört zu werden, die dann mit vollem Todesmut angreift. Damit trifft eine Übermacht, die eigentlich die Minderheit ist, auf die Minderheit, die der Übermacht angehört — das System der schiefen Schlachtordnung. Viel zu spät erkennen die Österreicher die Lage, jetzt fehlen die Reserven und Verstärkungen oder kommen verspätet heran. Die in Schwung befindliche preußische Infanterie wirft alles nieder, es herrscht ein unbeschreibliches, echt habsburgerisches "Durcheinander", als die zur Verstärkung anrückenden Regimenter vom flüchtenden Strome mitgerissen werden, ohne zu Schuß zu kommen. Wie Friedrich es geplant hat, wird die österreichische Front von der Flanke her aufgerollt, und selbst hart verteidigte Punkte wie der Kirchhof von Leuthen können die preußischen Grenadiere nicht aufhalten.
Auf dem rechten, nicht angegriffenen österreichischen Flügel erkennt Lucchese, der vorher von Friedrich getäuscht worden war, die Chance, seine Infanterie mit 80 Reiterschwadronen zu unterstützen, aber rechtzeitig fällt ihm die preußische Reiterei, deren Aufstellung ihm entgangen ist, in vernichtendem Lauf in die Flanke. Die kaiserliche Reiterei wird in die eigene hart bedrängte Infanterie geworfen, die nun genug hat und ähnlich den Kollegen von der Reichsarmee die Gewehre fortwirft, um besser flüchten zu können. Wie bei Rossbach erkennt Friedrich die Möglichkeit, hier eine ganze Armee aufreiben zu können, sie ins Schweidnitzer Wasser zu werfen, und er befiehlt konsequente Verfolgung durch die Reiterei. Doch die Österreicher halten die Brücken über das Wasser, und den Rest ihrer Rettung besorgt die einfallende Winternacht. Nie wieder hat eine Schlacht derartigen Ausmaßes zwischen so unterschiedlichen Beteiligten ein solches Ergebnis gehabt: Die Minderzahl hat die Überzahl dadurch vollkommen geschlagen, weil sie

sie an der schwächsten Stelle mit Übermacht angriff, ein Verfahren, das Friedrich schon bei Kolin probierte, wo es durch verschiedene Fehler nicht gelang. Die preußischen Verluste betragen an Toten und Verwundeten knapp 6.500 Mann, die Österreicher verloren 10.000 Tote oder Verwundete und 18.000 Gefangene oder Überläufer. Somit müssen sie Schlesien aufgeben, zuletzt Breslau, wo die Preußen wiederum 18.000 Gefangene machen, ungeheure Mengen Kriegsmaterial und eine Kriegskasse von 144.000 Gulden erbeuten.

Friedrich hat mehr erreicht als er erhoffen konnte, und der psychologische Erfolg ist beinahe größer: Preußen 1757 am Boden? — Nein! Verzagte Bundesgenossen werden wieder aufgerichtet — der Krieg kann weitergehen. Am Abend, während in der winterlichen Kälte viele der Verwundeten, denen hätte geholfen werden können, elend umkommen, stimmen die überlebenden preußischen Grenadiere den Choral Martin Rinkarts an: Sie danken Gott, aus echter Gläubigkeit, fürs Davonkommen, für Preußen, für ihren König! Sie sind bereit, weiterhin für ihn zu kämpfen . . .

"Der Kummer, der nicht spricht,   12. Januar 1758
raunt leise zu dem Herzen . . ."
Shakespeare, Macbeth

Le grand Factotum

Viel mehr, als es uns heute geläufig und verständlich ist, benutzten vorige Generationen das schriftliche Wort in Form von langen und ausführlichen Briefen für Mitteilungen, Berichte, Herzensergüsse, Klagen und Kommentare. Erschütternd, rührend, erheiternd und informativ sind diese Epistel aus jenen Tagen, in denen es kein Telefon gab, um über weite Strecken, aus sicherer Distanz heraus, fast anonym, den Dampf abzulassen. Ist es ein Zufall, daß sich die heutige Menschheit, laut Umfragen, durch die Telefone mehr belästigt als gefördert sieht, daß mehr denn je ein langer, persönlicher Brief Aufsehen und Freude erregt?

Einer der fleißigsten Briefeschreiber unter den Prominenten der Weltgeschichte ist Friedrich: Seine Briefe sind Geschichte, die ihn erreicht haben ebenfalls. Kaum ein Anlaß, über den er sich nicht schriftlich ausgelassen hat; Zitate sind hier genug wiedergegeben. Warum, fragt man sich jedoch, hat er zum Ereignis vom 12. Januar 1758 geschwiegen? Weil er mitten im Felde steht? Kaum — denn auch in heftigster Bedrängnis hat er diktiert oder zur Feder gegriffen. Was also ist der Grund?

Am 12. Januar 1758 stirbt im fernen Potsdam, weitab vom Kriegsschauplatz, Michael Gabriel Fredersdorf. Somit hat Friedrich den Menschen verloren, mit dem er, — es mag seltsam klingen —, am herzlichsten und vertrautesten verbunden war. Bis zum 9. April 1757 hat Fredersdorf das Amt des Geheimen Kämmerers bekleidet, das von Friedrich weder genau definiert, dessen Aufgabe Außenstehenden nie richtig bekannt war. Ein Vertrauensposten erster Klasse etwa; offiziell war Fredersdorf der Verwalter der königlichen Schatulle. Hier kurz der Lebenslauf dieses außergewöhnlichen Mannes. Geboren im Sommer 1708 in Graz an der Oder als Sohn eines Stadtmusikus aus kleinsten Verhältnissen. Vieles bleibt unsicher und unbekannt. Schon als junger Mann ist Fredersdorf Soldat in einem Frankfurter Regiment, vermutlich als Hoboist, da Friedrich ihn als solchen vor seiner Küstriner Zeit kennenlernt. Friedrich ist durch seine Vorliebe für große, gutgewachsene Männer auf ihn aufmerksam geworden, und in den Küstriner Tagen hat Fredersdorf ihm auf der Flöte vorgespielt. Er nimmt ihn mit nach Ruppin und Rheinsberg, wo er zunächst Lakai, dann Kammerdiener wird. Friedrichs Menschenkenntnis scheint hier wieder einmal einen vortrefflichen Fang gemacht zu haben. Schon vor Friedrichs Thronbesteigung wird Fredersdorf von Außenstehenden lobend und zukunftsweisend erwähnt. Im Jahre 1740 ist Federsdorf "Geheimer Kammerier" und bleibt es bis zum April 1757, als er wegen Krankheit das Amt aufgeben muß.

Nur wer den Briefwechsel zwischen diesen beiden ungleichen Männern liest, — die Mehrzahl der Briefe geht in Richtung Fredersdorf —, kann sich einen einigermaßen umfassenden Begriff von Friedrichs Seelenleben und privaten Empfindungen machen: Denn in ihnen offenbart er sich wie sonst nirgends. Es ist ausgeschlossen die in "unmöglichem" Deutsch verfaßten Briefe Friedrichs hier ausführlich zu zitieren, es gibt etwa 300 Stücke, die in den zwanziger Jahren unseres Jahrhunderts von Johannes Richter "wiederentdeckt" und aufgearbeitet wurden. Wie ein roter Faden zieht sich durch sie Friedrichs Sorge um Fredersdorfs Gesundheit:

"Du hast mir einen guthen Neujahrs-Wunsch gemacht, weillen Du Dihr besser befindest."

"ich Küsse den Docter, wann er Dihr gesundt macht!"

"ich verlange keine andere erkenntlichkeit von Dihr, als Dihr gesundt wieder-zu-Sehen, was mir Sehr freuen wirdt, gottbewahredir!"

Diese Beispiele mögen stehen für alle anderen Briefe; Friedrichs grandiose Mißachtung der Rechtschreibung; seine liebende Sorge um den einzigen Menschen, bei dem er Privatmann sein konnte. Gerade die Schreibweise "wie das Maul gewachsen" ist, zeigt den König von einer Seite, die bei seiner sonst üblichen französischen Schreibweise nie zutage gekommen wäre. In seiner Eigenschaft als Verwalter der königlichen Schatulle hat Fredersdorf den Posten Nummer Eins für alle privaten Geschäfte des Königs, aber auch mit höchstgeheimer Politik außen und innen wird er vertraut gemacht, da Friedrich normalerweise über die Köpfe seiner Minister hinwegregiert. Wenig bekannt ist, daß Friedrich sich in alle seine Schlösser und Wohngemächer "Hintertürchen" einbauen ließ, durch die nicht nur er geheim aus- und eingehen konnte. Seine wahren Absichten der großen Politik pflegte er meist nur wenigen Auserwählten mitzuteilen.

Unter den sechs Menschen, die Friedrich im Ersten Schlesischen Krieg dem Thronfolger August Wilhelm "für alle Fälle ans Herz legt", ist auch Fredersdorf. Verständlich, daß dieses Verhältnis nicht nur während seiner Dauer, sondern erst recht viel später, als man sich über Friedrich "ungestraft" offen äußern durfte, Anlaß gab zu allerlei Spekulationen und Verdächtigungen mehr oder weniger unfeiner Art, die aber für Friedrich nicht abträglich sein können. Schätzen wir dieses Verhältnis — damit seine Briefe — doch als einen Ausdruck königlicher Menschlichkeit, Humanität eines Königs, der leidlich erfahren mußte, was Unmenschlichkeit ist. Ein eigenes Urteil kann sich allerdings nur der Leser der Briefe gestatten, und er wird dann auch verstehen, warum Friedrich beim Tode Fredersdorfs sich nicht in der üblichen Schreiberei an andere in Schmerz und Kummer auslassen konnte: Niemand seiner Familie hätte ihn verstanden, seinen Verlust, wieder ist einer seiner geliebten Freunde dahingegangen; so schweigt er besser. Seine Umgebung tat's sowieso.

Schon am Anfang seiner Regierung hatte Friedrich dem Fredersdorf das Rittergut Zernickow bei Ruppin geschenkt, das der Geheime Kämmerer selbst ausgezeichnet und gewinnbringend bewirtschaftete: Fürwahr ein Faktotum für alles! Voltaire prägte spöttisch den Namen "le grand factotum du roi Frédéric" und traf damit wohl das Richtige: Ein wichtiger Mann für Friedrich — ein weniger bedeutender für Preußen!

"Nur wer eine Heimat hat,   24. Januar 1758
kennt das Wort Sehnsucht"
Sprichwort

Land der dunklen Wälder

Kein gutes Geburtstagsgeschenk: Während Friedrich in Breslau die Gratulationen seiner Brüder, Generale, Minister und der städtischen Behörden über sich ergehen läßt, verliert er eine Provinz, das von seinem Vater so gehegte und geliebte Ostpreußen: Zarin Elisabeth nimmt es in Besitz.

"Es ist ein Glück für Sie, meine Herren, daß meine allergnädigste Monarchin dies Königreich in Besitz genommen hat. Es kann Ihnen unter ihrem sanften Zepter nicht anders als glücklich ergehen, und ich werde mich bemühen, alle hiesigen Verfassungen, die ich vollkommen und unverbesserlich finde, in ihrem Glanze zu erhalten."

Diese tröstlichen Worte richtet der russische General Fermor an die geängstigten Einwohner Königbergs und Ostpreußens, denen die vorjährigen russischen Greuel noch in frischer Erinnerung sind. Es soll also jetzt humaner zugehen. Beklemmend drängt sich die russische Inbesitznahme Ostpreußens in unserem Jahrhundert auf: Nichts ist mehr da von der Toleranz der Eroberer des 18. Jahrhunderts, die ihre Eroberungen nur in Besitz nehmen, nicht von Grund auf verändern wollten. Die im 18. Jahrhundert eingeleitete "Aufklärung" scheint seither keine Fortschritte gemacht zu haben . . . Nachdem General Fermor am 22. Januar 1758 Königsberg besetzt hat, — Friedrich war es klar, daß er Ostpreußen nicht würde halten können —, müssen die königlichen Behörden am 24. Januar den Treueeid auf die Kaiserin von Rußland schwören, wenige Tage später auch für die ganze Provinz. Am 31. Januar werden in Königsberg die preußischen Adler an den öffentlichen Gebäuden entfernt und gegen russische ausgewechselt. Alle Maßnahmen sind rechtens und nicht zu beanstanden; schließlich hat Maria Theresia den Russen Ostpreußen für die Mithilfe bei der Niederwerfung Friedrichs zugesagt. Zwar können die Königsberger froh sein, daß ihr Land praktisch ohne Schwertstreich, ohne die üblichen Verwüstungen und Grausamkeiten an die neuen Herren geraten ist, aber bedenklich stimmt doch — hier muß man Friedrichs Reaktion verstehen — daß Fermor wie ein lang erwarteter Triumphator empfangen wird: Die Glocken läuten, von den Kirchtürmen schallen den ganzen Tag Pauken und Trompeten, prächtige, von Friedrich nicht gewohnte Gastmähler werden gehalten. Die Russen verhalten sich so, wie es ein Eroberer tut, der ein Land für immer behalten will: Korrekt und großzügig, um die Bevölkerung günstig zu stimmen. Von den Kanzeln wird verkündet, daß jedermann irgendwelche Beschwerden über russische Soldaten sofort der Kriegskanzlei vorbringen könne, die für Abhilfe und Genugtuung sorgen würde. Alle königlichen Behörden und Kollegien müssen in der Schloßkirche den Eid schwören, daß sie nichts gegen die Kaiserin von Rußland, weder heimlich noch öffentlich, unternehmen werden, die Geistlichkeit erhält Befehl, für die Kaiserin in Petersburg beten zu lassen, russische Staatsfeste werden eingeführt. Die bewährte preußische Verwaltung bleibt im großen und ganzen unangetastet. Der Wiener Hof ernennt Fermor zum Reichsgrafen und Zarin Elisabeth bestätigt seine Anordnungen und Verfügungen. Unter ande-

"Nun danket alle Gott", Friedrichs
Grenadiere nach der Schlacht von
Leuthen.

Friedrichs Geheimer Kämmerer
Michael Gabriel Fredersdorf.

Friedrich inmitten
der Schlacht von
Hochkirch.

Der russische Zar Peter III.

Ansicht der Stadt Minden in Westfalen.

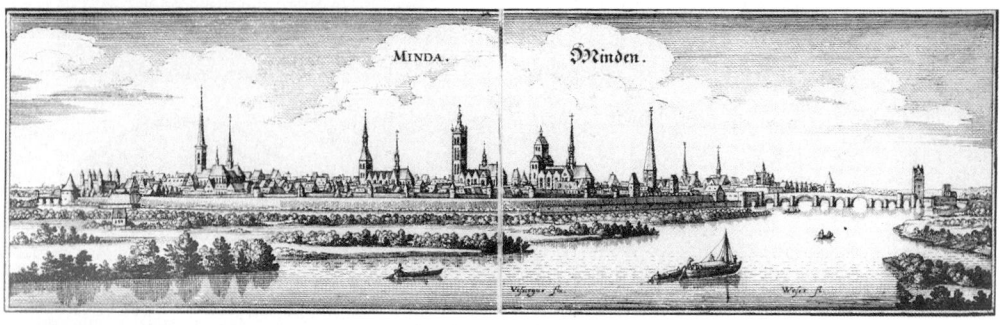

Friedrich nach seiner Niederlage von Kunersdorf.

"20 Stockschläge!"

Ein fatales Urteil für eine Weibsperson. Ein Unteroffizier schleppt die aufgebrachte Frau ab, deren Geschrei ob der Hiebe alsbald zu hören ist, und der Bauer erhält sein Pferd zurück. Jetzt erfährt er, wer der "Herr Offizier" in Wirklichkeit ist.

"Das kann nicht sein", ruft er entgeistert, "da uns der König von Preußen als ein wilder Teufel geschildert worden ist."

Friedrich lacht und besteigt sein Pferd. Henri de Catt, der in seiner Begleitung ist, fragt ihn im Fortreiten, ob die Diebin nicht anders als durch Stockschläge hätte gestraft werden können.

"Doch", nickt der König trocken, "ich hätte sie, wie in jeder anderen Armee üblich, an einen Baum knüpfen lassen können." Das war tatsächlich üblich, und Friedrich ist ein Freund von Exempeln.

"So erhält sie ein paar Schläge", fährt er fort, "die sie verwinden, an die sie aber denken wird und geht sonst frei aus. Ließe ich es ungeahndet durchgehen, würden es nicht nur alle meine Leute nachahmen, sondern ich würde mir die Bauernschaft des ganzen Landes auf den Hals laden. Lassen Sie den Leuten ihr Eigentum, sie werden sich neutral verhalten, nehmen Sie es ihnen, Sie haben sie zu Feinden. Sie werden Ihnen dann keine Anhaltspunkte mehr liefern, Sie in die Irre schicken oder verstockt schweigen. Sie werden ihre Ortsnamen verändern und die Armee auf falsche Wege, in Sümpfe und Moräste schicken. Schließlich werden sie als Freischärler, mit Beilen und Äxten bewaffnet, nachts über meine Vorposten herfallen, sie töten und damit meinen Feinden alle Möglichkeiten in die Hände spielen. Das alles würde geschehen, wenn die Diebin nicht die 20 Stockschläge erhalten hätte."

Diese Geschichte und die Reaktion hierauf, eine Mischung aus Humanität und Zweckmäßigkeit, bedarf keines Kommentars. Friedrich reagiert halt anders als andere und liebt es, seine Umgebung vor Überraschungen und Effekte zu stellen.

"Wie viele Leute würden nicht zur
Kirche gehen, wenn nur Gott allein
dort säße"
Sprichwort

16. August 1758

Gerechtigkeit

Über den Gerechtigkeitssinn Friedrichs gibt es viele und unterschiedliche Ansichten und Auslegungen; an Hand der zahlreichen Beispiele, die er geliefert hat. Wie man zu seinen "juristischen Methoden" auch stehen mag: Es erscheint als sicher, daß es ihm, auch in einem Fehlurteil, stets um das Wohl des Schwächeren gegangen ist. Friedrich wurde "allergisch", wenn er festzustellen glaubte, Größere und Stärkere nutzten ihre Positionen, die kleinen Schwachen zu unterdrücken oder ins Abseits zu drängen. Ist es schlimm, wenn er eingriff, daß dann der Schwächere gelegentlich zu Unrecht recht bekam?

Ein klassisches Beispiel juristischen Despotismus hat uns Henri de Catt in seinen Erinnerungen hinterlassen. Bezeichnender- und delikaterweise richtet sich hier Friedrichs Zorn gegen Vertreter der katholischen Kirche, die Jesuiten, die er stets besonders auf dem Kieker gehabt hat, deren Tage der Macht in Europa jedoch gezählt sind. Nach endlosen Märschen nimmt Friedrich Mitte August 1758 im Jesuitenkloster von Wartenburg Quartier. Bisher ist es ihm in kirchlichen Quartieren nicht schlecht gegangen, denn Mönche und Priester hüten sich wohlweislich stets, seinen Zorn heraufzubeschwören. Zwar fühlt sich Friedrich in derartigen Unterkünften "von Spionen umgeben", aber da er seine Pläne sowieso kaum jemandem anzuvertrauen pflegt, stört ihn das wenig. Bei einem Rundgang durch die Klosteranlagen, in Begleitung de Catts, hört Friedrich plötzlich aus einem Keller menschliches Stöhnen. Sofort bleibt er stehen und lauscht, in Abständen wiederholen sich die Geräusche, sie dringen aus einem der vergitterten Kellerfenster. Sein Gesicht verhärtet sich, wie immer, wenn er glaubt, einer Ungerechtigkeit auf die Spur gekommen zu sein, und er läßt den Prior rufen, der mit einigen Brüdern erscheint. Daß sie nichts Gutes ahnen, erkennt man an ihren Gesichtern.

"Was ist das!" fragt der König.

"Das ist ein Bruder unseres Ordens, Eure Majestät, den wir leider hatten bestrafen müssen."

Der Prior ist erblaßt wie ein ertappter Spitzbube und windet sich.
"Holen Sie ihn her", befiehlt der König.
"Auch in der Armee", versucht der Prior dreist einzulenken, "sind Eure Majestät oft gezwungen, harte Maßnahmen zu ergreifen."
"Eine Armee ist kein Kloster", antwortet Friedrich lakonisch.
So bleibt dem Prior es nicht erspart, den Mann vorführen zu lassen.

Stumm und finster steht der König auf der Stelle, nun sicher, hier eine Ungerechtigkeit oder Ungeheuerlichkeit, zumal eine kirchliche dazu, aufgedeckt zu haben, und auch seine Begleitung wagt weder aufzublicken noch ein Wort zu äußern. Schließlich kommt ein Mönch und führt einen Menschen vor, der einem Gespenst ähnelt, nicht einem Klosterbruder, abgemagert, schwankend, mit dem Versuch eines ängstlichen Lächelns vor dem König. Friedrich geht ihm entgegen und sagt:
"Es geschieht Ihnen nichts."
Dann wendet er sich, noch beherrscht, dem Prior zu, mit langsam sich rötendem Gesicht, die großen Augen drohend auf ihn gerichtet.
"Was hat der Mann getan?"
Der Prior antwortet, daß er mehrfach gegen die Ordensregel verstoßen habe. Friedrich, äußerlich noch immer vollkommen gelassen:
"Wie lange sitzt er im Keller?"
"Seit einem Jahr, bei Wasser und Brot."
"Welcher Verstöße hat er sich schuldig gemacht?"
"Er ist häufig ungehorsam gewesen."
Der König befragt den Gefangenen hiernach. Dieser sagt aus, die Leitung und die Anordnungen des Priors sowohl in bezug auf die Arbeitseinteilung als auch auf das Essen kritisiert zu haben. Noch immer ruhig dringt der König in den Prior:
"Sie wissen, was es heißt, ein Jahr lang in Haft zu verbringen, bei Wasser und Brot?"
"Jawohl, Eure Majestät."
"Wie lange würde Ihr Bruder da noch zu leben haben, wenn er weiter in Haft bliebe?"
Keine Antwort, verständlicherweise mag der Gefragte sich nicht äußern. Und jetzt, endlich, explodiert Friedrich in der Art, wie sie längst in der Luft lag:
"Herr Prior, Sie sind ein Schwein. Sie sind kein Mensch, sondern ein Schakal, Sie sind kein Christ, sondern Satan in Person. Sie sind ein Schuft. Alle die, die Ihre Befehle ausgeführt haben, sind nicht Brüder eines religiösen Ordens, sie gehören dem Orden Satans an, dessen Lei-

ter Sie sind. Sie werden an Ihre oberste Behörde schreiben und um Ihre sofortige Ablösung ersuchen."

Drückendes Schweigen.

"Ich wünsche das Schreiben in einer Stunde in meiner Hand zu halten. Ob Sie mich verstanden haben?"

"Jawohl, Eure Majestät."

"Sie werden bis morgen früh Ihren vollzogenen Rücktritt melden. Dieser Mann dort ist frei . . ."

Der König spricht wieder ruhig, doch bestimmend.

"Sie alle, die Sie hier stehen, werden, wenn Sie meinen Befehlen widerstehen, ein Jahr lang diese Keller näher besichtigen, samt Ihrem Herrn Prior, diesem Schuft; das Kloster wird dann eingeäschert."

Nach einer Pause:

"Gehen Sie jetzt, ehe ich mich zu anderen Entschlüssen hinreißen lasse."

Zerschmettert verlassen die Mönche den Ort, am nächsten Tag erhält der König die Mitteilung, daß der Prior abgelöst sei.

An diesem Tag, nur eine Woche vor der Schlacht von Zorndorf, findet Friedrich Zeit zu solchen "Nebensächlichkeiten", — bemessen am Kriegsgeschehen —, die aber sein Gemüt aufregen, sein Herz in Wallung bringen; dabei bleibt festzuhalten, daß er sich außerordentlich beherrscht hat. Und am gleichen Tage erhält er die Nachrichten von den Greueln der russischen Armee in Küstrin . . . Kann man es ihm verdenken, daß er manchmal glaubt, im tiefen Mittelalter zu leben!

"Über des Erschlagenen Stätte
schweben rächende Geister und
lauern auf den wiederkehrenden Mörder"
Goethe, Faust

Noch einmal Küstrin

Im Lager von Wartenburg hatte Friedrich gesagt:
"Die Russen begehen, wie ich hier lese, unvorstellbare Gewalttaten.
Küstrin ist vollständig niedergebrannt. Ich fiebere danach, diesen Teufeln zu begegnen. Wenn mir doch Gott die Macht verliehen hätte, einen jeden von ihnen persönlich niederzuschlagen."
Nun, sicher ist, daß die russische Generalität sich bemüht hatte, unnütze Zerstörungen und Greuel zu verhindern, aber wieder einmal über ihre Soldaten nicht Herr geworden war. Nach endlosen Märschen aus Schlesien steht die preußische Armee am 20. August bei Frankfurt an der Oder und hat damit die Russen unter General Fermor gehindert, den Fluß zu überqueren und den Zug auf Brandenburg und Berlin fortzusetzen. Friedrich selbst erkundet in den Morgenstunden die feindlichen Befestigungen am Oderdeich und die Lage in der Stadt. Küstrin — welche Erinnerungen mögen in seinem Hirn wach werden oder wären wach geworden, wenn die Realität nicht erdrückend, überlagernd gewesen wäre. Küstrin: Der Ort seiner tiefen Erniedrigung und nachhaltigen Enttäuschung an das Gute im Menschen. Wieder muß er diese Stadt aufsuchen und die Ergebnisse menschlicher Tätigkeit feststellen, die nichts mit Zivilisation und Humanismus zu tun haben. Stumm, ohne Worte an die Begleitung, die jedoch seine Stimmung an der umwölkten Stirn erkennt, reitet Friedrich in Küstrin ein. Es wimmelt von Flüchtlingen aus den umliegenden Dörfern und Gehöften, die meisten Häuser und Hütten liegen in Brand und Rauch danieder, so daß der nächste Windstoß sie erneut anzünden kann. Verendetes Vieh bedeckt die Straßen und Plätze, herrenloses steht und läuft brüllend herum. Die ermordeten Bewohner Küstrins hat man bereits gesammelt und, mit Tüchern bedeckt, auf einen Platz gelegt, wo sie von Priestern den Segen erhalten. In letzter Sekunde geretteter Hausrat steht auf der Straße: Betten, Schränke, Truhen. Auf ihnen sitzen Menschen mit erloschenen, apathischen Augen, alle Hoffnung auf Wiederkehr ihrer verschleppten Töchter und Schwestern verloren. Die einzige Hoffnung

kann nur der König von Preußen bringen, aber der kämpft fernab in Schlesien, Böhmen oder Mähren gegen die Österreicher. Unmöglich kann er hier sein, ehe die Russen erneut vorstoßen nach Westen . . . Aber es ist doch möglich!

"Es lebe der König!"

Der Ruf erschallt plötzlich, und ebenso plötzlich ist Friedrich von der Bevölkerung umringt, so daß er nur noch Schritt reiten kann, nach allen Seiten in seiner unnachahmlichen Art den Menschen zuwinkend.

"Es lebe unser guter Vater Fritz."

Vor allem junge Männer drängen heran.

"Laß uns mitkämpfen! Wir wollen uns rächen gegen diese Gottlosigkeit. Rache für Küstrin!"

Ein Aufatmen der Hoffnung geht durch die Bevölkerung, die mit sicherem Gespür bemerkt, daß sie nicht im Stich gelassen worden ist. Er ist da, der König, dort reitet er — wehe den Russen! Gelassen wehrt Friedrich, endlich abgestiegen, auf dem Marktplatz allen Jubel und Dank ab und unterhält sich mit den Bewohnern über Stellung und Lage der russischen Armee, ihre Zusammensetzung, die Aufstellung der Kanonen, ihren Kampfeswert. Diesen schätzt er selbst nicht hoch ein, aber er weiß, daß die Überzahl für sich spricht: 80.000 Russen gegen 14.000 Preußen.

"Diese 80.000 müssen geschlagen werden", hatte der König am 24. Juni in Königgrätz gesagt. Hier, jetzt, in Küstrin, inmitten der Bewohner und seiner Begleitung hat Friedrich die Erregung des ersten Eindrucks abgelegt und ist ganz geworden, was von ihm gefordert wird: Feldherr und König. Ruhig trifft er seine Anordnungen und Befehle nach eigener Anschauung der Lage und den eingeholten Auskünften, einen Strom von Zuversicht verbreitend, Vertrauen, Gewißheit auf Rache und bessere Zukunft. Es gilt, den Übergang über die Oder sicherzustellen, und zwar zur Überraschung des Feindes. Wir wissen, was bei seinen Planungen herausgekommen ist und können es im nächsten Absatz nachlesen. Am Nachmittag findet Friedrich Zeit, über seinen ersten Aufenthalt in Küstrin nachzudenken und ein paar Worte zu verlieren. "Das ist vergessen. Wir wollen uns jetzt nur mit dem beschäftigen, was uns die Gegenwart anbietet. Ich habe viel gelitten, aber ich überstand es auch. Was ist schließlich das ganze Leben? Ein bißchen Rauch, der verweht . . ."

Ironie des Schicksals und der menschlichen Irrwege: Als "Nichtsnutz" und "Faulpelz" geriet Friedrich anno 1730 nach Küstrin — jetzt kommt er als Retter Preußens.

Zorndorf —
"Ich bin ja, Herr,
in deiner Macht"

Wenige Tage nach dem Besuch Friedrichs in Küstrin soll es nun den
Russen unter General Fermor an den Wickel gehen. Wieder einmal befindet sich Friedrich in der Lage, eine Schlacht schlagen zu müssen, will
er dem Einfall der Feinde in seine Lande, von allen Seiten, ein wenig
Einhalt gebieten. Steht er vor seiner Karte, dann erkennt er, wie diese
sternförmig in seine Kernlande einzuströmen versuchen. Wenn auch,
wie er ebenfalls erkannt hat, große Schlachten keine augenblickliche
Kriegswende mehr bringen können, so helfen sie doch, sich die Geschlagenen einige Zeit vom Hals zu halten. Darum geht es jetzt. Er
weiß, daß sich die russische Armee schwerfällig fortzubewegen pflegt
und, einmal in die Flucht geschlagen, nicht so schnell wieder auftauchen wird. Immer hat Friedrich sich bemüht, nicht nur zu schlagen,
sondern die feindliche Armee zu vernichten oder zu vertreiben. Aus
verschiedenen Gründen ist ihm das nicht oft geglückt. Jetzt besteht die
Chance, denn das Zahlenverhältnis stimmt einigermaßen und ist nicht
so, wie er vor einigen Tagen gedacht hat: 44.000 Russen gegen 37.000
Preußen. Die Russen haben ein riesiges Karree gebildet, Troß und Bagage in die Mitte genommen, und stehen nun nach einem Umgehungs-
marsch der Preußen, mit der Front nach Süden zur Schlacht bereit. In
vorbildlicher Ordnung, unter dem Lied "Ich bin ja, Herr, in deiner
Macht", marschiert die preußische Armee auf, um nach Friedrichs Anweisungen zuerst mit dem linken Flügel den Angriff zu beginnen; so
oft wie möglich versucht er, die schiefe Schlachtordnung zur Anwendung zu bringen.
Eine geradezu einmalige Kanonade leitet den Angriff ein. Wie auf dem
Schießplatz können die preußischen Kanoniere "ins Volle halten",
denn mit stoischer Ruhe läßt die russische Infanterie die Beschießung
über sich ergehen, bei der einzelne Kugeln über vierzig Mann mit ei-

nem Male niederreißen. Zu weit gerichtete preußische Kugeln fallen in die Bagage und richten dort Verwirrung und Entsetzen an. Beim Angriff gegen elf Uhr rächt es sich, daß die Russen Zorndorf angezündet haben, denn durch den ziehenden Qualm erkennen sie die Angreifer erst im letzten Augenblick. Sofort ist ein Bajonettkampf im Gange, den die hartgesottenen preußischen Grenadiere noch nicht erlebt haben. Keine Spur davon, daß der russische Soldat nicht zu kämpfen weiß, und die preußischen Regimenter erleiden furchtbare Verluste. Schon greift die feindliche Reiterei an, treibt die Preußen zurück, so daß Friedrich nun Seydlitz mit seiner Kavallerie in die Schlacht werfen muß. Aus diesem Grunde, und weil General Kanitz fehlerhaft vorgegangen ist, kann die schiefe Schlachtordnung nicht mehr zum Zuge kommen. Gegen zwei Uhr ist der rechte russische Flügel zersprengt, aber die mittlere Front und der linke Flügel stehen fest. Wieder ist es die preußische Reiterei, die nun auch das Geschehen auf dem rechten Flügel bestimmt, da die Infanterie nach wie vor schwere Verluste erleidet und stellenweise geworfen wird. Wie immer hat der Gegner mehr Reserven als die Preußen. Gegen sechs Uhr, die Schlacht tobt sieben Stunden, haben beide Armeen eine volle Drehung ausgeführt, und die Preußen scheinen im Vorteil, da die Russen an einigen Stellen vollkommen durcheinander gebracht, aufgelöst und von der preußischen Kavallerie in Sümpfe und Waldstücke abgedrängt worden sind. Friedrich ist nicht zufrieden und will die Gunst der Stunde nutzen: Um sieben Uhr muß General Forcade den Feind noch einmal angreifen, er selbst wird hierbei schwer verwundet, aber die preußischen Grenadiere können nicht mehr: Über zehn Stunden stehen sie im Kampf und sind nun froh, daß die Nacht hereinbricht und außerdem vielen Soldaten die Munition ausgegangen ist. Friedrich ist wiederum im dichten Getümmel gewesen, seine Adjutanten um ihn her werden verwundet oder fallen, einzig ihm und dem Briten Sir Mitchell ist nichts passiert.
"Mein lieber Mitchell", warnt Friedrich, "dies ist nicht Ihr Platz."
"Sire, ist es der Ihrige? Ich bin zu Ihrer Person gesandt, und mein Platz ist allenthalben, wo sich Eure Majestät befinden."
Friedrich mag britische Entschlossenheit. Beide Armeen bleiben in der Nacht an den Waffen, und Friedrich ist darauf eingestellt, den Kampf bis zur Vernichtung der Russen fortzusetzen. Aber aus Munitionsmangel finden am nächsten Tag nur Kanonaden statt, und die Russen nützen die Gelegenheit, sich mit Anstand zu verdrücken, morgens am 27. räumen sie das Schlachtfeld, vorerst von den Preußen unbemerkt, so daß sie unverfolgt bleiben. Obwohl sie das Feld verlassen haben, wol-

len die Russen den Sieg für sich beanspruchen, was ihnen ernsthaft niemand abnimmt, und ein russischer General drückt sich so aus: "Wir haben zwar den Walplatz behauptet, allein tot, verwundet und besoffen."

Am nächsten Tag folgt die preußische Armee nach, doch wieder weichen die Russen aus und ziehen sich hinter Landsberg zurück, da sie bedient sind und um ihre Magazine und rückwärtigen Verbindungen fürchten. Friedrich hat erreicht, was er wollte: Abdrängen dieser Armee von seinen Grenzen, damit sie für diesen Feldzug nicht mehr gefährlich werden kann. Ein Jahr später wird man den Russen erneut gegenüberstehen, bei Zorndorf jedoch haben die preußischen Soldaten den Vorgeschmack bekommen, was von ihnen zu erwarten ist.

"Eine Stunde Schlaf vor Mitternacht   **14. Oktober 1758**
ist besser als zwei Stunden danach"
Sprichwort

Hochkirch

Königliche Schwäche, feldherrliche Tüchtigkeit — die Bilanz von Hochkirch! Am 10. Oktober ist die preußische Armee, von Bautzen kommend, mit der Vorhut überraschend vor der österreichischen Armee bei Hochkirch aufgetaucht, die, im abziehenden Nebel klar erkennbar, in einer unangreifbaren Stellung auf den beherrschenden Höhen steht. Die Stellung ist mit Geschützen so zahlreich und lückenlos bestückt, daß Friedrich, lange das Bild durchs Fernglas betrachtend, von dem geplanten sofortigen Angriff absieht. Das kann er seinen Soldaten nicht zumuten, den Gefallen will er den Österreichern nicht tun. Soweit ist seine Entscheidung richtig. Aber dann kommt es: Er befiehlt seinem Adjutanten von Marwitz, hier, an Ort und Stelle, das Lager für die Armee abzustecken; hier, in beinahe unmittelbarer Nähe eines die Gegend beherrschenden und wie immer auch zahlenmäßig überlegenen Feindes. Jeder, vom Grenadier bis zum General, erkennt die Gefahr, die Verwegenheit dieses Unternehmens, und prompt verweigert von Marwitz den Gehorsam. Es hilft nichts: Marwitz wandert in Arrest, das Lager wird wie angeordnet abgesteckt. Lordmarschall Keith behauptet drastisch, die Anführer des Gegners verdienten allesamt gehängt zu werden, wenn sie sich diese Gelegenheit eines Überfalls entgehen lassen. Friedrich antwortet lakonisch: "Also müsse man hoffen, daß der Feind mehr Angst vor den Preußen als vorm Galgen habe." Die Generale wenden ein, daß die Armee sich im Falle eines Angriffs in den angewiesenen Stellungen nicht entwickeln und ausbreiten könne, ein gefährlicher Nachteil zusätzlich. Es hilft nichts, der König ist nicht zu beirren, immerhin stellt er die einzelnen Regimenter und Bataillone so auf, daß sie ihm ausreichende Sicherheit des Lagers bieten, nach seiner Ansicht. In diesen Tagen plagen ihn nicht nur altbekannte Schmerzen, sondern auch Sorgen um das Wohlergehen seiner schwer erkrankten Schwester Wilhelmine. Doch kann keine Rede davon sein, daß Friedrichs Fehlentscheidung in Sachen Lager der Armee hierher rühren könnte. Vielmehr kann man den Grund in einer Art Verwegenheit suchen, einer Unterschätzung der österreichischen Unternehmungslust, dem Drang, den Gegner aus seiner Festung zu locken, ihm eine Schlacht auf Brechen und Biegen zu liefern. Nichts geschieht in den folgenden Nächten, so daß wieder einmal der König mit seiner Einschätzung des Gegners recht zu haben scheint. Doch die Unruhe unter seinen Soldaten bleibt, außerdem ist der erwartete Versorgungstransport aus Bautzen nicht eingetroffen. Diese Untätigkeit paßt dem König durchaus nicht, so daß er beschließt, in der Nacht zum 15. das Lager abzubrechen. Ohne ausdrücklichen Befehl des Königs haben einige Kommandeure für ihre Einheiten und die wichtigsten Kanonen erhöhte Wachsamkeit angeordnet, die Mannschaft hat unter den Waffen zu bleiben. Die ganze Nacht vom 13. auf den 14. dringen aus dem feindlichen Lager Holzfällerarbeiten herüber, diese Geräusche übertönen, wie beabsichtigt, den Anmarsch der Feinde und die Auffahrt der Artillerie. Kurz vor Ende der Herbstnacht, um fünf Uhr, greifen die Österreicher, voran die hierfür besonders geeigneten kroatischen Regimenter, das preußische Lager mit überlegenen Kräften an. Nicht ganz gelingt die Überraschung, dies wäre das Ende dieser Armee gewesen, denn die preußischen Regimenter weichen zwar vor der Übermacht, aber nur langsam und zäh und fügen den Angreifern schwere Verluste zu.

Einige Batterien feuern trotz der Dunkelheit so vortrefflich, daß die Österreicher alles daran setzen, sie zu erobern. Marschall Keith, Moritz von Anhalt-Dessau, Franz von Braunschweig, wertvolle preußische Anführer, gehen in diesem Kampf verloren. Wo ist der König, der Urheber dieses Desasters? Direkt von seinem Nachtlager her hat er sich ins Getümmel gestürzt, ohne Rücksicht auf seine Person, sein Pferd ist bereits unter ihm zusammengebrochen, total verschmutzt und im Gesicht verschrammt, sucht er sich erkennbar zu machen, damit man seinen Befehlen gehorche, hier hält er Fliehende auf und schickt sie wieder nach vorn, dort formiert er eine Einheit neu und wirft sie in den Brennpunkt des Geschehens, offenbar in vollkommener Übersicht und Ruhe. Sein Beispiel gibt den Zagenden Mut und Zuversicht, sein persönlicher Einsatz kann nicht ohne Nachahmung bleiben. Das ist es: Hier macht Friedrich seinen früheren Fehler gut und rettet die Armee, damit möglicherweise den Krieg und sein Land Preußen. Um den Kirchhof, auf dem eine schwere preußische Batterie steht, toben erbitterte Kämpfe, in der Dunkelheit Mann gegen Mann mit Bajonett und Säbel, schließlich müssen die Preußen im Zuge der Rücknahme der Armee ihn aufgeben. Mit der Brigade seines Schwagers Franz von Braunschweig rückt der König direkt ins Kampfgeschehen vor, um eine gefahrvolle Situation zu bereinigen, mit Reserven stürmt er einen Hügel hinauf, um den Österreichern in die Seite zu kommen. Doch die Kraft reicht nur noch, allmählich eine einheitliche Front zu bilden, die zwar zurückgeht, aber vom Feind nicht mehr ernsthaft bedrängt wird; zu groß sind dessen Ausfälle, zu sehr ist er selber aufgelöst und auseinandergerissen. Eine neue Stellung nimmt die preußische Armee auf, die durch Moore und einen Fluß hinreichend gedeckt ist. Auch jetzt wagt der Feind den Nachstoß nicht, dessen Erfolg nicht abzusehen gewesen wäre. Richtig eingeschätzt hat die ganze preußische Armee den Einsatz ihres Königs: Er ist beispiellos, eines echten Feldherrn würdig gewesen und hat die Armee vor dem Untergang gerettet, durch Übersicht und persönlich-rücksichtslosen Mut. Was hatte der englische Gesandte Sir Mitchell Anfang September über Friedrich gesagt: "Nein, feige ist er nicht. Er tut das, um sich selber dazu zu erziehen; ohne mit der Wimper zu zucken das zu ertragen, was er jedem seiner Grenadiere abverlangt."

Friedrich selbst sagt am nächsten Tag:
"Es war ein furchtbarer Schlag, der mich getroffen hat. Wer konnte es denn voraussehen? Einen Tag noch, und man hätte mich nicht mehr angetroffen. Meine Soldaten haben gekämpft wie die Tiger, alle. Sie können mit Franz I. von Frankreich nach der Schlacht von Pavia sagen: alles ist verloren, nur die Ehre nicht." Friedrichs Gegenspieler dieses Tages ist Leopold von Daun gewesen, der Mann der Stunde, der aber seine Stunde nicht vollkommen zu nutzen verstand. Friedrichs Hochachtung vor ihm wächst von Schlacht zu Schlacht . . .

"Kein Schmerz erträgt sich schwerer,   **18. Oktober 1758**
als sich erinnern an die Zeit des
Glücks im Unglück"
Dante, Inferno

Wilhelmine

"Grand Dieu! Ma soeur de Bareith!" Erschüttert schreibt Friedrich diesen Satz am 18. Oktober 1758 unter den chiffrierten Brief, der ihm die Nachricht vom Tode Wilhelmines mitteilt. Ein paar Tage vorher hatte er aus Bayreuth einen vorbereitenden Brief erhalten, aber doch nicht geglaubt, daß der Tod so schnell zuschlagen würde. Vor vier Tagen hatte er die Niederlage von Hochkirch verkraften müssen, und nun das! Nur wenige Frauen hat es in Friedrichs Leben gegeben, die er liebte, verehrte oder zu denen er sich hingezogen fühlte: Wilhelmine stand an der Spitze. Diese Gefährtin aus frühesten Kindertagen, Verschworene gegen den tollen Vater, Vertraute für Geheimnisse und Trösterin in traurigen Stunden. Friedrich ist vollkommen niedergeschlagen, wie uns Henri de Catt berichtet. Erst im vorigen Jahr die Mutter, der Bruder, Tote des Krieges um ihn her — und jetzt Wilhelmine!

"Am liebsten würde ich mit ihr diese Welt verlassen," sagt er zu de Catt. Bekanntlich liegen bei Friedrich himmelhohes Jauchzen und tiefste Niedergeschlagenheit unmittelbar nebeneinander, und hier ist es die Schwere der Zeit, die Verantwortung des Krieges, die ihn nicht ganz verzweifeln lassen, denn ohne seinen Rest von Mut wäre alles verloren. Von allen Geschwistern Friedrichs steht Wilhelmine einzigartig da, beinahe noch lebendig vor unseren Augen, denn sie hat am meisten von sich und über ihre Zeit hinterlassen. Da sind einmal ihre bereits mehrmals erwähnten Memoiren, die man immerhin ernst nehmen muß, trotz Fehler, Verstellungen und kleiner Schwindeleien, da sie ein plastisches Bild der Zeit am Berliner Hofe, der preußischen Familie unter Friedrich Wilhelm I. und aus der Residenz eines deutschen Kleinfürsten liefern. Zum anderen haben wir ihren Briefwechsel mit Friedrich. Diese Briefe sind beispiellose Dokumente aus Politik, Weltgeschehen, Privatem, kleinen und großen Sorgen, wir verdanken sie der ungebrochenen Schreibfreudigkeit zweier Menschen, die sich von Kind auf alles gesagt haben und dieses Verhalten nach der Trennung weiterführen. Wilhelmine, die Zweitgeborene, nur drei Jahre vor Friedrich, war für ihn von Anfang an die große Schwester und der einzige Spielgenosse. Ihr Vater war enttäuscht, daß sie kein Prinz geworden war, denn der Erstgeborene, Friedrich Ludwig, hatte nicht überlebt. Als Friedrich geboren wurde, war Wilhelmine groß genug, ihn sofort in ihr Herz zu schließen; so ist es bis in ihre letzten Tage geblieben. In ihren Memoiren schildert sie ihre Kindheit und Jugendzeit recht ausgiebig, doch ist ihr einiges durcheinandergeraten, und in ihrer Mißachtung des Vaters hat sie vieles entstellt und übertrieben wiedergegeben. Schon früh stand sie zwischen den Intrigen des Hofes, hatte einmal von diesen, dann von anderen Lob oder Tadel einzustecken, so daß sie sich, wie auch Friedrich selbst, einzurichten versuchte in dieser Welt der Ungerechtigkeit und Rücksichtslosigkeit. Daß Prinzessinnen nicht nach Liebe und Neigung zu heiraten hatten, sondern nach Staatsräson verheiratet wurden, das stand für Friedrich Wilhelm fest, natürlich auch für die Königin, nur anders, und so war auch Wilhelmine für dieses Opfer vorgesehen. Ihre Eltern hielten früh Ausschau nach einer guten Partie, nur fort vom Hofe mit ihren teuren Kindern, und nach langem Hin und Her und einer geplatzten Doppelhochzeit, bei der gleichzeitig Friedrich unter die Haube sollte, durfte der Markgraf von Bayreuth am 20. November 1731 Wilhelmine heimführen. Die letzte Zustimmung Wilhelmines zu dieser Verbindung hatte Friedrich Wilhelm dadurch erpreßt, daß er ihr versprach, den Arrestanten Friedrich zu begnadigen und seine Haft aufzuheben. Außerdem mußte sie eines ersehnen: Nur fort von diesem Elternhaus, in dem sie mütterliche Mißachtung und väterliche Prügel hatte kassieren müssen.

Von Bayreuth aus, in dem sie nie ganz glücklich gewesen ist, da sie anspruchsvoll, launisch und auch stolz und hochfahrend war, begann sie den erwähnten Briefwechsel: Wilhelmine an Friedrich, Friedrich an Wilhelmine ... Friedrich konnte froh sein, daß die Briefe, die er in den dreißiger Jahren an Wilhelmine schrieb, von seinem Vater nicht gelesen werden konnten, zuviel Vertrauliches stand in ihnen, Klagen, Vorwürfe, Abfälligkeit, Sarkastisches. Sie ähnelten sich sehr, diese beiden Geschwister, in ihrer Weltanschauung, in der Veranlagung, in ihrem Hang zu Schönem, Kultur und Geldausgeben. Ihr ganzes Leben hat Wilhelmine gekränkelt und damit ihre Umgebung in Atem gehalten. Friedrich nannte sie zuweilen "sein halbes Ich". Er nahm regen Anteil an ihren Sorgen am Bayreuther Hof, wo es ebenfalls nicht ohne Intrigen abging, und der eigene Ehemann nicht immer hinter ihr stand. Über die Zustände am Berliner Hof bis zum Tode Friedrich Wilhelms erfuhr Wilhelmine getreulich alles von Friedrich, und auch nach seiner Thronbesteigung unterließ er es nicht, ihr stets Meldung über Ereignisse zu machen. In den Kriegen ließ sie ihm manchen glücklichen Hinweis aus dem Reich zukommen, außerdem war Bayreuth zur Gestellung von Truppen an Preußen verpflichtet. Im September 1743 kamen Friedrich und Voltaire, der Wilhelmine sehr schätzte, nach Bayreuth, und es scheint ihm dort ausgezeichnet zu gefallen, wie seine späteren Briefe aussagen. So geht das Leben an diesem deutschen Kleinfürstenhof dahin, eigentlich zu anspruchslos für eine Preußenprinzessin, zwischen kleinen Sorgen um Geld und Intrigen, Frauengeschichten und Krankheit, die allmählich zu großen Sorgen werden. In den ersten beiden Kriegen meldet Friedrich prompt seine Siege, später kommen auch Niederlagen hinzu. Nachdem Wilhelmine 1750 Potsdam und Berlin besucht hatte, schrieb sie am 12. Dezember begeistert aus Bayreuth: "Im Geiste kehre ich immer wieder nach Potsdam zurück. Ich trete in Ihr Kabinett und sehe Sie für das Wohl Ihres Landes arbeiten. Ich folge Ihnen zur Parade, wo ich Sie in Mars verwandelt sehe. Nach der Rückkehr in Ihre Gemächer sehe ich Sie Apollos Gestalt annehmen. Und am Abend dringt mir noch der Wohllaut Ihrer Flöte ins Herz. Ich vergesse die kleinen Soupers nicht; sie haben einen zu tiefen Eindruck gemacht, um aus meinem Geist zu verschwinden."

Das ist doch wohl mehr aufrichtig als schmeichlerisch gemeint. Verständlich, daß Friedrich inmitten der Wirren des schlimmen Jahres 1758 von Sorge gefaßt wird, als er Nachricht über ihre ernsthafte Erkrankung erhält:

"Teuerste Schwester, Ihre Krankheit bringt mich zur Verzweiflung, sie fehlte nur noch, um mich gänzlich niederzudrücken. Großer Gott, ist es denn nötig, daß ich alle Leiden Hiobs durchkoste? . . ."

Wilhelmines "hohenzollernsche Krankheit", die Wassersucht und eine Brustkrankheit, die nicht definiert werden kann, bringen sie am 14. Oktober 1758 ins Grab. Die beiden befreundeten Dichter, Friedrich und Voltaire, verfassen jeder ein Gedicht zum Tod der Markgräfin von Bayreuth, und Friedrich klagt: "Großer Gott! Meine Bayreuther Schwester!"

"Im Unglück erkennt man die Freunde"   **17. Dezember 1758**
Herder

Ferdinand von Braunschweig

Friedrich bemühte sich stets, gute und fähige Leute in seine Dienste zu ziehen, besonders in die militärischen. Der Abgang von Offizieren im Siebenjährigen Krieg zeigt, daß er gar nicht genug von ihnen haben kann. Gelang es ihm gar, diese Männer aus der Verwandtschaft zu verpflichten, so das verwandte Haus an sich zu binden, dann war auch der Politik Genüge getan. Über Friedrichs Heerführer, Feldherren und Generäle ist viel geschrieben worden, einige haben ihre Popularität bis heute erhalten können, obwohl sie manchmal nur auf einer einzigen, außergewöhnlichen Tat beruht. Zu kurz kommen jene, deren Leistung nicht überragend, aber kontinuierlich gewesen ist. Als Beispiel für andere soll Ferdinand von Braunschweig hier genannt werden, Schwager Friedrichs, geboren 1721. Als Welfe war er zwar Ausländer, aber als Fürstensohn ohne Erbe angewiesen auf Dienste im Ausland. Diese Dienste waren vornehmlich in den Armeen Europas zu finden. Nationalität spielte damals kaum eine Rolle, wie das Beispiel des Prinzen Eugen bewiesen hat. Auf einer Reise zeigte auch der Wiener Hof Interesse an dem jungen Ferdinand, jedoch drängte Ferdinands Bruder Carl im Auftrag Friedrichs auf den Eintritt in die preußische Armee. Friedrich errichtete damals einige neue Regimenter aus braunschweigischen Mannschaften. So erhielt Ferdinand das preußische Infanterieregiment Nr. 39. Später konnte Friedrich sich über diesen Fang beglückwünschen, denn ohne Ferdinand hätte er den Siebenjährigen Krieg nicht überstehen können. Auf dem westlichen "Nebenkriegsschauplatz" bindet Ferdinand mit Hilfe der britischen Truppen die Franzosen und Reichsvölker derart, daß sie Friedrich im Osten nicht mehr bedrohlich werden können. Die bekannten, vom König selbst gewonnenen oder verlorenen Schlachten in Sachsen, Schlesien, Böhmen und Mähren haben naturgemäß viel mehr Aufmerksamkeit erregt als die Gefechte und "Bataillen" von Hastenbeck, Minden, Gohfeld, Warburg und Krefeld. Die Jahrestage der Schlachten von Minden und Warburg werden noch heute von britischen Regimentern gefeiert, die teilgenommen haben. Durch Ferdinands Erfolge entspinnt sich zwischen Friedrich und ihm ein Vertrauensverhältnis, das zwar nicht lange über den Krieg hinaus gehalten hat, aber doch ein gutes Beispiel für Friedrichs Menschenbehandlung abgibt. Über die Schlacht von Minden ist an anderer Stelle ausführlich berichtet. Ferdinand, 1757 mit dem Oberbefehl betraut, übernimmt, wie gesagt, die Deckung der westlichen Flanke der preußischen Kernlande gegen die in Deutschland in übelster Weise marodierenden Franzosen. In den vorigen Schlachten hatte Ferdinand sich als mutiger, umsichtiger, angriffslustiger Soldat hervorgetan, so daß Friedrich ihm voll vertrauen kann. Sie ähneln sich ja, diese beiden Feldherren, im Ausnutzen der Schwächen unentschlossener Gegner, im Vor- und Zurückgehen, Austeilen großer und kleiner Hiebe; wie Friedrich wird auch Ferdinand ein paarmal geschlagen, ohne daß er den Mut verliert oder aufgeben will, und wie in Schlesien, Böhmen und Mähren zieht sich auch im Westen der Krieg her und hin, Hessen und Westfalen sehen die Franzosen kommen und gehen, Städte wechseln die Besitzer, mal steht Ferdinand bei Hamburg, dann bei Münster, Paderborn oder am Rhein. Er kann die Franzosen nicht so vernichtend schlagen, daß sie abzuschreiben sind, dafür ist er zu schwach, zumal die Hilfe Englands nicht die zugesagte Höhe erreicht. Am 9. November 1758 ernennt Friedrich ihn zum General der Infanterie, am 17. Dezember 1758, 37 Jahre alt, wird er Generalfeldmarschall.

Ferdinand hat den unfähigen Briten Cumberland abgelöst, und sofort läuft alles besser im Westen. In einem Schreiben vom 4. April 1758 jubelt Friedrich und macht Mut:

»Hurra, lieber Ferdinand! Das geht ja wunderschön! Sehen Sie wohl, daß die Offensive besser ist als die Defensive? Cumberland muß sich vor Ihnen schämen. Mit derselben Zahl von Truppen wie die, die unter Ihrem Oberbefehl stehen, führt er nichts aus und benimmt sich wie ein Kujon. Nun werden Sie mit den Franzosen bald fertig werden. Stehen Sie aber erst am Rhein, so müssen Sie in Ihren Plänen und Maßnahmen ein Fabius und im Schwadronieren ein Hannibal werden.«

Er verfaßt sogar eine Ode an seinen Feldherrn, aus der vier Zeilen wiedergegeben seien:

»Bis in seine tiefsten Quellen
fühlt die Schmach der alte Rhein,
unmutsvoll mit seinen Wellen
dienstbar fremdem Volk zu sein.«

In einem Schreiben vom 12. September 1760 klingt es schon anders:

»Dieser Feldzug ist der schwierigste von allen; indessen man muß gegen den Strom schwimmen und gegen diese sich immer erneuernde Hydra von Feinden kämpfen, bis wir den letzten ihrer Köpfe abgeschlagen haben. Der Plan ist schön, aber die Ausführung mühselig und hart.«

Und Anfang 1760 drückt Friedrich sich noch pessimistischer aus:

»Sie ersehen aus den Briefen von Wien und Paris, welche Pläne meine Feinde gegen mich im Schilde führen. Wenn Frankreich nicht seinen Frieden mit England schließt, sind wir rettungslos verloren, weil wir zuviele Feinde haben, weil es zu viele Leute gibt, die durch die uns zugestoßenen Unfälle ermutigt sind, und weil die innere Vortrefflichkeit unserer Truppen offenbar zurückgegangen ist. Sie können nur jetzt an meine Grabschrift denken. Das große Unheil wird erst Mitte Juli hereinbrechen, aber dann wird auch alles rettungslos verloren sein. Sie wissen, daß ich im allgemeinen kein Schwarzseher bin, aber jetzt gibt's keine Möglichkeit mehr, anders als schwarzzusehen. Gebe der Himmel, daß ich mich täusche. Aber wenn die Lage sich nicht durch ein großes Ereignis ändert, so fürchte ich nur zu sehr, daß ich ein nur zu guter Prophet bin.''

Wer mit Friedrich nah zu tun hat, erlebt auch seine Ungnade. Er ist nicht immer zufrieden und spricht von der schläfrigen Armee Ferdinands. Sie sind auch nicht als Freunde geschieden. Nach dem Krieg übt Friedrich heftige Kritik während einer Truppenrevue an den Truppen Ferdinands, so daß dieser bereits 1766 Abschied nimmt und sich auf sein Rittergut Vechelde ins Privatleben zurückzieht. Er stirbt im Jahre 1792.

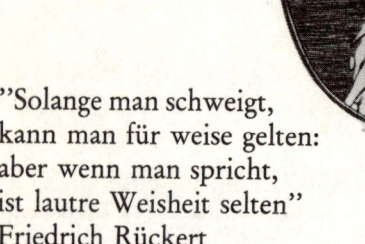

''Solange man schweigt,
kann man für weise gelten:
aber wenn man spricht,
ist lautre Weisheit selten''
Friedrich Rückert

22. Dezember 1758

Königliche Klagen

Wer anderen Hiebe austeilt, bekommt einige zurück, und da Friedrich auf diesem Gebiet nicht sparsam gewesen ist, kann er sich über Rückzahlungen nicht beklagen. Tut er aber. Und da er ein empfindsames Gemüt besitzt, gehen ihm die bösen Worte anderer sehr nahe. Er ist es gewohnt, sich in Briefen an Freunde und Verwandte auszulassen; so geben diese Schreiben ein anschauliches Bild seiner augenblicklichen Gemütsverfassung wieder. Es ist klar, daß Friedrich nach seinem Einfall in Schlesien von allen Seiten angegriffen worden ist, doch gab es nach sei-

nen Siegen ebenso viele Lobschriften und Lobreden auf ihn, so daß er sich nicht beklagen konnte. Erst mit seinem Einmarsch in Sachsen, dessen Hintergründe nicht so offensichtlich waren, daß klar geurteilt werden konnte, hatte er so viele Stimmungen gegen sich, daß ihm unbehaglich wurde. Der österreichischen Propaganda, von geschickten und erfahrenen Diplomaten in Gang gebracht, hatte er wenig entgegenzusetzen. Sie war zudem teilweise so unfair, daß er sich persönlich tief getroffen fühlte: Er sollte, wenigstens in den katholischen Ländern, vollkommen verteufelt und verketzert werden. Neben seinen Gegenschlägen blieb ihm die Klage an Freunde und Genossen, aber da er gern überschwenglich formulierte, darf man nicht alles tragisch nehmen; wenn Friedrich zur Feder griff, floß ihm das Herz über, so oder so. In diesem Kapitel über seine Klagen wollen wir alle aus der Kronprinzenzeit außer acht lassen, da sie zum Teil bereits zitiert sind oder gar nicht in das Lebensbild der späteren Zeit passen. In einem Brief an Voltaire vom 8. Januar 1742 aus Berlin hat noch der Humor die Oberhand: "Ich bilde mir ein, Gott hat die Esel, dorischen Säulen und uns Könige dazu geschaffen, die Lasten dieser Welt zu tragen, in der so viele andere Wesen leben, die nur das Gute genießen, was sie hervorbringen."
Oder am 3. Februar 1742 aus Olmütz:
". . . nur das weiß ich, daß mein Stern allzu unstet ist. Was können Sie von einem Kopfe erwarten, in dem nichts als Heu, Hafer und Häcksel ist? Ich glaube, ich könnte jetzt nur Verse machen, in denen sich diese Dinge aufeinander reimen . . . Hätte man denken können, lieber Voltaire, daß ein Pflegling der Musen dazu bestimmt war, in Gemeinschaft mit einem Dutzend Narren, die man Staatsmänner nennt, das große Rad der europäischen Begebenheiten in Schwung zu setzen?"
Im Siebenjährigen Krieg hat Friedrich noch mehr zu klagen, denn die Fronten sind verhärtet und die letzte Ritterlichkeit erstirbt.
"Die Franzosen sind verrückt geworden", schreibt Friedrich im Oktober 1756 aus Lobositz an den Marquis d'Argens, "man kann sich nichts Unanständigeres denken als die Reden, die sie über mich führen."
Da der Marquis stets leidend ist oder tut, macht Friedrich ihm den Spaß, eigene Leiden zu dramatisieren, so nach der Schlacht von Kolin:
"Wäre ich bei Kolin gefallen, so befände ich mich jetzt in einem Hafen, in dem ich keine weiteren Stürme zu fürchten hätte. Aber ich muß auf dem bewegten Meer weiterfahren, bis mir ein kleiner Fleck Erde das Glück gewährt, das ich in dieser Welt nicht habe finden können."
Noch vertraulicher sind die Klagen an Schwester Wilhelmine, aus Leitmeritz am 13. Juli 1757:

"Ich bin in der Lage eines Reisenden, der sich von einem Haufen Schurken umringt und im Begriffe sieht, ermordet zu werden, weil die Räuber seine Habe unter sich verteilen wollen ... Hat die Welt jemals gesehen, wie drei mächtige Fürsten ein Komplott schmieden, um einen vierten zu vernichten, der ihnen nichts getan hat? ... Oh Zeiten, oh Sitten! Da könnte man ja ebenso gut unter Tigern, Leoparden und Luchsen leben als in einem angeblich gebildeten Jahrhundert Genosse der Mörder, Räuber und verlorenen Ränkeschmiede sein, die die arme Welt regieren."

Einer von Friedrichs vertrautesten Männern war George Keith, Marschall von Schottland in preußischen Diensten, dem er am 8. Dezember 1758 aus Dresden nach Spanien schreibt:

"Sie sagen mir, daß meine Freunde mich bis in den Escorial verleumden. Ich bin daran gewöhnt. Ich höre über mich nichts als die Unwahrheit. Ich bin vollgestopft mit nichtswürdigen Schmähschriften und gemeinen Lügen, die der Haß und die Erbitterung in ganz Europa fortwährend verbreiten."

Noch steht der Krieg in den Anfängen. Friedrich ahnt nicht, was es zu erleiden geben wird in den nächsten Jahren. In jener Zeit sind Briefe, anders als heute, für den gebildeten Menschen ein Ventil, Gefühle und Sorgen anderen mitzuteilen, durchaus ein wenig aufgetragen und übertrieben, Friedrich ist ein klassisches Beispiel dafür; mal melancholisch, mal optimistisch ist seine Stimmung in den Geschehnissen des großen Krieges: Seine Briefe spiegeln es wieder. Der Philosoph aus Sanssouci, der von seinem Schlößchen auf dem Weinberg alles Unangenehme fernhalten wollte, muß er das Leben inmitten seiner Soldaten nicht satt haben? Er hat es und teilt es dem Marquis d'Argens am 22. Dezember 1758 aus Breslau mit:

"Ich habe dieses Leben recht satt. Der ewige Jude kann nicht müder gewesen sein als ich. Ich habe alles verloren, was ich auf Erden am meisten liebte und achtete ... In meinen alten Tagen bin ich fast zu einem Theaterkönig herabgesunken. Ich bin überladen mit Geschäften und Unannehmlichkeiten und führe das Leben eines Einsiedlers."

Wie oft mag er daran denken, daß er selbst letztlich das ganze Welttheater in Gang gesetzt hat, das er jetzt nicht nach Belieben beenden kann ...

"Der ist ein guter Prediger,
der seine eigenen Mahnungen befolgt"
Shakespeare, Kaufmann von Venedig

Königlicher Kritiker

". . . Die Menschen haben sich ein sonderbares Phantom von strenger Tugend geschmiedet und wollen, daß die Priester, die zur einen Hälfte Betrüger sind und zur anderen im Aberglauben stecken, diesen Charakter annehmen sollen. Es ist ihnen nicht erlaubt, offen die Weiber und den Wein zu lieben, wohl aber ehrgeizig zu sein. Nun aber zieht doch schon der bloße Ehrgeiz Laster und schreckliche Unordnungen nach sich . . . Ein Priester spielt, solange sich sein Eigennutz damit verträgt, den tugendhaften Mann; aber bei der geringsten Gelegenheit bricht die Natur aus ihren Fesseln hervor, und Laster und Bosheit, die von der äußeren Gestalt der Tugend verhüllt waren, erscheinen alsdann aufgedeckt. Es ist erstaunlich, daß die Macht der Geistlichkeit auf einem so unsicheren Boden hat gegründet werden können . . ."

In diesem am 21. September 1737 an Voltaire gerichteten Brief läßt Friedrich sich des weiteren über die antiken Sagen- und Göttergestalten aus, Jupiter und Genossen, und wundert sich darüber, daß die Menschen zu allen Zeiten derartige "Chimären" geglaubt und bewundert haben. Aus Friedrichs Auslassungen während seiner Kronprinzenzeit über Religion, Priester, Päpste und Christentum erfahren wir seine frühe kritische Einstellung diesen Themen gegenüber, und wenn wir seinen weiteren Werdegang verfolgen, so erfahren wir ebenfalls, daß er sich später kaum geändert hat. Erstaunlich, da er doch aus gut christlicher Familie stammt! Oder gerade deswegen? Das ist wahrscheinlich, denn was ihm im Elternhaus, am Hofe, in Sachen Christentum und Glauben vorgelebt wurde, war nicht geeignet, als Vorbild zu dienen: Intoleranz, Engstirnigkeit, höfisches Getue, übertriebene Gebetsübungen als bloßes Auswendiglernen, nach dem Reglement, "wie mein ältester Sohn Friedrich seine Stunden zu Wusterhausen haben soll".

Es bestehen Aussagen, daß Friedrich und Wilhelmine früh über religiöse Fragen spotteten und sich bei christlichen Riten das Lachen verdrücken mußten. Obwohl also Friedrich Wilhelm es mit christlicher

Erziehung gut gemeint hat — wie so vieles — ist nicht das Gewünschte dabei herausgekommen; bei einem geistvoll-kritischen Menschen wohl unmöglich. Nun darf man Friedrich nicht beurteilen, als sei er ein Antichrist oder Atheist gewesen, nur: Wie vielen aufgeklärten Menschen früher und heute mißfielen ihm Organisation, Institution, Macht und Anspruch der verschiedenen Kirchen und ihrer Vertreter. Als Herrscher stand er jedoch in dem Zwang, sie nicht nur dulden, auch brauchen zu müssen, abgesehen von der Erkenntnis, daß nur wenige Menschen kritisch wie er und Voltaire waren und ohne Religion nicht leben konnten oder mochten. Staatsmänner vor und nach ihm haben einsehen müssen, daß man besser mit als gegen Kirchen arbeitet. Wir werden feststellen, daß sich Friedrichs bissige Bemerkungen selten gegen die Institution, meist gegen ihre Repräsentanten richten. So in einem typischen Schreiben vom 17. Dezember 1743 an den Bischof von Breslau, Kardinal von Sinzendorf:

> "Der Heilige Geist und ich sind übereingekommen, daß der Prälat Schaffgotsch Koadjutor von Breslau sein soll, und die von Ihren Domherren, die sich dem widersetzen, sollen als Leute betrachtet werden, die dem Wiener Hofe und dem Teufel ergeben sind, und die den höchsten Grad der Verdammnis verdienen, weil sie dem Heiligen Geist Widerstand leisten."

Verständlich auch, daß er das Alte und Neue Testament als Fabelsammlungen und törichte, lächerliche Erfindungen abtut, Dogmen und Heiligenverehrung als Volksverdummung ablehnt, aber von Gott als dem letzten, alles steuernden Wesen nicht lassen will. Hand aufs christliche Herz: Sind das nun verwerfliche oder akzeptable, freie, moderne Ansichten?! Daß Friedrich letztlich den Protestanten mehr Sympathien entgegenbrachte als den Katholiken, ist nicht verwunderlich und hängt mit den Mehrheitsverhältnissen seiner Staaten zusammen. In seiner Instruktion für den Nachfolger (den späteren Friedrich Wilhelm II.) vom 24. September 1751 schreibt Friedrich, man dürfe dem künftigen Herrscher keinen Haß gegen andere Religionen eingeben, aber:

> "Der Erzieher soll seinem Zögling auf geeignete Weise begreiflich machen, daß nichts so gefährlich ist, als wenn die Katholiken in einem Land die Oberhand haben: wegen der Religionsverfolgungen, der päpstlichen Herrschsucht und weil ein protestantischer Fürst weit mehr als ein katholischer Herr in seinem Haus ist." Man bedenke, daß Friedrich hier aus eigenen Erfahrungen spricht und gute Kenntnisse der Geschichte des Reiches besitzt. Die katholische Kirche duldete er

in allen Landen, schützte sie, hielt aber den Daumen auf sie, besonders in den Schlesischen Kriegen, in denen Verrätereien von Seiten der Katholiken vorgekommen sind.

Den tollsten Streich gegen Papst Clemens XIII. hat Friedrich sich im Siebenjährigen Krieg geleistet, als er einen ''Brief Seiner Heiligkeit, des Papstes, an den Marschall Daun'' verfaßt und am 13. Mai 1759 an den Marquis d'Argens schickt, der eine lateinische Übersetzung anfertigt, die nicht nur damals, sondern bis in unsere Zeit als echt angesehen worden ist. In diesem Brief verleiht der Papst dem österreichischen Widersacher Friedrichs den geweihten Hut samt Degen in Anerkennung des Kampfes gegen Ketzer und Ungläubige; wie es üblich war für Verdienste gegen wirklich Ungläubige wie Türken und Tataren. Wer diesen Streich geschmacklos und zu weit gehend findet, der sollte bedenken, daß Friedrich genötigt war, gegen die infam und rücksichtslos arbeitende österreichische Propaganda etwas zu setzen, das Aufsehen erregte und nicht ganz unglaubwürdig war; ließ sich noch eine Kleinigkeit Witz und Ironie unterbringen, desto besser. Es ist bezeichnend, daß gerade das Verhältnis zu diesem Papst sich später ganz gut angelassen hat. Niemand mehr konnte übersehen, daß jedermann jedweden Glaubens in preußischen Staaten seine Heimstatt hatte, — Calvinisten, Lutheraner, Unitarier, Mohammedaner, Wiedertäufer, Mennoniten oder Katholiken —, wenn er nur seine Pflicht tat, nicht räsonierte und dem Staate nützlich war; ist es nicht vernünftig, wenn Staatsräson vor im Grunde kleinlichen und unbedeutenden religiösen Ansichten und Gepflogenheiten Vorrang hat!

"Für den blutenden Soldaten geschieht 24. Mai 1759
noch nirgends in der Welt zuviel"
Friedrich

Preußische Verwundete

Es ist schon mehrfach angeklungen, daß es mit dem preußischen
Sanitäts- und Lazarettwesen nicht zum besten gestanden hat; die Sachsen und Österreicher sind hier eindeutig ein Stück voraus gewesen. Das
lag nicht etwa an Friedrichs Gleichgültigkeit seinen Verwundeten gegenüber, wie es der 1758 in Ungnade gefallene Oberst von Warnery
später behauptet hat, sondern zum Hauptteil daran, daß Preußen eines
der ärmsten Länder Mitteleuropas war. Und gespart wird immer an denen, die sich nicht oder schlecht wehren können. Die preußischen Ärzte, Chirurgen und Feldschers waren nicht so gut ausgebildet wie ihre
Kollegen woanders. Dr. Fritze aus Halberstadt schreibt:
"Im letzten Kriege waren . . . 500 Unterwundärzte nötig, um die Menge derselben war man damals nicht verlegen; man konnte bei weitem
nicht alles annehmen, was zum Lazarettdienst sich meldete . . . Rohe
junge Leute, die kaum erträglich den Bart putzen und selten ein Pflaster streichen konnten, wollten gern bei Gelegenheit des Krieges, nach
ihrer Denkungsart in die Freiheit; sie verließen ihre Brotherren, um die
Welt zu sehen. Das war ihr ganzer Beruf." Freilich darf man, wie
mehrfach angedeutet, das Problem nicht an heutigen medizinischen Er-
rungenschaften messen, sondern nur an den damaligen Möglichkeiten
und dem guten Willen. Der war bei Friedrich eindeutig vorhanden,
und nicht nur über seine Leibärzte, auch über die Militärchirurgen hat
er sich unwirsch und enttäuscht geäußert.
"Oh ihr Schurken", war sein Kommentar, als er Chirurgen bei einer
ihm unnötig erscheinenden Amputation antraf. Er befahl den Ärzten,
nicht so rasch mit dem Arm- und Beinabnehmen zu verfahren, nicht
unnötigerweise Krüppel zu machen.
"Es ist expresser Befehl des Königs, daß an keinem Blessierten eine
Amputation ohne Erlaubnis vom König vorgenommen werden solle."
Das war natürlich nicht durchführbar. Und besser ein Krüppel, als am
unvermeidbaren Wundbrand zugrunde gehen! Die große Zahl der Ver-

wundeten in den mörderischen Schlachten der Schlesischen Kriege warf Probleme auf, die trotz der über 3.000 Ober- und Unterärzte und zahlreicher Feldschers nicht bewältigt werden konnten. Es gab da keinen echten Sanitätsdienst heutigen Ausmaßes, ehe die Verwundeten von den Schlachtfeldern geholt werden konnten, oft in eisiger Kälte wie nach der Schlacht von Leuthen, waren viele von ihnen gestorben. Zudem war es üblich, daß der Sieger, der das Schlachtfeld behauptet, auch die feindlichen Verwundeten zu versorgen hatte, was ohne Unterschied auch meist geschehen ist. Schon am 9. Juli 1741 war ein Kartell zwischen Preußen und Österreich geschlossen worden, welches bestimmte, daß Ärzte und Apotheker gegenseitig freigelassen und die kriegsgefangenen Verwundeten gepflegt werden sollten, unter Anrechnung der Kosten bei Auswechslung.

"Mediziner, Chirurgen und Feldprediger werden nicht als Kriegsgefangene betrachtet."

Der preußische Regiments-Tambour J. F. Dreyer berichtet als alter Veteran aus Friedrichs Schlachten: "Überhaupt hat mir das Lazarettwesen bei den Österreichern besser gefallen als bei uns, und ich spreche aus Erfahrung, denn ich habe mich auch in Lazaretten umgesehen. Ich glaube, es liegt bei uns daran, daß den Chirurgen pro Mann ein Groschen gegeben wird, bei den Österreichern geht alles auf Kaisers Rechnung. Bei uns aber wollen die Chirurgen von dem Medizin-Groschen mitleben, daher müssen viele Kranke sterben."

Die völkerrechtlichen Abmachungen zwischen Preußen und Österreich werden, wie die Berliner Zeitung im Mai 1759 berichtet, am 24.

Mai 1759 mit der bemerkenswerten Regelung ergänzt, daß die Verwundeten beider Armeen die Bäder von Karlsbad, Landeck, Teplitz und Warmbrunn ohne Behelligung benutzen durften. Man denke sich ähnliches heute! ... Im gleichen Jahr wurde auch mit Rußland ein Kartell geschlossen. Einige Äußerungen Friedrichs beweisen seine Sorgen um die Blessierten. An Feldmarschall Schwerin:

"Um Himmels Willen schonen Sie meine Soldaten, ich beklage die Toten; sorgen Sie für die Verwundeten, es sind meine Kinder."

An den Erbprinzen von Anhalt-Dessau:

"Euer Liebden werden auch die Veranstaltung machen, damit die Blessierten wohl in Acht genommen und vor solche alle Vorsorge getragen, einem jeden von Ihnen aber zwei Dukaten gegeben werde."

Friedrichs Sekretär Eichel schreibt:

"Des Königs Fürsorge für die Blessierten gehet so weit, daß sie selbige zuweilen von Haus zu Haus selbst besuchen und alles, was zu dero Soulagement möglich ist beitragen."

Die Berliner Zeitung berichtet:

"Seine Majestät kamen auch selbst hierher und besuchten die kranken Offiziers, ließen ihnen auch aus der Kellerei verschiedenes reichen."

Friedrich schreibt an die Gräfin von Camas:

"Glauben Sie ja nicht, daß ich den geringsten meiner Leute aus Eitelkeit oder für einen trügerischen Ruhm, von dem ich nichts wissen will, verwundet wissen möchte."

Und noch einmal Friedrich an seinen Bruder Prinz Heinrich:

"Ich empfehle Ihrer Sorgfalt vor allem meine armen Verwundeten und Kranken: man soll denselben alle diejenige Aufmerksamkeit widmen, welche Leute verdienen, die sich für das Vaterland geopfert haben."

Nach der Schlacht von Prag hat Friedrich 36.000 Taler zur Verbesserung der Lazarette angewiesen. Alle Medikamente lieferte die königliche Hofapotheke kostenlos an die Verwundeten. Es ist erwiesen, daß Friedrich bei jeder sich erbietenden Möglichkeit mit Ärzten über Verbesserung der ärztlichen Versorgung seiner Armee diskutiert hat, es kann gar keine Rede davon sein, daß er sich gleichgültig gezeigt habe, das entspricht nicht seinem Naturell, seiner praktischen Veranlagung und seinem Willen, die Armee intakt und zahlenmäßig auf der Höhe zu halten.

"Nichts hat mich in meinem Leben mehr verdrossen, als wenn ich sah, daß man brave Männer, die Gesundheit und Leben so edel für ihr Vaterland hergaben, in ihren Krankheiten und bei ihren Wunden übel verpflegte. Man ist oft barbarisch mit ihnen umgegangen und mancher arme Soldat ist aus Mangel an guter Verpflegung gestorben . . ."

"List und Verräterei sind nur die
Folgen mangelnder Klugheit"
La Rochefoucauld

29. Mai 1759

Spione für Preußen

Wie alle Herrschenden und Regierenden hat auch Friedrich erkennen müssen, daß edle Theorie oder gute Vorsätze mit der rauhen Wirklichkeit menschlichen Lebens nicht in Einklang zu bringen sind, allenfalls höchst selten. Im Zuge der Staatsräson hat er oft etwas tun müssen, was gegen seine moralische Einstellung gestanden hat, das er verachtete, ihn anwiderte. Ein Mensch wie er hat für jede Art Verräterei nur abgrundtiefe Verachtung empfinden können, er bemühte sich auch stets, sie rücksichtslos zu bestrafen — wenn sie sich gegen ihn richtete; dann ist, bis in unsere Tage, bei jeder Regierung sozusagen "der Ofen aus". Und doch: So sehr sie alle Spione verurteilen, verfolgen und bestrafen: Jede von ihnen unterhält sie, die Spione, Spitzel und Verräter — gegen hohe Gehälter, versteht sich! Friedrich bildete da keine Ausnahme. Gesandte sind von jeher Spione ihrer Regierungen gewesen, und auch Reisende

405

und Besucher tarnen sich oft genug als Aushorcher und Späher; über Voltaires Versuch, für sein Land in Preußen zu kundschaften, ist schon berichtet worden. Da jedoch Friedrich das Wichtigste alles selber machte, seine Minister als Handlanger fungierten, gab es bei ihm und an seinem Hof recht wenig zu spionieren.

Anders stand es da an auswärtigen Höfen und Kabinetten, wo Minister, Räte, Kanzler oder Kardinäle in höchste Politik eingeweiht waren und mit ihnen, in Abstufungen, ihre Beamten, Sekretäre und Schreiber. Winkte das Geld, war schnell die undichte Stelle gefunden. Für Friedrich, den König und Kämpfer "auf der inneren Linie", immer in Gefahr, eingekreist zu werden, war es lebenswichtig, über die Pläne der anderen informiert zu sein; er ist es erstaunlich gut gewesen, dank seiner "Großzügigkeit" in der Bezahlung. Denn trotz seines notorischen Geizes anderen gegenüber hat er hier keine Ausgabe gescheut, wie ein eigenhändiger Zusatz unter einen Brief an Leutnant von Luck von den Zieten-Husaren vom 29. Mai 1759 ausweist:

"Sein Report ist Sehr guht, nuhr vohr die Spions kein geldt gespahret, und was er vohr Sie haben mus, kan er Morgen hier hohlen."

In den Feldzügen sorgte Friedrich dafür, durch Spione über die Bewegungen der Feinde stets auf dem laufenden gehalten zu werden; natürlich machte es der Gegner genauso. Wertvoller waren Friedrich die Spione, die er in feindlichen Kabinetten unterhalten konnte, da gab es Nachrichten aus erster Hand. Einer der effektivsten von ihnen war Friedrich Wilhelm Menzel, Geheimer Kanzleibeamter am Sächsischen Hof, der dem preußischen Gesandten Graf Maltzahn seit 1753 mit Abschriften der Verhandlungen seines Königs mit der Zarin und Kaiserin versorgte. Das waren nun wirklich Nachrichten direkt von der Quelle, die Friedrich über das Treiben gegen ihn in den fünfziger Jahren den nötigen Aufschluß gaben. Menzel trieb seine Spionage sogar noch in Warschau, wohin der Sächsische Hof geflüchtet war, und wurde erst dort aufgedeckt und verhaftet. Er kam auf die Festung Königstein "zu ewiger Verwahrung". Auch der Sekretär Baron Weingarten des österreichischen Gesandten in Berlin hat wichtige Urkunden zugänglich gemacht.

Einer der prominentesten "Spione" für Friedrich soll Großfürst Peter von Rußland gewesen sein, schon vor dem Siebenjährigen Krieg ein eifriger Bewunderer Friedrichs, der nicht damit einverstanden war, was seine Zarin gegen Preußen vorbereitete. Im Juli 1756 soll er Friedrich von dem Plan unterrichtet haben, daß Petersburg und Wien ihn gemeinschaftlich angreifen sollten; jedoch fehle es Rußland in diesem

Jahr an Soldaten und Ausrüstung, so daß bis zum nächsten Frühjahr verschoben werden müsse. Es ist klar, daß die Gegenseite nicht müßig gewesen ist, besonders der Sachse Graf Brühl hat fleißig bestochen und Nachschlüssel fertigen lassen, um zu stehlen, aber zu ihrem Verdruß sind die preußischen Absichten aus den oben genannten Gründen nicht in Erfahrung zu bringen gewesen: An die Quelle kamen sie nie heran. So ist der Schluß zu ziehen, daß Friedrich auch auf diesem Gebiet erfolgreicher als seine Gegenspieler gewesen ist. Sein Spionage- und Nachrichtenchef war von Winterfeldt. An ihn schrieb Friedrich am 22. Dezember 1756 den bezeichnenden Brief:

"Ich mus das Projekt der Campagne aus Win (Wien) haben, drei Cojons (Coujons = Spione) habe ich dorten, aber man kan der nicht genug haben."

Winterfeldt hat dafür gesorgt, daß normale Bürger wie Kaufleute, Fuhrleute, Bürgermeister, Dorfwächter und Postilione darin wetteiferten, Friedrich Nachrichten zukommen zu lassen. Manche von ihnen kannte man als Gegenspione und versorgte sie mit entsprechenden, täuschenden Nachrichten. Wir erkennen: Alle unschönen Tricks aus der Spionage- und Verräterkiste, die heute gang und gäbe sind, kannte man im Prinzip schon damals und wandte sie auch kräftig an. Hauptsache, das Geld stimmte . . .

"Ist dein Feind nur wie eine Ameise,   1. August 1759
so rechne ihn doch unter die Elefanten"
Dänisches Sprichwort

Minden

Am 24. Juni 1758 beschließt das Englische Parlament, 12.000 Mann der
Alliierten Armee in Westdeutschland unter dem Befehl von Prinz Ferdinand von Braunschweig zu bewilligen, die auch am 20. August bei
Coesfeld im Münsterland zur Armee stoßen. Diesmal schickt England,
ansonsten zimperlich in Unterstützung seiner Verbündeten, die besten
Soldaten, 2.000 Bergschotten unter ihnen, so daß Ferdinand, an der
Lippe in vorteilhafter Stellung stehend, zur Beruhigung Friedrichs echt
verstärkt wird. So kann Friedrich das Unglücksjahr 1758 überstehen,
ohne daß vom Westen größere Gefahren drohen. Zu regen und für den
weiteren Verlauf des Krieges mit entscheidenden Kämpfen kommt es
im Westen 1759. Anfang des Jahres hatten sich die Franzosen der Frei-
en Reichsstadt Frankfurt bemächtigt und sie zum Hauptquartier gemacht, und Ferdinands Bestreben bei Eröffnung des Feldzuges war es,
diese Stadt den Franzosen wieder abzunehmen. Nach dem Gefecht bei
Bergen am 13. April, das nicht zur Zufriedenheit verlief, blieben die
Franzosen im Besitz von Frankfurt, was ihre Unternehmungslust verstärkte. Die französischen Truppen unter Marschall Contades nahmen
Gießen, Kassel und Minden, Münster wurde nach einer Belagerung erobert, und nun sollte der Vormarsch in Richtung Hannover gehen, um
die Alliierten von der Weser abzuschneiden. Nachdem er Bremen über-
rumpelt hatte, erkannte Ferdinand, daß er Minden zurückgewinnen
müsse. Das konnte nur durch eine Schlacht geschehen. Rasch zieht er
auf Osnabrück, dessen Besatzung kaum Widerstand leistet, und durch
verschiedene Schachzüge bringt er die beiden französischen Armeen
unter Contades und Broglie in Gefahr, nun selbst abgeschnitten zu
werden. Sie wünschen ebenfalls eine Schlacht, um die Gelegenheit
wahrzunehmen, die einzelnen Korps der Alliierten durch Übermacht
zu vernichten.
Am Abend des 31. Juli beschließt der französische Kriegsrat, die Nacht
durchzumarschieren und am Morgen die Gegner anzugreifen. Es stehen etwa 75.000 Franzosen und Reichskontingente gegen 68.000 Alli-

Es fiegt der
Preußen Mut-
Den 4. Juni
1745.

Die Einlöfung diefes
Gutfcheines erfolgt
bei der Stadtbank
Striegau im Rathaus.

Hier floß viel
Heldenblut-
Bei Friedeberg
in Schlesien.

Der Zeitpunkt, mit
dem die Gültigkeit
abläuft, wird öffent-
lich bekanntgegeben.

Fünfzig
Pfennige

Friedrich Darstellung auf Notgeld und Briefmarken

12   12
Deutsches Reich

10   10
FRIEDRICH   DER GROSSE
Deutsches Reich

"Die Welt ruht nicht sicherer auf den Schultern des Atlas, als Preußen auf einer solchen Armee." „Geschichte meiner Zeit." Friedrich der Große.

BRUNO HANDKE

25 Pfg. 25 Pfg.

Die Einlösung dieses Gutscheines erfolgt bei der Stadtbank Striegau im Rathaus.

Fünfundzwanzig Pfennige

Der Zeitpunkt, mit dem die Gültigkeit abläuft, wird öffentlich bekanntgegeben.

Friedrich-Darstellung in Notgeld nach 1920.

BRUNO HANDKE

4. Juni Striegau in Schlesien 1745

Fünfundsiebzig Pfennige

Die Einlösung dieses Gutscheines erfolgt bei der Stadtbank Striegau in Schlesien. Der Zeitpunkt, mit dem die Gültigkeit abläuft, wird öffentlich bekanntgegeben.

Fünfundsiebzig Pfennige

410

ierte, wenn diese alles zusammenziehen und vereinigen können. Nachts um drei Uhr erhält Ferdinand die Nachricht der feindlichen Bewegungen. Die rechte Flügelkolonne unter Marschall Broglie, 14.000 Mann stark, plant den Angriff auf das Korps des General Wangenheim, der mit 13.000 Mann beim befestigten Todtenhausen steht. Die französische Armee marschiert die ganze Nacht zum 1. August, ab zehn Uhr abends, und doch steht sie am anderen Morgen noch nicht schlachtbereit, als sie von britischen, hannoverischen und preußischen Truppen angegriffen wird, gegen sieben Uhr in der Frühe. Diese alliierten Truppen sind etwas anderes als die zwangsrekrutierten Soldaten der üblichen Armeen jener Zeit, besonders die britischen brennen darauf, es mit den Franzosen aufzunehmen. Die französische Kavallerie reitet ihnen entgegen, aber ganz ruhig lassen sie sie auf zwanzig Schritt herankommen, geben eine volle Salve ab und empfangen sie mit dem Bajonett. Die Kavallerie gerät völlig in Verwirrung, doch nun kommt die deutsch-englische Infanterie in die Reichweite der französischen Artillerie, so daß Ferdinand unter persönlichem Einsatz die Ordnung wiederherstellen muß. Jetzt setzt Contades seine Elite-Kavallerie ein, die Blüte des französischen Adels, der Stolz seiner Armee, und sie durchbricht das erste Treffen der Alliierten, jedoch nur, um der hannoverischen Artillerie vor die Rohre zu kommen. Obwohl die Schlacht schwankt, scheint sich das Glück den Alliierten zuzuwenden. Broglie, der bei Todtenhausen angreifen sollte, hat dies erst nur zögernd getan, angesichts der schweren Befestigungen, und dann kehrtgemacht, so daß auch Contades nun den Rückzug antreten muß. Um elf Uhr befinden sich die Franzosen im vollen Rückzug auf Minden. Zur gleichen Zeit an diesem 1. August 1759 werden die Franzosen unter Brisson vom Erbprinz von Braunschweig bei Gohfeld geschlagen, wodurch Contades nichts anderes übrig bleibt, als alle Stellungen an der Weser aufzugeben; er muß Hessen verlassen, Minden kapituliert bereits am 2. August. Auf ihrem Rückzug, ständig verfolgt und beunruhigt, verlieren die Franzosen bei Lippstadt und Detmold Gefangene und Bagage in großen Mengen, am 5. August erbeuten alliierte Truppen die Feldregistratur des Marschalls Contades, in der sich Befehle befinden, daß diejenigen Länder, die man nicht halten könne, zu verwüsten seien. Diese Befehle werden auf Anordnung des englischen Königs veröffentlicht.

Hier finden wir eine weitere Ursache des alten Franzosenhasses im westlichen Deutschland: Immer, wenn das Reich in Nöten war, haben sie sich eingemischt und in schlimmerer Weise als die Russen im Osten

Landschaften verheert und ausgeplündert, weit über das übliche Maß hinaus.

Der Hauptvorteil der gewonnenen Schlacht von Minden und der anschließenden Gefechte bis Jahresende 1759, bei denen die Alliierten nicht immer die Oberhand behielten, zeigte sich in der Möglichkeit, daß der Erbprinz von Braunschweig den bedrängten König in Sachsen verstärken konnte. Trotz des Wechsels von Siegen und Niederlagen hat Herzog Ferdinand bis zum Kriegsende die feindliche Armee aus Franzosen und Reichsvölkern so in Schach halten können, daß sie Friedrich nicht wirklich gefährlich werden konnte. Die an der Mindener Schlacht beteiligten englischen Bataillone Napir, Stuart, Welsh-Fusileer, Kingsley, Brudnet und Home tragen seitdem auf ihren Fahnen den Namen der alten westfälisch-preußischen Stadt an der Weser.

"Wer spricht von Siegen,   **12. August 1759**
Überleben ist alles"
Rilke

Kunersdorf

Allerlei Literatur über Friedrich gefällt sich darin, den Tag von Kunersdorf, die Stunden nach der Schlacht, besonders dramatisch darzustellen. Friedrich soll nach der Niederlage sozusagen am Boden zerstört gewesen sein, was Bilder von diesen Stunden anscheinend authentisch beweisen. Der König im Fährhause von Ötscher, nur bewacht von seinen treuen Husaren unter Prittwitz, die ihn schon vorher vor der drohenden Gefangennahme bewahrt hatten. Was ist geschehen? Wieder einmal ist es Friedrichs Ungestüm und Ungeduld, sein Leichtsinn, die eine Schlacht verlorengehen lassen. Er glaubt, die Russen an diesem Tage angreifen zu müssen, und das mit Truppen, die körperlich vollkommen erschöpft sind. Die Armee hat 48 Stunden unter Gewehr gestanden, zwei Nachtmärsche hinter sich und ist einseitig von Brot und Wasser ernährt worden. Freilich hat Friedrich auf die Warnungen und Mahnungen seiner Generäle nicht hören wollen, eine Ruhepause einzulegen, da die Russen ihrerseits gewiß nicht zum Angriff übergehen würden, und auch General Laudon nicht, der mit österreichischen Kräften bei ihnen steht.

Trotz allem läßt sich der Beginn der Schlacht für die Preußen ganz gut an. Unter Aufbietung aller Kräfte treiben die Grenadiere bergauf die Russen aus den Verschanzungen, Verhauen und Batteriestellungen und versuchen, die russische Front vom rechten Flügel her aufzurollen. Aber der Feind steht zu tief gestaffelt, zu viele Reserven hat er zur Verfügung, so daß immer wieder frische Truppen vor den erschöpften Preußen auftauchen. Auch die in Kunersdorf stehenden Österreicher werden geworfen, doch General Laudon kann ebenfalls frische Truppen und Batterien vorführen. Die Übermacht ist groß, außerdem hat sich der König, trotz eingehender Erkundungen, im Gelände getäuscht, so daß Einheiten umdirigiert werden müssen, wodurch sie erschöpft und zu spät am Einsatzort erscheinen. Als der Infanterieangriff ungenügende Fortschritte macht, muß Seydlitz mit seiner Kavallerie eingreifen. Er weigert sich wegen des ungünstigen Geländes, wird verwundet, seine Reiter müssen ohne ihn angreifen: Erfolglos wegen der Geländeverhältnisse. Verzweifelt geht jetzt Friedrich in die vorderste Linie seiner Infanterie, nimmt die Fahne eines Regiments und versucht die Soldaten nach vorne zu bringen. Vergebens. Zwei Pferde sterben unter ihm, eine Kugel wird von seinem Giftetui, das er in der Brusttasche trägt, vom Herzen abgehalten. Alles flutet bereits zu den Mühlbergen zurück, wo das Regiment Lestwitz Aufstellung genommen hat, um die flüchtenden Kameraden aufzunehmen und den Feind aufzuhalten. Aber auch hier tauchen frische feindliche Kräfte auf, die diese Absicht vereiteln. Nun laufen die Preußen so, wie sie es oft die Gegner gelehrt hatten: wie die Hasen. Der König mit ihnen, als einer der letzten vom Mühlberg, bereits von Kosaken eng verfolgt. Hier ist es mit seiner Kaltblütigkeit, im Kugelhagel oft bewiesen, zu Ende.

"Prittwitz, ich bin verloren", ruft er.

"Nein, Eure Majestät", ruft der Offizier zurück, "das soll nicht geschehen, solange noch Atem in uns ist."

Und es gelingt, die Verfolger abzuschlagen. Vom Trettiner Spitzberg eröffnen preußische Batterien das Feuer auf die Russen, womit die Lage stabilisiert und der halbwegs geordnete Abzug der Preußen gesichert wird. Das ist in Wirklichkeit die Rettung Preußens. Der russische General Saltykow ist auch auf dringliche Vorhaltungen des energischen Laudon nicht zu bewegen, eine konsequente Verfolgung aufzunehmen. Später schreibt Friedrich selbst hierüber:

"Es hätte nur von den Feinden abgehangen, dem Krieg ein Ende zu machen; sie brauchten uns nur den Gnadenstoß zu geben."

Nun, jetzt im Fährhaus von Ötscher, kann Friedrich nicht wissen, daß dieser Stoß nicht kommt. Seine totale Niedergeschlagenheit ist echt, zu traurig sind die Aussichten für die nächsten Tage. So ist auch der nachfolgende Brief an Minister Finckenstein, noch im Fährhaus geschrieben, als Dokument eines gebrochenen Mannes anzusehen, der sich um sein Lebenswerk gebracht sieht:

"Mein Unglück ist, daß ich noch am Leben bin. Von einem Heere von 48.000 Mann habe ich keine 3.000 mehr. In diesem Augenblicke, da ich dieses schreibe, flieht alles, und ich bin nicht mehr Herr meiner Leute. Man wird in Berlin wohl daran tun, an seine Sicherheit zu denken. Es ist ein grausamer Schlag, ich werde ihn nicht überleben; die Folgen dieser Niederlage werden schlimmer sein als die Niederlage selbst. Ich habe keine Hilfsmittel mehr, und, um nicht zu lügen, ich glaube alles verloren. Ich werde den Untergang meines Vaterlandes nicht überleben. Adieu für immer!"

Niemand wird in Abrede stellen, daß die "Drohungen" dieses Briefes ernst gemeint sind, denn eines darf Friedrich fest annehmen, er muß es einfach, aus dem logischen Denken eines Feldherrn heraus: Daß seine Besieger, wenn schon nicht am gleichen Tage, so doch am folgenden, zum besagten Gnadenstoß ansetzen würden.

Das geschieht nicht, und prompt ist Friedrich wieder oben auf und berät mit General Finck die weiteren Maßnahmen. Am 13. überschreitet er mit den Resten seiner Armee, 12.000 Mann, die Oder, um die Mark und Berlin zu decken, und schon am 18., die Russen drängen nicht nach, beträgt seine Armee wieder 33.000 Soldaten.

"Dies Glück ist", schreibt er hoffnungsvoll und tatsächlich gerettet an Prinz Heinrich, "ein Mirakel für das Haus Brandenburg." Und General Saltykow schreibt an seine Zarin:

"Eure Majestät werden sich über die großen Verluste nicht wundern. Sie wissen, daß der König von Preußen seine Niederlagen allemal teuer verkauft. Wenn ich noch einmal einen solchen Sieg erfechte, so werde ich mit meinem Stabe in der Hand allein die Nachricht nach Petersburg bringen."

Ja, das ist es, und damit löst sich das "Mirakel" in handfeste Gründe und Überlegungen auf: Sie haben Angst vor den Preußen, unendliche, kaum beschreibbare Angst — und sie hat letztlich diesen Krieg entschieden. Friedrich war Manns genug, sich bald wieder aufzuraffen. "Diese tiefe seelische Niedergeschlagenheit", schreibt von Archenholtz in seiner Geschichte des Siebenjährigen Krieges über den Abend von Kunersdorf, "konnte mit einem Charakter von der Seelenstärke Friedrichs nur kurze Zeit währen."

"Es hat Verzweiflung oft die
Schlachten schon gewonnen"
Voltaire

21. November 1759

Maxen

Friedrich tobt. Sein Blick geht starr und hart in die Runde, bleibt auf der großen Karte haften, alles schweigt. Es ist sein böser Blick, und da tut man gut, kein unnützes Wort zu verlieren. "Ich kann es nicht glauben", ruft er, "diese Bauern sind Esel! Was sie gesehen haben, bedeutet vielleicht etwas ganz anderes."

Sein Blick bohrt sich auf den Generaladjutanten von Krusemark, dem die Tränen kommen.

"Die Bauern haben das Richtige gemeldet, Eure Majestät."

Friedrich poltert mit lauten Schritten durchs Zimmer.

"Ist das denn möglich!"

Er erwartet keine Antwort, wird sie sich wohl selbst geben müssen. Die Stimmung hier, im Lager von Wilsdruff, ist den ganzen Tag angespannt gewesen, denn die einlaufenden Nachrichten klingen nicht gut, noch schlimmer ist, daß konkrete Nachrichten eigentlich nicht kommen — solche vom Korps des Generals Finck. Friedrich hatte es ausgeschickt, damit es die Österreicher, jetzt im Ausklang des Feldzuges von 1759, in einen Kleinkrieg verwickle, Magazine wegnehme oder zerstöre, Gefangene mache, Beute einbringe, den Feind im Rücken beunruhige und so weiter. Finck sollte vor allem den abziehenden Daun in den Rücken kommen, was auch geglückt wäre, wenn Daun nicht einen guten Berater gehabt hätte, der mehr vom Kriegshandwerk versteht: General Lacy. Dieser schlägt vor, die eigene Übermacht einmal konsequent zu nutzen, um dieses preußische Korps zu schlagen oder einzukreisen. General Finck ist durchaus nicht blind gegenüber dieser Gefahr, macht dem König Vorstellungen, beschwört ihn schließlich, als es tatsächlich brenzlig wird; umsonst. Hier zeigt sich der Mangel, daß Friedrich im großen und ganzen wenig einsichtig für Ratschläge seiner Generäle ist, und als Anfangserfolge nicht ausblieben, scheint er wieder einmal recht zu haben. Daun bietet 40.000 Mann auf, um die 16.000 des Korps Finck zu fangen, und es hätte der preußischen Ehre keinen Abbruch getan, sich rechtzeitig in Sicherheit zu bringen. Ganz richtig hat Daun hauptsächlich leichte Truppen aufgeboten, die mit ihrer Schnelligkeit bereits am 20. November das Korps von drei Seiten umschließen. Außerdem haben sie die Nachrichtenverbindungen zwischen Friedrich und Finck schon unterbrochen. Daher, heute am 21. November in Wilsdruff die Qualen der Ungewißheit. Bauern kommen, die berichten wollen, wie sie das gewöhnlich für Friedrich tun.

"Was habt Ihr gesehen?"

"Wir haben gesehen, wie preußische Kavallerie von den Pferden stieg, die Infanterie die Gewehre fortwarf, die Offiziere ihr Säbel abschnallten."

Pause, der König wartet mit Blick auf den Boden.

"Wir dachten", sagen die Bauern treuherzig, "daß der Krieg vielleicht zu Ende ist, wo doch die Soldaten herumstanden, als ob keine Feinde da wären."

Friedrich entläßt die Bauern, hier wird sein Blick böse.

"Diese Bauern sind Esel . . ."

"Die Bauern haben das Richtige gemeldet, Eure Majestät. General Finck hat kapituliert", antwortet von Krusemark fest; einer muß es ja aussprechen.

"Seit wann ist es möglich", sagt Friedrich tonlos, "daß Preußen die Waffen niederlegen, ohne zu kämpfen?"

Von Krusemark wagt sich vorzustellen, was passiert wäre, wenn Friedrich dieses Korps persönlich geführt hätte.

"Gab es keine Rückzugsstraßen? Konnte man sich nicht rechtzeitig zurückziehen!"

Friedrich trommelt gegen die Karte.

"Hat sie der Teufel alle verblendet? Sind sie alle verrückt geworden? Wollen sie mich absichtlich zugrunde richten? 16.000 Mann — sie steigen von den Pferden oder werfen die Gewehre fort!"

Für Friedrich kann dieses Ereignis nur unfaßbar sein, sonst nichts. Neun Generäle, 14.000 Soldaten — nicht 16.000, da ein Teil entkommen kann — gehen in österreichische Gefangenschaft, mit ihnen verliert man 71 Kanonen und 96 Fahnen; die kaum ersetzbaren Pferde der Kavallerie nicht gerechnet. Und das in diesem Unglücksjahr 1759! Friedrich denkt nicht daran, sich selbst in die nötigen Vorwürfe miteinzubeziehen; dazu ist er nicht bereit. Mit Recht bedenkt er, daß er, an Fincks Stelle, gewiß einen anderen Ausweg als Kapitulation gefunden hätte.

"Wir alle", sagt der Adjutant, "sind vom tiefsten Schmerz erfüllt, Eure Majestät."

"Schmerz? Stellen Sie sich vor, von welchem Schmerz ich erfüllt bin, mein lieber Krusemark, stellen Sie sich das bitte vor! Finck hat kapituliert! Preußen haben kapituliert!"

Noch immer macht er den Eindruck, als könne das nicht sein. Niederlagen ja — Kapitulation? Er geht hin und her, spricht für sich und nicht an andere:

"Gut also, dieser Schlag sollte mich also auch noch treffen. Es war noch nicht zu Ende, wie ich, bei der Fülle von Schlägen, glaubte. Es wird also noch einer erfolgen und noch einer. Und wieder noch einer. Und ich werde nicht verrückt werden. Ich werde nicht den Kopf verlieren." Friedrich entläßt alle Anwesenden, Schläge verträgt er am besten in der Einsamkeit. Er sollte im Laufe des weiteren Krieges erleben, daß die Kapitulation von Maxen kein Einzelfall blieb. Jetzt geht es um die Behauptung von Sachsen.

"Das letzte Bund Stroh", schreibt Friedrich, "und das letzte Stück Brot wird entscheiden, wer von uns in Sachsen bleiben wird."

Sachsen darf er nicht aufgeben, wenn er sich weiterhin ausreichend versorgen will. Die königliche Ungnade blieb dem General Finck voll erhalten, der nach dem Krieg sich vor einem Kriegsgericht verantworten mußte: Festungshaft. Finck wurde später Befehlshaber der dänischen Armee. Nach der Kapitulation hatte Friedrich an ihn geschrieben:

"Es ist bis dato ein ganz unerhörtes Exempel, daß ein preußisches Corps das Gewehr vor seinem Feinde niedergeleget, von dergleichen Vorfall man vorhin gar keine Idee gehabt."

"Denken ist Reden mit sich selbst"
Immanuel Kant

Halbzeit

Nicht ganz die erste Hälfte des Krieges ist vorbei, als ernsthafte Friedensbemühungen stattfinden: Trotz durchaus nicht ernster Lage Preußens und besonders Englands beschließen beide Könige, den anderen kriegführenden Mächten den Frieden anzutragen. Am 25. November 1759 überreicht Prinz Ludwig von Braunschweig den Vertretern Rußlands, Frankreichs und Österreichs auf Schloß Ryswijk eine diesbezügliche Erklärung. Besonders Frankreich leidet unter diesem Krieg sowohl in Europa als auch in Übersee, denn England erobert überall und hat die französische Flotte so gut wie vernichtet. Ludwig XV.

kann seinen Dienern keinen Lohn mehr zahlen, und die fälligen Wechsel werden bis nach dem Krieg ausgesetzt. So glaubt Friedrich gegen Frankreich selbstbewußte Töne anschlagen zu können, als er Baron Edelsheim mit einem Schreiben an den Botschafter Bailli de Froullay nach Paris schickt:

"Frankreich kann sich mit Ehre und Vorteil aus seiner verdrießlichen Lage herausziehen, wenn es mit uns, England und seinen Verbündeten einen Sonderfrieden schließen will. Wenn Frankreich dareinwilligt, das Gleichgewicht Deutschlands aufrechtzuerhalten, und im Vereine mit England seine Verbündeten fügsam macht, so wird es auf wesentlich günstigere Bedingungen rechnen können als in jedem anderen Falle."

König Ludwig stimmt im Prinzip zu, — die weitere Entwicklung zeigt, wie gut er getan hätte, es endgültig getan zu haben —, und sagt, es würde nicht an Frankreich liegen, wenn der Friede nicht zustandekomme.

Friedrich selbst steht zwar nicht blendend, aber doch ungebrochen da: Das besetzte Sachsen versorgt ihn und seine Armee ausreichend, seine Soldaten kämpfen so furchtbar und furchterregend wie einst, und er kann, bleibt Englands Hilfe bestehen, ohne Angst ins Jahr 1760 sehen. Ein Aussöhnungsversuch mit dem Petersburger Hof, mit Aussichten begonnen, scheitert jedoch. Denn Österreich ist nicht untätig geblieben, der alte Schlauberger Kaunitz läßt eine nichtssagende Erklärung verfassen, die zudem bis ins Frühjahr 1760 hinausgezögert wird:

"Ohne Mitwirkung ihrer Verbündeten könnten sich die Mächte auf nichts einlassen; sie müßten es daher anheim stellen, die Einladung zu einem Friedenskongreß auch auf Sachsen, Schweden und Polen auszudehnen."

Inzwischen ist natürlich weiter gerüstet worden.

"Diese Leute", grollt Friedrich, "sind geschwollen von ihren Erfolgen und wollen den Frieden nicht. Alle diese Verzögerungen sind einzig herbeigeführt, um Zeit zu gewinnen, mich zu vernichten, aber ich hoffe, daß sie daran zum Narren werden sollen."

Es ist verständlich, daß Österreich nicht klein beigeben will. Man bedenke, daß man es damals für unmöglich halten mußte, daß Friedrich der umklammernden Übermacht noch lange würde standhalten können.

Aber, wie gesagt, er "erpreßte" die besetzten Länder und Städte: Für 1760 muß Erfurt 100.000 Taler zahlen, Nauenburg 200.000, Merseburg 120.300, Zwickau 80.000, Chemnitz 215.000, Thüringen 930.000, der Thüringer Kreis 1.375.841, Leipzig 1.100.000. Dazu müssen Pferde, Knechte und Rekruten gestellt oder ausgelöst und Getreide und Futter angeliefert werden. Friedrichs Gegner herrschen über 90 Millionen Menschen. — Er hat fünf Millionen unter sich, und da darf man es ihm nicht verargen, daß er, an die Wand gedrückt, zu allen Mitteln greift; der Krieg geht morgen weiter . . .

Wie sehr Friedrich von seinen Soldaten verehrt wird, zeigt ein Bericht des Grafen Lehndorff vom 14. November 1759:
"Vom König kommt die Nachricht, daß er unpäßlich war, als er sich von Schlesien nach Sachsen begab. Da er das Rütteln im Wagen oder auf dem Pferde nicht vertragen konnte, so ließ er sich in einer Sänfte tragen, und man hatte dieserhalb alle viertel Meile dreißig Soldaten aufgestellt, die einander ablösen sollten. Aber die ersten dreißig wollten durchaus die Sänfte nicht abgeben und haben Seine Majestät bis nach Sachsen getragen. So wird er in seiner Armee angebetet. Der große Mann setzt sich schrecklichen Strapazen aus!"
Der Geist dieser Soldaten ist es, — den wir heute kaum verstehen oder nachvollziehen können, der den Krieg letztlich entscheiden wird. Der Geist dieses Königs und Feldherrn mag mitbestimmend und entscheidend sein, aber er gehört nur einer Person, die schon morgen ausfallen kann. Alle Friedenshoffnungen verlaufen sich in Hochmut, Stolz, Arroganz, Rachsucht und Appetit auf Beuteteilung — am Ende des Krieges wird man froh sein, nicht Weiteres verloren zu haben als schon verloren ist: Schlesien!

"Die große Kunst besteht darin,
zu vermeiden, daß der Leser gähnt"
Friedrich

Friedrich, ein Deutscher?

"Unglücklich Volk, du schwingst mit Raserei
im Bürgerkrieg die blutbefleckten Fahnen,
die Luft ertönt von lautem Wehgeschrei,
und jeder Stein muß zürnend daran mahnen!
Die Fluren wandelt ihr in wüste Stellen
und färbt mit eurem Blut der Ströme Wellen.
Soll da dem Vaterland nicht bangen?
Ihr stürzt euch in die Barbarei,
aus der es durch die Väter frei
und ruhmbekränzt hervorgegangen."

Mit diesem kurzen Ausschnitt aus der langatmigen, ins Deutsche übertragenen, einigermaßen holprigen "Ode an die Deutschen", verfaßt im
Lager von Freiberg am 29. März 1760, in der Not des nicht enden wol-
lenden Krieges, kritisiert Friedrich voller Grimm und Scham das Volk,
dem er angehört, dessen Sprache er so unvollkommen spricht und
schreibt, daß er seine Werke, Dichtungen und Anweisungen in Französisch niederschreibt und anschließend zwecks Verständnis für seine
Landsleute übersetzen läßt. Auch Instruktionen für seine Generäle entwirft er nicht in Deutsch und muß sie, da sie meist kein Französisch
verstehen, ihnen verständlich machen lassen. Nur wenn man sich in
den Zeitgeist versetzt, wird deutlich, warum Deutsch so wenig im
Schwange, deutsche Kultur damals der französischen unterlegen gewesen ist. Wenn man "Kultur für wenige" abhängig sieht von "Unterdrückung für viele", oder sich vor Augen hält, daß Kultur immer dann
besonders blühte, wenn ein großer Teil armer Menschen für einen kleinen Teil reicher die Arbeit verrichtete, dann verwundert die führende
Rolle Frankreichs nicht. Mirabeau berichtet über die Zustände in seiner Heimat:
"Zweitausend Höflinge leben von der Tafel des Königs von Versailles. Millionen fließen in die unergründlichen Taschen der Kava-

liere und Mätressen. Man sagt, in den letzten vierzig Jahren habe die Steuerbelastung des dritten Standes der Bürger und Bauern um tausend Prozent zugenommen, während sich die Privilegierten gleichzeitig achtzig Prozent der Abgaben vom Halse geschafft haben. Der Herzog von Orleans bezahlt für seine Riesengüter keinen Sou Steuern, aber der arme Taglöhner gibt den Verdienst eines Arbeitstages für ein Pfund Salz hin! 200.000 Steuereintreiber quälen das Volk bis zum Weißbluten, allein in meinem Heimatbezirk Arras wurden vergangenes Jahr 4.000 häusliche Pfändungen, 3.400 Verhaftungen und 500 Auspeitschungen wegen angeblich geschuldeter Steuerbeträge vorgenommen."

So gravierend ist es eben in Deutschland nicht gewesen. In seinem kulturellen Werdegang ist Deutschland durch den Dreißigjährigen Krieg um weit mehr als diese dreißig Jahre zurückgeworfen worden, und man bedenke, daß äußere Spuren dieses Krieges, verlassene Dörfer, brachliegende Äcker, verfallene Güter, noch zu Friedrichs Zeiten sichtbar gewesen sind. Friedrich selbst bezeichnet den Bildungsstand des Deutschen Reiches als zweihundert Jahre hinter Frankreich liegend. Da verwundert es nicht, daß auch er der alten deutschen Krankheit erliegt: Dem Schielen über die Grenzen. Französisch ist Mode, Frankreichs Dichter und Denker schlagen, lange vor der Revolution, Töne an, die eine neue Zeit anzukündigen scheinen. Das imponiert natürlich einem freien Geist. Als König unterscheidet sich Friedrich nicht von anderen Fürsten seiner Zeit, den Kaiser, die Kaiserin eingeschlossen: Jeder denkt nur an sich, seine Hausmacht, sein Land. "Das Heilige Römische Reich Deutscher Nationen" existiert nur dem Namen nach, das deutsche Kaisertum ist ein "Opernfach". Friedrich hat nichts dagegen, daß Frankreich sich im Westen deutsches Land aneignet, Maria Theresia verspricht den Russen leichten Herzens die ferne deutsche Provinz Ostpreußen. Von deutscher Nation keine Spur, ein deutsches Nationalgefühl existiert nicht. Am meisten mißfällt dem Literaten Friedrich die deutsche Literatur: Bücher, Gedichte, Theaterstücke.

"Ihre Bücher sind von einer tödlichen Weitschweifigkeit. Wenn man ihnen ihre Weitschweifigkeit nehmen und sie ein wenig mehr mit den Grazien vertraut machen könnte, würde ich nicht die Hoffnung aufgeben, daß meine Nation große Männer hervorbringen könnte."

Wenn er mit diesem Ausspruch die deutschen und französischen Dichter seiner frühen Jahre vergleicht, hat er nicht unrecht. Da es ihm jedoch schwerfällt, eine einmal gefaßte Meinung zu ändern, da Zeitnöte ihn später hindern, sich — wie in Rheinsberg — weiterhin mit der wer-

denden deutschen Literatur zu beschäftigen, so geht sie an ihm vorbei, die neue deutsche Literatur, er bekommt sie sozusagen gar nicht mit. Auch über das deutsche Wesen macht er sich Gedanken:
"Den Deutschen fehlt es durchaus nicht an Geist, die Natur hat ihnen gesunden Menschenverstand gegeben. Ihr Charakter ist dem der Engländer verwandt. Die Deutschen sind arbeitsam und tief; wenn sie sich einmal mit einer Sache befassen, so gehen sie darin auf."
Das klingt in gewisser Weise nach Selbsterkenntnis. Den Vorwurf, zu wenig für die deutsche Literatur getan zu haben, kontert er mit der Bemerkung, was hätte er mehr für sie tun können, als sie nicht zu lesen. Das klingt echt fritzisch und zeigt ihn von seiner deutschen Seite: der Unversöhnlichkeit. Würdigt man Friedrichs Persönlichkeit in dieser Beziehung, so kommt doch wohl heraus: Unter der französischen Schale verbirgt sich das deutsche Herz, in allen Widersprüchen, die der Nation nachgesagt werden, wie Übermut in guten, Niedergeschlagenheit in schlechten Zeiten; Ruhmsucht und Überheblichkeit, Sparsamkeit und Großmannssucht; Derbheit und Innigkeit; Durchstehvermögen, Tapferkeit, Furchtlosigkeit bis zur Selbstaufgabe.
Der englische Gesandte Legge sagte, wie erwähnt, mit dem kühlen Blick der Briten im Jahre 1748:
"Des Königs Herz ist noch deutsch, ungeachtet der französischen Stickerei, die seine Außenseite zeigt."
Auch die vielen ausländischen Gesandten, Diplomaten und Gäste haben keinen anderen Eindruck gehabt als diesen: Daß Friedrich nie etwas anderes als ein Deutscher gewesen sei. Sein Ode schließt mit den Zeilen:

> "Rings von Not und Tod umgeben,
> denkt in eurem Rachefest,
> daß in diesem harten Leben,
> ohne Kampf und Fährnis eben
> sich kein Ruhm gewinnen läßt."

Zeitgenosse Goethe schreibt über ihn:
"Wie kann man von einem Könige, der geistig leben und genießen will, verlangen, daß er seine Jahre verliere, um das, was er für barbarisch hält, nur allzu spät entwickelt und genießbar zu sehen."
Und der spätere Schiller klagt über die Literatur unter Friedrich:

> "Von dem größten deutschen Sohne,
> von des großen Friedrichs Throne,
> ging sie schutzlos, ungeehrt."

Heinrich von Podewils

In Friedrichs schwere Zeit des Siebenjährigen Krieges fällt der Tod seines alten und getreuen Kampfgefährten Heinrich von Podewils. Kampfgefährte bedeutet hier weniger Gefährte des Kampfes als Gefährte, mit dem er Kämpfe ausgetragen hat. Denn Podewils war alles andere als ein Kämpfer, sondern der Diplomat in Reinkultur, das heißt ein Zauderer, Verhandler, Vortaster und Rückzieher — sozusagen ein Relikt aus Friedrich Wilhelms Zeiten, wo er schon den Beinamen "der Fürsichtige" erhalten hat. Friedrich Wilhelm selbst hatte in seinen letzten Verfügungen kurz vor seinem Tode den Etatsminister von Podewils dem Nachfolger wärmstens ans Herz gelegt. Um mit Wien immer auf gutem Fuße zu stehen, schien von Podewils der richtige Mann zu sein. Wie wir wissen, wollte Friedrich mit Wien nicht auf gutem Fuße stehen, und als Podewils das erfuhr, war er naturgemäß außer sich. An der echt pommerschen Treue dieses Mannes zum Staate und königlichem Hause zweifelte Friedrich keineswegs, als Menschenkenner schätzte er ihn durchaus richtig ein, doch hatte er allgemein keine gute Ansicht von Ministern, Beamten und Bürokraten und gedachte als Selbermacher, diese nur als Handlanger und ausführende Gehilfen zu benutzen. Zu sehr hatte er in seiner Kronprinzenzeit beobachten können, wie abhängig Friedrich Wilhelm von seinen bestechlichen Ministern gewesen ist; das sollte ihm selbst nicht passieren.
So ist der arme Podewils das Paradebeispiel dafür geworden, wie Friedrich mit seinen engsten Mitarbeitern und höchsten Beamten umsprang — als Beispiel für andere soll hier von ihm die Rede sein. Es ist leicht einsehbar, daß Friedrich durch den bedächtigen Mann oft zu Aufregung und Zorn getrieben worden ist, wenn in den ihm übertragenen Verhandlungen nicht alles rasch genug gegangen ist. Aus dem umfangreichen Briefwechsel der ersten Regierungsjahre sollen hier einige Auszüge gebracht werden, die ein bezeichnendes Licht auf das Verhältnis werfen. Podewils kann über die ihm zugedachte Rolle nachdenken, als Friedrich ihn 1740 nach Rheinsberg rufen läßt, um ihm die Aktion ge-

gen Schlesien mitzuteilen: Keine Diskussion darüber, daß sie stattfindet — das ist entschieden — sondern nur über das Wie und Wann. Podewils ist außer sich vor Schrecken und hält das Unternehmen für das, als was es sich schließlich herausstellte: ein Hasardspiel. Friedrich pflegt seinen Ministern und Gesandten für Verhandlungen genaue Instruktionen mitzugeben, so daß sie selbst kaum Spielraum haben, trotzdem aber Rügen einstecken müssen, wenn nicht alles nach Wunsch läuft. Am 7. November 1740:

”Die Rechtsfrage ist Sache der Minister, also die Ihrige.”

Am 8. November 1740:

”Ich bitte Sie, seien Sie mein Quacksalber und nehmen Sie die beste Latwerge und gutes Gold zur Vergoldung Ihrer Pillen.”

Am 16. Dezember 1740:

”Lieber Podewils, Ich habe mit fliegenden Fahnen und klingendem Spiel den Rubicon überschritten.”

Podewils führt die Verhandlungen mit dem französischen Gesandten Valory, und hart trifft ihn Friedrichs Unmut:

”Sie fangen an, mir verdächtig zu werden, und ich muß, wenn Sie nicht meinen Befehlen Folge leisten und mit Valory abschließen, glauben, daß Sie von England bezahlt werden ... Ich warne Sie; treiben Sie kein Spiel mit mir, sondern führen Sie meine Befehle buchstäblich aus, oder Ihr Kopf springt ohne weiteres.”

Auch die Verhandlungen 1745 mit dem sächsischen Gesandten Bülow gefallen Friedrich nicht. Am 23. Februar 1745 schreibt er ihm:

”Seien Sie doch nicht ein solches Angsthuhn. Antworten Sie Bülow, die Sachsen könnten sich glücklich schätzen, daß wir nur durch Sachsen marschiert sind.”

Am 8. März 1745 muß neben Podewils auch der Minister von Borcke Schelte einstecken:

”Wahrlich, meine Herren Minister, Sie sind alle beide außerordentlich sonderbare Menschen. Sie verlangen, daß man in Angelegenheiten von der äußersten Wichtigkeit vertrauensselig, träge und ohne jede Vorsicht oder etwas Ähnliches verfahre.”

Der Zyniker kommt durch in einem Brief vom 6. April 1745:

”Adieu, vergnügen Sie sich gut dort hinten; beruhigen Sie die Furchtsamen, ermutigen Sie die Gutgesinnten, und seien Sie überzeugt, daß wir Schlesien behaupten, oder daß Sie nur unsere Gebeine wiedersehen werden.”

Nach der Schlacht von Hohenfriedeberg, am 4. Juni 1745:

”. . . Leben Sie wohl. Gebe der Himmel, daß ich Grund habe,

ebenso zufrieden mit der Staatskunst zu sein wie mit den Waffen."
Am 7. Februar 1747 äußert sich Friedrich an den Minister in treffender Weise über die Engländer:

"Ich bin erstaunt über die englische Politik. Die Engländer sehen ganz Europa für eine lediglich zum Nutzen Englands geschaffene Staatengemeinschaft an. Niemals gehen sie auf Interessen anderer ein, sie kennen keine anderen Überredungsmittel als ihre Guineen."

Schon am 31. Mai 1741 hatte er sich ähnlich geäußert:

"Sehen Sie nun, wer sich von uns beiden getäuscht hat? Habe ich nicht recht gehabt, als ich Ihnen sagte, die Engländer seien Schufte."

Aus vielen Briefen Friedrichs an seine Minister spricht der Hohn, als Ursprung der latenten Verachtung diesen Federfuchsern gegenüber, die stets an der Kandare zu halten sind.

Zweifellos: Heinrich Graf von Podewils hat viel schlucken und aushalten müssen; wohl nur die Liebe zum Vaterland und Treue zum Monarchen haben ihm das ermöglicht. Als der dritte Krieg ausbricht, ist er ein alter Mann und sieht seine Ahnungen und Befürchtungen heraufziehen: Preußen wird der Übermacht erliegen müssen, das erscheint ihm schon rein rechnerisch als logisch. Die ersten Niederlagen erlebt er mit, den Ausgang des Krieges nicht: Er stirbt am 29. Juli 1760. Friedrich schreibt an Finckenstein:

"Ich bedaure sehr den armen Grafen Podewils, das war ein Ehrenmann und ein guter Staatsbürger."

Das "Absterben" soll Friedrich sehr nahe gegangen sein. Es wird leer um ihn, denn in den letzten Jahren ist einer nach dem anderen von ihm geschieden; mit Podewils kein bedeutender, geschichtlicher Preuße, eher ein Mann und Untertan, der für preußischen Gehorsam und Pflichterfüllung steht.

"Nicht räsonieren — Ordre parieren!"

"Jedermann ist seines Glückes Schmied,
vorausgesetzt, daß ihm das Schicksal
nicht Hammer und Amboß versagt hat"
Appius Claudius

Liegnitz

"Da sagen die Leute, daß der König so gut wie vernichtet sei, daß seine
Truppen nicht mehr die alten seien, daß er keine Generale mehr habe;
dieses mag alles wohl sein, aber sein Geist, der alles belebt, bleibt immer derselbe . . ."
Dieser Satz des französischen Militärbevollmächtigten Graf Montazet
sagt so gut wie alles über die Lage Friedrichs Mitte 1760 aus, nach dem
Sieg von Liegnitz. Die Welt kann kaum verstehen, wie ein preußischer
Sieg dieses Ausmaßes überhaupt möglich ist. Nach den vielen preußischen Rückschlägen dieses Jahres: Fouques Gefangennahme mit etwa
8.000 Mann, der Verlust einiger Festungen in Schlesien und Sachsen,
der vergeblichen Belagerung von Dresden. Es ist an der Zeit, daß etwas
für Preußen Günstiges geschieht. Mit der Schlacht von Liegnitz beweist Friedrich, daß seine taktischen Fähigkeiten, seine List und sein
Mut, Gelegenheiten beim Schopfe zu fassen, ungebrochen sind, und
daß er aus Fehlern, wie beispielsweise denen von Hochkirch, gelernt
hat. Er weiß allerdings auch, daß er sich eine große Niederlage nicht
mehr leisten kann. Noch einmal Kunersdorf — schwerlich würden seine Feinde ihn dann unbehelligt lassen. Mitte August steht die preußische Armee im Lager bei Liegnitz, und Leopold von Daun ist durch
Vorstellungen Wiens gehalten, endlich einmal eine Schlacht zu wagen.
Er beschließt, Friedrichs Lager à la Hochkirch nächtlicherweise zu
überfallen, diesmal noch gründlicher, nämlich von vier Seiten gleichzeitig.

"Der Sack ist aufgemacht", sagen die Österreicher, "worin wir den König von Preußen mit seiner ganzen Armee fangen werden."
Zu laut ist dieses gesagt worden, der König hat's gehört. Zwar ordnet
er, in Erwartung eines Überfalls, größere Wachsamkeit und erhöhte Si-
cherheitsmaßnahmen an, außerdem will er sowieso nur bis zum Ein-
treffen eines Versorgungstransports hier bleiben, aber wenn die Gele-

genheit günstig ist, die Österreicher ihr Lager verlassen und ihm entgegenkommen — nun denn!

"Sie haben nicht ganz unrecht", sagt er, "aber ich denke, in den Sack ein Loch zu machen, das sie Mühe haben werden auszubessern."

Auf die konkrete Nachricht hin, daß er in der Nacht auf den 15. angegriffen werden soll, verläßt der König mit seiner Armee am Abend das Lager, um sich auf den Höhen von Liegnitz in Schlachtordnung aufzustellen. Beide Gegner suchen sich durch Täuschung zu beschwindeln, denn auch die Österreicher verlassen nun ihr Lager, und beide Gegner unterhalten in ihren Lagern Wachtfeuer und "Lagergeschrei", um den Abzug zu verschleiern. Wer wird auf wen hereinfallen? Ein Verrat ist schon geschehen, der österreichische Plan an die Preußen, kann es nicht auch umgekehrt kommen? Friedrich fühlt sich sicher und wohl in der Rolle, einmal den Gegner erwarten zu können, nicht angreifen zu müssen. Seine Soldaten ruhen, mit den Gewehren im Arm, erzählend am Boden. Der König mitten unter ihnen beim Grenadierbataillon Rathenow, während der erste Feind, nämlich General Laudon, der Verabredung mit Gegner Nr. 2, Daun, gemäß schon unterwegs ist. Eine klare, schlesische Sommernacht, drei Uhr. Da: Der ausgeschickte Zietenmajor sprengt heran.

"Majestät, der Feind ist da!"

Noch schüttelt Friedrich ungläubig den Kopf.

"Ihro Majestät, hole mich der Teufel, der Feind ist da. Er ist kaum vierhundert Schritt entfernt."

In drei Kolonnen hat Laudon die Katzbach überschritten, er weiß, daß Daun und Kollege Lazy von Süden und Westen angreifen werden. Nachdem er zwischendurch die Meldung erhält, daß am Töpferberg die preußische Bagage unter unzureichender Bewachung steht, will er diese rasch fortnehmen und marschiert ohne Sicherung dorthin. So gerät seine Spitze im ersten Licht des 15. August in das Kartätschenfeuer der vordersten preußischen Batterien, was ihn schwere Verluste kostet. Doch in der sicheren Erwartung der Unterstützung durch Daun und Lazy, auch die preußische Armee im Lager wähnend, läßt er sich hier in den Kampf ein. Friedrich hat wieder einmal das erreicht, was er stets anstrebt: Die Hauptmacht des Gegners geteilt, und einer der Teile nun allein vor sich. Laudon läßt zu früh seine Kavallerie vorgehen, die von der frischen preußischen Infanterie abgewiesen und in sumpfiges Gelände getrieben wird, diese Infanterie wirft auch die österreichische zurück. Laudon will sich im Dorf Panten festsetzen, noch immer auf Beistand hoffend, das Dorf wird angesteckt und von den Preußen erstürmt; damit ist seine Stellung unhaltbar, unter großen Verlusten muß er zurück. Daun ist inzwischen im verlassenen Lager der Preußen angekommen, wegen des Gegenwindes kann er von der nur eine halbe Meile entfernt tobenden Schlacht nichts bemerken. Enttäuscht und halbherzig rückt er vor und gerät in ungünstigem Gelände an ein ihn erwartendes Treffen der Preußen, das ihn abweist. Ebenso wie er, weiß auch der dritte österreichische Kommandant, General Lazy, nichts von den Ereignissen, er ist westlich um Liegnitz herummarschiert und kann beim Hellwerden nur ahnen, daß nicht alles nach Plan verlaufen ist. Laudon überläßt inzwischen den Preußen das Schlachtfeld, mit dem Verlust von vierundsiebzig Kanonen, für den König stets eine willkommene Beute, und 10.000 Mann an Toten, Verwundeten und Gefangenen. Damit ist es Friedrich gelungen, Laudon, den er als gefährlichen Österreicher erkannt hat, eine Niederlage beizubringen. Es ist noch früh am Morgen, denn nur drei Stunden hat die Schlacht gedauert, die wesentliche strategische Vorteile für Friedrich erbringt: Die Vereinigung der Russen und Österreicher ist wieder einmal verhindert; die Russen ziehen sich sofort über die Oder zurück; für den König ist der Weg nach Breslau frei; Groll und Uneinigkeit entsteht im Lager seiner Feinde. Früher hätte Friedrich hierüber optimistische Töne abgegeben, jetzt schreibt er richtig an den Marquis d'Argens:

"Ehedem, mein lieber Marquis, würde die Schlacht vom 15. August den Feldzug entschieden haben; jetzt aber ist es nur eine kleine Balgerei. Eine große Schlacht ist erforderlich, um unser Schicksal zu bestimmen . . ."

Friedrich hat mit dem Sieg von Liegnitz gezeigt, daß er noch der "Alte" ist — siehe den Anfang dieses Kapitels!

"Es geht mit der Kriegskunst wie
mit allen Künsten. Sie ist bei
rechtem Gebrauch nutzbringend und
bei Mißbrauch verderblich"
Friedrich

24. Oktober 1760

Gedanken vor der Schlacht

Daß Friedrich in jeder Hinsicht bemerkenswert war, ist nichts Neues. Ebenso nicht, daß ihn nach verlorenen Schlachten oder mißlungenen Unternehmungen das heulende Elend packte, physisch und psychisch; dies kann nicht verwundern, da es menschlich und natürlich ist. Friedrichs Charakter scheint prädestiniert, alle Höhen und Tiefen des Daseins durchzumachen. An anderen Stellen wird sein Verhältnis zu Ärzten dargelegt und über seine Krankheiten berichtet, bemerkenswert soll an dieser Stelle sein, daß alle seine Leiden unter den Strapazen von 1756 bis 1763 in verstärktem Maße auftreten und ihn mehrere Male beinahe an den Rand des Lebens bringen. Wir wissen heute, daß Menschen, die sich gehen lassen eher bestimmten Leiden erliegen können, als solche, die energisch gegen sie kämpfen, "ihnen keine Zeit geben zum Ausbruch". Friedrich scheint ein Mittelding zwischen diesen beiden Typen gewesen zu sein. Denn einerseits "sonnt" er sich in seinen Leiden, andererseits sind sie für ihn nicht da, wenn er sie nicht gebrauchen kann. Das letztere ist immer dann der Fall, wenn große Entscheidungen anstehen.

Henri de Catt gibt in seinen Erinnerungen anschauliche Beispiele, wie Friedrich am Vorabend großer Schlachten total am Boden liegt, so daß niemand seiner Militärs einen Taler auf ihn für den nächsten Tag setzen mag, und doch: Kaum graut der Morgen, scheucht er seine Adjutanten hoch, übelster Laune, versteht sich, und ab geht's, hoch zu Roß, auf Erkundungsritt. In dieser Verfassung befindet sich Friedrich Mitte und Ende Oktober 1760. Um seine körperlichen Leistungen zu erkennen, muß man sich vor Augen führen, wie die Armee die Nächte der kalten Jahreszeit verbringt, wenn sie nicht in Winterquartieren liegen kann. Oft wird, schon wegen der Alarmbereitschaft, unter freiem Himmel auf nacktem Boden übernachtet, Kälte und Nässe ausgesetzt, und es sind Berichte aus Winterlagern bekannt, wo die Leinwand der

Zelte steifgefroren, mit Eis bedeckt und nicht einmal Holz zur Verfügung ist. Ebenso ist bekannt, daß Friedrich gelegentlich genauso lagerte wie seine Soldaten. Wie alle Kranken oder Leidenden liebt Friedrich es, sich über seinen Zustand zu äußern, wovon de Catt berichtet und viele Briefe Zeugnis ablegen; besonders an seinen Freund, den Marquis d'Argens, einen Hypochonder erster Klasse. Die damaligen Ärzte, "Stümper" nach unseren heutigen Kenntnissen, halfen sich bei fast allen Leiden mit dem Aderlaß — einen davon hat Friedrich am 24. Oktober hinter sich, und in einem Brief an d'Argens schüttet er sein Herz aus:

"Denken Sie nicht, daß ich nicht klar sehe durch die Wolkenschleier, womit Sie tatsächliche und erdrückende Unglücksschläge verhüllen wollen. Das Ende meiner Tage ist vergiftet, und der Abend meines Lebens ebenso schrecklich, wie der Morgen war."

Er liebt es, unter Vertrauten seine Jugendzeit anklingen zu lassen.

"Was ich auch tun mag, bei der Menge meiner Feinde sehe ich voraus, daß ich, wenn ich hier widerstehe, dort unterliegen muß; ich habe nichts mehr in der Welt zu hoffen."

Wie gesagt, morgens sieht es dann anders aus. Der Marquis, selbst für jede Art Zuspruch aufgeschlossen, versucht ihn zu trösten, so daß Friedrich ihm antwortet:

> "Ich sehe, daß wir uns in unseren Gedanken nicht begegnen und von sehr verschiedenen Grundsätzen ausgehen. Sie schätzen das Leben als ein Sybarit, und ich betrachte den Tod als ein Stoiker. Niemals werde ich den Augenblick erleben, der mich zwingen könnte, einen unrühmlichen Frieden zu schließen. Kein Beweggrund, keine Beredsamkeit würde mich dahin bringen, meine Schande zu unterschreiben. Entweder will ich mich unter den Ruinen meines Vaterlandes begraben, oder wenn dem Unglück, das mich verfolgt, diese Tröstung noch zu süß erscheinen sollte, so werde ich selbst meinen Leiden ein Ziel setzen, wenn ich sie nicht mehr zu ertragen vermag. Ich habe gehandelt und werde zu handeln fortfahren nach der inneren Stimme und Ehrgefühle, die alle meine Schritte lenken; mein Verhalten wird jederzeit mit diesen Grundsätzen übereinstimmen. Nachdem ich meine Jugend meinem Vater, mein reiferes Alter meinem Vaterlande geopfert habe, glaube ich berechtigt zu sein, über mein Alter frei zu bestimmen. Ich habe es Ihnen gesagt und wiederhole es: niemals wird meine Hand einen demütigenden Frieden unterzeichnen. Und doch will ich den Feldzug beenden, entschlossen, alles zu wagen und die verzweifelsten Dinge zu unternehmen, um zu siegen oder ein Ende mit Ruhm zu finden."

Wie bei allen Literaten darf man auch bei Friedrich nicht jedes niedergeschriebene Wort auf die Goldwaage legen. Denn neben seiner Eigenschaft als Schriftsteller ist er auch Politiker, schreibender Politiker sozusagen —, nicht nur zwei, mehrere Herzen schlagen in seiner Brust! Friedrich steht tatsächlich am Vorabend einer Schlacht, nur weiß er es noch nicht, aber sie wird die letzte große dieses Krieges sein . . .

Torgau

Liegnitz ist nicht die letzte Schlacht des Feldzuges von 1760. Friedrich findet es notwendig, um Sachsen für seine Winterquartiere zu behaupten, die Österreicher noch einmal zu verdreschen. "Der 3. November", schreibt von Archenholtz, der bei Torgau mitmachte, in der blumigen Sprache der Zeit, "war der denkwürdige Tag, wo Menschenblut wie Wasser floß . . ."
Wieder einmal steht Marschall Daun mit 52.000 Mann und 280 Kanonen in einer schier unangreifbaren Stellung, und es ist wenig Aussicht für Friedrich, ihn zur Schlacht hervorzulocken. Der linke Flügel der Österreicher stößt an die Elbe, der rechte ist durch Anhöhen gedeckt, die so mit Kanonen bestückt sind . . . — wir werden sehen! Vor der Front breitet sich eine Landschaft voller Moräste, Teiche, Gräben und Wallungen aus, daß selbst heutige Soldaten Schwierigkeiten beim Durchkommen hätten. Daun seinerseits muß sich wünschen, daß Friedrich ihn angreift, denn seine Artilleristen sind scharf darauf, ihre Granaten und Kartätschen in preußische Regimenter zu schleudern. Wieder versucht Friedrich, den Feind von zwei Seiten zu packen, ihn in die Elbe zu werfen. Zu diesem Zweck teilt er seine Armee, rund 44.000 Mann und 132 Kanonen, in zwei Abteilungen, von denen Zieten eine erhält, mit der er Dauns Stellung umgehen und unweit Torgau an den Süptitzer Höhen angreifen soll. Man spricht sich ab, daß Friedrich erst angreifen soll, wenn er Zietens Armee im Kampf weiß. Zieten muß allerdings weiter als vorgesehen nach Osten ausbiegen, da ihm ein österreichisches Dragonerregiment, welches über den Anmarsch der Preußen gar nicht informiert ist, in die Quere kommt, und erst zusammengehauen und gefangengenommen werden muß. Der Zeitverlust wird sich für Preußen ungünstig auswirken. Zwischen zwei und drei Uhr marschiert Zieten dem Korps Lacy gegenüber auf, und es erhebt sich sogleich eine lebhafte Kanonade, die Friedrich vernimmt und für den Beginn des Kampfes halten muß. Drei Uhr — der kurze Novembertag würde bald zu Ende sein. Eigentlich will Friedrich das Heran-

433

kommen seiner Bataillone abwarten, die Schwierigkeiten haben, das Gelände vor Dauns Stellungen zu überwinden, aber er muß Zieten unterstützen. Irrtum: Zieten greift gar nicht an, da er ganz richtig beurteilt, daß der König noch nicht mit dem Aufmarsch fertig sein kann. Über den Beginn von Friedrichs Angriff schreibt von Archenholtz als Augenzeuge:

> "Daun empfing die Preußen mit einem Kartätschenfeuer, das noch nie seit der Erfindung des Pulvers erlebt worden war. Mehr als hundert zu Batterien vereinigte Kanonen standen hier auf einen Punkt gerichtet, und ihre Feuerschlünde sprühten unaufhörlich Tod und Verderben. Es war ein Bild der Hölle, die sich zu öffnen schien, ihren Raub zu empfangen."

Friedrich sagt zu seinem Adjutanten:
"Welch schreckliche Kanonade! Haben Sie je eine ähnliche gehört?"
Hinzu kommt das ansteigende Gelände, das die preußische Infanterie zu überwältigen hat. In kurzer Zeit sind zwei Drittel der Angriffswelle zu Boden gemäht. Mit Verspätung rückt die preußische Artillerie an, um wenigstens in gewissem Maße der Infanterie den Weg freizuschießen. Auch die Kavallerie kann nun angreifen, und so zeigen die Österreicher die ersten Schwächen vor dem entfesselten preußischen Todesmut. Anhöhen und Batterien werden erobert, verloren, wiedererobert, unter heftigen Regenfällen, die den Kampfplatz zu Schlammwüsten machen. Friedrich selbst führt einen Angriff nach vorn, hier, nachdem ihm das dritte Pferd unterm Leib erschossen worden ist, trifft ihn eine Kugel, er sinkt lautlos vom Pferde. Jeder Kenner der Kriegslage weiß, auf beiden Seiten, daß die preußische Armee steht und fällt mit der Person des Königs — wer seiner Nachfolger würde in der Lage sein, den Krieg erfolgreich zu beenden, das Schiff Preußen über Wasser zu halten! Die Kugel ist von seiner Kleidung aufgefangen worden, seine kurze Ohnmacht geht vorüber.
"An meinem Leben hängt heute am wenigsten", sagt er bescheiden, aber falsch, "ein jeder tue seine Pflicht. Wehe dem, der sie nicht tut."

Inzwischen brechen Dämmerung und Dunkelheit herein, und Daun, verwundet, läßt Kuriere mit einer Siegesbotschaft nach Wien abgehen. Was hatte Zieten unterdessen getan? Um vier Uhr hatte er es nicht mehr ausgehalten und den Angriff auf das Korps Lacy begonnen, mit dem Versuch, das Dorf Süptitz zu erstürmen. Ihm geht es nicht anders als dem König: Überall empfängt das österreichische Abwehrfeuer die stürmenden Preußen, so daß kaum Gelände gewonnen werden kann.

Eroberte Höhen müssen wieder aufgegeben werden. Aber über einen Zugang, einen Damm zwischen zwei Teichen, den Österreichern offenbar nicht bekannt, fällt die Entscheidung, denn über ihn geraten die Preußen den Feinden in die Flanke. Jedoch kann wegen der einbrechenden Dunkelheit dieser Vorteil nicht mehr voll genutzt werden. Auf dem Schlachtfeld spielen sich jetzt die erschütterndsten und ergreifendsten Szenen ab: Da Freund und Feind sich nicht mehr unterscheiden können, kommt es zu überraschenden Gefangennahmen und unverhofften Gefechten zwischen kleineren Einheiten, die auf der Suche nach ihren Truppen über das Feld irren. Hier machen sie sich erbittert nieder, dort sitzen sie um wärmendes Feuer, in einem stillschweigenden, bis zum anderen Morgen geltenden Waffenstillstand. Friedrich stellt in diesen Stunden fest, die er in der Kirche von Elsnig verbringt, da alle Häuser mit Verwundeten überfüllt sind, daß seine Armee nicht so gelitten hat wie befürchtet, kampfbereit und entschlossen ist, so daß er beschließt, den Kampf morgen fortzusetzen, falls Daun das Schlachtfeld nicht freiwillig räumt.

Zuvor schickt er, wie Daun nach Wien, die Siegesbotschaft an Minister Finckenstein in Berlin. Doch die Österreicher sind in der Nacht über die Elbe in Richtung Dresden abgezogen. Und wer das Schlachtfeld nicht behauptet, darf keine Siegesmeldung verschicken — darum ist die Bestürzung in Wien, als die richtige Meldung eintrifft, besonders groß. Das Ergebnis dieses Sieges ist für Friedrich lebenswichtig: Es geht in den Winter, von Dresden abgesehen, ist Sachsen in preußischen Händen, somit sind wieder einmal die Winterquartiere für Preußen in diesem Land zu nehmen. Daun erklärt nach der Schlacht von Torgau seiner Kaiserin, die österreichischen Heerführer würden einen furchtbaren Gegner wie den König von Preußen niemals bezwingen; diese Ansicht seinem Gegner beigebracht zu haben, kann als größte Leistung Friedrichs für das Kriegsjahr 1760 angesehen werden, eine Ansicht, die anno 1763 Folgen haben wird. Der Haudegen Zieten ist der Held der Schlacht, nie hat Friedrich ihm seine vaterländische Tat vergessen.

"Er ließ uns alle Freiheit, selbst   **22. Dezember 1760**
die Freiheit — dumm zu sein"
Gleim

Christian Fürchtegott Gellert

Oft wird Friedrich vorgeworfen, sein Verhältnis zur deutschen Literatur seiner Zeit sei nicht gut gewesen, "gebrochen" würden wir heute sagen. Was ist mit diesem Vorwurf? Ist er berechtigt? Auf den ersten, oberflächlichen Blick vielleicht — bis zu dem Zeitpunkt dieses Kapitels,

1760 — gewiß nicht; über spätere Jahre werden noch Worte verloren ...
Bekanntlich hat Friedrich auch in härtesten Stunden und Tagen des
Krieges seine literarischen Ambitionen, aktiv und passiv, nicht ruhen
lassen — wer ihm dieses nicht hoch anrechnet, der hat keinen Sinn für
Kultur! Was hat Friedrich, sinngemäß, über Cäsar gesagt:
"Was hätten ihm alle seine Siege genutzt, hätte er nicht über sie geschrieben! Vermutlich würde dann niemand mehr über seine Siege reden."
Um 1760 gibt es für jemanden, der Voltaire und Racine liest und verehrt, keinen deutschen Schriftsteller, der einer höheren Aufmerksamkeit als diese beiden würdig gewesen wäre. Damit steht Friedrich nicht
allein, wenn er auch auf diesem Gebiet, leider, Neuem wenig aufgeschlossen ist. Desto mehr sind die Versuche seiner Umgebung, Männer, die regelmäßig vorgelassen werden, zu begrüßen, ihn mit deutschen Literaten bekanntzumachen.
Oberst Quintus Icilius, der in Wahrheit Guichard heißt, versucht im
Hauptquartier zu Leipzig, wo Friedrich sich nach anstrengenden
Kriegsmonaten pflegt, erholt und wieder mehr in Kultur, Literatur und
Musik tut, ihn für Christian Fürchtegott Gellert zu interessieren, der
Professor in Leipzig für Moral, Stilistik und Dichtkunst und durch sei-
ne Fabeln populär geworden ist. Der Empfang findet am 22. Dezember
1760 statt. Gellert, äußerlich linkisch und dem hohen Gastgeber gegen-
über befangen, erweist sich sehr rasch den nicht gerade höflichen Fra-
gen des Königs gewachsen und schlagfertig. Das ist sein Glück, denn
Friedrich mag so etwas.
"Haben Sie nicht einen Bruder in Freiberg?" fragt er aus dem Gedächt-
nis.
"Ganz recht, Eure Majestät."
Doch dann kommt Friedrich direkt:
"Warum gibt es keine guten deutschen Schriftsteller?"
Was sollen Bescheidene darauf antworten? Quintus Icilius rettet ihn:
"Eure Majestät sehen einen dieser guten deutschen Schriftsteller vor
sich sitzen. Man nennt Herrn Gellert den deutschen La Fontaine."
"So", sagt Friedrich, "das ist kein geringes Kompliment. Haben Sie
viel von ihm gelesen?"
"Jawohl, Eure Majestät, gelesen, aber nicht nachgeahmt. Ich bin selber
einer."
Eine Antwort nach Friedrichs Geschmack.
"Gut, Sie sind einer, aber wo sind die anderen?"
Friedrich kann das Bohren nicht lassen.

"Eure Majestät sind möglicherweise gegen die Deutschen voreinge-
nommen", antwortet Gellert fest.
"Nein, das kann ich nicht sagen."
Gellert wahrt seine Chance und sagt:
"Aber gegen die deutschen Schriftsteller?"
"Das mag sein. Warum gibt es unter ihnen keinen großen Geschichts-
schreiber? Niemand übersetzt zum Beispiel Tacitus."
"Der ist schwer zu übersetzen. Selbst die Franzosen haben schlechte
Übertragungen von ihm gemacht."
"Sie haben recht", sagt Friedrich, dem die knappen Antworten außer-
ordentlich gefallen.
"Es lassen sich viele Ursachen dafür anführen", fügt Gellert eilig hin-
zu, denn die Situation scheint günstig, "daß es mit der deutschen
Schriftstellerei so schlecht gestellt ist. Als Kunst und Wissenschaft bei
den Griechen blühte, wurde in Rom Krieg auf Krieg geführt. Dieser
Zeitabschnitt ist vielleicht jetzt den Deutschen zugefallen. Es fehlt uns
ein Ludwig XIV. oder gar ein Augustus."
"Sie wünschen sich also einen Augustus für ganz Deutschland?"
"Nein. Ich wünsche nur einen Souverän, der das Talent in seinem eige-
nen Volk ermutigt, statt es einzuschüchtern."
Starke Worte, der König lächelt.
"Sind Sie aus Sachsen schon herausgekommen?"
"Ich war einmal in Berlin."
"Sie sollten reisen.'"
Gellert antwortet, dazu habe er weder Geld noch die Gesundheit.
Nach dem weiteren Gespräch über Reisen und den ersehnten Frieden
fordert Friedrich den Dichter auf, eine seiner Fabeln zum Besten zu ge-
ben. Gellert liest vor. Der König ist davon angetan, besonders der Hu-
mor gefällt ihm. Als Gellert entlassen ist, sagt er zu Quintus Icilius:
"Das ist von allen deutschen Gelehrten, die ich kenne, der gescheiteste.
Das Feld, das er bestellt, ist klein, aber er leistet darin Vorzügliches."
Obwohl Friedrich Gellert weiterhin zu sehen wünscht, ist eine spätere
Zusammenkunft nicht mehr zustandegekommen. Der leidige Krieg
läßt wenig Raum für derartige Audienzen, Friedrich hat den Kopf voll
"lebenswichtiger" Gedanken, und so gerät ein Literat rasch aus dem
Sinn. Immerhin: Nach Beendigung des Krieges, als er wieder mehr Zeit
für den Aufbau seines Landes hat, weist Friedrich seine Schulen an,
Gellerts Gedichte in die Schulbücher aufzunehmen.

"Das mag die beste Musik sein, 19. Januar 1762
wenn Herz und Mund stimmt überein"
Sprichwort

Flötentöne

Im Jahre 1761 finden mehr diplomatische Fechtereien als militärische
Kämpfe statt. Kriegsmüdigkeit und Kriegsunlust allerorten! Im Westen
schlägt Herzog Ferdinand von Braunschweig sich mit wechselndem
Glück und beschäftigt die Franzosen ausreichend. Am 27. Oktober erliegt Georg II. von England einem Schlaganfall und sein Enkel folgt
ihm als Georg III. auf den Thron. Leute wie Kanzler Kaunitz in Wien
bezweifeln, ob Friedrich besiegbar und damit Schlesien wiederzuge-
winnen sei und raten Maria Theresia zum baldigen Frieden. Die
Schweden wurschteln in Pommern herum und haben ihren Appetit
auf preußische Beute nachhaltig verloren. Rußland? Die Gesundheit
der Zarin gibt hier zur Sorge, dort zur Hoffnung Anlaß — je nachdem!
Das nicht beteiligte Europa hat das Gefühl, daß alle nach einer Möglichkeit suchen, mit Anstand, auf den Diplomaten stets hohen Wert legen, aus der Kriegsmisere austreten zu können. Friedrich hat Anfang
1762 reorganisiert und organisiert, fühlt sich zwar ebenfalls kriegsmü-
de, doch nicht so, daß er auf ein Tüpfelchen von Schlesien verzichten
könnte. Schlesien! Maria Theresia grämt sich deswegen, verständlich,
und will es in 1762 noch einmal wissen. Doch erst kommt es im Win-
terquartier Friedrichs noch zu einem denkwürdigen Vorgang. Es werden Ohren gespitzt; es wird aufgehorcht; man sieht sich an; läßt Beschäftigung und Arbeit liegen; reibt sich die Hände, schüttelt die Köpfe: Flötentöne dringen aus Friedrichs Zelt, heute, am 19. Januar 1762!
Wann hat man sie zuletzt gehört? Zwar hat sich Friedrich von seiner
Flöte und seinen geliebten Büchern den ganzen Krieg durch überall hin
begleiten lassen, aber Bücher sind eben schneller und leichter herzu-
nehmen als ein Instrument. Seinen Briefpartnern des Krieges, zum Beispiel der Gräfin Camas und dem Marquis d'Argens, hat er stets drastisch vor Augen geführt, wie schlecht es körperlich um ihn gestellt,
wie wenig er in der Lage sei, dieses leichte Instrument zu führen.
". . . täglich fällt mir ein Zahn aus . . ."

Seine rechte Hand ist zeitweise durch Gicht unbeweglich, außerdem gibt es für ihn immer weniger Anlässe, Heiterkeit zu zeigen; und die braucht er nun einmal für seine Musik. Was also kann das heitere Ereignis sein, das ihm diese Töne entlockt? Friedensgerüchte? Ein neuer Sieg Herzog Ferdinands im Westen? Eingeweihte wissen, was es sein kann, und lächeln, lächeln auch über den ihnen sattsam bekannten Zynismus Friedrichs, der hier zum Ausdruck kommt. Gerüchte liegen schon seit Dezember 1761 in der Luft, als ein Adjutant nach Breslau die Nachricht brachte, Zarin Elisabeth läge im Sterben.

"Setzen Sie nicht zu hoch drauf", sagte der König damals, "noch lebt sie, und sie ist zäh, die alte Hexe. Bei meinem Glück wird sie hundert Jahre alt werden." Kein Zweifel aber, daß auch der Realist Friedrich Hoffnungen auf ihren Tod und ihren Nachfolger setzt, aus einem ganz realistischen, aller Welt bekannten Grunde: Peter gilt als glühender Verehrer Friedrichs, was dieser selbst immer mit Verwunderung und Zurückhaltung zur Kenntnis genommen hat, denn offenbar hat er von dem jungen Mann keine sehr hohe Meinung.

"Er ist ein sehr fähiger junger Mann, aber was bedeutet das schon! Es schließt nicht aus, daß Ratgeber um ihn herum scharwänzeln, ihn auf ihre Politik festzulegen suchen, die sie zu ihrem Vorteil betreiben."

Am 5. Januar stirbt Zarin Elisabeth, und damit ist, aus Friedrichs Sicht, "eine der drei Huren Europas", die ihn vernichten wollten, endgültig abgetreten. Aber erst am 19. Januar erhält Friedrich aus Warschau die offizielle Nachricht — das ist jenes freudige Ereignis, dem die erwähnten Flötentöne zu verdanken sind! Kann man Friedrich dieses Verhalten verdenken? Ihm böse sein wegen einer Ungezogenheit ersten Ranges? Gewiß nicht, wenn man sich in seine Lage eindenken kann. Gerade Rußland und der Zarin gegenüber fühlte er sich vollkommen unschuldig, von ein paar unziemlichen Äußerungen über sie abgesehen — aber deswegen gleich in einen Krieg eintreten? Österreich, ja; Frankreich, ja, wenn man bedachte, daß es immer gern mitrührte, wenn der deutsche Topf kochte; aber Rußland!?

"Was haben wir ihnen denn getan . . .?"

Friedrichs Euphorie reicht an diesem Tag allerdings auch nur fürs Flötenspiel, andere Anzeichen der Heiterkeit unterbleiben. "Ein großes Ereignis", schreibt er an Finckenstein, "das vielleicht auf geringe Wirkung hinauslaufen wird. Sie wissen, was uns der Tod des Königs von Spanien eingetragen hat. Ich fürchte, daß dies eine zweite Auflage sein wird."

Großes Ereignis: Wie groß es werden würde, hätte Friedrich sich nicht träumen lassen, wie zahlte es sich jetzt aus, daß er einen Verehrer in Rußland besaß. Zum Entsetzen von Wien und Paris proklamiert Peter III. am 23. Februar 1762: Der Krieg mit Preußen sei beendet, alle Eroberungen würden zurückgegeben, auch Ostpreußen, die russischen Truppen hätten umzuschwenken und gegen Österreich anzutreten, ein förmlicher Friedensvertrag mit Preußen würde bald abgeschlossen werden. Na — ist das nicht wert, ein paar Flötentöne loszulassen!

"Viele Spötter meinen, reich an Geist   27. Januar 1762
zu sein und sind nur arm an Takt"
Georg Christian Lichtenberg

Königliche Sarkasmen

Ist Friedrich ein guter Diplomat gewesen? Ist jemand ein guter Diplomat, der sich selbst oder seine Sache durch loses Mundwerk in arge Bedrängnis bringt? Man müßte mit "Nein" antworten, wenn Friedrichs Leistung im Endergebnis, also die Gesamtrechnung nicht mit "Sehr gut" zu beurteilen wäre. Aber es stimmt schon: Das mit dem losen Mundwerk — oder spitzer Feder, wie man's nimmt. Beweise seines Könnens auf diesem Gebiet werden geliefert. Friedrich wußte, — schließlich beschäftigte er selbst genug Cujons, wie er Spione nannte —, daß er umgeben von Spionen war, die alle seine Äußerungen an ihre

Auftraggeber weitermeldeten. Das mag er gelegentlich nicht anders gewollt haben, es mag ihm auch manchmal völlig gleichgültig gewesen sein, aber in Zeiten "persönlicher Beleidigungen", und der Kriege von Hof zu Hof ist ihm dieses Verhalten wenig nützlich bekommen. Zu entschuldigen ist es nur durch sein Temperament, seinen Hang zu Geist und Witz, früh ausgeprägt, konsequent weiterentwickelt, wodurch schließlich seine Zunge spitzer als seine Feder wurde. Es verwundert nicht, daß ihm fast nichts heilig war: Außer dem lieben Gott, seiner Mutter und der Gräfin Camas. Am bekanntesten sind seine Kraftausdrücke gegen die drei Kontrahentinnen des großen Krieges, aber Dichter, Philosophen, Kirchenvertreter jeder Gattung, Staatsoberhäupter, Minister, Ausländer und Verwandte haben eine Menge abbekommen, wie die Aufzeichnungen zeigen. Wer mag es ihm verübeln, daß ihm der Tod der Zarin, inmitten seiner größten Notlage, nur Freudentränen und ordinäre Worte entlockt!

"Alles geht einmal zu Ende, so steht denn auch zu hoffen, daß dieser verwünschte Krieg nicht das einzige ewige Ding auf Erden sein wird. Seitdem der Tod eine gewisse Vettel im Lande der Hyperboräer dahingerafft hat, ist unsere Lage erheblich besser geworden . . ."

Geschrieben an die Gräfin von Camas am 27. Januar 1762. Der lange Krieg hat Friedrich sarkastisch gemacht. Auch das nächste Zitat, aus einem Brief an den Prinzen Ferdinand von Braunschweig vom 5. März 1762, bezieht sich auf die veränderte Lage nach dem Tod der Zarin:

"Möge uns der Himmel helfen, mein Lieber! Wir brauchen eine solche Hilfe dringend. Möge er die Wallfahrten nach Mariazell, die Reliquien seiner katholischen und die H . . . seiner allerchristlichen Majestät zu Schanden werden lassen."

Einige starke Worte hat auch der Marquis d'Argens vernehmen müssen, so in einem Brief aus Breslau am 8. Mai 1762:

"Die Franzosen sind drollige Narren: ich liebe die Feinde, die Stoff zum Lachen geben, und hasse einen mürrischen, von Stolz und Unverschämtheit strotzenden Österreicher, die zu nichts taugen, als einem zum Gähnen zu bringen und Unglückliche zu beleidigen."

Gern verpackt Friedrich Bosheiten in charmante Briefe, am 18. Mai 1764 an die Herzogin von Sachsen-Gotha:

". . . die Menschen bleiben, wie sie immer gewesen sind. Der Wiener Hof wird stets ehrgeizig, die Inquisition verfolgungssüchtig, Seine allerchristlichste Majestät ein Weiberknecht, die deutschen Bischöfe Trunkenbolde und ich Ihr eifrigster Anbeter sein."

Heinrich von Podewils

C.F.GELLERT

*Christian Fürchtegott
Gellert*

Friedrich der Große

*Staatsminister Friedrich Anton
Freiherr von Heinitz*

FRIED: ANT: FRHR. V. HEINITZ.
*königl Preuß geheimer Staats Kriegs und
wirkl dirigirender Minister,
Chef des Bergwerks und Hütten Departments*

*Friedrich Wilhelms Hofmaler
Antoine Pesne.*

*Der preußische Zeichner Daniel
Chodowiecki.*

Bekannt sind Friedrichs höhnische Verse über die bei Rossbach geschlagenen Franzosen, weniger populär seine sonstigen zahlreichen
Äußerungen über das ansonsten von ihm geachtete Volk.

> ”Ja, ich gestehe, daß die Franzosen jede Narrheit noch übertreffen,
> die ich ihnen zugetraut hätte. Früher pflegten sie im Alter von
> dreißig Jahren zur Vernunft zu kommen — jetzt gibt es keine be-
> stimmte Altersgrenze mehr.”

Diese Worte gehen an den Marquis d'Argens im Oktober 1768. An
Voltaire schreibt er zum Tode seines alten Gegners, Ludwig XV., der
am 10. Mai 1774 gestorben war, am 19. Juni 1774 aus Potsdam:

> ”Was den guten Ludwig XV. betrifft, so ist er mit Extrapost zum
> ewigen Vater gereist. Es hat mir leid getan; er war ein ganz guter
> Mann, dem man weiter keine Fehler vorwerfen konnte, als daß er
> König war.”

Von seinen Berlinern hat Friedrich nicht positiv gedacht, wie eine
Randbemerkung von 1765 ausweist. Ein Maurergeselle hatte um das
Meisterrecht in Berlin ersucht. Friedrich antwortet:

> ”Wor nicht Meisters genung seind, kann man ihm annehmen, wor
> er nicht faul, wie die Berliner seind, ist.”

Auch von den Sachsen hält Friedrich nicht viel, wie er in einem Schreiben vom 26. Juni 1771 äußert.

> ”. . . wozu dann leider in Sachsen noch kömmt, daß unter allen
> dortigen sogenannten Ministres nicht ein einziger ist, der in Preu-
> ßen bei einer guten Kammer meritirte, Kriegs- oder Domänenrat
> zu sein.”

Was Friedrich und Voltaire untereinander an Bemerkungen ausgetauscht haben, ist an anderer Stelle dargelegt, der Briefwechsel ist auch
heute noch lesenswert. Oft geht's beiden um die Kirche, mit der sie wenig im Sinn haben:

> ”Alles, was Sie von unseren deutschen Bischöfen sagen, ist nur zu
> wahr; sie mästen sich mit dem Zehnten von Zion. Aber Sie wissen
> auch, daß im Heiligen Römischen Reiche wegen des alten Her-
> kommens, der Goldenen Bulle und anderer Ungereimtheiten die-
> ser Art die eingeführten Mißbräuche in Ehren gehalten werden.”

Ungezählt sind Friedrichs forsche Worte an Minister und Beamte, die
hier unmöglich alle aufgeführt werden können. Rücksichtslos, ”Wartet, bis ich nach Preußen komme!” werden die Männer getadelt und
um mehr Leistung angehalten, den Offizieren der Armee geht es nicht
besser, wobei manches böse Blut entstanden ist, denn was wir heute

humorvoll zur Kenntnis nehmen, ist bitterer Ernst gewesen. Hier ein Beispiel aus einer Unterhaltung mit einem Beamten aus dem Jahre 1772:

"Womit hat Er sich so dick gefressen?"

"Es kommt vom vielen Sitzen."

"Was hat Er vor Füße? Hat Er Wassersucht?"

"Nein, Ihro Majestät. Sie sind mich von der Reise angelaufen."

"Herr, Er muß, wie ich Ihm in Potsdam schon gesagt, reiten. Ich gebe Ihm jetzt Gelegenheit dazu . . ."

Einen gewissen Ausgleich für seinen Sarkasmus schuf Friedrich, indem er ebenso oft nett und gütig sein konnte . . .

"Vereinte Kraft macht stark"   30. Juni 1762
Otto III.

Preußisch-russische Verbrüderung

Was an diesem Tage, dem 30. Juni 1762 in Lissa vorsichgeht, hätte man noch vor wenigen Wochen für unmöglich gehalten, hat regelrecht Weltgeschichte gemacht. Wie mag die Musik dieses Festabends den Österreichern und Franzosen in den Ohren geklungen haben? Wie sehr aber muß sich Friedrich am Ziel seiner geheimen Wünsche befunden haben. Rußland kein Feind mehr — mehr noch: das Gegenteil von Feind: Verbündeter!

"Was haben wir ihnen getan?" hatte Friedrich im Laufe des Krieges mehrfach geäußert, "daß sie im Auftrag der Kaiserin uns Ostpreußen fortnehmen, unsere Städte und Dörfer plündern und durch ihre Kosaken und Kalmücken unsere Bevölkerung vergewaltigen lassen? Warum das?"

Er sah keinen Sinn in russischer Feindschaft, wenn es nicht um pure Eroberungslust gehen sollte, und hat sich immer darüber empört, daß ausgerechnet die Kaiserin des Heiligen Römischen Reiches Deutscher Nation russische Soldaten ins Reich gerufen hat. Nun, der Alptraum scheint ausgeträumt zu sein.

Auf Einladung des russischen Generals Tschernyschew, den Friedrich nach der Schlacht von Zorndorf einen Brandstifter genannt hat, begibt er sich vom Hauptquartier in Tintz nach Lissa. Sehr beschwingt und glücklich, denn kurz vorher erhielt er die Nachricht, daß Ferdinand von Anhalt-Dessau den Franzosen eins aufs Haupt geschlagen hatte. Beide Männer, der preußische König und der General der Zarin, sind sofort voneinander angetan, als sie sich unter den Klängen des russischen Präsentiermarsches die Hände reichen. Friedrich spielt seine vollkommene Höflichkeit aus, zu der er, wenn nötig, immer fähig gewesen ist, und korrigiert damit sofort das Bild, das Tschernyschew bisher von ihm hatte, haben mußte. Es ist hier Friedrichs Charme, seine Liebenswürdigkeit auch Tieferstehenden gegenüber, die ihm Herzen zufliegen lassen. Alle russischen Offiziere, durchweg Leute von Adel, salutieren Friedrich, der in seiner überzeugenden Weise vor ihnen seinen Hut zieht. Welche Offiziere, denkt er insgeheim, und welche Soldateska müssen sie befehligen! Größer kann ein Kontrast kaum sein. Und dabei sind es noch die besten Regimenter, die dem König nun vorgeführt werden.

Was mag in den Köpfen dieser Söhne der Steppen und Landschaften Rußlands vorgehen, als nun Friedrich in Begleitung seiner und der russischen Offiziere ihre Reihen abreitet, jede Fahne durch Abnehmen seines Dreispitzes grüßend. Dieser Preußenkönig, den sie noch vor wenigen Wochen auf den Tod zu bekriegen hatten, den sie bei Kunersdorf beinahe vernichtend schlugen, der ihnen bei Zorndorf die Krallen gezeigt hatte. Politik — sie stört den kleinen Mann bekanntlich nicht. Nach der Parade werden dem König die russischen Truppen im Manöver vorgeführt, Marschieren, Schwenken, Entfalten zum Angriff. Friedrich, auf seinem Pferd sitzend, folgt allen Bewegungen aufmerksam und mit undurchdringlicher Miene; so sehr die russischen Offiziere aus seinem Gesicht lesen wollen, Lob oder Tadel, es ist nicht möglich. Einige Tage später äußert Friedrich hierüber:

"Es sind gute Soldaten, die wir gesehen haben, aber sie werden nicht so geführt, wie sie es verdienen. Ihre Bewegungen sind langsam und schwerfällig, so daß sie gegenüber schnellen und wendigen Truppen unverdient in Nachteil geraten können. Der Unterschied zwischen ihren glänzenden Generälen und dem einfachen Mann ist größer als bei uns."

Russische Prunksucht und Angeberei fährt am Abend alles auf, was Eindruck auf die Preußen machen könnte. 200 Personen beiderlei Geschlechts nehmen am Essen teil. Friedrich ist, wie in den besten Tagen zwischen 1745 und 1756, Liebenswürdigkeit, Güte und Witz in einer Person, als er sich erhebt, das Glas in der Hand und funkelnd vor Esprit den Damen die höflichsten Komplimente macht, so daß ein Raunen der Bewunderung durch den Raum geht, unterbrochen von heiterem, ausgelassenen Gelächter. Ja, er weiß, der Fritz, wie man Menschen gewinnen kann! Alle Russen, die vorher eine feste, vorgefaßte Meinung von diesem König hatten, revidierten diese nun schnellstens.

"Möge Peter III.", schließt Friedrich seine Ansprache, "eine lange und erfolgreiche Laufbahn beschieden sein, in der er dem mächtigen russischen Volke die Erfolge verschaffen kann, auf die es ruhmreichen Anspruch hat."

Jubelstürme, ein Rausch von Sympathien. Wie denkt Friedrich aber wirklich? Ihm sind, wie er im vertrauten Kreise skeptisch geäußert hat, die Maßnahmen des neuen Zaren zu hektisch und überstürzt, diese Kehrtwendung der bisherigen Politik, die viele Leute am Zarenhof in Bedrängnis, ja mit dem Rücken zur Wand bringen mußte. Das kann nicht gut ausgehen! Aber das ist die Zukunft. Tatsache ist, daß die Russen dieses Abends in Lissa nicht begreifen können, weshalb sie jemals gegen Friedrich den Großen hatten kämpfen müssen.

"Nicht unsere Versicherungen", erwidert Tschernyschew dem König, "werden Euer Majestät Beweise unserer Verehrung und Zuneigung geben, sondern allein die Taten, die wir an Ihrer Seite und zum weiteren Ruhme Eurer siegreichen Majestät vollbringen werden."

Diese Taten: Ehe Tschernyschew nach der Ermordung des Zaren Befehl zur neuerlichen Kehrtwendung, die diesmal nur eine halbe ist, erhält, lernen Österreicher und Franzosen die Wildheit und Brutalität der von ihnen gerufenen russischen Truppen kennen, diesmal am eigenen Leibe, was sie außerordentlich demoralisiert und friedenswillig macht. Als die

Stimmung in Lissa den Höhepunkt erreicht, ziehen sich der König, sein Gastgeber und einige Begleiter in einen Raum zurück, um die Realitäten der kommenden Tage zu besprechen. Tief in der Nacht trennen sich die beiden Männer, vorher Feinde, nun echte Freunde, wie sich noch herausstellen wird, und der König reitet schweigend mit seiner Begleitung zurück ins Hauptquartier. Freilich, der Krieg geht zwar morgen weiter, aber die Aussichten am Horizont sind rosarot geworden, neue Hoffnung belebt die Müden, Schwachen und Schwankenden . . .

"Die letzte Schlacht muß nicht   **29. Oktober 1762**
die schlechteste sein"
Sprichwort

Freiberg

Friedrich kennt zweifellos Heinrichs kritische Einstellung zu ihm, wenn ihm auch nicht bekannt sein kann, wie wenig schmeichelhaft sein Bruder sich über ihn geäußert hat. Anfang Januar 1762 ist Heinrich so über den König verärgert, daß er an Ferdinand, seinen Tröster in schweren Stunden, schreibt:
". . . Hätte es doch Gott gefallen, daß unsere verstorbene Mutter am 24. Januar 1712 eine Fehlgeburt gehabt hätte."
Das ist der gleiche Sarkasmus, den auch Friedrich liebt, aber schwerlich dürfte er diese Äußerung, wäre sie ihm bekannt geworden, hingenom-

men haben. Nur das Pflichtgefühl hält Heinrich auf dem Posten als Befehlshaber einer Armee, es ist ihm naturgemäß unmöglich, die Armee in der Stunde der Not zu verlassen, wie August Wilhelm es getan hat. Er ist aufgebracht darüber, daß Friedrich ihm stets, nach seiner Meinung, die schlechtesten Truppen überläßt und die unmöglichsten Aufgaben. Aber Friedrich ist vollkommen zufrieden mit ihm und bereut es nicht, ihm eine Armee gegeben zu haben.

"Mein Bruder hat sein Boot wirklich großartig geführt. Ja, das ist ein Steuermann . . .'"

Beim Tode August Wilhelms ist Heinrich der nächstgeborene Prinz und wird vom König nicht nur mit der Stellvertretung im Oberbefehl über die preußische Armee betraut, sondern auch mit der Regentschaft für den Fall, daß ihm, Friedrich, etwas zustoßen sollte; schließlich ist der Thronfolger Friedrich Wilhelm erst vierzehn Jahre alt. Wie gesagt, allen brüderlichen Querelen zum Trotz kann Heinrich sich der Pflicht für Preußen nicht entziehen, und man muß ihm zugute halten, daß Friedrich die meiste Zeit des Krieges tatsächlich ungenießbar gewesen ist. Es spricht außerdem für Heinrich, daß er sich in der Rolle des zweiten Mannes nicht wohlgefühlt hat und zur ersten Rolle strebte. Seine militärische Tätigkeit hat bisher viele kleinere Erfolge und Erleichterungen für Friedrich gebracht, doch zu einer regelrechten Schlacht ist es bisher unter ihm nicht gekommen. Ihm bleibt es jedoch vorbehalten, die letzte Feldschlacht des Siebenjährigen Krieges, die zugleich seine erste ist, zu schlagen und zu gewinnen. Dadurch gelingt es, die Feinde Preußens friedenswillig zu machen, und Friedrich ist damit in seiner guten Meinung auf Heinrich bestätigt worden. Für die Schlacht von Freiberg stehen Heinrich drei fähige Anführer zur Verfügung: Seydlitz, Kleist und Forcade, die auch die Entscheidung herbeiführen. Kurz vorher hat Heinrich durch den österreichischen General Hadik eine Schlappe einstecken müssen, als dieser ihn in der Flanke umging und ihm einen Verlust von 2.000 Mann und vielen Kanonen zufügte. Daun plante eine Vereinigung der österreichischen mit den Reichstruppen, um Heinrich den Rest zu geben, aber dieser kommt ihm im Angriff zuvor, den Preußen gelingt es, die Gegner auf den Flanken anzugreifen und zu werfen, wobei sich Seydlitz in gewohnter Weise auszeichnet, und die Österreicher unter General Stollberg müssen nach dreistündigem Kampf über das Flüßchen Mulde zurückweichen.

Heinrich läßt, entsprechend alter Weisungen Friedrichs, die Feinde verfolgen, doch sind seine durch den Nachtmarsch ermüdeten Soldaten nicht in der Lage, dies nachdrücklich und wirksam zu tun. Das Verhältnis der Verluste spricht für sich: Die Preußen verlieren 1.400 Mann, die Österreicher und Reichstruppen 7.000. Doch das Wichtigste ist: Die preußische Armee hat gezeigt, daß sie nach sechs Kriegsjahren nicht erledigt und daß es nicht nur der König ist, der sie zu Siegen führen kann. So greift die allgemeine Kriegsunlust um sich. Bescheiden und zurückhaltend, ganz Mann von Welt, berichtet Heinrich am gleichen Tag vom Schlachtfeld an den König: ". . . es ist mir eine Freude, Ihnen die angenehme Nachricht zu geben, daß Ihre Armee heute einen beträchtlichen Erfolg über die vereinigte Armee der Österreicher und des Reiches errungen hat . . . Der Feind leistete erbitterten Widerstand, aber die nicht nachlassende Tapferkeit Ihrer Truppen gewann die Oberhand, und nach einem Feuer von drei Stunden mußte der Feind überall das Feld räumen."

Friedrich ist sehr erfreut und antwortet:

"Die guten Botschaften haben mich um zwanzig Jahre verjüngt; gestern war ich sechzig, heute bin ich achtzehn Jahre alt. Sie leisten dem Staate so schwerwiegende Dienste, daß ich nicht genug danken kann und mir vorbehalte, dies persönlich zu tun."

So ist der Feldzug des Jahres 1762 positiv beendet worden, für die bald beginnenden Friedensverhandlungen hat sich Preußen eine ausgezeichnete Position geschaffen. Wie immer, wenn er gut aufgelegt ist, zeigt sich Friedrich großzügig: Er schenkt Heinrich die Güter Wegeleben und Westerburg. Im Gegensatz zum König hat Heinrich während des Krieges mehrere Male Heimaturlaub gehabt, nun darf er vorzeitig heimkehren. Hof und Familie befinden sich in Magdeburg, es ist nicht die Zeit, die Heimkehr des Siegers groß zu feiern. Vorerst feiert Heinrich seinen siebenunddreißigsten Geburtstag, er mag ahnen, was jetzt, wenn der Friede einkehrt, vor ihm liegt: noch ein langes Leben, ohne große Bedeutung an der Seite einer ungeliebten Frau, im Schatten des jetzt noch größeren, weltberühmten Bruders, der nicht daran denken wird, ein Tüpfelchen der Macht abzutreten, die alten Unstimmigkeiten werden gewiß wieder aufleben. Ebenso gewiß wird Friedrich es nie an Sorge und Achtung um ihn fehlen lassen, aber seine Art wird weiterhin unausstehlich und verletzend für ein stolzes und empfindsames Gemüt sein. Ist er, Heinrich, eigentlich so viel anders als dieser König? Vermutlich nicht. Die Aufbauarbeit nach dem Kriege verlangt fleißige Hände, auch Schloß Rheinsberg und dem Park merkt man es an, daß der Hausherr jahrelang gefehlt hat. 1764 wird Heinrichs Palast in Berlin fertig, so daß er auch in Berlin standesgemäß residieren kann. Es ist an der Zeit, hier einmal auf die äußere Erscheinung Heinrichs, des Soldatenprinzen, einzugehen. Nach zeitgenössischen Bildern, die ihn vorzugsweise als Feldherrn darstellen, ist er ein schmucker Kerl gewesen, seine körperlichen Schwächen werden nicht gezeigt. Der Wahrheit am ehesten entspricht wohl eine zeitgenössische Schilderung:

"Prinz H. war sehr klein und unproportioniert gebaut; sein Gesicht war nicht nur häßlich, sondern auf den ersten Blick abstoßend. Niemals wurden eine schöne Seele und große Talente so unwürdig logiert. Große, blaue, sehr lebendige, aber harte und schielende Augen trugen dazu bei, ihm diesen erschreckenden Ausdruck zu geben. Sobald man ihn reden hörte, schwanden diese Eindrücke, und das Feuer, der Geist, ja man möchte sagen, das Graziöse seines Gesichtsausdrucks sprachen zur Seele."

Dem ist kaum etwas anderes hinzuzufügen als: Ist er, Heinrich, eigentlich so viel anders als der König gewesen?!

Heinrich lebt viel länger in Rheinsberg als Friedrich, er stirbt dort am 3. August 1802, und doch ist dieser Ort unlösbar mit Friedrichs, nicht seinem Namen verbunden. Macht des Schicksals . . .

"Man muß Frieden machen, wenn   25. November 1762
man noch kämpfen kann"
Sprichwort

Friedensfühler

Im Lager von Meißen, in dem Friedrich seit Ende Oktober weilt, tut sich etwas: Geheimnisvolles. Ein unbekannter Besucher ist eingetroffen, der unter Sicherheits- und Geheimvorkehrungen dem König vorgeführt wird, was der Generaladjutant persönlich besorgt. Die Kommandeure der Einheiten haben Befehl erhalten, ihre Soldaten in den Quartieren zu belassen, so daß sie nicht auf den Straßen und Wegen, die zum Schloß führen, stehen und beobachten können. So wird der Besucher durch vollkommen menschenleere Straßen geführt. Wer mag es sein? Wen vertritt er? Aus welchem Land kommt er? Österreich, Sachsen, Frankreich? Die Gerüchte kursieren wild durchs Lager, angerührt gerade durch diese Maßnahmen, über die auch hohe Offiziere nichts wissen und sagen können. Steht der Friede tatsächlich, auch mit den restlichen Feinden, vor der Tür, jetzt, wo Rußland und Schweden bereits aus der Koalition geschieden sind? Sachsen soll friedensbereit sein, da es ausgehungert, geplündert und verarmt ist. Und selbst für den einfachen preußischen Grenadier ist es nicht vorstellbar, daß Frankreich und Österreich noch Lust und Kraft an einer Weiterführung des Krieges haben könnten, der seit dem preußischen Sieg von Torgau keinen rechten Höhepunkt mehr gehabt hat: Und in allen kleineren bis mittleren Aktionen haben sich die preußischen Soldaten geschlagen wie in den ersten Jahren: Bunzelwitz, Schweidnitz, Freiberg. Gegen die Friedensgerüchte spricht die Tatsache, daß der König mit eiserner Energie, wie jedes Jahr nach den Sommer- und Herbstfeldzügen, die Wiedererrichtung der Armee und die Auffüllung der Vorräte und des Materials betreiben läßt, als rechne er wenigstens für 1763 mit einer vollen Weiterführung des Krieges. Dennoch: Die Lagergerüchte verstummen nicht, daß der fremde Besucher eigentlich nur der Abgesandte einer friedenswilligen Nation sein kann; wenn das so ist: Warum soll die Armee nichts davon wissen? Sie, die es am ehesten wissen sollte, da es sie am meisten angeht!

"Nein", sagt der König am Abend, in genauer Menschenkenntnis und Einschätzung der Lage, "nein, die Armee wäre zu schwer zusammenzuhalten, verlautete auch nur das kleinste Sterbenswörtchen von meiner heutigen Unterredung."

Er hockt eingesunken in seinem Sessel, klein und unscheinbar wie immer, nur seine Augen glänzen und leuchten in unterdrücktem Triumphgefühl. Wie oft hatte er in dem Sessel gehockt, in Schmerzen, wenn seine Leiden ihn peinigten, in Trauer und Niedergeschlagenheit, wenn eine schlechte Nachricht der anderen folgte. Auch jetzt, im Ausgang von 1762, dem siebten Kriegsjahr, ist Preußens Lage nicht so sehr hoffnungsvoll, wie er sich bemüht nach außen darzustellen. Zwar: Auch die Gegner sind ausgebrannt, fast bis aufs Letzte, und in deren Kabinetten, diesen Bürokratennestern, haben jetzt auch die Leute keine Lust mehr am Kriegführen, die nie eine Kugel pfeifen, die Kanonen brüllen hörten; Spott, Haß und Hohn gegen Preußen — sie sind offenbar verflogen. Das scheint der größte Erfolg aller Bemühungen zu sein. Aber: Konnte er, der König, die ersten Friedensfühler nach Österreich ausstrecken? Unmöglich.

Nun ist er doch gekommen, der Bote aus Wien! Es war der sächsische Geheimrat Baron von Fritz, mit dem Friedrich sich mehr als eine Stunde unterhalten und den er außerordentlich zuvorkommend verabschiedet hat.

"Es soll verhandelt werden."

Jetzt, nach sieben Jahren, vielen tausend Toten, verbrannten Dörfern und Städten, zertrampelten Äckern und Weiden.

"Es soll verhandelt werden!"

Friedrich lehnt sich in den Sessel zurück. Nein, die Armee, selbst die Generalität darf hierüber noch nichts wissen. Auch in diesen Tagen ist eiserne Disziplin notwendig in einer Armee, in der nicht nur die gemeinen Soldaten, auch viele Offiziere endlich nach Hause wollen. Als die Soldaten die Erlaubnis erhalten, ihre Quartiere zu verlassen, hat der geheimnisvolle Fremde das Lager bereits hinter sich, und alle sind schlau wie vorher. Trotzdem: Armee- und Lagergerüchte — an ihnen ist immer etwas dran.

"Verhandeln", murmelt Friedrich.

Er weiß es genau, daß die Verhandlungen, einmal in Gang gesetzt, zum Abschluß und Erfolg führen werden, denn seine Forderungen und Bedingungen werden maßvoll sein: Wiederherstellung oder Belassung des Zustandes, wie er anno 1756 herrschte. Nicht nur Friedrich hält in diesen Tagen der Friedenshoffnung seine Armee in Schuß, auch Maria Theresia tut es: In einem Memorandum hat sie die Verteilung ihrer Truppen für das Jahr 1763 festlegen lassen, getreu dem Grundsatz, daß ein Starker besser Frieden machen kann als ein Schwacher. Doch ahnt sie, daß der Besitz Schlesiens, anno 1757 greifbar nahe, nun in weite Ferne gerückt ist — damit wären alle Mühen der qualvollen Kriegsjahre umsonst gewesen! Unerträglich ihre Vorstellung, daß der böse Friedrich nun doch ungeschlagen davonkommt.

"Wir tragen eben den Frieden   15. Februar 1763
wie ein Gewand, an dem wir
vorn flicken, während es hinten
reißt"
Wilhelm Raabe

Hubertusburg

Ewald Friedrich von Hertzberg, Jahrgang 1725, wird der Mann der
Stunde. Mit 35 Jahren, 1760, ist er anstelle des verstorbenen Podewils
Staats- und Kabinettsminister geworden und nun von Friedrich beauftragt, für Preußen die Friedensverhandlungen im Schloß Hubertusburg
zu führen. Das ist so gut gelungen, daß Friedrich ihn lobt:
> "Er hat einen guten Frieden gemacht, fast so, wie ich den Krieg ge-
> führt, einer gegen drei."

Europa atmet auf, sechs Jahre und sechs Monate Krieg sind vorüber, allen ist klar, daß es nur einen Gewinner gegeben hat: England. Am 6.
März schreibt Friedrich aus Dahlem an die Gräfin Camas:
> "Ich werde Sie nun endlich sehen, mein gutes Mütterchen, und ich hof-
> fe, daß dies zu Ende dieses oder zu Anfang des folgenden Monats ge-
> schehen wird."

An den Marquis d'Argens schreibt er:
> "Endlich ist im ganzen Land Friede, mein lieber Marquis . . . Da wäre
> nun, Gott sei gedankt, das Ende meiner militärischen Taten."

Kritisch sieht und beleuchtet er fortfahrend die Situation Sachsens, das
im Krieg am meisten gelitten hat:
> ". . . Der Friede macht also den Berlinern Freude? Hier bei den Sachsen
> ist es ganz anders. Kaum verlassen wir die Städte, kaum räumen wir das
> Land, so erscheint sogleich die sächsische Exekution: Bezahlt, bezahlt,
> heißt es, der König von Polen (Kurfürst von Sachsen) braucht Geld!
> Das Volk fühlt die Unmenschlichkeit in diesem Verfahren, es ist ein
> Elend, und man beschleunigt sein Verderben, anstatt Erleichterung zu
> verschaffen. Hier, mein Lieber, haben sie ein Gemälde von Sachsen,
> das nach der Natur gezeichnet ist. Alle diese Exekutionen sehe ich für
> mein Teil als ein gleichgültiger Zuschauer an, aber als Weltbürger kann
> ich sie nicht billigen . . . In den Augen der Sachsen ist die Rückkehr ih-
> res Königs ein allgemeines Unglück, eine noch grausamere Landplage
> als Krieg und Hungersnot. Aber, bekümmert Sie und mich Sachsen,

sein König, sein Minister und die ganze Bande?"

Während also der Kurfürst von Sachsen bemüht ist, seinen alten Lebensstandard, sprich Saus und Braus, wiederherzustellen, beginnt Friedrich erste Bereisungen seiner Länder, um sich über Schäden und deren Wiedergutmachung zu informieren; während in Sachsen die Gelder vom Volk zum Herrscher fließen, wird es in Preußen umgekehrt sein!

Minister von Hertzberg, unter strengen Anweisungen von Friedrich, für Österreich Hofrat von Collenbach und Baron Fritz haben den Frieden ausgehandelt, Beginn am 31. Dezember 1762, und am 15. Februar 1763 sind sie fertig. Von den Abmachungen ist auch ein alter Friede erneut betroffen und seine Gültigkeit bestätigt: Der Westfälische Frieden von Münster und Osnabrück aus dem Jahre 1648. Im großen und ganzen bleibt für Preußen alles beim alten, denn einige Artikel bekräftigen ausdrücklich die Abmachungen von 1742 und 1745: Preußen bleibt im Besitz aller Eroberungen der beiden ersten Schlesischen Kriege, Schlesien ist damit für Österreich endgültig verloren. Im Gegenzug verzichtet auch Preußen auf weitere Gebietsansprüche an Österreich. Artikel 13 stellt fest, daß alsbald ein Handelsvertrag zu vereinbaren ist, um den Wohlstand gegenseitig zu fördern. Im Artikel 16 verbürgen sich Preußen und Österreich gegenseitig ihre Besitzungen in Deutschland, was für die Zukunft bedeutsam sein kann. In einem geheimen Artikel verspricht Friedrich Erzherzog Joseph, dem Sohn Maria Theresias, seine Kurstimme für die anstehende Römische Königswahl. Auch zwischen Preußen und Sachsen wird im wesentlichen der Inhalt des Dresdner Friedens bestätigt. Zoll-, Handels- und Grenzfragen werden geregelt, beide Staaten wissen, daß jetzt nur ein intensiver gegenseitiger Handel die allgemeine Wohlfahrt ankurbeln kann. Mit Frankreich gibt es in Hubertusburg nichts zu verhandeln, es hat das Herzogtum Kleve, widerwillig genug, an Preußen herauszurücken, was am 11. März in Wesel beschlossen wird. Frankreich ist der große Verlierer der sieben Jahre, nicht nur in Europa, mehr in Übersee, die Monarchie hat im Volk stark an Ansehen verloren, und nicht zufällig wird es in drei Jahrzehnten dort eine Explosion des Volkes geben. Noch vor dem Hubertusburger Frieden hatte der britische Premier die Auflösung des englisch-deutschen Heeres verfügt und die dreitausend Mann starke britische Legion entlassen, da noch kein Friede bestand, hatte Friedrich sie in Sold genommen und drohend gegen das französisch besetzte Wesel in Marsch gesetzt. Neben seinem Streifzug gegen die Fürsten Mitteldeutschlands zeigte das seine Entschlossenheit, den Krieg notfalls fortzusetzen, wenn man in Hubertusburg nicht zu Rande käme.

Es scheint fast so, als ob der Krieg, mit beispielloser Erbitterung und bisher nicht gekanntem Einsatz geführt, sich totgelaufen hätte; zuerst war Rußland friedenswillig ausgeschieden, dann hatten die Schweden keine Lust mehr für andere sich aufzuopfern, Frankreich war, trotz seiner Geldmittel und Menschenreserven, kein vollwertiger Gegner gewesen, so daß Österreich allein hätte den Kampf führen müssen. Es war bankrott und, noch gravierender, seine Königin, die Kaiserin des Reiches, war endgültig müde geworden. Jetzt hörte sie auf die Ratschläge ihrer Minister, daß der Krieg gegen diesen Preußenkönig nicht zu gewinnen sei und beendet werden müsse; welch eine Überwindung für eine große Frau! Nie wieder Krieg — gegen Preußen! Schon steht wie ein Schatten ihr Sohn und Nachfolger hinter und neben ihr, ein Verehrer Friedrichs, wie verlautet. Was Friedrich 1740 vom Zaune gebrochen, ist nun am 15. Februar 1763 abgeschlossen worden, ein Raub wird öffentlich sanktioniert. Friedrich ist zufrieden, aber er hütet sich, diesen Zustand zur Schau zu stellen, zu Triumph ist kein Anlaß . . .

"Mein Leben, ein Leben ist es kaum,
ich gehe dahin als wie im Traum.
Wie Schatten huschen die Menschen hin,
ein Schatten dazwischen ich selber bin.
Und im Herzen tiefste Müdigkeit —
alles sagt mir: Es ist Zeit . . ."
Theodor Fontane

Bilanz der sieben Jahre

Erst jetzt, mit der wahrhaft endgültigen Inbesitznahme Schlesiens, hat
Friedrich sich seinen Ehrennamen verdient: "Fridericus Magnus". Ein
Hauch von Recht hin, viel Unrecht her — der Erwerb einer solchen
Provinz ist eine Leistung, die von der damaligen Zeit klar erkannt worden ist. Was hat nun der Siebenjährige Krieg Deutschland, Europa und
der Welt gebracht? Man ist versucht zu antworten: "Nichts, denn alles
blieb beim alten." Ganz recht, denn alles blieb beim Alten Fritz; alles,
was ihm schon vor dem Kriege gehört hatte. Also ist dieser Krieg sinnlos gewesen? Man ist geneigt, Kriege generell für sinnlos zu halten, aber
sie waren es damals, sind es heute nicht. Ohne den Siebenjährigen
Krieg, der in den "Weltkrieg" zwischen Frankreich und England integriert gewesen ist, gäbe es das Beispiel nicht, daß ein einzelner Mann
mit der halben Welt fertig geworden ist. Um die Bedeutung dieses Krieges zu ermessen, muß man nicht daran denken, daß er ein Remis gebracht hat, sondern was geschehen wäre, wenn Friedrich ihn verloren
hätte. Friedrichs Kriegsziel, als er 1756 losbrach: Behauptung Schlesiens, im Hinterkopf vielleicht die Eroberung Sachsens; das ist nicht
nachweisbar. Jetzt die Kriegsziele der Gegner. Schweden: Eroberung in
Norddeutschland; Rußland: Eroberung des Herzogtums Preußen, unter dem man, wie gesagt, damals Ostpreußen verstand; gewiß waren die
Ziele weiter gesteckt; Frankreich: Endlich die westlichen Besitzungen
Preußens, wenigstens die linksrheinischen zu kassieren. Dazu allgemeines Interesse am Niedergang des Reiches und Unfrieden in Deutschland; die Reichsfürsten: Teils kamen sie nur kaiserlichen Verpflichtun-

gen nach, teils wollten sie kleine Häppchen bei der Beuteverteilung erlangen; Österreich: Verständlich erscheint, daß es Schlesien zurückhaben wollte. Es fühlte sich außerdem durch ein erstarkendes Staatsgebilde in Norddeutschland in seiner Vormachtstellung bedroht, doch nicht so stark, wie wir das heute sehen, denn noch strotzt es von Selbstbewußtsein, Stärke und Arroganz. Daß es sich für diesen Krieg Bundesgenossen besorgte, war ganz klar, schließlich hatte es die beiden vorigen Schlesischen Kriege verloren. Österreichs Ziele für den Fall des Sieges gingen sicherlich weit über eine Niederwerfung Preußens hinaus, denn noch immer spukte in Wien der Geist des Dreißigjährigen Krieges, der knapp hundert Jahre vorbei war, als der Siebenjährige begann. Damit sind wir bei Friedrichs letztem Gegner, der keine Soldaten gegen ihn ins Feld schickte: Dem Papst, von ihm auch Bischof von Rom tituliert. In diesem Amt — die Personen sind bekanntlich austauschbar — lebte ungebrochen der Gedanke der Gegenreformation und Ketzerverfolgung in Deutschland. Vielleicht war es gerade Friedrichs religiöse Toleranz, die in seinen Ländern Katholiken genauso schützte wie Moslems, die den Papst empörte, vielleicht hätte er eine echte Katholikenverfolgung lieber gesehen, denn ganz richtig erkannte er, daß Friedrichs Toleranz nur aus einer absoluten Gleichgültigkeit Religionsfragen gegenüber stammen konnte. Bedenkt man, daß die katholische Kirche Ketzerei und Andersgläubigkeit stets als größte Sünde angesehen hat, — denn Heidentum war kurierbar —, dann wird manches klar, dann versteht man, daß der Heilige Stuhl in diesem Krieg die letzte Chance sah, im Verein mit dem verläßlichen Habsburg Deutschland wieder auf den Stand vor Luther zu bringen.

Was hat nun der Status quo von 1763 gekostet? Friedrichs Kriegskosten betrugen 139 Millionen Reichstaler, eine Summe, die er aufgebracht oder erhalten hat, so oder so, so daß am Ende des Krieges er allein schuldenfrei dastand. Österreich war am Kriegsende mit 100 Millionen Reichstalern zusätzlich verschuldet, ungeachtet der alten permanenten Schulden. Frankreich kostete der Krieg 677 Millionen Livres — nur 307 Millonen nahm es pro Jahr ein! Sachsen war um 70 Millionen Reichstaler ärmer geworden. Rußland stand noch am besten da. Die Steuerlast aller beteiligten Staaten war für die Bürger erdrückend geworden. Nicht auszurechnen waren die Kosten der Verwüstungen, Verarmungen und des Produktionsausfalls. Die Folgen der Armut und Geldentwertung sind in allen Ländern verheerend gewesen — in Preußen am niedrigsten. Noch einmal davongekommen? Ja — aber wer? Bereits Ende 1762 hatte Marschall Daun seiner Kaiserin geschrieben:

"Wenn aus den Verhandlungen nichts werden sollte, folglich kein Friede zu hoffen, so sehe ich nicht, wie Eure Majestät den Krieg werden fortführen können, da nach den obwaltenden Umständen sehr zu besorgen, daß die Armee nicht einmal mehr den Winter hindurch zu erhalten sein wird."

Tatsache ist, daß Friedrich ab 1762 stark und kaum bemerkbar erschüttert dastand und seinen Feinden jede Hoffnung auf Gebietsgewinn nehmen konnte. Am 19. Dezember 1762 antwortete er dem Freiherrn von Fritz auf dessen Frage, was mit dem armen Sachsen geschehen sollte: "Ich gebe Euch Euer Land zurück, aber rechnet nicht darauf, ein Dorf oder einen Groschen von mir dazu zu erhalten."

Schweden war froh, davongekommen zu sein, Rußland hatte durch Peter III. alles wieder herausgerückt, Österreich und Frankreich hofften bis zu den Friedensverhandlungen, daß Preußen seinerseits eine Kleinigkeit herausrücken müßte. Nichts da! Friedrich hätte gewiß weiter Krieg gemacht, und man ahnte wohl auf der Gegenseite, daß dann die Lage noch ungünstiger geworden wäre. So konnte Friedrich voll Anerkennung nach der Unterzeichnung zu seinem Unterhändler von Hertzberg den schon erwähnten Satz sagen: "Ihr habt den Frieden gemacht wie ich den Krieg: einer gegen mehrere."

Aber, müde wie er war, sagte er auch:

"Der schönste Tag des Lebens ist der, an dem man es verläßt."

Es gilt noch, die Ursachen zu ergründen, wie Friedrich den mörderischen Krieg gewinnen konnte. Napoleons Urteil "Nicht das preußische Heer hat sieben Jahre lang Preußen gegen die drei größten Mächte Europas verteidigt, sondern Friedrich der Große" trifft natürlich die Wahrheit nur zum Teil. Man sollte systematisch aufzählen:

1. Friedrich war sein eigener Feldherr. Während seine Gegenspieler bei großen Entscheidungen immer erst "zu Hause" rückfragen mußten, fällte er seine Einscheidungen, dank seiner diktatorischen Vollmachten selbst, zügig und ohne Verzug — zumindest im Kriege ein unschätzbarer Vorteil.

2. Dadurch, daß Friedrich sein eigener Feldherr war, stand er auch selbst mit im Felde, und zwar im wahrsten Sinne des Wortes. An vielen Tagen und Nächten konnten seine Soldaten feststellen, daß der König genau so zu leiden hatte, wie sie selbst — es versteht sich, daß hier ein Band geschmiedet wurde, das niemals später zwischen Chef und Soldat bestanden hat. Wer weiß, wie Österreichs Armee gekämpft hätte, wenn Maria Theresia, beliebt wie sie war, sich auch einmal im Felde hätte sehen lassen.

Treffen Friedrichs mit Joseph II. in Mährisch-Neustadt.

*Allegorische Darstellung der
Teilung Polens.*

Joseph II. von Österreich

Eine Gedenkmünze über die Übernahme Westpreußens.

Friedrichs populärer Reitergeneral Friedrich Wilhelm von Seydlitz.

Denkmal des Friedrich Wilhelm von Seydlitz.

3. Friedrichs Offensivgeist. Oft wird ihm vorgeworfen, zu leichtsinnig gewesen zu sein, zuviel Harsardspiel, zu wenig Beratung mit seinen Generälen. Diese Vorwürfe treffen durchaus zu. Aber was sollte er denn anderes tun, von allen Seiten angefallen, als um sich zu beißen, zu marschieren, ohne lange Palaver zu schlagen! Fest steht, daß seine Generallinie richtig war und Erfolge brachte.

4. Die Unfähigkeit seiner Gegenspieler. ”Die besten Hilfsquellen waren immer die Fehler seiner Feinde.” Frankreich und Rußland besaßen überhaupt keine Feldherren von Rang, Österreich zwei, nämlich Laudon und Daun. Laudon ließ man nicht genug Freiheiten, wegen typisch Habsburger Querelen; Daun wäre wohl der Mann gewesen, Österreich gegen einen Angreifer zu verteidigen, aber einen konsequenten Angriffskrieg führen — nein!

5. Friedrichs Auswahl seiner Generäle. Hier hat er Entscheidendes geleistet, sie haben maßgeblich mitgeholfen, Preußen zu retten.

6. Sein Organisationstalent. Da er, wie bekannt, möglichst viel selber machte, ist ihm auch das Verdienst, daß im großen und ganzen die Versorgung der Armee klappte, zuzuschreiben.

7. Die Uneinigkeit seiner Feinde. Viele Feinde, viele Armeen, viele Feldherren — viele Kompetenzen. Manchmal hat man den Eindruck, daß sie seine Niederwerfung ernstlich gar nicht anstrebten, so wenig kooperierten sie. Friedrich hat dies klar erkannt und sich zunutze gemacht.

8. Sein Talent, Leute ”anzuspitzen”; motivieren, sagen wir heute. Wer von ihm ging, nach einer Audienz, Besprechung oder dem Befehlsempfang, hatte nichts als Arbeit im Kopf, Erledigung des Auftrages — wobei Belobigung und Lohn nicht sicher waren.

9. Warum und wieso hat er immer Geld gehabt? Das ist überhaupt kein Geheimnis: Wenn ihm seine regulären Einnahmen knapp wurden, verschaffte er sich irreguläre, wie seine Feinde es auch getan haben: Neue Steuern, Kontributionen, Brandschatzungen und Falschgeldherstellung. Da er selbst und seine Armee sparsamer lebten, kam er auch besser mit dem Geld aus. Und schließlich:

10. Friedrich focht mit dem Rücken zur Wand, — Sein oder Nichtsein, das war hier die Frage —, und es versteht sich von selbst, daß jedermann in dieser Situation das Letzte und Allerletzte hergibt; er hat es gefordert und erhalten, während seine Feinde ”nur” die oben genannten Ziele vor Augen hatten.

Friedrichs oft angezweifelte Feldherrnkunst ist durch Zahlen zu belegen: Er selbst führte zehn Schlachten, gewann bei Lobositz, Prag, Ross-

bach, Leuthen, Zorndorf, Liegnitz und Torgau, verlor bei Kolin, Hochkirch und Kunersdorf. Seine Stellvertreter verloren bei Großjägersdorf, Breslau, Kay, Maxen und Landeshut, siegten nur einmal durch Prinz Heinrich bei Freiberg; damit sind die sechzehn Hauptschlachten aufgezählt; der westliche Nebenkriegsschauplatz soll hier nicht erwähnt werden. Friedrich rechnet, daß er 180.000 Soldaten verloren hat, unter ihnen 31 Generäle, 161 Stabsoffiziere und 1.500 andere Offiziere. Sein Staat Preußen hat etwa 500.000 Einwohner verloren. Rußland schätzt den Gesamtverlust aus vier großen Schlachten auf 120.000 Mann; Schweden auf 25.000; die Reichsvölker verloren 28.000; im Westen verloren die Verbündeten Engländer und Deutschen 160.000 Mann; Hauptleidtragender der Gegner ist nicht Österreich mit 140.000 Verlusten, sondern Frankreich mit 200.000. Auch Sachsen hat mit 90.000 Toten leiden müssen. Wie gesagt, die wirtschaftlichen Folgen waren verheerend, da Friedrich aber den Feldzug von 1763 sozusagen "vorfinanziert", das Geld also im Kasten hatte, konnte er nun Hilfe leisten: 3 Millionen Taler für Schlesien, 1.400.00 für Pommern und die Neumark, 800.000 für Ostpreußen, 800.000 für die Kurmark und 100.000 für Kleve. Woanders wurden Steuern herabgesetzt. Die Armee entließ Soldaten und Pferde, deren Kräfte dem Aufbau des Landes dienen konnten. Niemand stellt in Abrede, daß alle "leitenden" Staatsoberhäupter eine Menge für die Linderung der Nöte ihrer Untertanen getan haben — aber Friedrich war hierin der eifrigste, fleißigste, tüchtigste und konsequenteste: Auch hier wieder das Beispiel gebend.
Friedrich schreibt später über diese Zeit:

"Der preußische Staat glich einem von Wunden bedeckten, von Blutverlust geschwächten Kämpfer, der unter der Bürde seiner Leiden fast zusammenbrach. Er bedurfte eines geregelten Lebens, um sich zu erholen, stärkender Mittel, um wieder zu Kräften zu kommen, und heilenden Balsams, um von seinen Wunden zu genesen. Unter diesen Umständen durfte die Regierung nur das Beispiel eines guten Arztes befolgen, der einem erschöpften Körper mit Hilfe der Zeit und lindernder Mittel wieder empor hilft."

Wieviel Schlesien wert ist, was er an ihm verdienen konnte, seine Steuerkraft, Größe und Einwohnerzahl, darüber ist schon ausführlich berichtet worden.

"Oft verbirgt sich der Geiz
unter dem Namen Sparsamkeit,
die Verschwendung unter dem
Namen der Freigiebigkeit"
Gregor der Große

Königlicher Geiz

"Zwei Taler sind zu wenig
für einen großen König.
Zwei Taler sind kein Glück,
drum geb' ich sie zurück!"

Diese offenen und dreisten Zeilen richtete Anna Luise Karsch, genannt "die Karschin", an Friedrich, als er eines ihrer Gedichte, trotz seines früheren Versprechens, ihr zu helfen mit nur zwei Talern honorierte, worüber seine galante Widmung "Zum Geschenk für Deutschlands Dichterin" auch nicht hinwegtrösten konnte; denn nur von Talern, nicht Worten, konnte sie leben. Seine Antwort ist typisch für den Geiz und die finanzielle Zurückhaltung, die er bei Be- und Entlohnungen zu üben pflegte. Ebenso typisch ist allerdings, daß er ihre Antwort nicht übel nahm. Bedenkt man, daß Friedrich sehr häufig mit versteckten Bitten und Geldwünschen konfrontiert wurde, die nicht immer so originell waren wie die der in Berlin außerordentlich populären Karschin, dann wird verständlich, daß er unwirsch und grob reagierte. So auf die Anzeige eines Kammerherrn, der mitteilt, vom Prinzen von Dänemark für eine Schrift wertvollen Schmuck erhalten zu haben. Friedrich bemerkt bissig: "ich gratulire daß die Bettelei so gut reussirt."
Die königliche Küche hatte Friedrich besonders im Auge, da er überall Unterschleife witterte.
"Impertinent gestohlen", war sein Kommentar, wenn er nachrechnete, daß für die Essen zu viel Taler veranschlagt worden waren. Ist sein Geiz in bezug auf Wünsche seiner Beamten und privater Bittsteller einigermaßen verständlich, so erscheint sein Verhalten gegenüber verdienten Militärs, auch aus heutiger Sicht, unverständlich und falsch. Besonders nach dem Siebenjährigen Krieg ist es zu dramatischen Vorfällen gekommen, da Friedrich große Teile der Armee auflöste und

465

Mannschaften und Offiziere nach Hause schickte; darunter Offiziere, obwohl sie von Adel waren, die absolut nichts zu beißen, aber treu gedient hatten.

Als Beispiel soll hier der Fall des Jakob Friedrich von Bredow stehen, Mitglied einer großen märkischen Familie, welcher in allen Kriegen tapfer mitgefochten und in der Beförderung die üblichen Ränge übersprungen hatte — stets ein Zeichen von Friedrichs Zufriedenheit. Als Generalmajor wird er 1769 ohne Gehalt entlassen, obwohl er kein Einkommen besaß, wie Friedrich wußte. In Verzweiflung versucht von Bredow sich zu erschießen, die Kugel gleitet ab, und er bleibt am Leben. Erst als Seydlitz diesen Vorfall Friedrich meldet, werden 1.000 Taler Pension bewilligt. Gewiß ist dies eine Ausnahme, denn bekanntlich hat Friedrich seine verdienten Soldaten mit Pfründen, Präbenden, Drosteien und Amtshauptmannschaften bedacht, aus denen sie Gelder zogen, ohne etwas dafür leisten zu müssen. So brachte eine Amtshauptmannschaft in der Mark 500 Taler jährlich. "Es ist wider meinen Willen", schreibt Friedrich am 10. März 1763, "daß ich soviel Truppen verabschiede; allein die Lage, in die ich durch den Frieden gerate, erlaubt mir nicht, über 138.000 Mann zu halten, und ich würde bloß an denen, die im Felde gewesen, 188.000 haben . . . Ich verabschiede die Eingeborenen und behalte alle Ausländer."

Einige nüchterne Zahlen sind in diesem Bereich von Interesse. Zwar gab Friedrich seinen Soldaten Ruhestandsgehälter, diese waren aber nicht gesetzlich verankert, sondern reine "Gnadenssache": Ein General bekam 1.000 bis 1.500 Taler, ein Oberst etwa 300, Hauptmann oder Kapitän 200 Taler jährlich; auch damals zu wenig zum Leben, zuviel zum Sterben. Witwen und Waisen der im Felde Gebliebenen hatten überhaupt nur mit Glück etwas zu erwarten. Trotz seines exellenten Gedächtnisses "vergaß" Friedrich sie gelegentlich. Der Witwe des vor Prag tödlich verletzten Generalmajors von Schöning versprach er mit Brief vom 1. Juli 1757:

". . . Die treuen und vieljährigen Dienste, so derselbe Mir und Meinem Hause geleistet, und worinnen er sein Leben auf eine, für ihn so ruhmwürdige Art beschlossen hat, werde ich niemals vergessen, sondern solche gegen Euch und Eure Kinder bei aller Gelegenheit in Gnaden erkennen . . ."

Bis 1768 hatte er noch nicht "erkannt", so daß die Witwe sich in Erinnerung brachte; gewiß kein erhebendes Gefühl für sie. Umsonst, erst Friedrich Wilhelm II. gab ihr ein Jahresgehalt. Natürlich sind Friedrichs geizigen Entscheidungen auch positive Seiten abzugewinnen, im-

mer dann, wenn er entschied, daß Gelder sinnvoller als gewünscht oder beantragt eingesetzt werden sollen. Als der Dominikaner-Konvent zu Schweidnitz um 10.000 Taler bittet, damit die im Krieg ruinierte Kirche repariert werden kann, antwortet Friedrich lakonisch:
"es Seindt So vihle Städte abgebrandt, die den Vohrzug vor einer Kirche haben."
Das Domkapitel bittet für den Bischof um Geld. Friedrich antwortet:
"er Mus Seine Schulden betzalen Ein Bischof mus ohnsträflich Seindt."
Auch dem versehrten Sohn eines verstorbenen Oberst geht es bei der Bitte um Versorgung nicht besser:
"ich Kan ja alle blinde und Lahme nicht versorgen."
Trotz des bitteren Nachgeschmacks, der beim Lesen solch origineller Randbemerkungen verbleibt, muß immer daran gedacht werden, in welch akuter Geldknappheit Friedrich und mit ihm sein Staat war: Unter allen Umständen wollte er seine teure Armee bezahlen und einen Staatsschatz anhäufen; da sah er wenig Spielraum für Extraausgaben.

"Erinnerung ist das einzige Paradies,   **30. März 1763**
woraus wir nicht vertrieben werden können"
Jean Paul

Noch einmal Kunersdorf

Entsprechend seiner Einstellung zur Arbeit kann es für Friedrich, jetzt nach Kriegsende, eine Pause nicht geben.
"Ich hoffe", schreibt er nach dem Friedensschluß an die Gräfin Camas, "Sie ebenso wohl anzutreffen, wie ich Sie verlassen habe. Mich werden

Sie gealtert und etwas faselig finden; grau wie ein Esel, alle Tage einen Zahn verlierend und durch die Gicht zum halben Krüppel geworden. Aber Ihre Nachsicht wird über die Schwächen des Alters hinwegsehen, und wir werden von alten Zeiten plaudern."

An den Marquis d'Argens schreibt er:

"Was mich betrifft, ich armer Greis kehre in eine Stadt zurück, von der ich nur die Mauern kenne, wo ich keinen meiner alten Bekannten wiederfinde, wo eine unermeßliche Arbeit meiner wartet, und wo ich binnen kurzem meine alten Gebeine in einem Zufluchtsort bergen werde, der weder durch Krieg noch durch Unglücksfälle noch durch die Verworfenheit der Menschen gestört wird."

Mit 44 Jahren war er ausgezogen, jetzt fühlt er sich als Greis und kann nicht ahnen, daß noch über zwanzig Jahre vor ihm liegen. Ohne sich Ruhe zu gönnen, denn die wollte er wie geschrieben erst in Berlin haben, beginnt er am 17. März seine erste Nachkriegs-Schlesien-Besichtigungsreise, um sich vor Ort einen Einblick in die Schäden zu machen und die erforderlichen Mittel abzuschätzen. Mißtrauisch und gegen Bestechung und Mißbräuche allergisch, will er es nicht nur auf Berichte ankommen lassen. Diese Inventaraufnahme ist gleichzeitig eine Triumphreise, denn man braucht nicht viel Phantasie, sich vorzustellen, wie der König in den Dörfern und Städten empfangen wird.

"Der König kommt selbst, noch ehe er nach Berlin zurückkehrt!" Ein psychologisches Meisterstück, diese Reise. Seine Kurzab-Art im Umgang mit einfachen Leuten kommt stark zum Ausdruck. "Mütterchen, was wollt Ihr?" fragt er leutselig eine alte Bäuerin, die beim Pferdewechsel dasteht und an seinen Wagen tritt.

"Nur Sie sehen und weiter nichts", antwortet sie. Friedrich nimmt ein paar Friedrich'dors und gibt sie der Frau.

"Liebe Mutter, seht, auf diesen Dingern sehe ich weit besser aus, und auf ihnen könnt Ihr mich ansehen, so lange Ihr wollt — ich habe jetzt nicht die Zeit, mich länger ansehen zu lassen."

Breslau ist illuminiert, als der König durchkommt, kleine Städte und Dörfer zeigen an Fahnen und Girlanden, was sie aufbringen können. Landräte, Bauern, Gutsbesitzer und Geistliche strömen allerorten zusammen, um zu huldigen und zu bitten. Wo es geht, lehnt Friedrich Empfangsfeierlichkeiten ab oder kürzt sie ungeduldig mit der Frage: "Hat jemand einen Bleistift?"

Und schon notiert er das Wichtigste. Von Schlesien aus geht es durch die Mark zurück, er wünscht am 30. März in Berlin zu sein. Die Kutsche rumpelt auf Frankfurt zu, der König sitzt zurückgelehnt und läßt die Landschaft, in Gedanken versunken, vorüberziehen. Ja, es war doch richtig, diese Reise zu machen und nicht Beamte und Schreiberlinge herzuschicken; die Reaktionen der Bevölkerung waren eindeutig und überzeugend. Schon erreicht die Kutsche Kunersdorf.

"Halt!" befiehlt Friedrich, steigt aus und wartet auf die Gefolgschaft. "Mein Pferd."

Es ist von den Husaren mitgeführt worden.

Friedrich steigt auf und reitet in Begleitung seines Generaladjutanten auf das Schlachtfeld. Kunersdorf, der 12. August 1759! Welch ein Tag damals, welch ein Abend jetzt? Wieviel liegen hier unter ihm in letzter Ruhe? 15.000, 20.000? Wieviel Mütter, Kinder, Frauen und Väter werden auf sie warten? Hat sich das alles gelohnt, jetzt, wo der Krieg vorüber ist. Friedrich steht voraus, da der Adjutant etwas zurückgeblieben ist, und hebt sich wie eine Statue vor dem Abendhimmel ab. Dreieinhalb Jahre zwischen damals und heute, als Zeuge der Vergangenheit eine halb versunkene Kanone, eine Lafette, ein Wagenrad, verrottetes Zaumzeug.

"Zeit eilt, teilt, heilt."

Friedrich wendet das Pferd und reitet stumm zurück, sein Adjutant sagt kein Wort, niemand wagt zu sprechen, als Friedrich einsteigt. Ab, weiter nach Berlin, Potsdam, Sanssouci, das er nie gehofft hat, in den letzten Jahren, jemals wiederzusehen. An Frankfurt vorbei, nur nicht aufhalten lassen, in Berlin ahnt er nichts Gutes, aus seiner Sicht, er möchte keine Empfangskomitees, niemand kann sie ertragen, der in Kunersdorf gewesen ist! Aber ganz ohne geht's nicht: Am Frankfurter Tor wird er aufgehalten, der Magistrat ist da, Bevölkerung, Reden, Jubel. Friedrich winkt ab, als er in den Prunkwagen umsteigen soll, und weiter geht's in der staubigen Reisekutsche durch menschenleere Straßen dem Berliner Schloß zu, allerdings auf den Innenhof, wo ihn niemand erwartet. Allein geht er die Stufen hinauf, möchte nichts als allein sein, aber da ruft schon jemand:

"Seine Majestät der König!"

Er ist zu Hause, erst jetzt ist für ihn das Schlesische Abenteuer zu Ende.

"Das beste Wappen in der Welt 22. Mai 1763
ist der Pflug im Ackerfeld"
Alter Spruch

Friedrichs Bauern

Kompliziert, wie vieles in Preußen, ist auch die Situation und der Stand
der Bauern. Es ist schon mehrfach erwähnt worden, daß Friedrich ein
Herz für kleine Leute hatte; zu den "kleinsten Leuten" gehören die
Bauern. Und Friedrich reagiert empfindlich und oft übertrieben, wenn
er von Bedrückungen durch die Gutsherren, Ritter und Domänenverwalter hört. Erschwert wird die Situation der Bauern durch ihre Viel-
falt: Freibauern, Lassiten, Kossäten, Kolonisten, Leibfreie, Zinsbauern
und Leibeigene, und daß in vielen preußischen Provinzen unterschiedliche Bestimmungen und Gesetze gelten. Wenig bekannt ist ein lokaler
Bauernaufstand Oberschlesiens aus dem Jahre 1766, sozialen, nicht politischen Charakters, gegen die Gutsherren und Verwaltungen gerichtet, in keiner Weise gegen den König. Einen berüchtigten adeligen Leu-
teschinder läßt Minister Schlabrendorff festsetzen und seine Güter
zwangsweise verkaufen. Zweifellos weiß der Adel, woher der Potsdamer Wind in Sachen Bauern weht: Bauernbefreiung; Friedrich hat kein
Hehl daraus gemacht, daß er sie durchzusetzen gedenkt. Daß sie erst
im nächsten Jahrhundert in Preußen stattfindet, dann mit verheeren-
dem Erfolg, hat andere Ursachen als etwa des Königs Unvermögen
oder eine bloße Schönrederei den Untertanen gegenüber. Wir erinnern
uns: Schon als Kronprinz macht Friedrich seinem Vater Vorschläge,
die Spanndienste der Bauern ihren Gutsherren gegenüber zu ermäßigen
oder zu rationalisieren. Und am 16. April 1754 schreibt er an seinen Justizminister von Cocceji:

"Daß die Sklaverei der in Pommern noch üblichen Leibeigenschaft
mir so hart und von so üblem Effect auf das ganze Land zu sein
scheint, daß ich wohl wünschte, daß solche gänzlich aufgehoben
werden könnte."

"So üblem Effect auf das Land" — als perfekter Praktiker erkennt
Friedrich, daß nicht nur den Bauern, sondern dem ganzen Staate, sei-
nem Staate, ihrem Staate, eine freie Bauernschaft, voller Energie,
Privatinitiative und Zukunftsaussichten mehr nützen würde als eine

unterdrückte. Der kommende Krieg hat viel von des Königs hohen Plänen zurückgeworfen, desto beharrlicher verfolgt er sie ab 1763 weiter. Wieder verweist er auf Pommern. Am 22. Mai 1763 schreibt er seinem Finanzrat von Brenckenhoff:

"Sollen absolut und ohne das geringste Räsonieren alle Leibeigenschaften sowohl in königlichen, adeligen als Stadteigentumsdörfern von Stunde an gänzlich abgeschaffet werden und alle diejenigen, so sich dagegen opponieren würden, soviel möglich mit Güte, in deren Entstehung aber durch Force dahingebracht werden, daß diese, von seiner königlichen Majestät so festgesetzten Idee zum Nutzen der ganzen Provinz ins Werk gerichtet werde."

Diese Worte fallen ein halbes Jahrhundert zu früh, wie wir heute wissen, aber auch der König spürt unmittelbar, daß er seiner Zeit vorauseilt: Was sich in Generationen eingespielt hat, ist auch durch einen absoluten Herrscher nicht aus der Welt zu schaffen; Kabinettsorder, sonst strikt befolgt, stoßen hier ins Leere, wenn sie nicht durchzusetzen sind. Friedrich ist Realpolitiker genug, um sich mit den Gutsbesitzern nicht ernsthaft anzulegen, wenn diese sich seinem menschenfreundlichen Vorhaben verschließen, er selbst kann seine Ohren ihren "praktischen Vorhaltungen" nicht verschließen: Die Ritterschaft führt an, die Umwandlung der Leibeigenschaft in völlige Freiheit zöge eine Entvölkerung des platten Landes nach sich. Im Gegensatz zu seinen Nachfolgern fünfzig Jahre später hat Friedrich für dieses Argument Verständnis und verhindert damit die Entvölkerung des Bauernstandes, aus dem er viele Rekruten für die Armee zieht. So geht es also nicht, sie einfach freilassen, ohne ihnen die Möglichkeit zu geben, auf dem erworbenen Eigentum Lebensunterhalt zu finden, vorausgesetzt, sie können ihre alten Höfe überhaupt erwerben. Friedrich steckt resigniert zurück.

Unnachgiebig aber verfolgt er Mißhandlungen und Willkür des Adels und gibt seinen Beamten Vollmacht und Rückendeckung. Schon früher hatte er sich gegen das Bauernlegen gewandt, mit dem die Gutsbesitzer die letzten ihnen noch nicht gehörenden Anteile an sich zu bringen trachteten. Am 30. Dezember 1764 erscheint eine Bauernordnung für Pommern, die das Vertreiben der Bauern von ihren Höfen untersagt. Gleichzeitig gibt es Erleichterungen für Bauern, die in die städtische Handwerkerzunft eintreten möchten. Auf keinen Fall will Friedrich die Erfolge seiner Siedlungspolitik gefährden, die auf Stärkung des ländlichen Raumes, nicht der Städte abzielt.

"Es sei zu erreichen, daß sie ihre Güter und Ställe eigentümlich besitzen, damit die Grundherrschaften nicht willkürlich damit schalten können."

Wo eben möglich, wo er mit den "Grundherrschaften" nicht in Konflikt kommt, gibt Friedrich die Bauern frei; Neusiedler und Kolonisten haben sowieso von vornherein größere Rechte und Freiheiten. Der Untergang des kleinen Bauernstandes, zu Friedrichs Zeiten in Mecklenburg und Schwedisch-Pommern bereits Realität, ist durch seine Maßnahmen in Preußen aufgehalten worden. Friedrich sagte:

"Die Landwirtschaft ist die erste der Künste, ohne die es keine Kaufleute, Könige, Poeten und Philosophen geben würde."

Es ist kein Zufall, daß in Zukunft die Bauern zu den besten Preußen Preußens gehören werden . . .

"Tyrannen herrschen, Könige regieren;   30. Juni 1763
für eigenes jene — die fürs Völkerglück"
August von Kotzebue

Im Frieden erobert

Schlesien durch Krieg erobert; Ostfriesland geerbt; (demnächst Westpreußen durch Vertrag gewonnen); eine weitere Provinz, den Oderbruch, in friedlicher Arbeit erobert; wirklich eine stolze Bilanz!

"Längs des Oderlaufes von Swinemünde bis Küstrin dehnten sich öde Sümpfe, die vielleicht schon von altersher brach lagen. Nun wurde ein Plan zur Urbarmachung der Landfläche ausgearbeitet. Von Küstrin bis

Wriezen wurde ein Kanal gegraben, der das Sumpfgebiet entwässerte, und 2.000 Familien wurden dort angesiedelt. Die Entsumpfung wurde von Schwedt bis über Stettin hinaus fortgesetzt. Auf dem gewonnenen Boden fanden 1.200 Familien ein angenehmes, erträgliches Dasein. So entstand eine neue kleine Provinz durch den Sieg des Fleißes über Unwissenheit und Trägheit."

Mit diesen sachlich-bescheidenen Worten beschreibt Friedrich in seiner "Geschichte des Siebenjährigen Krieges" eine der größten Leistungen seiner Zeit. Heute, wo Erdbewegungen gigantischen Ausmaßes keine Probleme darstellen, können wir nur mit Phantasie eine derartige Arbeit ermessen, die zudem noch während des Krieges stattfindet. Ohne eine Handvoll fähiger Beamter, die Kraft, Gesundheit und eigene Geldmittel aufgeopfert haben, — allen voran Franz Balthasar Schönberg von Brenckenhoff —, hätte Friedrich seine Pläne allerdings nicht verwirklichen können. Denn wie erwartet, hat es Widerstände von seiten der Alteingesessenen gegeben, besonders weil Neusiedler zu erheblichen Vergünstigungen angeworben wurden. Den von Friedrich so beschriebenen Oderbruch hatte schon Friedrich Wilhelm trockenlegen lassen wollen, war aber an den Schwierigkeiten gescheitert, so daß Friedrich 1746 neu beginnen mußte. Wer in Europa konnte am besten mit Gräben, Deichen und Meliorationen umgehen? Die Holländer. Friedrich Wilhelm hatte den Holländer Ingenieur Simon Leonhard von Haarlem als Kriegsrat und Oberdeichinspektor in Dienste genommen, der nun mit den neuen Arbeiten betraut wird und in Zusammenarbeit mit dem berühmten Mathematiker Leonhard Euler den Anfang der Lösung findet: Es wird ein Oder-Kanal zwischen Güstebiese und Hohensaathen angelegt, dadurch erhält der Fluß ein größeres Gefälle, der Grundwasserspiegel fällt, durch Eindeichung werden vorerst 44.200 Morgen Land gewonnen, fruchtbar und unberührt. 1.600 Arbeiter sind hierfür tätig, darunter die Hälfte Soldaten — trotz der Schlesischen Kriege! 1753 wird das Land für 1.252 Menschen freigegeben, die ersten Siedler kommen im gleichen Jahr. Während Friedrichs Regierungszeit ist Preußen permanent ein Einwanderungsland gewesen, lohnenswert für Deutsche aus Polen, Sachsen, Westfalen, Friesland, Süd- und Westdeutschland, alles ist unter den Neusiedlern vertreten gewesen, die verschiedene Gründe hatten, die alte Heimat zu verlassen: Häusliche und bürgerliche Enge, Unterdrückung, Religionsverfolgung, geringe berufliche Chancen, Entdeckergeist, Mut zum Neubeginn. Den Siedlern folgen die Handwerker und Kaufleute, ohne die neue Gemeinwesen wie Dörfer nicht existieren können. Der Siebenjährige

Krieg hat die Arbeiten im Oderbruch nicht unterbrechen können. 1761 siedeln sich weitere 703 Familien in 15 neuen Dörfern an. Die Siedler auf dem neu geschaffenen Land, so weit es nicht in Adelsbesitz ist, erhalten vom König ein Freijahr und für weitere drei Jahre Steuererleichterung, weniger als die Siedler auf Adelsgrund, da Rodung und Hausbau bereits fertig sind und sie vom Militärdienst befreit bleiben; auch ihre Habe hatten sie zollfrei einführen dürfen. Außerdem trägt der Staatssäckel die Unterhaltungskosten für Deiche und Entwässerung. 20.000 Morgen adeligen Besitztums, die Hälfte davon in den Händen der Markgrafen von Schwedt, sind ebenfalls bis 1763 mit über 2.000 Bewohnern besiedelt worden, die sechs bis acht Freijahre erhalten, aber für Rodung und Bau der Häuser selbst sorgen müssen.

Als Friedrich am 30. Juni 1763, just aus dem langen Krieg einigermaßen ungeschoren heimgekehrt, auf den Deichen des Oderbruches steht, hat er hier eine Million Taler investiert, deren Amortisierung wegen der geringen Abgaben zweifelhaft ist.

"Hier habe ich eine Provinz im Frieden erobert."

An Voltaire hatte er geschrieben:

"Man muß mit dem Ackerbau anfangen, dann zum Fabrikwesen und endlich zu einem kleinen Handel fortschreiten. Sobald alles dies feste Wurzel gefaßt hat, entsteht Wohlstand, und ihm folgt der Überfluß, ohne welchen die Künste nicht gedeihen können. Die Musen verlangen, daß der Fuß des Parnass von dem Pactolus benetzt wird. Erst muß man etwas zu leben haben, ehe man sich unterrichten und frei denken kann."

Insgesamt werden hier bis 1773 431 weitere Familien in 30 neuen Dörfern ihren Lebensunterhalt finden. Wichtig für Friedrich ist, daß hier nicht nur arme Siedler angesetzt werden, sondern auch viele mit erheblichem Barvermögen und beachtlichem Viehbestand. Beides kann Preußen nach den Verlusten des großen Krieges gut gebrauchen . . .

"Nicht für die Schule, sondern für
das Leben lernen wir"
Seneca

12. August 1763

Landschulen

Die Kluft zwischen den Bildungsmöglichkeiten der Stadt- und Landbevölkerung ist uralt, so alt, wie es Städte gibt, und sie ist auch bis heute nicht überbrückt worden. Es steht uns also nicht an, über die schulischen Verhältnisse des 18. Jahrhunderts und Preußens die Nase hoch zu tragen. Wenn wir heute kritisieren, Friedrich habe zu wenig für Preußens Schulen getan, so müssen wir berücksichtigen, welche Möglichkeiten er hatte, die selbst beim besten Willen Grenzen gesetzt haben. Denken wir doch daran, wie kommende Generationen über die Schulsparmaßnahmen unserer achtziger Jahre urteilen werden!

Auch während des langen Krieges hat Friedrich die zivilen Geschäfte nicht aus den Augen verloren und sie so gut wie möglich zu erledigen gesucht. Eines seiner Sorgenkinder waren die Landschulen; er wollte durchaus "Bildung für alle", und es ist erwiesen, daß sein Herz trotz der Bevorzugung des Adels für die kleinen Leute schlug. Wo wohnten die kleinsten? Wie eh und je auf dem Lande. Es mangelt offenbar damals mehr an Lehrern als an Schulen, umgekehrt wie heute also, und Friedrich ist sein Leben lang auf der Suche nach guten Schulmeistern gewesen. 1750 gibt er dem Oberkonsistorium auf, auch über die Landschulen die Aufsicht zu führen und fähige Schulmeister zu besorgen. Drei Tage vor dem Hubertusburger Frieden schreibt er aus Leipzig an den Minister von Danckelman, er habe acht Schulmeister aus Sachsen angenommen, die in der Kurmark und in Hinterpommern angesetzt werden sollen. Es scheint, daß er sie für fähiger hielt als seine preußischen Lehrer, denn sie sollten diese lehren, die Jugend besser zu unterrichten. Wir erfahren später, daß Friedrich zugriff, als die gebildeten Jesuiten aus den katholischen Ländern Europas verjagt wurden. Am 12. August 1763 wird das "General-Land-Schulreglement", von Oberkonsistorialrat Hecker entworfen, von Friedrich verbessert, bekanntgegeben, das in den Ansätzen und der Theorie so gut ist, daß es die Schulmisere auf dem Land hätte beheben können.

"Demnach Wir zu Unserem höchstem Mißfallen selbst wahrgenommen, daß das Schulwesen und die Erziehung der Jugend auf
dem Lande bisher in äußersten Verfall geraten, und Insonderheit
durch die Unerfahrenheit der mehrsten Küster und Schulmeister
die jungen Leute aus den Dörfern in Unwissenheit und Dummheit
aufwachsen; so ist Unser so wohl bedachter, als ernster Wille, daß
das Schulwesen auf dem Lande in allen unseren Provinzen auf einen besseren Fuß als bisher gesetzt und verfasset werden soll.
Denn so angelegentlich Wir nach wiederhergestellter Ruhe und all-
gemeinem Frieden das wahre Wohlsein Unserer Länder in allen
Ständen Uns zum Augenmerk machen; so nötig und heilsam er-
achten Wir es auch zu sein, den guten Grund dazu durch eine vernünftige sowohl, als christliche Unterweisung der Jugend zur wahren Gottesfurcht und anderen nützlichen Dingen in den Schulen
legen zu lassen, und alles Inskünftige danach einzurichten, damit
der so höchst schädlichen, und dem Christentum unanständigen
Unwissenheit vorgebeugt und abgeholfen werde, um auf die folgende Zeit geschicktere und bessere Untertanen bilden und erziehen zu können."

Nur, der Wille allein ist nicht maßgebend, wenn die Mittel fehlen. Der
Zustand der Schulen selbst ist, nach unseren heutigen Maßstäben erschreckend und barbarisch: kein Licht, keine Heizung, die Wege der
Schüler oft meilenweit durch einsame, unwegsame Landschaft, kein
Geld, die Schule zu bezahlen — und die Lehrer. Es ist zu bemängeln,
daß Friedrich bevorzugt seine Invaliden und alten Kämpfer aus der Armee mit den Lehrerposten versah, die natürlich nur in Ausnahmefällen
pädagogisches Geschick und einige Kenntnisse besaßen, meist aber
ebenso ungebildet wie ihre Schüler waren. Aber was sollte Friedrich
machen! Auf der einen Seite dieser tatsächliche Lehrermangel, — denn
wo sollte man sie alle herkriegen —, und auf der anderen seine Verpflichtung, den treuen Soldaten und Blessierten des langen Krieges eine
anständige Versorgung zu beschaffen. Man darf raten, in welche Richtung Friedrichs Herz schlug. Zahlen weisen aus, daß etwa 750 Invaliden angesetzt waren, aber weitere 3.400 auf Versorgung warteten.
Nicht nur ehemalige Soldaten waren Lehrer, auch Handwerker, wie eine Antwort Friedrichs ausweist, die er seinen Beamten in bezug auf
vorgeschlagene und ausgewählte Ortschaften gibt, die finanziell unterstützt werden sollten: "Die Oehrter Seindt ganz gut ausgesucht, die
schlechten Schulmeisters Seindt Schneiders die Meisten, und Müste

Man Sehen ob man Sie nicht in kleinen Stedten könnte Schneidern lassen, oder wie Man Sie Sonsten Unterbringet, damit die Schuhlen desto eher in guhten Stande kommen können, was eine Interessante Sache ist."

Wo Geld übrig oder eingespart worden ist, das die Landbevölkerung aufgebracht hat, möchte Friedrich es für die Verwendung zum Schulbau und zur Lehrerbesoldung zurückgeben. Wenn Friedrich befahl, "eine gute teutsche Grammatik in den Schulen zu gebrauchen, es sei nun die Gottschedische oder eine andere",

dann waren die bunt zusammengewürfelten Lehrer gewiß in den meisten Fällen überfordert. Wie sie es vom Militär gewöhnt waren, führte der Stock sein eigenes Regiment, wo sollte die Achtung vor dem Lehrer sonst herkommen! So war es eine der ersten Notwendigkeiten in Preußen, daß erst einmal die Lehrer die Schulbänke zu drücken hatten; schon Friedrich Wilhelm hatte an Schullehrerseminare gedacht, die nun in Form von Landschulmeisterseminaren verwirklicht werden. Zum Ende von Friedrichs Regierungszeit gibt es sie in Berlin, Halberstadt, Magdeburg und Stettin. Damit war man dem Problem an die Wurzel gegangen, was sich in Zukunft auszahlen sollte.

Alle hier geschilderten Probleme waren keine spezifisch preußischen, sondern über ganz Deutschland und Europa verteilt. Wer die Landschulen bis in die Mitte unseres Jahrhunderts kennengelernt hat, hat beinahe noch Bekanntschaft mit diesen Problemen gemacht. Die Schulsituation ist in den preußischen Städten natürlich erheblich besser gewesen, hier gab es bereits Gymnasien, aber es ehrt Friedrich, daß er gerade bei den untersten Volksschichten mit Bildung anfangen wollte. "Die Sorge für die Erziehung", schreibt er an d'Alembert, "ist ein wichtiger Gegenstand, die die Fürsten nicht vernachlässigen sollten, und den ich bis auf meine Landschulen ausdehne. Das sind die Steckenpferde meines Alters . . ."

"Die Kunst ist zwar nicht das Brot, 31. Dezember 1763
aber der Wein des Lebens"
Sprichwort

Königliche Porzellanmanufaktur

Wie schon an anderer Stelle gesagt, ist Friedrich zeit seiner Regierung
darauf bedacht gewesen, den Import zu beschränken, so viele Waren
wie möglich im eigenen Land zu erzeugen. Wenn ihm auch alles Landwirtschaftliche vorrangig erschien, so legte er ebenfalls viel Energie und
Interesse in die Hebung des Handels und Verbesserung der Industrie;
nicht nur, um Arbeit und Brot zu schaffen, den Wohlstand des Landes
zu heben, sondern weil er stets Geld benötigte, Geld, nochmals Geld.
Allein die überdimensionierte Armee verschlang ein Drittel des Staats-
haushaltes. In vielen Fällen ist Friedrich selbst Unternehmer gewesen,
wie vielen Unternehmern nach ihm ist es ihm allerdings schwer gefallen, mit "Staatsbetrieben" Geld zu verdienen; sie haben es nie mit privaten Unternehmen aufnehmen können.
Seit dem Ende des Siebenjährigen Krieges ist Friedrich Eigentümer einer Porzellanfabrik, der ehemaligen Berliner Porzellanmanufaktur, die
jetzt Königliche Porzellanmanufaktur, kurz K. P. M. heißt. Die Anfänge der Porzellanfabrik gehen auf 1751 zurück, als die Meißner bereits
vier Jahrzehnte existiert und Weltruhm erlangt hatte. Die hohe Nachfrage nach dem edlen, so famos in die Zeit passenden Material konnte
Friedrich nicht ungerührt lassen. Zumal für den Import hohe Summen
bezahlt werden mußten. Die von einem Schweizer 1751 eingerichtete
Porzellanfabrik erwirtschaftete jedoch keinen Gewinn, die Qualität
war nicht ausreichend, traf auch des Königs Geschmack nicht; keine
Gewinne — kein Interesse: Nach sechs Jahren, inzwischen war Krieg,
mußte der Betrieb eingestellt werden. Erst als der Vollblutkaufmann
Johann Ernst Gotzkowsky die Sache erneut in die Hand nahm, kam sie
auch ins Rollen. Er besuchte im Jahre 1760 Friedrich in Leipzig, und
im allgemeinen Gespräch deutete Friedrich auf im Raum befindliches
Porzellan aus Sachsen und äußerte, daß er Wert darauf lege und entschlossen wäre, einen Neubeginn zu wagen, denn in Preußen müsse eigenes Porzellan gemacht werden. War es Zufall, daß man in einer Zeit

Voltaire als Gast Friedrichs

Friedrich besichtigt Arbeiten zur Urbarmachung.

*Friedrich besichtigt
die Kartoffelernte.*

*Thronfolger Friedrich
Wilhelm (II.)*

anfing, nämlich noch 1761, als es nicht schwer sein konnte, an sächsische Meißener Geheimnisse heranzukommen, und daß es ein Sachse war, namens Reichert, der maßgeblich am Neuaufbau beteiligt war? Des Königs Wunsch war Gotzkowsky Befehl! Reichert war gerade dabei, selbst Versuche und Produktion zu übernehmen, denn er hatte seit der Auflösung der ersten Fabrik die Herstellungsgeheimnisse erwerben können. So bildeten diese beiden Männer das Gespann der Neugründung der Berliner Porzellanmanufaktur im Jahre 1761. Für 10.000 Taler verkaufte Reichert seine Kenntnisse an Gotzkowsky und wurde für 1.000 Taler Jahresgehalt eingestellt. Weitere Mitarbeiter wurden von Meißen angeworben. Trotz guter Qualität in Technik und Stil hatte die neue Fabrik es schwer, gegen die alteingesessenen aus Meißen, Wien, Nymphenburg und Frankenthal anzukommen, aber des Königs Einfuhrbestimmungen, rigoros überwacht und ausgeführt, und andere Vergünstigungen wirkten so gut, daß im Jahre 1762 bereits 150 Mitarbeiter beschäftigt werden konnten.

Dennoch: 1763 droht das Aus, denn die Zeitläufe in ganz Europa sind miserabel, und der in allerlei und offenbar zuviel Geschäften steckende Gotzkowsky gerät in Finanzschwierigkeiten. Wie schlecht müssen die Zeiten sein, daß solche Männer kein Geld mehr besitzen! Friedrich hat Anfang 1763 Geld genug: Nach eigenen Aussagen soviel, daß er noch zwei Feldzüge ausrüsten könnte. Wer hätte das gedacht! Um die zweite Porzellanfabrik Preußens nicht zugrundegehen zu lassen, kauft er sie kurzerhand für die stolze Summe von 225.000 Taler auf, wodurch sie ab sofort Königliche Porzellanmanufaktur heißt. Sie erhält Steuerfreiheit, Ausfuhren selbst nach Holland werden vorbereitet, es entstehen Depots von Ostpreußen bis Ostfriesland. Die Bilanzen werden durch kostenloses Brennholz aus den Wäldern des Königs aufgebessert, das Werk erhält das Monopol der alleinigen Herstellung und des Vertriebes, später wird das Verbot sächsischen Porzellans noch einmal bekräftigt. Friedrich selbst läßt sich Buchhaltung und Pläne monatlich vorlegen und nimmt Einfluß auf künstlerische Gestaltung der Teller und kompletter Service, von denen einige weltberühmt geworden sind. Viel Geld hat Friedrich mit seiner Porzellanfabrik niemals gewinnen können, in seinen letzten Lebensjahren wird der Jahresgewinn 20.000 Taler knapp übersteigen, aber bei aller Geldsucht ist das wohl nicht sein Hauptgrund gewesen, den Betrieb aufrechtzuerhalten. Es ging, wie gesagt, darum, Preußen von einem Agrarland hinzuführen in die ersten Anfänge einer Industrialisierung, dafür wurde jede Gelegenheit wahrgenommen; besonders, wenn sie seinem künstlerischen Empfinden entgegenkam. Zartes, kunstvolles Porzellan paßt ins Rokoko wie kaum ein anderes Material, und heute dürfen wir uns an den Formen und Farben erfreuen und an ihre ersten Benutzer zurückdenken.

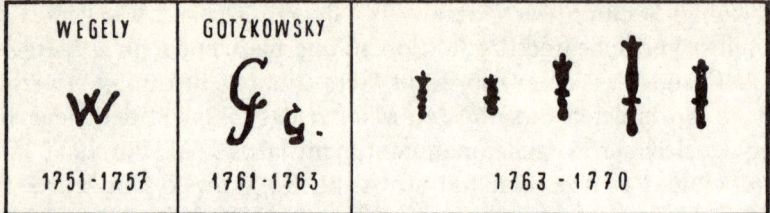

Zeichen der Manufaktur von 1751 bis 1770.

"Wie Marschall Daun gezaudert, und Fritz und Zieten nie, das ward jetzt ausgeplaudert, bei Tisch in Sanssouci" Lied der Zeit

5. Februar 1766

Ihr größter Feldherr — ein Zauderer?

Bei Schlachten steht immer einiges auf dem Spiel: Ansehen, Leben, Material, Land und Leute, königliche oder kaiserliche Gnade, der Ausgang eines Feldzuges. Es ist schon mehrfach dargelegt worden, daß es im 18. Jahrhundert nicht so konsequent üblich war, Schlachten zu schlagen, um den Gegner zu vernichten, dazu gab es zu viele Unsicherheitsfaktoren: Die meist aus Gepreßten und Geworbenen bestehenden Heere, die Unbeweglichkeit der Armeen, die nach heutigen Verhältnissen mangelhafte Transport- und Versorgungslage. Außerdem waren die Kriege "Kabinetts-" und keine Volkskriege wie später und konnten, wenn man sich "oben", in den Kabinetten also, wieder vertrug und einigte, jederzeit beendet werden. Normalerweise war jede kriegführende Partei bedacht, die Armee zu erhalten und mit ihr so zu manövrieren, daß dem Gegner damit ebensoviel Schaden zugefügt wurde wie mit einer richtigen Schlacht. Allerdings: Fühlte man sich klar im Vorteil, so wagte auch der Vorsichtigste die Schlacht. In den drei Schlesischen Kriegen ist Friedrich derjenige, der diese Gepflogenheiten durchbricht, aus folgenden Gründen: Er ist fast stets der Schwächere, für "das arme Preußen" müssen die Feldzüge so kurz wie möglich sein, darum sucht er die Entscheidung; freilich auch nur, solange er sich stark fühlt. Die Geschichtsschreibung hat ihre lobendsten Worte für den Angreifer, Draufgänger parat, während der Verteidiger gern wenig schmeichelhaft abqualifiziert wird. Das klassische Beispiel hierfür liefern Friedrich und sein militärischer Hauptgegner, der Feldmarschall Leopold Graf von Daun.

"Man sollte meinen", klagt Friedrich in einem Brief vom September 1758 an seinen Feldmarschall Keith, "die österreichischen Generale stammten aus dem Kaukasus oder vom Pik von Teneriffa oder den Kordilleren; sobald sie einen Berg sehen, gleich sind sie oben; in die Felsen und Engpässe sind sie närrisch verliebt. Das gibt einen beschwerlichen, langwierigen Krieg, und es paßt mir weder das eine noch das andere."

Im Laufe des langen Krieges wird Friedrich mehr Verständnis für ein solches Verhalten aufbringen.

Als Leopold Graf von Daun am 5. Februar 1766 seine Feldherrnaugen für immer schließt, ist der Siebenjährige Krieg allen noch in frischer Erinnerung, die Folgen sind beileibe noch spürbar, und Friedrich mag mit Wehmut an die Niederlagen denken, die Daun ihm beigebracht hat: Kolin, Hochkirch, Maxen. Natürlich ist oft genug darüber gestritten worden, ob Daun und die anderen Gegenspieler Friedrichs ihn hätten niederringen können, wenn sie so entschlossen und aggressiv wie Friedrich selbst gewesen wären. Die Antwort: Sie hätten's schaffen müssen! Aber Daun hat die volle Rückendeckung Maria Theresias zu seiner Taktik, einer Taktik, die er von jung auf in der österreichischen Armee erlernt hatte. Geboren am 24. September 1705 in Wien, trat er bereits 1718 als Volontär in die Armee ein und nahm 1718 bis 1720 am Feldzug in Sizilien teil; schon 1726 Oberstleutnant; 1735 und 1736 Teilnahme am Rheinfeldzug, 1737 Generalfeldwachtmeister, 1739 Feldmarschalleutnant und im Türkenkrieg; in den beiden ersten Schlesischen Kriegen steht er in untergeordneter Funktion gegen Friedrich und wird bei Hohenfriedeberg verwundet. In den 50er Jahren widmet sich Daun der militärischen Theorie und entwirft das Reglement für die Armee, ihm ist es zum großen Teil zu danken, daß die österreichische Armee 1756 gut in Schuß ist. Am 19. Juni 1754 Beförderung zum Feldmarschall, aber das erste österreichische Heer führt wiederum Prinz Karl von Lothringen. Zur Schlacht von Kolin führt Daun Österreichs letzte Armee heran und siegt! Erwiesen ist seine Fürsorge für die gemeinen Soldaten, weshalb die Truppe ihn außerordentlich liebte. Als Gegner Friedrichs, dem er den Willen Habsburgs schließlich nicht aufzwingen konnte, mußte Daun in der deutschen Geschichtsschreibung schlecht wegkommen. Hohn und Spott theatralischer und euphorischer Schreiber sind derart über ihm ausgegossen worden, daß hierüber seine Ehrbar- und Aufrichtigkeit, die Verdienste für sein Kaiserhaus, seine Reformwerke und militärischen Taten vergessen oder verkannt worden sind. Friedrich wußte es besser, wenn er seine Spottlust auch an ihm ausgelassen hat. Im Juli 1758 schreibt Friedrich über Daun an General Fouque:

"Noch kein Feldherr wußte seiner Armee ein so schreckbares Ansehen zu geben, welche überdies noch Tücken und Hinterlist im Busen trägt. Die Österreicher arbeiten jetzt nach den sichersten Grundsätzen, Lager zu schlagen, ist ihnen eigen ... Man kann sie, wollen sie nicht selbst, zu keiner Schlacht zwingen ... Schämen wir uns nicht, das Große der Kunst und das Vorteilhafte unseren Feinden abzulernen ... Sie haben treffliche Einteilungen bei ihren Truppen und erfahrene Anführer. Kurz, an Menge und Tapferkeit kommen sie uns am nächsten, nur sind sie noch behutsamer als wir."

Friedrich kann froh sein, keinen gleichwertigen Feldherrn in den Armeen seiner Feinde gehabt zu haben.

Erstaunlich ist Dauns unerschütterte Stellung Maria Theresia gegenüber, die ihn mitten im Kriege, am 30. Dezember 1760, zum Staatsminister macht. Viel ist über den Mut der hohen preußischen Offiziere geschrieben worden — daß auch die österreichischen Generäle in vorderster Linie zu finden gewesen sind, ist weniger bekannt gemacht worden, aber durch ihre starken Verluste erwiesen. Daun selbst ist in seinen Kämpfen und Schlachten siebenmal verwundet worden. Schon 1763 hat er eine zweite Reorganisation der österreichischen Armee durchgeführt. Der am Anfang zitierte Spruch ist zwar originell, dem Leben und Wirken dieses Soldaten aber nicht gerecht: Hohn und Spott hat er nicht verdient!

"Rin in die Kartoffeln —
raus aus die Kartoffeln!"
Soldatenspruch

29. Februar 1768

Preußische Kartoffeln

Ehe dieser angeführte scherzhafte Satz aus der Soldatensprache "volks-
tümlich" werden konnte, mußte noch viel Wasser durch Oder, Elbe
oder Rhein fließen . . .
Nacht in der Mark Brandenburg, nicht so dunkel, daß man die Hand
vor Augen nicht sieht, aber auch keine klare Mondnacht: Gerade richtig
zum Stehlen! Es ist September, in dem sandigen Acker nah vor Berlin
sind die Kartoffeln reif geworden, und der König hat befohlen, den
Acker durch Grenadiere bewachen zu lassen. Da stehen und hocken sie
nun, je zwei an jeder Ecke des Ackers, und können doch nicht verhindern, daß gewitzte und verschmitzte Bauern der Mark des Nachts sich
anschleichen und etliche Kartoffeln mitgehen lassen. Nicht etwa, um
sie selbst zu verputzen, nein: Sie mieten sie ein bis zum nächsten Frühjahr, um sie dann auf eigenem Grund und Boden wieder einzupflanzen!
Dem König werden die Mopsereien seiner Untertanen gemeldet, und
nun ist er der verschmitzte. Sind seine Grenadiere etwa unfähig, einen
Acker zu bewachen? Nein — alles ist ganz anders. Nach dem Motto,
daß verbotene Früchte den Menschen am meisten reizen, — steht's
nicht in der Bibel! — hat der König den Acker anlegen und absichtlich,
auffällig "streng" bewachen lassen, den Grenadieren fällt's nicht
schwer, alle Augen zuzudrücken, auf allerhöchsten Befehl! Trotz aller
"allerhöchster" Bemühungen haben sich preußisch-brandenburgische
Landwirte bisher zu wenig engagiert, Kartoffeln — seit über hundert
Jahren bekannt — in großer benötigter Menge anzubauen, obwohl ihre
Bedeutung für die Ernährung erkannt worden ist und Mißernten anderer Früchte als Vorboten allgemeiner Hungersnöte immer wieder das
Land plagen. So hat erst die Getreideknappheit vom Jahre 1771 den
Wert der Kartoffel kenntlich gemacht, denn Ostpreußen und Schlesien, im Kartoffelanbau führend, haben unter der Knappheit weniger
leiden müssen. 1763, nach dem Krieg, hat Friedrich dem Kammerpräsidenten von der Horst Anweisung erteilt, geeignete Böden ausfindig zu
machen und "nachdrücklich darauf zu halten, damit die Untertanen

auf dem Lande fleißig Erdäpfel oder sogenannte Tartoufflen bestellen."
Oder in seinem originellen Deutsch:
"Übrigens müßt Ihr es beym bloßen Bekanntwerden der Instruction
nicht bewenden, sondern durch die Land-Dragoner und andere Creiss-
bediente Anfang May revidieren lassen, ob auch Fleiß bey der Anpflanzung gebraucht worden, wie Ihr denn auch selbst bey Euren Be-
reysungen untersuchen müsset, ob man sich deren Anpflantzung angelegen seyn lasse."
Viele kluge Leute vor Friedrich hatten bereits den Wert der Kartoffel
als willkommene Abwechslung im damals eintönigen Speiseplan des
Volkes erkannt: Seit Jahrhunderten war der Deutsche an Getreidepro-
dukte und Hülsenfrüchte gewöhnt, aber — was der Bauer nicht kennt,
das ißt er nicht. Bezeichnenderweise waren die Bedenken und Hindernisse gegen die Kartoffel im Süden und Südwesten des Reiches geringer
als im Norden und Nordosten. Hier hatte schon Friedrichs Urgroßvater, der Große Kurfürst, versucht, die Kartoffeln seinen Untertanen
schmackhaft zu machen, holländische Kolonisten bepflanzten im Lustgarten des Berliner Schlosses größere Flächen mit der neuen Pflanze,
um Erfahrungen für das norddeutsche Klima zu sammeln. Natürlich
kümmerte sich auch der Plusmacher Friedrich Wilhelm um die Ver-
breitung, er schenkte der Charité Land, damit es mit Kartoffeln bebaut
würde. Die von Salzburg nach Preußen übersiedelten Protestanten
führten die Kartoffel in Ostpreußen ein. Aber erst Friedrichs Energie
bleibt es vorbehalten, die Kartoffel in Preußen halbwegs populär zu
machen, und wie wir erfahren haben, hat er immer wieder seine Beamten und Behörden dazu angehalten. Er erkennt, daß Schlesien für den
Anbau hervorragend geeignet ist, und nach 1763 läßt er nicht mehr
locker. ". . . Es wird darin nun befohlen: Die Landräte sollen darauf
halten, daß von jedem Gärtner vier Metzen ausgesetzt werden . . . Bei
den königlichen Domänenämtern sollen die Pächter zum Kartoffelbau
kontraktmäßig verpflichtet werden."
Das schreibt Friedrich am 29. Februar 1768 an die schlesischen Land-
und Steuerräte. In den Hungersnöten der Jahre 1770 bis 1772 zahlt sich
Friedrichs Mühe bereits aus, und im Bayerischen Erbfolgekrieg jagt
man derartig den Kartoffeln nach, daß dieser Krieg den Beinamen "Kartoffelkrieg" bekommt; damit ist der Bann gebrochen und der Siegeszug
eines neuen Volksnahrungsmittels nicht mehr aufzuhalten.
1765 erntete man in Preußen 5.862 Wispel, 1773 21.384 und 1801 129.598,
die Ernteergebnisse steigen von 3,5-fach bis 5,9-fach. Allgemein preist man
heute Friedrich als den Kartoffeleinführer in Deutschland; das ist nicht

richtig: Schon im 16. Jahrhundert ist die Kartoffel in Deutschland, aber Friedrich ist der einzige Fürst, der sie, allerdings nur für seine Staaten, konsequent fördert und regelrecht verordnet, da er ihren Wert voll erkannt hat. Weil er seine brandenburgischen Bauern kennt, hat er sich den oben beschriebenen Trick mit dem scheinbar bewachten Kartoffelfeld einfallen lassen. Der Trick des Menschenkenners . . .

"Wenn die Gewalt kommt, geht das Recht auf Krücken"
Sprichwort

25. April 1768

Neuchâtel

"Als der liebe Gott mit der Streusandbüchse über Land ging, um Preußens Provinzen und Besitz festzulegen, verlor er ein Sandkörnchen in der fernen Schweiz: so entstand das preußische Neuchâtel."
Wie alle Märchen ist auch dieses eine Erfindung, aber es könnte so gewesen sein, wenn Länder in dieser Weise verteilt worden wären. Neuchâtel, eine preußische Enklave im neutralen Schweizer Ländle — wie konnte das angehen? Es war infolge erbschaftlicher Rechte am 3. November 1707 an die preußische Krone gekommen und hatte sich unter Friedrich I. und Friedrich Wilhelm ziemlicher Nichtbeachtung erfreuen können, besonders da kaum jemand daran dachte, ihre eifersüchtig

verteidigten Rechte und Freiheiten anzutasten. Friedrich jedoch dachte daran, da er immer neue Geldquellen und Abgabemöglichkeiten auftun wollte und mußte, um seine Kriege und die Zeiten nach ihnen zu finanzieren. Oft ist gesagt worden, Friedrich habe sein Land mehr mit Steuern gedrückt, besonders Schlesien, als andere Staaten, aber das stimmt nur indirekt: Schlesien ist das Beispiel dafür, daß die Preußen bestehende Steuern nicht erhöhten, aber sie gründlicher, konsequenter eintrieben als ihre Vorgänger, die Habsburger Beamten; in deren Taschen vermutlich auch einiges mehr dieser Steuern hängengeblieben ist. Es war damals üblich, Abgaben und Zehnten zu verpachten, wie man Grund und Boden verpachten kann, auch wenn sie nicht in Geld, sondern in Naturalien zu leisten waren.

Bisher hatte die preußische Krone den Zehnten von Neuchâtel, den sie in Natura bezog, an einen Einheimischen verpachtet, und so wollten es die Schweizer, verständlich, auch weiterhin gehandhabt wissen. Kaltblütig schlug Friedrich 1748 den Zehnten dem Meistbietenden zu, worüber eifrig gemurrt wurde, und als das Verfahren 1766 erneuert werden sollte, ohne Rücksicht darauf, ob der Meistbietende ein Landeskind oder ein Fremder sei, da wollten die Neuchâteller nicht mehr mitmachen. Sie taten, als würden ihre ältesten und heiligsten Rechte beschnitten, und zogen vor das Gericht. Zuständig war der Hohe Rat des Kantons Bern, der jedoch Friedrich recht gab. Denn Friedrich hatte sich durch den Schweizer Anwalt Gaudot, Regierungsrat von Derschau und den famosen Generalmajor von Lentulus, einem Schweizer in preußischen Diensten, hervorragend vertreten lassen, da er nicht daran dachte, eine lukrative, einmal verfolgte Angelegenheit aufzugeben, nur weil ein paar Untertanen murrten. Aber er mußte die einzige Revolution seiner Regierungszeit erleben. Revolution in Preußen? Undenkbar! Und doch: Dem Spruch des Rates von Bern vom Januar 1768 fügten die Neuchâteller sich nicht, getreu der schweizerischen Devise — trotz Neutralität — von Freiheit und Eigenständigkeit. Man fackelte damals nicht lange, wenn Untertanen gerichtlichen Urteilen nicht Folge leisten wollten, aber Friedrich war der unangenehmen Aufgabe enthoben, gegen seine Preußen bewaffnet vorzugehen, denn das war Sache des Standes Bern. Dieser stellte nun tatsächlich 8.000 Mann Infanterie, ein Regiment Dragoner, einige Kompanien Scharfschützen und 50 Geschütze bereit, eine richtige kleine Armee, unter dem Kommando des von Lentulus, um dem Spruch des Gerichts Genüge zu tun und die aufsässigen Bürger von Neuchâtel zu bestrafen. Schon sind die Pässe zwischen Bern und Neuchâtel mit Berner Grenadieren besetzt, da gibt das preußische Fürstentum klein bei, und alles sieht nach kluger Beilegung eines nicht lohnenden Streites aus. Aber am 25. April 1768 krachen Schüsse, die Revolution bricht tatsächlich aus. Das aufgebrachte Volk von Neuchâtel belagert das Haus Gaudots, der aus dem Fenster in die Menge schießen läßt, ein Handwerker fällt, aber die Menge erstürmt das Haus und tötet den Anwalt des Königs. Schnell jedoch verrauscht der Jubel des Volkes, wie üblich, wenn Furcht sich breitmacht, und man schickt nach Bern zwecks Entschuldigung. Die Gesandtschaft wird in Bern übel beschimpft. Die Kantone Bern, Luzern, Freiburg und Solothurn stellen je 1.500 Mann, die am 20. Mai Neuchâtel bis zur Beilegung aller Streitigkeiten besetzen. Die Bürger müssen die Waffen abliefern, Lentulus hält am 27. August als Statthalter Friedrichs großen Einzug in Neuchâtel.

Friedrich, des Streites müde, der sich wiederholen könnte, beschließt edelmütig zu sein, nachdem die Kantone ihre Strafe über Neuchâtel gesprochen haben. Hier ist er nun wirklich großzügig, verzichtet auf Verpachtung seiner Einkünfte und das Recht, Beamte ohne Urteil abzusetzen und gesteht weitere Selbständigkeiten zu — womit er prompt die Sympathien des Volkes erringt: Die Neuchâteller sind in Zukunft gute Preußen. In einem Brief vom 20. September 1771 an Voltaire gesteht Friedrich, daß er in Neuchâtel so viel Autorität habe wie der König von Schweden im Reichstag, also so viel Gewalt wie "Stanislaus über seine sarmatische Anarchie".
"Wollte ich in Neuchâtel ohne Approbation des Synodus jemand zum Staatsrat machen, so setzte ich mich ohne Nutzen in Gefahr, einen Streit zu bekommen."
Und er bekennt weltmännisch, klug und realistisch:
> "Die Konventionen, auf welche das dortige Volk seine Freiheit und Privilegien gründet, sind mir ehrwürdig, und ich schließe meine Macht in die Grenzen ein, die es selbst bestimmt hat, als es sich meinem Hause unterwarf."

So ist Neuchâtels kleine Revolution nicht umsonst gewesen, wie größere, bedeutendere davor und danach es nicht gewesen sind. Friedrich weiß, wie weit er gehen kann, was zumutbar ist und drückt das in einem wichtigen Satz des zitierten Briefes an Voltaire auch unmißverständlich aus:
> "Ich habe in diesem Lande das Mittel nicht ergreifen wollen, dessen der französische Hof sich bedient, um die Parlamente im Königreich gehorsam gegen seinen Willen zu machen ..."

1757 hat Friedrich der Marquise de Pompadour sein Neuchâtel angeboten, wenn sie Frankreich damit, über ihren König Ludwig, aus dem Krieg führen würde — aber nicht alle großen Bestechungsversuche der Weltgeschichte sind angekommen und wirksam geworden.

"Ich wünschte zum Wohle der Menschheit,   8. Januar 1769
sie möchte die Könige zu Menschen und
die Fürsten zu Bürgern machen"
Friedrich

Testamente

Ein polnisches Sprichwort sagt:
"Das Testament des Verstorbenen ist der Spiegel des Lebenden." Kann das auf Friedrich zutreffen? Nun muß man natürlich unterscheiden zwischen dem Testament eines Privatmannes, der das Vermögen seinen Lieben vermachen möchte und einem Mann der Öffentlichkeit, der Regeln für seinen Nachfolger festlegen will. Außerdem zwischen einem Menschen, der sein Testament am Rande des Grabes und dem anderen, der es im Höhepunkt seines Lebens macht.
Letzteres trifft nämlich auf Friedrich zu: Sein letztes von mehreren Testamenten stammt vom 8. Januar 1769. Er ist 57 Jahre alt, aber durch den Krieg ein hinfälliger, gebeugter Mann geworden. Hat er unrecht, in den nächsten Jahren den Tod zu erwarten? Er hat ihn nie gefürchtet und schreibt bezeichnenderweise:
> "Gern und ohne Klage gebe ich meinen Lebensodem der wohltätigen Natur zurück, die ihn mir gütig geliehen hat, und meinen Leib den Elementen, aus denen er besteht. . ."

Nichts von Wiederauferstehung nach dem Tode, von Jesus, vom Heiligen Geist — ein echter Schüler Voltaires, ein Aufgeklärter dieses Jahrhunderts der Aufklärung! Er ist dabei, die Folgen des großen Krieges, der ihm endgültig Schlesien brachte, zu tilgen, Ländereien urbar zu machen, Reformen zu betreiben, die Armee zu reorganisieren; Preußen hat unter den Nachwirkungen des Krieges weniger zu leiden als andere Länder Europas — eine ungeheure Leistung Friedrichs. Friedrich hat mehrere Testamente verfaßt, das erste ist das Politische Testament von 1752, ein umfangreiches Werk, das auf alle Belange des Staates und seiner Führung eingeht: Rechtspflege, Finanzen, Kultur, Gewerbe, Industrie, Landwirtschaft, Politik, Prinzenerziehung. Es beginnt mit dem Satz:

"Die erste Bürgerpflicht ist, seinem Vaterlande zu dienen." Vieles ist gute Theorie, von der er selbst weiß, daß sie nur mühevoll oder gar nicht in die Praxis umgesetzt werden kann, der menschlichen Eigenschaften und Schwächen, anderer kaum beeinflußbarer Umstände wegen. Das Testament ist ein Leitfaden für einen Nachfolger, ähnlich wie Friedrich Wilhelm es mit seinem Testament von 1722 vorgemacht hat. Friedrich befindet sich 1752 auf dem Höhepunkt politischer und kultureller Bedeutung, Schlesien scheint endgültig gewonnen, und Kultur wird an seinem Hof groß geschrieben, intensiv widmet er sich dem inneren Aufbau des Landes, Kolonisation und "Pöplierung". Er trägt bereits seinen Beinamen. Dieses Testament hat noch keine privaten Züge, also Vererbung von Vermögen und Nachlaß an die zahlreichen Familienmitglieder. Als Thronfolger steht August Wilhelm fest. Erst in den Gefahren des Siebenjährigen Krieges setzt Friedrich zwei Testamente auf: Am 28. November 1757 vor der Schlacht von Leuthen. "Disposition, was geschehen soll, wenn ich getötet werde." Er bestimmt noch einmal August Wilhelm als Thronfolger und entbindet ihn wegen der Kriegslage von der Auszahlung aller Legate in barem Gelde.

"Ich empfehle alle meine Bedienten seiner Fürsorge."

Das nächste Testament verfaßt Friedrich am 22. August 1758 im Lager zu Küstrin, vor der Schlacht von Zorndorf:

„Ordre an meine Generals dieser Armee, wie sie sich im Fall zu verhalten haben, wann ich sollte todt geschossen werden."

Es ist in deutscher Sprache geschrieben:

"Ich will, daß nach meinem Tod keine Umstände mit mir gemacht werden. Man soll mir nicht öffnen, sondern stille nach Sanssouci bringen und in meinem Garten begraben lassen."

August Wilhelm ist im Juni gestorben, darum soll die Armee auf dessen Sohn, Friedrich Wilhelm, seinen Neffen, vereidigt werden. Als Nachsatz steht, daß, wenn die Bataille verloren gehen sollte, die Armee sich sammeln und alsbald dem Feind von frischem wieder auf den Hals gehen sollte. Wie wir wissen, sind diese Testamente für Friedrich nicht zur Gültigkeit gekommen. Aus diesem Kriege ist ein weise und friedfertig gewordener König heimgekehrt. Und er klagt im politischen Testament von 1768 über seine Landsleute und Untertanen:

"Dieses Volk ist schwerfällig und träge. Diese Regierung hat gegen diese beiden Fehler unablässig zu kämpfen. Das sind Massen, die sich nur auf einen Stoß hin in Bewegung setzen, und die sofort stehen bleiben, wenn man das Stoßen einen Augenblick unterbricht. Niemand kennt etwas anderes als die Bräuche seiner Väter; es wird wenig gelesen, und die Lust, sich darüber zu unterrichten wie es anderswo zugeht, ist gering. So kommt es, daß sie vor allem Neuen zurückscheuen, und von mir, der ich ihnen immer nur Gutes getan habe, glauben sie, daß ich ihnen mit dem Messer an die Gurgel fahre, wenn es sich um irgendeine nützliche Reform oder um eine notwendige Änderung handelt."

Und nun machte er sich daran, sein letztes Testament zu schreiben.

"Unser Leben führt uns mit raschen Schritten von der Geburt bis zum Tode."

So beginnt sein Testament vom 8. Januar 1769, das erst, er mag es nicht erwartet haben, nach 17 Jahren gültig werden sollte. Als "schlauer Familienvater" schreibt er:

"Zur Abwendung von Zerwürfnissen unter meinen Angehörigen, die wegen meiner Erbschaft entstehen könnten, erkläre ich mit dieser feierlichen Urkunde meinen Letzten Willen."

Und er vergißt niemanden, nachdem er noch einmal seinen Neffen Friedrich Wilhelm als Alleinerben über das Königreich Preußen, die Provinzen, Staaten, Schlösser, Festungen, Munition, Zeughäuser, Kronjuwelen und so weiter bestätigt hat.

"Ferner hinterlasse ich ihm den Staatsschatz, so wie er ihn am Tage meines Todes vorfinden wird, als Eigentum des Staates und allein dazu bestimmt, die Völker zu verteidigen oder ihnen Erleichterungen zu verschaffen."

Etwaige Schulden, kaum denkbar allerdings, habe der Nachfolger zu begleichen. Dann bedenkt er seine Familie, von der Königin bis zu allen Geschwistern und deren Verwandten, und natürlich auch seine Soldaten:

"Ich empfehle meinem Erben aufs wärmste die tapferen Offiziere, die unter meinem Befehl den Krieg mitgemacht haben . . . Er soll keinen fortschicken und keinen von ihnen, wenn er alt und schwach ist, im Elend umkommen lassen."

Dann folgen seine Sekretäre und Kammerdiener, die ebenfalls Zuwendungen erhalten, wie die Offiziere und Mannschaften seines Regiments. Am Schluß stehen bedeutungsvolle Worte, die das Innenleben dieses Mannes offenlegen, ein Innenleben, das zum Außenleben nicht zu passen scheint — und doch: Kommt es nicht auf das Wollen ebenso sehr an wie auf das Können?

"Der Zufall, der über dem Menschengeschick waltet, entscheidet die Erstgeburt. Aber deshalb, weil man König ist, ist man noch nicht besser als die anderen."

Also doch:

"Das Testament des Verstorbenen ist der Spiegel des Lebenden."

"Doch ist's ein alter Brauch,   17. Juli 1769
wer's mit den Weibern hält,
der hat die Männer auch"
Sprichwort

Der Prinz von Preußen

Mit gemischten Gefühlen verfolgt Friedrich den Werdegang des Thronfolgers Friedrich Wilhelm: Schwankend in trüben Ahnungen und Anerkennung. Was er nicht ausstehen kann, muß er an ihm feststellen, nämlich Weibergeschichten, weiches Gemüt, mangelnde Energie, Entschlußlosigkeit; unter einem solchen Nachfolger kann er sich ein starkes und erfolgreiches Preußen kaum vorstellen.

"Mein Herr Neffe . . .", wenn Friedrich so spricht, kann er den Sarkasmus nicht unterdrücken. Wie oft mag er in späteren Jahren an seinen Lieblingsneffen, den Prinzen Heinrich, Bruder von Friedrich Wilhelm, gedacht haben, der am 26. Mai 1767 an den Blattern verstorben war. In ihm eigentlich hatte er die ganze Hoffnung seiner Nachfolge gesehen, ihn sah er als echten Preußen an. 1763, im Alter von 16 Jahren, hatte Friedrich ihn nach Potsdam geholt und zum Hauptmann der Garde gemacht. Friedrich äußerte "er lebe in seinem Nachfolger wieder auf", aber das schien mit dem am 25. September 1744 geborenen Friedrich Wilhelm, Sohn August Wilhelms, nicht der Fall zu sein. Von Anfang an kümmerte sich Friedrich um den Prinzen, der nach Generationen endlich wieder ein preußischer Prinz mit deutschen, nicht französischen Erziehern wurde, und er kam auch noch dazu, den Krieg in Praxis während der letzten Jahre des Siebenjährigen zu erleben. Es gehörte zur Tradition, daß preußische Prinzen sich im Kriege nicht zu schonen hatten. Es stimmt nicht, daß Friedrich den Thronfolger von Verwaltungsgeschäften und praktischer Ausbildung ferngehalten hatte, wie die Akten eindeutig ausweisen. Finanz-, Kontributions- und Domänenwesen, Forst- und Salzangelegenheiten, Verwaltung der zahlreichen preußischen Provinzen, Steuersachen und andere Bürokratie lernte er unter der Anleitung des erfahrenen Präsidenten der Oberrechenkammer von Roden kennen. 1768 wohnte Friedrich Wilhelm einigen Sitzungen des Kammergerichts bei. Es kann also gar keine Rede davon sein, daß der Thronfolger ungenügende Ausbildung und Bildung gehabt habe, jedenfalls eine planvollere und gründlichere als Friedrich selbst. Dennoch hat die Verstimmung früh eingesetzt, die beiden Erzieher hat Friedrich schon 1764 in Ungnade fortgejagt und beschritt damit durchaus die Erziehungswege seines Vaters. Eine Versöhnung tritt durch Friedrich Wilhelms zufriedenstellendes Verhalten im Bayerischen Erbfolgekrieg und in einer Mission in Petersburg ein, so daß Friedrich sagen kann:
"Ich habe ihn nun in Krieg und Frieden geprüft; er hat mir in Rußland die größten Dienste mit aller möglichen Geschicklichkeit geleistet."
Ähnlich wie Friedrich unternahm der Thronfolger selbständige Reisen nach Ostpreußen in den Jahren 1772 und 1780, außerdem pflegte er gute Verbindungen zu Ministern wie von Hertzberg, Gesandten und auswärtigen Fürsten. Auch Friedrich Wilhelms Vermählung mit einer Tochter des Herzogs von Braunschweig-Wolfenbüttel, Elisabeth, paßte Friedrich ausgezeichnet, konnte er doch damit die Bande mit diesem Hause noch enger knüpfen. Desto schmerzlicher traf es ihn, daß die

Ehe unglücklich war, und er, der niemals daran gedacht hatte, sich von seiner ungeliebten Elisabeth Christine scheiden zu lassen, mußte nun 1769 diese Ehescheidung umständlich und möglichst geheim von seinen hohen Beamten betreiben lassen. Ihn wurmt das damals bereits bestehende Verhältnis des Thronfolgers mit Wilhelmine Enke, Tochter eines Waldhornisten in Friedrichs Kapelle. Derartige Weibergeschichten sind ihm ein Greuel, und er haßt sie desto mehr je älter er wird. Mit Recht fürchtet Friedrich, daß Frauen später in die Regierungsgeschäfte des Thronfolgers hineinreden werden, denn jetzt erkennt er dessen Beeinflußbarkeit. Voller Groll beobachtet Friedrich das Verhältnis und greift ein, als Wilhelmine Enke 1770 aus Paris zurückkehrt: Er habe nichts dagegen, daß der Thronfolger sie besuche, doch soll ein Landgut in der Gegend von Berlin gekauft werden, damit er nicht immer nach Berlin kommen müsse, sie zu besuchen; wenn sie, Wilhelmine Enke, sich in der Hauptstadt sehen lasse, werde er sie zur Verantwortung ziehen. Friedrich Wilhelm erhält von Friedrich 20.000 Taler, um das Landgut des Grafen Schmettau in Charlottenburg kaufen zu können. Schon am 17. Juli 1769 ist Friedrich Wilhelm seine zweite Ehe eingegangen, er heiratet Friderike Luise, Tochter des Landgrafen von Hessen-Darmstadt.

Ein historisch-denkwürdiger Tag, denn diese Friderike Luise wird die Stammutter der preußischen Hohenzollernlinie bis auf den letzten preußischen König. Da aus Friedrich Wilhelms erster Ehe nur eine Tochter hervorgegangen ist, hat Friedrich Sorge um den direkten Fortbestand der Dynastie — es soll in Zukunft wieder alles vom Vater auf den Sohn weitergehen, nicht vom Onkel auf den Neffen. Und Friedrich Wilhelm ist folgsam: Am 3. August 1770 wird sein erster Sohn geboren, wieder ein Friedrich Wilhelm, der einmal III. sein wird. Doch der alte Menschenkenner aus Sanssouci kann in den letzten Jahren, in denen Friedrich Wilhelm bereits "der Dicke" genannt wird, nicht beruhigt sein, er weiß genau, daß zuviele das Ende seiner Fuchtel herbeisehnen und ahnt, wie es weitergehen wird. Als er sich nach seinem letzten schlesischen Manöver von Minister Hoym verabschiedet, entsteht folgender Monolog:

"Lebe Er wohl, Er sieht mich nicht wieder. Ich werde Ihnen sagen, wie es nach meinem Tode gehen wird. Es wird ein lustiges Leben bei Hofe werden. Mein Neffe wird den Schatz verschwenden, die Armee ausarten lassen. Die Weiber werden regieren, und der Staat wird zugrunde gehen. Dann trete Er auf und sage dem König: 'Das geht nicht. Der Schatz ist dem Lande, nicht Ihnen', und wenn mein Neffe dann auffährt, dann sage Er ihm: 'Der alte König hat es so befohlen!' Vielleicht hilft das. Hört Er?"

"Reden kommt von Natur,   1. Juni 1770
Schweigen vom Verstande"
Sprichwort

Ministersitzung

Es ist bereits berichtet worden, daß Friedrich seine Minister mehr als Handlanger denn als Mitarbeiter behandelt. Das kann er aber nicht durchweg und mit jedem Minister gemacht haben, dafür sind viel zu viele fähige Männer im Amt gewesen, und besonders in späteren Jahren hat Friedrich viele Aufgaben delegieren müssen. Mehr durch seinen Arbeitseifer und sein "Sich-um-jedes-kümmern" ist der Eindruck entstanden, er habe alles selbst gemacht. Auf verschiedenen Seiten ist schon dargelegt worden, daß Friedrich sich tatsächlich um jeden Bereich seines Staates gekümmert hat, vorab um Wirtschaft und Handel,und seine Umgebung stets durch Sachkenntnis und Unterrichtetsein verblüffte. Auf einer Sitzung aller Minister des Generaldirektoriums in Potsdam, die am 1. Juni 1770 stattfindet, zeigt Friedrich wieder einmal, wie er sich Zusammenarbeit vorstellt, und daß es für seine Minister wirklich nicht viel zu bestellen gibt.
"Meine Herren, ich habe Sie kommen lassen, um mit Ihnen gemeinschaftlich unsere Haushaltung zu untersuchen."

*Hans Joachim
von Zieten*

*Der alte Zieten sitzend
vor seinem König.*

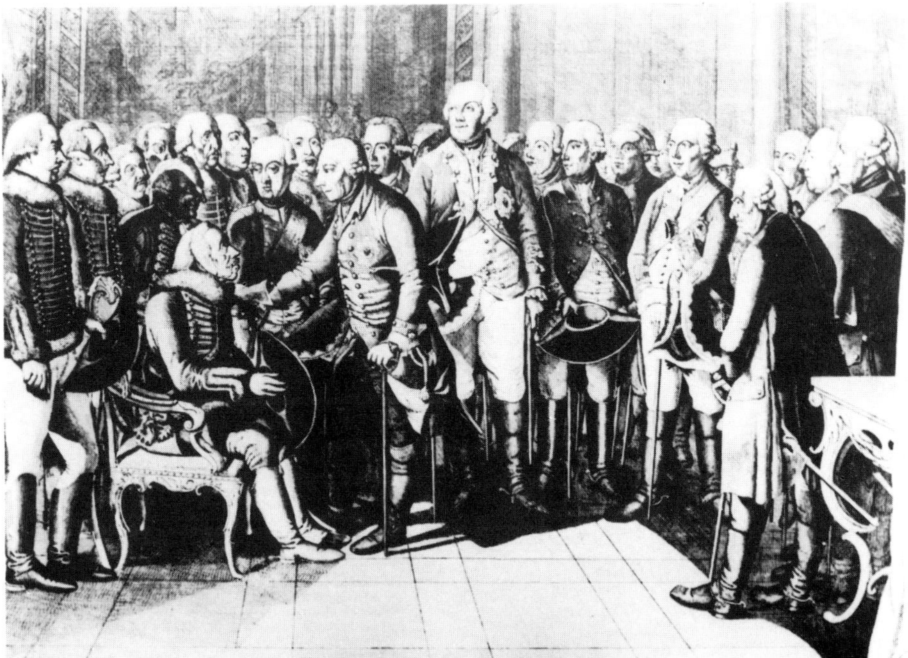

Friedrich grüßt zu Pferde

Allegorie "Friedrich stiftet den Fürstenbund"

Eilfertig versichern die Minister, daß sie sich gehörig vorbereitet hätten. Friedrich beginnt mit dem Thema Oderbruch, sein besonderes Anliegen, und sagt, daß er es besucht und die diesjährigen Überschwemmungen beobachtet habe. Doch müsse er sagen, daß er die Schäden nicht so umfangreich wie ihm geschildert vorgefunden habe. "Das Sie also für Remissionen und Vergütungen so große Summen in Anschlag gebracht haben, finde ich nicht nötig. Inzwischen habe ich 60.000 Taler angewiesen. Der Etatsminister von Hagen kann, wenn sich das Wasser verlaufen hat, selbst hingehen und alles näher untersuchen. Ich kann Ihnen aber meine große Unzufriedenheit nicht verbergen, die ich empfunden habe, da ich die Kirche im Oderbruch nicht fertig fand. Ich will, daß Sie dem Oberstleutnant Petri wieder eine neue und scharfe Order geben, daß er mache, daß die Kirche fertig wird, oder er mag sich hüten."

Dann geht es um die Gelder für das Bruch, eine Schleuse, Pferdeställe, ein Hospital und Waisenhaus und den Rügenwalder und Kolberger Hafen. Mit scharfem Blick unterzieht Friedrich die Etats der Domänen- und Kriegskasse einer Prüfung, und bei dem ersten Posten, 300.000 Taler für den Adel Pommerns, sagt er: "Meine Herren, ich empfehle Ihnen besonders die Erhaltung und Unterstützung meines Adels; ich halte viel von ihm, denn ich brauche ihn für meine Armee und meine Staatsverwaltung . . . Ich bemerke mit Unzufriedenheit, daß er hier und da zu sinken anfängt; und das möchte und wollte ich nicht gern, besonders, da es mir jetzt viel Freude macht, daß er anfängt, gesitteter, ordentlicher und brauchbarer zu werden."

Die Minister beteuern, daß sie von Friedrichs Absichten lebhaft durchdrungen wären und sie verwirklichen wollen. Der König geht mit ihnen zur Tafel. Er sähe es gern, deutet er an, wenn seine Untertanen mit nützlichen Absichten Reisen ins Ausland unternähmen, um anwendbare Kenntnisse in die Heimat zurückzubringen. So müßte mehr Hopfen und Luzerne angebaut werden. "Der Landmann der Mark hat noch zu viel Eigensinn und Widerwillen gegen neue Einrichtungen, wenn sie auch noch so nützlich und gut sind."

Die Beamten müßten daher mit brauchbaren Dingen stets den Anfang machen.

"Sie glauben nicht", ruft Friedrich lebhaft, "was mir alles daran gelegen ist, die Leute klug und glücklich zu machen; aber Sie werden es so gut als ich erfahren haben, wieviel Widerspruch man findet, wenn man auch die beste Absicht hat." Auch hier versichern die Minister, leider solche Erfahrungen gemacht zu haben, aber man sähe auch hier und da gute Früchte. "Ich habe bemerkt", sagt Friedrich, "daß noch viele sechsjährige Ländereien mit Korn besät werden, das aber dem Landmann kaum die Kosten einbringt."

Er wünscht mehr Anbau von Futterkräutern und künstlichen Wiesen, Stallfütterung des Viehs — seine Modernität ist beachtlich. Große Sorgen machen Friedrich die vielen Sandflächen um Berlin und weiter in der Mark.

"Ich finde auch, daß in der Kurmark, deren Aufnahme mir sonderlich angelegen ist, noch viele sterile Sandfelder und sandige Gegenden vorhanden sind."

Nachdem man über Urbarmachung und Kolonisten, Maulbeerbäume und Seidenraupen gesprochen hat, kommt der König auf die Gärtner zu sprechen, die er dicht bei Berlin angesetzt wissen will, hinter dem Garten der Akademie, an den Wegen nach Tempelhof und Lichtenberg, wo viel unbebautes Sandland liegt.

"Diese Leute sollen aber nicht kleine Gärten haben, sondern man soll ihnen so viel Land anweisen, daß jeder einen großen Garten, besonders zur Pflanzung und Zucht von Obstbäumen, bekommt ... Das Gartenland würden sie wohl mit Straßenkot aus Berlin düngen und brauchbar machen können."

Die Minister berichten, daß hundert Gärtnerfamilien neben dem Invalidenhaus angesetzt werden.

"Das ist mir einerlei, wenn nur die leidigen und sandigen Plätze um Berlin herum bebaut werden, und die Leute Land genug bekommen."

Die nächsten Themen sind: Revuekosten, schlesischer Bergbau, Steinkohlentransport, Ziegeleien, Kalkbrennereien, Kobaltbergwerke.

"Sie sehen, meine Herren, ich habe mich ein wenig vorbereitet, um Ihnen das Nützliche und Nötige für meine Hauptprovinzen anzuzeigen. Ich hoffe von Ihrer Sorgfalt baldige Erfüllung meiner Erwartungen ..."

Die Minister versichern, daß sie alles tun werden, um "diese verehrungswürdigen landesväterlichen Absichten in die tätigste Wirksamkeit zu bringen". Erst jetzt geht's an die Tafel, an der, wie berichtet wird, "Seine Majestät besonders gnädig und munter scherzten". Entzückt über die gnädige königliche Aufnahme, werden die Minister schließlich entlassen. Hand aufs Herz: Welche Sitzungen mögen anstrengender, aber produktiver sein? Eine derartige aus vergangener Zeit oder heutige unter Managern, Vorstandsvorsitzenden, Politikern und Regierungschefs?

"Ein verständiger Bauer ist mehr wert
als ein ratloser Bürger"
Sprichwort

9. August 1770

Schöneberg

Schon mehrfach ist darauf verwiesen worden, daß Friedrich und sein Vater mit den Bauern Preußens eigentlich "etwas anderes vorhatten", als sie ihnen verschaffen konnten. Gewiß gab es in Preußen, Deutschland und Europa viele Menschen, die die Leibeigenschaft des Bauernstandes als Anachronismus ansahen, außerdem schädlich für die Volkswirtschaft, von ideellen und humanen Betrachtungen ist ganz zu schweigen. Aber wenn nicht einmal "Regierende" wie die beiden Preußenkönige, Alleinherrscher in Reinkultur, etwas gegen das Eingefahrene, scheinbar Bewährte — aus der Sicht der Gutsbesitzer — tun konnten, wer sollte es dann können!

Beide haben sich bemüht, mußten aber an den Realitäten scheitern, fünfzig Jahre zu früh — nicht machbar, würden wir heute sagen, Friedrich hat es immer wieder versucht . . .

Schöneberg ist im Jahre 1760 ein Dorf, in dem etwas mehr als ein Dutzend Bauern ihre Höfe und Hütten stehen haben, außerdem gibt es eine königliche Schäferei, das Pfarrhaus und die Kirche. In diesen Tagen hausen Russen und Österreicher in und um Berlin, und so geschieht es, daß Schöneberg von Kosaken restlos niedergebrannt wird, wobei auch das Vieh und die wichtigsten Vorräte vernichtet werden. Nachdem Russen und Österreicher abgezogen sind, ist die Not so groß, daß nur wenige Menschen in den Trümmern ausharren, die meisten sind abgewandert. 435 Taler stellt die Kurmärkische Kammer für Saatgut zur Verfügung, aber da das Dorf durch Kriegsfolgen unterging, wollen die Bauern den Wiederaufbau vom Staat Preußen finanziert wissen, den sie auf insgesamt 31.500 Taler veranschlagt haben. Damit kommen sie bei Friedrich schlecht an, der einfach das Geld nicht hat, allen zu helfen. "Ihr werdet wohl von selbsten einsehen, daß es wegen der Folgen nicht ratsam sein dürfte, den Bau der dasigen abgebrannten neun Bauern-und sieben Kossätenhöfe vorgeschlagenermaßen auf unsere Kosten gänzlich bewerkstelligen zu lassen. Die alten Wirte, eventuell auch neue, sollen selbst bauen, gegen Erstattung des freyen Bauholzes aus dem Grünewald und gewöhnlicher Freijahre, allen Falls einer mäßigen Beyhilfe an Bau-Geldern."

Die Bauern erhalten 200 bis 300 Taler je Hof, die Kossäten 20 bis 30; nicht genug. Bis zum Kriegsende ist so viel wie nichts neu aufgebaut,und die Bauern eilen auch nicht damit. Denn da ihr Dorf an der Straße Potsdam-Berlin liegt, denken sie sich, daß ihr König, bei mehreren Reisen wöchentlich von Berlin und Potsdam und zurück, sich ihre elenden Hütten und Erdlöcher nicht lange ansehen wird, ohne zu handeln, denn auch die Besucher des Königs kommen hier vorbei.

Friedrich hält tatsächlich an und fragt nach dem Fortgang der Arbeiten: Kein Geld, Achselzucken.

"Majestät müssen sich gedulden."

Schließlich glaubt Friedrich, der Dorfschulte tauge nichts und ersetzt ihn durch Daniel Willmann, einen Vertrauten, der sich woanders bewährt hat. Es hilft nichts, Willmann wird zur Rede gestellt.

"Die Bauern sind bettelarm, und der Aufbau hat nur Sinn, wenn er planmäßig durchgeführt wird."

"Dann mache Er einen Plan !"

Willmann ist so dreist, Friedrich mit dem neuen Plan bei einem Manöver in Potsdam aufzusuchen, wo der König ihn am Schluß des Manövers erblickt. Friedrich erinnert sich gut an Gesichter: "He da, der Schöneberger Schulze, was will Er?"

"Ich bringe den Plan, Majestät."

Friedrich ist ungehalten.

"Als ob der König von Preußen nur für Schöneberg da sei. Wende Er sich gefälligst . . ."

Er will ihn abblitzen lassen.

"Nein, bleibe Er."

Dann sitzen sie auf der Schloßterrasse, und der Schulze trägt vor: Aufteilung des königlichen Eigentums — über 1.000 Schafe — vollkommene Befreiung der Bauern von allen Abgaben, Leistungen und Diensten. Spinnt der Schöneberger? Friedrich hält mit spöttischen Bemerkungen nicht zurück, obwohl der Bauer ihn offenbar richtig genommen hat. Aber wieder einmal läßt er sich wenig oder gar nichts anmerken, und die folgende Zeit, in der die Bauern wenig vollbringen, läuft langsam und ungewiß ab, ehe die 4.373 Morgen der Schöneberger Feldmark in 14 Bauernhöfe mit sieben Kossätenstellen aufgeteilt werden, auch die

Schäferei wird unter die Bauern verteilt. Der König stiftet das Geld für die neue Kirche. Der Wiederaufbau von Schöneberg ist im Mai 1767 beendet, und drei Jahre später, am 9. August 1770, erhalten die 14 Bauern, — die namentlich hinterlassen sind —, durch königliche Kabinetts-Order ihre Erbverschreibung. ”. . . das er solches vor sich, seine Erben und Nachkommen, jetzo und zu ewigen Zeiten nutzen und gebrauchen . . . und mit selbigem als mit seinem wohlerlangten Eigentum Schalten und Walten könne und möge.”
”Sie sind zu ewigen Zeiten von Leistung des natural Hofe-Dienstes befreyet.” Heute ist es uns schwer verständlich, daß es noch fünfzig Jahre dauern mußte, ehe die entsprechenden Reformen durchgesetzt werden konnten.

”Der gerade Weg ist in der Politik   **3. September 1770**
meistens unpassierbar”
Harold Macmillan

Joseph II.

Friedrich nicht in seinem preußisch-blauen Rock, dem Sterbekittel, sondern ganz in Weiß; Österreichischweiß! Etwas ganz Außergewöhnliches und Ungesehenes! Was ist geschehen? Deutschlands mächtigste Männer haben ein Stelldichein vereinbart, um sich einmal kennenzulernen, Vorurteile abzubauen, sich ein wenig auszuhorchen, und wenn's möglich ist, auch gegenseitig übers Ohr zu hauen. Friedrich kann sehr höflich sein, und da er weiß, daß sein Gastgeber ihn verehrt, hat er dessen ”Uniform” angezogen. Freilich hat er den weißen Rock bald mit Schnupftabak bekleckert, wie er es mit dem blauen auch tut, und muß gestehen:
”Ich bin nicht reinlich genug, Ihre Farben zu tragen.”

Sonst aber gesteht er nichts und läßt sich in keine Karten schauen. Sein Gastgeber ist Joseph II., Kaiser des Heiligen Römischen Reiches Deutscher Nation und Sohn Maria Theresias, die ihm immer mehr die Regentschaft überläßt. Wie alle Habsburger hat er vorrangig das Wohl seines Hauses, nicht des Reiches, im Auge, aber immerhin hat er bereits durch reformerische Gedanken und gewagte Neuerungen von sich reden gemacht. Sie kennen sich bereits, diese beiden deutschen Herrscher, denn die erste Zusammenkunft fand am 25. August 1769 in Neiße statt. Joseph hatte auf diese Zusammenkunft gedrängt, obwohl Fürst Kaunitz, der alte Pläneschmied, vor allem seine Mutter, die ihren Groll gegen Friedrich nicht unterdrücken kann, nicht viel davon hielt. "Für Österreich gibt es kein Schlesien mehr."

Dieser Satz Josephs, sechs Jahre nach dem dritten Krieg um Schlesien gesprochen, ist das wichtigste, für Preußen lebenswichtige Ergebnis des Treffens.

"Ich war entzückt", berichtet Friedrich am 2. September 1769 an seinen Gesandten von Rohd, "den Kaiser zu sehen. Er ist ein Fürst, der vermuten läßt, daß seine Regierung ebenso groß sein wird, wie sie angefangen hat . . . Er hat gewünscht, daß auch ich ihn im nächsten Jahre in einem seiner Lager besuche, und ich werde keine sich bietende Gelegenheit versäumen, eine in jedem Betracht so wertvolle Freundschaft zu pflegen. Ich habe keinerlei Zeremonien gemacht, womit ihm sehr gedient war; ich bin ja auch der ungeschickteste Zeremonienmeister Europas."

Dieser freundliche Brief täuscht nicht darüber hinweg, wie Friedrich wirklich denkt:

"Der Kaiser macht immer den zweiten Schritt vor dem ersten."

Damit spielt Friedrich auf den Reformeifer Josephs an, der mehr Reform-Enthusiasmus ist, als solle alles in Jahrhunderten Versäumte in einem Jahrzehnt nachgeholt werden. Das große Vorbild für Joseph ist der Große Friedrich, sehr zum Verdruß und Abscheu seiner Mutter, der Maria Theresia, für die Friedrich der "Böse" ist und bleibt. Auch den Voltaire liebt Joseph, für seine Mutter ganz und gar unverständlich. Viel mehr als Höflichkeit ist in Neiße nicht demonstriert worden. Friedrich gestand launig ein, gegen Österreich "macchiavellistisch" verfahren zu sein, so daß er in den Augen der anderen als unzuverlässig angesehen werden könnte.

". . . aber das hat sich geändert."

Joseph wünschte die Zusage preußischer Neutralität bei Verwicklungen mit Rußland. Friedrich verspricht nur, ihn nicht anzugreifen, eine vollkommene Versöhnung zwischen Preußen und Österreich findet nicht statt, so daß Joseph verstimmt bleibt und mit dem Gefühl scheidet, vom König ausgehorcht und ein wenig ausgenommen worden zu sein.

Handfester geht es beim zweiten Treffen der beiden Herrscher auf österreichischem Boden in Mährisch-Neustadt zu, am 3. September 1770. Die politische Lage sieht nicht gut aus, ein Krieg zwischen Rußland und Österreich ist vorstellbar, und Friedrich kann hieran nicht interessiert sein. Hier trifft Friedrich mit seinem alten Gegenspieler Kaunitz zusammen, dessen Arroganz er spöttisch beurteilt, wieder in einem Brief an seinen Wiener Gesandten von Rohd:

"Ich halte ihn für einen Mann, der viel Geist hat. Er hat gesundes und klares Urteil, aber er ist so von sich eingenommen, daß er sich in der Politik für ein Orakel und die anderen für die Schüler hält, die er belehren will. Mich hat er offenbar nur für einen Militär gehalten, der keine Ideen von Politik hat, und ich kann Ihnen nicht verhehlen, daß er mich ein wenig amüsiert hat . . . Er steckte meine Komplimente mit dem ganzen österreichischen Hochmut ein und erwiderte in anmaßendem Ton und gespielter Gleichgültigkeit."

Joseph ist bemüht, die Verbindung Berlin-Petersburg aufzulockern, aber Friedrich läßt sich auf nichts ein.

"Ich habe das Gefühl", äußert er, "daß der Kaiser ein Mensch ist, der von Ehrgeiz verzehrt wird, der über einen großen Plan brütet, der für den Augenblick von seiner Mutter gezügelt wird, darauf brennt, das Joch abzuwerfen und der, wenn sein Arm frei ist, mit einem großen Coup hervortreten wird . . . es kann kein Zweifel sein, daß in Europa ein Brand auskommen wird, wenn er die Leitung in die Hand nimmt."

Auch Joseph hat offenbar keine hohe Meinung von seinem Idol mehr: "Er war durchwegs außergewöhnlich höflich und voll von Versicherungen seiner Freundschaft, aber man kann ziemlich sicher sein, daß das alte Mißtrauen weiterhin in seiner Seele und noch mehr in seinem Charakter wohnt."

Friedrichs Interessen liegen darin, Österreich nicht zu mächtig erscheinen zu lassen, es in Schach zu halten, darum seine enge Bindung an Rußland. Seine Ahnungen über die Abenteuerlust des Kaisers werden sich bewahrheiten, noch wenige Jahre, und sie werden sich in einem weiteren preußisch-österreichischen Krieg gegenüberstehen. Zweifellos war es für Friedrich wertvoll, Kaiser Joseph kennengelernt zu haben, seine vorherige Vorstellung hat sich bestätigt, daß er es mit einem ehrgeizigen, kaum berechenbaren Mann zu tun hat, dem auch Krieg ein

Mittel sein wird, Pläne zur Machterweiterung des Hauses Habsburg durchzusetzen — selbst gegen den Willen seiner Mutter und Kaiserin. Wieder wird es der Preußenkönig sein, der seine Pläne durchkreuzt. Als Friedrich auf dem Treffen von Mährisch-Neustadt den General Laudon kennenlernt, der ihm im letzten Krieg manche Niederlage beibrachte, sollte dieser neben, nicht vor ihm sitzen, entgegen der Etikette und Friedrich sagt: "Ich habe Sie lieber neben als vor mir."

Friedrich II. und Joseph II. in Neustadt.

König von Preußen

"Einige Städte glichen mehr Trümmerhaufen als menschlichen Ansiedlungen. In den Straßen mußte man einige Fuß tief graben, bis man unter Schutt und Unrat Straßenpflaster vorfand. Zahlreiche Dörfer waren ganz eingegangen, und man fand deren Spuren hin und wieder mitten in tiefen Wäldern. Das Land war wüst und leer, die Viehrassen sind schlecht und entartet, das Ackergerät höchst unvollkommen, bis auf die Pflugschar ohne Eisen, die Äcker ausgesogen, voller Unkraut und Steine, die Wiesen versumpft, die Wälder, um das Holz zu verkaufen, unordentlich gehauen und gelichtet . . . Die meisten der vorhandenen Wohnungen scheinen größtenteils kaum geeignet, menschlichen Wesen zum Aufenthalt zu dienen . . . Der Bauernstand ist ganz verkommen, ein Bürgerstand existiert gar nicht. Wald und Sumpf nehmen die Stätten ein, wo vordem nach den vorhandenen altgermanischen Begräbnisplätzen zu urteilen, eine zahlreiche Bevölkerung Platz gefunden hatte." Diese Beschreibung stammt aus dem Bericht einer preußischen Übernahmekommission, die in den Netzedistrikt gereist ist, der nun zusammen mit dem Ermland und Westpreußen an das Königreich Preußen gefallen ist. Keiner hat damals den Fehler gemacht, die geschilderten Zustände dem dort wohnenden Menschenschlag anzulasten, eher dem verworrenen polnischen Staatswesen und den Unbilden einer langen, unruhigen Geschichte: Auch nach dem Dreißigjährigen Krieg hat es keine Ruhe gegeben, der Schwedisch-Polnische folgte, der Nordische, der Siebenjährige, und immer folgte den Kriegen eine Raub-, Plünderungs- und Seuchenwelle, so daß das Land sozusagen vollkommen demontiert wurde. Wen wundert, daß der einfache Pole jede Hoffnung verlor und Initiative und Lebensfreude nicht entwickeln wollte? Außerdem war er gewohnt, an Bürgerkriege und vom Adel verschachert zu werden. Die erste Polnische Teilung von 1772: Polen wird auf ein Drittel gestutzt, weil Rußland, Österreich und Preußen fette Happen entgegennehmen; Preußen den kleinsten, aber sehr wertvollen. Außer der Zarin scheint das alles niemandem recht geheuer gewesen zu sein, aber Maria Theresia äußert sich aufrichtig und ungemüt-

lich. Friedrich antwortet lakonisch:
"Sie weinte, aber sie nahm."
Für Friedrich ist nun ein alter brandenburgischer Traum wahr geworden: Die Verbindung Ostpreußens mit der Mark Brandenburg und Pommern. Wie nennt er sich noch immer, wie nennt man ihn offiziell: "König in Preußen."
Dieses "in" war anno 1701 Vorbedingung für die Erlangung der Königswürde für Kurfürst Friedrich III. gewesen, der damit Friedrich I., König in Preußen, wurde. Aber mit dem Besitzergreifungspatent vom 13. September 1772 führt Friedrich nun die neue Titulatur "König von Preußen", und allmählich gilt "Preußen" für das gesamte Königreich, von der Maas bis an die Memel. Nicht überall, vor allem in Westpreußen, kann es so gewesen sein, wie oben beschrieben, denn Friedrich, der alte Fuchs, berichtet seinem Bruder Heinrich, der in Petersburg die Teilung mit ausgeheckt hat:
"Eine gute, eine vorteilhafte Erwerbung, sowohl in politischer wie in finanzieller Hinsicht. Um jedoch weniger Eifersucht zu erregen, sage ich jedem, daß ich bei meiner Durchreise nur Sand, Kiefern, Heide und Juden gesehen habe."
An den Thronfolger Friedrich Wilhelm schreibt er am 28. September: "Mit großer Befriedigung ersehe ich aus Deinem Schreiben, wie aufrichtig Du an der Genugtuung teilnimmst, die ich über die soeben erfolgte bedeutende Vergrößerung meiner Staaten empfinde ... Für Dich arbeite ich, aber Du mußt darauf sehen, daß Du bewahrst, was ich schaffe. Bist Du träge und indulent, wirst Du zwischen Deinen Händen zerrinnen sehen, was ich mit soviel Mühe zusammengebracht habe."

Für die Übernahme Westpreußens wird eine Münze geschlagen. Diese „vertragliche" Eroberung bringt Preußen 600.000 neue Bewohner auf 36.000 Quadratkilometern. Überall treibt der König die Besitzergreifung an und will auch für Westpreußen tolerant wie gewohnt sein. Aus der Instruktion vom 7. Juni 1772 an den Oberpräsidenten von Domhardt:
„. . . weil seine königliche Majestät alle Sklaverei und Leibeigenschaft abgeschafft und die Untertanen als freie Leute anzusehen und behandelt wissen wollten ... Schließlich muß unter denen katholischen und evangelischen Untertanen nicht der allermindeste Unterschied gemachet werden, sondern selbige müssen bei der Krieges- und Domänen-Kammer ohne Rücksicht auf die Religion auf gleich unparteiischem Fuß schlechterdings gehöret und auf alle Weise behandelt werden."

Wir Friderich, von Gottes Gnaden, König von Preussen;

Marggraf zu Brandenburg; des Heiligen Römischen Reichs Erz-Cämmerer und Chur-Fürst; Souverainer und Oberster Herzog von Schlesien; Souverainer Prinz von Oranien, Neufchatel, und Vallengin, wie auch der Grafschaft Glaz; in Geldern, zu Magdeburg, Cleve, Jülich, Berge, Stettin, Pommern, der Cassuben und Wenden, zu Mecklenburg und Crossen Herzog; Burggraf zu Nürnberg; Fürst zu Halberstadt, Minden, Camin, Wenden, Schwerin, Razeburg, Ostfriesland und Meurs; Graf zu Hohenzollern, Ruppin, der Mark, Ravensberg, Hohenstein, Tecklenburg, Schwerin, Lingen, Bühren und Leerdam; Herr zu Ravenstein, der Lande Rostock, Stargard, Lauenburg, Butow, Arlay und Breda 2c. 2c. 2c.

Präsident Johann Rembert Roden erhält Auftrag, das neue Land zu visitieren. Friedrich fragt ihn:
"Wie bald gedenkt Er fertig zu sein?"
"Ein halb Jahr wird wenigstens dazu erfordert."
"Nun, das ist gut. Ich gebe Ihm Zeit: sechs Wochen zu Ermeland, zwei zu Marienburg, sechs zum Culmschen, drei zu den Städten an der Netze, sechs zu Pomerellen . . . Ich verlasse mich auf Ihn, daß Er alles gut und geschwind zu Ende bringt."
Vater Friedrich Wilhelm konnte antreiben, Sohn Friedrich kann's besser. "Das sicherste Mittel, diesen sklavischen Leuten (des neuen Landes) bessere Begriffe und Sitten beizubringen, wird immer sein, solche mit der Zeit mit Teutsche zu meliren, und wenn es auch anfänglich nur mit zwei oder drei in jedem Dorffe geschehen kann."
Aus dem ganzen Königreich und auch dem übrigen Deutschland gehen Einsiedlungsanträge von Handwerkern, Bauern und Händlern bei preußischen Behörden ein, alle wollen nach Westpreußen: Neues Land, neue Menschen, neue Freiheiten! Da ist es kein Wunder, daß Wirtschaft und Kultur der Provinz deutsch geprägt werden und damit bald den europäischen Standard der Zeit erreicht. Alle, ob Polen, Deutsche, Juden oder andere, leben relativ friedlich und tolerant nebeneinander und es bedarf erst späterer "Verhetzungen", sie an- und auseinanderzubringen . . .

Die Jesuiten

Des Vaters wohlgemeinten, schon vorher erwähnten Rat: "Jesuwitters müsset Ihr in Euren Landen nicht dulden", hat Friedrich nicht befolgt, obwohl ihm vom Naturell her und ganz allgemein durchaus danach zumute war. 1734, als er Heidelberg besuchte, sah er an Ort und Stelle die Folgen des Wütens der Jünger Jesu und empörte sich darüber in einem Brief an Wilhelmine. In den preußischen Kernlanden sind die Jesuiten nie ein Problem gewesen, aber mit der Eroberung Schlesiens wurden sie eines, denn Schlesien war überwiegend katholisch und durch Klöster und Orden fest in der Hand Habsburgs und Roms. Aber wie so oft, hat Friedrich in Sachen Jesuitenorden anders reagiert als andere erwartet haben, und er hat richtig gehandelt. Das kam so:
Unübersehbar war, daß der Orden sich in aller Welt unbeliebt zu machen begann, so daß gerade die katholischen Staaten auf seine Auflösung drangen. Denn die Jünger des Ignatius gingen überall ein wenig zu forsch ans Werk: Einmischung in weltliche Angelegenheiten, Anstiftung von Streitigkeiten innerhalb der Geistlichkeit, Duldung heidnischer Riten in den Missionsgebieten, Unduldsamkeit gegen Andersgläubige in zu scharfer, nicht mehr zeitgemäßer Form, Verwicklung in private Handelsgeschäfte, Ansammeln von Kapital; das ging selbst dem Heiligen Stuhl zu weit. Clemens XIII. hatte sich noch lebhaft für sie eingesetzt, sein Nachfolger Clemens XIV. machte nun Nägel mit Köpfen und hob den Orden am 21. Juli 1773 auf. Das hätte Friedrich recht sein können. 1754 hatte er an Wilhelmine geschrieben: "Man findet in allen Jesuitenklöstern gelehrte und liebenswürdige Leute und man muß gestehen, daß jeder französische Jesuit für sich genommen ein achtenswerter Mann ist; aber trotz dieses Vorzuges ist die Gesellschaft als Ganzes genommen abscheulich." Er steht nicht allein mit seiner Meinung, denn in den katholischen Ländern Frankreich, Portugal und Spanien sind die Jesuiten inzwischen Verfolgungen ausgesetzt. Sich diesen anzuschließen ist Friedrich nicht bereit. Am 4. Dezember 1772 schreibt Friedrich an d'Alembert:

".. . Während aller dieser verschiedenen Bewegungen will man den Jesuitenorden gänzlich aufheben; endlich muß der Papst nach langen
Ausflüchten, wie er es nennt, dem Ungestüm der älteren Söhne seiner
Kirche nachgeben. Ich habe einen Abgesandten vom General der Jünger des Ignatius erhalten, der in mich dringt, mich öffentlich zum Beschützer dieses Ordens zu erklären." Friedrich verrät dem Adressaten
nicht, wie er darüber denkt. In Wirklichkeit macht er sich Sorgen um
die Universität Breslau, an der viele Mönche des Ordens lehren, die einzige Universität Preußens, wo katholische Geistliche ausgebildet werden können. Und Friedrich hat es lieber, daß diese Geistlichen in Preußen ausgebildet werden und nicht in benachbarten österreichischen
Universitäten. Und noch etwas: Wo soll er Schullehrer hernehmen,
wenn er die Jesuiten aus dem Lande jagt? Denn daß viele fähige Leute
unter ihnen sind, hat er längst erfahren, und ihre Niggeligkeiten aus
dem Krieg hat er ihnen auch verziehen. Und zuletzt: Ist seine, Friedrichs, Stellung nicht stark genug, Preußen nicht derartig sicher konsoli-
diert, daß man mit etwa aufmüpfigen Mönchlein nicht rasch und
gründlich fertig werden könnte? Friedrich entscheidet diese Frage mit
Ja und schickt sich an, noch einmal dem Papst zu trotzen.
Die Bulle "Dominus acredimptor" vom 21. Juli 1773 wird in Preußen
nicht veröffentlicht, damit existiert der Orden in Friedrichs Staaten
weiter, und so kommen sie aus ganz Europa, die einstigen Verfolger,
jetzt Verfolgten, nach Preußen, ins Land des Ketzers, und singen alsbald ein Loblied auf ihn. Nur "friedfertige und gutgesinnte Subjekte"
unter ihnen dürfen als Lehrer angestellt werden. Seine realpolitische
Tat wird von seinen Freunden kritisiert.
"Ich habe nichts von den Jesuiten zu fürchten", beruhigt er d' Alembert, "denn der Franziskaner Ganganelli (der neue Papst Clemens
XIV.) hat ihnen die Klauen geschnitten; er hat ihnen soeben die Back-
zähne ausgezogen und sie so in eine Lage versetzt, in der sie nicht krat-
zen und nicht beißen können."
Und Voltaire bekommt zu lesen:
"Der Papst habe ja selbst diesen Füchsen die Schwänze abgeschnitten;
jetzt würden sie nicht mehr die Ernten der Philister anstecken."
Diese Worte kennzeichnen zugleich Friedrichs kritische, ja spöttische
Einstellung dem Orden gegenüber — welcher andere europäische Monarch hätte den Mut gehabt, dem Papst so entgegenzutreten und gegen
seine eigene Überzeugung zu handeln: der Staatsräson wegen. Später ist
Katharina von Rußland dem Beispiel Friedrichs aus den gleichen Gründen gefolgt. Den Triumph, auf der ganzen Linie gesiegt zu haben, hat

Friedrich noch auskosten können: Die Ordensbrüder wurden seine größten Lobredner, sie ließen bildliche Darstellungen erscheinen, die ihn verherrlichten, und in seinen letzten Lebensjahren hat er voller Stolz zwei Sätze aussprechen können:

"Ich habe die Jesuiten in der Hand",
und
"Sie sind nicht mehr Jesuiten bei mir."
Damit hat er nicht nur sich selbst, sondern auch dem Orden das größte Kompliment ausgesprochen.
"Sie sind nicht mehr Jesuiten . . ."
Der Wert, den sie eingebracht haben, der in der Bildung der schlesischen Bevölkerung liegt, nicht auf den Papst, mehr auf den preußischen König gerichtet, ist nicht abzuschätzen. Dieses wäre mit einer allgemeinen Verfolgung, die einer Ausrottung gleichgekommen wäre, niemals erreicht worden. Von Toleranz konnte freilich keine Rede sein, niemand hat das ernsthaft behauptet, alle haben Friedrichs Absichten durchschaut, die Größe liegt darin, daß Friedrich über seinen eigenen Schatten springen konnte — zum Wohle seines Staates!
"Stark in der Tat, milde in der Art."

„Der Seydlitz gleich, der kühne Held,   8. November 1773
schnob wie ein Löwe durch das Feld"
Lied der Zeit

Friedrich Wilhelm von Seydlitz

Mit 46 Jahren General der Kavallerie, das ist entgegen dem allgemeinen langsamen Beförderungsweg zu Friedrichs Zeiten. Ein Leben voller Heldentaten und Beförderungen: 1740 Cornet im Kürassierregiment

K5, 1743 Rittmeister beim Husarenregiment H4, 1745 Major, 1752 Oberstleutnant des Dragonerregiments D XII, 1755 Oberst, 1757 Generalmajor, 1763 Generalinspekteur der schlesischen Kavallerie, 1767 General; dazwischen Stationen des Ruhms, der Enttäuschungen, schwere Verwundung — das ist in Kürze das Leben des preußischen Reiterführers, Kavaliers und Menschen Friedrich Wilhelm von Seydlitz, geboren am 3. Februar 1721 in Kalkar. Seydlitz' Hauptverdienst für Preußen besteht darin, daß er der preußischen Kavallerie, die bei Mollwitz so schändlich versagt hatte, erst einmal das Reiten beibrachte. Das hat sich ausgezahlt wie kaum eine Investition in der Geschichte, denn er hat es geschafft, daß sich die "Naturkraft" der schweren Kavallerie noch einmal gegen die immer dichter werdende Feuerkraft der Infanterie durchsetzen konnte.

Die Aufgaben der Kavallerie waren: Aufstellung an den Flügeln der Schlachtordnung, wobei rechts vornehmer gilt als links, und Eröffnung des Angriffs, nachdem die Artillerie vorbereitet hatte. Wie eine Mauer hatte die Kavallerie in den Feind zu brechen, Infanterie oder Reiterei, die Schußwaffen waren weniger bedeutend als der schwere Säbel, mit dem der Reiter auf seine Gegner einzuhauen hatte. Der Schweizer Ulrich Bräker schreibt hierüber drastisch:

"Da hätte man das Specktackel sehen sollen: Pferde, die ihren Mann im Stegreif hängend, andere, die ihr Gedärm auf der Erde nachschleppten."

Kaum ein Heerführer hat soviel Anteil an den Siegen Friedrichs wie Seydlitz. Schon 1745 berichtete General Winterfeldt über ihn an Friedrich:

"Und haben auch gewiß Euer Majestät an dem Rittmeister Seydlitz einen Offizier, der nicht zu verbessern."

Seydlitz gehörte zu den wenigen Offizieren, die von sich aus eine Lage beurteilen und entsprechend entscheiden konnten. Obwohl er bei Lobositz und Prag mitgewirkt hatte, war er der Truppe und natürlich erst recht in Deutschland wenig bekannt, seine Sternstunde sollte später kommen. Nachdem in der Schlacht von Kolin General von Krosigk bereits gefallen war, übernahm Oberst Seydlitz den Befehl über die Kavallerie, mit der es ihm beinahe gelungen wäre, für Preußen den Sieg einzuleiten. Als am 16. Oktober 1757 der österreichische General Hadik in Berlin eingedrungen war, genügte die Nachricht, Seydlitz nahe mit seinem Kürassierregiment, um ihn zum Abmarsch zu veranlassen. Dann kam der Tag von Roßbach, der Seydlitz' Namen verewigen sollte. 38 Schwadronen waren ihm unterstellt, mit denen er der Reichsarmee in Flanke und Rücken fiel; diesem Ansturm war das schlecht organisierte Heer nicht gewachsen. Seydlitz selbst ist hier verwundet worden. Roßbach mag mit dem Namen Seydlitz am populärsten verbunden sein, bei Zorndorf jedoch hat er seine größte Tat vollbracht: Als die Schlacht in der Krise stand, brachte Seydlitz seine Reitermassen heran, die unter den Russen ein solches Blutbad anrichteten, daß diese Attacke den Tag mit entschied.

"Er ist der einzige", hatte Friedrich zu de Catt gesagt, "den ich bisher gesehen habe, der seine Kavallerie ganz in der Gewalt hat, geschaffen, um jederzeit helfend einzuspringen." Es war Seydlitz' Beliebtheit bei seinen Soldaten, daß sie inzwischen alles für ihn taten.

"Ohne ihn würde es schlecht um uns ausgesehen haben", sagte Friedrich nach der Schlacht von Zorndorf.

"Sein Hut, sein Koller, seine Stiefel, seine Hosen wurden nachgemacht", berichtet ein Kampfteilnehmer, "die ganze Reiterei jauchzte ihm zu, wenn sie ihn nur sahen."

Bei Hochkirch geriet Seydlitz mit Friedrich allerdings wegen ihm sinnlos erscheinender Angriffe aneinander, was beweist, daß er auch außerhalb von Kämpfen mutig sein konnte.

Seydlitz war zu selbständig und spöttisch, wie Friedrich, um mit ihm in ein herzliches Verhältnis zu treten, wie das bei Winterfeldt geschehen ist. Bei Kunersdorf spielte eine Kugel Schicksal: Während Seydlitz neben Friedrich hielt, um ihm klarzumachen, daß ein Kavallerieangriff in dem Gelände nicht stattfinden konnte, wurde Seydlitz durch eine Kugel der Degengriff in die Hand getrieben — ein äußerst verhängnisvoller Vorfall, denn nun fehlte er, die preußische Reiterei zu führen und anzutreiben. Man hörte erst wieder von ihm, als im Oktober 1760 der russische General Tottleben vor Berlin erscheint. Seydlitz, der hier seine Verwundung ausheilt, stimmt für Verteidigung, die jedoch angesichts der Übermacht sinnlos ist. Bei der letzten großen Schlacht des Krieges, Torgau, fehlt er, Friedrich spürt den Verlust seiner fähigen Generäle nun schmerzlich. Doch Zieten ist noch da und bewährt sich. Bei Prinz Heinrichs Sieg von Freiberg ist Seydlitz wiederum hervorragend beteiligt gewesen, so daß der alte Haudegen im großen und ganzen auf eine ruhmreiche, für sein Land verdienstvolle Kriegsteilnahme zurückblicken kann.

Am 25. August 1769 durfte Seydlitz seinen König zum Treffen mit Joseph II. in Neiße begleiten, vier Jahre vor seinem Tode, der ihn am 8. November 1773 in Ohlau ereilt. Für heutige Menschen, die weder von Beispielen noch Kriegen etwas hören möchten, ist es schwer verständ-

*Eine anschauliche
Darstellung des
Spießrutenlaufens*

*Die Strafe des Fuch-
telns*

Anna Luise Karsch

*Franz Balthasar
von Brenckenhoff*

*Der Mathematiker Leonhard
Euler.*

lich, wie ein Soldat des Schlages Seydlitz nicht nur bei seinen Truppen, sondern auch im Volk populär werden konnte: Aber es ist gerade das Beispiel, das gute natürlich, das damals mitriß und anerkannt wurde, der Einsatz für König, Staat und die Untergebenen — es haben schon weniger Verdiente ein Denkmal bekommen . . .

„Die Welt ist ein Schauplatz,   12. April 1774
du kommst, siehst und gehst vorüber"
Matthias Claudius

Theater in Preußen

Das Theaterleben in Preußens Hauptstadt in der Zeit von 1740 bis 1756 ist von Friedrichs Geschmack geprägt gewesen und hat von seinem Interesse gelebt — der große Krieg hat hier abrupt eine Trennung gezogen. Nach dem Kriege hat Friedrich dem Theater und der Oper nicht mehr viel abgewinnen können. Er zog sich am liebsten nach Sanssouci zurück und kam zum Hof- und Theaterleben nach Berlin in der Weihnachts- und Karnevalszeit. Hochachtung vor dem Theatervolk hat er nie gehabt, vor allem, wenn diese "Canaillen-Bagage" nicht wollte wie er und Eigenleben entfaltete. Streit gab es immer um die Finanzierung. Als Friedrich den Thron bestieg, hatte er gesagt: "Berlin muß die Theaterstadt Europas werden."
Italienische Oper, entsprechend seinem Musikgeschmack, französisches Schauspiel, entsprechend seiner Bildung und Neigung — diese beiden wollte er in Berlin großmachen und hatte schon als Kronprinz

die Zusammenstellung der französischen Schauspieltruppe mit Voltaire besprochen. Deutsches Theater lehnte er ab und hat sich auch nie anders belehren lassen. Aber ungeachtet seiner Ansichten und Reglementierungen lebte im nach dem Krieg erstarkenden Bürgertum ein deutsches Kulturschaffen auf, an dem er kaum Anteil nahm, über das er sich jedoch weiterhin kritische Beurteilung erlaubte. Man kann ihm das nicht verübeln, denn was den Berlinern in den ersten Jahren an deutschen Theaterstücken vorgesetzt wurde, konnte einen geistvoll-aufgeklärten Zuschauer nur vergraulen, zu billig waren die Themen, zu mittelmäßig die Darstellungen. Sowieso darf man die Spielweise damaliger Zeit nicht mit den Bühnen von heute vergleichen, — wie man es mit der Vortragsweise der Musik auch nicht tun darf —, außerdem sollte man nicht vergessen, in welchem sozialen Ansehen damals die Theaterleute standen: In dem der Jahrmarktsschreier, wenn es sich nicht gerade um internationale Berühmtheiten handelte. Geldsorgen für die Bühne — damals so aktuell wie heute! Die meisten Theater waren verpflichtet, dem Geschmack der Geldgeber entsprechend zu spielen. Gemessen an den Höfen Wiens, Paris', Venedigs und Londons waren die Berliner Bühnen Provinz, aber das begann sich zu bessern, seitdem Friedrich sein Hauptinteresse abgewendet hatte, so daß neue Leute und neue Themen zum Zuge kamen. Ein deutsches Theater gab es ab etwa 1749, und es konnte im Kriege weitermachen, allein, nachdem königliches Schauspiel und Oper von Friedrich geschlossen worden waren. 1764 baute man an der Behrenstraße ein neues Theater, das 700 Menschen fassen konnte, Leute wie Schuch, Doebbelin und Koch machten sich um neue deutsche Stücke einen Namen, die endlich Seriösität und Ernsthaftigkeit auf die Bühne brachten, mit ihnen Kritik an öffentlichen Zuständen und sozialen Verhältnissen. Nicht mehr "nur Unterhaltung" war der Anlaß, das Theater zu besuchen. Aber heute unbestrittene Stücke hatten es damals schwer: Lessings "Minna von Barnhelm" hatte bei der Hamburger Uraufführung wenig Beifall gefunden, bei der Berliner Aufführung vom 21. März 1768 lief es besser, die Berliner waren begeistert und das Stück wurde innerhalb von drei Wochen neunzehnmal wiederholt; für ein zeitkritisches Stück ein großer Erfolg, von dem Doebbelin sich ein neues Haus herrichten konnte. Ein Erfolg ist im Künstlerleben immer ein Beispiel: Er ermuntert andere Autoren zu neuen Arbeiten und zieht weitere Theatergruppen an den Ort des Geschehens.

Friedrich hat von Lessing und der neuen Richtung keine Notiz genommen, er "büffelte" seine Klassiker und Franzosen und übte selbst dann boshaft Kritik, wenn er von einem Schauspiel kein Wort gehört, keine Szene gesehen hatte. Von Lessing folgten "Sara Sampson", dann „Emilia Galotti", doch hat sich der erste Erfolg nicht wiederholen lassen, und Zeitgenossen kritisierten gerade hierbei die Qualität der Aufführung — plötzlich hinkte die Leistung der Spieler dem Anspruch der Autoren nach. Daß Friedrich die Werke des Engländers Shakespeare nicht ausstehen konnte, daraus hatte er nie ein Geheimnis gemacht, woraus viele seiner Vorurteile resultierten. Das erklärt auch seine Ablehnung des "Götz von Berlichingen mit der eisernen Hand", der am 12. April 1774 in Berlin auf die Bühne kommt. Koch wagt die Aufführung dieses Stückes, das 62 Sprechrollen beinhaltet, und kündigt es folgendermaßen an:

"Ein ganz neues Schauspiel in fünf Akten, welches nach einer ganz besonderen und jetzo ganz ungewöhnlichen Einrichtung von einem gelehrten und scharfsinnigen Verfasser mit Fleiß verfertigt worden. Es soll, wie man sagt, nach Shakespearschem Geschmack abgefaßt sein. Auch hat man sich dem geehrten Publico gefällig zu machen alle erforderlichen Kosten auf die nötigen Dekorationen und die neuen Kleider gewandt, die in den damaligen Zeiten üblich waren."

Von dieser Aufführung sprach man begeistert in Deutschland und an ausländischen Bühnen, das Berliner Theater ist plötzlich in aller Munde. Daß Kritik von einem Manne kommt, der es gar nicht angesehen hat, nämlich Friedrich, ist ebenso peinlich wie ungerecht:

"Da ist ein Götz von Berlichingen auf der Bühne erschienen. Eine abscheuliche Imitation der schlechten englischen Stücke, aber das Parterre applaudiert und verlangt mit Begeisterung die Wiederholung dieser degoutanten Platitüden."

Das ist der typische Ton des Alten aus Sanssouci, der zu sehr an Voltaire geschult scheint, der Shakespeare böse einen "betrunkenen Wilden und plumpen Barbaren" genannt hat. Sechzehnmal ist der "Götz" ohne Rücksicht auf des Königs Urteil von Koch in Berlin wiederholt worden. So kann getrost behauptet werden, daß Friedrich für den hervorragenden Ruf Berlins als Theaterstadt, der sich ausbreitet, nichts getan hat — er ist leider auf der Stufe der vierziger Jahre stehengeblieben, und es ist schon viel wert, daß er dem deutschen Theater keine direkten Hindernisse in den Weg nach oben gelegt hat.

"Wer nach einer hilfreichen Hand Ausschau   24. März 1775
halten will, findet sie am besten am Ende
seines eigenen Armes"
Sprichwort

Pockenimpfung in Berlin

Endlich kann Friedrich aufatmen, endlich ist es geschafft! Allen Widerständen zum Trotz, die von Ärzten und Geistlichen in für ihn unverständlicher Weise vorgebracht wurden. Sind sie denn von allen guten Geistern verlassen? Ist nicht die miserable medizinische Versorgung unserer Zeit Anlaß genug, jeden Versuch zu wagen, der Elend und Not lindern helfen kann, auch wenn Risiken zu bestehen scheinen, von denen allerdings niemand etwas Konkretes zu sagen weiß. Ist es nicht Blasphemie, von gott- oder naturgewollten Krankheiten zu sprechen! Nur zu ungern erinnert sich Friedrich seiner Kindheit, in der er zweimal die Pocken hatte, und auch von seinen vielen Geschwistern ist kaum eines der Krankheit entronnen; Wilhelmine: Wie hatte sie leiden müssen. Und jetzt besteht Aussicht, diese Krankheit in den Griff zu bekommen. Friedrich ist es gelungen, den englischen Arzt Dr. William Baylies, der sich in Dresden niedergelassen hatte, von dort nach Berlin zu verpflichten, und heute, am 24. März 1775, demonstriert Dr. Baylies, in Anwesenheit des Inspektors des Waisenhauses, der Hospitalchirurgen und preußischer Ärzte aus den Provinzen — Minden, Küstrin, Bromberg, Lingen und anderen — an acht Kindern des Waisenhauses die Impfung gegen Pocken. Damit ist in Preußen ein Anfang gemacht, Friedrich weiß, daß die allgemeine Impfung aller Bürger noch nicht durchführbar ist, aber immerhin: Wenn er nicht pausenlos getrieben und getriezt hätte . . .

Es ist ein langer Weg gewesen bis hierher. Schon 1721 hatte Dr. Eller, Leibarzt Friedrich Wilhelms, später auch Friedrichs Arzt, die erste Impfung in Deutschland durchgeführt, an einem Fräulein von Beck, doch war alles wieder im Sande verlaufen. Da Friedrich, selbst häufig leidend, zeit seines Lebens großes Interesse an medizinischen Fragen hatte, griff er jede Nachricht über Impfungen auf und korrespondierte mit den weltoffenen, führenden Köpfen, die die neue Methode befürworteten: Voltaire, d'Alembert, Tronchin. Obwohl in England die

Pockenschutzimpfung bereits, oder beinahe, anerkannt war, gab es im übrigen Europa Schwierigkeiten, vielfach erhoben Kleriker Einspruch. Deren Absage konnte Leute wie Friedrich nur bestätigen und anfeuern. Ihn ärgerte jedoch maßlos, daß die Berliner Ärzte größtenteils die Impfung ablehnten, darunter seine eigenen Leibärzte Selle und Muzzel. "Unter den hiesigen Ärzten," bemerkt Hofrat Fritze, "sind nicht mehr als unserer drey die davor sind."

Friedrich wandte sich über seinen Londoner Gesandten, Graf Maltzan, an die englischen Ärzte Robert und Daniel Sutton, die bereits mit viel Erfolg mittels einer Lanzette impften, statt den Impfstoff einzureiben. Maltzan hatte anzufragen, ob die beiden Ärzte bereit wären, einige ihrer Schüler herzuschicken, um selbst Impfungen vorzunehmen und hiesige Ärzte einzuweisen. Das ist im Jahre 1767. Seit Ende 1766 grassieren in Berlin die Blattern, wie die Pocken auch heißen, Mitglieder der königlichen Familie erkrankten und Friedrichs Lieblingsneffe, Prinz Heinrich, stirbt im Mai 1767 an der Krankheit. Anlaß für Friedrich genug, die Sache zu beschleunigen. Aber es gibt eine Enttäuschung: Die beiden von den Suttons hergeschickten Ärzte erweisen sich als clevere Geschäftsleute, echte Briten, und verlangen neben der "Allerhöchsten Protektion" Vergütung der Reisekosten, 32 Taler Honorar für jede durchgeführte Impfung und die Bedingung, daß niemand bei den Impfungen zugegen sein dürfe. Auch hier steht wieder einmal das Geschäft vor der Humanität. Damit geraten sie in Preußen an den Falschen: 9.600 Taler für die 300 Kinder des Waisenhauses will Friedrich nicht ausgeben, ohne daß die Berliner Ärzte später selbst weitermachen können. In dieser Zeit erfährt Friedrich von Dr. Baylies, der sich in Dresden niedergelassen hat, um hier die Impfung einzuführen. In eine neue Diskussion gerät die Impfung — besonders ob sie auch für Erwachsene geeignet und problemlos ist — dadurch, daß die Zarin Katharina von Rußland sich bereit erklärt, sich probeimpfen zu lassen, ehe der russische Thronfolger geimpft würde. Für die damaligen Großen Europas schien damit der Damm der Vorurteile, gegen den tapfere Ärzte anrannten, gebrochen, denn nun kam die Habsburger Kaiserfamilie an die Reihe, die auf dieses Ereignis eine Gedenkmünze schlagen ließ, der dänische Thronfolger wurde geimpft, und endlich entschied man sich auch in Paris positiv, nachdem Ludwig XV. an Pocken gestorben war: Im Sommer ließ sich Ludwig XVI. mitsamt dem Hofstaat von Oberfeldarzt Richard impfen. Nachdem bekannt geworden ist, daß Friedrich Dr. Baylies nach Berlin berufen hat, versucht man, diesen Plan zu hintertreiben. Die Leipziger Zeitung schreibt, im Berliner Kadettenhaus hätten viele Kinder die Krankheit überstanden, "weshalb das Einimpfen derselben eine Vermessenheit wäre". Als Dr. Baylies in Berlin angekommen ist, erscheint bei ihm ein Sekretär des Ober-Kollegium-Medicum mit dem Verbot, Impfungen vorzunehmen, bevor der König sie offiziell erlaubt habe. Die Erlaubnis läßt nicht auf sich warten. Die Impfungen haben einen solchen Erfolg, daß Dr. Baylies sich auf Wunsch Friedrichs in Berlin niederläßt. Es gilt nun dafür zu sorgen, daß möglichst viele Ärzte in Preußen die Impfung kennenlernen. Friedrich befiehlt den Kriegs- und Domänenkammern im Februar 1775 "aus jeder Dero Provinzen, welche unter Ihre Direction stehen, einen Physikus zu berufen, um sich in der eigentlichen Inokulationsmethode unterweisen zu lassen". Dr. Baylies beschafft sich aus dem Londoner Pockenspital frischen Impfstoff, und so kommt es am 24. März 1775 zu der oben beschriebenen Demonstration an Zöglingen des Waisenhauses vor vierzehn preußischen Ärzten. Wie gesagt, damit ist eine allgemeine Impfung noch nicht durchgesetzt, aber Friedrich gebührt zweifellos das Verdienst, die Bedeutung des neuen Verfahrens erkannt, mit gutem Beispiel vorangegangen zu sein und Ungläubige überzeugt zu haben. Die erste Stufe auf dem Wege zur modernen Medizin ist erstiegen.

"Dem Papst ein schönes Liedlein singen,   **13. August 1775**
das heißt: Geschenk und Gaben bringen"
Sprichwort

Bischof von Rom

Daß ein Freigeist wie Friedrich der römischen Kurie spöttisch gegenübergestanden hat, ist selbstverständlich: Alle hier gebrachten Äußerungen beweisen es. Die unverhohlene Feindschaft, die ihm von Rom

entgegenschlug, hat er stets gelassen hingenommen, für ihn war "Ketzer" eher ein Ehrentitel denn eine Beleidigung, und auf die Titulatur "Markgraf von Brandenburg" — einer seiner Titel —, antwortete er mit der Anrede "Bischof von Rom" — einer der Nebentitel des Papstes. Übrigens haben die Päpste den Titel "Marchese von Brandenburg" für die preußischen Könige bis 1787 beibehalten. So ironisch-heiter manche Äußerung Friedrichs zu diesem Thema klingen mag, so darf man doch den Ernst des Hintergrunds nicht vergessen: Seit Luthers Tagen hat sich die Denkweise der Päpste nicht verändert, noch immer sind ihnen Heiden angenehmer als Ketzer, noch einmal würden sie, wenn sie die Macht hätten, den Religions- und Glaubenskrieg entfachen, um die Lehre der alleinseligmachenden Kirche nach Norden zu tragen, wenigstens bis an die Gestade der Ost- und Nordsee. Da hocken nun, denken sie, diese vandalischen Pruzzenfürsten, deren Land, mit Italien verglichen, nur eine öde, sandige Wüstenei ist, und halten das Banner der Reformation hoch, gewähren Ketzern und Abtrünnigen Unterschlupf, Asyle und Existenzen und bauen den Türken und Tataren Moscheen. Aus der trüben Sicht Roms allerdings eine Unverschämtheit; unverschämt auch deswegen, weil sich das Schwert Roms in Deutschland, das Haus Habsburg, als stumpf und wirkungslos erwiesen hat. Am treffendsten hat Wilhelm Busch es später formuliert:
"Dieses peinliche Ereignis tat ihm in der Seele leid,
ach, man will auch hier schon wieder
nicht so wie die Geistlichkeit."
Wie Friedrich über Religionen denkt ist in einem anderen Kapitel dargelegt. Wie die meisten Gleichgültigen in Sachen Religion, die Geschichte zeigt das, hat er ein gutes Verhältnis zur Kirche, wohlwissend um deren Machtfaktor und daß der kleine Mann offenbar ohne Religion nicht leben möchte. Er bleibt auch um ein gutes Verhältnis bemüht, nur will er nicht dulden, daß sie ihm dreinreden, die Geistlichen, so daß bestimmte, kräftige Worte notwendig sind. Aus dem Abstand von über 200 Jahren Geschichte, — heute betrachtet sich wohl jedermann als aufgeklärt —, erkennen wir ein Gegengewicht zur Kirche, das sie schon einige Jahrhunderte eher nötig gehabt hätte: Sätze eines Realisten und Realpolitikers, der wußte, wo der Weg herzugehen hatte. Am 4. August 1744 schreibt Friedrich an den römischen Kardinal Tencin:
"Gestatten Sie, daß ich Ihnen die Unwissenheit des römischen Hofes in Betreff der schlesischen Angelegenheiten darlege. Sie müssen wissen, daß ein Teil des Bistums Breslau in dem Teile Schlesiens liegt, der der

Königin von Ungarn verblieben ist. Deswegen habe ich es für schicklich gehalten, daß mein Koadjutor seine Wahl der Königin anzeigt — woran man in Rom nicht einmal gedacht hatte. Ihr Heiliger Vater kennt das Alphabet nicht und will über die Orthographie entscheiden: Das ist jämmerlich! Lehren Sie ihn Lebensart, lieber Kardinal und bringen Sie ihm gleichzeitig die Überzeugung bei, daß Könige niemals für Ketzer gelten können, und daß die Päpste, wenn sie diese dafür nehmen wollen, gut tun würden, sich an die Geschichte Englands zu erinnern."

Wie oft und in welcher Weise Friedrich und Voltaire in ihren Gesprächen über den römischen Klerus hergezogen haben, läßt sich nicht annähernd erahnen. Wenn man alles aufgezeichnet hätte: Es würde Bände füllen; denn für diese beiden spitzesten Zungen Europas wird es ein Vergnügen gewesen sein, ohne Strafen erwarten zu müssen, über den Anachronismus des Heiligen Stuhls Glossen zu machen und "Aufklärungsarbeit" zu leisten. In einem Brief vom 13. August 1775 läßt Friedrich sich über den Fanatismus und die Mönche aus und stellt, offenbar frohlockend, fest:

"Wenn noch einige Minister, die über die gemeinen Vorurteile hinaus sind, an die Spitze der Nationen kommen, so wird der Heilige Vater bankrott machen. Schon haben seine Wechsel und Anweisungen ihren Kredit zur Hälfte verloren."

Seit seinem Einfall in Schlesien ist Friedrich von der Habsburger Propaganda in möglichst schlechtes Licht gestellt worden und er hat oft Mühe gehabt, wirksam zurückzuschlagen. Im Siebenjährigen Krieg ist ihm jedoch der schon erwähnte famose Streich gelungen, der nun seinerseits Habsburg und den Papst ins schlechte Licht rückte. In den schweren Jahren 1758 und 1759 tauchte die Kunde auf, Papst Clemens XIII. habe dem Grafen Daun, Friedrichs Gegner in vielen Schlachten, zu Ehren der Siege bei Kolin und Hochkirch jenen geweihten Hut und den Degen dazu vermacht, den er bisher nur Siegern über Ungläubige und Heiden zu vermachen pflegte. Mit dieser bösartigen Geste kam Friedrich auf eine Stufe mit Türken und Tataren, den klassischen Christenfeinden, und das evangelische Europa schaute grollend auf Rom, rückte näher an Preußen heran. Zwar taten sich Stimmen auf, die behaupteten, das Ganze könne nicht wahr sein, es trüge so offenbar den Stempel des Gerüchts, daß kein vernünftiger Mensch es glauben dürfe. Friedrich wußte es am besten: Denn er selbst ist der Urheber dieser Geschichte. So sehen wir ihn nicht nur als Fechter mit dem Schwert, sondern auch als geschickten Verteidiger mit spitzer Feder. Bis in unsere

Tage ist man sich jedoch nicht sicher, wie es wirklich gewesen ist, zumal namhafte Werke, vor allem auch das Buch über die Gespräche, die der König mit seinem Vorleser Henri de Catt geführt hat, diesen Vorgang als historische Wahrheit darstellt. Aber es kann angenommen werden, daß einerseits Clemens XIII. eine solche unkluge Geschmacklosigkeit nicht getan hat und, sollte sie doch geschehen sein, andererseits Marschall Daun diese geweihten Gaben nicht angenommen hat. Wenn man sich auch bekämpfte, im Laufe des Krieges in immer mehr sich steigerndem Haß, so behielt man doch genug Ehre im Leib, die Ritterlichkeit einigermaßen zu bewahren.

„Alles Weltregiment,   24. Oktober 1776
muß er wissen,
von dem Stock hat
ausgehen müssen"
Sprichwort

Spießrutenlaufen

„Opponiert sich ein Gemeiner gegen einen Offizier, so muß gleich Kriegsrecht gehalten und der Gemeine arkebusieret werden; gegen einen Unteroffizier, so muß er zu zwanzigmal Spießrutenlaufen verurteilt werden."
Diese wenigen Worte aus dem Reglement beweisen, daß es bei Disziplin und Gehorsam keine Kompromisse gab; nicht nur eine preußische

Eigenschaft, denn bis in unsere Tage hinein gibt es keine Armee, die hier Kompromisse geduldet hat. Nur: die preußische und friderizianische Konsequenz war lückenloser, eben "konsequenter". Das klassische Beispiel einer Soldatenstadt ist Potsdam, nicht nur unter Friedrich Wilhelm, mehr noch unter Friedrich. Hautnah liegen die Grenadiere bei den Bürgern in den Stuben, die Stadt ist abgeriegelt und bewacht, Desertion ist fast unmöglich, kommt aber vor, kostet jedoch nur selten das Leben: Zu kostbar sind die gut und lange ausgebildeten Soldaten. Doch drakonische Strafen warten auf die Ausreißer. Nicht nur in Preußen, in allen europäischen Armeen glaubt man auf disziplinarisch harte Strafen wie das Spießrutenlaufen nicht verzichten zu können, um Abschreckung zu erzielen und das System von Zuckerbrot und Peitsche aufrechtzuerhalten. In den Armeen damaliger Zeit gibt es ein starkes asoziales Element, gewiß kleiner als heute allgemein dargestellt, und es ist, ebenso gewiß, nicht anders als durch Gewalt in Schach zu halten. Doch kann angenommen werden, daß reine Schikane seltener vorkam und ebenfalls geahndet wurde. Daß Friedrich sich nicht wohlfühlt, wenn derartige Strafen zu verhängen sind, ist bekannt, aber in militärischen Angelegenheiten versteht er nicht den geringsten Spaß. Wie wir wissen, betrachtete er die Armee als Säule des Staates, wußte um die Schwächen der Menschen, der Soldaten aus aller Herren Länder im besonderen: Wie sonst sollte diese Männergesellschaft zusammengehalten werden! Beim Spießrutenlaufen bilden die Kameraden des Delinquenten eine Gasse, bis zu 200 Mann stark, die mit Weidenruten auf den entblößten Rücken des Ärmsten zu schlagen haben, wenn er an ihnen vorbeikommt. Drücken durch milde Schläge gibt's nicht, denn die Offiziere passen auf und ehe man selbst drankommt, schlägt man lieber zu. Je nach Strafmaß ist die Gasse ein- oder mehrere Male zu passieren. Friedrich hatte beim Regierungsantritt seine höchsten Offiziere angewiesen, das Quälen und Schinden des gemeinen Soldaten zu unterlassen, ohne vor den Versammelten Namen zu nennen, aber diese Anweisung bezog sich nur auf die unnützen, ungerechten Überschreitungen der Offiziere, nicht auf rechtskräftige Urteile. Oft genug greift Friedrich selbst ein und ermahnt seine Kommandeure zu den notwendigen Maßnahmen, wie nachfolgend abgedruckter Brief vom 24. Oktober 1776 aus Potsdam beweist:

> "Mein lieber Obrister von Rohdich. Ich habe bey der Mir eingesandten Kriegsrechtlichen Sententz wider die Flügel-Grenadires Zietz und Krause, wegen unternommener Desertion, nichts zu erinnern gefunden und sollen demnach beyde mit dreyßigmahligem

Gassenlaufen durch 200 Mann, in 3 Tagen, und ersterer hiernächst noch mit zweyjähriger Vestungs-Arbeit, bestraft werden. Die förmliche Confirmation dieser Sententz wird aus Meinem General-Auditoriat erfolgen; und Ich überlasse die Vollstreckung derselben Euer weiterer Verfügung . . ."

An drei Tagen je zehnmal durch 200 Mann — man kann sich vorstellen, wie die armen Kerle aussehen, was sie ausstehen müssen! Klar, daß nur noch ganz Verwegene, Tollkühne oder Verzweifelte das Risiko auf sich nehmen, eine Desertion zu versuchen. Der Bürger ist stets angehalten, jeden Deserteur zu melden oder ergreifen zu helfen.

Wie anders jene Zeit dachte, geht daraus hervor, daß Spießrutenlaufen für den gemeinen Soldaten keine ehrenrührige Sache war; beim Unteroffizier wurde nicht geschlagen, sondern nur mit dem Degen "gefuchtelt", was ebenfalls nicht ehrenrührig war und den weiteren Dienst der Gestraften ermöglichte. Kam ein Soldat ins Zuchthaus, Stockhaus oder "in die Karre" — Strafarbeit also — so war er ehrlos und konnte nicht weiter im Dienst bleiben. So erniedrigend, wie es uns heute erscheinen muß, ist das Spießrutenlaufen also nicht gewesen. Man muß bedenken, daß dadurch nicht nur die Disziplin der Soldaten untereinander gefördert wurde, sondern auch das Verhalten der Truppe im Kriege gegenüber der Zivilbevölkerung. So konnte ein Franzose verwundert berichten, daß die preußischen Soldaten nicht wie die französischen sofort jedes besetzte Dorf, jede durchmarschierte Landschaft ausplünderten und drangsalierten. In Kriegs- und Manöverzeiten war jedes Lager mit einem dichten Kordon Wachtmannschaften umstellt, um jede Flucht zu verhindern; denn dort versuchten die Soldaten es immer wieder, wenn die Grenze nahe war, ins Ausland zu verschwinden. Während in Frankreich jeder Deserteur erschossen wurde, war man in Preußen mit Hinrichtungen sparsamer, aus oben erwähntem Grunde . . .

Der preußische Regimentstambour Dreyer berichtet aus seinen eigenen Erlebnissen:

"Damals dachte kein Gemeiner daran, Offizier werden zu wollen, er wußte, daß diese Stellen dem Adel gebührten, die Stockprügel, welche er erhielt, waren ihm nicht so entehrend, denn er hatte sich schon als Bauer daran gewöhnt."

Nach der Schlacht von Auerstedt und Jena wird in Preußen das Prügeln der Soldaten generell untersagt. Schon 1794 duldet Blücher in seinem Regiment nicht, daß die Unteroffiziere den Stock führen. Während in den Armeen anderer Nationen noch lange der Stock geschwungen wird . . .

Friedrich Anton von Heinitz

Friedrichs Menschenkenntnis hat sich im großen und ganzen ausgezeichnet bewährt, was nicht ausschließt, daß er gelegentlich einigen Leuten aufgesessen ist — nicht anders zu erwarten bei einem Alleinentscheider. Vielleicht besteht sein Geheimnis zum Teil darin, daß erst unter ihm, seinem "Anspitzen", Fordern und Treiben aus vielen der Eingestellten etwas Großes und Nützliches geworden ist. Viele "Ausländer" zog's damals nach Preußen, wobei ein Mecklenburger, Schwabe oder Bayer durchaus als Ausländer zu bezeichnen ist. Dem Bergbauwesen hat Friedrich stets lebhaftes Interesse zugewandt, und mit Schlesien hat er ein Bergbauland erworben, das dieses Interesse lohnte, doch mußte er ein Leben lang sich für Neuerungen und Verbesserung, oft gegen den Willen der Betroffenen einsetzen. Am 27. April 1769 erließ er eine neue Hütten- und Hammerordnung für die Eisen-, Blech- und Kupferwerke, in der es drakonisch heißt:
". . . Hammerschmiede, die den Bestimmungen nicht pünktlich nachgehen und zur festgesetzten Zeit zu arbeiten nicht anfangen . . . und dem schändlichen Trunke nachgehen . . . soll derselbe als ein unkorrigibler und unnötiger Mensch von dem Hüttenwerk gejagt werden." In den siebziger Jahren werden in Schlesien jährlich über 125.000 Tonnen Erz gefördert, das jedoch so schlecht ist, daß es nicht in andere Provinzen ausgeführt werden kann. Am 7. April 1777 übernimmt der Sachse Friedrich Anton von Heinitz die Verwaltung des gesamten Berg- und Hüttenwesens, und damit kommt Wind in die Angelegenheit, Schwung und neue Ideen. Heinitz, geboren am 24. Mai 1725 in Dröschkau an der Elbe, ist ein gebildeter Mann mit Studium der Mineralogie und des Bergbaus in Dresden und Freiberg. Im Dienst des Herzogs von Braunschweig unternahm er Studienreisen nach Böhmen, ins Erzgebirge, nach Ungarn und Schweden und studierte auch den Maschinenbau. 1776 besuchte er Frankreich und England und wurde auf der Rückreise in Berlin Friedrich vorgestellt, der seine Fähigkeiten erkannte und ihn für Preußen gewann: Ein Gewinn besonders für Schlesien, der bis in unsere Zeit nachgewirkt hat!

Heinitz' erste Sorge ist die Ausbildung der Bergbeamten, er weiß, daß er ohne fähige Mitarbeiter nichts Entscheidendes ändern kann. Auf seine Anfrage, wie es seither gehandhabt werde, kommen Antworten wie diese:

"Wir haben seit einigen Jahren angefangen, junge Leute auf ihre Kosten in den Werken zu halten und haben uns jederzeit Mühe gegeben, auf jedem Werke einen artis peritum zum Betriebsfaktor und einen des Rechnens und Schreibens erfahrenen zum Rendanten zu erhalten, welcher letztere wohl freilich öfter nicht die geringste Kenntnis vom Betriebe gehabt."

Auf Friedrichs Befehl kann am 8. Januar 1778 die erste Ausbildungsvorschrift für königliche Bergbeamte in Kraft treten. Eine weitere Maßnahme ist das Einfuhrverbot für fremdes Eisen nach Schlesien vom 3. November 1779, im selben Jahr übernimmt von Reden die Leitung des schlesischen Oberbergamtes, womit ein weiterer tüchtiger Mann auf diesem Gebiet Zeichen setzen wird. Heinitz verläßt sich nicht auf Berichte seiner Mitarbeiter, sondern bereist 1779 zum ersten Mal Schlesien, und seine Berichte und Vorschläge zielen auf Friedrichs empfindlichste Stelle: die Einnahmen. Besonders aus den Steinkohlengruben, berichtet er, könne man das Doppelte fördern, wenn der Verbrauch der Kohle zum Heizen, Brennen und Brauen gesteigert werde.

"170.000 Taler könnten in der Provinz gewonnen werden."

Das hört Friedrich gern. Heinitz will 200 Familien von Bergleuten aus Sachsen und dem Harz ins Land holen, doch Friedrich bewilligt die nötigen Taler nicht.

"Die Natur", schreibt Heinitz, "hat sich in dieser Provinz wirklich so übertroffen, daß, wenn nur erst mehr geschickte Berg- und Hüttenleute angestellt sein werden, dieselben in Ansehung der Bergprodukte eine der wichtigsten Provinzen in Eure Majestät Staaten sein wird."

Aber er will gleichzeitig Geld, viel Geld, für Neuanlagen, Straßen und Kanäle und muß die Erfahrung machen, daß Friedrich für Investitionen merkwürdig zugeknöpft sein kann:

"Wenn Ich die Aerme ein bisgen freier habe . . ., so gebe ich Euch das Geld wohl allein, so habt Ihr mit der Banque nichts zu tun; nur müßt Ihr mir noch ein Jahr oder was dazu Zeit lassen."

Bis zu seinem Ende, 1786, wurde Friedrich von Heinitz mit Bitten, Vorschlägen und Eingaben bombardiert, rückte schließlich 1783 260.000 Taler für Schlesien und Glatz heraus, verweigert weitere mit der Begründung, daß von einer Ausweitung des Bergbaus, ob Kohle, Erz, Blei oder Silber, nichts herauskomme:

".. . und ein gutes Kaufmannshaus besser und bringt mehr ein, als wenn da für 30.000 oder 40.000 Taler Kupfer gewonnen wird." Zwölfpfündige eiserne Kanonen aus schlesischen Erzen — das interessiert Friedrich schon eher, denn er weiß um die Schwachstellen seiner Armee, die Artillerie. Auch wenn es darum geht, sich von ausländischen Einfuhren frei zu machen, hat Friedrich ein offener Ohr. Vieles damaliger Zeit ist in Anfängen stecken und Nachfolgern vorbehalten geblieben, doch bekanntlich ist aller Anfang schwer, vor allem bei Friedrich, dem schwer Überzeugbaren, und Heinitz gebührt das Verdienst, die Arbeit zweier Generationen vollbracht zu haben; er hat die Periode der Verstaatlichungen eingeleitet, ohne die es eine schlesische Großindustrie nicht gegeben hätte. Er stirbt am 28. Mai 1802.

"Mancher wollte Maler werden und   **25. Mai 1777**
bracht's zum Pinsel nur auf Erden"
Sprichwort

Portraits

Erster Hofmaler Friedrich Wilhelms war Antoine Pesne, der noch über dessen Tod hinaus am preußischen Hof weitergewirkt hat. Als König aber hat Friedrich nicht eine Minute einem Maler Modell gesessen, aus Abneigung gegen Bilder jeglicher Art, so daß eigentlich kein authentisches Bild existiert. Alle haben also aus dem Stegreif, nach flüchtiger Ansicht, oder schlicht abmalen müssen. Das erste Kinderbild

Friedrichs hat Antoine Pesne gemalt, auf dem Friedrich wie ein Mädchen aussieht. Wie weit derartige und andere Abbildungen geschönt sind, soll hier nicht Thema sein, und betrachtet man die vielen Gemälde, Stiche und Zeichnungen Friedrichs, wobei wenige Vorlagen Pate für viele andere gestanden haben, dann geht auf, daß einige doch wohl den jungen, erwachsenen und alten König sehr gut getroffen haben müssen: nämlich alle jene, "die Stirn und Nase in einer Linie zeigen". Wieviele Abbildungen mag Friedrich Wilhelm verhindert oder unterbunden haben in jener Zeit, als Friedrich der Bösewicht war? Als die Londoner Verwandtschaft ein Bild des Kronprinzen übereignet haben wollte, ließ Friedrich Wilhelm antworten: "Soll die Königin (von England) lassen eine grohsse Merkatze mahlen, das ist sein Protret."

Dieser boshafte König malte selber gern! Es gilt, hauptsächlich zwei zeitgenössische Künstler zu nennen, die Friedrich am besten getroffen haben: des Königs Baumeister Georg Wenzeslaus von Knobelsdorff und Daniel Chodowiecki. Knobelsdorff gebührt das Verdienst, den zweiundzwanzigjährigen Kronprinzen Friedrich, in dem bekannten Profilbild, so naturgetreu wie vorstellbar dargestellt zu haben, ein Bild, das später vielen anderen Künstlern und Stechern zum Vorbild diente: ein eindrucksvolles Profil des damals offensichtlich gern ein wenig "blasiert" auftretenden Friedrich, und man kann den alten Friedrich Wilhelm verstehen, daß er von derlei Gesichtern nicht viel gehalten hat. Wie gesagt, als König weigert Friedrich sich, irgendeinem Künstler Modell zu sitzen, so daß sie auf "Schnappschüsse" angewiesen sind. Der Markt ist gut, seit Friedrich von sich reden macht, und in ganz Europa ist man auf der Jagd nach seinen Bildern. Da ein Künstler vom anderen abmalt oder "absticht", gleichen die vielen Bilder, vom Beiwerk abgesehen, den bisher bekannten Abbildungen von Pesne und Knobelsdorff. Erst später kommen andere Künstler hinzu.

Einer von ihnen ist Daniel Chodowiecki, dem zwar in den siebziger Jahren eine Audienz bei Friedrich im Schloß Sanssouci gewährt wird, wobei er aber natürlich nicht portraitieren darf. Zu seinem Leidwesen mißfällt Friedrich das mitgebrachte Geschenk sehr, ein Stich, der ihn als Triumphator darstellt.

"Solch Kostüm paßt nur für einen Theaterhelden", sagt Friedrich trocken, kauft es an und läßt es in der Vergessenheit verschwinden. Er haßt es, als Held dargestellt zu werden, und an den übrigen Werken Chodowieckis mag er die Realität nicht, die sie ausstrahlen, das Leben der kleinen und armen Leute Preußens; für ihn ist Kunst Ideales, Fernes, Schönes. Obwohl Chodowiecki, der über sechzig Jahre in Berlin verbringt, den König also nie direkt konterfeien durfte, ist ihm doch der "Bestseller" des Jahrhunderts gelungen: Die Wachtparade, entstanden in den Maitagen des Jahres 1777. Am 20. Mai eines jeden Jahres begannen die großen Manöver und Paraden, morgens um drei Uhr mußten die Soldaten aufstehen, und die Berliner strömten in großen Scharen zum Tor hinaus — hierbei soll, wie Schadow berichtet, "Chodowiecki seinen König genommen haben". Schadow urteilt auch über das Bild:

"Der König zu Pferde im Profil. Das Beste, was die totale Erscheinung wiedergibt."

Hier scheint der alternde König tatsächlich lebensecht dargestellt zu sein, leicht eingesunken auf seinem Pferd, klein von Figur, streng seine Truppen musternd. Erste Vorlage für diese Radierung war ein Reiterbildnis, das Chodowiecki an den Freiherrn von Maltzahn verkauft hatte, das er dann noch mehrere Male wiederholte. Über dreißig Stecher sollen dieses Bild kopiert haben, wenigstens die Hauptfigur daraus, so daß Friedrich in dieser Stellung, teilweise nur als Portrait, tausendfach in Umlauf gebracht worden ist. Nach dem Bayerischen Erbfolgekrieg besteht auch für die Bayern eine enorme Nachfrage nach Fridericus-Bildnissen, die auf jede Weise gedeckt werden muß. In England ist es nicht anders gewesen und in Frankreich soll auf dem Nachttisch jeder zweiten vornehmen Dame ein Friedrich-Portrait gestanden haben. Eines der am angenehmsten wirkenden Portraits des Alten Fritz hat uns Anton Graff hinterlassen, ein Ölgemälde, das er ebenfalls wie Chodowiecki bei einer Parade 1782 in Berlin skizziert hat. Es zeigt den König gewiß ein wenig "zu milde und väterlich", hat aber eine bezaubernde, ja zwingende Wirkung auf den Betrachter. Kein Wunder, daß es ebenfalls oft kopiert und variiert worden ist. Daß nach seinem Tode die Fridericus-Darstellung erst richtig losging, darauf kann hier nicht eingegangen werden. Die eigentlich verherrlichenden Bilder sind im 19. Jahrhundert entstanden, und viele von ihnen, besonders die der preußischen Schlachten, haben mit der Wirklichkeit herzlich wenig zu tun.

Königlicher Verseschmied

Kaum eine historische Persönlichkeit der Weltgeschichte hat sich so ungehemmt, fröhlich und spottlustig in Versen und Reimen ausgelassen wie Friedrich. Das sind nicht nur Jünglings- und Jungmännerambitionen, wie sie einen jeden mit mehr oder weniger Erfolg ankommen mögen, die vergehen, deren man sich vielleicht später schämt, falls man sie aufgezeichnet hat und wiederfindet. Bei Friedrich ist das anders: Es macht ihm Spaß, erscheint ihm geistreich, er schüttet sich aus, kann sich gelegentlich nicht anders ausdrücken und glaubt auch selbst an eine gewisse Meisterschaft auf diesem Gebiet — wie jeder Dichter. Da seine Reime in französischer Sprache abgefaßt sind, bleiben sie für uns nicht vollends zu beurteilen, da die Fähigkeit des jeweiligen Übersetzers für die Qualität mitverantwortlich ist. Den Maßstab Goethes, Lessings und Schillers wollen wir sowieso nicht anlegen, wenn wir Friedrichs Gedichte vornehmen, sondern sie mehr als in Verse gesetzte Briefe, Mitteilungen und Meinungen ansehen, den Zeitgeist wirken lassen und uns immer, bei jeder Zeile, vor Augen führen, daß Friedrich zuerst König und Diener, dann anderes, zuletzt Dichter war; ob er selbst so dachte ist gleichgültig. Neben den Zeilen, die im Zuge der einzelnen Kapitel angeführt worden sind, werden hier weitere vorgestellt und zitiert, die typisch erscheinen oder besonders originell. Es versteht sich, daß Friedrich sich früh dadurch zum Dichten veranlaßt gesehen hat, weil er Umgang mit den Geistesgrößen seiner Zeit pflegte. Die Methode, Kritik, Ironie, Spott, Bosheiten und Wahrheiten in Verse zu kleiden, oder so ein wenig zu entschärfen, unverbindlicher zu machen, ist ja uralt, und die uralten Schriftsteller und Dichter der griechischen und römischen Antike liebte und studierte Friedrich besonders. Kein Thema war vor ihm sicher: Ärzte, Pfaffen, Juristen, Franzosen, Deutsche, Preußen; wen er kannte, wurde nicht verschont: Voltaire, d'Argens, Gottsched, seine Geschwister, eine früh Verehrte wie Frau von Wreech, die Mutter, Algarotti; kein Anlaß zu unwichtig: Das Tabaks-

533

kollegium, eine Reise nach Straßburg, der Lebensabend, das Dasein Gottes. 1729 schreibt der Kronprinz das an anderer Stelle zitierte Gedicht "Das Tabakskollegium", originell und voll Spott auf die groben väterlichen Gewohnheiten. In einigen Versen, kurz vor Ausbruch des Ersten Schlesischen Krieges macht er sich über Juristen, Ärzte und Klerus, "alles Scharlatans", ziemlich gekonnt lustig, das Gedicht soll hier in voller Länge stehen:

"Sei's Jesuit, sei's Muselmann,
sei's Bonze, Brahma, Protestant,
ich mache keinen Unterschied,
sie alle gelten mir nicht viel.

Ich Ketzer glaub auch nicht an Euch,
ihr Herren Ärzte voller Stolz;
der Himmel lenket unser Los,
nicht Eure lächerliche Kunst.

Der Advokat mit schlauem Wort
will durch Chikan und Redekunst
uns wecken manchen Hoffnungsschein;
doch geht es anders als man denkt.

Die wilde Wut von allen Drei'n
verfolgt uns bis zum Grabe hin;
der nimmt das Geld und der die Seel',
und einer will das Leben gar.

Ihr fürchterlichen Charlatans,
Juristen, Ärzte, Klerisei,
voll Mord und Bosheit und Verrat,
mich blendet nimmer Euer Schein."

Im Alter werden die Töne ernster. Vorbei ist der Optimismus, der Spott bleibt. So erkennt Friedrich sich sozusagen selbst in einem Gedicht vom 9. Juli 1777, geschickt an Voltaire:

"Da sitzt er nun, der alte Mann,
phlegmatisch, schweigsam, herzenskalt;
fängt er einmal zu sprechen an,
so gähnt ein jeder Hörer bald;

534

statt launiger Rede, die ein Gran
attischen Salzes leidlich würzte,
in guten Tagen dann und wann
die Stunden angenehm verkürzte,
gibt's heute nichts als Politik
und dunkelste Methaphysik;
so langweilig hört sich das an
wie irgendein moderner Roman.
Luftsprünge früher, heut schleicht das an Krücken,
einst Kraft und Leben, heut Lumpen und Flicken!
Ach Gott, so ändern sich die Zeiten!"

Das ist die Stimme des Alten von Sanssouci, so wie das vorige Gedicht
den übermütigen König von 1740 widerspiegelt. Oft in seinem Leben
redet er vom Sterben, früher oder später, und entsprechend dieser
Stimmung hat er einmal gedichtet:

"Die Jugend geht im Irrtum dahin;
kaum lernt man erkennen, kaum strafft sich der Sinn,
da kommt die Mühsal, da kommen die Leiden,
und es dauert nicht lange, da heißt es Scheiden."

Der Ablauf eines Lebens in vier Zeilen, aus der Sicht des Stoikers und
Philosophen betrachtet. Eines der letzten Gedichte Friedrichs ist "Das
Dasein Gottes":

"Unde? Ubi? Quo?
Wo kam ich her? Wo bin ich? Wohin geh' ich?"

Wie gesagt, Meisterwerke sind kaum dabei in Friedrichs Gedichten,
aber wie uns oft das mit "Herzblut" geschaffene Werk eines Laien oder
Amateurs mehr zu fesseln vermag als die kühl konstruierte Arbeit des
Könners, so auch hier: Es ist unmöglich, von Friedrichs Gedichten
nicht belustigt, berührt oder ergriffen zu sein! Und er hat mit folgendem Satz vorgebeugt:

"Ich hoffe, die Nachwelt, für die ich schreibe, wird bei mir den
Philosophen vom Fürsten und den Ehrenmann vom Politiker zu
scheiden wissen."

Verwaltung

"Schlechte Verwaltung kann bei monarchischer Regierung auf sehr verschiedene Ursachen zurückgeführt werden, die ihre Wurzeln im Charakter des Herrschers haben. So wird ein Fürst, der von Frauen umgeben ist, sich von seinen Mätressen und Günstlingen regieren lassen. Die mißbrauchen ihre Macht über des Fürsten Sinn und bedienen sich ihres Einflusses, um Ungerechtigkeiten zu begehen, Menschen ohne sittlichen Halt zu begünstigen, Ämter zu verschachern und andere Schändlichkeiten mehr zu verüben. Sobald der Fürst aus Nichtstuerei das Steuer des Staates Mietlingshänden überläßt — sagen wir: seinen Ministern —, so wird der eine es nach rechts drehen, der andere nach links, niemand wird nach einheitlichem Plan handeln."

Diese Worte schreibt Friedrich im Jahre 1777. Man mag sie pauschal und vereinfacht finden: Aus seiner Sicht sind sie nicht falsch gewesen. Jeder dynamisch arbeitende Mensch hat eine natürliche Abneigung gegen Verwaltung und Beamte, die jeden Vorgang — ganz natürlich — verzögern oder hemmen, Geld kosten und weitere Kosten verursachen. Friedrich ist der letzte preußische Monarch, der viel, — nicht immer, weniger als verbreitet wird —, über die Köpfe seiner höchsten Beamten hinweggeregiert hat und dabei, im großen und ganzen, nicht schlecht gefahren ist. Unzählige Bürger Preußens haben seine rasche Verfahrensweise vorteilhaft empfunden; niemand wird behaupten, daß es immer gerecht zugegangen ist. Hand aufs Herz: Hat sich das bis heute gebessert, wo die Zeit der einsamen Entschlüsse vorbei ist?!

"Der Herrscher muß sich den Zustand des armen Volkes oftmals gegenwärtig halten, muß sich an die Stelle eines Landmannes oder Fabrikarbeiters setzen und sich fragen: Wenn ich in der Klasse dieser Bürger geboren wäre, deren Arme ihr ganzes Kapital bedeuten, was würde ich wohl vom Herrscher erwarten? Was sein gesunder Menschenverstand ihm dann eingibt, das zu verwirklichen ist seine Pflicht."

Gewiß, Friedrich hat mit derartigen und anderen Worten stets eine einfache Theorie parat, aber im Gegensatz zu anderen Monarchen läßt er Worten die Taten folgen; dafür soll als Beispiel eine Empfehlung an das Publikum stehen.

"Wer bei dem König unmittelbar etwas zu suchen hat, reicht seine Vorstellung bei einem der Vortragenden Kabinettsräte ein, und die Ausfertigung der Antworten und Bescheide geschehen so geschwind, daß auf eine Vorstellung, die des Morgens vorgetragen wird, nachmittags um fünf Uhr die schriftliche Antwort dem Supplikanten, wenn er zu Potsdam ist, eingehändigt, und wenn er auswärts ist, auf die Post gegeben."

Keiner wird bei diesen Regeln leugnen können, daß mit Friedrich der letzte "Akkordarbeiter" in Regierungsverantwortung dahingegangen ist.

Die königliche Bibliothek in Berlin.

In Potsdam haben drei sogenannte Geheime Kabinettsräte für die sofortige Erledigung der Bitten, Gesuche und Eingaben zu sorgen. Zwischen Potsdam und Berlin reiten täglich die Feldjäger mit den Depeschen, da sie sich auf halbem Wege in Zehlendorf ablösen, schaffen sie die Strecke in zweieinhalb Stunden. Etwas mehr als eine Stunde braucht Friedrich mit seiner achtspännigen Kutsche, deren Pferde ähnlich wie bei den Inspektionsreisen in die Provinzen fast zu Tode getrieben werden; die "normale" Postkutsche benötigt für den gleichen Weg

fünf Stunden. In Berlin hat sich eine stattliche Anzahl von Behörden angesetzt, von Mangel an Beamten kann keine Rede sein: Geheimer Staatsrat, Departement für auswärtige Angelegenheiten, Generaldirektorien, Oberrechenkammer, Generalproviantamt, Justizdepartement, Geistliches Departement, Oberkuratorium der Universitäten, Postdirektorium, Zolladministration — um nur die wichtigsten zu nennen. Dazu Sozialeinrichtungen wie Witwenverpflegungsanstalt, Invaliden- und Waisenhaus, außerdem Bibliotheken, wobei bemerkenswert ist, daß die königliche Bibliothek bereits öffentlich ist. Das alles, und vieles mehr als das Militär, muß verwaltet werden. Man sollte meinen, ein musisch veranlagter Mensch wie Friedrich hätte sich freiwillig gern von Verwaltungsarbeiten freigehalten; nichts da! Schloß Sanssouci ist über Tag offen und unbewacht, nicht selten verirrt sich ein Bittsteller, mit oder ohne Absicht, in den Garten, wo er mit etwas Glück dem König begegnen kann, oder er steht plötzlich vor oder in dessen Zimmer; ungnädig und ungehalten ist er dann schon, der König, aber selten ist ein Bittgesuch, derart an den Mann gebracht, ohne Ergebnis. In späteren Jahren hatte Friedrichs Umgebung sich auf seine Lebensgewohnheiten, wie frühestes Aufstehen, vollkommen einzustellen, worunter vor allem die Kabinettssekretäre und Minister zu stöhnen hatten. Der schon besprochene August Friedrich Eichel war Friedrichs markantester Sekretär, mit vollem Vertrauen in geheime und intime Vorgänge. Aber es hat auch Pannen durch Verrat und Indiskretion gegeben. Trotzdem empfiehlt Friedrich am 8. Januar 1769 seinem Nachfolger, die Kabinettssekretäre als Instrumente der Regierung und Verwaltung beizubehalten:
"Sie besitzen Geschäftskenntnis und können Ihn am Anfang seiner Regierung in vielen Dingen beraten, über die sie Bescheid wissen und die selbst den Ministern unbekannt sind."
Was Friedrich in Verwaltungsangelegenheiten auch alles richtig und falsch gemacht haben mag — immer hat er sich von der Sorge um das Wohl des kleinen Mannes und des Bürgers von Preußen leiten lassen.

"Die guten Lehren der Philosophen in die   30. Mai 1778
Praxis umzusetzen, das ist wahre Philosophie"
Friedrich

Abschied der letzten Freunde

Die wichtigsten Freunde aus Friedrichs Kronprinzenzeit sind in den vierziger Jahren verstorben, was er damals mit großer Betroffenheit hingenommen hat. Nun, wo er selbst dem Ende des Daseins entgegengeht, beginnt das Sterben um ihn her erneut: Ein Freund nach dem anderen tritt ab von dieser Welt. Den Anfang macht nach dem Kriege der gebildete Francesco Algarotti, Kaufmannssohn aus Venedig, von Friedrich in den Grafenstand erhoben; er stirbt am 3. Mai 1764 in Pisa, nachdem er schon 1754 Sanssouci verlassen hat, um in seine sonnige Heimat zurückzukehren. Friedrich verliert mit ihm einen interessanten Briefpartner, und er läßt ihm in Campo Santo ein aufwendiges Denkmal setzen.

"Genießen Sie Ihre Ruhe", hatte Friedrich ihm aus Freiberg am 10. März 1760 geschrieben, "und vergessen Sie die nicht, gegen die Ihr Papst eine Art Kreuzzug gepredigt hat."

1773 stirbt der Komponist, Flötenvirtuose und Lehrer Quantz, der Friedrichs musikalischen Werdegang entscheidend mitbestimmt hat. Mit General von Seydlitz, der im November 1773 stirbt, ist eine innige Zuneigung, trotz aller Verdienste, nie zustandegekommen; zu unterschiedlich waren beide Männer. Einer seiner ältesten Gefährten, General Heinrich August Baron de La Motte Fouqué, stirbt 1774.

"Sie leben zu einsam," hatte Friedrich ihm geraten, "Sie müssen täglich Gesellschaft um sich haben. Ihre Fenster müssen mit Blumentöpfen besetzt sein, und Sie müssen Hündchen haben, die um Sie herumspringen."

1766 war George von Keith, Lordmarschall von Schottland, seinem Freund und Gönner nach Sanssouci gefolgt, wo dieser originelle Mann seinen Lebensabend verbrachte, ehe er 1776 starb. Er war ein echter Freund Friedrichs, der ihn früher mit einigen diplomatischen Aufgaben betraut hatte, und als er hinfällig geworden war, ließ Friedrich es sich nicht nehmen, ihn aufzusuchen.

"Dieser sanfte Philosoph", schreibt Friedrich über ihn an Voltaire, "beschäftigt sich nur mit Wohltun. Alle Engländer, die hier durchkommen, wallfahrten zu ihm. Er wohnt Sanssouci gegenüber und wird von jedermann geliebt und geachtet."

Voltaires Schloß in Ferney.

Voltaire, der ferne Voltaire — wie lieben die beiden alternden Großen den gemeinsamen Briefwechsel, in dem sie gegenseitig allerlei Weisheiten von sich geben können! Lebt der Göttliche überhaupt noch? Empört äußert sich Friedrich darüber, daß Kaiser Joseph bei einer schweizer Reise Voltaire in Schloß Ferney nicht aufsucht, obwohl er den Ort durchreist. Er, Friedrich, würde die Reise noch auf sich nehmen, wenn er könnte und Zeit hätte. Voltaire ist bereits über achtzig und zäh wie er, Friedrich, aber auch ein Unsterblicher lebt nicht ewig. "So ist es also wahr, Sire", lautet der letzte Brief an Friedrich vom 1. April 1778, "daß sich die Menschen schließlich doch aufklären lassen und daß diejenigen, die dafür bezahlt werden, sie blind zu machen, nicht immer in der Lage sind, ihnen das Licht zu nehmen! Sie haben die Vorurteile besiegt, wie Sie Ihre Feinde besiegt haben. Leben Sie länger als ich, damit Sie das Reich, das Sie gegründet haben, befestigen können. Möge Friedrich der Große der Unsterbliche sein!"

Voltaire stirbt am 30. Mai 1778 in Paris, wohin er im Triumph zurückgeholt worden war, und da die unversöhnlichen französischen Geistlichen ihm ein geweihtes Grab verweigern, läßt Friedrich für ihn in der Hedwigskathedrale in Berlin ein Seelenamt feiern.

"Ich habe zwar durchaus keinen Begriff von der Unsterblichkeit der Seele", schreibt Friedrich an d'Alembert, "aber für die seinige soll man eine Messe lesen."

"Das Oberhaupt der Philosophen ist tot", schreibt Friedrich, "das ist ein großer Verlust. Auf lange Zeit hin wird niemand Voltaire ersetzen."

Aus dem Lager von Burkersdorf, während des Bayerischen Erbfolgekrieges, schreibt Friedrich im August 1778 an Henri de Catt "... So ist Voltaires Verlust für mich umso empfindlicher, als der Thron des Parnasses, den er eingenommen hat, lange leer bleiben wird, und ich ihn nie mehr besetzt sehen werde."

Er verfaßt eine Gedächtnisrede, die am 26. November 1778 in der Akademie zu Berlin verlesen wird. 66 Jahre alt, am 29. Oktober 1783, stirbt d'Alembert, mit dem Friedrich einen bedeutenden Briefwechsel geführt hat, den zu lesen sich heute noch lohnt. d'Alembert stand bei ihm in hohem Ansehen als geistvoller und ehrlicher Denker, der nicht gewillt war, des Königs Anzüglichkeiten widerspruchslos hinzunehmen.

Der Tod arbeitet weiter. Wie er Friedrichs Geschwister fortnimmt, ist an anderer Stelle beschrieben, ebenso das Ende des alten Zieten am 26. Januar 1786, bei dem Friedrich meint, er wäre schon immer vorangegangen, er selbst würde bald nachfolgen. Seit 1738 ist Konzertmeister und Komponist Franz Benda um Friedrich, er stirbt am 7. Februar 1786. Längst hat Friedrich, wie wir wissen, mit der Flöte aufgehört und sich nicht mehr der geliebten Musik gewidmet; es ist ruhig geworden in Potsdam und Sanssouci, im Volk beginnen die Legenden um den legendären Alten . . .

Noch einmal gegen Österreich

Am 5. Juli 1778 überschreitet Friedrich von Schlesien aus mit seiner
Armee die böhmische Grenze. Steht Europa am Anfang des vierten
preußisch-österreichischen, eines neuen Siebenjährigen Krieges? Nicht
nur die alte Kaiserin in Wien hält den Atem an: Der böse Mann aus
Potsdam im Anmarsch auf Prag — wieder einmal — und dann bald vielleicht auf Wien! Unvorstellbar, entsetzlich! Wer soll ihn aufhalten? Ihr
Sohn, der Kaiser? Ohne alle militärische Erfahrung gegen den norddeutschen Kriegshelden? Unmöglich! Und was hatte der Kaiser, dieser
trotzige Hitzkopf geäußert:
"Ich laufe kein Risiko ein, da ich, wenn ich falle, immer der Held des
Jahrhunderts bleiben werde, und wenn ich siege, wird es mein Ruhm
sein, den König von Preußen geschlagen zu haben." Er schläft schon
auf einem Feldbett und ist voller Tatendrang. Maria Theresia, müde
und alt, kann das verständlicherweise nicht mitansehen. Was ist eigentlich passiert, warum steht wieder alles unter Waffen? Ganz kurz vorab
gesagt: Österreich greift nach Bayern, der sogenannte Bayerische Erbfolgekrieg hat begonnen. Der bayrische Kurfürst ist kinderlos am 30.
Dezember 1777 verstorben, und Joseph hat nicht mehr Erbansprüche
auf Bayern als Friedrich 1740 auf Schlesien und tut das gleiche Unrecht; allen Warnungen seiner Mutter zum Trotz, die unbedingt einen
vierten Krieg vermeiden will. Aber Joseph hält Friedrich für einen alten, zahnlosen Wolf, der es sich nicht einfallen lassen wird, noch einmal ins Feld zu rücken. Auch Friedrich hatte gewarnt, und er will es
nicht hinnehmen, daß der Kaiser nach eigenem Gutdünken über erle-
digte Reichslehen verfügt: Jetzt nicht gebremst, würde es bald den
nächsten deutschen Fürsten treffen, bis das Haus Habsburg so stark
war, alle Macht an sich zu reißen. Er, Friedrich, hat ein Leben lang an
der Minderung der Macht Wiens gewirkt, soll er jetzt tatenlos zusehen?
Also marschiert er, mit zwei Armeen, die eine unter seiner Führung
von Schlesien aus, je 80.000 Mann stark, in Böhmen ein. Aber was er
wie in seinen vorigen Kriegen herbeizuführen sucht, eine Schlacht

nämlich, sie findet nicht statt. Dafür brechen Seuchen aus, und in kleinen Scharmützeln suchen sich die Armeen gegenseitig Magazine und Kartoffelmieten abzunehmen: Der Kartoffelkrieg. Alle Schuld an diesem Krieg schiebt Friedrich dem mächtigen Wiener Minister Kaunitz zu, der ihn schon 1757 erledigen wollte und sich damals gewaltig im König irrte. Heute ebenfalls. Friedrich beschimpft ihn drastisch in einem Brief aus Silberberg im Februar 1779 an seinen Vorleser Henri de Catt:

"Es gibt den Galgen, aber man kann nicht jeden hängen lassen, den man gern möchte. Nur Frau Theresia könnte Kaunitz zum Schafott verurteilen. Schlage ich auch die Bettler von Soldaten, die mir entgegengeschickt werden, und fallen sie auch zu Hunderten, der Schuft von Minister kehrt sich nicht daran." Obwohl Friedrich am 5. April 1778 in Berlin seinen Generälen eine anfeuernde Rede gehalten und den Geist des letzten Krieges beschworen hatte, ist seine Armee alles andere als eine Heldentruppe: Veraltete Offiziere, verkalkte Generale, die man aufs Pferd heben muß, Unlust, Desorganisation, Fourageprobleme — kurzum, niemand hat Lust auf diesen Krieg, und man kann von Glück reden, daß es bei den Österreichern nicht anders ist und sie lieber in gewohnter Weise manövrieren als schlagen; Laudon und Lazy mögen als abgeklärte Militärs nicht einsehen, daß man sich schlagen muß, und Joseph ist kein Feldherr. Inzwischen knüpft seine Kaiserin hinter seinem Rücken Verhandlungen mit Friedrich an, "zum Heil aller Menschen, zum Segen unserer beiden Familien". Welche Überwindung für die mutige Frau, das erkennt auch Friedrich an, aber die Verhandlungen verlaufen sich vorerst. Im November unternimmt die Kaiserin über den Fürsten Lichnowsky, der Friedrich in Breslau aufsucht, einen neuen Versuch. Sie ist bereit, Frieden zu schließen, "wenn die Ehre des Kaisers gerettet werden könnte"; das heißt: Wenn Österreich ein kleines Stückchen von Bayern behalten dürfte. Es würde dann auch Sachsen entschädigen. Ehe es zum Abschluß kommt, stoppt der nach Wien zurückgekehrte Kaiser den Gesandten in Breslau. Friedrich hat Zeit, Österreich kein Geld mehr, wie ihm ein Agent aus Wien meldet; der Kaiser betrinke sich jeden Tag. So bleibt der Krieg in der Schwebe, ohne daß sich etwas tut, und erst als Österreich auf alle militärischen Maßnahmen verzichtet, ist die Zeit reif für echte Friedensverhandlungen. Friedrich ist froh, die von Rußland angebotene Hilfe nicht benötigt zu haben. Am 13. Mai 1779 wird in Teschen der Frieden unterzeichnet: Österreich darf das "Innviertel" behalten und muß Sachsen für die Kriegskosten entschädigen.

"Solange die Kaiserin lebt", stellt Friedrich lakonisch fest, "wird der kommende Frieden in Deutschland von Dauer sein . . ." Er mißtraut dem geprellten Kaiser mit Recht, wenn der erst einmal freie Hand hat. Der diplomatische Erfolg Friedrichs in Deutschland ist ungeheuer: Bayern betrachtet ihn als Retter, die deutschen Fürsten sehen in ihm Halt und ihren Fürsprecher, ja Beschützer, besonders der kleine Mann verspürt, was vorgegangen ist: Ein machthungriger Großer ist in seine Schranken verwiesen worden. In einem eigenhändigen Schreiben hatte

Friedrich dem Kaiser am 14. April 1778 folgendes gesagt:
"...Ich selbst bin als Glied des Reiches, und weil ich den Westfälischen Frieden durch den Hubertusburger erneuert habe, direkt verpflichtet, die Freiheiten und Rechte des deutschen Fürstenstandes und die kaiserlichen Kapitulationen aufrechtzuerhalten, durch die man die Macht des Reichshauptes begrenzt, um Mißbräuchen vorzubeugen, die es mit seiner Vormachtstellung treiben könnte."
Natürlich hatte Friedrich vorrangig eine Schwächung Österreichs im Sinn — sie ist erreicht! Auf eine zweifellos geschickte Art und Weise...
Am 27. Mai 1779 ist Friedrich wieder in Berlin. Der "Kartoffelkrieg, Zwetschgenrummel" oder "Bayerische Prozeß" hat Preußen 20.000 Mann und 29 Millionen Taler gekostet.

"Des Vaters Tüchtigkeit
ist der beste Lehrmeister
seiner Kinder"
Demokrit

23. Juli 1778

Im Dosse-Bruch

Friedrich hat, wie mehrfach erwähnt, nicht nur kriegerisch erobert; löblicher sind seine friedlichen Eroberungen. Wer die Mark Brandenburg aus der Zeit vor 1939 kennt, weiß, daß die Erschließung dieses landwirtschaftlich "ärmsten" Teiles Deutschlands noch immer nicht abgeschlossen war, obwohl Generationen vor Friedrich damit begonnen hatten. "Alles um Berlin herum", im weiteren Sinne, hatte damals entweder Sand- oder Sumpfcharakter, so daß, ehe an eine wirksame

Kolonisation gedacht werden konnte, erst einmal trockengelegt werden mußte. Dieses war ein besonderes Anliegen Friedrichs: "... das Land zu pöplieren."

Die Hauptarbeiten am Dosse-Bruch, bei Wusterhausen gelegen, sind 1778 beendet, damit werden 15.000 Morgen Land gewonnen, auf dem 25 neue Dörfer entstehen, in denen 1.500 Kolonisten angesetzt werden. Friedrich will sich auch hier vor Ort unterrichten und bricht am 23. Juli 1778 morgens um 5 Uhr von Potsdam auf. Wie immer ist er eilig und der Umspanndienst bestens organisiert, so daß Friedrich bereits um 8 Uhr in Seelenhorst eintrifft, wo er von einem Amtmann durch das Gelände begleitet wird. Es entsteht im Laufe des Tages eine Unterhaltung, die überliefert ist und zeigt, daß Friedrich sich tatsächlich um jede Kleinigkeit gekümmert hat.
"Sagt mir einmal, hat Euch die Abgrabung des Luchs hier viel geholfen?"
"O ja, Ihro Majestät!"
"Haltet Ihr mehr Vieh als Euer Vorfahr?"
"Ja, Ihro Majestät. Auf diesem Vorwerk halte ich 40, auf allen Vorwerken 77 Kühe mehr."
"Das ist gut. Die Viehseuche ist doch nicht hier in der Gegend?"
"Nein, Ihro Majestät."
"Habt Ihr die Viehseuche hier gehabt?"
"Ja."
"Braucht nur fein fleißig Steinsalz, dann werdet Ihr die Viehseuche nicht wieder bekommen."
"Ja, Ihro Majestät, das brauche ich auch, aber Küchensalz tut beinah eben die Dienste."
"Nein, das glaubt nicht! Ihr müßt das Steinsalz nicht kleinstoßen, sondern es dem Vieh so hinhangen, daß es dran lecken kann."
Friedrich erkundigt sich nach Verbesserungen, die in dieser Gegend gemacht werden könnten, und es zeigt sich, daß er sich hier gut auskennt. Es ist ihm nicht so leicht etwas vorzumachen. Bei allen Entsumpfungen geht es auch um die Anlage von Kanälen, die schiffbar sein sollten. Der Amtmann sagt:
"... auch könnte vieles aus Mecklenburg zu Wasser nach Berlin kommen."
"Das glaube ich. Euch wird aber wohl bei der Sache sehr geholfen, viele dabei ruiniert, wenigstens die Gutsherren des Terrains, nicht wahr?"
"Ihro Majestät halten zu Gnaden; das Terrain gehört zum königlichen

Forst und stehen nur Birken darauf."

"O, wenn weiter nichts ist wie Birkenholz, so kann's geschehen. Allein Ihr müßt auch nicht die Rechnung ohne den Wirt machen, daß nicht die Kosten den Nutzen übersteigen." Wenn es ums Geld geht, wird er mahnender, wie er ja überhaupt ein gutes Verhältnis zu Zahlen hat.

"Sät Ihr auch Weizen?"

"Ja, Ihro Majestät."

"Wieviel habt Ihr ausgesät?"

"Drei Wispel, zwölf Scheffel."

"Wieviel hat Euer Vorfahr ausgesät?"

"Vier Scheffel."

"Wie geht das zu, daß Ihr soviel mehr sät als Euer Vorfahr?"

"Wie ich schon die Gnade gehabt, Ihro Majestät zu sagen, daß ich 77 Kühe mehr halte, als mein Vorfahr, mithin meinen Acker besser in Stand setzen und Weizen säen kann."

"Aber warum baut Ihr keinen Hanf?"

"Er gerät hier nicht. In kaltem Klima gerät er besser. Unsere Seiler können den russischen Hanf in Lübeck wohlfeiler kaufen, und besser, als ich ihn bauen kann."

Für Rentabilität hat Friedrich stets Verständnis, wenn es ihn auch wurmt, daß wieder etwas importiert werden muß.

"Was sät Ihr denn dahin, wo Ihr sonst Hanf hinsät?"

"Weizen."

"Warum baut Ihr aber kein Färbekraut, keinen Krapp?"

"Er will nicht fort; der Boden ist nicht gut genug."

"Das sagt Ihr nur so: Ihr hättet sollen die Probe machen."

Der Amtmann sagt, die Probe gemacht zu haben, es fehle ihm aber an Geld, um viel zu probieren.

"Was sät Ihr dahin, wo Ihr würdet Färbekraut hinbringen?"

"Weizen."

"Na, so bleibt beim Weizen . . ."

Dann dreht sich das Gespräch um Butter, Milch und Geflügel; Ware, die die Bauern am liebsten nach Berlin verkaufen.

"Ja, da habt Ihr recht! Die Berliner essen gern etwas Delikates."

In der Weiterfahrt kommt die Ermahnung an den Amtmann, die Untertanen nicht zu bedrücken, und dann stehen diese, nämlich Bauern, die Getreide mähen wollen, plötzlich am Wege und bilden mit aufgepflanzten Sensen Spalier. Friedrich erschrickt.

"Was Teufel wollen die Leute? Die wollen wohl gar Geld von mir haben?"

"O nein, Ihro Majestät, sie sind voll Freuden, daß Sie so gnädig sind, die hiesige Gegend zu bereisen."

"Ich werde ihnen auch nichts geben . . ."

Immer wieder erkundigt er sich nach Namen von Menschen und Dörfern.

"Wie heißt das Dorf hier vorn . . . Wem gehört's . . . Ist das der Edelhof . . . Wo seid Ihr geboren . . .?"

"Was ist das für ein Roggen?"

"Er wächst im Holsteinischen in der Niederung. Unterm zehnten Korn habe ich ihn noch nie gehabt."

"Nu, nu! Nicht gleich das zehnte Korn!"

Inzwischen hat Friedrich den Gesprächspartner gewechselt.

"Na, habt Ihr viel Vieh hier auf den Kolonien?"

"1887 Stück Kühe, Ihro Majestät! Es würden weit über 3000 sein, wenn nicht die Viehseuche gewesen wäre."

"Vermehren sich auch die Menschen gut? Gibt's brav Kinder?"

"O ja, Ihro Majestät. Es sind jetzt 1576 Seelen auf den Kolonien."

"Seid Ihr verheiratet?"

"Ja, Ihro Majestät."

"Habt Ihr auch Kinder?"

"Stiefkinder, Ihro Majestät."

"Warum nicht eigene?"

"Das weiß ich nicht, Ihro Majestät, wie das zugeht."

"Wo seid Ihr geboren?"

"Zu Neustadt an der Dosse."

"Was ist Euer Vater gewesen?"

"Prediger."

"Sind's gute Leute, die Kolonisten? Die erste Generation pflegt nicht viel zu taugen."

"Es geht noch an."

Friedrich wechselt wieder auf den ersten Gesprächspartner.

"Was ist das für ein Mensch, der da rechts?"

"Der Bauinspektor Menzelius, der hier die Bauten in Aufsicht gehabt hat."

"Bin ich denn hier in Rom? Es sind ja lauter lateinische Namen . . ."

Gelegentlich, wie zur Auflockerung, läßt Friedrich sich zu kleinen Witzen herab, er weiß die Leute zu nehmen und verabschiedet den Amtmann mit den Worten, als der fragt, ob er weiter gebraucht würde:

"Nein, mein Sohn, reitet in Gottes Namen nach Hause."

In der Nacht logiert Friedrich im Posthaus von Rathenow, ist leutselig

mit den einfachen Menschen und kann am anderen Tage mit dem Gefühl heimreisen, einer friedlichen Eroberung wieder ein Stück näherge-
kommen zu sein.

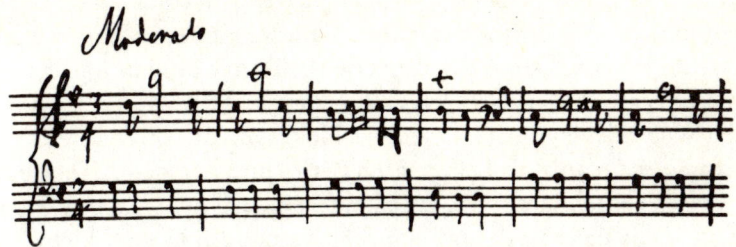

Nachbildung der Notenhandschrift Friedrich II.

"Beim süßen Klang der Flöte   **31. Mai 1779**
verleb' ich meine Tage
in stolzer Ruh;
zu meiner niedern Hütte
gelangt die Liebe nicht"

Königlicher Musiker

Hier lernen wir Friedrich von der liebenswürdigsten Seite kennen: So
wie die Musik ist, die er spielte, hörte und komponierte, Musik im do-
minierenden italienischen Stil aus der Feder deutscher Komponisten.
Denn im Unterschied zum literarischen Friedrich hat der musikalische
seinen Geschmack nicht an ausländischen Autoren und Werken gebildet: Friedrich hat nur Opern deutscher Komponisten aufführen lassen.
Als gefühlsbetonter Mensch mochte er die "kindische" und "zappeli-
ge" französische Musik seiner Zeit gar nicht leiden.
"Es ist zwar dummes Zeug", sagte er zur Opernmusik einiger Italiener,
"welches aber doch hübsch klingt, wenn es gut gesungen wird."

549

Friedrich verlangte in der Musik die fließende Melodie, die Wahrheit und Tiefe im Gefühlsausdruck und korrekten Satz in der Komposition; das alles glaubt er bei den Deutschen besser entwickelt als bei Franzosen und Italienern, die sonst Europas Musikszene beherrschten. Dementsprechend hatte er seine Musiker ausgewählt und seine eigenen Werke gestaltet. Wir haben erfahren, daß die Hohenzollern musikbegeistert und -begabt sind, daß Friedrich früh das Flöten- und Klavierspielen erlernte und in Dresden zum ersten Mal die Musik der großen weiten Welt erleben durfte. Danach schickt August von Sachsen seinen Flötenspieler Quantz als Lehrer nach Berlin und Potsdam, damit Friedrich weiter ausgebildet wird. In Rheinsberg widmet sich Friedrich in starkem Maße der Musik und unterhält bereits ein eigenes kleines Orchester, bedeutende Musiker wie Karl Heinrich Graun sind zu ihm gestoßen, und er selbst bringt es zu einer Fertigkeit im Flötenspielen, die nicht weit entfernt von Meisterschaft gewesen sein kann. Jedenfalls wird seine Virtuosität von allen Zeitgenossen gelobt, die ihn gehört haben, und nicht alle haben ihm hiermit schmeicheln wollen. Das eigentliche Phänomen ist, daß Friedrich nach 1740 bei allen Widrigkeiten des Alltags wie Regierungsgeschäften und Kriegen neben seinem "Hobby" Literatur auch noch Zeit fand, Musik aktiv auszuüben und gar zu komponieren.

Weit über 120 Kompositionen stehen zur Diskussion, die von ihm stammen können, wenn er gewiß die wenigsten von ihnen voll durchkomponiert hat: Flötenkonzerte, Sonaten, Symphonien, die mehr als Ouvertüren zu bezeichnen sind, Märsche, Arien, Kantaten, Partien von Opern, zu denen er den Anstoß gegeben hat. Graun, Quantz, Benda, Fasch, er selbst: Eine Gruppe von Musikern, heute fast vergessen und für die Entwicklung der deutschen Musikgeschichte wenig bedeutende Figuren, aber mehr haben sie wohl nicht angestrebt als königliche Unterhaltung für schöne und entspannende Stunden. Einzig Karl Philipp Emanuel Bach hat bis heute Bedeutung behalten können. Niemand tut Friedrich Abbruch, der seine musikalischen Werke als "nicht groß" bezeichnet, nur die überschwengliche Geschichtsschreibung voriger Zeit hat ihm auch hier großes anhängen wollen. Dennoch: Wer Musikverstand besitzt und Einfühlungsvermögen für Früheres und sich einmal die wenigen auf Platten zugänglichen Werke Friedrichs "zu Gemüte führt", wird erstaunt sein vom Schwung des Vortrages, der Harmonie der Töne; das ist durchaus keine Stümperarbeit und hätte bei konsequenter Ausbildung mehr werden können. Das Vorbild der Lehrer ist unverkennbar. Vor dem geistigen Auge steht ein König und seine Flöte, ein königliches Hobby, und man wundert sich, woher der häufig kränkelnde die notwendige Luft genommen hat. Ein kriegerischer Komponist muß auch Märsche geschrieben haben, preußische natürlich, aber auch bei ihnen ist die Urheberschaft bestritten.

Sanssouci als Hort gepflegter Musik — immerhin hat Europas Musikwelt bis 1756 bewundernd nach diesem kühlen Norden geschaut. Auf allen Feldzügen, in allen Kriegen ist Friedrichs Flöte mit von der Partie gewesen, doch die Luft wurde immer kürzer, die Finger wurden unbeweglicher in den Gichtanfällen, aber der Trost der Töne blieb in Niederlagen und Enttäuschungen. Als es 1778 noch einmal gegen Österreich geht, ist auch die Flöte dabei und verrichtet ihren letzten Dienst. Friedrich gehen die Vorderzähne aus, kaum sind die Finger noch gelenkig genug, und als er Ende Mai 1779 wieder in Potsdam ist, läßt er alle seine Flöten einpacken. Traurig schreibt er an den getreuen Franz Benda: "Ich habe meinen besten Freund verloren."

Vorbei sind die Tage, da Reichardt schwärmte:

"Der König trug das Adagio mit so inniger Empfindung und mit einer so edlen, rührenden Simplizität und Wahrheit vor, daß man es selten ohne Tränen hörte."

Unter Friedrich hat die Oper in Berlin einen ersten Höhepunkt erlebt, denn trotz des Kriegsausbruchs 1740 hatte er den Auftrag für ein neues Opernhaus gegeben, das am 7. Dezember 1742 eröffnet wurde. Als es 1744 vollendet war, waren eine Millionen Taler verbaut worden. Hundert Jahre später, am 18. August 1843, brannte das Haus ab.

"Ich teile", sagte Friedrich, "meine Muße unter die Künste, habe Geschmack für alle und schließe keine aus."

Er selbst maß seinen musikalischen Ambitionen weit weniger Bedeutung bei als seinen literarischen Bestrebungen und wollte in der Musik nicht unsterblich werden. Wer weiß, wenn die vielen Großen seiner und späterer Zeit nicht gewesen wären, Bach, Händel, Mozart, Haydn, Beethoven, vielleicht würde man sich häufiger an diese königlich-preußische Musik erinnern.

"Das Bessere ist der Feind des Guten."

Es bleibt der Trost, daß Friedrich sich für die deutsche Musik, für deutsche Komponisten eingesetzt und ihre Stellung in Europa offenbar wohl erkannt hat.

"Er nahm das Gute, wo er es am nächsten fand."

"Wir bleiben immer Kinder...
so klug wir auch werden mögen"
Wilhelm Raabe

Das Potsdamer Waisenhaus

Das Los der Waisenkinder aller Welt ist von der Geschichtsschreibung permanent vernachlässigt und mißachtet worden: Wer liest und schreibt schon gern vom Elend, wenn es so viele ruhmreiche, interessante, epochemachende Schlachten und Thronbesteigungen gegeben hat!

Militär-Waisenhaus 1724.

Elend, für es erst in unserem Jahrhundert Hoffnungsschimmer gegeben hat. Von allen Preußenkönigen hat sich wohl der rauhe Friedrich Wilhelm I. am meisten Sorgen und Gedanken um seine Waisen gemacht, allerdings, entsprechend seiner Einstellung, hauptsächlich um die Kinder seiner Soldaten, speziell der Potsdamschen. Da die Langen Kerls fleißig Kinder zeugten, ohne recht verheiratet zu sein, hatten diese Kinder kaum ein Elternhaus und waren im Waisenhaus, wenn sie nicht auf den Straßen herumlungern wollten und sollten, am besten aufgehoben. "Das königlich-preußische große Militärwaisenhaus" in Potsdam, so der offizielle Name, ist eine Schöpfung Friedrich Wilhelms, der es im Jahre 1724 fertiggestellt hatte. In der Stiftungsurkunde heißt es:

> "...das besagte Kinder im Christenthum, Lesen und Schreiben zu unterrichten und bey Erwachsenenjahren zu annehmlichen Professionen zu bringen seien, und daß viele Soldaten ihre Kinder teils aus Unvermögen, teils aus Sorglosigkeit, so wenig im Christenthum, als welches doch das eintzige Mittel ist, wodurch gute Un-

terthanen gemachet werden müssen, alls anderen zu ihrem Unterhalt und weiterer Nahrung dienliche Wissenschaften nicht erziehen lassen können."

Über die Gründe, die Friedrich Wilhelm zur Stiftung bewogen, sagen zeitgenössische Worte folgendes aus:

". . .er wollte die Soldatenkinder seines großen Grenadierregiments auf seine Kosten in der Gottesfurcht, im Lesen, Schreiben und anderen nötigen Dingen unterrichten, auch selbige mit Essen, Trinken, Kleidung und unentbehrlicher Wartung, und desgleichen so lange versorgt wissen, bis sie entweder bei den Regimentern Tambours Dienst tun könnten, oder ihr Brot durch Erlernung eines Handwerks zu erwerben fähig wären. Nachdem nun das Gebäude völlig aufgeführt und die innere Einrichtung zustande gebracht war, erlaubte unser Monarch einigen Soldaten unter den Feldregimentern daß sie ihre Kinder gleichfalls anhero schickten."

Auch Friedrich kümmerte sich natürlich um die Kinder und um das Potsdamsche Waisenhaus. Er läßt 1742 die Anstalt erweitern, 1744 kommt ein Kadetteninstitut hinzu, 1755 das Mädchenhaus, eine Schule für Hoboisten existierte von Anfang an. Die Zahl der Kinder hielt sich zunächst in vernünftigen Grenzen: 1724 500, 1730 1.000, 1734 1.250, 1740 1.400, 1758 infolge des Krieges mit seinen hohen Verlusten, 2.000. Wegen der Überbelegung brachen oft Krankheiten und Seuchen aus, wodurch die Anzahl "der Kinder recht dünne gemacht wurde". Man dachte natürlich sofort daran, die Kinder nicht nur zu erziehen und zu unterrichten, sondern auch mehr oder weniger auszubeuten: Als Arbeiter und Arbeiterinnen in Spinn- und Strickstuben, im Seidenanbau, zum Reinigen der königlichen Gärten und Eichelstecken und Holzlesen in den Forsten. Potsdamer und Berliner Fabrikanten liehen sich Kinder für ihre Fabriken aus, so daß allgemein Bildung und Erziehung zu kurz kamen. Nachdem gegen Ende des großen Krieges die Zahl der Kinder gesunken war, gab es 1766 einen Ansturm, da Friedrich befohlen hatte, daß nun von allen Regimentern der Armee die ärmsten Kinder Aufnahme finden sollten.

Das Waisenhaus hatte bedeutende Einnahmen durch Verpachtungen und Privilegien aus den Zeiten des Gründers, konnte sich aber wie alle karikativen Einrichtungen nicht selber finanzieren. Allmählich war der erste Bau zu klein und unpraktisch geworden, so daß Friedrich für einen vollkommenen Neubau sorgte, mit dem 1771 nach Entwürfen des Baumeisters und Architekten Gontard begonnen wurde, zuerst an der Breiten Straße.

Der Neubau erhielt vier Stockwerke und dauerte, bis alle Seiten und Querflügel fertiggestellt waren, bis ins Jahr 1777. Auch die innere Einrichtung wurde wesentlich verbessert, nach neuen Erkenntnissen und pädagogischen Gesichtspunkten. In seiner äußeren Form ist das Große Militärwaisenhaus von Potsdam bis in unser Jahrhundert erhalten geblieben. Auch ein Institut für "arme Offizierstöchter" ist dem Hause angeschlossen gewesen.

Der Stadtkommandant von Potsdam war gleichzeitig Direktor des Waisenhauses, der bekannteste aus Friedrichs später Zeit der General Friedrich Wilhelm von Rohdich, der am 14. September 1779 bei Friedrich vorstellig wurde und durchsetzte, daß laut Kabinettsorder wiederum ein Teil der Kinder in den Familien der Landleute besser aufgehoben sein würden als im überfüllten Waisenhaus oder gar in den Fabriken. Die Kabinettsorder fordert die Kammern von Pommern und der Neumark und Kurmark auf, anzugeben wieviel Kinder untergebracht werden können: 80 in Pommern, 70 in der Neumark, 250 in der Kurmark. Den Pflegeeltern wurde ein jährliches Kostgeld von 18 Talern bewilligt, Prediger und Schullehrer waren verpflichtet, über die Unterbringung der Kinder eine gewisse Aufsicht zu führen. Natürlich, wie nicht anders zu erwarten, sind Mißstände und Unterschleife in diesem Geschäft mit Kindern vorgekommen, aber in einem überfüllten Heim wäre es den Kindern, vor allem den Mädchen, gewiß schlechter ergangen. Friedrichs Tätigkeit für die Kinder ist im Zusammenhang mit seinem Vorsatz zu sehen, für die Armen und Schwachen seines Staates tätig zu sein; wohl jedem Regierenden vor und nach ihm ist ebenfalls der Vorwurf zu machen, hier nicht genug getan zu haben.

"Die Reichen haben viele Advokaten, **11. Dezember 1779**
aber die Dürftigen nur einen"
Sprichwort

Ein Müller und seine Mühle

"ich kann die Justiz an Ihren Lauf nicht alteriren."
"man kan umb keinen particulir die landesgesetze umb schmeißen."
"Die Justiz verfassung im lande kan auf keiner art geändert werden Weillen die Gesetze regieren Müssen."
Liest man diese Randbemerkungen Friedrichs, dann erkennt man seinen Willen und die guten Vorsätze, die er sich genommen hat; zweifellos ist es ihm ein Bedürfnis gewesen, der Justiz den vorgeschriebenen Lauf zu lassen und seine Souveränität nicht auszuspielen; da er gleichzeitig "allergisch" gegen die häufigen Bedrückungen der kleinen Leute war, lagen die Konflikte nahe. Ein klassisches Beispiel friderizianischer Rechtsbeugung ist der bekannte Fall des Müllers Arnold, der, trotz allem, auf alle Beteiligten ein günstiges Licht wirft: Auf Friedrich wegen seines Einsatzes gegen vermeintliches Unrecht; auf die Richter wegen ihres Mutes und ihrer Standhaftigkeit einem boshaft-aufgebrachten Monarchen gegenüber; auf den Müller, der in seiner Schlingeligkeit gegen hohe Herren kaltblütig den Vorteil suchte. Folgender Tatbestand lag zugrunde: Müller Arnold aus Pommerzig im Kreise Krossen nahm die Neuanlage eines Karpfenteiches durch den Landrat von Gersdorff zum Anlaß, keine Pacht an den Grafen Schmettau mehr zu zahlen, da seine Mühle unter der neuen Anlage leide; aber eindeutig wollte er sich vor Zahlungen drücken. Ebenso eindeutig gab ihm das Gericht unrecht, doch gewohnheitsmäßig zu hart. Adelige gegen einen kleinen Müller — mit Recht sah Friedrich hier Machenschaften, als der Müller sich per Eingabe an ihn wandte. Doch ließ Friedrich die Beschwerde des Müllers untersuchen, und da er den Juristen und Federfuchsern nicht traute, durch einen Soldaten, den Obersten von Heucking. Dieser kam zu einer anderen Beurteilung als die Gerichtsbehörde, und da Friedrich dem Wort eines Militärs eher glaubte als dem Bericht der Neumärkischen Regierung, sah er seinen Argwohn bestätigt.

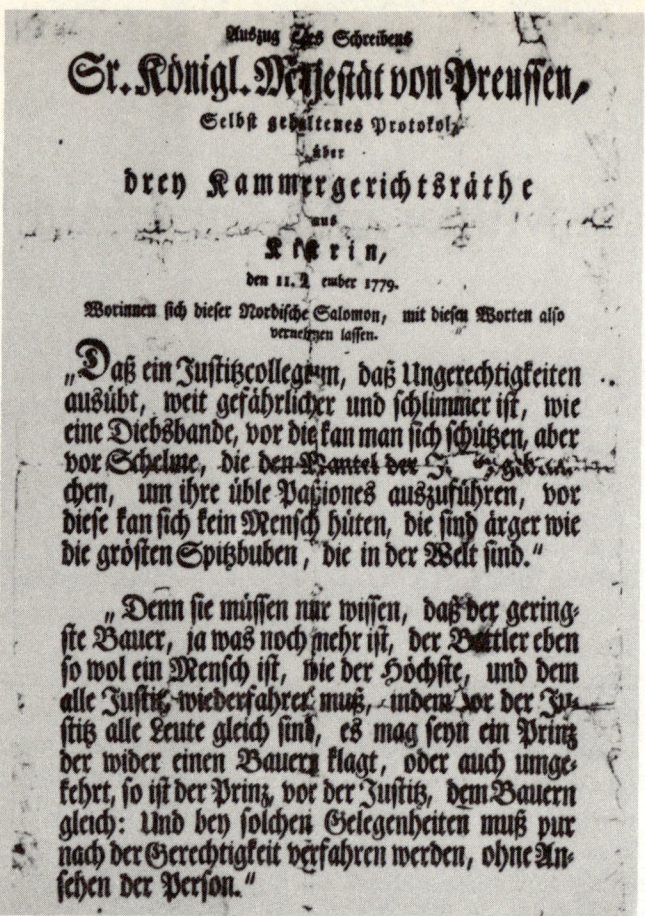

Auszug des Schreibens

Sr. Königl. Majestät von Preussen,

Selbst gehaltenes Protokoll,

über

drey Kammergerichtsräthe

aus

Cüstrin,

den 11. 2 ember 1779.

Worinnen sich dieser Nordische Salomon, mit diesen Worten also vernehmen lassen.

„Daß ein Justizcollegium, daß Ungerechtigkeiten ausübt, weit gefährlicher und schlimmer ist, wie eine Diebsbande, vor die kan man sich schützen, aber vor Schelme, die den Mantel der J _____ geb____ chen, um ihre üble Paßiones auszuführen, vor diese kan sich kein Mensch hüten, die sind ärger wie die grösten Spitzbuben, die in der Welt sind."

„Denn sie müssen nur wissen, daß der geringste Bauer, ja was noch mehr ist, der Bettler eben so wol ein Mensch ist, wie der Höchste, und dem alle Justiz wiederfahren muß, indem vor der Justiz alle Leute gleich sind, es mag seyn ein Prinz der wider einen Bauern klagt, oder auch umgekehrt, so ist der Prinz, vor der Justiz, dem Bauern gleich: Und bey solchen Gelegenheiten muß pur nach der Gerechtigkeit verfahren werden, ohne Ansehen der Person."

"Das Federzeug (die Beamten) versteht nichts. Wenn Soldaten was untersuchen und dazu Ordre kriegen, so gehen sie den geraden Weg und auf den Grund der Sache — einem ehrlichen Offizier, der Ehre im Leibe hat, glaube ich mehr, als all Eure Advokaten und Richter."
Den Richtern warf er wegen des harten Urteils, — die Mühle war bereits enteignet —, vor:
". . .Das ist ja nicht zu verantworten. Seine königliche Majestät werden sie alle zum Teufel jagen und andere dahinsetzen, denn sie sind nicht das Brod wert."
Friedrich ließ sich nicht davon abbringen, daß dem Müller das Wasser abgegraben wäre, so daß er die Pacht nicht zahlen könne; er war nicht

zu überzeugen, und die Pedanterie der Beamten machte ihn nur gereizter. Das Kammergericht ließ sich jedoch nicht beirren und bestätigte das Urteil der Neumärkischen Regierung, worauf Friedrich die Räte Friedel, Raun und Ranzleben zu sich laden ließ und ihnen eröffnete, sie hätten seinen Namen mißbraucht; ab mit ihnen ins Gefängnis. Am 11. Dezember 1779 diktierte er das berühmte Protokoll, nach dem ein Gericht, das Ungerechtigkeiten ausübt,

"gefährlicher und schlimmer als eine Diebesbande sei. Die sind ärger wie die größten Spitzbuben, die in der Welt sind und meritieren eine doppelte Bestrafung."

Es ist bekannt, daß Friedrichs Zorn so weit ging, daß der Großkanzler Fürst, trotz allem standhaft, seinen Posten verlor — darum soll es hier jedoch nicht gehen. Das Populäre, Faszinierende und Überliefernswerte an diesem Fall ist, daß er Friedrichs Ansehen offenbar kaum Abbruch getan hat: Bis in unsere Tage, schwankend zwar in Meinung und Aussage, wird ihm hoch angerechnet, daß er sich für den Müller Arnold eingesetzt hat. Den einen Grund für Friedrichs Vorgehen kennen wir bereits; er glaubte seinen militärischen Informanten nun einmal mehr als allen anderen. Hinzu kam, daß ihm gerade in diesen Tagen Meldungen von Bedrückungen der kleinen Leute und Bauern auf dem platten Lande erreichten, Meldungen, die ihn so erregten, daß er diesen Fall zum Anlaß seines Ausbruchs nehmen konnte und mußte. Unrecht bleibt freilich Unrecht, aber besser ein paar Leute, denen es wenig ausmacht, werden gemaßregelt als einmal ein einzelner, dem dadurch die Existenz vernichtet werden kann.

So hat der kleine Mann Preußens wohl auch empfunden, denn der Müller Arnold-Prozeß hat Friedrich, obwohl er gegen seinen eigenen Grundsatz

"ich kan die Justiz an Ihrem Lauf nicht alteriren"

verstoßen hatte, eine Menge Sympathien eingebracht. Instinktiv fühlte das Volk die Einstellung seines Königs und den Sinn des Beispiels, der im Fall Müller Arnold liegt. Wo immer man sich von Reichen und Adeligen bedrückt fühlte, sagte man jetzt einfach:

"Ich gehe zum König"

und machte seine Eingaben. Klar, mit Rechtsprechung hatte das wenig zu tun, noch weniger mit Friedrichs Bemühungen, das von Cocceji eingeleitete Reformwerk der Justiz nun endlich weiterzutreiben. Aber Friedrich nutzte die Gelegenheit, seinen Beamten und den neuen Justizminister auf die Notwendigkeit seiner Reform verstärkt hinzuweisen; jedes Ding hat seine zwei Seiten . . .

Preußische Beamte

Sie sind besser gewesen, als sie bei ihrem König im Rufe standen, aber nicht so gut, wie die Nachwelt sie dargestellt hat: Die preußischen Beamten Friedrichs. Wie fleißig sind sie gewesen? Wie treu? Wie unbestechlich? Waren sie besser als ihre heutigen Kollegen? Besser nicht, aber weniger zahlreich, sie stellten für den Staatsetat noch kein unlösbares finanzielles Problem dar. Zumindest in seiner unmittelbaren Umgebung benötigte ein Selbermacher wie Friedrich wenig Mitarbeiter, und diese waren durchweg ausführende, nicht beratende Organe. Warum Preußens Beamte auf ihren Friedrich nicht so gut zu sprechen waren, liegt jedoch weniger an ihrer Behandlung als Bezahlung. Noch hatte es sich nicht durchgesetzt, daß Staatsdiener pünktlich und ausreichend zu bezahlen sind, obwohl bereits Friedrich Wilhelm dies anerkannt und durchzusetzen versucht hatte; Friedrich Wilhelm, der zweifellos gerechter über seine Beamten dachte als Friedrich. Für Friedrich verstanden Minister vom Krieg soviel wie Irokesen von der Astronomie, konnten Beamte ihre Arbeit in wenigen Stunden erledigt haben, außer sie lasen "tzeitungen" oder "verzelten historien". Jedes sich Drücken haßte er. Er regte sich über unerledigte, zu lange liegengebliebene Angelegenheiten maßlos auf und geißelte mit höhnischen Worten die umständlichen, langatmigen Formulierungen mancher Beamter. Fühlte er sich getäuscht, vermutete er gar Betrügereien oder mangelhafte Ausführungen, dann fand er in seinen Briefen Worte und Wendungen, die mit "abkanzeln" noch zart umschrieben sind. So in einem Schreiben aus Potsdam an die Kammer in Marienwerder vom 26. April 1780.

"Seine königliche Majestät lassen Dero westpreußischen Kammer auf deren Bericht vom Betrag des dortigen Wasserschadens hierdurch zu erkennen geben, daß ihre davon gefertigten Anschläge so horrible stark sind, daß sie meritierten, alle miteinander weggejagt zu werden; denn das ist nicht wahr, die Anschläge sind falsch, und wollen sie nur von der Gelegenheit profitieren und unter dem Prätext von Wasserschaden alles mit aufsetzen, was ihnen gut deucht;

und darum ist der Kammerdirektor Vorhoff wert, daß seine königliche Majestät ihn gleich wegjagten, weil er seine Pflicht und Schuldigkeit nicht besser wahren und Dero höchstes Interesse nicht besser besorget. Das ist ja nicht erlaubt, solche abscheulichen Anschläge einzuschicken; sie sollen auch keinen Groschen kriegen, ehe sie nicht andere und weit billigere Anschläge machen. Wo soll alles das Geld herkommen? Denn der an den Dämmen verursachte Schaden kann unmöglich so viel ausmachen: das ist nicht wahr! Und die Überschwemmung tut den Wiesen keinen Schaden: Wenn das Wasser wieder abgelaufen, ist das vorbei, und wächset danach das Gras noch besser . . . Seine königliche Majestät wollen und erwarten, daß die Kammer dabei pflichtmäßiger zu Werke gehen und eine bessere Menage und Ökonomie beobachten wird."
Friedrich liebt es, unter derartige Briefe eigenhändige Nachschriften zu setzen und in ihnen läßt er sich noch böser aus als in dem dem Sekretär diktierten Schreiben. So auch hier:
"Ihr seit ertz Schekers, die das Brodt nicht werth seidt, das man euch gibt und verdient alle wekgejaget zu werden. Wartet nuhr, daß Ich nach Preußen komm!"
"Erzschäker", einer seiner Lieblingsausdrücke, wenn er besonders abfällig sich ausdrücken will. Was die so bedienten Beamten beim Lesen dachten, läßt sich unschwer erraten. Es waren die Reaktionen aller Arbeitnehmer, die sich ungerecht behandelt fühlen, aber nicht können, wie sie wollen: Der entsprechende Satz ist mit dem gerade in jenen Tagen bekannt gewordenen "Götz" von Goethe populär geworden. Wie dem auch immer gewesen sein mochte, fest steht, daß Friedrich seine Beamten auf unnachahmliche Weise zur Arbeit getrieben hat und sie auch überall dort Übermenschliches geleistet haben, wo er den Ton richtig getroffen und sie an der Ehre gepackt hat. Daß es an Friedrichs Hof weniger Bestechung gab als an allen anderen europäischen Höfen, ist Tatsache und leicht erklärlich, denn es gab kaum etwas oder jemanden zu bestechen; den König? Man bedenke den Rattenschwanz von Hofbeamten in Wien oder Paris, dort konnte ohne Korruption nichts laufen. In Preußen fand Bestechung also nicht auf höchster Ebene statt, sondern erst im mittleren und unteren Bereich der Bürokratie.
"Ich habe ihn an die Krippe gebunden, warum hat er nicht gefressen!" antwortete Friedrich kaltschnäuzig auf ein Pensionsgesuch, wohl wissend, daß seine Beamten „nebenher verdienen", wollten sie existieren. Pensionen! Eines der heikelsten Kapitel im friderizianischen Preußen, denn Friedrich war nicht geneigt, Leute, die aus dem Dienst schieden,

aus welchen Gründen auch, einen „Taler nachzuwerfen". Einem im Siebenjährigen Krieg gedienten Leutnant Scheffner, der nachher an der Königsberger Kammer angestellt war, antwortete er auf dessen Bitte um ein Gnadengehalt zum Abschied 1775:

"Mihr Müste der Teufel plagen, das ich einem Kriegsrath Pension gebe, da noch So vihl brave Officiers ohne versorgt Syndt."

Wie er seinen Minister von Podewils behandelte, haben wir in einem anderen Kapitel kennengelernt, er konnte nun einmal nicht über seinen Schatten springen und mußte dem Militär stets den Vorrang geben. Der „Aufschwung" der Beamten beginnt erst mit dem Nachfolger Friedrich Wilhelm II., denn die Zeit des Absolutismus ist vorüber, und ein Mann wie Friedrich Wilhelm II. war froh, nicht so allein wie sein Vorgänger regieren zu müssen. Man kann getrost behaupten, daß von 1786 an die Beamtenschaft sich wie die Ratten vermehrt hat, nicht nur in Preußen, sondern auch in Deutschland, Europa und der übrigen Welt. Der Begriff "Preußisches Beamtentum" hat jedoch bis heute eine gewisse Wertschätzung behalten . . .

Maria Theresia

Maria Theresia

Nach 40 Jahren Ärger mit den Preußen stirbt Kaiserin Maria Theresia
am 29. November 1780 im Kreise ihrer Lieben, offenbar Gott ergeben
und mit sich selbst im reinen. Auch mit der Welt? Wer kann es ergründen. Im Schatten Friedrichs hat sie stets den Eindruck einer christlich-
moralischen Herrscherin gemacht — hier die mütterliche Frau, dort
der mürrische Alte -, und es konnte dem oberflächlichen Zeitgenossen
nicht schwerfallen, die Sympathien zu vergeben. Eines ist sicher: Auch
Maria Theresia ist mit allen Wassern gewaschen gewesen, wie Friedrich, wie alle Monarchen, Regenten und Regierungschefs, ob nun mit
oder ohne Segen der Kirche, von Gottes Gnaden oder auch nicht. Die
Moralität der Regierenden ist eine andere als die der Regierten. Friedrich hat skrupellos genommen, was er kriegen konnte, Maria Theresia
hat das auch versucht, es ist ihr zu ihrem lebenslangen Leidwesen doch
nicht immer geglückt. Preußen aufsteigen, ihr geliebtes Österreich
nebst Anhang absteigen zu sehen — das Trauma ihres Lebens; hier
noch gottesfürchtig zu sein, ist eine Leistung. Der englische Gesandte
berichtet in diesen Tagen aus Wien:
"Seit ihrem Tode trägt alles in dieser Hauptstadt die Miene tief emp-
fundenen Schmerzes an sich. Jede Stunde bringt neue Beweise der ganzen erstaunlichen Geisteskraft und des unerschöpflichen Wohltätig-
keitssinnes, die ihr bis in ihre letzten Lebensstunden treu blieben, oder
irgendeinen bezeichnenden Zug kindlicher und brüderlicher Liebe des
Kaisers an den Tag."
Matthias Claudius, kein Sänger des Südens, dichtet:
"Sie machte Frieden! Das ist mein Gedicht.
War ihres Volkes Lust und ihres Volkes Segen
und ging getrost und voller Zuversicht
dem Tod als ihrem Freund entgegen.
Ein Welteroberer kann das nicht.
Sie machte Frieden! Das ist mein Gedicht."

Über die Vision einer Heirat zwischen Friedrich und Maria Theresia sind an anderer Stelle ein paar Worte gesagt worden. Die Vision kann ausgemalt werden:

1. Was wäre dann in Europa geschehen?
2. Wie hätte das Deutsche Reich sich weiterentwickelt?
3. Wäre Friedrich dann auch "der Große" geworden?

Zu 1.: Diesen brandenburgisch-habsburgerischen Machtblock hätte wohl keine der europäischen Großmächte widerstandslos hingenommen; ein schlimmerer Krieg als die drei Schlesischen wäre möglich gewesen.

Zu 2.: Vermutlich fort von preußischer Vorherrschaft, vom deutschen Dualismus, wäre aber das von Vorteil gewesen!

Zu 3.: Gewiß nicht. Nicht nur weil die Schlachten um den Erwerb Schlesiens entfallen wären, sondern weil er gegen die geballte Macht der Wiener Hofbürokratie und des "Hausdrachens" Maria Theresia nicht hätte groß werden können; auch ein Friedrich hätte das vermutlich nicht geschafft.

Das sind Hypothesen, die bei einiger Phantasie weiter auszuspinnen wären. Die Abneigung Maria Theresias gegen Friedrich war so groß, als ob beide aus gegensätzlichen Kulturkreisen stammten. Die Barriere der Religion, nur katholisch konnte für Maria Theresia alleinseligmachend sein; ein Mann, der seine Frau verstößt und keine Kinder haben will, — noch schlimmer, keine haben kann! —, undenkbar für diese bigotte Frau; ein König, der die Folter abschafft, das geht zu weit; ein Herrscher, der sich unter seine Soldaten mischt, die er von überallher hat stehlen lassen, nein, so tief darf man nicht absinken.

Friedrich seinerseits hat kaum abweisende Gedanken für die Kaiserin, außer denen, die er Frauen allgemein entgegenbringt. Für ihn zählt Leistung, die Erkenntnis, sie unterschätzt zu haben, als er ihre herrliche Provinz überfiel, wie sie standhält und gegen ihn halb Europa zusammentrommelt. Er kann froh sein, daß sie nicht das ist, was sie sich klagend wünscht: Nämlich "masculini generis" zu sein. Dann wäre sie sicherlich mit ihren Soldaten ins Feld gezogen, statt Karl von Lothringen und Marschall Daun zu schicken. Es ist bekannt, daß der österreichischen Armee im Kriege die Entschlossenheit gefehlt hat, die für die Niederringung Preußens notwendig gewesen wäre. Vielleicht wäre sie vorhanden gewesen, hätte Maria Theresia mit im Felde gestanden. Ebenso entschlossen, wie sie ihn begann, hat Maria Theresia den Siebenjährigen Krieg beendet: Sie konnte und wollte nicht mehr, aber Friedrich bleibt von nun an für sie der Ausbund des Hasses. Unmöglich ist es für sie, auch nur ein Quentchen Gutes an ihm zu finden, von Annäherung und Versöhnung kann keine Rede sein. Mit Befremden bemerkt sie die Bewunderung ihres Sohnes für Friedrich und sein Bestreben, ihm nachzueifern. In diesen Jahren, in denen ihr Haus eine weitere Niederlage durch Friedrich hinnehmen mußte, durch den mißglückten Bayerischen Erbfolgekrieg, wächst sie in die Rolle der Landesmutter hinein, in der sie ihrem Volk erhalten geblieben ist. Hier das lebenslustige Österreich — dort das kühle Preußen, größere Gegensätze waren kaum denkbar. Dazwischen der Streubesitz der deutschen Fürsten, die immer weniger zu bestellen hatten. Sie wußte, daß Friedrich dort oben im Norden auf der Lauer lag und jeden Griff über ihre Grenzen hinaus argwöhnisch beobachtete. Bezeichnend für Maria Theresias Lebensansicht sind ihre Äußerungen über zwei bedeutende Tage ihres Lebens: der unglücklichste sei der Tag des Regierungsantritts, der glücklichste ihr Hochzeitstag gewesen. Zwischen diesen beiden Polen liegt Pflichtauffassung, Arbeit zum Wohle Habsburgs, Emotion und Sachlichkeit, Prüderie, Sinneslust und Kinderkriegen.

"Man kann nicht genug von ihnen haben."

Imponierend, wie sie das Schiff Österreich durch die Stürme, die von allen Seiten heranbrausten, hindurchlaviert hat, jedoch waren die Umstände und Zeichen der Zeit zu ungünstig, um zu verhindern, daß Preußen größer, Österreich kleiner wurde. Auf- und Abstieg zweier Staaten, verbunden mit dem Leben zweier Menschen. Friedrichs Bekenntnis, daß er zwar mit ihr Krieg geführt habe, aber nie ihr Feind gewesen sei klingt glaubwürdig, trägt aber auch Züge seines Spotts in sich. Nun ist diese große Herrscherin für immer abgetreten. Wieviel Zeit wird er, Friedrich noch haben, ehe er an der Reihe ist? Diese Zeit gilt es zu nutzen.

Königliche Religion

1. "Am Sonntage soll Er des Morgens um sieben Uhr aufstehen, sobald Er die Pantoffeln an hat, soll Er vor dem Bette auf die Knie niederfallen und zu Gott kurz beten, und zwar laut daß Alle, die im Zimmer sind, es hören können. Das Gebet soll dieses sein so er auswendig lernen muß . . ." Es folgt das Gebet, "und hiernach das Vaterunser." Es folgen Anweisungen für die Morgentoilette. Dann weiter: "Wenn das geschehen ist, dann sollen alle seine Domestiquen und Duhan hereinkommen, das große Gebet zu halten, auf die Knie, darauf Duhan ein Kapitel aus der Bibel lesen soll . . ."

2. "Ein jeder kann bei mir glauben, was er will, wenn er nur ehrlich ist. Was die Gesangbücher angehet, so stehet einem jeden frei zu singen: 'Nun ruhen alle Wälder' oder dergleichen dummes und törichtes Zeug mehr. Aber, Priester müssen die Toleranz nicht vergessen, denn ihnen wird keine Verfolgung gestattet werden."

Zwischen Punkt eins, einer Instruktion Friedrich Wilhelms vom 3. September 1721, und Punkt zwei, einem handschriftlichen Vermerk Friedrichs vom 18. Januar 1781, liegen nicht nur zwei Epochen, sondern eigentlich Welten:

"Was ist aus ihm geworden?" könnte man mit Bezug auf Friedrich fragen.

Heutige Pädagogen würden sofort antworten:

"Bei der Erziehungsmethode des Vaters konnte es nicht anders kommen, wäre es paradox gewesen, wenn Friedrich ein frommer Christ geworden wäre."

Das wird im großen und ganzen richtig sein. Denn es ist logisch, daß Friedrich das Christentum, welches ihm bei Hofe vorgelebt wurde, mißachten lernen mußte, sonst wäre er nicht der kritische, spöttische Kronprinz gewesen. Und wenn der Vater außerdem versuchte, ihm

*Gedenkmünze auf Leo-
pold Graf von Daun.*

Leopold Graf von Daun

*Die historische
Mühle von
Sanssouci*

Friedrich Nicolai

*Friedrich der Große mit
dem Müller von Sanssouci.*

Frömmigkeit sozusagen einzubläuen und christliche Riten und Regeln einzupauken, kraft väterlicher und königlicher Gewalt, dann mußte das schiefgehen. Wir wissen, daß Friedrich damals alles, was der Vater tat, mißachtete oder mit mildem Spott beobachtete: Hier ist zweifellos der Grundstein für Friedrichs verblüffende Religionsverachtung gelegt worden, wie sie sich später, unter dem Eindruck der Realitäten und als Folge gesammelter Erfahrungen, weiter verstärkt hat. Von der Ver- oder Mißachtung ist der Weg nicht weit zur Toleranz und Gleichgül- tigkeit — so kehrt sich scheinbar Verwerfliches um in Positives! Liest man Friedrichs Bemerkungen über die amtliche Geistlichkeit, so sträu- ben sich noch heute die Haare ob der enormen Modernität der Worte und Sätze. Am 20. September 1737 an Voltaire:

"Die Menschen haben sich ein eigenes Phantom von Erhabenheit und Tugend gebildet; sie verlangen, daß die Priester, dieses halb be- trügerische, halb abergläubische Volk, diesen Charakter anneh- men. Es ist ihnen nicht erlaubt, öffentlich Mädchen und Wein zu lieben, aber die Herrschsucht ist ihnen nicht verboten . . ."

Und am 24. August 1743:

"Wir haben einen Kardinal und einige Bischöfe, von denen die ei- nen von vorn, die anderen von hinten lieben, und die mehr von der Theologie des Epikur als des Paulus wissen . . ."

Am 13. September 1766:

"Ich dulde bei meiner Lauheit jedermann mit der Bedingung, daß man mich duldet und kümmere mich nicht um den Glauben ande- rer . . ."

In einem Schreiben über Gesangbücher entscheidet Friedrich knapp:

"Die Herren Priester und Kathederredner, wer sie sind, haben nichts zu befehlen, sondern nur an Christi Statt zu bitten . . ."

Köstlich trocken und charakteristisch sind Friedrichs Randbemerkun- gen auf Eingaben, Gesuchen und Bitten von Geistlichen. Als der Predi- ger Pels um Einkommenserhöhung bittet, antwortet Friedrich:

"Die apostelen Seindt nicht gewinnSüchtig gewesen Sie haben umb Sonst gepredigt, der Herr Pels hat keine apostolische Sehle und denket nicht das er alle gühter in der Welt vohr nichts ansehen mus."

Neben spöttischen fallen auch philosophische Sätze, die beweisen, daß Friedrich die Religiosität des Volkes durchaus geachtet hat. So berich- tet er Voltaire aus Breslau am 1. September 1766:

"Die Funken von Religionshaß, die sich vor dem Kriege oft von neuem zeigten, sind erloschen, und der Geist der Toleranz gewinnt mit jedem Tage der allgemeinen Denkart der Einwohner. Glauben Sie mir, die meisten Religionszänkereien werden durch den Müßiggang veranlaßt . . ."

Auch in Religionsfragen kommt der "praktische Friedrich" voll zum Ausdruck, kaum ein anderer Monarch der Zeit hätte die folgenden Worte schreiben können:

"Katholiken, Lutheraner, Reformierte und Juden und zahlreiche andere christliche Sekten wohnen in diesem Staate und leben in Frieden: Wenn der Herrscher, von schlecht angebrachtem Eifer getrieben, sich einfallen ließe, sich für eine dieser Religionen zu erklären, so würden sich erst Parteien bilden, Streitigkeiten entstehen, allmählich Verfolgungen anfangen, und schließlich würde die verfolgte Religion das Vaterland verlassen, und Tausende von Untertanen würden unsere Nachbarn durch ihre Zahl und ihren Gewerbefleiß bereichern."

Genau das Umgekehrte, das Friedrich hier schildert, hat er erreicht: da es in anderen Staaten Europas noch Religionsverfolgungen gibt, sind, wie in anderen Kapiteln abgehandelt, viele Ausländer wegen dieser Verfolgungen nach Preußen gezogen. Man muß bedenken, daß Friedrich zu den dramatischen Religionsstreitigkeiten des 17. Jahrhunderts ein "näheres Verhältnis" hatte als wir es haben und rundherum Religionsverfolgungen hautnah miterlebte, für die er kein Verständnis aufbringen konnte; nach alter Hohenzollern-Tradition. Daß man nicht Christ sein muß, um gläubig zu sein, hat er selbst bewiesen — das ist seine Modernität, nicht nur, "daß die Religionen alle müssen toleriert werden?" Am Schluß mögen ein paar Worte stehen, die Friedrichs wahres Verhältnis zur Gläubigkeit dokumentieren:

"Es scheint mir unmöglich, daß Menschen über die Eigenschaften und Handlungen des Schöpfers philosophieren können, ohne Erbärmlichkeiten zu sagen. Ich habe keinen anderen Begriff von Gott, als daß er ein vollkommenes gutes Wesen ist."

"Das Lob von tausend Narren wiegt   1. März 1781
nicht den Tadel eines einzigen
klugen Mannes auf"
Sprichwort

Die Schweizer

Kaum ein Volk Europas hat Friedrich zu Lebzeiten mehr zugejubelt als
die braven Schweizer, jene Neutralen und Erzdemokraten; obwohl dieser Staat, wie das Deutsche Reich selbst, in viele Konfessionen gespalten war. Schweizer in Friedrichs Diensten — auch das ist nichts Außergewöhnliches gewesen. Der Beginn, daß Friedrich für die europäische
Öffentlichkeit interessant wurde, liegt in seinem Fluchtversuch, der anschließenden Inhaftierung und Hinrichtung Kattes. Danach riß das Interesse nicht mehr ab, so daß man bei der Thronbesteigung große Erwartungen an ihn knüpfte. Seine ersten Maßnahmen ließen ihn weiterhin im Gespräch bleiben, und besonders die Schweizer erwärmten sich
für seine modernen Entscheidungen. Dann kam der Einfall in Schlesien, der natürlich Sympathien kostete, aber die strahlenden Siege der
ersten beiden Kriege machten das wieder wett; Gerechtigkeit hin — Eroberung her! Der Mathematiker Leonhard Euler fühlt sich in Berlin
ganz als Preuße und schreibt nach dem Sieg von Hennersdorf:
"Der Anschlag, welchen die Königin von Ungarn und Sachsen gegen
uns geschmiedet, war allzu grausam, als daß er von jemandem gebilligt
werden könnte. Allein, unser glorwürdigster Monarch hat diesen Anschlag dergestalt zernichtet, daß wir hier von dieser grausamen Feind
Bosheit durch Gottes Gnade jetzt ruhig sein können."
Der protestantische Teil der Schweiz neigte nach Preußen, während
der katholische sich mehr Österreich verbunden fühlte, eine Glaubens-
teilung, die sich im Siebenjährigen Krieg vertiefte.
Geradezu köstlich und aus heutiger Sicht beinahe belustigend wirken
die vielen von schweizer Bürgern verfaßten Gedichte auf Friedrich und
seine aus der Ferne beurteilten Taten. In einer "Kantate über den Frieden von Dresden" läßt Johann Conrad Peyer den Kriegsgott Mars eine
Arie singen:
"Mein Schwerdt besiegt die weite Welt:
und mich besieget Preußens Held.

Das Schwerdt an Österreichs Heldenwagen,
ist mehr als einen Sieg erjagen.
Der Preußen Friederich
kennt, liebet, lehrt und bessert mich.”

Man muß bedenken, daß vielen Schweizern der deutsche Dualismus
mißfiel und sie sich eher eine Art Zentral-Monarchie gewünscht hätten. Doch gab's nicht nur Lob, man sah auch klar, wie David von
Wyss:
”Selbst die Heldenwege Friedrichs durchbebte wohl, da er Schlesien
wegnahm, nicht bloß der reine Wunsch, die Wohlfahrt seiner Preußen
zu befördern, sondern viel eher der gipfelnde Gedanke, das Brandenburgische Haus an Österreichs kollosalischer Größe emporzuschwin-
gen.”

In einer ”Ode auf den König von Preußen” besingt man nicht nur seine kriegerischen Taten:
”Jauchzt Musen, Friedrich siegt und lebt,
er lebt, der Held, der euch erhebt,
der Held, dem keiner gleicht, der seine Lorbeerreiser
um Harf' und Leier windt.
Er siegt, er ist ein Weiser.”

Als nun die große Koalition an die Einkreisung Preußens ging und der
Dritte Schlesische Krieg ausbrach, stand der größte Teil der Schweizer
auf Seiten Friedrichs, nun erst recht ahnend, daß es auch um Konfessionen und Vorherrschaft großen Stils ging. ”Der Kaiser hat sich einfallen
lassen, das Reich aufzustiften, den König in die Acht zu erklären. Er
mag nur sehen, daß der Ball nicht auf ihn zurückspringt.”

Jede Schlacht des Krieges hatte ihre Jubler und Bestürzten, je nachdem,
in welchem Lager man stand. Nach Roßbach jubelte ein Schweizer:
”Unser Friedrich hat die Herren Franzosen und die Reichs Armee an
eben dem ort munter geklopfet, an welchem der tapfere Gustav Adolf
sein Blut für die gemeine Wohlfahrt versprützet hat.” Die Russen sah
niemand gern in Deutschland, darum war der Sieg von Zorndorf allgemein, und in einem Gedicht auf diese Schlacht gedachte der Berner
Franz Ludwig Haller auch eines schweizerischen Offiziers in Preußens
Diensten:
”Auch Lentulus hieb fürchterlich!
Ganz troff sein Stahl von Blut!
So sieget König Friederich
durch seiner Dapfern Muth!”

Gegen Ende des Krieges verfaßt er ein weiteres Gedicht:

"Genug! Viel Blut der Helden ist geflossen!
Und Deutschland sinkt in Ruh'
der Taten größte: Friedrich schloß
den Janustempel zu."
In "Das Frohlocken der Völker über die wiederhergestellte Ruhe in
Europa" schreibt ein Geistlicher aus der Schweiz:
"Die erquickende Sonne des Friedens hing unverdunkelt über unserem
Haupte, da die Grundsäule fast von ganz Europa zitterte und die mei-
sten Gegenden des benachbarten Deutschlands, von der Fackel des
Krieges ergriffen, in lichterlohen Flammen stunden." Die Propaganda
beider Seiten des Krieges hatte sich gefallen, viel vom Glaubenskampf
zu reden, was auch auf die Schweiz abfärbte:
"Vollends der gemeine Mann wußte nicht anders, als daß es in diesem
Kriege um die Religion gehe. Dem Volke in den katholischen Gegenden waren Preuße und Ketzer gleichgeltende Begriffe." Obwohl die
Schweizer Kantone seit jeher unter erlaubter und unerlaubter preußischer Werbung zu leiden gehabt hatten, waren viele Sympathien beim
König im fernen Norden, was zum Abschluß dieses Kapitels ein Artikel aus der Bayreuther Zeitung vom 1. März 1781 belegen soll:
"Friedrich ist, wie aller Nationen, auch der Held der Schweizer;
und war besonders während dem Zweyten Schlesischen Kriege in
diesen ganzen Freystaaten keine Gesellschaft, in welcher nicht bey
muntern Gastmählern zu des Helden Lobe das Kriegslied gesungen
wurde."

"Die Neujahrsnacht still und klar,   31. Dezember 1781
deutet auf ein gutes Jahr"
Bauernregel

Neujahrsgrüße

An anderer Stelle ist darauf eingegangen worden, wie Friedrich es verstand, Leute "anzuspitzen", zu motivieren, das Letzte aus ihnen herauszuholen.
"Wenn man viel von den Menschen fordert, dann erlangt man wenigstens etwas."
Das ist ein Satz, der auch heute seine Aktualität nicht verloren hat, mag jedermann über Arbeit denken wie er will. Und auch sein anderer Satz:
"Die Menschen beschäftigen, das ist das Mittel, sie vom Laster abzuhalten."
Konnte Friedrich sich schon außerordentlich erregen, wenn er bei Zivilisten Unregelmäßigkeiten oder Schlampereien auf die Spur gekommen war, dann war der Ofen aus, wenn das bei Militärpersonen geschah. Die Offiziere wußten, daß sie ohne Unterschied im Rang, ob Fähnrich oder General, öffentlich vor der Truppe heruntergeputzt werden konnten, womit eine Karriere gestoppt, im Keim erstickt oder abrupt beendet werden konnte. Ob Krieg oder Frieden, da gab's kaum eine Unterscheidung. Denn obwohl Friedrich ab 1763 an einen vierten Schlesischen Krieg ernsthaft nicht glaubte, verwendete er den größten Teil seiner Regierungstätigkeit für die Erhaltung und den weiteren Aufbau der Armee. Man kann nie wissen . . . Und es hat ja tatsächlich noch einen Feldzug gegen Österreich gegeben.
Die Politik seit dem Großen Kurfürsten, daß Preußen, damals Brandenburg-Preußen, eine starke Armee haben müsse, um mitzureden, überhaupt existieren zu können, mußte von Friedrich konsequent fortgeführt werden. Daher die Sorge um seine Soldaten bis ans Ende. Gefürchtet war sein streng abschätzender Blick bei den Revuen und Manövern, wehe dem Offizier, dessen Einheit Mißfallen erregte, aus welchem Grunde auch immer, mancher Offizier nahm nach einem Anpfiff seinen Abschied, weil er Friedrich nicht mehr unter die Augen kommen durfte, und es hat dramatische Härten gegeben, Familientra-

gödien. Wenn alles klappte, war eitel Sonnenschein, man konnte mit Beförderungen und Zulagen rechnen. Es war aber meist Friedrichs Ton, der beleidigte oder deprimierte, man kannte den Ton vom Hörensagen oder Lesen, er hatte sich unter den Offizieren herumgesprochen, aus den Antworten, die er auf ihre Bitten und Wünsche geäußert hatte. Einem Rittmeister hatte er mehrere Abschiedsgesuche nicht bewilligt, dann aber doch nachgegeben mit dem bösen Zusatz:

"abscheit vohr Einen preußen der nicht dinen Wil, und also den Mann Gott danken mus Das man ihn los wirdt."

Ein anderer Rittmeister beantragte Heiratserlaubnis.

Antwort:

"So mag er die heyrathen aber Ich sage ihm zum voraus das wenn er sie im Felde schlept oder nur nach die Winter Quartiers Kommen läßt, er vom Regiment Kommt."

Und als ein adeliger Offizier eine Bürgerliche heiraten wollte:

"Fui wohr Er So was vohrschlagen kan."

Einem Generalmajor, der um seine Präbende bat:

"Das Canonicat (die Pfründe) hat er bei Maxsen verlohren."

Hier erinnerte Friedrich sich daran, daß dieser Generalmajor sich bei Maxen nicht seinen Vorstellungen gemäß verhalten hatte. Es ist klar, daß mit derlei Bemerkungen und Abfuhren keine gute Stimmung in der Armee erzeugt werden konnte, aber man muß Friedrich hier sein ausgezeichnetes Gedächtnis zugestehen; er kannte sie alle noch von früher her, seine Offiziere. In diesem Sinne ist auch seine Neujahrsgratulation zu verstehen, die er am 31. Dezember 1781 an die Offiziere seiner Armee richtet, die an Sarkasmus nichts zu wünschen übrig läßt:

"Ihre Majestät der König lassen allen Herren Offiziers zum Neujahr gratulieren und die nicht so sind, wie sie sein sollten, möchten sich bessern."

Das ist die friderizianische Fuchtel, die auch durch das Alter des Königs nicht milder geworden ist. Aber im folgenden Fall stimmt er versöhnlich, da geht es nämlich um den gemeinen Soldaten. Ein Minister äußerte Bedenken, ob einem invaliden Feldwebel ein Posten an der Salzkasse zu übertragen sei. Friedrich entscheidet:

"aber nuhr keine alten Soldaten verstoßen er ist Selber Soldat gewesen ich bin es noch und ich mus vohr meine Komoraten Sorgen."

So etwas kann in der Tat versöhnlich stimmen, zeigt es doch eine Art Fürsorge, die zwar heute schwer verständlich, aber damals durchaus angebracht gewesen ist.

"Die Ehe muß unabläßlich ein
Ungeheuer bekämpfen, das alles
verschlingt: die Gewohnheit"
Honoré de Balzac

Goldene Hochzeit

Am 12. Juni 1783 ist Friedrich fünfzig Jahre verheiratet — oder auch nicht; wie man es nimmt! Da wird im allgemeinen das Fest der Goldenen Hochzeit gefeiert, alter Brauch ist es, der sich so lange wie die Ehe selbst halten wird. An diesem Junitag hat Elisabeth Christine ihren Mann zum letzten Mal gesehen, ein kleiner, alter, gebückter König feiert mit ihr ein trauriges Fest, der Form halber, versteht sich, ehe er wieder nach Sanssouci zurückreist, von wo er sich noch einmal meldet: "Madame, Ich bin Ihnen sehr verbunden für die Teilnahme, die Sie den Tagen eines Greises würdigen, der am Rande des Grabes steht."
Die nächste wichtige Nachricht über ihn erhält sie am 17. August 1786.

Spötter sagen, Friedrichs Leben sei von Frauen geprägt gewesen, obwohl er nie eine "richtig" besessen hat: Die Mutter, die Schwester Wilhelmine, die lose Gräfin Orzelska aus Dresden, Doris Ritter, Eleonora von Wreech, einige Potsdamer und Berliner Lottermädchen, Elisabeth Christine, Barberina, Maria Theresia, Elisabeth von Rußland, Madame Pompadour, die letzteren genannt die Unterröcke Größe I bis III, und Katharina von Rußland — eine stattliche Reihe, und einige der Damen sind ihm sogar lebensgefährlich geworden. Den meisten der Genannten ist ein Kapitel gewidmet, so daß wir hier nicht noch einmal auf die einzelnen einzugehen brauchen. Nach dem bisher Erfahrenen könnte man der Ansicht sein, Friedrich habe ein gebrochenes Verhältnis zu den Frauen haben müssen, basierend auf Enttäuschung, Desinteresse, Zwängen, Jugenderlebnissen und etwa Impotenz. Was davon wahr ist oder annähernd Realitäten entspricht, wird nicht mehr aufzuklären sein, da nur neue Schlußfolgerungen, nicht Forschungen zu erwarten sind. Interessant sind in diesem Zusammenhang Friedrichs Stellungnahmen zum Thema Frauen, Gleichberechtigung und Ehe, und hier stoßen wir auf Äußerungen, die an Modernität und Menschlichkeit nichts zu wünschen übriglassen, selbst unter der Berücksichtigung, daß

Theorie im Briefeschreiben leicht, Praxis im Alltag schwer ist und ganz unterschiedliche Gebiete sind. Friedrich stammt aus einer Ehe, die nach moralischen Begriffen mustergültig geführt wurde, eine Rarität in damaligen höheren Kreisen, und er hat das "Lotterleben" rings um ihn her zweifellos zur Kenntnis genommen. Wenigstens seit seinem Amtsantritt als König ist er Frauen gegenüber wohl stets äußerst galant und achtungsvoll gegenübergetreten.

"Aber was ist die Liebe in unserem Jahrhundert?" schreibt Friedrich an seine Schwester Ulrike in Schweden, "eine vorübergehende Laune, eine augenblickliche Neigung, die schon während der Einsegnung des Brautpaares altert und am Tage nach der Hochzeit 80 Jahre alt ist. Insbesondere nehmen die Herren Fürsten den Ehebund auf die leichte Schulter und betrachten ihre Frau viel mehr wie ein Familienstück oder wie einen ersten Dienstboten, die ihre Würde zu halten erheischt, als wie eine treue Gefährtin in guten und schlimmen Tagen oder als den einzigen Gegenstand ihrer Liebe."

Trotz seiner nach Westen orientierten Bildung war Friedrich nicht der französischen Ansicht, daß die Mätresse das Leitbild der Frau von Welt und ein Mann, der sich keine Gespielin halten konnte, kein rechter Mann sei. Wer über Frauen und die Ehe nachdenkt, muß sich mit Fragen der Erziehung des Nachwuchses befassen. Friedrich hat das getan, in bemerkenswert offener und uns auch heute noch imponierender Deutlichkeit, nämlich in seinen "Philosophischen Schriften". Hieraus sei ein längerer Auszug zitiert:

"Oft schon, muß ich bekennen, hat mich's empört, welchen geringen Wert man in Europa dieser einen Hälfte des menschlichen Geschlechtes beimißt, wie man ihrer geistigen Ausbildung jegliche Fürsorge schuldig bleibt. Wir sehen so viele Frauen, die hinter den Männern nicht zurückbleiben, unser Jahrhundert weist große Fürstinnen auf, die hoch über ihren männlichen Vorgängern stehen, wie z. B. — doch nein, ich nenne sie lieber nicht, ich würde ihnen mißfallen, wenn ich ihre edle Bescheidenheit verletzte, die all ihrem Werte die Krone aufsetzt. Eine männlichere, zielbewußtere Erziehung würde dem Frauengeschlechte ein Übergewicht geben über das unsere; den Zauber der Schönheit hat es schon für sich und verdient nicht der des Geistes vor jedem den Vorzug? Doch zurück zum Gegenteil. Die Gesellschaft kann ohne die rechtsgültige Ehe nicht bestehen, in ihr findet sie Erneuerung und immerwährende Dauer. Vernunft, Geist, Fertigkeiten, reine Sitten und persönliche Würde sollen auf beiden Seiten Grundlage der Erziehung bilden; so werden die Jungen, die in solcher Erziehung heranreifen, einst in der Lage sein, sie an die weiterzugeben, die ihnen das Leben danken.

Um nichts zu vergessen, was hier von Wichtigkeit ist, gedenke ich schließlich noch des Mißbrauchs der väterlichen Gewalt, die bisweilen die Töchter unter das Joch einer Ehe ohne jede innere Übereinstimmung zwingt. Es werden Menschen aneinandergekettet, die nach Sinnesrichtung, Neigungen und Gewohnheiten nie und nimmer zusammengehören. So gibt es zwei Unglückliche, Sinn und Zweck der Ehe sind verfehlt. Ich hege so hohe Achtung vor der väterlichen Gewalt wie keine sonst und lehne mich nicht gegen sie auf. Mein Wunsch ist aber, daß die Inhaber dieser Gewalt sie nicht mißbrauchen, indem sie ihre Kinder zur Heirat zwingen, sobald nur irgendwelche Unvereinbarkeit der Jahre und der Lebensart besteht . . ."

Diesen modernen Ausführungen ist auch heute nichts anzufügen. Sie zeigen aber auch, daß Friedrichs Gedanken nicht nur um große Weltgeschichte gekreist, sondern sich auch um sogenannte Kleinigkeiten gekümmert haben. Das ist so viel Verdienst wie einige gewonnene Schlachten . . .

Preußischer Adel

Friedrich Wilhelm hat seinen Adel fromm gemacht, fromm gegen die Krone. Das stimmt im großen und ganzen, wenn es auch noch Aufsässigkeit genug gab, aber das hatte persönliche Gründe und nicht mehr viel mit Politik zu tun. Auf dieser Basis hat Friedrich bauen können: Er hofierte wiederum mehr den Adel, bevorzugte ihn in oft unverständlicher und falscher Weise, ohne sich von ihm dreinreden zu lassen. Denn: Er konnte ihn gut gebrauchen, hauptsächlich als Soldaten. Und da haben sie ihre Pflicht erfüllt: die Offiziere und Generäle, und sind in Friedrichs Kriegen fast ausgerottet worden.

Über den preußischen, "ostelbischen", pommerschen und ostpreußischen Adel kursieren bis in unsere Zeit merkwürdige, meist falsche Vorstellungen. Gewiß sind ein paar reiche Familien darunter gewesen, gewiß auch viele hochnäsige, arrogante Typen wie überall in den oberen Zehntausend, seitdem es Klassenunterschiede gibt. Aber die Mehrzahl war ebenso gewiß ein armes, von stetigen Finanzsorgen geplagtes Volk — und das bis zum großen, gewaltsamen Umschwung in unserem Jahrhundert. Wenn sie vermögend und einflußreich gewesen wären — nie hätten sie sich derart von der Krone hernehmen lassen! Diese nachwuchsreichen Familien wußten schon in Friedrichs Zeiten nicht wohin mit ihren Kindern — also ab in die Armee mit den Jungens! Mit den Mädchen konnte auch Friedrich nichts anfangen, so viel Pfründe hatte er nicht zu vergeben.

"Soll Jungens machen", lautete seine Bemerkung an einen Vater, der seine Töchter untergebracht haben wollte. Nun hat der Krieg Gelegenheit geboten, Bürgerliche zu Adeligen aufsteigen zu lassen, was viel häufiger als bekannt vorgekommen ist. Auf jeden Fall war Friedrich ein braver Bürgerlicher lieber als ein liederlicher Adeliger, wer nicht dienen oder arbeiten wollte, war nichts wert in Preußen, mochte er auch aus erster Familie stammen. Friedrich selbst ist, wie wir erfahren haben, das beste Beispiel hierfür — aus der Sicht seines Vaters! Grundsätzlich hätte es Friedrich am liebsten gesehen, im gesamten Offizierscorps nur Adelige zu haben; das ließ sich nicht verwirklichen, besonders im Kriege nicht. Auch für die höchste Beamtenschaft wünschte er nur Adelige, ab der mittleren Ebene, die er sowieso verachtete, kam es nicht mehr so darauf an. Es versteht sich von selbst, daß in einer solchen Gesellschaftsstruktur alles von unten nach oben dem Adel zustrebt: Ein Platz an der Sonne; näher, mein König, zu dir!

Bis 1914 ist die Nobilitierung eine hohe Auszeichnung in Deutschland gewesen, in Großbritannien noch heute. Friedrich ist anzurechnen, daß er bei seiner scheinbaren Vorliebe für den Adel den kleinen Mann, besonders den Bauern nicht vergessen hat, und daß er ihn womöglich — wie berichtet — aus der Gewalt und Abhängigkeit der adeligen Grundbesitzer zu lösen suchte. Daß er damit nur bescheidenen Erfolg haben konnte, ist auch heute verständlich. Wir vergessen zu schnell, wer in damaliger Zeit der Bildungsträger gewesen ist und daß der bürgerliche Aufbruch erst später stattfinden konnte. Äußerungen Friedrichs beweisen, daß er die Zusammenhänge durchaus erkannte, — schließlich war er ein "realistischer Macher" —, aber auch, daß er einmal nicht konnte, ein andermal nicht wollte: der Staatsräson wegen. Die überlieferten Akten zeigen nur einen Bruchteil der Nobilitierungsbegehren, die an Friedrich herangetragen werden, es müssen unzählige gewesen sein, und leicht ist sein Sarkasmus zu erahnen, mit dem er diese Gesuche bearbeitet hat, abgelehnt oder entsprochen. Eine seiner Antworten, vom 9. September 1783, soll für viele andere stehen. Die Zahl der unehelichen Kinder hatte damals, hauptsächlich und auffällig in den besseren Kreisen, eine schwindelerregende Höhe, die Folge der zahllosen Mätressen, Konkubinen und Kokotten, und es galt, dem nicht legitimierten Nachwuchs bessere Chancen zu geben. Das war dem König denn doch oft zuviel, wie seine zitierte Antwort an seinen Großkanzler ausweist:

"Mein lieber Großkanzler von Carmer. Der Bombardier Woderb, Bastard des alten von Bredow soll auf die Originalanlage des Leutnant von Bredow von den Gensd'armes mit seinen Ansprüchen auf den adeligen Namen und Wappen schlechterdings abgewiesen werden. Mir kommt es angeführten Umständen nach ganz unbegreiflich vor, wie darüber nur noch einige Zweifel nach meiner neuen Justizeinrichtung obwalten können und ich werde nicht zugeben, daß durch aus den römischen Gesetzen hergeleitete Spitzfindigkeiten mein Adel mit dergleichen Bastarden verunreinigt werde. Ich weiß, daß Ihr ebenso denkt und verlasse Mich auf Eure fördersamste Verfügung als Euer . . ."

Hier wird der barsche Ton des Alten Fritz ganz deutlich, von dem mancher seiner Untertanen mehr als notwendig verletzt worden ist. Es zeigt aber auch, und unzählige andere Briefe zeigen es, um welche "Kleinigkeiten" sich Friedrich kümmerte, welche Angelegenheiten an ihn herangetragen wurden. Je älter er wurde, desto galliger klang sein Ton. Unvergessen blieb jedoch einer seiner folgenschwersten Fehler: Daß er nach dem Siebenjährigen Krieg einen großen Teil der nichtadeligen Offiziere aus der Armee entfernte, meist hochverdiente Männer, die sich nun hinausgeworfen sahen und in finanzielle Nöte gerieten. Kein Wunder, daß sie weder auf ihren König noch auf den preußischen Adel gut zu sprechen waren.

"Adel verpflichtet!"

"Ein Kluger bemerkt alles —   1. Januar 1784
ein Dummer macht über alles eine
Bemerkung"
Heinrich Heine

Randbemerkungen

Friedrichs bekannt gewordene, aktenkundige Randbemerkungen, von ihm eigenhändig niedergeschrieben, haben in mehreren Punkten höheren Aussagewert, als man sich im ersten Nachdenken vorstellen kann.

1. Sie beweisen sein enormes Erinnerungsvermögen.
2. Sie zeigen eine Sachkenntnis, die weit über das bei Monarchen übliche hinausgeht.

3. Sie dokumentieren, daß Friedrich sich tatsächlich um jede Kleinigkeit gekümmert hat.
4. Sie offenbaren mehr als die meist "wertlosen" Anekdoten den wahren Friedrich: Seine Bosheit, seinen Spott, seinen Geiz, seine Großzügigkeit, sein Gerechtigkeitsempfinden.
5. Sie legen seine Menschenkenntnis dar und damit das Wissen um die menschliche Unzulänglichkeit und Unvollkommenheit, bei sich und allen anderen.
6. Sie stellen uns seine deutsche Schreibweise drastisch vor Augen, über die an anderer Stelle mehr gesagt worden ist.

Randbemerkungen gibt es, so lange Menschen schreiben können, aber Friedrichs sind gewiß die lesenswertesten, und sie werden noch lange nach uns die Leser ansprechen und erheitern. Schon Friedrich Wilhelm liebte es, sich mit ihnen Luft zu machen, Friedrich hat diese Methode weitergetrieben. Nun muß man nicht glauben, daß die Antrag- und Bittsteller die auf ihren Gesuchen, Anträgen und anderen Schreiben gesetzten Randbemerkungen, diese Beleidigungen, Glossen, Witze und Auslassungen in dieser Form zu Gesicht bekommen haben — das wäre unmöglich und selbst dem wenig zimperlichen Friedrich nicht recht gewesen. Die ausführenden Sekretäre und Kanzleibeamten hatten Friedrichs "Willensmeinung" in höfliche Worte zu setzen, so daß der Adressat meist nichts von Friedrichs wahrer Antwort erfuhr. Hierfür ein Beispiel. Ein Pastor Moldenhauer aus Königsberg hatte einen Ruf nach Hamburg erhalten, Friedrich genehmigte "gnädig" den Stellungswechsel. Aber dann überlegte es sich der Pastor und wollte bleiben. Das erregte Friedrichs Zorn und böse schrieb er:
"der ferfluchte Pfafe weis Selber nicht was er Wil, hohle ihn der Teufel."
Das Oberkonsistorium jedoch formulierte höflich um:
"Der König lasse es bey der dem Moldenhauer einmal ertheilten Dimission bewenden."
Wer Friedrichs Marginaliensammlung studiert, aus der einige markante Beispiele zitiert werden sollen, bemerkt gewiß, daß sich sein Zorn immer dann meldet, wenn es gilt, den Beamten den Marsch zu blasen, oder den Pfaffen, oder wenn er glaubt, man wolle etwas gegen kleine Leute oder gar seine lieben Soldaten unternehmen. So droht er einem Oberjägermeister, der anfragt, ob man auf Wilderer schießen dürfe, da ein beurlaubter Musketier sich im Wildern hervortäte:
"Sie Sollen mihr Keinen Musquetier dot Schißen oder ich lassen alle vom oberjägermeister bis zum Heide läufer hangen."

Stets stellt er seine Offiziere über die Beamten, deren stete Klagen er nicht hören will:

"Die Preußesche Camer und der President zu erst Seindt Esels, die sich auf andere leute raports verlassen. Meine officiers, die in Preußen ligen, Klagen über keinen Mangel nicht."

Lesenswert sind Friedrichs Entscheidungen für seine einfachen Soldaten. Einer war wegen Zollvergehens zu 2.000 Taler Strafe verurteilt worden. Weise und in Kenntnis der Situation antwortet Friedrich:

"Bevor Ich gegenwärtiges Urteil bestätige, bin Ich doch neugierig, die Mittel zu wissen, deren man sich bedienen will, einen Soldaten 2.000 Taler bezahlen zu lassen."

Ein anderer war wegen Hurerei bestraft worden. Jetzt wird Friedrich mehr als deutlich und trifft sicherlich die Wahrheit:

"Was hat das Directorium Mit Meine Mußquetirs zu thun, wen ein jeder Minister der Huret Solte nach denen gesetzen bestraft werden so weis ich gewis das es Mit einige Schlecht aus Sehen würde, und die genigen, die Selber nicht reine Seindt die Wollen meine Musquetirs verdamm?"

Wenn es ums Geld geht, hat seine Großzügigkeit Grenzen. Als die Witwe eines Unteroffiziers um Unterstützung bat, entschied er: "Zwei Gulden. Aber sie ist jung, mus ihr gesagt werden, sie mus hüpsch arbeiten."

Kraß zeigt sich Friedrichs Aufpasserei in Geldsachen und sein "Alleswissen aus dem Handgelenk" ohne eigene Recherchen, bei einer Bemerkung vom 1. Januar 1784. Der alte König ist geizig bis zur Unerträglichkeit und will grundsätzlich die von seinen Beamten erstellten Kostenanschläge nicht ungekürzt genehmigen. Das Generaldirektorium beantragt für die Reparatur am Charlottenburger Spritzenhaus 171 Taler, drei Groschen und zehn Pfennig; in der Tat ein mit preußischer Gründlichkeit ausgearbeiteter Kostenvoranschlag. Friedrich will das nicht durchgehen lassen und schreibt eigenhändig auf den Rand:

"vohr fünfzig Taler macht man Das. Fünfzig Taler nicht einen groschen Mehr das übrige ist ein grober Dibstal."

Überall wittert er Unterschlagungen, und daß die Beamten sich zu viel in die Tasche stecken. Er weiß, daß er es doch nicht unterbinden kann, und darum besteht der Verdacht, daß der pessimistische Franzose Mirabeau mit seinen Worten recht haben kann:

"Die Manie Friedrichs alles selber zu tun, hatte zur Folge, daß er der am meisten hintergangene von allen Souveränen Europas war."

"Alle Menschen in der Welt
streben nur nach Gut und Geld;
und wenn sie es dann erwerben
legen sie sich hin und sterben"
Alter Spruch

2. Januar 1784

Königlicher Hofstaat

Wie bereits mehrfach dargelegt, hat Friedrich Wilhelm eine Zeitlang befürchtet, sein Nachfolger würde mit dem Geld, erst einmal daran gekommen, um sich werfen, so daß der sorgsam gehütete Staatsschatz binnen kurzem durchgebracht sein würde. Er hat seine Gründe gehabt, dieser alte Fuchs, so zu glauben, Friedrich selbst hat sie durch sein Verhalten geliefert. Gemessen am kargen Leben des alten Soldatenkönigs ist das Leben des jungen Soldatenkönigs allerdings erheblich aufwendiger, denn statt Erbsen mit Speck und Bier und Schnaps mag Friedrich lieber teure und kostbare Menüs und Getränke, statt ein paar Hoboisten beschäftigt er ein Orchester, und in der Freizeit jagt er nicht Hirsche und Wildschweine, sondern schreibt, dichtet und komponiert. Ein Ballett war dem Alten ein Greuel, dem Jungen ist es eine Augenweide, Schmuck verachtete Friedrich Wilhelm, Friedrich liebt und trägt ihn. Es ist nicht wahr, daß Friedrich Luxus und Aufwand nicht gemocht haben soll, außerdem hat er sich den Pflichten seiner barocken Hofhaltung nicht entziehen können. Freilich: Gemessen am Aufwand des Sächsischen Hofes, eines Ministers Brühl dort, ist Friedrichs Hofhaltung in Berlin und Potsdam provinziell gewesen. Erst der Siebenjährige Krieg hat aus ihm den alten Knauser gemacht, mit gemindertem Sinn für die Schönheiten des Lebens und der Kultur, mit beinahe völliger Mißachtung der äußeren Formen und des Aussehens — mit Ausnahme der Höflichkeit, die er nach wie vor perfekt einzusetzen weiß, wenn es nötig ist.
Benötigt der König für sich selbst an Räumlichkeiten höchstens Arbeits-, Schlaf- und Bibliothekszimmer, in Sanssouci natürlich noch den Park, so ist man doch erstaunt über den Aufwand an Personal für

Ein Hospital jener Zeit

Das Potsdamer Stadtschloß

Das Potsdamer Stadtschloß

Benjamin Franklin

seinen Hofstaat, schließlich muß alles in zweifacher Ausführung da sein: in Berlin und Potsdam. Hier eine Personalaufstellung auf das Jahr 1784, für den Hofstaat in Berlin und Potsdam:

5 Hofchargen,
7 Stallmeister mit
127 Kutschern und Reitknechten,
36 Musiker der königlichen Kapelle,
38 Mitglieder der italienischen Oper,
24 Ballettangehörige und Mitarbeiter des Theaters,
9 Gärtner,
25 Köche,
8 Kellerbediente,
3 Bäcker oder Konditoren,
4 Silberdiener und
10 Kastellane mit deren Unterpersonal.

Der Hofstaat der Königin und seiner Geschwister ist hier nicht eingerechnet. Von einer kargen Hofhaltung kann also keine Rede sein, wiederum allerdings darf man nicht mit großen europäischen Höfen vergleichen. Bekanntlich aß Friedrich gern und lange, oft mit einer zahlreichen, ausgesuchten Tischgesellschaft, so daß die Küche vollauf mit allen Mann beschäftigt war. Über seine Einnahmen hat Friedrich selbst Angaben gemacht.

"Da das Gehalt, das ich vom Staat beziehe, für die militärischen Ausgaben, wie der hohe Sold des dritten Batallions Garde, meine Überzähligen (die Unrangierten, Ersatz für die Garde), die Uniformen und Tischgelder der Offiziere, fast ganz verbraucht wird, so habe ich meine Zuflucht zu anderen Fonds genommen, die alle zusammen beträchtliche Summen ausmachen und nicht in den Staatseinkünften einbegriffen sind . . ."

Er zählt sie auf:

100.000 Taler aus Ostfriesland,
180.000 Taler Überschuß aus den Forsten,
110.000 Taler Einkünfte aus der Post,
260.000 Taler Zölle und Abgaben aus Schlesien und Salzverkauf,
56.000 Taler aus den ostpreußischen Häfen und
50.000 Taler von den Domänenkammern Ostpreußens und Litauens.

"Davon habe ich für mich 120.000 Taler genommen, die ein monatliches Gehalt von 10.000 Talern ausmachen. Alles übrige habe ich zum Wohle des Staates verwendet, teils für Festungsbauten, für die Artillerie, für die Remonte-Kasse, teils für nützliche Einrichtungen im Lande. Ja, ich habe daraus sogar Zuwendungen an den Staatsschatz gemacht, zur Abrundung seines Bestandes und zum Ersatz für schlechte Münzen."

Friedrich hat einmal geschildert, daß ihm in den Schreckensnächten des Siebenjährigen Krieges sein Vater im Traum erschienen sei, so tief seien die Erlebnisse der Kronprinzenzeit in ihm fixiert gewesen; nun, in Sachen Sparsamkeit und Geldwirtschaft wird ihm der Vater bei diesen Erscheinungen nichts vorzuwerfen gehabt haben! Die Nachfolger Friedrichs haben zwar auf größerem Fuße gelebt, aber dafür schienen sie nicht ein so gesundes Verhältnis zum Geld gehabt zu haben, denn sie hatten eigentlich nie genug . . .

"Die Wahrheit ist oft zu einfach,   16. November 1784
um Glauben zu finden"
Fanny Lewald

Anekdoten

Ein Lexikon gibt an:
"Anekdote — die witzige Kurzgeschichte von besonderen historischen Ereignissen oder Handlungen."
Danach müßte der Inhalt der Anekdoten der Wahrheit entsprechen — das ist aber nicht so! Jede bessere Tageszeitung von heute befleißigt sich, in ihrer Samstagsausgabe ein paar Anekdoten zu bringen. Dabei fällt auf,

daß Sinn, Inhalt, Zeit und Ort einer Anekdote oft auf verschiedene Personen bezogen werden, womit Friedrich, Karl der Große, Cäsar, Bismarck, Moltke und Napoleon also dasselbe gesagt und erlebt haben könnten. So wird es dem Leser schwer gemacht, auch nur ein Wort dieser Kurzgeschichten zu glauben. Schade eigentlich, denn eine Kleinigkeit Wahrheit ist oft in ihnen enthalten, wenn sie in der Erst- oder Urfassung berichtet werden. Gäbe es eine "Hitliste" für Anekdoten, dann ständen an den ersten Plätzen vermutlich: Friedrich, König Artus und Karl der Große.

Hier können nur Friedrich-Anekdoten interessieren, und nur einige können vorgenommen werden stellvertretend für eine Unzahl von ihnen. Neben den Anekdoten existiert eine Sammlung von Sagengeschichten Friedrichs, die amüsant zu lesen sind, denen allerdings nicht der geringste Wahrheitsgehalt zuzuerkennen ist. In einer Friedrich-Anekdote juristischen Themas fällt der Satz: "Ja, wenn das Berliner Kammergericht nicht wäre!" Ihn soll der Müller von Sanssouci gesagt haben, als er sich von Friedrich wegen seiner Mühle bedrängt fühlte. Obwohl in älteren Arbeiten längst nachgewiesen worden ist, daß Friedrich sich großzügig benahm und dem Müller Vogel, als die Mühle wieder florierte, nur die rechtliche Pacht abnehmen wollte, und der Müller kleinbeigab, wird der Ausspruch weiter verbreitet, um mit ihm zu dokumentieren, wie leicht der kleine Mann gegen den König recht bekommen konnte. Statt dieses markigen Ausspruchs hat Müller Vogel am 16. November 1784 nur gesagt:

"Ich bin viel zu wenig und zu entkräftet, um einen Prozeß gegen den Fiskus anstrengen zu können."

Das ist aktenkundig. Viele Anekdoten verlieren schon deswegen an Glaubwürdigkeit, weil sie mit verschiedenen Zitaten an unterschiedlichen Orten spielen, oder in Zeiten, in denen Friedrich nachweislich nicht am Ort der Handlung war. Ein böser Satz wird Friedrich in den Mund gelegt, den er sowohl nach Kolin wie nach Kunersdorf seinen flüchtenden Soldaten zugerufen haben soll:

"Hunde, wollt ihr ewig leben!"

Oder nach einer anderen Version:

"Ihr verfluchten Kerls, wollt ihr denn ewig leben?"

Beide Sätze sind für einen Mann wie Friedrich, zumal im Siebenjährigen Kriege, ganz untypisch und zwar aus folgenden Gründen: Jeder Feldherr, der mit den Truppen mitten in die Schlacht geht, liebt seine Soldaten, und Friedrich tat dies ganz besonders. Er steht da in einer Reihe mit Cäsar, Gustav Adolf, Prinz Eugen und Napoleon. Bedenken

wir doch einmal, daß die militärische Menschenverachtung ein Produkt unseres Jahrhunderts ist, wo der Soldat "ferngelenkt", ohne Kontakt mit seinem höchsten Kommandanten in den Kampf geschickt wird. Getreu dem Wahlspruch seines Vaters:
"Menschen achte ich vor (für) den größten Reichtum"
liebte Friedrich seine Grenadiere viel zu sehr, um sie derart anzusprechen. Echter klingt da schon die Überlieferung, wie Friedrich seine Soldaten begrüßte, wenn er sie beim Exerzieren besuchte:
"Guten Tag, Kinder!"
Dann kam die Antwort:
"Guten Tag, Fritz!"
Das berichtet Friedrich Nicolai in seinen Anekdoten, und er verstand unter ihnen eben doch die kurzgefaßte Geschichte. Es ist unmöglich, auf die vielen Anekdoten einzugehen, die über Friedrich kursieren, von denen gar nicht bestritten werden soll, daß Fünkchen der historischen Wahrheit in ihnen glühen; oft sind sie so typisch, auf Friedrichs Charakter abgestimmt, daß man sie gerne glauben möchte. Kritisch wird es, wenn sie in die Geschichtsschreibung Eingang finden, wovor kein Autor wirklich geschützt sein kann: Zu vieles aus Friedrichs Leben ist unwissenschaftlich überliefert, weniges dagegen eindeutig nachweisbar. Das trifft auch — leider — für seine sogenannten letzten Worte zu, ehe er in den Dämmer der endgültigen Bewußtlosigkeit versank. Carlyle überliefert in seiner "History of Frederic II" den letzten Satz:
"La montagne est passé, nous irons mieux"
"Der Berg ist hinter uns, jetzt wird es besser gehen."
Er klingt sehr romantisch, ist aber nicht nachweisbar. Nach einer anderen Version galten Friedrichs letzte Worte der Fürsorge seiner Hunde, nach einer weiteren soll er gesagt haben:
"Ich bin es müde, über Sklaven zu herrschen."
Alle diese Angaben sind in den Bereich der Anekdoten zu verweisen, denn nicht eine hält wissenschaftlichen Prüfungen stand, und es besteht keine Aussicht, in dieses Dunkel jemals Licht zu bringen. Mißt man die Popularität einer historischen Größe an der Menge der umlaufenden Anekdoten, dann stimmt das Verhältnis bei Friedrich. Viele Personen seines engeren Umgangs haben zu interessanten Geschichten beigetragen, oft nach eigenem Gutdünken umgefärbt, wie der ehrenwerte Voltaire seine Memoiren. Nach Friedrichs Tod erschienen Berichte und Bücher, die er niemals gutgeheißen, deren Angaben er anhand von Akten hätte widerlegen können — was macht's: Einem wirklichen Großen können auch kleinliche Anekdoten nichts anhaben!

"Wüßte ich nicht, daß die Treue   25. Dezember 1784
so alt ist wie die Welt, so
würde ich glauben, ein deutsches
Herz habe sie erfunden"
Heinrich Heine

Ahnherr aller Husaren

Zwei unterschiedliche Einstellungen und Urteile Friedrichs in Sachen Husaren sollen hier gebracht werden.

1. Auf die Heiratsgesuche mehrerer Rittmeister der Husaren antwortete Friedrich:
   "wann Huzaren Weiber nehmen So Seindt Sie Selten noch dan ein Schus pulver wert . . ."

2. Als aber Hans Joachim von Zieten am 7. April 1764 eine neue Ehe anstrebt, da seine erste kinderlos geblieben ist, zeigt Friedrich sich erfreut und äußerst galant:
   "Ich accordire Euch hierdurch mit vielem Vergnügen den von Euch in Eurem Schreiben vom 4. dieses (Monats) gebetenen Konsens. Zu Eurer vorhabenden Heirat mit einem Fräulein von Platen, und wünsche Euch zu Eurer Verbindung alles Glück und Vergnügen, das Ihr nur dazu wünschen und verlangen möget; wie Ich denn, wenn Ich wüßte, wo Ihr Euer Hochzeitsfest celebriren werdet, selbst dann kommen würde, um auf selbigem zu tanzen."

Hans Joachim von Zieten, am 18. Mai 1699 geboren, ist nun 65 Jahre alt, hat alle Stürme der drei Schlesischen Kriege überstanden und ist bereits Legendengestalt geworden — wenn auch die meisten Anekdoten und Geschichten um ihn erst noch entstehen werden. Da er oft mit "H" geschrieben wird, sei klargestellt, daß er sich selbst stets ohne geschrieben hat, und die Familie ebenfalls.

"Zieten aus dem Busch", und "der Mann der hundert Anekdoten", wie Theodor Fontane ihn nennt, ist der Prototyp des altpreußischen Generals und hat fast nur Positives an sich: Bescheidenheit, Pflichtauffassung, persönlichen Mut, dazu eine nötige Umsicht für das Gesamtgeschehen einer Schlacht, ohne ein großer Feldherr und Diplomat zu sein - das konnte er getrost seinem König überlassen. Mit Soldaten dieser Art hat Friedrich überleben können. Es ist hier nicht der Platz, auf alle einzelnen Taten Zietens während der Kriege einzugehen, wichtiger erscheint die Herausstellung der Persönlichkeit und das Verhältnis zum König. Nur sechs Jahre, nachdem er sich vor der Schlacht von Torgau aus ihn umstellenden österreichischen Husaren herausgehauen hatte, kaufte er "ganz Wustrau" auf, seinen Geburtsort, und zeigte damit, daß er auch mit dem Pflug gut umgehen konnte. Als Sohn eines keineswegs reichen Rittergutsbesitzers der Mark Brandenburg ist Zieten stets ein einfacher, bescheidener Mann gewesen, der seine Chance eben durch Friedrichs Kriege bekommen hatte. Sein Leben ist eine Folge von Beförderungen, schon bei Friedrich Wilhelm ist er Soldat gewesen: 1720 Fähnrich, 1726 Leutnant, 1731 Rittmeister, 1736 Major, 1741 Oberst, 1744 Generalmajor, 1756 Generalleutnant und 1760 General der Kavallerie, damit Führer einer Heeresgruppe.

Zieten war alles andere als ein rücksichtsloser Draufgänger, kein Seydlitz-Typ, eher bedächtig, wohlüberlegt, was Friedrich nicht immer recht gewesen ist. Besonders bei Torgau hat er dadurch nicht die beste Figur gemacht, denn der Anstoß zum Sieg kam vom Hauptmann von Gaudy, einem Berater des Generalleutnants Hülsen. Viele der erwähnten Zietenanekdoten sind bewußt in Umlauf gebracht worden und vollkommen unhistorisch, wenn sie auch interessant zu lesen sind. Richtig ist jedoch, daß Zieten mit seinen Husaren einige tolle Stückchen vollbracht und entscheidende Leistungen geboten hat, sonst hätte des Königs Gnadensonne nicht bis zum letzten Tag auf ihn scheinen können. Zeichnungen und Gemälde zeigen Zieten meist als einen ein wenig schrulligen Kauz, der er durchaus nicht gewesen ist, wenn auch der Umgang mit ihm für Friedrich mitunter schwierig war. Nach dem Krieg bewirtschaftete Zieten seine Güter mit Erfolg, lebte aber in den späteren Jahren in Berlin, wo Friedrich ihn regelmäßig bei seinen Berlinaufenthalten aufzusuchen pflegte. Sorgend ist ein Brief aus jenen Tagen, in dem Friedrich ihm rät, sich zu schonen und sich warm anzuziehen. Der 85jährige erscheint am 25. Dezember 1784 im Parolesaal des Schlosses, das beigefügte Bild zeigt diese Szene, in der Friedrich sagt: "Mein lieber alter Papa Zieten, setze Er sich doch", und hilft ihm beim Niedersetzen. Nicht verbürgt ist eine ähnliche Szene, wo Zieten eingeschlafen ist, und Friedrich ihn weiterschlafen läßt:
". . . der hat lange genug für uns gewacht."
Glaubwürdiger ist nämlich, daß Friedrich dies auf einer Marschpause zwischen Schweidnitz und der Lausitz, Zieten war eingeschlafen, gesagt hat, der Zeichner fand es nur interessanter, die Szene an die königliche Tafel zu verlegen.

Die langandauernde Popularität Zietens zeigt, — das gilt auch für die anderen großen Generäle Friedrichs —, daß der Unterführer oft in Sachen Ruhm und Ehre besser davonkommt als der eigentliche Heerführer, der ihn eingesetzt hat. Wenn auch der heutige Mensch wenig Verständnis für militärische Heldentaten und Bravourstücke aufbringen mag, so darf doch nicht außer acht gelassen werden, daß ganze Generationen vor uns sich an der Figur eines Zieten erbaut und ergötzt haben, einer Figur, die in das Soldatenleben und -denken jenen Schuß Humor gebracht hat, der ihm, diesem Leben und Denken, einen Teil des Schreckens und Grauens genommen hat. Je mehr Anekdoten — desto populärer, eine Regel, der auch Friedrich selbst ausgesetzt ist. Zietens erste Ehe ist kinderlos geblieben, in seiner zweiten wurde er im Oktober 1765 Vater, und Friedrich ließ es sich nicht nehmen, ihn am 15. Oktober in der Berliner Kochstraße Nr. 62 — mit der Königin! — aufzusuchen, um Taufzeuge des Sohnes zu sein. Dieser Sohn, der letzte der Linie, stirbt hochbetagt im Jahre 1854, als Preußen einem weiteren Höhepunkt zusteuert.

Durch Berlin

Die ganze Straße vom Hallischen Tor, das Rondell, die Wilhelmstraße,
bis zum Palais der Prinzessin Amalie steht voll von Menschen, alle Fenster belegt, die Köpfe entblößt, tiefes Schweigen, in den Gesichtern
Ehrfurcht, Vertrauen und Anerkennung, als Lärmkulisse nur das Geschrei der Berliner Gassenjungen, die überall sind, wo etwas los ist.
Durch das Spalier der Menschen reitet ein alter Mann auf altem Pferd,
dem Schimmel Condé, gefolgt von den Generälen, Adjudanten und
Reitknechten. Pausenlos nimmt der Alte seinen Hut ab, vom Hallischen Tor bis zur Kochstraße wohl zweihundert Mal, und zwar in
durchaus origineller und abwechslungsreicher Weise: Jetzt lüftet er ihn
nur ein wenig, nun hält er ihn eine Zeitlang neben dem Kopf, dann läßt
er ihn bis zum Ellenbogen absinken; so als gelte es, die Menschen an
den Straßen entsprechend ihrem Verdienst, unterschiedlich zu würdigen. Das ist natürlich nicht der Fall. Kaum hat er den Hut aufgesetzt,
zieht er ihn erneut, und das immer wieder, bis er sein Ziel erreicht. Neben seinem Pferd laufen die Gassenjungen, brüllend, tanzend, werfen
die Mützen in die Luft, wischen ihm den Staub von den Stiefeln. Nach
wie vor steht die Menge der Erwachsenen schweigend, nicht gerade an-
dachtsvoll wie in einer Kirche, aber andächtig, gerührt, ergriffen: Es ist
der Hauch der Achtung, der wie unsichtbarer Nebel, aber spürbar,
über den Köpfen schwebt. Aus Gewohnheit weiß die Menge, wohin
der Ritt geht, und bis an den Endpunkt hat sie die Straße besetzt: Das
Palais der Prinzessin Amalie, seiner Schwester. Ohne Nachhilfe irgend
eines Polizisten haben die Menschen am Vorhof genügend Platz frei gelassen für den Alten und seine Begleiter. Die Flügeltüren des Palais öffnen sich, gestützt von zwei Begleiterinnen wankt die alte, lahme Prinzessin ihrem Bruder entgegen. Er bietet ihr den Arm, nachdem er rasch
vom Pferd gesprungen ist, das Paar tritt ein, und die Türen schließen

sich hinter ihnen. Schweigend und ergriffen steht das Volk noch eine Weile herum, die Blicke kaum von der Stelle wendend, wo die beiden alten Menschen entschwunden sind. Dann trollt sich jeder heim und an die Arbeit.

Was ist geschehen? Ganz einfach: Friedrich, von der Truppenrevue heimkehrend, müde und staubbedeckt, hat in altgewohnter Weise, wovon die Berliner längst wissen, Schwester Amalie seine Aufwartung gemacht. Ein König in den Straßen seiner Hauptstadt! Keine Trommeln und Trompeten, keine Vorreiter, keine Pracht? Kein besonderes Ereignis? Keine Abschirmung der Person, kein Schutz? Nichts von alledem! Das Schweigen des Volkes beweist, es weiß, wen es vor sich hat. Einen 73-jährigen König, der arbeitet und schuftet wie es selbst, das Volk. Kein Honigschlecken in Preußen, beinahe für niemanden, und wenn königliche Verschwendung für Hofhaltung und Luxus, dann immerhin weniger als an allen andern Höfen des Deutschen Reiches, und dieser König würde schaffen, bis sein Körper und Geist dieses verhindern würde. Es ist hier, in diesen Jahren, in Preußen das eingetreten, was alle Regierenden sich immmer wieder vor Augen führen sollten: Nur das gute Beispiel, das Vorangehen und Vormachen bringen Ehrfurcht, Vertrauen, Bewunderung, Stolz und — Nachahmung. Zweifellos spürt das Volk das Zuendegehen einer Epoche, eben der friderizianischen, manche mögen nur durch einen derartigen Ritt erinnert werden, daß der Alte von Sanssouci noch lebt. Legenden und Anekdoten haben das Ihrige getan, ihn in Fernen rücken zu lassen. Die Menschen wissen an einem Tage wie diesem gewiß, daß er vom mühsamen Tagwerk heimkehrt, der Truppenschau, Manövern, die er sich nach wie vor nicht entgehen läßt, nicht ein einziges Mal seit 1740, und wie er seine Begleitung, vom General bis zum Reitknecht, herannimmt bis zum Umfallen, also nicht nur die einfachen Soldaten, Grenadiere, Reiter und Kanoniere.

Wo im ganzen Heiligen Römischen Reich Deutscher Nation, das noch immer nominell aber nicht im Bewußtsein der einfachen Leute existiert, mag es einen Landesvater geben, der "diese stille Verehrung ohne Jubel" verdient!

"Doch mit des Geschickes Mächten   23. Juli 1785
ist kein ew'ger Bund zu flechten"
Schiller

Der Fürstenbund

Wenn Friedrich in diesen Tagen an die Zukunft Preußens denkt, wird ihm unwohl. Aus verschiedenen Gründen:

1. Wegen des Thronfolgers, den er genau erkannt zu haben glaubt, schwächlich, ein Liederjan, der nach seinem, Friedrichs Tode, bald alles Erreichte durchgebracht haben würde.
2. Preußen steht in Europa seltsam beängstigend isoliert da, als Folge des guten, bedrohlichen Einverständnisses zwischen Österreich und Rußland.
3. Nicht er, Friedrich, ist nun der Unruhestifter Mitteleuropas, sondern sein Gegenüber auf der anderen Seite, der Friedrichbewunderer Joseph II., Kaiser des Deutschen Reiches und König von Böhmen und Ungarn.

Allen Europäern sitzt noch der Schock von 1779 in den Knochen, und nun mehren sich die Zeichen, daß Joseph, gestärkt durch Rußland hinter sich, auf kaltem Wege doch noch in den Besitz Bayerns gelangen möchte. Friedrichs Idee eines Bundes der deutschen Fürsten, große und kleine, Duodezherren und andere, stammt nicht erst aus 1784, schon einen Versuch hat er gemacht, aber er weiß, daß er sie nur vereinigen kann, wenn Gefahr im Verzuge ist. Das scheint nun der Fall zu sein: Der Kaiser bietet dem Kurfürsten für Bayern die österreichischen Niederlande an, was dieser nicht übel findet, ist er die ewige Bedrängung doch endlich los und kann sich, mit Sitz in Brüssel, dort oben eine schöne Herrschaft ausbauen. Deutschland stöhnt empört auf ob dieses Planes, Friedrich beeilt sich, Öl ins Feuer zu gießen und sich als Schutzherr der vielen deutschen Fürstenhäuser anzubieten. Diesmal hört man auf ihn.

"Der Zweck dieses Bundes", schreibt Friedrich, "der kein Angriffsbund ist, muß in der einzigen Absicht bestehen, die Rechte und Freiheiten der deutschen Fürsten aufrechtzuerhalten, und zwar ohne Un-

terschied der Religion ... Ein solcher Bund, wie ich ihn vorschlage, hat nur den Zweck, die Besitzungen eines jeden zu sichern und zu verhindern, daß ein ehrgeiziger und unternehmender Kaiser darauf ausgeht, die deutsche Verfassung umzustürzen, indem er sie in ihren einzelnen Teilen zerstört. Wenn man hierin nicht rechtzeitig Fürsorge trifft, wird der Kaiser alle seine Neffen von Florenz und Modena mit den Bistümern, Erzbistümern und Abteien Deutschlands ausstatten." Das ist eine deutliche Sprache und trifft den Kern der Sache. Joseph wird von Friedrich ganz richtig eingeschätzt — das hatte Friedrich schon bei den beiden Treffen gut erkannt, als tatsächlich ehrgeizig und unternehmungslustig, jetzt, wo die Kaiserin Maria Theresia ihn nicht mehr bremsen kann wie bei der Eskapade des Erbfolgekrieges von 1779.
"Ich gehe indessen zu den Vätern", klagt der alte Friedrich in diesen Tagen, "und lasse dieses Land ohne Bündnisse, ohne Freunde und in einer Lage, wo es den Schlägen, die der Kaiser gegen dasselbe zu führen sinnt, nicht begegnen kann. Preußen muß notwendig Verbündete haben!"
Als Friedrich bemerkt, daß Rußland an den Plänen des Kaisers keinen Anstoß nimmt, fühlt er sich bedroht und versucht, Frankreich als Bundesgenossen zu gewinnen; aber so weit will man in Paris nicht gehen, obwohl man nicht dulden kann, daß Österreich durch den Erwerb Bayerns in Deutschland allzu mächtig wird. Inzwischen erhält Friedrich die ersten positiven Zusagen einiger deutscher Fürsten für die Gründung eines Bundes. Hannover wird gewonnen und auch der Herzog von Zweibrücken, ein Verwandter des Kurfürsten von Bayern.
Friedrich beschimpft in seiner Polemik den Kaiser "einen Ländergierigen, von bösen Dämonen besessenen Menschen", der Luxemburg an Frankreich ausliefern wolle. Wenn die deutschen Fürsten jetzt nicht vereint Paroli böten, würden sie eines Tages, einer nach dem anderen, den Eroberungsgelüsten des despotischen Reichsoberhauptes anheimfallen. Sachsen kann gewonnen werden, auch für den Fall, daß Preußen und Österreich noch einmal gegeneinander Krieg führen würden. So gründen Preußen, Hannover und Sachsen am 23. Juli 1785 den von Friedrich angeregten Deutschen Fürstenbund, dem dann weitere Fürsten folgen: Sachsen-Weimar, Gotha, Braunschweig, Mainz, Hessen-Kassel, Baden, später noch eine Reihe kleinerer Fürsten. Auch geistliche Fürsten sind dabei, deren Herz naturgemäß mehr an Österreich als an Preußen hängen müßte. Sie alle sind durch das despotisch-ungeschickte Verhalten des Kaisers derartig verstört und verschreckt, daß sie sich gegen ihn und seine Pläne stellen. Zum zweiten Mal hat

Friedrich das Reichsoberhaupt in seine Schranken verwiesen, einem Kleinen gegen einen Großen geholfen, und wenn auch der praktische Erfolg nicht überbewertet werden sollte, der diplomatische und moralische ist außerordentlich. Zwar ist die Feststellung "Vorbei ist jetzt der Ferdinande" übertrieben, wie die weitere Entwicklung gezeigt hat, aber Friedrich gilt nun als ein Retter der deutschen Verfassung. Besonders die Bayern überschlagen sich in Dankbarkeitsäußerungen wie vorher, 1779 schon, auch wenn der kleine Mann im Volke nicht begreift, warum der Alte im fernen Sanssouci sich für ihn eingesetzt hat. Der alte Fuchs, schon Legende, seine Zeit scheint dahin zu sein, da gelingt es ihm noch einmal, die Ansprüche des mächtigen Wiener Hofes zurückzuweisen. Preußen ist aus der politischen Vereinsamung herausgekommen, der Gesamteindruck bleibt, daß das alles nur diesem Meister der Staatskunst zu verdanken ist. England und Frankreich, stets am Gleichgewicht im Herzen Europas interessiert, stehen dem Werk des Königs wohlwollend gegenüber, womit Preußens europäische Stellung gestärkt wird. Damit stärkt sich auch Preußens Stellung gegen die beiden Verbündeten, Rußland und Österreich, woran Friedrich am meisten gelegen ist. Er weiß, daß seine Regierung zur Neige geht, — sein schwacher Thronfolger wurde schon erwähnt —, und er hat noch ein Jahr Zeit, sich inneren Geschäften zuzuwenden . . .

Berliner Charité

"Ich habe den Auftrag, diese gegenwärtige Feierlichkeit im Namen des königlichen Armendirektoriums mit Dank und Wunsch zu begleiten . . . Es soll der Grundstein zu einem neuen Charitégebäude gelegt werden, nachdem das bisherige, welches König Friedrich I. 1702 gegründet und König Friedrich Wilhelm 1727 vergrößert hat, teils baufällig, teils zu den vermehrten Bedürfnissen unbequem geworden ist; und es ist unser allergnädigster König, der auch daran seine landesväterliche Milde verherrlicht . . . Und so stimmt denn ihr alle, die ihr hier zugegen seid, mit uns in diesen Gesang gegen Gott und den König ein, da nun unser verehrungswürdigster Chef selbst diesen Grundstein zu legen geruhen wird. So sei er denn festgelegt, dieser Stein; daß das darauf zu erbauende Haus ein langdauerndes Denkmal göttlicher Fürsehung, und der königlichen Größe ein Wohltun sein möge. Und so lebe er denn, der König! Daß er auch an diesem vollendeten Hause sich seines Wohltuens freuen möge. Gesegnet sei sein Alter und gesegnet der Flor des ganzen königlichen Hauses."

Oberkonsistorialrat Propst Teller hat diese im Auszug gekürzte Ansprache zur Grundsteinlegung des Erweiterungsbaues der alten Berliner Charité am 3. August 1785 gehalten. Der Bau ist nötig geworden, da das alte Haus allein die wachsende Zahl der Kranken und Bedürftigen nicht mehr aufnehmen kann. Friedrich bewilligt hierfür 40.000 Taler und beweist, wie sehr ihm das Wohl der Kranken am Herzen liegt. Doch weiß er: Dieses sind nur Tropfen auf einen heißen, alles aufsaugenden Stein, die lindern, nicht aber das Elend der Medizin seines Jahrhunderts abschaffen können. An unseren heutigen Maßstäben gemessen war das Charité damaliger Zeit nichts als ein "Saustall", und doch — es war eines der modernsten und bekanntesten Häuser Europas, das zu besuchen Menschen von weit hergereist kamen. Alles ist nur nach den Maßstäben der Zeit zu messen, nicht der Zukunft, solange der Mensch lebt, hat er sich um seine hilflosen Mitbürger gekümmert, immer im Rahmen seiner Möglichkeiten, die niemals ausreichend gewesen sind, noch sein werden. Bis tief in das 18. Jahrhundert hinein ist die ärztliche Kunst nicht viel mehr als eine Naturheilkunst gewesen, nicht viel weiter entwickelt als zu Zeiten der alten Ägypter, Griechen und Römer; man wußte das und sah seine Grenzen.

Das dreistöckige Haus der Berliner Charité von 1727, aus vier Flügeln bestehend, die einen geräumigen Hof einschlossen, lag im äußersten

Charité in Berlin

Nordwesten Berlins. Im unteren Geschoß befand sich das Hospital, in den beiden oberen die Krankenstuben, Entbindungs- und Operations-säle. Außerdem gab es Wohnung für Personal und Geistliche. Durchaus nicht selbstverständlich für jene Zeit war, daß jeder Kranke sein eigenes Bett besaß. Bis zu 24 Patienten lagen in einem Saal, jeder Patient hatte zwar sein eigenes Nachtgeschirr fürs kleine Geschäft unterm Bett stehen, fürs große gab's jedoch einen allgemeinen Nachtstuhl, auch

"Kackstuhl" genannt — eine Organisation, die auch unserem Jahrhundert noch bekannt ist. Die Säle sind in eine innere und äußere Station geteilt.

"Jene", schildert ein Zeitbericht, "begreift alle Krankheiten in sich, deren Übel im Körper größtenteils sitzt. Dahin gehören alle Fieberarten, Auszehrung, Hektik und so weiter. Diese fasset alle äußerlichen Krankheiten in sich, zum Beispiel offene Schäden, Beinbrüche. Zur letzteren gehören auch alle Zimmer, worinnen die venerischen Krankheiten und Infizierten sind."

Während einige Berichte sich lobend äußern, beschreiben andere die mit "bösen Dünsten und stinkender Luft" angefüllten Räume, wo Kranke mit offenen Wunden lagen, soll ein widerwärtiger Geruch von Eiter und faulem Fleisch geherrscht haben, so daß mit Essig und Wacholderbeeren geräuchert werden mußte. Als Folge der miserablen Luft und der Ansteckung sind Schwindsüchtige und hektisch Kranke selten mit dem Leben davongekommen.

"Man sollte", lautet ein modern anmutender Vorschlag, "dergleichen Kranke in einem abgelegenen Teil des Hauses in gesunde Zimmer legen und ihnen den schönen Garten einräumen, um die frische Luft einzuatmen, die Wirkungen der Natur zu befördern, die allemal besser ist als alle Arzeneien."

Neben Hofrat Henkel war um 1785 der bekannte Dr. Selle, Friedrichs Leibarzt, Chef der Charité. Die Medikamente für das Krankenhaus lieferte die königliche Hofapotheke kostenlos. Hauptsächlich finanzierte sich das Haus aus Dotationen, Stiftungen und Schenkungen — schon damals konnten durch die Patienten selbst die Kosten nicht gedeckt werden. Nicht nur akut Kranke, auch alte, sieche Menschen, werden im Charité aufgenommen, bis sie vor Alter sterben.

"Alle in Unehren und ehelich Schwangergewordenen können sich, wenn es ihnen an Vermögen fehlt, in der Stadt zu unterhalten, in die Charité begeben und da selbst Wochen halten."

So war den zahlreichen Berliner Prostituierten hier Gelegenheit gegeben, ihre Kinder auszutragen und sie nicht umzubringen. Für Verrückte gilt:

"Sie werden, wenn sie in Wildheit verfallen, an das Bett geschraubt und dadurch ganz außerstande gesetzt, sich zu rühren." Die damals akuten Epidemien füllten das Krankenhaus oft schlagartig, darunter auch die weit verbreitete "Lustseuche". Von Anfang an ist die Charité Lehranstalt gewesen, obwohl die Universität erst viel später gegründet worden ist. Besonders sind unzählige Hebammen dort ausgebildet worden, denn Friedrich hatte angeordnet, "daß daher keine Wehemutter in der Mark angesetzt werden darf, die nicht ein Zeugnis aufzuweisen hat, daß sie auf der Charité accouchieren gelernt hat."

"Menschen achte ich vor den größten Reichtum."
Dies hatte Friedrich Wilhelm gesagt, und er meinte damit, in unsere heutige Formulierung gebracht:
"Menschen erachte ich für den größten Reichtum."
Sein Sohn denkt da nicht anders. Daher Friedrichs Bemühungen um die medizinische Versorgung auch im zivilen Bereich, nicht nur im militärischen, wovon schon die Rede gewesen ist.

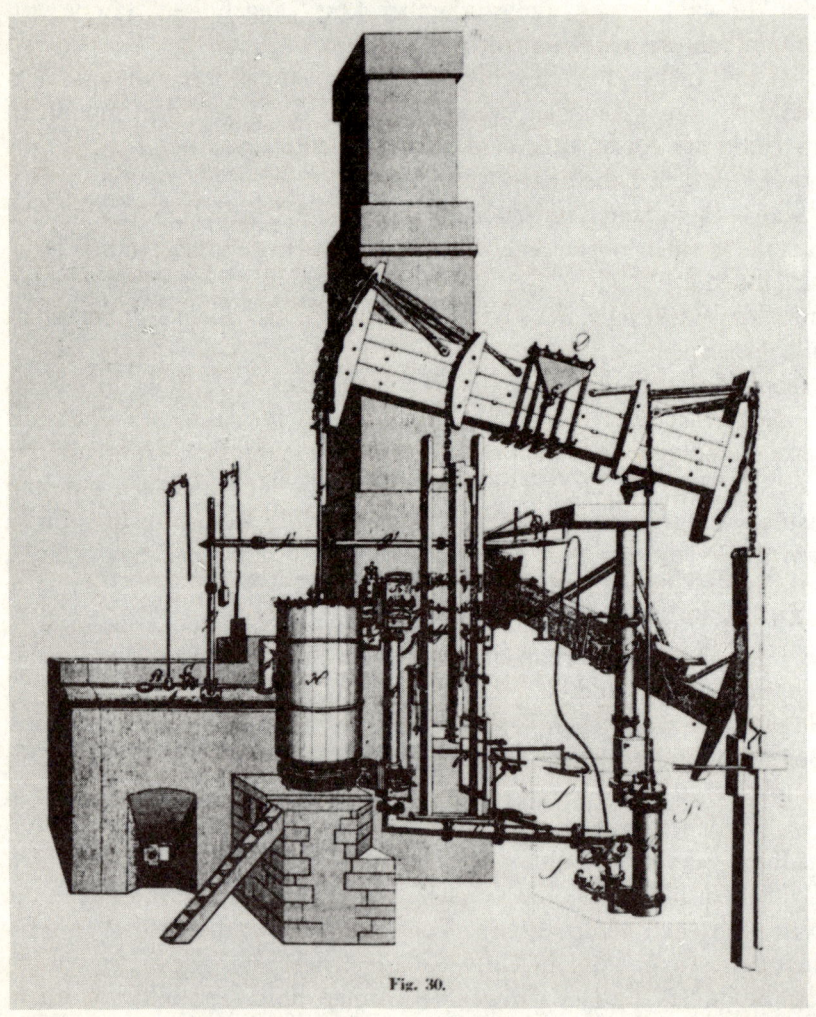

Fig. 30.

*Zinnfiguren-Darstellung
Friedrichs*

*Friedrichs Arzt
Dr. Zimmermann*

Friedrichs Leibarzt Dr. Selle

*Friedrich in seinen
letzten Tagen.*

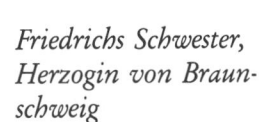

*Friedrichs Schwester,
Herzogin von Braun-
schweig*

"Wohltätig ist des Feuers Macht,   **23. August 1785**
wenn sie der Mensch bezähmt, bewacht . . ."
Schiller

Preußische Dampfmaschine

"Am 23. August 1785 kam an dieser Stelle zum ersten Male eine aus deutschem Material und von deutschen Arbeitern hergestelle Feuermaschine in Betrieb zu dauernder gewerblicher Benutzung."
Hundert Jahre nach diesem Ereignis widmen deutsche Ingenieure der ersten preußischen Dampfmaschine auf einer metallenen Platte, eingelassen in einen Granitblock im Halberstädtischen, diesen Satz. Was heute selbstverständlich oder bereits überholt ist, war damals, im 18. Jahrhundert, technische Revolution. Rationalisierungsbestrebungen sind so alt wie die Menschheit, seit der Mensch lebt, sucht er Arbeitserleichterungen. Das war der Antrieb im Ausgang der friderizianischen Aera. Mit dem Ausklang seines Erdendaseins trifft Friedrich eine Entscheidung, die seine praktische Denkweise enthüllt, seinen Weitblick bestätigt und sein Interesse für Industrie und Wirtschaft dokumentiert. Mit einer einzigen Maschine die Kraft von wenigstens hundert Pferden nutzen: Keine Utopie mehr und für den faszinierend, der Phantasie genug hat, an technischen Fortschritt zu glauben. Die verschiedenen Versuche mit Dampfmaschinen reichen so weit zurück, daß hier nicht darauf eingegangen werden kann. Auch damals geschieht nichts ohne Rentabilitätsberechnungen, wie ein Friedrich Kessler darlegt:
"…sind also die Kosten der Feuermaschine jährlich 466 Taler und so der Profit vor den Pumpen mit Menschen 1.393 Taler vier Groschen…"
Erst die Maschine des Schotten James Watt ist es, die sich in Deutschland durchsetzen kann, und für lange Zeit wird man ihr nichts entgegensetzen können. Fähige Männer des preußischen Bergbaues erkennen den Vorteil einer Dampfmaschine für ihren Bereich: Minister von Steinitz, Oberbergrat von Reden und Bergassessor Bückling. Graf von Reden, der Schöpfer der Oberschlesischen Industrie, hat Friedrich überzeugen können, daß für einen Schacht bei Hettstädt, wo für die erforderliche Wasserhaltung mehr als hundert Pferde benötigt würden, eine Dampfmaschine diese hundert Pferde ersetzen könnte; allein die Haltung der Pferde wäre kaum möglich, die Kosten beinahe uner-

schwinglich. Friedrich willigt ein: Aus dem Landesmeliorationsfonds, der nur für Unternehmungen da ist, die dem Wohle der ganzen Monarchie dienen sollen, bewilligt er die Mittel für die Herstellung der Maschine im eigenen Lande. Also kein Ankauf aus England! Kessler hatte ausgeführt:

"Wenn erwähnte Maschine nur in einer Minute zehn mal zu heben zugelassen wird, so tut solche so viel, als 36 Mann oder 6 Pferde in 24 Stunden kaum tun können . . ."

Bergassessor Bückling wird auf Order Friedrichs nach England entsandt.

"Er war so glücklich, die Boultonsche Feuermaschine, deren Mechanismus die französischen, nach London geschickten Akademisten vergebens zu erforschen bemüht gewesen sind, genau zu untersuchen und ihren Mechanismus sowohl als das Verhältnis aller ihrer Teile sorgfältig zu berechnen."

Nach der Rückkehr baut Bückling ein Modell der Maschine, das so überzeugt, daß 1783 der Befehl zum Bau der ersten Dampfmaschine in Preußen ergeht. Alles wird selbst gemacht, in durchaus moderner Arbeitsteilung: Der Dampfzylinder im königlichen Gießhaus zu Berlin, Kolbenstange und Schmiedeteile kommen von einem oberschlesischen Eisenhammer, Gußteile aus Zehdenik in der Mark Brandenburg, den Dampfkessel fertigt der königliche Kupferhammer in Neustadt-Eberswalde, die Pumpen werden im Harz hergestellt. So kann getrost behauptet werden, daß ganz Preußen an der Dampfmaschine beteiligt gewesen ist, die am 23. August 1785 in Betrieb gesetzt wird.

"Die Maschine hebet in einer Minute 18 Mal und gießet auf jeden Hub drei Kubikfuß Wasser. Die Kraft derselben ist übrigens der Kraft von 108 Pferden gleich."

Natürlich ist diese Dampfmaschine nicht fehlerfrei gelaufen, der Kessel brannte durch, Erkenntnisse konnten jedoch gesammelt werden, ein Anfang war gemacht, die Industrialisierung eingeläutet — immerhin hat diese Maschine, einmal abgebrochen und versetzt, bis ins Jahr 1848 Dienst getan. Wie bei allen technischen Neuerungen, die Arbeitsplätze wegrationalisieren, hat es auch Ablehner und Feinde gegeben. Friedrichs Verdienst ist, die Zeichen der Zeit erkannt zu haben, für einen "weisen Plusmacher" nicht allzu schwer, so abgeschlossen sitzt er eben nicht in Sanssouci, so offen sind seine Ohren eben doch den guten Ratschlägen brauchbarer Männer! Nur wenige Jahrzehnte später, und Dampfmaschinen haben sich überall durchgesetzt: In Schiffen, Lokomotiven und stationär.

"Was man in der Wiege lernt,   24. August 1785
das dauert bis ins Grab"
Französisches Sprichwort

Manöver in Schlesien

"ich Wehre den 20sten umb 10 Uhr ins Lager Seindt den 19. und 20ten können Sie Exserciren zusammen, den 20sten wehre nur die Fr. Corprals neüe untroficirs und Recruten Sehen den 21. wehre ich die Cavalerie allein Sehen, den 22ten Infanterie, und So alle Tage bis inclusive den 25 wohr nach den Menoeuvre die Regimenter nach Dero Garnisons Marchiren."

Dies ist der handgeschriebene Zusatz unter einen Brief aus Potsdam vom 13. August 1785 an den Breslauer General von Tauentzien, mit dem Friedrich sich für das Schlesische Manöver ankündigt. Daß Friedrich nie Rücksicht auf seine Person genommen hat, was Gesundheit, Äußerlichkeiten, Gefahren und Wohlergehen anbetrifft, ist bekannt und legendär. Seine Einstellung hat sich auch im Alter nicht gebessert, wovon seine Umgebung und Begleitung leidvoll ein Liedchen singen kann. Was er sich jedoch bei den Schlesischen Manövern anno 1785 geleistet hat, spottet eigentlich jeder Niederschreibung; aber es wirft ein weiteres faszinierendes Licht auf ihn: Das Licht, das ihn einerseits gefürchtet, zum anderen populär und berühmt gemacht hat. Gesundheitlich steht es im Jahr 1785 schlechter denn je um ihn, die Ärzte sind verzweifelt, daß er sich nicht schont, seine ungesunde Lebensweise beibehält und arbeitet, wie einer — der ahnt, nur noch wenig Zeit zu haben. Seine größte Energie scheint er auf den Revuen und Manövern zu entwickeln und zu verbrauchen, denn er ist strenger, unbarmherziger, konsequenter und bösartiger als früher, wenn nicht alles nach seinen Vorstellungen verläuft; das scheint heute, am 24. August 1785, der Fall zu sein.

Schlesische Manöver — ein Schreckenswort für die Kommandeure in dieser eroberten Provinz, wo man es gern unter dem Motto "Potsdam ist weit" ein wenig schludern läßt. Oft genug ist das königliche Donnerwetter unter die Obristen und Kapitäns gefahren, Kassieren und ab in eine unwirtliche preußische Gegend waren die Folgen für die Unglücklichen; wer einmal in militärischen Angelegenheiten beim König unten durch war, konnte sich als auf ewig verratzt betrachten. Ebenso gefürchtet wie die Schlesischen Manöver war der schlesische Regen, der sich nun, nachdem es erst schwül und drückend gewesen war, mit heulendem Wind ankündigte. Der König, klein, nur noch ein Häuflein Mensch auf seinem tänzelnden Pferd, steht dreißig Schritt vor seiner Begleitung, unter der sich auch heute wieder vornehme, erlese Herren befinden: Marquis de Lafayette, Lord Cornwallis, Generäle und Offiziere aus Berlin, Potsdam und Breslau. Vor dem König halten in breiter Front, in zehn Eskadrons aufgestellt, etwa 1.400 Husaren, die heute an der Reihe sind. Der Oberst macht Meldung.

"Weiß schon", knurrt Friedrich, "laß Er anfangen."

Seine Laune ist böse und gereizt, was seine Ursache nicht im soeben

einsetzenden Regen haben kann. Ein echt schlesischer Landregen setzt ein, und wer im stillen gehofft haben mochte, er trüge zur Verkürzung der Revue oder sogar zum Abbruch bei, sieht sich enttäuscht. Im Gegenteil: Der König entwickelt eine Energie, die mit den klatschenden Regengüssen zunimmt. Da hockt er nun auf seinem Condé, der aufgeregt tänzelt und mit dem Schweif schlägt, eingefallen, krumm, in miserabler Reiterhaltung, sein rechter Arm sticht mit dem Degen befehlerisch in die Luft, Wortfetzen, meist aus Schimpfworten bestehend, fliegen durch die Nässe den Kommandanten und Soldaten entgegen. Er hatte beim einsetzenden Regen befohlen, daß alle Soldaten die Mäntel umzulegen hätten, er selbst weist jetzt störrisch sein mit Wolfspelz gefüttertes Stück zurück, hat nichts auf dem dürren Körper als Hemd, Weste und die alte, abgeschabte Uniform. Seine Begleitung hinter ihm folgt vorerst seinem Beispiel, gewiß mehr aus Solidarität als aus Überzeugung.

"Langen Trab will ich nicht sehen", ruft Friedrich böse, "ebenso könnt ihr mir ein Menuett vortanzen."

Schritt, kurzer Trab, Galopp; der König fängt an, jeden einzelnen Mann zu exerzieren. Er dreht sich um und sieht, daß Lafayette als einziger sich den Mantel umgelegt hat, und reitet auf ihn zu.

"Mein Herr von Lafayette, ich habe die Ehre, Sie zu begrüßen. Ich freue mich, daß Sie gekommen sind, mir bei meiner Arbeit zuzusehen."

Ehe die anderen sich klar sind, ob er seinen Spott ausgießt oder nicht, sagt er zu ihnen:

"Meine Herren, hüllen Sie dich doch ein! Es regnet."

Er sprengt nach vorn an die Front der Eskadrons und ist wohl der einzige Mensch auf dem weiten, grauen , matschigen Feld, der auf den Regen nicht reagiert hat. Wieder läßt er sich jemanden separat vorreiten: Karriere, schärfstes Tempo, schneller Halt, die Kommandos des völlig aufgeweichten Oberst ersticken in schier undurchdringlichem Regen und heulendem Sturm.

"Du läßt im Schritt die Zügel viel zu lang!" ruft der König mit funkelnden Augen einem rothaarigen Burschen zu, "du rekelst dich im Sattel wie ein Schwein."

"Du Himmelhund, du kannst ja gar nichts", zu einem anderen, "Spießruten müßtest du laufen, in krummes Eisen gehörst du!" "Wie soll denn der Kerl mit den Waffen hantieren", faucht er den Offizier an, "wenn er sein Pferd nicht in der Gewalt hat?" Sein Gefolge ist nun endlich in eine nahe Hütte geflüchtet, mit Ausnahme einiger Generäle, die dem Beispiel ihres Königs zu folgen entschlossen sind. Was mögen die ausländischen Herren denken? Eines gewiß: Daß es in der ganzen Welt keinen zweiten König gibt, der so etwas auf sich nimmt und vor aller Öffentlichkeit demonstriert. Nun, auch dieser Tag findet sein Ende, die meisten der wesentlich jüngeren preußischen Offiziere sind noch am Abend einer echt schlesischen Erkältung verfallen. Der König schlüpft erst im Quartier aus seinen nassen Sachen, hustend, bereits fiebernd, aber weiterhin Befehle erteilend. Halb versöhnlich hatte er den Chefs noch gesagt:

"Messieurs, ich war auch heute wieder ganz unzufrieden mit dem Regiment. Ich habe es euch gezeigt. Ich will jetzt nicht mehr schelten. Ihr wißt, daß das alles ganz anders werden muß. Ich will euch noch einmal im guten ins Gewissen reden, denn ihr wollt doch nicht eure Schande erleben und kassiert sein! Nächstes Jahr, wenn ich wiederkomme . . ."

Er kommt nicht wieder, es ist seine letzte Schlesische Revue!

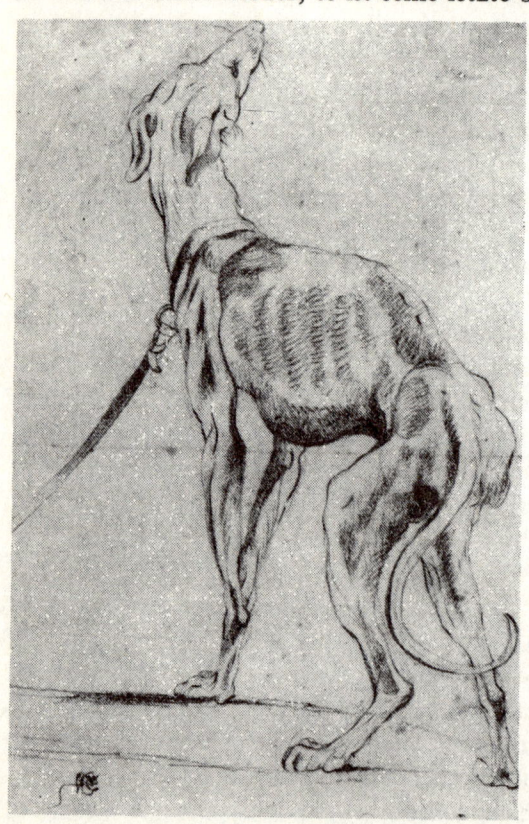

Alkmene

"Der untrüglichste Gradmesser für die
Herzensbildung eines Volkes und eines
Menschen ist, wie sie die Tiere be-
trachten und behandeln"
Berthold Auerbach

27. August 1785

Alkmene

Die zehnspännige Kutsche braust in halsbrecherischem Tempo durch preußische Lande: Über Andeutungen von Straßen und Wegen, versinkend in Staub oder Schlamm, je nach Wetterlage und Bodenbeschaffenheit. Auf jeder Station stehen zehn frische Pferde bereit, und die glühenden Achsen werden mit Wasser begossen, das sich zischend in Dampf verwandelt. Von morgens früh bis in die Nacht ist die Kutsche unterwegs, denn der Befehl des Reisenden an den Kutscher lautet: "Am dritten Tag mußt du in Potsdam sein."
Anfang der Reise: Neisse in Schlesien. Der Kutscher hatte etwas von "unmöglich" gemurmelt, mehr aber nicht zu äußern gewagt, und er weiß, wenn er es nicht schafft, würde er am vierten Tag im Oderbruch Steine brechen. In der Kutsche hockt Friedrich, in sich versunken, zusammengesunken, kaum Blicke übrig für die sommerliche Landschaft ringsum, die Gehöfte, Dörfer und Menschen an den Straßen. An den Stationen gönnt er sich selbst so wenig Rast wie dem Kutscher, spät in der Nacht wird Quartier gemacht, frühmorgens geht es weiter. Manchmal murmelt er einen Namen, sein Blick verschließt sich in Schmerz und Trauer. Der Name, den er schon auf dem Manöverfeld bei Neisse stöhnend von sich gegeben hatte, als ihm der atemlose Kurier die Nachricht überbrachte. Welche Nachricht? Seine Begleitung, Generäle und ausländische Beobachter hatten sich schon seit Tagen gewundert, über das Hin und Her der Kuriere, das geheimnisvolle Getue, mit dem Friedrich die Depeschen erbrach und las, mit fiebernden Augen, zitternden Händen. Welch diplomatisches Spiel war hier im Gange? Was heckte der alte König aus, womit wollte er die Welt überraschen? Was anderes konnte seine Begleitung sich nicht denken. Und dann war am 24. dieser Kurier gekommen, dessen Nachricht den König derartig außer Fassung brachte, daß er das Schlesische Manöver auf der Stelle abbrach, eine Ungeheuerlichkeit, die selbst der schlesische Land- und Gewitterregen dieses Tages nicht fertiggebracht hatte.

609

"Alkmene"
Einer der Begleiter glaubte dieses Wort verstanden zu haben. Obwohl
der König vom Regen total durchnäßt war, hatte er sofort den Aufbruch nach Potsdam befohlen — und nun ist er unterwegs.
Beim abendlichen Quartiermachen wird er kaum bemerkt und erkannt, so rasch verläßt er die Kutsche, aber schnell spricht sich seine
Ankunft herum, so daß Neugierige das Haus umlagern, die ihn dann
morgens, wenn es wieder losgeht, wenigstens beim Einsteigen kurz zu
sehen bekommen. Ja, dieser König ist klein und alt, vielen Untertanen
ist er bereits dem Bewußtsein entschwunden, und im Volke rar gemacht hat er sich schon immer. Stumm steht das Volk herum, nur die
Jugend ruft und lärmt und folgt der anfahrenden Kutsche ein paar Meter. Nur weiter. Am dritten Tag weiß der Kutscher, daß sie es schaffen
werden, wenn nicht Unvorhergesehenes dazwischenkommt, schon
durchfahren sie die altvertrauten Ortschaften der Mark; Potsdam ist
nahe, mit ihm Sanssouci, wo Alkmene . . .
Es dunkelt, als sie Großbeeren in rasender Fahrt durcheilen, mit
schnaubenden Pferden und glühenden Achsen, eine laue, windstille
Nacht, und ehe die Bewohner recht hochgeschreckt sind, ist die Kutsche durch. Da schon die Wirtschaft, das Haus des Pfarrers des letzten
Dorfes, Minuten später biegt das Zehnergespann in einem großen Bo-
gen ein nach Sanssouci. Das Lustschloß ist hell erleuchtet, die Diener
und Kammerhusaren eilen herbei, um dem König zu helfen und durch
den rückwärtigen Eingang in die Räume zu geleiten. Er will nicht,
lehnt Hilfe ab, obwohl er zum Umfallen erschöpft ist. Hastig, den
Stock laut aufstoßend, durcheilt er die Räume, zögert einen Moment
vor dem letzten, der Bibliothek, atmet heftig und erregt, einen Moment sieht es aus, als müsse er zusammenbrechen, aber nein, entschlossen öffnet er die Tür und tritt ein: allein. Auf ein niedriges Tischchen
vor dem Kamin haben sie sie hingestellt: Alkmene! Sie liegt unter dem
Glassturz, der sonst die Standuhr bedeckt, zwei Leuchter werfen ihr
heimeliges Licht auf sie, und es sieht aus, als ruhe sie. Aber der Tod hat
sie schon vor Tagen ereilt, sogar im Grab hat sie bereits gelegen, aus
dem sie auf seinen Befehl wieder ausquartiert und hier aufgebahrt wurde. Alkmene — seine Lieblingshündin! Das also ist es gewesen, was den
König wie von Furien gejagt heimgebracht hatte, die Meldung von ihrem Tode hatte ihn auf dem Manöverfeld erreicht. Als Friedrich am 15.
August zur Revue abreiste, war Alkmene schon krank gewesen, und er
befahl seinen Dienern, täglich einmal Bericht über ihren Zustand nach
Schlesien zu senden; das also waren die eilenden Kuriere gewesen! Und

täglich einmal mußte ein Offizier des Feldjägerregiments zurück nach Sanssouci, mit den Weisungen des Königs, die er nicht kannte, in der Tasche. Alles hatte nichts geholfen: Alkmene war nicht zu retten. Alkmene, sein Lieblingshund; vermutlich sein Lieblings-Lebewesen. Nun ist auch sie fort, springt nicht mehr im Garten, hüpft auf keine Hocker oder Tische, nascht nicht mehr an der Tafelrunde — es ist noch einsamer um ihn her geworden. Morgen wird sie draußen auf der Terrasse unter der Steinplatte liegen, wie ihre Vorgängerinnen . . .

"Regierung des Volkes, durch das Volk,   10. September 1785
für das Volk"
Abraham Lincoln

Aus der neuen Welt

Friedrich schreibt voller Entrüstung:
   "Ich denke nie an den gegenwärtigen Krieg in Amerika, ohne unangenehm berührt zu werden von der Habgier mancher deutscher Fürsten, die ihre Truppen einer Sache opfern, die sie nicht im geringsten betrifft. Mein Erstaunen wächst, wenn ich diese Verletzung unserer alten deutschen Regel gewahr werde: Niemals deutsches Blut zugunsten fremder Interessen zu vergießen."
Noch ein Jahr vor seinem Tode "mischt" Friedrich in der großen Weltpolitik mit. Seit dem Ende des Siebenjährigen Krieges, den man

den ersten Weltkrieg nennen sollte, hat er außenpolitisch nichts anderes im Sinn gehabt als Friede für Preußen, nicht um jeden Preis, versteht sich, sondern in Ehre und bewaffneter Bereitschaft. Wir haben gesehen, daß dieses Vorhaben im großen und ganzen gelungen ist, eine Koalition gegen Preußen kam nicht mehr zustande. Mit Interesse verfolgt Friedrich von seinem Potsdam aus das Geschehen drüben auf der anderen Seite des großen Teiches, wo eine etablierte Macht eine junge nicht hochkommen lassen will: Amerikas Freiheitskampf gegen die Kolonialmacht England. Es ist verständlich, daß Friedrich innerlich den Freiheitskämpfern nahesteht; aus verschiedenen Gründen: Einmal schlägt sein Herz sowieso mehr für die Armen und Unterdrückten als für die Mächtigen und Reichen, zum anderen sieht er Fortschritt, Aufklärung und Menschlichkeit mehr drüben als in Europa, besonders in England und Frankreich, und er hat prophetische Worte zur kommenden Entwicklung in Frankreich geäußert. Mit Groll und Abscheu sieht er das Treiben deutscher Fürsten, die ihre Landeskinder an England für den Krieg in Amerika verkaufen und vermieten und dann das gewonnene Geld nicht zum Wohle der Allgemeinheit verwenden. Lange bevor in England sich die ersten ernsten und glaubwürdigen Stimmen gegen den Handel mit den Schwarzen aus Afrika erhoben, hat Friedrich gegen diese Schande Europas Stellung bezogen. Aber er weiß recht realistisch, daß sein Preußen keine Großmacht ist und er im Konzert der Weltmächte eine der letzten Geigen spielt.

Desto mehr begrüßt er die amerikanische Unabhängigkeitserklärung vom 4. Juli 1776 und den schließlichen Sieg der jungen Staaten. Er weiß, er ist zu alt, um den frischen Wind von Westen noch zu spüren, der kommen wird. Aber er ist bereit, Amerika in jeder möglichen Weise entgegenzukommen. Jefferson, Franklin und Adams kommen 1785 nach Europa, um Verträge mit den alten Mächten abzuschließen und müssen mit Erstaunen und konsterniert feststellen, daß sich kein Hof in Unterhandlungen mit ihnen einlassen will. Die europäischen Zeitungen gefallen sich, die Lage der Vereinigten Staaten in tiefstem Schwarz zu schildern und über die Dauer der Existenz negative Prognosen zu stellen; noch macht man sich keine Vorstellung von den wirtschaftlichen Reichtümern des Erdteils; verständlicherweise ist das Mißtrauen monarchischer Regierungen gegen diese "Bürger und Emporkömmlinge" groß und tief. Von diesen Vorstellungen ist Friedrich weit entfernt: Wieder einmal erkennt er klar die Realitäten und ist bereit, sich nach ihnen zu richten, sie sich zunutze zu machen. So wird zügig und preußisch-gründlich in kurzer Zeit ein Freundschafts- und

Handelsbündnis zwischen Preußen und den "Vereinigten Freistaaten" ausgearbeitet und am 10. September 1785 im Haag unterzeichnet. Für Preußen unterzeichnet der Gesandte bei den Generalstaaten, Friedrich Wilhelm von Thulemeier, für Amerika die drei genannten Mitglieder des Kongresses. Es ist ein Vertrag des gegenseitigen Nutzens, beiderseitiger Anerkennung und Achtung der Menschlichkeit und des freiheitlichen Denkens — obwohl, wie kann es anders sein, auch vom Krieg und seinen Situationen die Rede ist: beispielsweise eine Humanisierung in der Behandlung von Kriegsgefangenen — von der England und Frankreich noch Jahrhunderte entfernt sind. Auch untersagt der Vertrag die Kaperei und die Konfiszierung der Konterbande.

"Überhaupt soll das ehemalige barbarische Strandrecht in Rücksicht auf die Untertanen oder Bürger der beiden kontrahierenden Parteien gänzlich abgeschafft sein."

Artikel 23 regelt den kaufmännischen Verkehr im Kriegsfall:

"Wenn ein Krieg zwischen den beiden kontrahierenden Teilen entstehen sollte, so sollen die Kaufleute des einen der beiden Staaten, die in dem anderen sich aufhalten, die Erlaubnis haben, noch neun Monate zu bleiben, um ihre Aktivschulden einzutreiben und ihre Geschäfte in Ordnung zu bringen, nach welcher Zeit sie unbehindert abreisen und all ihre Güter ohne alle Beeinträchtigung mit sich nehmen können."

England hatte 1776 begonnen, seine Gefangenen und Sträflinge auf sogenannten Hulks unterzubringen, Lastschiffen und Schiffsrümpfen, die in den Häfen ankerten. Das Los der Ärmsten braucht nicht beschrieben zu werden. Artikel 24 des preußisch-amerikanischen Vertrages verbietet ausdrücklich ihre Verlegung in unwirtliche Gegenden wie gerade Frankreich und England es bevorzugen und praktizieren.

So etwas hatte es bis jetzt noch nicht gegeben, daß das Elend eines eventuellen Krieges so eng wie möglich gehalten werden sollte durch vertragliche Regelungen. Fürwahr: Die Welt kann sich noch heute "Stücke dieses Vertrages abschneiden"! Friedrich:

". . . Weil ich immer der Meinung gewesen bin, daß die widrigen Begebenheiten der Könige Privatpersonen so wenig als möglich unglücklich machen sollen."

Mag der Vertrag in der Weltgeschichte dieser Jahre keine allzu große Bedeutung gehabt haben, weil beide Vertragspartner wenig Bedeutung besaßen, gemessen an den Großmächten, so steht er doch einzig da in seiner Originalität und Ehrlichkeit zwischen ungleichen Partnern und Systemen: Hier absolute Monarchie, dort die jüngste Demokratie. Es kommt halt immer auf den Charakter der Abschließenden an. Fried-

rich hat sich hiermit ein weiteres Denkmal gesetzt und bewiesen, daß mit dem alten Mann vom Potsdamer Weinberge noch zu rechnen ist. Preußen hat diesen Freundschafts- und Handelsvertrag am 11. Juli 1799 auf zehn weitere Jahre verlängert. Später ist noch ein Handels- und Schiffahrtsvertrag hinzugekommen. George Washington schreibt am 31. Juli 1786 an den Franzosen de Rochambeau:
"Der Freundschaftsvertrag zwischen dem König von Preußen und den Vereinigten Staaten steht am Anfang einer neuen Aera internationaler Verhandlungen. Er ist in vielen seiner Artikel völlig neuartig. Dies ist der liberalste Vertrag, der je zwischen unabhängigen Mächten abgeschlossen wurde."

"Wer bauen will, muß zwei Pfennige   1. Januar 1786
für einen rechnen"
Sprichwort

Königlicher Bauherr

"Nüchterne, kunstlose preußische Sparsamkeit" — hat es sie je gegeben? Und wann? Welche Regierungsepoche soll so klassifiziert werden: Friedrich Wilhelms, Friedrichs? Vergleicht man den preußischen Hof mit anderen traditionsgeladenen Europas, die meist bankrott sind, dann mögen "nüchtern" und "Sparsamkeit" zutreffen; "kunstlos" auf jeden Fall nicht. Die Legende, Friedrich habe zu sparsam gewirtschaftet, mithin also zu wenig Mittel für Bauten ausgegeben, stimmt allerdings nicht und ist wohl von Leuten in die Welt gesetzt worden, die nie eine Bestandsaufnahme seiner baulichen Tätigkeiten gemacht haben.

Auch Friedrich hat Geld mit vollen Händen ausgegeben, wie alle seinesgleichen, aber selbst dann, wenn er luxuriös oder überflüssig baute, stand echte preußische Zweckmäßigkeit Pate: Zum Wohl der Untertanen, um Potsdam und Berlin hoffähig zu machen und sich selbst, neben dem Ruhm der Kriege, ewige steinerne Denkmäler zu setzen; vergessen wir nicht, daß Ruhmbegierde, sich einen Namen zu machen, im europäischen Gespräch zu bleiben, von den ersten Tagen der Regierung an Friedrichs Handlungsmotive waren. Vergessen wir auch nicht, wieviel die beiden preußischen Residenzstädte, gemessen an anderen europäischen Hauptstädten, nachzuholen hatten.

Dazu ein kunstsinniger Monarch mit relativ vollen Kassen — hier konnte rege Bautätigkeit einfach nicht ausbleiben. Blickt Friedrich am Anfang seines letzten Lebensjahres zurück, so muß er stolz sein auf das Geschaffene. Trotz der Kriege ist die Einwohnerzahl Berlins von 1740 bis 1786 um 50.000 gewachsen, heute leben 150.000 Menschen in der Stadt an der Spree, die aus fünf Städten besteht: Berlin, Kölln, Friedrichswerder, Dorotheenstadt, Friedrichsstadt. Nachdem die inneren Befestigungen fortgefallen sind, ist die ganze Stadt mit einer Mauer umgeben. Rechnet man die vielen Schloß- und Hofbauten vorerst einmal nicht, so bleiben für Berlin und Potsdam noch genug neue übrig: nämlich die Modernisierung dieser beiden Städte, schon fast im Sinne unseres Jahrhunderts mit Bürger- und Verwaltungshäusern, Plätzen und Straßenführungen, die vor allem in Potsdam das Bild der Stadt bis zu den Zerstörungen unserer Zeit geprägt haben. Schon Friedrich Wilhelm hat in Potsdam gebaut, was der Geldbeutel hergab, ganze Wälder hat er einrammen lassen, um dem sumpfigen Boden festen Halt zu geben. Durch den Umstand, daß Friedrich "endgültig" nach Potsdam verzog, hat die Stadt viel gewonnen, nicht nur das Schloß auf dem Weinberge. Architekt Karl von Gontard hat sofort nach dem Ersten Schlesischen Krieg mit der Umgestaltung des Stadtbildes begonnen, wobei ein großer Teil der einfachen Fachwerkreihenhäuser, vom Vater errichtet, verschwinden mußte. Der Staat baute, der Bürger mußte unterhalten. Rathaus, Nikolaikirche, Hugenottenkirche, großes Waisenhaus, Barberini-Palast, Triumphportale und Obelisk am Alten Markt, Gewerbebetriebe und Fabriken, Kasernen und Stallungen für die Reiterei — Potsdam mausert sich zur sehenswerten norddeutschen Barockstadt.

Es erreicht unter Friedrich das Achtfache seines ehemaligen Gebäudebestandes, Berlin immerhin das Vierfache. Hier beginnt die rege Bautätigkeit mit dem Ende des Zweiten Schlesischen Krieges, obwohl die

Kriege den alten Staatsschatz aufgezehrt haben. Ein großer Teil der Ostfrieslandgelder wird in Berlin verbaut. Am Spandauer Tor entstehen nach Abbruch der alten Befestigungen neue Wohnviertel. 1748 wird der alte Dom abgebrochen, der Schloßplatz erweitert, ein neuer Dom im Lustgarten begonnen. Vor dem Oranienburger Tor entsteht das Arbeits- und Invalidenhaus, 1752 eine neue Vorstadt: Neuvogtland. Das Wort "Wohnungsnot" ist kein Begriff unserer Tage, nach dem Siebenjährigen Krieg ist sie in Berlin erschreckend akut. So entstehen von 1769 bis 1777 149 neue Bürgerhäuser. Die schon erwähnte Porzellanfabrik ist 1763 fertig, ein Jahr später eine Manchesterfabrik, die Lackierfabrik bei Monbijou und die Ritterakademie. Es folgen in den nächsten Jahren die Pomeranzenbrücke, das Komödienhaus, die königliche Bibliothek. Aufwendig wird der Friedrichsstädtische Markt gestaltet, mit den Türmen der deutschen und französischen Kirche und dem französischen Schauspielhaus.

Die uralte Straße Unter den Linden erhält großstädtischen Charakter mit den Akademiegebäuden, dem Opernplatz, dem Palais des Prinzen Heinrich und der Sankt Hedwigskriche. Großzügig entwickelt sich auch der Tiergarten mit großem Stern und dem Landhaus des Prinzen Ferdinand; Plätze, Gebäudekomplexe, Straßenführungen und Alleen entstehen in eindrucksvoller Form und Gestaltung. Allein in der Berliner Garnison liegen 25.000 Soldaten, teils mit ihren Familien, 8.000 in Potsdam. Früher hatten sie in Bürgerhäusern "mitgelebt", nun ist dieses hautnahe Verhältnis zum Volk aufgegeben, und die Soldaten haben Kasernen erhalten. Niemand denkt daran, neue Industriebetriebe vor den Toren der Städte anzusiedeln; sie gelten durchaus als hoffähig und gehören in die Städte. Wer Zahlen und Statistiken studiert und Friedrichs Schloß- und Prunkbauten in Augenschein nimmt, der wird nicht behaupten, daß unter diesem König eine nüchterne, kunstlose Sparsamkeit geherrscht habe. Bei allem steht allerdings die Zweckmäßigkeit vornean — man bedenke, noch ist Preußen keine Großmacht mit weitreichenden finanziellen Mitteln.

Heute suchen wir die meisten der von Friedrich Wilhelm und Friedrich erstellten Gebäude vergebens: Sie haben zwar lange ausgehalten, nämlich bis weit in unser Jahrhundert hinein, aber wurden dann in wenigen Minuten der erbarmungslosen Bombennächte vernichtet. Menschlicher Wahnsinn — kaum ist er besser zu beweisen als damit, daß jahrhundertealte Gebäude in kürzester Zeit ausgelöscht wurden.

"Der Tod geht mich eigentlich nichts an,   24. Januar 1786
denn wenn er ist, bin ich nicht mehr,
und solange ich bin, ist er nicht"
Epikur

Letzter Geburtstag

Wie oft mag Friedrich Bilanz gezogen haben in seinem Leben? Und in welchen Eigenschaften: Als Feldherr, Politiker, Landesvater, Familien-

oberhaupt? Auch als Landwirt? Wenn er es an diesem Tage tut, kann er stolz sein. Es hat sich ausgezahlt, daß er überall persönlich eingegriffen und die Verantwortlichen auf Trab gebracht hat: Domänenverwalter, Beamte, Kammerdirektoren, Landräte und Förster. Zweifellos hätten sie nicht derartiges geleistet, wenn er ihnen nicht stets im Nacken gesessen hätte. Hiermit mag er an die Jahre zurückdenken — noch gar nicht lange her! — wo er überraschend auftauchte und seine Brüche und Sümpfe besichtigte und was aus ihnen gemacht worden war. Die Bilanz kann sich sehen lassen, besonders für seine Kernlande, die Mark, aus der die meisten der nachfolgenden Daten stammen. Wie alle Staatsmänner vor und nach ihm, war Friedrich daran interessiert, die — heute sagen wir Außenhandelsbilanz — möglichst positiv erscheinen zu lassen. Das heißt seit altersher und heute immer noch: So viel wie möglich im eigenen Land produzieren oder auch ausführen, so wenig wie möglich einführen. Eine gewisse, stets unbefriedigende Lösung sind Zölle gewesen, und sie sind es heute noch. Friedrich weiß genau, daß die Produktivität erhöht werden muß, weiß aber natürlich auch, daß ein großer Teil seiner Länder jetzt, hierzu gehört die "sandige Mark", für eine hohe landwirtschaftliche Produktion, wie sie zum Beispiel das Rheinland kennt, nicht geeignet ist. Große Gegenden Preußens sind viel zu dünn besiedelt und haben noch bis in seine Regierungszeit unter den Folgen des Dreißigjährigen Krieges zu leiden, Dörfer und Höfe liegen verfallen, wüst und brach, da man sie nicht "pöplieren" konnte. Erinnert sei an Friedrichs Randbemerkung aus dem Jahre 1740 in Sachen Religion:
"Und wenn Türken und Heiden kähmen und wolten das Landt pöplieren . . ."
Friedrichs Siedlungspolitik bringt für die Mark in den Jahren 1740 bis 1786 einen Zuwachs von 248.985 neuen Bürgern, das Rindvieh vermehrt sich von 1756 bis 1800 von 450.000 auf 690.000 Stück. Mit welchen Schwierigkeiten die Landwirte zu kämpfen hatten, zeigen Zahlen vom Sterben, gegen das es noch keine Mittel gab: In zehn Jahren verendeten in der Mark 37.757 Kühe, 18.094 Stück Jungvieh und 119.762 Schafe. Welche Armut damit über die Besitzer hereinbrach, ist auch heute noch gut vorstellbar. Es gab nichts, um das Friedrich sich nicht kümmerte, und erstaunlich bleibt seine Sachkenntnis. Wie schon sein Vater, förderte er die Seidenindustrie durch erhöhten Anbau der Maulbeerbäume, von denen allein in der unmittelbaren Umgebung von Potsdam 20.000 Stück standen. 1781 bemerkt er mit "höchstem Mißfallen", daß ein Wagen mit Eiern und Wacholderbeeren aus Sachsen in

Denkmal Friedrich des Grossen

Friedrich-Denkmäler

Gruss aus Potsdam

Denkmal Friedrichs des Grossen

Friedrich-Denkmäler

Potsdam eintrifft. Darauf ergeht eine Anweisung an die Kammer, die Hühnerzucht so zu steigern, "daß das Geld nicht aus dem Lande geschleppet werde."

Friedrich besucht eine Weberei.

Ab 1763 läßt er Landwirte aus England in die Mark kommen, Domänenangehörige aus der Mark müssen zum Anschauungsunterricht nach England reisen. 1764 ergehen Anordnungen an die Domänenpächter, pro Hufe je zwei Morgen mit Kartoffeln, Klee, Rüben, Kümmel und Farbkräutern zu bepflanzen. Er weiß auch, daß als Vorbedingung für die angestrebte Stallfütterung des Rindviehs Klee und Luzerne angebaut werden müssen. Ab 1770 läßt er jährlich viele Zentner Kleesamen kostenlos an die Bauern verteilen. 1775 ist die Hopfenernte so gut ausgefallen, daß 1776 die Einfuhr von Hopfen verboten werden kann. Aus seinen schlesischen Reisen weiß Friedrich, wie ein blühendes Land auszusehen hat, von dort her bringt er Anregungen für die Anlegung von Fischteichen und Bienenzuchten mit. 1781 ordnet er an,
"daß den Kurmärkern das Trocknen des Obstes beizubringen ist, damit sie hier ebenso gutes Obst ziehen und es so gut zu trocknen verste-

hen, wie solches außerhalb im Reiche, am Rhein und sonst geschieht."
Auch die Schädlingsbekämpfung wird nicht vernachlässigt: Von 1734
bis 1767 werden die Köpfe von über 300.000 erlegten und gefangenen
Spatzen abgeliefert. Über die Schwierigkeiten, auf die Neuerer in der
Landwirtschaft seit je gestoßen sind, — bis in unsere Tage hinein! —,
und mit denen natürlich auch Friedrich zu kämpfen hat, kann hier
nicht berichtet werden. Fehlernten bedeuteten in damaligen Zeiten un-
weigerlich Hungersnöte und finanziellen Ruin. Der Staat verarmte
durch erhöhte Einfuhren von Lebensmitteln. Um das alles zu vermeiden oder wenigstens zu mindern, hat Friedrich sich unermüdlich als
Landwirt eingesetzt. Der Erfolg hat ihm recht gegeben, obwohl er seine positivsten Auswirkungen nicht mehr erleben kann: Seit dem Jahr
1786 hat es eine Hungersnot in der Mark Brandenburg nicht mehr gegeben! Konnte sich Friedrich besser in der Erinnerung seiner Bürger
halten?

"Ich erwachte eines Morgens   **8. Februar 1786**
und fand mich berühmt"
Lord Byron

Neithardt von Gneisenau

Das klassische Beispiel "verfehlter Ablehnung" und "richtiger Anstellung" hat der Prinz Eugen geliefert: Frankreich lehnte seine militärischen Dienste ab, Österreich nahm sie an — zum späteren Schaden

Frankreichs. Die Geschichte kennt weitere Beispiele, hier sollen nur preußische interessieren. Um drei Männer, von Friedrich abgelehnt oder eingestellt, soll es gehen, die später preußische Geschichte mitmachten. Im Januar 1779 bittet die Baronin von Stein, ihren zweiten Sohn ''. . . welcher vier Jahre in Göttingen studiert und nachher zu Wetzlar und an verschiedenen teutschen Höfen sich aufgehalten hat, anjetzo aber in Regensburg sich befindet, als Legationsrat mit dem Charakter vom Kammerherrn in Diensten zu nehmen und ihn durch das Departement der auswärtigen Sachen in Regensburg unter dem Baron von Schwartzenau und hier nächst in Berlin zum auswärtigen Dienst allergnädigst formieren zu lassen.'' Friedrichs Randbemerkung unterm 22. Januar 1779 lautet: ''Man muß ihn erst sehen; so ohne zu sehen werden keine Leute angenommen.'' Ein gewisser Jorck, der spätere Yorck von Wartenburg, erwischte es bedeutend schlechter. Nachdem er vorher aus der preußischen Armee ausgetreten war, bewarb er sich Ende 1785 um Wiedereintritt, ein Umstand, dem Friedrich ungnädig gegenüberstehen mußte, getreu seiner Äußerung:
''Meine Armee ist kein Bordell . . .''
Jorck hatte zuletzt unter Admiral Suffren Dienst getan, und er wurde abgelehnt. Hartnäckig bewarb er sich noch einmal, so daß Friedrich ihm am 4. Februar 1786 antworten mußte:
''Ich muß nach seinen letzten See Diensten billig Bedenken tragen, ihn bei der Infanterie wieder anzustellen und würde das eben so viel sein, als wenn ein Koch wollte Tanzmeister werden.'' Da war vorerst nichts zu machen. Am 4. November 1785 wird ein anderes Bewerbungsschreiben aufgesetzt, mit dem ein Stück preußische Geschichte beginnt: Neithardt von Gneisenau, Offizier in Bayreuther Diensten, zieht es in die ruhmreiche preußische Armee, sein Dienst ist wenig abwechslungsreich und bietet kaum Chancen für Zukunft und Ruhm. Er war mit Ansbachschen Truppen in Amerika gewesen, aber wegen Beendigung des Krieges dort nicht mehr eingesetzt worden. Sein Brief an Friedrich ist in dem damals üblichen Ton abgehalten, der aber offenbar nicht richtig angekommen ist:
''Ich unterfange mich, mich Ew. Königlichen Majestät alleruntertänigst zu Füßen zu werfen. Einige Kenntnisse in der militärischen Mathematik, der ich meine Universitätsjahre gewidmet habe, ein brennendes Verlangen, in Ew. königlichen Majestät Armee dienen zu können, woran mich der enge Umfang meiner Glücksumstände sowie meine Reise nach Amerika gehindert haben, und das Zeugnis einer guten Aufführung in hiesigen Diensten erregen in mir die

Zuversicht, Ew. Königliche Majestät untertänigst gehorsamst um eine Stelle in Allerhöchst Dero Suite zu bitten, da mich meine Neigung für diese Art des Dienstes am fähigsten macht. Ein nicht zu ermüdender Fleiß und Eifer, mich in meinem Dienste zu vervollkommnen soll der Gewährung meiner Alleruntertänigsten Bitte folgen, der ich ersterbe Ew. Königlichen Majestät pp. Bayreuth, 4. November 1785, Neithardt von Gneisenau."

Kurz nach diesem Brief trifft Gneisenau in Potsdam ein. Mit Datum vom 7. Februar 1786 schreibt Friedrich an den Stadtkommandanten von Potsdam, Generalleutnant von Rohdich, der das Gesuch unterstützt hat:

"Auf Eure Anzeige vom 6. dieses und was Ihr Mir in Ansehung des Lieutnants von Gneisenau aus Ansbachschen Diensten dazu schreibt, melde Ich Euch zur Antwort, daß ich annoch wissen muß, wie alt der Mensch wohl ist und ob er ein gesetztes und vernünftiges Wesen an sich hat oder ob er ein Windbeutel ist. Dabei muß ich Euch sagen, daß er die rechten Principien vom Kriege in Amerika nicht gelernt haben kann. Ich will also hierüber annoch Eure nähere Anzeige erwarten."

Noch am gleichen Tage treffen sich Gneisenau und Rohdich in Potsdam, und das Treffen ist positiv ausgegangen, denn Rohdich befürwortet am gleichen Tage die Aufnahme Gneisenaus in die Armee. Am 8. Februar 1786 antwortet Friedrich:

"Auf Euer Schreiben vom 7. dieses in Ansehung des Lieutnants von Gneisenau habe Ich Euch hierdurch zu erkennen geben wollen, daß dieser Mensch recht gut ist bei einem Freien Regiment, und könnt Ihr deshalben mit dem Oberst von Hanstein nur sprechen. Die Leute, die aus Amerika zurückgekommen, bilden sich ein, Wunder was sie vom Kriege verstehen und müssen denn doch in Europa wieder anfangen, zu lernen. So Ich Euch in Antwort melde."

Damit ist Gneisenau eingestellt, freilich nicht in "Allerhöchst Dero Suite", wie er gedacht hat, sondern in einem der Freiregimenter, deren Aufstellung Friedrich bereits 1783 befohlen hatte: Als jüngster Premierleutnant am 31. Juli 1786 in das Freiregiment von Chaumontet, mit dem er nach Schlesien geht. Er hat noch einen langen Weg vor sich zu dem erstrebten Ruhm, aber Preußen kann dereinst froh sein über die Entscheidung vom 8. Februar 1786. Nur langsam schreiten in Preußen die Beförderungen voran, ohne große weltgeschichtliche Ereignisse kann auch der Tüchtigste nur mit Glück weltberühmt werden. Und noch etwas bahnt sich an in diesen Tagen: Gneisenaus "Kollege", der spätere Marschall Blücher, befindet sich ebenfalls bereits in preußischen Diensten . . .

"Und wenn ihr euch selbst vertraut,
so vertrauen euch die anderen Seelen"
Goethe, Faust

13. Mai 1786

Heilige Drei Könige

"Seine Königliche Majestät haben zu resolviren geruhet, zu denen Frühjahrs-Revuen für dasmahl (dieses Mal) nur bloß Dero Adjutanten abzuschicken, weshalben denn auch nur allein für derselben Wagen acht Vorspann-Pferde auf jedes Relais erfordert werden. Sonsten sind die Reisetage die nehmlichen, wie vorm Jahr, als den 5. Juni von Stargardt nach Conitz, und so weiter nach Graudenz und Mockerau, von wo sodann den 10. Juni die Rückreise wieder angetreten, und wie gewöhnlich bis anhero fortgesetzt werden wird. Höchstdieselben lassen dieses als Dero Westpreußischen Kammer hierdurch bekannt machen, um sich darnach zu achten, und solche Vorkehrungen zu machen, daß die für den Adjutantenwagen erforderliche acht Vorspann-Pferde auf jedem Relais sowohl bei der Hin- als Rückreise durchgehendst in Bereitschaft gehalten werden. Welches sie also ihres Ortes ordentlich zu besorgen, auch mit denen anderen Kammern, die es trifft, sich darüber gehörig zu concertiren hat. Potsdam, den 13. Mai 1786."

Zum ersten Mal seit dem Erwerb Westpreußens erhalten die Beamten die Nachricht, daß der König die Manöver nicht persönlich in Augenschein nehmen kann; das sind die ersten ernstzunehmenden Nachrichten aus Potsdam über den Gesundheitszustand Friedrichs, denn sie wissen genau, daß er, wenn irgendwie möglich, selbst herkommen würde. Es kann als sicher angenommen werden, daß ein großes Aufatmen durch die meisten Kammern und Dienststellen ging, auch die militärischen, und daß niemand damit rechnete, ihn jemals wiederzusehen. Welch eine Furcht schlich sie doch alle an, vom Gemeinen bis zum General, wenn die drei Manövertage heranrückten, mit ihnen der König, dessen kalte und dann meist böse Augen die kleinste, auch die allerkleinste Unregelmäßigkeit bemerkten.

"Die Wünsche", schreibt ein Zeitgenosse, "von Frauen, Kindern und Freunden steigen mit Inbrunst zum Himmel, daß die Ihren in diesen fürchterlichen drei Tagen nicht unglücklich werden möchten." Das war stets schnell geschehen, wenn die Soldaten nicht exakt exerzierten, die Pferde ungepflegt aussahen, die Übungen zu langsam ausfielen oder Befehle nicht haargenau befolgt wurden: War ein Offizier einmal in Ungnade gefallen, das ist schon ein paar mal erwähnt worden, dann konnte er am besten sofort seinen Abschied nehmen, denn Beförderung ließ dann eine Ewigkeit auf sich warten, da der König nicht nur ein außerordentlich gutes Gedächtnis besaß, sondern auch in Unregelmäßigkeiten und Disziplinfragen sehr nachtragend war. Das, was er von sich selbst verlangte, nämlich vollen Einsatz für den Staat, wollte er auch von anderen haben. So glaubte er am weitesten zu kommen, wenn er zur rechten Zeit Furcht verbreitete, aber auch zur richtigen lobte und anerkannte; einmal gut herausgekommen bei ihm, und die Karriere konnte gesichert sein.

Also zum ersten Mal ein Manöver ohne den König! Die Beamten und Offiziere wußten, was das bedeuten mußte: Er würde Stellvertreter schicken. Wenn diese auch ihre Pflicht noch so genau nehmen, sich so streng wie möglich gebärden würden: Königliche Strafen waren von ihnen nicht zu erwarten — allerdings auch königliches Lob nicht. Wie den Westpreußen ergeht es auch den anderen preußischen Manövergebieten, die Friedrich gewöhnlich selbst zu bereisen pflegt: Berlin, Potsdam, Magdeburg und Schlesien. In Schlesien hatte er sich, wie berichtet, den Anfang seiner jetzigen Krankheit geholt, als er bei langdauerndem Regen die Parade abnahm. Die großen Potsdamer Manöver, an denen auch die Berliner Regimenter teilnehmen, nimmt der Prinz von Preußen in Verbindung mit dem Stadtkommandanten von Potsdam ab. Friedrich hat alles im Kopfe, das Gelände, die Bodenverhältnisse, die Regimenter und gibt genaue Anweisungen. Nach Magdeburg schreibt Friedrich:

"Mein lieber Präsident von Puttkammer. Ich komme dieses Jahr nicht nach Magdeburg zur Revue, und authorisire Euch, 600 Taler aus der Domänen-Casse zu nehmen und Meine Generals und Officiers zu speisen. Champagner und Rheinwein braucht nicht gegeben zu werden, denn beydes kommt nicht auf Meine Tafel, sondern Burgunder, Pontak und guter Franzwein. Einen Koch kann Ich Euch auch nicht schicken, Ihr müsset Euch einen leihen. Nach der Revue erwarte ich die Rechnung, damit Ich anweisen kann, wohin das, was übrig geblieben abzuliefern ist."

Nach Schlesien schickt er die Adjutanten Oberst von Prittwitz, Hauptmann von Rüffel und Oberst von Hanstein, für die das lose schlesische Mundwerk sofort eine treffende Bezeichnung findet: Die Heiligen drei Könige. Noch am 13. August, die letzten Stunden sind angebrochen, erhalten diese Männer genaue Instruktionen, von Prittwitz hat Befehl, in Landeshut die Kaufleute des Königs Gnade zu versichern und "ihnen alles Gute zu wünschen". So läuft in diesem Jahr noch einmal alles so ab, als sei der König selbst anwesend, und alles befürchtet nun die schlimmsten Nachrichten aus Potsdam. Dort fallen die letzten Entscheidungen, von denen schon einige das Jahr 1787 betreffen: Errichtung von Freibataillionen, Entwürfe zur Urbarmachung und Fabrikgründungen, und mit Ungeduld erwartet Friedrich die Ankunft einer Herde von 300 in Spanien gekauften Schafen, "um die hiesige Rasse zu verbessern", und wünscht, einige von ihnen nach Sanssouci "zu Besuch kommen zu lassen". Humor, Spott und Sarkasmus — diese drei haben den Alten noch nicht verlassen . . .

"Alles zu retten, muß alles gewagt werden.   **27. Juni 1786**
Ein verzweifeltes Übel will eine ver-
zweifelte Arznei"
Schiller, Fiesco

Taraxacum officinale

In damaliger Zeit hat der "medizinisch unterentwickelte" Mensch seine wirksamsten Arzneimittel in der freien Natur gefunden: Fast jede Pflanze ist eine Heilpflanze gewesen, und die Kunst der Ärzte und Apotheker bestand darin, ihre Wirkung zu kennen und sie richtig anzuwenden.

Mehr als heute sind zu Friedrichs Zeiten im Frühjahr die Wiesen des Flachlandes vom Gelben Löwenzahn (Taraxacum officinale) besetzt gewesen. Die Popularität dieser Blume ist an den vielen Namen abzulesen: Kuhblume, Milchkraut, Butterblume, Kettenblume, Mönchkopf,"Pißblume". Der letztere Name weist auf ihre harntreibende Wirkung hin. Tee und Extrakt aus den Wurzeln wirken bei Darm- und Stoffwechselkrankheiten.

Genau hieran leidet Friedrich, eigentlich sein Leben lang, im Alter dringlicher, in seinen letzten Monaten in dramatischer Weise. Und er tut nichts, um dem Krankheitsbild entgegenzuarbeiten und bleibt bei seinen unmäßigen Eßgewohnheiten. Der aus Hannover angereiste, von Friedrich eingeladene berühmte Arzt Dr. Zimmermann erkennt sofort, daß er Friedrichs Zustand nicht heilen, nur lindern kann, und steht vor der Aufgabe, ihm seine Arznei schmackhaft zu machen: Einen Extrakt aus Löwenzahn, um Friedrich von den schweren Koliken zu befreien, die ihm den Schlaf rauben und die wachen Stunden zur Qual machen. Dr. Zimmermann kennt Friedrichs kritische Einstellung zu Ärzten und beschließt, recht behutsam zu Werke zu gehen. Nach einem angeregten Nachmittag sagt Friedrich zu ihm: "Ich wünsche sehr, Sie morgen um acht Uhr wieder bei mir zu sehen." Das ist am 26. Juni 1786. Friedrich ist höflich und bester Laune und will nun wissen, wie die Behandlung stattfinden soll. "Haben Sie den Plan, wie ich behandelt werden soll aufgeschrieben?"

"Nein, Sire! Aber ich habe diesen Plan im Kopfe und werde die Ehre haben, Euer Majestät, wenn Sie mich hören wollen, dies alles sogleich mit wenigen Worten zu sagen."

"Sagen Sie, was Sie wollen."

"Euer Majestät haben große Verstopfungen, zumal in den Eingeweiden des Unterleibes. Man muß trachten, das Stockende aufzulösen, den richtigen Umlauf aller Säfte hierbei herzustellen und, so viel wie man ohne Nachteile der Kräfte kann, das Überflüssige wegzuschaffen. Zuerst nehmen Eure Majestät ganz allein ein sehr auflösendes, eröffnendes und gelinde abführendes Mittel. In der Folge kann man dann die eröffnenden und abführenden Mittel verstärken und sie durch stärkende unterstützen. Das ist mein ganzer Plan, und weiter hinaus weiß ich nichts."

"Sie wollen mich also heilen?"

"Lindern will ich den Zustand Eurer Majestät, wenn Sie Geduld genug haben und mir Zeit genug vergönnen. Eine sehr gelinderte Krankheit ist am Ende eine halb geheilte Krankheit."

"Da haben Sie recht. Aber was wollen Sie mir denn geben?"

"Ein sehr gemeines, allgemein bekanntes, äußerst einfaches Mittel, dessen sich die Griechen und Römer schon bedienten, den zur Honigdicke eingekochten Saft von Löwenzahn."

"Das ist eine Planze, die ich nicht kenne."

"Sie wächst im Frühling auf allen Wiesen."

"Den Löwen möchte ich wohl kennen, für den dieser Zahn erschaffen ward."

"Sire, das wird sich bald zeigen."

"Aber kennen Sie die Wirkungen dieser Pflanze aus eigener Erfahrung?"

"Aus häufiger Erfahrung."

"Ich will dieses Mittel nehmen. — Adieu, mein Lieber, ich werde all Ihren Befehlen gehorchen."

Aber am nächsten Tag, dem 27. Juni, stellt Dr. Zimmermann fest, daß ihm Friedrich zu viel versprochen hat, denn er hat das Mittel nicht eingenommen. Wie ein unartiges Kind wehrt er sich gegen eine unbekannte Arznei, so kommt es zwischen Arzt und Patient zu einem interessanten Dialog:

"Das sage ich Ihnen aber zum Voraus, ich nehme Ihre Arznei nur einmal im ganzen Tage."

"So haben Euer Majestät sehr viel auf einmal zu nehmen."

"Wieviel?"

"Zwei bis drei Eßlöffel voll."

"Das nenne ich nicht viel."

"Desto besser. Aber nach zwei bis drei Eßlöffeln Löwenzahn, die man auf einmal nimmt, kann man übel werden, vielleicht gar sich erbrechen."

"So nehme ich den Löwenzahn nicht!"

"Es kann auch sein, daß dies nicht geschieht. Euer Majestät können mit kleineren Dosen anfangen."

"Mir mißfällt dieses langsame Fortschreiten."

"So nehmen Euer Majestät gleich zwei Eßlöffel voll in Fenchelwasser, das wohltätig für den Magen ist."

"Kann ich bald darauf Kaffee trinken?"

"Eine halbe Stunde nachher."

"Aber der Löwenzahn kann die Kraft verloren haben, die er zur Zeit der Griechen und Römer hatte."

"Diese Pflanze und ihre Kräfte kenne ich nicht etwa nur aus Büchern. Ich bediene mich ihres eingekochten Saftes seit dreißig Jahren. Jeden Frühling verschreibe ich gegen alle Krankheiten, die von Verstopfung der Eingeweide herrühren, vielleicht mehr als einen Zentner dieses Extraktes. Aber wenn auch alles, was ich sage, Euer Majestät nicht überzeugt: so machen es Dieselben, indem Sie das Mittel aus Löwenzahn nehmen, mit mir wie Alexander mit seinem Arzte, von dem man ihm

sagte, daß man ihm werde Gift zu trinken geben. Trinken Euer Majestät dieses Gift in meiner Gegenwart und sehen mir dabei scharf ins Gesicht. Sie werden erfahren, daß ich ebensowenig aus meiner Fassung komme, als der Arzt des großen Alexanders."
Friedrich lacht über diese Schlagfertigkeit und antwortet: "Ich werde Ihr Mittel nehmen."
Er erkundigt sich, ob ihm in seinem fortgeschrittenen Alter der Löwenzahn tatsächlich helfen könnte, was Dr. Zimmermann noch einmal bejaht.
"Morgen früh nehme ich den Löwenzahn", antwortet Friedrich gnädig, und der Arzt ist entlassen. Er hat bemerkt, daß Friedrich einer seiner schwierigsten Patienten sein wird.

"Wenn der Reiter nichts taugt,   4. Juli 1786
hat das Pferd Schuld"
Sprichwort

Der letzte Ritt

"Heute um elf Uhr will ich ausreiten. Lieber Herr Zimmermann, ich empfehle mich."
Der Arzt schaut entgeistert drein, die Kammerdiener sehen sich vielsagend an: Das haben sie seit Tagen erwartet. Sie kennen ihren Herrn

und wissen, zu welchen Sachen er fähig ist, wenn es ihm nach Tagen des Unwohlseins wieder etwas besser geht. Morgens um acht Uhr dieses Tages hatte Dr. Zimmermann seinen königlichen Patienten in blendendster Laune angetroffen, hervorgerufen dadurch, daß die Anweisungen in Sachen Medizin und Diät eingehalten worden waren. Die Koliken und der Druck auf der Brust sind verschwunden, Friedrich verspricht, ohne daß die Kammerdiener es glauben, sich auch weiterhin an die Anordnungen des Arztes zu halten.

"Wenn ich Arznei nehme", sagt Friedrich, "so weiß ich wohl, daß ich Unflat nehme, und schlucke sie dann geschwind nieder, ohne auf den Geschmack zu achten. Ich habe auch Ihren Qualm wieder eingehaucht, der mich sehr erleichtert, und womit ich ebenfalls fortfahren will. Aber, aber", er hebt den Arm in die Höhe und schwenkt seine Hand freundlich gegen den Arzt, "75 Jahre?"

"Ein Leben wie das Leben Euer Majestät", antwortet Dr. Zimmermann, "berechnet man nicht nach der Zahl der Jahre."

Darauf sagt der König den folgenschweren Satz:

"Heute um elf Uhr will ich ausreiten."

Dr. Zimmermann bleibt nichts, als es zur Kenntnis zu nehmen und sich zu verabschieden; um drei Uhr nachmittags soll er wieder erscheinen. Bis in seine letzten Tage ist Friedrich der Völlerei verfallen — wenn es ihm gut geht. Heute geht es ihm gut. Kaum ist der Arzt aus dem Zimmer, da müssen die Kammerdiener auftischen, was die Küche an Leckereien hergeben kann. Keine Rede von Diät und Enthaltsamkeit, um dem schwachen Körper eine Erholungspause zu gönnen. Nacheinander, bis kurz vor elf Uhr, wird folgendes aufgetischt und mit Appetit verschlungen: Ein Zuckerwerk, mit fester Rinde aus Zucker und Eiweiß, innen voll Rahm, den Dr. Zimmermann später als verdorben empfand; Erdbeeren, Kirschen, überzuckerte Schokolade und kaltes Fleisch; dazu heißer Kaffee. Friedrichs Laune ist blendend, als man ihn um elf Uhr nach draußen führt, wo Condé, sein alter bewährter Schimmel, schon bereitgehalten wird. Friedrich, blinzelnd im Licht, unsicher, klein und außerordentlich verfallen wirkend für alle, die ihn nicht täglich zu Gesicht bekommen, geleitet von den treuen Lakaien Schöning und Strutzki, wird mit viel Mühe aufs Pferd gebracht, das freudig aufwiehernd mit ihm abgeht. Kopfschüttelnd, mit bedenklichen Blicken, verfolgen die Hofleute den Ritt des Königs durch die Gärten von Sanssouci, Schritt, Trab, dann auch Galoppsprünge über Wege und Beete, volle 45 Minuten lang, und manchmal sieht es aus, als müsse dieses blau gekleidete Etwas vom Pferd fliegen. Die Lakaien ahnen, was für den Rest des Tages auf sie zukommen wird: Ein mißgelaunter König.

So ist es dann auch. Vollkommen entkräftet kehrt der König von seinem Ritt, dem letzten, wie er selbst wissen oder ahnen wird, zurück, und das schlechteste Zeichen des Tages ist, daß er bei Tisch dann gar keinen Appetit zeigt und sich erbrechen muß. Also sind Dr. Zimmermanns Erfolge zunichte gemacht, Erfolge, für die er Wochen und Tage gearbeitet und sich mit zäher Geduld bemüht hat. Einhergehend mit diesen Umständen ist eine üble Laune, unter der alle Anwesenden zu leiden haben, und nur Dr. Zimmermann gegenüber, der pünktlich um drei Uhr vorspricht, beherrscht Friedrich sich einigermaßen. Wie immer will er in diesem Zustand von Ärzten nichts wissen und verabschiedet den Doktor mit den Worten:

"Verzeihen Sie, lieber Herr, ich kann nicht mehr sprechen."

Was an Erleichterungen zu machen ist, verabredet der Arzt mit Kammerdiener Schöning. Aber der Rückfall bleibt aus, am anderen Morgen findet der Arzt Friedrich zwar matt und klagend über Druck im Magen und Unterleib, aber doch in besserer Laune und im Hauch von Humor und Ironie, der so oft zwischen den beiden Männern steht. Doktor Zimmermann denkt in diesen Tagen bereits an Abschied, da er doch nicht heilen, nur lindern könne.

Friedrichs Lebenskraft weicht nur langsam, wie der Puls eindeutig ausweist, und der Geist ist voll und klar. Der König erhält sein Hausmittel, ein Digestivpulver, und sagt freundlich: "Lust am Sprechen habe ich jetzt wieder."

Dr. Zimmermann ist ein gebildeter, geistreicher, weit gereister Mann und wird von Friedrich, eine Ausnahme unter seinen Ärzten, voll akzeptiert, so daß sich Unterhaltung bildet fernab vom Thema Krankheit und Sterben.

"Meine Augen schmerzen mich."

"Es ist zu viel Sonnenlicht hier. Befehlen Eure Majestät, daß ich eine Fenstergardine zuziehe?"

"Nein, nein, ich habe immer das Licht geliebt."

"Auch haben es Euer Majestät immer um sich her in der Nähe und Ferne verbreitet."

"Ach, ich war doch immer nichts als ein armer Sterblicher." Schlagfertige Antworten gefallen Friedrich nach wie vor, und er hat große Hochachtung vor Dr. Zimmermann. Diesem ist der Zustand des Königs bedenklich, er weiß, daß er nur noch einige Monate, im günstigsten Fall, seinem Patienten zugestehen kann . . .

"Man schreibt nicht so ausführlich, **11. Juli 1786**
wenn man den Abschied gibt"
Heinrich Heine

Dr. Zimmermanns Abschied

Friedrich haftet der Ruf an, sich selbst und anderen gegenüber oft hartherzig, schroff, abweisend, kalt und unbarmherzig gewesen zu sein, mehr als durch schlechte Laune und eigenes Leiden entschuldbar sei. Dem kann kaum widersprochen werden, desto tröstlicher stimmen die Beispiele entgegengesetzten Verhaltens, von denen es einige gibt. Sie dokumentieren, daß dieser Mensch nicht schlecht gewesen sein kann. Einen eindrucksvollen Beweis der Menschenliebe liefert er am 11. Juli 1786. Wie alle notorisch Kranken oder Kränkelnde hatte auch Friedrich ein gebrochenes Verhältnis zu seinen Ärzten, was mehrfach betont worden ist. Diese "Quacksalber", wie er sie nannte und beschimpfte, und mit Recht schätzte er ihre Fähigkeiten gering ein; aus heutiger Sicht gewiß richtig. Aber damals wußte man es halt nicht besser. Bekanntlich war Friedrich merkwürdig zugeknöpft, wenn es darum ging, den Körper freizumachen — hierüber sind natürlich die abenteuerlichsten Vermutungen angestellt worden. Sein Arzt der letzten Jahre war Dr. Christian Gottlieb Selle, Professor der Medizin, der nach Kothenius und Muzell seine Behandlung übernommen hatte. Diese Ärzte hatten vergeblich versucht, den König von seinen selbstmörderischen Lebensgewohnheiten abzubringen, wenigstens im hohen Alter sollte er sich ein wenig schonen und nicht so maßlos und völlerisch essen, so leichtsinnig sich der kalten und nassen Witterung aussetzen. Niemand von ihnen hat seinen Willen durchsetzen können, nur wenn der König gnädig gestimmt war, gelang es ihnen, daß er seine Medizinen einnahm, sich zur Ader ließ oder die verschiedenen Umschläge ertrug. Es war ihnen sowieso ein Rätsel, daß dieser Mann die Strapazen seines Lebens überhaupt überstanden hatte, und mit Schaudern dachte Dr. Selle an den Zustand des Königs nach den Schlesischen Manövern des vorigen Jahres.
"Der Kopf ist das letzte", hatte Dr. Selle gesagt, "was sterben wird."
Er hatte Ende August 1785 Friedrichs Tod für den Ausgang des Winters vorhergesagt:

634

"Alle Schwachen und Todkranken sterben im kalten und langen Winter der Mark Brandenburg",

aber er hatte sich geirrt. Zwar war der körperliche Verfall unübersehbar, aber der König hatte in diesen Wochen und Monaten überaus klare und auch heitere Tage, an denen er schonungslos arbeitete, lebte und aß — wie lange noch: Bis Ende des Jahres vielleicht? Der König hatte sich jedoch persönlich bemüht, wie vorher bereits berichtet, den hochgelobten hannoverischen Leibarzt Ritter Johann Georg von Zimmermann zu bekommen, von dem Wundergeschichten umliefen, und der sich vor Berufungen an europäische Höfe nicht retten konnte.

"Je besser die Ärzte, desto schlimmer die Krankheit", sagte der König, als ihm die Zusage Zimmermanns überbracht wurde, "sie sind alle Quacksalber, und die Hofärzte besonders."

Ende Juni erschien Dr. Zimmermann unter Geheimhaltung in Potsdam; niemand außer einem kleinen Vertrautenkreis sollte vorerst wissen, daß der König sich einen auswärtigen Arzt hatte holen lassen. Aber auch Dr. Zimmermann sah sofort, daß er hier am falschen Platze war. Was hatte er gesagt:

"Hier kann niemand heilen, nur lindern."

Aber auch sein zweiter Satz stimmte:

"Sein Körper verfällt, sein Geist jedoch ist völlig in Ordnung."

So war er einer Meinung mit Dr. Selle. Und es gelang ihm, wie geschildert, Friedrich die unbekannte Arznei aus dem Löwenzahn zu verabreichen, die die Koliken linderte. Diese Koliken waren einfach eine Folge der hemmungslosen Esserei und plagten Friedrich deshalb seit Jahrzehnten. In einem folgenden Kapitel wird einmal eine seiner Speisekarten aus den letzten Tagen gezeigt, und aus ihr ist zu ersehen, daß es sich offenbar um ein Menue für einen Berserker, nicht Schonkost für einen kränkelnden Patienten hohen Alters handelt. Die anderen Mitglieder der Tafelrunde waren meist nicht in der Lage mitzuhalten, und niemand wagte es, zur Mäßigung zu raten. Nachdem Friedrich bemerkte, daß Dr. Zimmermanns Behandlung ihn nicht heilen würde, denn alle Krankheitssymptome und seine Schwäche waren gar zu weit fortgeschritten, dachte er nicht daran, den teuren Arzt länger den Kranken dieser Welt zu entziehen: Er entließ ihn am 11. Juli 1786. Und es ist ein Abschied voll Rührung und Schmerz, den Dr. Zimmermann nicht vergessen wird.

"Ich bitte alle Ihre Kranken um Verzeihung", sagt Friedrich, "daß ich sie so lange Ihrer Hilfe beraubt habe. Ich danke Ihnen für die Gefälligkeit, mit der Sie so lange bei mir gewesen sind. Ich wünsche, daß es Ihnen immer gutgehen wird. Es freut mich, daß Sie mich gesehen haben, weil Sie dadurch, in der Zukunft, meinen Zustand besser werden beurteilen können."

Er nimmt seinen alten schäbigen Hut ab, verbeugt sich mit Freundlichkeit und Würde, und sagt:

"Adieu, mein guter, mein lieber Herr Zimmermann. Vergessen Sie den guten alten Mann nicht, den Sie hier gesehen haben."

Dr. Zimmermann reist nach Hannover zurück, und Friedrich gehört bis in die letzten Tage wieder seinem Dr. Selle. Mitte Juli: Dr. Selle kann sich kaum vorstellen, daß trotz allen Lebenswillens dieser Körper noch länger als einen Monat durchhalten kann.

"Es gibt viele Menschen, die bloß   30. Juli 1786
lesen, damit sie nicht zu denken brauchen"
Sprichwort

Der letzte Vorleser

Vorleser beim König von Preußen! Wenn es damals den Begriff Traumberuf gegeben hat, wäre sicherlich manchem begabten, gebildeten Mann dieser Beruf als Traum vorgekommen. Aber wie so oft, ist auch hier die Realität nüchterner und anstrengender gewesen als die Vorstellung, denn einerseits ist der König ein anspruchsvoller, launischer Zuhörer gewesen, zum anderen beinhaltete diese Position eine Vertrau-

*Friedrich-Darstellung
als Anstecknadel.*

Burg Hohenzollern bei Hechingen

ensstellung, die man sich erwerben, die man verteidigen mußte. Friedrich hat natürlich selbst viel gelesen, doch war ihm das oft zu zeitraubend, besonders bei seiner ausgefüllten Zeit in den Kriegen, außerdem liebte er, bei allem Temperament, das Zuhören. Daß seine Vorleser nicht nur sture Vortrager sein durften, sondern in der Lage sein mußten, eine Diskussion zu bestreiten und Konversation zu machen, erscheint selbstverständlich; Bildung war alles bei Friedrich.

Die Zeiteinteilung der Vorleser war relativ frei und großzügig, oft wurden sie tagelang nicht gerufen, aber sie mußten sich stets parat halten. Besonders im Kriege ist Friedrichs Bedarf an Vorlesern unregelmäßig gewesen, dafür waren ihm diese Stunden wichtig als Entspannung in der Hektik des täglichen Betriebes. Friedrichs markantester Vorleser, der Schweizer Henri de Catt, 1758 in Dienst genommen, ist an anderer Stelle behandelt worden. Er war Nachfolger des Abbe de Prades, mit dem Friedrich einen Fehlgriff getan hat, denn 1756 entdeckte man seine verräterischen Beziehungen zu den Franzosen, wofür er, Friedrich kennt für Spione und Verräter kein Pardon, 1757 auf die Festung Magdeburg geschickt wurde. Ein weiterer Franzose, Claude Etienne Darget, hatte Friedrich in den vorigen Schlesischen Kriegen begleitet, und er ist es, dem Friedrich 1746 die Worte sagt:

"Künftig greife ich keine Katze mehr an, außer, um mich zu verteidigen."

Sein Vorleser der letzten Wochen und Monate ist, wiederum Franzose, Dantal gewesen. Er hat des Königs fortschreitende Krankheit beobachtet und seine letzten arbeitsfreien Stunden mit Vorlesen ausfüllen können, was gewiß mühsam und nervenaufreibend gewesen ist. Im Verlauf seiner auf- und abklingenden Krankheit ist Friedrich mal übel-, mal hochgelaunt, er nickt ein, Schmerzen machen ihm das Zuhören unmöglich, die Sitzung muß abgebrochen werden. Aber sein Gedächtnis ist in der Hauptsache, wenn es um "früher" oder alte Geschichte geht, ungebrochen.

Am 30. Juli 1786 liest Dantal den "Abriß der Geschichte des Jahrhunderts Ludwig XV." vor und kommt auf die Schlacht von Roßbach: "Friedrich faßte, als er sich von so vielen Feinden umgeben sah, den Entschluß, mit dem Degen in der Hand in den Reihen der Armee des Prinzen von Soubise den Tod zu suchen."

So krank kann Friedrich nicht sein, daß er nicht korrigieren muß: "Nun, nun, von Sterben war dabei noch nicht die Rede!"

Während des Vorlesens ist Friedrich eingenickt, aus dem Schlummer reißen ihn heftige Schmerzen im Unterleib, so daß Dantal schweigen muß. Aber er wird nicht entlassen, da der König hofft, daß die Anfälle vorübergehen. Wie gewöhnlich hat Friedrich sich vor dem Beginn auskleiden lassen und sich in seinen Mantel gehüllt, im Lehnstuhl sitzend, damit er nicht noch einmal geweckt werden muß, wenn der Schlummer ihn faßt; das ist zur bewährten Methode geworden. Friedrichs Einwürfe und Fragen zwischen den Kapiteln werden immer seltener, er schläft trotz seiner Schmerzen allmählich ein, und wie üblich verharrt Dantal bis zehn Uhr auf seinem Platz, bis er das Buch auf die Stelle, von der er es vorher entnommen hat, zurücklegt und behutsam das Zimmer verläßt. Dantal weiß, daß die Vorlesestunden gezählt sind, er bemerkt wachen Auges den körperlichen Verfall des Königs. In den vielen wachen Stunden, — ein erquickender Schlaf stellt sich nicht mehr ein —, liest Friedrich noch viel selbst, verweigert alle Werke in kleingedruckter Schrift und läßt sich schwere Bände auseinandertrennen, um sie in den schwachen Händen halten zu können. Klassiker werden bevorzugt, natürlich sein Voltaire; außerdem Quintilian, Aristoteles, Tacitus, Franzosen seiner Zeit. Die Bibliothek von Sanssouci ist im Laufe der Jahre sehr umfangreich geworden, aber im großen und ganzen weiß der König noch genau, wo die einzelnen Werke zu finden sind. Wer ihn um diese Zeit besucht, bewundert die Energie, mit der er seine Stunden nutzbringend ausfüllt, — neben den Regierungsgeschäften, die in Wirklichkeit, ohne daß er es feststellt, auf Sparflamme laufen —, obwohl er sich in seinem Realitätssinn klar sein muß, daß das Unaufhaltsame nicht mehr fern sein kann. An diesem 30. Juli hat Dantal dem König zum letzten Mal vorgelesen. Friedrich selbst las als letztes ein Werk über Heinrich VI. und das Leben der zwölf ersten Kaiser.

Königlicher Appetit

Mit 15 Jahren wiegt Kronprinz Friedrich 120 Pfund — und straft damit
alle Bilder jener Zeit Lügen, die ihn als schlanken Jüngling zeigen.
Über sein späteres Leben liegen Nachrichten genug vor, daß er ein guter Esser war, und so ist anzunehmen, daß er auch früher gute Kost
nicht verschmäht hat. Die erste Nachricht über Friedrichs Appetit
stammt vom Großvater, der am 8. Februar 1712 der Kurfürstin von
Hannover schreibt:
"Allhie befinden sich unsere Kinder auch noch alle gesundt, insonderheit aber der Printz von Preußen und Oranien, welcher dan an seiner
Amme braf sauget . . ."
Er selbst verrät später seine Eßweise, indem er in Briefen an den Vater
davon berichtet und an Fredersdorf schreibt:
"Ich versichere Dier, das unser Fraß nicht kostbahr, aber nur delikat
ist."
Das traf auf die Rheinsberger Tage zu, wo man gewiß Gelegenheit zu
ausgiebiger Tafelei hatte, später nahm Friedrich sich immer weniger
Zeit zum Essen, und erst in den Jahren nach dem großen Kriege wurde
das wieder anders. August Wilhelm von Schwichelt entwirft in seinen
"Anmerkungen über den Charakter und die Gemüts-Beschaffenheit
verschiedener an dem preußischen Hof sich enthaltenen Personen" ein
Bild über Friedrichs Tafel um das Jahr 1742:
"Ich thue hier kein Unrecht, wenn ich sage: daß es zuweilen auf selbi-
ger (der Tafel) an dem Nothdürftigsten gebrochen habe. Der König
selbst nährt sich mit überaus wenig; da es mehr scheinet, daß er bei einem Gerichte koste als davon esse. Anstatt, daß er ehedem nichts als
fremde, niedliche und künstliche Zurichtungen liebet, so wählet er
jetzt nur grobe und auf die einfältigste Weise zugerichtete Speisen."
Der Berichterstatter sagt jedoch, daß Friedrich zuweilen nachträglich
mit Vertrauten zur Nacht esse. Friedrich trinkt gern Wein, eine "bou-
teille" ganz allein, und offenbar äußerst anregenden, denn seine Ärzte

"befahren, daß der ständige Gebrauch so hitziger Weine, zumahl bei dem ohnehin feurigen Geiste des Königs, und seinen ohnablässigen Beschäftigungen, ihm das Geblüte zu sehr in Wallung setzen und mithin seine Gesundheit Abbruch thun werde."

Er trinkt beinahe maßlos Kaffee, oft sechs bis acht Tassen hintereinander; im Kriege, schreibt er, sei das manchmal seine ganze Marschverpflegung gewesen. Das ist gewiß ein wenig übertrieben, aber fest steht, daß er im Krieg nur selten Gelegenheit hatte, eine ausgedehnte Tafel zu halten. Das sollte später anders werden. Noch nach der Schlacht von Mollwitz hatte Friedrich zu großer Tafel geladen, wie der Marschall Belle-Isle berichtet:

"Nach Ausgabe der Parole kehrt der König von Preußen in sein kleines Schlafgemach zurück, wo er eine Tafel von zwölf Gedecken hatte anrichten lassen, wegen des schlechten Wetters, denn für gewöhnlich speist er in einem großen Zelt an einer Tafel von vierzig Gedecken, an der alle Offiziere, ohne Ausnahme, hier im Lager die Ehre haben zu ihm zugelassen zu werden."

Später, bei Revuen, Paraden und Truppenbesichtigungen, dauerten derartige Mahlzeiten, wiederum mit vielen Militärs und Gästen aus dem Ausland volle drei Stunden, und es ist undenkbar, daß Friedrich von den aufgetragenen Speisen nur gekostet habe. Schwerer Wein, heißer Kaffee, scharf gewürzte, fette Speisen in zahlreichen Gängen — wir wissen heute, wohin diese Völlerei führen kann. Friedrich ist zwar nie korpulent geworden, aber seine Gesundheit, wie an anderer Stelle erwähnt, hat stets zu Klagen Anlaß gegeben und wäre wohl durch Diät besser gewesen. Friedrichs Leibgericht war der Hering. Um ihn immer täglich frisch auf den Tisch zu bekommen, wie er es wünschte, ließ er einen Kurierdienst zwischen Emden und Berlin einrichten.

"Je oller, desto doller", lautet ein altes Sprichwort — das ist bei Friedrich in bezug aufs Essen der Fall gewesen. Seine Gelüste werden offenbar pervers: Senf in heißem Kaffee, Trüffel, Grünkohl, Obst stand überall im Zimmer griffbereit. "Ich bin", sagt Friedrich, "wie die schwangeren Weiber, die unordentliche Lüste haben."

Die Ärzte sind machtlos und fallen in Ungnade, wenn sie verbieten oder abraten. Friedrichs Speisezettel vom 5. August 1786, der eines Todkranken, Sterbenden, ist überliefert und gibt ein anschauliches Beispiel seiner Leistungsfähigkeit. In der Zeit ist der erwähnte Dr. Zimmermann abgereist, Friedrich läßt die letzten Hemmungen fallen und erstaunt aufs Höchste seine alten Tischgenossen, die dann freilich oft genug die Folge miterleben müssen.

Menue 5. August 1786.
1. soupe aux choux à la Fouqué
2. du boeuf au pannais et carottes
3. de poulets en cannelon aux concombres farcis au blanc à l'Anglaise
4. de petits patés à la Romaine
5. gebratene junge Colennen
6. du saumon à la Dessau
7. de filés de volaille à la Pompadour avec langue de boeufs et croquets
8. Portugiesischer Kuchen
9. Grüne Erbsen
10. Frische Heringe
11. Saure Gurken

Jeder heutige Arzt eines Sanatoriums muß hierüber die Augen verdrehen, und Friedrichs Ärzte haben das natürlich auch getan, dennoch kann nicht schlüssig behauptet werden, daß Friedrich ohne seine Unmäßigkeit länger hätte leben können.

"Hast Du getan, was Deine Pflicht,   **10. August 1786**
vertrau dem Himmel: er verläßt Dich nicht!"
Spanisches Sprichwort

Der letzte Brief

Friedrich schreibt am 10. August 1786 an die Herzogin Charlotte von Braunschweig:

"Der Arzt aus Hannover (Dr. Zimmermann) hat sich bei Dir her-
ausstreichen wollen, meine gute Schwester, aber die Wahrheit ist,
daß er mir nichts genützt hat. Das Alter muß der Jugend weichen,
damit jede Generation ihren Platz findet. Und wohl erwogen, was
ist das Leben? Es besteht darin, daß man seine Mitbürger sterben
und zur Welt kommen sieht . . ."
Die Gesundheit des Königs war nicht besser geworden, obwohl er sich,
nach eigenen Worten, erleichtert fühlte. Dr. Zimmermann hatte keinen Zweifel daran gelassen, daß hier nur noch gelindert, nicht geheilt
werden konnte. Noch immer arbeitet Friedrich vieles von dem weg,
was ihm vorgelegt wird, aber — nicht alles wird ihm vorgelegt; schon
seit Monaten nicht mehr, so daß sich einiges Unerledigtes ansammelt:
Für seinen Nachfolger. Der Tagesablauf aller um ihn herum ist nun
vollkommen aus den Fugen geraten, ob Lakai, Sekretär, Küchenchef,
General oder Minister, sie alle haben sich seinen Bedürfnissen in Schlaf,
Essen und Arbeit unterzuordnen. Nie ist die Zusammenarbeit mit ihm
ein Honigschlecken gewesen, jetzt artet sie aus in Tortur, Zähnezusam-
menbeißen und Aufopferung. Wie lange noch? Was kann dieser Körper noch durchhalten? Bis zum Herbst, in den Winter hinein? Zwar
steht der Nachfolger bereit auf Abruf, aber ist er genügend eingewiesen? Zitat aus obigem Brief:
"... Das Alter muß der Jugend weichen, damit jede Generation ihren Platz findet."
Somit schreibt er wieder einmal das Richtige, ohne es zu tun, getan zu
haben. Denn Friedrich Wilhelm, sein Neffe, war wenig an Regierungsgeschäften und Entscheidungen beteiligt worden, wohl aus diesem
Hauptgrunde: Je mehr die Zeit weiterschreitet, desto weniger mag
Friedrich ihn leiden, hält ihn womöglich für untauglich. Allerdings
kann unterstellt werden, daß Friedrich auch jemanden, den er mochte
oder für tauglich hält, wenig in die Amtsgeschäfte eines Monarchen
würde eingewiesen haben; das hätte seinem Wesen und seinem Beruf
als Alleinherrscher vollkommen widersprochen. Aber seine Menschenkenntnis hat auch hier treffend geurteilt, dennoch hätte es seine
Schlußfolgerung sein müssen, im Interesse des Staates, für einen tüchti-
gen Nachfolger Sorge zu tragen. Wie wir heute wissen, ist Friedrich
Wilhelm II. so unfähig wie von Friedrich geahnt gar nicht gewesen,
und wer ihm vorwirft, das strenge Regiment seines Onkels nicht wei-
terverfolgt zu haben, sollte folgendes bedenken: Niemand hätte dieses
unbeschadet schaffen können. Denn, ohne daß Friedrich es bemerkte
oder wahrnehmen wollte, hatten die Zeiten sich geändert zugunsten

von mehr Menschlichkeit und Wärme, zu Ungunsten von Despotie und souveräner Alleinherrschaft. In diesem Sinne ist Friedrich Wilhelm der passende Mann zur richtigen Stunde, ein durchaus logischer Nachfolger eines Königs, dessen Zeit abgelaufen ist.

Die Wehmütigkeit, die aus dem obigen Brief atmet, stimmt versöhnlich. Aber der Brief beweist auch, daß Friedrich vollkommen klar bei Verstand und sein Sarkasmus, — denn nur dieser läßt ihn diese Gelassenheit zeigen und ertragen —, offenbar den Umständen entsprechend ungebrochen ist. Er liest weiterhin seine Klassiker. Diktate und Anweisungen in Kleinigkeiten und Bagatellsachen — seine Stärke — dokumentieren seine geistige Beweglichkeit. Wie in allen Tagen, wenn er in Potsdam war, hat er auch jetzt den Stadtkommandanten von Potsdam, Generalleutnant von Rohdich, pünktlich vormittags erscheinen lassen, um die Parole auszugeben und die anstehenden Manöver zu besprechen. Kein Baum oder Wald im Manövergelände, keine Brücke, Wege oder Hügel, die der König nicht auswendig kennt. Wen wundert's: Schließlich hat er bisher keines der Potsdamer Manöver verpaßt. Sogar die Herbstmanöver für Schlesien, die er im vorigen Jahr bei schauerlichem Wetter beobachtete, plant er noch. So schafft er es, daß alle um ihn her aus der Anspannung nicht herauskommen, damit würde erst Schluß sein, wenn Schluß war.

"Tod, wo ist Dein Stachel . . ."

Dieser letzte Brief an seine alte Schwester beendet ein Dasein, das man als ein "Leben im Briefeschreiben" bezeichnen könnte. Das Zeitalter des Briefeschreibens, heute ausgestorben, war zu Friedrichs Zeit voll im Gange, und die Zahl der von Friedrich geschriebenen Briefe ist für uns heute unvorstellbar. Der Brief war Kommunikationsmittel Nr. 1, und so können wir mit ein wenig Phantasie, wenn wir diese Briefe lesen, uns in jene Zeit und die Menschen in ihr hineindenken. Friedrich weiß es noch nicht, daß dies sein letzter Brief ist, aber er ahnt natürlich, daß viele nicht mehr folgen können; und es muß schmerzlich für ihn sein, mit dem Briefeschreiben endlich Schluß machen zu müssen.

"Tod, wo ist Dein Stachel, Hölle, wo ist Dein Sieg . . ."

"Dem der kennt der Menschen Leid und Not, 16. August 1786
ist Sterben ja der Übel Größtes nicht"
Antoinette Deshoulieres

Die letzte Parole

Fast vier Jahrzehnte steht das Lustschloß auf dem Weinberg bei Potsdam und hat eigentlich nur fröhliche bis normale Stunden und Zeiten
gesehen — doch jetzt geistert der Tod durch die Räume, den Erbauer
und ersten Bewohner zu holen: Seine Zeit ist abgelaufen. Ärzte, Bediente und Besucher hatten dieses Ereignis bereits auf früher vorhergesagt, doch das Sterben des verbrauchten Körpers vollzieht sich quälend
langsam, vielleicht, weil der Geist, der Verstand in diesem Körper in
gar keiner Weise bereit ist, die Arbeit aufzugeben. Er versucht, bis zur
letzten Konsequenz tätig zu bleiben. So kommt es, daß noch gestern,
am 15. August die Kabinettsarbeit mit seinen Sekretären in gewohnter
Weise verrichtet wurde, das heißt, Beginn früh morgens um fünf Uhr,
wenn in Potsdams Gärten die ersten Hähne krähen. Wie üblich ent-
hielt der Kabinettsextrakt, der von den Sekretären mündlich vorzutra-
gen ist, neben wichtigen staatlichen Themen auch jene Alltäglichkeiten
und Banalitäten, die seit Jahren an den König von Leuten herangetragen werden, die wissen, wie schnell er entscheidet und beantworten
läßt. Professor Forster aus Halle macht den Vorschlag, den tatarischen
Maulbeerbaum statt des weißen in Preußen zu pflanzen, da er dem Klima angepaßt sei und deshalb bessere Ergebnisse bringen würde.
"Es wäre ganz gut", entscheidet Friedrich.
Ein Kapitän der Armee bittet um finanziellen Beistand, da sein Gut bei
Conitz vom Blitz getroffen und schwer abgebrannt sei. Damit trifft er
seinen König an der falschen Stelle:
"Man kann ihm nichts geben."
Ein Kaufmann aus Leipzig möchte nach Halle übersiedeln und bittet
um Erlaubnis für seinen Handel mit verschiedenen Gütern. Antwort
des Königs:
"Wenn er keine Conterbande (Schmuggelware) einbringen will, kann
er kommen, aber das Zeug von Porzellan geht nicht an."

Der nächste Fall ist eine Erpressung: Ein Franzose aus Hamburg sei im Besitz zweier Satiren aus des Königs Feder, die nicht gut für die Öffentlichkeit seien, und bietet sie für 1.000 Friedrichs d'or zum Kauf. Lakonisch-kurzer Bescheid:
"Er ist ein Windbeutel, man muß ihm nicht antworten."
Nach dem Vortrag der Kabinettssekretäre wird der Stadtkommandant von Potsdam, Friedrich Wilhelm von Rohdich, vorgelassen, um die Parole zu holen. So geschieht es seit Jahrzehnten, wenn Friedrich in Sanssouci weilt und auch noch am 15. August. Alle um den König Anwesenden erwarten sein Ableben in der Nacht zum 16., denn er verbringt die Nacht so ruhig wie lange nicht, hustet weniger als sonst und scheint keine Schmerzen zu haben. Die Ärzte sind untätig, können nicht mehr helfen oder das entschwindende Leben aufhalten. Längst sind in der Umgebung des Thronfolgers die Vorbereitungen für alle Fälle getroffen, Depeschen mit den Nachrichten über den Zustand des Königs gehen in kurzen Abständen nach Berlin. Hält ganz Preußen den Atem an? Nein, gewiß nicht, auch dieser Tag, der 16. August, beginnt wie andere, für die meisten preußischen Bürger ist Friedrich seit langem ein Wesen aus einer fernen, anderen Welt. Am Morgen verschlechtert sich der Gesundheitszustand Friedrichs derart, daß die Kabinettsräte nicht vorgelassen werden; sie müssen ihre nächste Arbeit mit dem neuen König machen!
Des Königs letzter Kampf beginnt, es ist ein Kampf um den Atem! Rasselnd und hustend versucht er, Luft zu holen, zum ersten Mal macht es ihm auch Mühe, die Augen zu öffnen, die, auch zum ersten Mal, den klaren Ausdruck verloren haben. Friedrich setzt an zu sprechen, der Kammerdiener bringt das Ohr an seine Lippen: Ein Name, natürlich der Name des Stadtkommandanten von Potsdam; es wird Zeit, die Parole auszugeben. Der General von Rohdich, seit Stunden im Vorzimmer unter den Kabinettsräten und Ministern wartend, wird hereingerufen, und des Königs Augen leuchten beim Anblick dieses Getreuen und Kampfgefährten aus den Schlesischen Kriegen noch einmal in alter Stärke auf. Stumm tritt der General heran und spürt, daß der Tod mit im Zimmer steht, ergriffen, den Tränen nahe, bemerkt er des Königs Bemühungen, etwas zu sagen, ein Wort nur, das eine: Die Parole des Tages. Die Lippen bewegen sich, der General beugt sich nach unten, kein Ton. Als er sich aufrichtet, bemerkt er bisher nicht Gesehenes im Gesicht Friedrichs: Klage! Stumme Klage zwar, aber die erste, seit er den König täglich besucht. Friedrichs Hände tasten zum Griffel und zur Schiefertafel — wenigstens schreiben, was man nicht mehr sagen

kann! Aber auch das geht nicht mehr. Die Parole vom 16. August 1786 bleibt ungesagt und ungeschrieben. Friedrich dreht den Kopf zur Seite, resignierend auf die Lehne des Stuhles, die rechte Hand macht eine kaum wahrzunehmende Bewegung, ein Ansatz nur: Dies ist der Abschied. Das Taschentuch vor den Augen, verläßt Rohdich den Raum: Ein preußischer General, Teilnehmer fast aller Schlachten der Kriege Friedrichs, weint! Er schämt sich nicht, daß die Kammerdiener, Minister von Hertzberg und Lucchesini ihn so sehen. Sie ist vorbei, diese Epoche Preußens, morgen wird er seine Parole bei Friedrich Wilhelm holen, der dann der Zweite heißen wird. Ein sterbender König hat versucht, seine Pflicht so lange zu tun, wie Körper und Geist es zulassen . . .

"Es wird kein Sohn sich nach Dir nennen,   **17. August 1786**
doch Dein Jahrhundert heißt wie Du!"
Jean Paul

"Sein schönster Tag . . ."

Am Nachmittag des 16. August kommt Dr. Selle aus Berlin angereist. Zum ersten Mal, solange er diesen hohen Patienten behandelt, kann er nicht das geringste für ihn tun und zieht sich in die Nebenzimmer zurück. Jeder der Anwesenden erkennt, daß die letzte Phase begonnen hat. Für wenige Augenblicke öffnet Friedrich die Augen, scheint auch seine Adjutanten und Kammerdiener zu erkennen, die um ihn stehen und noch jeden Befehl ausführen würden, wenn nur einer gegeben werden sollte. In rührender Weise versorgen die völlig übernächtigten Lakaien Schöning und Strutzki den König, versuchen den nicht mehr abzubrechenden Husten zu lindern, indem sie den kleinen Körper anheben, umbetten und immer wieder in andere Stellungen bringen. Das Licht des Abends schwindet, die Nacht zum 17. bricht an. Dr. Selle fühlt in regelmäßigen Abständen den Puls und kann so das Abklingen des Lebens verfolgen: Ein paar Stunden noch, mehr wird nicht möglich sein. Dieser Husten, dieser rasselnde Atem, der den Körper hin und her schüttelt, dagegen ist nichts mehr zu tun, das Ende kann nur eine Erlösung sein. Dr. Selle denkt an die vielen Stunden, die er mit Friedrich verbracht hat, meist keine angenehmen, denn Friedrich war der undankbarste Patient der Welt. Ein Wunder überhaupt, denkt der Arzt, der Friedrichs frühere Krankheiten genau kennt, daß ein Alter von fast 75 Jahren erreicht werden konnte.

Sollte es doch möglich sein, daß Geist den Körper kommandieren, bezwingen kann? Ironisch muß der Arzt denken, mit wie wenig Pomp hier ein großes Leben zu Ende geht, dies gibt es nur im Preußen Friedrichs: Am letzten Krankenbett, dem alten Lehnstuhl, keine Familie, keine Frau, keine Kinder, nur Militärs, Diener oder Beamte, keine Kanzler oder Hofräte, die Unruhe in das kleine Sanssouci bringen können. Sanssouci — ohne Sorge; bald würde Friedrich so weit sein! Die Kerzen im Zimmer knistern und werfen ihr gelblich-flackerndes Licht auf Friedrich, der ein wenig eingeschlummert ist. Der Puls: Dr. Selle zählt ihn ab und sieht die Anwesenden bedeutungsvoll an. Noch leiser klingen die Schritte der Abgehenden und Kommenden. Und nie sind in diesem Hause die Türen so behutsam geöffnet und geschlossen worden. Um elf Uhr nachts erwacht Friedrich noch einmal aus seinem Schlummer, kann sprechen und befiehlt, um vier Uhr geweckt zu werden. Seine letzten Worten gelten dem Wohlergehen seines Windhundes, dann setzt wieder der Husten ein, das Atemholen geht immer schwerer, nur Dr. Selle und sein Kammerdiener Strutzki sind noch bei ihm. Die Stunden vergehen, Mitternacht vorüber, der Kammerdiener reicht, wie bei den heftigsten Hustenanfällen der letzten Zeit immer, den Zwiebelsaft, der Linderung zu bringen scheint. Friedrich sinkt in sich zusammen. Strutzki faßt ihn im Rücken, unter dem Arm, hebt ihn an, Dr. Selle fühlt den Puls, der abebbende Husten kündigt das Ende an: Friedrich stirbt am 17. August 1786 um 2.20 Uhr in den Armen des Kammerdieners, der ihn bis zuletzt stützt und festhält; 46 Jahre, zwei Monate und

16 Tage Regierungszeit dieses großen Preußen sind zu Ende . . .

"Als Soldat", schreibt sein großer Bewunderer in Wien, Joseph II., an Kaunitz, "beklage ich den Verlust eines großen Mannes, welcher in der Kriegskunst auf immer Epoche machen wird: Als Bürger bedaure ich, daß dieser Tod dreißig Jahre zu spät eingetreten ist. Im Jahre 1756 würde er vorteilhafter gewesen sein als im Jahre 1786."

Dieses Urteil ist aus der Sicht eines großen Verlierers verständlich. Ein pessimistisch-trauriges Bild des folgenden Tages entwirft der kritische Franzose Mirabeau, letzter auswärtiger Besucher des Königs: "Alles ist düster, niemand traurig, alles ist geschäftig, niemand betrübt, kein Gesicht, das nicht Aufatmen und Hoffnung verrät; nicht ein Bedauern, nicht ein Seufzer, nicht ein Wort des Lobes, damit also enden so viele gewonnene Schlachten, soviel Ruhm, eine Regierung von fast einem halben Jahrhundert, erfüllt von so vielen Großtaten."

Mirabeau übersieht, wofür Friedrich gelebt hat: Für einen am Anfang seiner Regierung kleinen Staat, für ein noch immer armes Volk, gemessen an anderen europäischen Verhältnissen — damit konnte er sich nicht nur beliebt machen! Friedrichs eigene Niederschrift mag hier ein Zeugnis seiner Seele abgeben:

"Meine letzten Wünsche in dem Augenblick, in dem ich den letzten Hauch von mir gebe, werden für die Glückseligkeit meines Reiches sein. Möge es stets mit Gerechtigkeit, Weisheit und Nachdruck regiert werden, möge es durch die Milde seiner Gesetze der glücklichste, möge es in Rücksicht auf die Finanzen der am besten verwaltete, möge es durch sein Heer, das nur nach Ehre und edlem Ruhm strebt, der am tapfersten verteidigte Staat sein."

In den blauen Mantel gehüllt wird die Leiche Friedrichs am 17. August im Konzertsaal von Sanssouci aufgebahrt, auf seinem schlichten Feldbett. Der Bildhauer Eckstein macht noch am gleichen Tage, ehe Soldaten, Beamte und Offiziere am Toten vorbeidefilieren, jenen Abdruck, der uns heute das naturgetreue Antlitz Friedrichs überliefert. Entgegen der Aussagen Mirabeaus sieht man in beinahe allen Augen der Trauergäste die Tränen . . .

"Er war kein Mensch, über den man   **18. August 1786**
urteilen darf.
Man muß versuchen, ihn zu begreifen"
Wilhelm Uhde

"Ich habe Dir
einen Namen gemacht . . ."

Was Friedrich im Leben peinlich hatte zu vermeiden gewußt, nämlich
jemanden an seinen Körper heranzulassen, muß er im Tode erdulden:
Nicht nur, daß Eckstein einen Gipsabdruck nimmt, nein, der Körper
wird ausgekleidet, gewaschen und mit Spiritus gereinigt — schließlich
ist es Hochsommer mit schwülen Tagen. So sind die vier Männer, die
mit dieser Aufgabe beschäftigt sind, wohl die einzigen, die den König je
unbekleidet gesehen haben: Regimentschirurg Engel, die Kompanie-
chirurgen Ollenroth, Rosenmeyer und Liebert, alle von der Potsdamer
Garde. Sie werden im Jahre 1790 Gelegenheit haben, entgegen anderen
Äußerungen schriftlich zu bestätigen, daß Friedrichs Genitalien unbe-
schädigt gewesen sind. Friedrichs Körper bietet sich den Ärzten in so
beklagenswertem Zustand dar, wie er in den letzten Wochen gelebt
hat: Voller Wasser, angeschwollen, ansonsten ein Gerippe und eine
Hülle, "die Seele hat die abgenutzte Hülle verlassen" —, allein das Gesicht zeigt, daß Geist und Seele letztlich doch den Kampf mit dem Leib
gewonnen haben. Die Chirurgen lassen aus dem Körper "zwei bis drei
Quart einer stinkenden Flüssigkeit heraus, die von sehr dicker Konsi-
stenz und von sehr dunkler gelbgrünlicher Farbe" ist. Zimmermann
berichtet, daß Friedrich in den letzten Lebenstagen das Wasser buchstäblich bis zum Halse gestanden habe. Mit der Uniform des Ersten Bataillons Garde angekleidet, liegt Friedrich nun auf seiner mit einem
schwarzen Teppich ausgelegten Feldbettstelle, und ab elf Uhr erhalten
die Offiziere der Potsdamer Garnison Erlaubnis, das Trauerzimmer zu
betreten. Zeitgenossen berichten über viele tausend vergossene Tränen
der alten Kämpen, die mit ihm die Schlachten der Kriege geschlagen
hatten. Auch die Söhne des neuen Königs stehen an der Bahre, unter
ihnen der Kronprinz, späterer Friedrich Wilhelm III. Um acht Uhr am
Abend dieses 17. August wird Friedrich von zwölf Unteroffizieren des
Ersten Bataillons Garde in den Sarg gelegt und mit einem achtspänni-

gen Wagen ins Potsdamer Stadtschloß gebracht. Voraus der Adjutant, in drei Wagen folgen Generäle, Ärzte und Kammerhusaren. Am Brandenburger Tor schließen sich viele Offiziere dem Zug an. Damit ist klargeworden, daß Friedrich Wilhelm II. den Wunsch des toten Königs nicht zu erfüllen gedenkt: Auf den Terrassen von Sanssouci beigesetzt zu werden. An der Südostseite des Schlosses hatte Friedrich sich schon vor Jahrzehnten eine Gruft errichten lassen, um "in der Nähe seiner Hunde" ruhen zu können. Das scheint den Lebenden nun nicht würdig genug zu sein, und Friedrich Wilhelm II. bestimmt, daß Friedrich dorthin soll, wo Vater Friedrich Wilhelm I. seine letzte Ruhe gefunden hat: in der Garnisonkirche zu Potsdam. Alle Straßen der Stadt sind mit Menchen gefüllt, von denen nur Schluchzen und gelegentliches "Ach, der gute König" zu hören ist. An dem gleichen Eingang, von dem Friedrich am 17. April nach Sanssouci abgefahren ist, zum letzten Mal, empfangen ihn nun die Obersten von Borch, von Hahnefeldt, Graf Pinto und von Röder, geleiten ihn ins Audienzzimmer, wo sie ihn bis zum Morgen des 18. August bewachen. Tausende einfache Bürger aus Stadt und Land haben nun, zum Teil zum ersten Mal Gelegenheit, den Alten Fritz zu sehen, selbstverständlich — wie bei Untertanen üblich — mit gemischten Gefühlen, denn nicht alle von ihnen liebten oder verehrten ihn zu Lebzeiten, doch ist wohl keiner unter ihnen, der die

aufopfernde Arbeit nicht gewürdigt hätte. Verständlich auch, daß manche der vorbeidefilierenden Soldaten, Beamten und Zivilisten nun aufatmen, in Anbetracht der zu erwartenden "gelockerten Zügel" der neuen lebenslustigen Majestät.

Abends um acht Uhr setzt sich der Zug vom Stadtschloß zur Garnisonkirche in Bewegung. Die Generäle von Potsdam tragen den Baldachin, Magistrat der Stadt und Hofstaat des Verstorbenen folgen. Aus dem geöffneten Portal der Kirche klingt die Orgel mit dem Lied "Dein sind wir, Gott, in Ewigkeit", zwei Geistliche gehen der königlichen Leiche entgegen und geleiten sie bis an den Eingang des Gewölbes. Die Gedächtnispredigt, für die ganze Monarchie gültig, steht unter dem Motto von 1. Chronik, 17. Kapitel, Vers 8:

"Und ich bin mit dir gewesen, wo du hingegangen bist, und habe deine Feinde ausgerottet vor dir und habe dir einen Namen gemacht, wie die Großen auf Erden Namen haben."

Der alte Spötter, der sich hierüber seinen Teil gedacht haben würde, ist tot. Viel prophetischer hätte Vers 11 des gleichen Kapitels geklungen:

"Wenn aber deine Tage aus sind, daß du hingehst zu deinen Vätern, so will ich deinen Namen nach dir erwecken, der deiner Söhne einer sein soll; dem will ich sein Königreich bestätigen."

Friedrich war nicht nur Spötter und Pessimist, sondern auch selbst Prophet, wie das allgemein Menschen mit Geist und Witz zu sein pflegen:

"Wenn nach meinem Tode mein Herr Neffe (Friedrich Wilhelm II.) in Schlaffheit einschläft, wenn er, verschwenderisch wie er ist, die Gelder des Staates vergeudet und nicht alle seine Seelenkräfte anfacht, so sehe ich voraus . . ."

Johannes von Müller, der Schweizer Historiker, schreibt aus den Tagen nach Friedrichs Tagen, ganz im Gegensatz zu Mirabeaus zitiertem Bericht:

"Wir wissen aus mehreren Provinzen, Republiken und Königreichen, daß, als die so oft fälschlich ausgebreitete Nachricht nun gewiß wurde, von den Thronen bis zu den Hütten, von den grauen Zeitgenossen seiner ersten Siege bis auf das unmündige Alter, wenige Menschen von einigem Gefühl ohne ganz besondere Rührung das Wort seines Todes nachgesprochen."

Der Bischof von Kulm hält am 10. September 1786 in der katholischen Kirche zu Berlin eine Trauerrede:

"Gott, der das Recht der Fürsten am besten unterscheidet, schien die Unternehmungen Friedrichs im Siebenjährigen Kriege zu billigen, weil er Friedrichs Waffen beglückte: Und vielleicht zum Besten der Religion. War er nicht ein Beschützer unserer Religion? Ihr geheiligten Mauern dieses Tempels! Ihr Altäre! Wessen Schutz habt ihr euer Dasein, euer Ansehen und eure Sicherheit zu verdanken? Ist es nicht unser großer Friedrich?"

Von Gott ist häufig die Rede in diesen Tagen, wie es Christen, vor allem protestantische, lieben, wenn einer ihrer Herrscher die letzte Reise antritt . . . Wilhelm Uhde sagt:

"Er war kein Mensch, über den man urteilen darf, man muß versuchen, ihn zu begreifen."

654

Der Tod Friedrichs des Großen

Friedrich Wilhelm II. am Sterbelager Friedrichs.

Der Sarg Friedrichs auf Burg Hohenzollern.

Das Tannenbergdenkmal in Ostpreußen

"Die Torheiten der Väter sind
für ihre Kinder verloren;
jede Generation muß ihre eigenen
begehen"

Ein Nachruf

Folgendes hat Friedrich bei seinem Tode hinterlassen:
1. Einen Staatsschatz,
2. ein gegenüber seinem Regierungsantritt erheblich vergrößertes Preußen,
3. eine kopfstarke Armee,
4. ein wenig mündiges Volk,
5. eine Menge unerledigter Angelegenheiten und
6. einen Thronfolger.
Zu den einzelnen Punkten ist als Nachruf einiges anzumerken:
Zu 1. Über ein Viertel seiner Regierungszeit hat Friedrich Krieg geführt, Krieg mit allen Verlusten, Nöten und Kosten. Trotzdem ist es ihm gelungen, einen Staatsschatz von 51.302.010 Talern, 12 Groschen und 8 Pfennigen anzusammeln und seinem Nachfolger zu hinterlassen. In ständiger Sorge, in neue Kriege verwickelt zu werden, war Friedrich stets darauf bedacht gewesen, wenigstens soviel Geld zurückzulegen, daß der erste Feldzug durchgestanden werden konnte. Dieser Tresor voller Geld beweist, daß Friedrich wie sein Vater ein großer Plusmacher gewesen ist. Preußen ist also unverschuldet, als Friedrich abtritt. Ein Staat nicht nur ohne Schulden, sondern mit beachtlichen Geldvorräten — gerade wir Heutige wissen, was das bedeutet. Das war aber schon damals etwas Besonderes; seitdem es dem Menschen möglich ist, versucht er auf zu großem Fuß zu leben, und das Besondere sollte auch für Preußen gut hundert Jahre lang gültig bleiben: In wenigen Jahren hat Friedrichs Nachfolger Friedrich Wilhelm II. diesen Staatsschatz durchgebracht; sein Sohn Friedrich Wilhelm III. geriet in eine Zeit, in der beim besten Willen Sparen nicht möglich war; dessen Sohn Friedrich Wilhelm IV. hat das ebenfalls nicht geschafft; erst mit dessen Bruder, Wilhelm I., hat es wieder eine positive Bilanz im preußischen Staatshaushalt gegeben.

Zu 2. Ursprünglich hat Friedrich mehr als Schlesien nicht haben wollen, Ostfriesland ist ihm durch eine erwartete Erbschaft zugefallen, Westpreußen hat er bei der großen Aufteilung Polens wohl oder übel nehmen müssen. Damit bildet Preußen im Osten des Deutschen Reiches nun doch eine große zusammenhängende Landmasse, doch ist es Friedrich selbst nie eingefallen, von seinem Staat als Großmacht zu sprechen. Er wußte um die Verwundbarkeit Preußens und ahnte, wie leicht es durch einen ernsthaften Gegner niedergeworfen oder gar ausgelöscht werden konnte. Zwanzig Jahre später — fast wäre es soweit gekommen!

Zu 3. Die Armee ist zwar zahlreich und nach wie vor für einen Staat wie Preußen überdimensioniert, aber sie steht nicht mehr auf neuestem Stand, das Offizierskorps ist veraltet, nicht an selbständiges Handeln gewöhnt, es fehlt überall der Geist des alten Preußen. Im Bayerischen Erbfolgekrieg waren eklatante Mängel sichtbar geworden, die man kaum behoben hatte. Auch technisch war nicht alles auf der Höhe, so daß Clausewitz' spätere Worte zutreffen:

> "Die Waffen des Soldaten wurden immer blank gehalten; die Gewehrläufe mit dem Ladestock fleißig poliert, die Schäfte alljährlich gefirnißt, aber die Gewehre waren die schlechtesten in Europa."

In wenigen Jahren werden vom Westen Volksheere anstürmen, die die alten Söldnersoldaten vom Schlachtfeld fegen.

Zu 4. Friedrichs Regierungsart war nicht dazu angetan, den Einwohner Preußens zum Staatsbürger zu erziehen: Zu viele Kommandos, zu häufige Ordres, zu wenig Anreiz zu Eigeninitiativen. Zwar haben die gewonnenen Kriege ein Zusammengehörigkeitsgefühl aufkommen lassen, aber über 70 Regierungsjahre zweier strenger Könige, deren Lebenszweck die Arbeit gewesen zu sein scheint, ist den Preußen offenbar genug: Sie sehnen sich nach einem milden, freundlichen Herrn, der lebt und leben läßt und vor allem dem schönen Geschlecht mehr Aufmerksamkeiten angedeihen läßt, als Friedrich es getan hat.

Zu 5. Friedrich hat bis zuletzt, an die Schwelle des Bewußtseins gearbeitet, entschieden und regiert; das ist wahr und überall in den Abhandlungen über seine letzten Tage nachzulesen: Der 15. August ist ein richtiger Arbeitstag gewesen! Was Friedrich da nicht mehr wußte, war, daß seine Kabinettssekretäre bereits seit Wochen eine Menge Angelegenheiten zurückhielten, die dann erst nach seinem Tode erledigt wurden. Gewiß wird Friedrich von diesem Verfahren geahnt haben, denn er kannte seine Beamten zur Genüge, aber es fehlten Kraft und Energie in den letzten Wochen. So durfte der Nachfolger sofort in die königliche Kleinarbeit einsteigen, was für viele Bittsteller vermutlich von Vorteil gewesen ist, denn die Zeit schroffer Abweisungen und lakonischer Randbemerkungen war vorbei.

Zu 6. Friedrichs größte Sorge galt in den letzten Jahren dem Thronfolger Friedrich Wilhelm, der ausersehen war, den Namen seines Großvaters, Friedrich Wilhelm I., fortzuführen. Einige von Friedrichs spöttischen Bemerkungen über ihn sind vorher gebracht worden. Noch am 17. August teilt Friedrich Wilhelm II. seinen Ministern die neue Situation mit:

"Meine liebe Etatsministres! Der König Mein Oncle ist heute früh mit Tode abgegangen und Ich bin dadurch zur Regierung gelanget, Ich mache Euch solches hiermit in Gnaden bekannt und werde Euch meine Befehle unverzüglich bekannt machen lassen; versichere Euch Meiner Gewogenheit und bin Euer gnädiger König."

Es ist hier nicht der Platz, die Verdienste und Fehler eines Mannes aufzuzeigen, der das Schicksal hatte, "zu spät an die Macht zu kommen", nur soviel: In seiner Regierungszeit hat sich Preußen noch einmal satt um Südpreußen, Danzig, Thorn, Neuostpreußen, Neuschlesien, Ansbach und Bayreuth vergrößern können; nicht schlecht! Was ist der Grund, daß Friedrich Wilhelm II. bei den Geschichts- und Geschichtenschreibern so ungünstig weggekommen ist?

Die letzte Reise

Diese Worte Georg Christian Lichtenbergs bewahrheiten sich in dramatischer Weise in einer entfesselten Zeit . . .
Sie lagen still und friedlich, scheinbar für ewig, nebeneinander in der Potsdamer Garnisonkirche, hatten sich unter anderem vom Preußenbezwinger Napoleon besuchen lassen, der anerkennende Worte fand, und eine teilweise für Preußen glorreiche Zeit verrann; Friedrich Wilhelm ruhte seit 205, Friedrich seit 159 Jahren — da waren Friedrichs alte Gegner aus dem Siebenjährigen Krieg so nahe herangekommen, daß die Nachfahren sich um die kostbaren Särge sorgten und die Entschei-

dung zu einer Reise trafen, die noch vor wenigen Jahren niemand für möglich und nötig gehalten hätte: Nur fort vom Osten, dem Kernland Preußens . . .

Wie hatte es soweit kommen können? Nach Friedrichs Tod ist es zeitweise hoch hergegangen in und um Preußen, die Existenz des Staates stand auf dem Spiel, aber immer haben sie sich durchlaviert, die Preußenherren, obwohl nach Friedrich kein "Großer" aus dem Hause Hohenzollern mehr aufgetreten ist. Auf die geschichtlichen Ereignisse von 1786 bis 1945 kann hier natürlich nicht näher eingegangen werden, da sie weitere Themen für sich sind, und jedermann weiß, daß Preußen groß und größer wurde und schließlich — zum Leidwesen aller echten Preußen —, in Deutschland aufging. Damit wurde der König von Preußen der Kaiser des Deutschen Reiches — der Anfang vom Ende? Wie dem auch sei und wie es angesehen werden mag, fest steht, daß Preußen auch dann noch existierte, als sein letzter König sich ins Nachbarland davonmachte; es mußten erst andere kommen, um es zu zerstören und auflösen zu lassen!

Was wohl hätte der alte Friedrich Wilhelm seinem Sohne ins Stammbuch — sprich in die Instruktionen — geschrieben, würde er in dieser Zeit regiert haben:

"Nazis müsset Ihr in Euren Landen nicht dulden . . . seindt Deuffels!" Denn das Banner der Intoleranz ist entfaltet worden, hinzu kamen Großmannssucht, Brutalität und große Schnauzen, wie sie in Deutschland und gewiß in Preußen sich noch nie hatten breitmachen können — nicht durch Zufall war der letzte Ministerpräsident von Preußen der Angeber Nr. 1 im Dritten Reich. Und sie beriefen sich auch noch auf preußische Traditionen, diese Geschichtsklitterer in braunen Kitteln — das ist wohl das Schlimmste, was Friedrich und seinem Staat passieren konnte; und prompt war das ein Grund mit für die Sieger, Preußen nun endgültig aufzulösen! Hohn der Weltgeschichte: Ein "Österreicher" ist es, der schließlich das Ende Preußens als Staat herbeiführt, nach einer Folge von ununterbrochenen Verbrechen und Fehlurteilen; nichts ist mehr von der Toleranz und Großzügigkeit, von denen wir in diesem Werk soviel gelesen haben . . .

Doch nun zu 1945. Die Besetzung Berlins durch General Tottleben am 9. Oktober 1760 ist ein Kinderspiel, eine ausgelassene Party gegen das, was nun von Osten her droht und schließlich anrollt: Die von den Deutschen selbst hergeholte sowjetisch-russische Dampfwalze. Berlin mit seinen herrlichen altpreußischen Bauwerken ist bereits von alliierten Bombern beinahe dem Erdboden gleichgemacht, Potsdam ist bisher einigermaßen davongekommen, niemand kann jene Aprilnacht erahnen, die ihm den Rest gibt — da faßt das schon lange nicht mehr im Amt befindliche Haus Hohenzollern den Entschluß, die beiden Särge in Sicherheit bringen zu lassen. Es war hier in Einklang mit der Staatsführung. Nicht, daß schon jemand die Struktur des Nachkriegsdeutschland sich vorstellen mochte, aber besser war besser!

Das Schreckgespenst einer russischen Eroberung stand vor der Tür, und so wie der flüchtende Adel Preußens als Wichtigstes seine Stamm- und Familienbücher und Urkunden und Belege über Abstammung, Besitz und Seßhaftigkeit in den Westen retten wollte und rettete, so durfte auch das Haus Hohenzollern nicht das Risiko eingehen, daß die Särge in den Wirren der letzten Kriegstage untergingen oder als Beute den Weg nach Osten antraten. Es war richtig so: Denn bei dem großen Nachtangriff auf Potsdam im April ist auch die Garnisonkirche vernichtet worden.

Noch ein dritter Sarg trat die Reise nach Westen an, in dem ebenfalls ein ruhmreicher Preuße liegt: Paul von Hindenburg, Sieger von Tannenberg anno 1914. Das große Denkmal wird von Pionieren gesprengt, ehe die Russen es erreichen — Symbol für das Ende des Deutschtums in Ostpreußen?

Die Wehrmacht übernimmt Bergung und Transport der Särge. Ein paar Offiziere werden beauftragt, und einer von ihnen hat einen Bericht hinterlassen: "Ich sah Friedrich den Großen". Tatsächlich haben diese Soldaten den König gesehen, denn der Sarg wurde geöffnet, in dem Friedrich, klein und eingefallen, aber gut erkennbar, ruht. Ergriffenheit wegen der geschichtlichen Nähe packt die Soldaten, ehe sie den Sarg wieder verschließen und auf den Lastwagen verladen. So geht es im Januar vorerst bis in das Salzbergwerk Bernterode in Thüringen, wo alle drei Särge eingelagert werden, sicher vor den Bomben. Und während die Russen sich Berlin und Potsdam nähern, sorgen russische Offiziere dafür, daß Sanssouci aus den Kampfhandlungen ausgespart bleibt — wohl eine der edelsten Taten in diesen entfesselten Tagen von Preußens Eroberung. In Thüringen rücken dann die Amerikaner ein, und ehe sie es wieder verlassen, tun sie einmal etwas anderes als ihre üblichen Auslieferungen an die Sowjets: Sie schaffen die Särge nach Marburg an der Lahn und lassen sie in der dortigen Elisabethkirche aufstellen; gerettet für den Westen!

1952 läßt Prinz Louis Ferdinand von Preußen seine Vorfahren auf die Burg Hohenzollern bei Hechingen bringen, und dort, in der evangelischen Christuskapelle, liegen sie nun: Friedrich Wilhelm unter den Fahnen des "Ersten Garderegiments zu Fuß", 1688 errichtet, Friedrich unter den Fahnen des ältesten brandenburgischen Regiments von 1626, das im Beisein des Kurfürsten Georg Wilhelm in Frankfurt an der Oder aufgestellt worden ist.

Preußische Geschichte wird seit dem 31. März 1947, dem Tage der Unterzeichnung des Gesetzes Nr. 46 des Alliierten Kontrollrats, nicht mehr geschrieben. Millionen Stammpreußen aus dem Osten sind zu Wahlpreußen im Westen geworden — lebendig sind und bleiben für alle in Ost und West Orte wie Potsdam, Charlottenburg, Burg Hohenzollern und das erhalten gebliebene Schlößchen auf dem Weinberge: Sanssouci!

GESETZ Nr. 46

Auflösung des Staates Preußen

Der Staat Preußen, der seit jeher Träger des Militarismus und der Reaktion in Deutschland gewesen ist, hat in Wirklichkeit zu bestehen aufgehört. Geleitet von dem Interesse an der Aufrechterhaltung des Friedens und der Sicherheit der Völker und erfüllt von dem Wunsche, die weitere Wiederherstellung des politischen Lebens in Deutschland auf demokratischer Grundlage zu sichern, erläßt der Kontrollrat des folgende Gesetz:

ARTIKEL I

Der Staat Preußen, seine Zentralregierung und alle nachgeordneten Behörden werden hiermit aufgelöst.

ARTIKEL IV

Dieses Gesetz tritt mit dem Tage seiner Unterzeichnung in Kraft.

Ausfertigung in Berlin, den 25. Februar 1947.

Preußen adé

"Der Schatten Friedrichs ist nicht mehr!"
Preußen ist tot! Es lebe Preußen? Fragt man unsere jungen Menschen
nach Preußen, so denken sie vornehmlich an einige alte Fußballverei-
ne, die diese Bezeichnung aus Tradition weiterführen.
"Aus den Augen — aus den Gedanken — aus dem Sinn." Die Worte
Humboldts treffen offenbar die Situation der heutigen "Geschichtsan-
sichten": "Ein Volk, das keine Vergangenheit haben will, verdient
auch keine Zukunft." Diese harten Worte sind noch zu steigern: "Ohne Blicke und Gedanken zurück kann nicht vorwärts gesehen und gedacht werden."
Nach wie vor gibt es neben der Masse an Preußen Uninteressierter
zwei Flügel: Die, die Preußen lieben, oder die, die es ablehnen. Jene
richten sich am Preußen des 18. Jahrhunderts auf, diese verdammen
"Gesamtpreußen" an den Begebenheiten, die im 19. Jahrhundert und
am Anfang des 20. aufgetreten sind. Beide Gruppen unterliegen einem
ähnlichen Fehler: Dem Pauschalurteil. Es geht tatsächlich nicht an, den
in diesem Werk abgehandelten Zeitraum zur Wertung Gesamtpreu-
ßens heranzuziehen und umgekehrt nicht das Preußen nach Friedrich
zur Grundlage von Urteilen der langen Preußenzeit zu machen. Verfolgt man nämlich einmal die Ursachen der "Preußen-Mißstimmung"
im In-und Ausland, so stellt sich heraus, daß hieran Preußens letzte
Jahrzehnte, eigentlich nur die Zeit von Bismarcks Abgang bis zum Ende der Monarchie 1918 Hauptursache sind, vertreten und verkörpert
durch den letzten Repräsentanten, Wilhelm II. Wer diese preußische
Zeit, integriert in die deutsche, nicht mag und in ihr Ursprünge mancher Übel erblickt, liegt durchaus richtig; falsch liegt derjenige, der in
Friedrichs Zeit zurückgreifen will, um Mißstände des 20. Jahrhunderts

zu klären. Nur nebenbei sei bemerkt, daß man im Ausland nie im Ernst daran gedacht hat, Friedrich seine verdienten Ehren abzuerkennen.

Aber wir Deutsche lieben es ja, unsere historischen Größen zu mißdeuten. Wir haben keinen Grund, auf Friedrichs Zeiten und Taten nicht stolz zu sein, freilich müssen Enthusiasmus, blinde Verehrung, Geschichtsverdrehungen und Lobeshymnen unterbleiben, Sachlichkeit und Nüchternheit sind das Gebot der Zeit. Aber sie sollten Anerkennung und Bewunderung nicht unterbinden. Rückkehr zur Friedrich-Verehrung des vorigen Jahrhunderts — nein danke!

Eine Frage nach dem unfaßbaren Ereignis muß bleiben: Wie war es überhaupt möglich, ein doch immerhin gewachsenes Gebilde wie Preußen aufzulösen, zu verbieten!? Eine von vielen Erklärungen ist schon früh gegeben worden, nämlich von Wilhelm I., König von Preußen und Kaiser des Deutschen Reiches:

"Meine Vorfahren haben erst eine Nation machen müssen; denn wir Preußen sind keine geborene, sondern eine gemachte Nation."

Gemachte Nation — sie kann man "wegmachen"; geborene Nation — sie wäre nicht tot — oder von Siegern unterzukriegen. Schon Friedrich und sein Vater wußten um diese Schwäche Preußens, und ein anderer Ausgang des Siebenjährigen Krieges hätte vermutlich die Ereignisse um 184 Jahre vorverlegt. Des Kontrollratsgesetzes von 1947 hätte es kaum bedurft, da ein Teil der Sieger bereits Nägel mit Köpfen gemacht hatte: Das Land, das Preußen den Namen gab, Ostpreußen, ist als deutsches untergegangen und seit 1945 russisch oder polnisch — wieweit ihm dies zum Segen gereicht oder es in koloniale Zustände zurückfällt, bleibt· abzuwarten —, und alle preußischen Erwerbungen unter Friedrich und seinem Nachfolger sind verloren, die Teilung Deutschlands tut ein übriges: Preußen wäre, auch ohne Verbot, nicht mehr lebensfähig; es war halt zu "unglücklich" gestaltet, von der Memel bis zum Rhein, um Stürme überdauern zu können. Doch muß festgehalten werden, daß wir Deutsche selbst, nicht unsere Besieger, die Urheber für den Untergang Preußens sind.

Heute stehen noch Begriffe wie "preußische Sparsamkeit", "preußische Gründlichkeit", "preußische Unbestechlichkeit" und "preußische Beamte". Zwar sind sie stets zu hoch bewertet worden, aber daß man sie noch immer positiv auffaßt, daran hat Friedrich mit Verdienst. Auf den Titel "der Große" ist schon vorher eingegangen worden. Wenn heutige "kritische Historiker" sich davor drücken, ihn dem alten Friedrich anzuhängen, so dürfen sie das mit sich selbst abmachen, ihre Wertung ist ohne Belang für einen Mann, der sein Leben für Preußen eingesetzt hat, nicht für Deutschland wohlbemerkt, wie es kein anderer je wieder so erfolgreich tat: Aus einem wenig geachteten Staat einen weltweit anerkannten formen — man darf fasziniert sein!

Die Volkstümlichkeit eines Menschen kann an seinen Denkmälern abgesehen werden. Von Friedrich standen viele, naturgemäß im Osten mehr als im Westen, aber die meisten der Städte, die ihm in Dankbarkeit eines errichteten, sind nicht mehr deutsch. Nicht viel Gelegenheit gibt es mehr für uns Deutsche, vor einem Denkmal Friedrichs zu verweilen, so daß er auf oder über uns schauen kann, fordernd, herrisch, zu Fuß, vom hohen Roß, auf den Krückstock gestützt, diesen oder den Säbel vorwärts streckend! Was sich geändert hat seit seinen Tagen, kann nicht aufgezählt werden; zum Beispiel ist die von ihm so sehr mißtrauisch bedachte Bürokratie ins Uferlose angewachsen; zum Beispiel ist es für den heutigen Bürger schwerer, an ein vom Volk gewähltes Staatsoberhaupt heranzukommen als für den damaligen Bewohner Potsdams, vor Friedrich zu treten — praktizierte Volksnähe damals und heute! Natürlich hat sich auch das Andenkengeschäft früh Friedrichs angenommen, und so gibt es ihn bis in unsere Tage auf Briefmarken, Notgeld, Postkarten, Medaillons, Untertassen, Anstecknadeln und anderen Gegenständen zu sehen. Denkmäler im Kleinformat aus Bronze, Gips und Porzellan, teilweise von hohem Wert, zieren Wohnzimmer und Schreibtische seiner Verehrer. Läßt Vergangenheit Fehler und unangenehme Seiten eines Menschen vergessen? Offenbar schon früh, denn Friedrichs Nichte Prinzessin Luise von Preußen berichtet:

"... kaum hatte Friedrich II. die Augen geschlossen, als auch schon alle Fehler des Monarchen verschwunden waren. Man gedachte nur noch seiner herrlichen Eigenschaften und der Wohltaten, die ihm sein Volk verdankt..."

Wer Geschichte kennt und verfolgt, ist meist sachlich, weint nichts und niemandem nach — Preußen kann hierzu nicht verleiten, aber 200 Jahre nach dem Tode hat Friedrichs Name einen einmaligen Klang behalten.

"Friedrich adé?"

Das wird nie geschehen! Hierbei zu helfen, und nicht einen Heiligenschein entstehen zu lassen, ist dieses Buch geschrieben worden ...

Preußische Literatur —
Literatur über Preußen

Über keine Person der deutschen Geschichte ist soviel geschrieben
worden wie über Friedrich II. von Preußen — er war und ist ein dank-
bares Objekt für alle Historiker und Schriftsteller. Zu seinen Lebzeiten
fing es bereits an und ist auch heute nicht zu Ende. Begeisterte, Nüchterne, Kritiker und Enthusiasten machten sich ans Werk; ihrer Einstellung entsprechend sind diese Werke ausgefallen. Alle Großen der Welt-
und Kulturgeschichte haben sich dieses gefallen lassen müssen . . .
Eine Aufzählung der Friedrich-Literatur, die für dieses Werk benutzt
wurde, kann nicht vollzählig sein, denn es ist unmöglich, sich überall
hindurchzuarbeiten. Auch gilt es für die Leser, die ihr Wissen vertiefen
wollen, eine Auswahl zu treffen, denn viel Nicht-Lesenswertes ist dabei, das zur Hand zu nehmen nur Zeitverschwendung wäre: Hierunter
gehört beinahe die gesamte Friedrich-Literatur aus dem "Zeitalter" des
Dritten Reiches. Heldenverehrung — nein danke! Diese Bücher zur
Hand zu nehmen, lohnt sich nur, wenn man sich informieren will, daß
es immer genügend Autoren gegeben hat, die ihre Fähnchen nach dem
politischen Wind drehten. Wenn es Begeisterung ist, die die Feder
führt, — wie bei Carlyle —, oder Lust an Kritik, Spott und witzigen
journalistischen Formulierungen, — wie bei Augstein —, dann ist
nichts einzuwenden. Sachlichkeit kann, wie in allen Gebieten, auch in
der Literatur nicht schaden . . .
Unsere heutige Zeit rühmt sich der Sachlichkeit — sind darum die jüngsten Friedrich-Bücher die sachlichsten? Vielleicht. Die Zukunft wird
hierüber urteilen. Wer sich jedoch für diese Literatur der Vergangen-

heit interessiert, steht vor dem Problem: Wie an diese Bücher herankommen? Die es doch kaum noch zu kaufen gibt. Es scheint — der Autor weiß es aus Erfahrung — viel zu wenig bekannt zu sein, welche
Schätze unsere öffentlichen Bibliotheken bergen; allen voran die Universitätsbibliotheken, und auch hier scheint nicht bekannt zu sein, daß
sie für jedermann zugänglich sind. Um für die Leser, die tiefer in die
Friedrich-Literatur einsteigen möchten, die Auswahl nicht zu schwer
werden zu lassen, sei hier eine gewisse Auswahl vorgestellt, die keinerlei Anspruch auf Vollständigkeit erhebt. Nur die Bemerkenswerteste
sei zusätzlich kommentiert. Es ist erstaunlich, über was man sich,
hauptsächlich ab 1871 bis 1914, "hergemacht" hat: Friedrichs Krankheiten und Geschlechtsleben, sein Verhältnis zu Frauen, Feldherrntum, beispielsweise sind fast alle seine Schlachten Gegenstand von Abhandlungen und Dissertationen geworden, (so leicht konnte man damals seinen "Doktor" kriegen), Kolonisation und Verwaltung. Es sei
noch darauf hingewiesen, daß sich heute einige "Kleinverlage" daran-
gemacht haben, von alten Werken Reprints herzustellen, also Neu-
drucke im "Originalzustand", die dem engagierten Leser empfohlen
seien, zum Beispiel "Das Generalstabswerk über den Siebenjährigen
Krieg" und Rödenbecks "Tagebuch Friedrichs des Großen". Wer sich
in die Zeit Friedrichs, mit all ihren Alltäglichkeiten, vertiefen möchte,
der möge die Ausgaben des "Militärwochenblattes" und der damaligen
Zeitungen lesen, die in vielen Archiven und Bibliotheken noch einsehbar sind. Die Hohenzollernjahrbücher bieten ebenfalls interessante Informationen und schöne Abbildungen.
Als Nachschlage-Standardwerk gilt auch heute noch die
"Lebensgeschichte Friedrichs des Großen" von J.D.E. Preuß, in
vier Bänden erschienen 1834 in Berlin in der Naukschen Buch-
handlung.
In den Urkundenbänden sind Briefe und Urkunden veröffentlicht, originell und wenig bekannt, die sonst nur schwer zugänglich sind. Viele
Daten der Zeit sind nur hier zu entnehmen. Sachlich und amtlich geht
es in der
"Acta Borussica"
zu, deren Neuausgabe jüngst im Paul-Parey-Verlag in Hamburg erschienen ist. Populärer ist die
"Geschichte Friedrichs des Großen"
von Reinhold Koser, sie kann im Gegensatz zu Franz Kuglers gleichna-
migem Werk (mit den bekannten Menzel-Zeichnungen) als historisches Buch bezeichnet werden. Auch Carlyles Werk

"Geschichte Friedrich II."
ist mit Vorsicht zu genießen, da viele historisch nicht belegte Begebenheiten geschildert werden; hier ist die Begeisterung ein wenig mit dem Autor durchgegangen. In die Geschichte der Mark und die "kleinere" Preußens führen die

"Denkwürdigkeiten und Tagesgeschichte der Mark Brandenburg", herausgegeben von Kosmann und Heinsius, Verlag Belitz und Braun, Berlin 1796.

Als Nachschlagwerk für einzelne Persönlichkeiten gilt

"Soldatisches Führertum" von Kurt von Priesdorff, 1936 bis 1942 in der Hanseatischen Verlagsanstalt Hamburg erschienen.

Verdienstvoll hat der Arzt G. L. Mamlock geforscht. Von ihm sind erschienen:

"Friedrich des Großen Beziehung zur Medizin", Alexander Duncker-Verlag, Berlin 1902,
"Friedrich der Große und die Einführung der Impfung in Berlin", in der Ärztlichen Sachverständigenzeitung Nr. 2 von 1904,
"Friedrich des Großen Badeaufenthalt in Aachen", in der Deutschen Medizinalzeitung Nr. 25 von 1904,
"Das Charitékrankenhaus in Berlin zur Zeit Friedrich des Großen", in den Charité-Annalen XXVIII. Jahrgang, Berlin 1904, und
"Friedrich II. Korrespondenz mit Ärzten", Ferdinand-Enke-Verlag Stuttgart, 1907.

Genannt werden sollen auch einige Dissertationen zu speziellen Themen:

"Die Schlacht bei Prag" von Friedrich Ammann, Heidelberg, 1887,
"Friedrich der Große im Spiegel der Literatur" von Richard Schwarz 1932,
"Friedrich der Große im Urteil seiner schweizerischen Mitwelt" von Oliver Eisenmann von Werthensten, Zürich 1971,
"Die friderizianische Kolonisation in Ostfriesland" von H. L. Koppelmann, Münster 1920,
"Die Revuereisen Friedrichs des Großen" von Ernst Pfeiffer,
"Friedrich der Große in den Zeitungen" von Wilhelm Görisch, Bern und Berlin 1907.

Außerdem gibt es Doktorarbeiten über die wichtigsten Schlachten der Schlesischen Kriege, auch über die Schlachten auf dem westlichen Kriegsschauplatz. Es sei darauf verwiesen, daß derartige Arbeiten in den Universitätsbibliotheken archiviert sind und ausgeliehen werden können. Der Autor erlaubt sich, auf sein im Preußenjahr 1981 erschienenes Werk

"Leben für Preußen"

aufmerksam zu machen, in dem sein Vorfahr, General Friedrich Wilhelm von Rohdich, sein Leben im Schatten des großen Königs schildert; Friedrich Wilhelm von Rohdich ist im vorliegenden Werk des öfteren erwähnt worden.

Die folgende Aufstellung kann, wie angedeutet, nicht vollständig sein. Friedrichs eigene Werke gibt es in verschiedenen Ausgaben, eine davon ist

"Die Werke und Briefe Friedrich des Großen", herausgegeben von Gustav Berthold Volz im Verlag Reimar Hobbing in Berlin, 1926.

Vom gleichen Autor erschien

"Friedrich der Große im Spiegel seiner Zeit", wie oben,

interessant durch Schilderungen von Zeitgenossen über Friedrich und den preußischen Hof. Ähnlich verhält es sich mit

"Friedrich der Große und Maria Theresia in Augenzeugenberichten" von Hans Jessen, Karl Rauch Verlag 1965.

Eine Sammlung der herrlichsten Randbemerkungen Friedrichs hat der Podzun-Verlag, Bad Nauheim, 1963 neu herausgebracht:

"Ihr Windbeutel und Erzschäker".

Im folgenden nun die Aufstellung, die hauptsächlich die ältere, weniger bekannte Friedrich-Literatur berücksichtigt:

Friedrich Nicolai
"Charakteristische Anekdoten von Friedrich II.", Insel-Verlag Leipzig

Colmar Grünhagen
"Aus dem Sagenkreis Friedrich des Großen" und
"Schlesien unter Friedrich dem Großen"

Reinhold Brode
"Friedrich der Große und der Konflikt mit seinem Vater", Verlag S. Hirzel, Leipzig 1904

Gustav Mendelssohn-Bartholdy
"Der König", Briefe, Berichte, Anekdoten, Bielefelder Verlag 1954

Edwin von Campe
"Die graphischen Portraits Friedrich des Großen", zwei Bände (Bildbände), F. Bruckmann-Verlag, München 1958

Franz Eyssenhardt
"Friedrich der Große", Denkwürdigkeiten, Berichte von Zeitge-

nossen, zwei Bände, Verlag Friedrich Wilhelm Grunow, Leipzig 1910

Heinz Diewerge
"Der Alte Fritz im Volksmund", Albert Langen Georg Müller Verlag, München 1937

Ernst Bratuscheck
"Die Erziehung Friedrich des Großen", Verlag Georg Reimer, Berlin 1885

H. W. Reinherz
"Friedrich der Große und die Religion", Berlin 1936

Otto R. Gervais
"Die Frauen im Leben Friedrich des Großen", Edwin Runge Verlag, Berlin 1928

Adolf Kohut
"Friedrich der Große als Humorist", Verlag O. Gracklauer, Leipzig 1908

Georg Thouret
"Friedrich des Großen Verhältnis zur Musik", R. Gaertners Verlagsbuchhandlung, Berlin 1895

Karl Friedrich Breda
"Friedrich der Große als Erbe der Regierungs-Maximen Friedrich Wilhelm I.".

Nikolaus Thoemes
"Rom und Berlin zur Zeit Friedrich des Großen"

Konrad Gatz
"Siedler unter Preußens Fahnen"

Konrad Matschoss
"Friedrich der Große als Beförderer des Gewerbefleißes", Verlag Leonhard Simon, Berlin 1912

Alfred Graf von Schlieffen
"Friedrich der Große", Verlag Mittler, Berlin 1912

Theodor von Bernhardi
"Friedrich der Große als Feldherr", Verlag Mittler und Sohn, Berlin 1881

J. D. E. Preuß
"Die militärische Richtung in Friedrichs Jugendleben", Festrede von 1856

Franz-Lorenz von Thadden
"Feldmarschall Daun", Maria Theresias größter Feldherr, Herold-Verlag Wien und München, 1967

Johann Kaspar Riesbeck
"Briefe eines reisenden Franzosen über Deutschland"
Harald Kindl
"Der Siebenjährige Krieg und das Hochstift Paderborn"
Eduard Lockmann
"Friedrich der Große und die katholische Kirche in Schlesien"
Jochen Klepper
"In tormentis pinxit", Deutsche Verlagsanstalt 1959
W. Spatz
"Aus der Geschichte Schönebergs", Schöneberg 1899
H. Winz
"Es war in Schöneberg", Berlin 1964
Charlotte Pangels
"Königskinder im Rokoko", Verlag Georg Callwey, München
1976
Fritz Arnheim
"Am Hofe Friedrich des Großen", zwei Bände, Berlin 1912
Johannes Richter
"Die Briefe Friedrich des Großen an seinen vormaligen Kammer-
diener Fredersdorf", Steiger-Verlag, Moers 1926
Ernst Opgenoorth
"Ausländer in Brandenburg-Preußen 1604 — 1871", Holzner-
Verlag, Würzburg 1967
Johann Schultze
"Forschungen zur brandenburgischen und preußischen Geschich-
te", Verlag Walter de Gruyter & Co., Berlin 1964
Walter Hubatsch
"Friedrich der Große und die preußische Verwaltung", Verlag
Grote, Köln und Berlin 1973
Eduard Lange
"Die Soldaten Friedrich des Großen", Leipzig 1853
E. Schnackenburg
"Friedrich des Großen persönliche Fürsorge für die Verwundeten
und Kranken seines Heeres"

Max Beheim-Schwarzbach
"Geschichte der Hussiten-Ansiedlungen unter Friedrich II.", 1876
Eduard Vehse
"Geschichte des preußischen Hofes" und "Preußische Hofge-
schichten"

Carl von Reinhardt
"Geschichte des Ersten Garderegiments zu Fuß", Verlag Stein,
Potsdam 1858

Johann Georg Ritter von Zimmermann
"Friedrich des Großen letzte Tage", Rhein-Verlag Basel, 1920

W. v. Archenholtz
"Geschichte des Siebenjährigen Krieges", Haude und Spener, Berlin 1793

W. von Tempelhoff
"Geschichte des Siebenjährigen Krieges", Biblio-Verlag Osnabrück, 1977

A. von Taysen
"Die militärische Tätigkeit Friedrich des Großen während seiner
letzten Lebensjahre", Verlag Mittler, Berlin 1886

C. Jany
"Geschichte der preußischen Armee", Biblio-Verlag Osnabrück,
1928

Hermann von Petersdorff
"Fridericus Rex", Verlag Gebrüder Paetel Carl Henschel, Berlin
1925

Gustav Berthold Volz
"Friedrich der Große und Trenck", Verlag A. W. Hayns Erben,
Berlin 1926

Bildnachweis

Alle Abbildungen dieses Werkes stammen aus dem Archiv des Verfassers, außer den Wiedergaben der Denkmäler-Postkarten und des Notgeldes. Diese hat freundlicherweise Herr Heinz Csallner aus Frankfurt aus seiner schönen Sammlung zur Verfügung gestellt. Der Autor wäre dankbar für Hinweise aus der Leserschaft, wo überall in Ost und West noch Denkmäler des großen Königs stehen.

Maßstab
1:2 000 000

DER MALER ANTOINE PESNE
Franzose und Preuße

Von den Bildnismalern, die im Jahrhundert des Rokoko und der Aufklärung in Deutschland gewirkt haben, ist Antoine Pesne einer der bedeutendsten. Bis zu seinem Tode hat er unter drei preußischen Königen, Friedrich I., dem Soldatenkönig Friedrich Wilhelm I. und Friedrich dem Großen gewirkt. Seine Kunst hat den Gang der Malerei in Preußen bis weit ins 19. Jahrhundert hinein beeinflußt.

Der Band zeichnet durch großformatige Darstellung der Gemälde von Antoine Pesne die Entwicklung des Malers und seine Selbständigkeit als künstlerische Autorität an ausgesuchten Beispielen nach.

Großformat · 160 Seiten · Kunstdruckpapier
Balacron-Ledereinband
Subskriptionspreis (bis 31.12.1986)   80,-- DM
danach   96,-- DM

...ie letzte Friedensuniformierung vor dem Ersten Weltkrieg der bayerischen, sächsischen und württembergischen Kavallerie-Regimenter. Farbaufnahmen jeder Uniform. Dazu ein Überblick über Armeezugehörigkeit. ...amensangaben der Chefs bzw. Inhaber, Kommandeure ...d Standorte. Ein repräsentatives Werk, das die Gesamtheit der süd- und mitteldeutschen Kavallerie umfaßt.

...roßformat — 112 Seiten — DM 118,--

Das erste Sachbuch über die Dienstkleidung und Ausrüstungsstücke der Polizei. Dazu Dienstgradabzeichen, Sonderabzeichen, Blankwaffen usw.
180 Seiten — viele Bilder in Farbe —
Subskriptionspreis bis 31.10.1986
DM 39,80   danach   DM 48,--